D1747511

WILLY BRANDT
Berliner Ausgabe

WILLY BRANDT
Berliner Ausgabe
Herausgegeben von
HELGA GREBING, GREGOR SCHÖLLGEN
und HEINRICH AUGUST WINKLER
Im Auftrag der
Bundeskanzler-Willy-Brandt-Stiftung

BAND 1:
Hitler ist nicht Deutschland.
Jugend in Lübeck – Exil in Norwegen 1928 – 1940
BAND 2:
Zwei Vaterländer.
Deutsch-Norweger im schwedischen Exil –
Rückkehr nach Deutschland 1940 – 1947
BAND 3:
Berlin bleibt frei.
Politik in und für Berlin 1947 – 1966
BAND 4:
Auf dem Weg nach vorn.
Willy Brandt und die SPD 1947 – 1972
BAND 5:
Die Partei der Freiheit.
Willy Brandt und die SPD 1972 – 1992
BAND 6:
Ein Volk der guten Nachbarn.
Außen- und Deutschlandpolitik 1966 – 1974
BAND 7:
Mehr Demokratie wagen.
Innen- und Gesellschaftspolitik 1966 – 1974
BAND 8:
Über Europa hinaus.
Dritte Welt und Sozialistische Internationale
BAND 9:
Die Entspannung unzerstörbar machen.
Internationale Beziehungen und deutsche Frage 1974 – 1982
BAND 10:
Gemeinsame Sicherheit.
Internationale Beziehungen und deutsche Frage 1982 – 1992

WILLY BRANDT
Berliner Ausgabe
BAND 7
Mehr Demokratie wagen
Innen- und Gesellschaftspolitik
1966 – 1974

Bearbeitet von
WOLTHER VON KIESERITZKY

Verlag J.H.W. Dietz Nachf. GmbH

Die Bundeskanzler-Willy-Brandt-Stiftung bedankt sich für die großzügige finanzielle Unterstützung der gesamten Berliner Ausgabe bei:
Frau Ursula Katz, Northbrook, Illinois
Alfried Krupp von Bohlen und Halbach-Stiftung, Essen
Otto Wolff von Amerongen-Stiftung, Köln
Stiftungsfonds Deutsche Bank im Stifterverband für die Deutsche Wissenschaft e. V., Essen
Stiftung Deutsche Klassenlotterie Berlin
Deutsche Druck- und Verlagsgesellschaft mbH, Hamburg
Bankgesellschaft Berlin AG
Herlitz AG, Berlin
Metro AG, Köln
Schering AG, Berlin

Die Deutsche Bibliothek – CIP-Einheitsaufnahme
Brandt, Willy:
Mehr Demokratie wagen:
Innen- und Gesellschaftspolitik 1966–1974/
Willy Brandt.
Bearb. von Wolther von Kieseritzky. –
Bonn: Dietz, 2001 (Berliner Ausgabe; Bd. 7)
ISBN 3–8012–0307–7

© Copyright der deutschsprachigen Ausgabe
Verlag J.H.W. Dietz Nachfolger GmbH, Bonn
© Copyright für alle übrigen Sprachen
Bundeskanzler-Willy-Brandt-Stiftung, Berlin
Lektorat: Dr. Heiner Lindner
Umschlag und Layout-Konzept:
Groothuis & Consorten, Hamburg
Satz: Medienhaus Froitzheim AG, Bonn, Berlin
Druck und Verarbeitung: Ebner Ulm
Printed in Germany 2001

Inhalt

Willy Brandt – Stationen seines Lebens 7

Vorwort der Herausgeber 11

WOLTHER VON KIESERITZKY
Einleitung
„Mehr Demokratie wagen".
Innen- und Gesellschaftspolitik 1966–1974 15

Verzeichnis der Dokumente 83

Dokumente 93

Anmerkungen 545

Anhang
  Übersicht über Wahlergebnisse 612
  Mitglieder der Bundesregierungen 1966–1974 618
  Quellen- und Literaturverzeichnis 620
  Abkürzungsverzeichnis 632
  Editionsgrundsätze 637
  Personenregister 642
  Sachregister 669
  Bildnachweis 680
  Angaben zum Bearbeiter und zu den Herausgebern 683

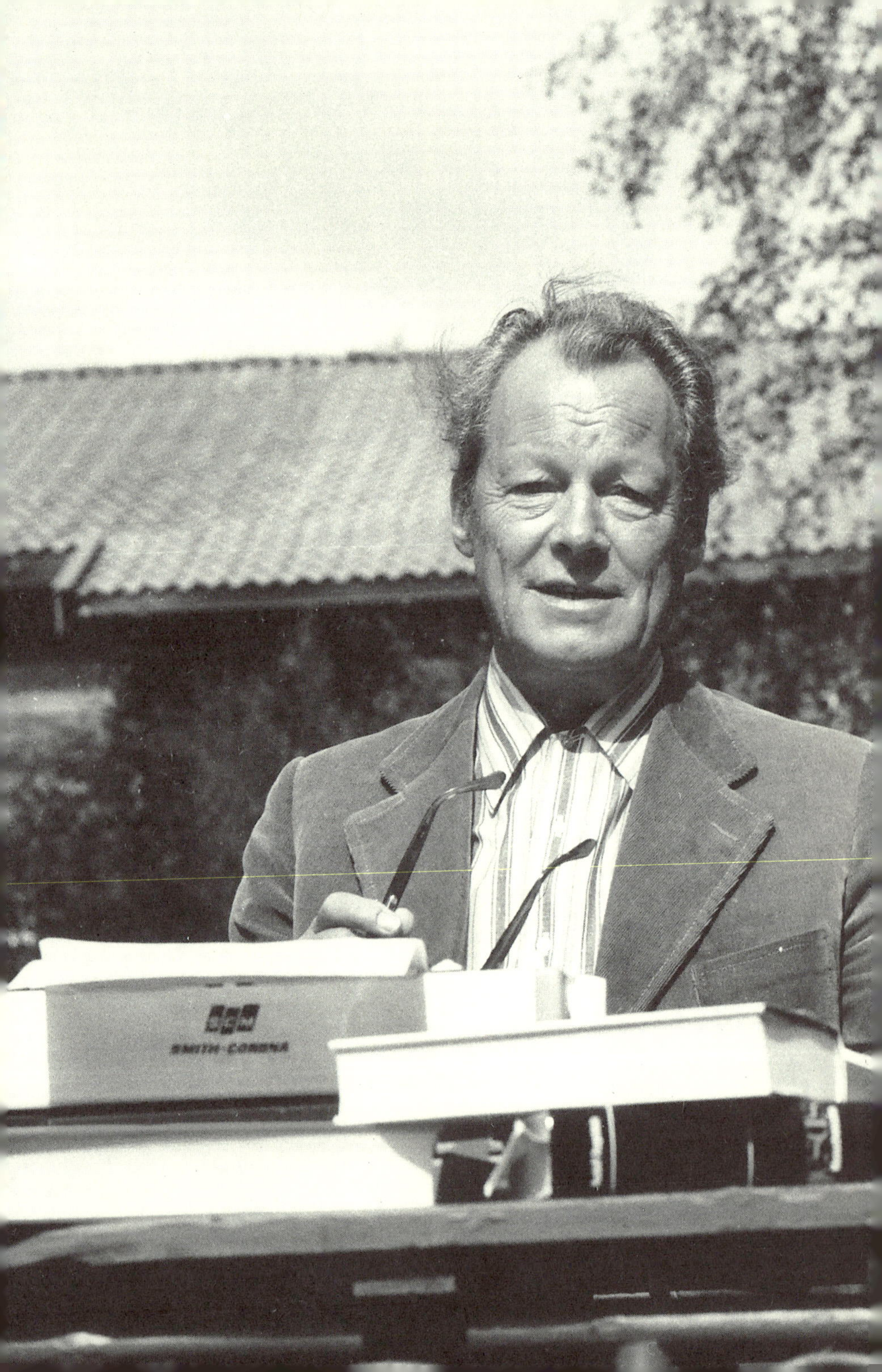
SMITH-CORONA

Willy Brandt – Stationen seines Lebens

1913	Am 18. Dezember in Lübeck als Herbert Ernst Karl Frahm geboren
1929	Mitglied der Sozialistischen Arbeiterjugend (SAJ) in Lübeck
1930	Eintritt in die SPD
1931	Wechsel zur Sozialistischen Arbeiterpartei Deutschlands (SAP); Vorsitzender ihres Jugendverbandes in der Hansestadt
1932	Abitur am Lübecker Reform-Gymnasium „Johanneum"
1933–1945	Flucht ins Exil nach Norwegen und von dort 1940 nach Schweden; unter dem Namen Willy Brandt Widerstand gegen das NS-Regime; Mitglied der Exil-Leitung des SAP-Jugendverbandes und des Internationalen Büros revolutionärer Jugendorganisationen; seit 1939 Koordinator für Inlandsarbeit der SAP; umfangreiche journalistische und publizistische Tätigkeit
1936	Illegaler Aufenthalt in Berlin
1937	Als Berichterstatter für norwegische Zeitungen und Beauftragter der SAP im Spanischen Bürgerkrieg
1938	Ausbürgerung durch die Nationalsozialisten
1939	Sekretär der norwegischen Volkshilfe
1940	Norwegische Staatsbürgerschaft
1942–1945	Sekretär der „Kleinen Internationale" in Stockholm
1944	Eintritt in die Landesgruppe deutscher Sozialdemokraten in Schweden; Verbindungen zur Widerstandsgruppe des 20. Juli
1945	Nach Kriegsende Rückkehr nach Oslo
1945–1946	Berichterstatter für skandinavische Zeitungen aus Deutschland, u. a. über das Internationale Kriegsverbrechertribunal in Nürnberg

1947	Presseattaché an der norwegischen Militärmission in Berlin
1948	Vertreter des SPD-Parteivorstandes in Berlin; Wiedereinbürgerung
1949–1957, 1961	Vertreter Berlins im Deutschen Bundestag
1950–1969	Mitglied des Berliner Abgeordnetenhauses
1954–1958	Stellvertretender Landesvorsitzender der Berliner SPD
1955–1957	Präsident des Berliner Abgeordnetenhauses
1957–1966	Regierender Bürgermeister von Berlin
1957–1958	Vorsitzender des Bundesrats
1958–1963	Präsident des Deutschen Städtetages
1958–1964	Vorsitzender des Berliner Landesverbandes der SPD
1958–1992	Mitglied des Parteivorstandes der SPD
1960, 1964, 1969	Nominierung zum Kanzlerkandidaten der SPD
1962–1964	Stellvertretender Vorsitzender der SPD
1964–1987	Vorsitzender der SPD
1966–1969	Bundesminister des Auswärtigen und Vizekanzler in der Großen Koalition aus CDU/CSU und SPD
1966–1976	Vizepräsident der Sozialistischen Internationale
1969–1992	Mitglied des Deutschen Bundestages
1969	Wahl zum Bundeskanzler und Beginn der sozial-liberalen Ära
1970	Erste deutsch-deutsche Gipfeltreffen in Erfurt und Kassel; Unterzeichnung des Moskauer und des Warschauer Vertrages; Wahl zum „Mann des Jahres" durch „Time" (USA) und „L'Express" (Frankreich)
1971	Verleihung des Friedensnobelpreises; Ehrenbürger von Berlin
1972	Erfolgloses Misstrauensvotum der CDU/CSU gegen den Bundeskanzler; Sieg der SPD bei den vorgezogenen Wahlen zum Deutschen Bundestag;

1973	Wiederwahl zum Bundeskanzler; Ehrenbürger von Lübeck Inkrafttreten des Grundlagenvertrages; Beitritt beider deutscher Staaten zu den Vereinten Nationen; Unterzeichnung des Prager Vertrages
1974	Rücktritt vom Amt des Bundeskanzlers
1976–1992	Präsident der Sozialistischen Internationale
1977–1983	Vorsitzender der Nord-Süd-Kommission
1979–1983	Mitglied des Europäischen Parlaments
1983, 1987	Alterspräsident des Deutschen Bundestages
1985	Auszeichnung mit dem Albert-Einstein-Friedenspreis
1987–1992	Ehrenvorsitzender der SPD
1990	Ehrenvorsitzender der SPD in der DDR; Alterspräsident des ersten gesamtdeutschen Bundestages
1991	Auf Antrag Brandts und anderer Entscheidung des Deutschen Bundestages für Berlin als Sitz von Regierung und Parlament
1992	Am 8. Oktober in Unkel bei Bonn verstorben

Vorwort der Herausgeber

Willy Brandt zählt zu den großen Persönlichkeiten und bedeutenden Staatsmännern des 20. Jahrhunderts. Sein Name ist untrennbar verbunden mit der Sicherung des Friedens, der Verteidigung der Freiheit und dem unablässigen Bemühen um mehr soziale Gerechtigkeit. Seine Entwicklung vom jungen Linkssozialisten, den seine politische Überzeugung und der Kampf gegen die nationalsozialistische Diktatur in die Emigration führte, zum Regierenden Bürgermeister von Berlin, Vorsitzenden der SPD und später der Sozialistischen Internationale sowie zum Außenminister und Bundeskanzler der Bundesrepublik Deutschland ist eine der bemerkenswertesten Politikerkarrieren des 20. Jahrhunderts.

Die durch den Deutschen Bundestag 1994 ins Leben gerufene Bundeskanzler-Willy-Brandt-Stiftung, in deren Auftrag die Herausgeber die Berliner Ausgabe vorlegen, will mit dieser Edition die Bedeutung Willy Brandts für die Geschichte des 20. Jahrhunderts dokumentieren und einer breiten historisch-politisch interessierten Öffentlichkeit zugänglich machen. An diesem Zweck orientiert sich die auf zehn Bände angelegte Auswahl wichtiger Reden, Artikel und Briefe Willy Brandts.

Die Berliner Ausgabe wird jene innenpolitischen Weichenstellungen beleuchten, die wesentlich von Willy Brandt herbeigeführt wurden. Sie wird zugleich deutlich machen, dass sein vorrangiges politisches Interesse nicht erst seit seinen Berliner Tagen im Bereich der Deutschland- und Außenpolitik lag. Das Augenmerk der Dokumentation gilt weiter dem Parteiführer, der die SPD in ihrer Binnenstruktur modernisierte und einem neuen Denken öffnete, ihr neue Wählerschichten erschloss und später Ansehen und Gewicht der Sozialistischen Internationale, nicht zuletzt in den Ländern der „Dritten Welt", beträchtlich erhöhte. Immer wieder wird offenkundig, dass es bei Willy Brandt beides gibt: bemerkenswerte Konstanten seines Denkens und Handelns und zugleich ein hohes Maß an Flexibilität gegenüber konkreten zeitbedingten Anforderungen sowie die Fähigkeit zur Korrektur der eigenen Politik angesichts neuer Herausforderungen.

Willy Brandt beherrschte die unterschiedlichen Formen und Instrumente der politischen Meinungs- und Willensbildung gleichermaßen souverän. Große Reden auf Parteitagen, auf Marktplätzen, in Versammlungslokalen und Festhallen stehen neben Ansprachen vor einem intellektuellen Publikum und Zeitschriftenaufsätzen; kurze Briefe neben umfassenden grundsätzlichen Äußerungen, Radio- und Fernsehkommentare neben großen Büchern; konzentrierte und gezielte Diskussionsbemerkungen neben knappen, seinerzeit manchmal kaum wahrgenommenen Einmischungen in politische Entscheidungsprozesse. All das werden die Bände widerspiegeln.

Wie nur wenige deutsche Politiker im 20. Jahrhundert hat Willy Brandt nach dem Zusammenbruch der nationalsozialistischen Herrschaft das Weltgeschehen nicht nur beeinflusst, sondern entscheidend mitgestaltet. Er fühlte sich verpflichtet, sich der Last der deutschen Vergangenheit persönlich zu stellen, was ihm neben Anerkennung auch viel Anfeindung eintrug. Bis in die siebziger Jahre musste er sich politischer Diffamierung erwehren, die ihm als Emigranten und Widerstandskämpfer gegen den Nationalsozialismus galt. Auch dies werden die Bände belegen.

Maßgebliche Fundstellen für die Berliner Ausgabe sind der umfangreiche Nachlass im Willy-Brandt-Archiv im Archiv der sozialen Demokratie der Friedrich-Ebert-Stiftung sowie Parallelüberlieferungen im Archiv der sozialen Demokratie – wie SPD-Parteivorstandsakten, Deposita und Nachlässe anderer Politiker. Hinzu kommen zahlreiche einschlägige Bestände von Archiven, Bibliotheken und Stiftungen, wie diejenigen des Bundesarchivs, und natürlich Publikationen Willy Brandts. Jedem der zehn Bände ist eine umfangreiche Einleitung vorangestellt, in der die Texte in den historischen Zusammenhang eingeordnet und kritisch gewürdigt werden. Jeder Band hat einen Umfang von etwa 500 Druckseiten einschließlich eines Personen- und Sachregisters.

Die Berliner Ausgabe will ein facettenreiches Bild vom Leben und Werk Willy Brandts vermitteln. Die Herausgeber hoffen, dass es auf diese Weise gelingt, die Erinnerung an den bedeutenden Politiker und Staatsmann lebendig zu halten. Sie sind davon überzeugt, dass sein Denken und Wirken tiefe Spuren hinterlassen haben und auch unter den veränderten Bedingungen des 21. Jahrhunderts die politische Entwicklung beeinflussen.

Für die unverzichtbare und kollegiale Zusammenarbeit wissen sich die Herausgeber dem Leiter des Historischen Forschungszentrums der Friedrich-Ebert-Stiftung, Herrn Prof. Dr. Dieter Dowe, zu besonderem Dank verpflichtet.

Prof. Dr. Helga Grebing
Prof. Dr. Gregor Schöllgen
Prof. Dr. Heinrich August Winkler

WOLTHER VON KIESERITZKY

Einleitung

„Mehr Demokratie wagen"
Innen- und Gesellschaftspolitik 1966 – 1974

> „Und was meinste mit Schnecke?
> Die Schnecke, das ist der Fortschritt.
> Und was issen Fortschritt?
> Bißchen schneller sein als die Schnecke...
>
> und nie ankommen, Kinder."[1]
>
> Günter Grass

Keine andere Phase in der Geschichte der Bundesrepublik ist in ähnlicher Weise mit den Begriffen von Reform und Fortschritt verknüpft, keine andere Zeit verkörpert so die Stimmung, sich im Aufbruch zu den Ufern einer neuen Gesellschaft zu befinden, wie die Ära Brandt. „Mehr Demokratie wagen..."[2] – gegenüber der Dynamik dieser vieldeutigen, verheißungsvollen Vision scheint alles andere zur Vorgeschichte zu schrumpfen, scheinen die 50er Jahre statisch und durch ihre Verkrustungen zum Auslöser einer die ganze Gesellschaft und den Staat umspannenden – an Willy Brandt gebundenen – Hoffnung in den späten 60er Jahren zu werden. Doch dürfen dabei die eher längerfristigen und kontinuierlichen Elemente der politischen und gesellschaftlichen Modernisierung nicht übersehen werden, wie schon das von Brandt verwendete – und literarisch von Günter Grass auf dessen Kanzlerschaft übertragene – Sinnbild vom „Schneckengang" des Fortschritts andeutet.[3]

Als Ludwig Erhard im Herbst 1965 wieder zum Bundeskanzler gewählt worden war, sprach er in seiner Regierungserklärung vor dem Deutschen Bundestag vom Ende der Nachkriegszeit und wollte eine Zäsur für den Neuanfang setzen.[4] Doch Erhard galt selbst eher als Symbol vergangener Zeiten, des Wiederaufbaus und des „Wirtschaftswunders". Die Ablösung von den Werten und Strukturen der Nachkriegszeit, der Wandel der Kultur und Gesellschaft waren zu diesem Zeitpunkt schon lange im Gang.

In der unmittelbaren Nachkriegszeit und den Jahren des Wiederaufbaus waren die Rahmenbedingungen der Bundesrepublik geschaffen worden – wirtschaftlich mit der sozialen Marktwirtschaft, innenpolitisch mit dem Grundgesetz und der parlamentarischen Demokratie, die in der 14-jährigen Prägung durch Adenauer zur „Kanzlerdemokratie" geworden war, außenpolitisch mit der allmählichen ökonomischen und militärischen Einbindung in das westliche Bündnis. Die Kriegs- und Nachkriegserfahrungen von Not und Leid, auch von vielfacher Mobilität – sei es aufgrund von Gefangenschaft, Flucht oder Vertreibung – wie auch der positiv erlebte soziale und wirtschaftliche Wiederaufstieg waren nun – Mitte der 60er Jahre – Erinnerung geworden und definierten nicht mehr unmittelbar gegenwärtiges Denken und Handeln.

Die Konstellation, die über Jahre den Weg der westdeutschen Gesellschaft in ihrer „formativen Phase, in ihren Gründerjahren", bestimmt hatte[5], verschob sich allmählich zugunsten neuer, jeweils veränderlicher politischer Zuordnungen. Ein deutliches Zeichen für die Ablösung überkommener Festlegungen ist schon die Vielzahl der Kanzler und Koalitionen in den 60er Jahren: Vier Kanzler – Adenauer, Erhard, Kiesinger und Brandt – bildeten drei verschiedene Koalitionen, die CDU/CSU mit der FDP 1961–1966, die Große Koalition 1966–1969 und die sozialliberale von SPD und FDP ab 1969; einen Höhepunkt der neuen Offenheit bildete der Regierungswechsel 1966, als jede politische Verbindung vorstellbar wurde. Die Veränderungen drückten sich in vielen Phänomenen aus, im Generationsbruch, in der neuerlichen Auseinandersetzung mit der Zeit des Nationalsozialismus, im sehr unterschiedlich motivierten politischen Unbehagen verschiedenster Gruppen – von den Studenten über Intellektuelle und Gewerkschafter bis hin zum Kanzler selbst. Die Kräfte dieses Koordinatenwechsels bewirkten eine Öffnung der politischen Kultur zur pluralistischen Massengesellschaft hin; Entwicklungen in Technik und Verkehr, verstärkte Konsum- und Freizeitorientierungen sowie das neue Massenmedium Fernsehen wirkten als Katalysator der Mobilisierung.[6] Lebensgefühl und Lebensformen begannen sich zu wandeln, eine Phase geistiger Um- und Neuorientierung setzte ein. Traditionelle Klasseneinteilungen wurden allmählich abgelöst durch neue soziale Differenzierungen und Identitäten.[7]

Auf der politischen Ebene kamen diese Tendenzen von der Mitte der 60er bis zur Mitte der 70er Jahre zum Durchbruch; die liberale Demokratie wurde zur politischen und sozialen Lebensform. Die Dokumentenauswahl dieses Bandes zeigt den Anteil, den Brandt in seinen Funktionen als Außenminister und Vizekanzler von 1966 bis 1969, als Bundeskanzler von 1969 bis 1974 sowie als Vorsitzender der SPD an dieser inneren Umgestaltung der Bundesrepublik besaß. „In der Atmosphäre des Aufbruchs, des Fortschrittsdenkens und des Glaubens, daß alles prinzipiell machbar sei", verkörperte er den Willen zur Modernisierung von Staat und Gesellschaft.[8]

„Die Bewährungsprobe": Die Krise der Regierung Erhard und die Bildung der Großen Koalition

Die Ursachen für den Niedergang der Koalition von CDU und FDP Mitte der 60er Jahre sind vielfältig. Die tiefen strukturellen Veränderungen der Bundesrepublik warfen Probleme auf, die mit den gewohnten Mitteln nicht zu lösen waren. In der Wirtschaft endete die Phase eines – im Ganzen betrachtet – lang anhaltenden Wachstums mit der Rezession 1966/67. Die Zeitgenossen empfanden dies als existenzielle Krise, die das Vertrauen in die Funktionsfähigkeit der Marktkräfte erschütterte. Die akuten Schwierigkeiten wurden durch den rasanten Autoritätsverlust des Bundeskanzlers Erhard noch verschärft. Trotz seiner großen Popularität bei den Wählern, die dem „Vater der Sozialen Marktwirtschaft" unverändert Vertrauen entgegenbrachten und der Union bei den Bundestagswahlen 1965 deshalb den Sieg bescherten, stand Erhard in der CDU ohne wirkliche

Basis da – zwischen Adenauer, der ihn vergeblich als Kanzler zu verhindern versucht hatte, und Barzel, der die auf Ablösung drängende nächste Generation verkörperte. Erhards Versuch, der konservativen Klientel der CDU eine weltanschauliche Einbettung zu geben, indem er die Idee einer „formierten Gesellschaft" lancierte, schlug fehl. Zur mangelnden Solidarität in den eigenen Reihen kam die Neigung des Koalitionspartners FDP, die Bindung an Erhard zu lösen.

In der Krisenzeit nach seiner Wahl zum Bundeskanzler 1965 agierte Erhard äußerst glücklos. Ohnehin mit einem Defizit im Haushalt belastet, wurde er zudem noch mit der Forderung der USA nach Ausgleich ihrer Kosten für die Besatzungstruppen in Europa konfrontiert – Geld, über das Erhard in dieser Situation nicht verfügte. Sein Plan, bei einem USA-Besuch Präsident Johnson zur Stundung dieser Forderungen zu bewegen, schlug fehl. In der Öffentlichkeit wurde diese USA-Reise im September 1966 als eine persönliche Niederlage des Kanzlers gewertet. Sie gab den Bemühungen seiner Partei und des liberalen Koalitionspartners, Erhard abzulösen, Auftrieb.

Weitere innenpolitische Probleme trugen zur Krise bei und verstärkten den Eindruck, dass es so nicht mehr weitergehe. Eine Serie von Abstürzen des Kampfflugzeugs „Starfighter", wobei die schon in früheren Jahren hohe Zahl von Unfällen noch deutlich übertroffen wurde, und der Rücktritt mehrerer führender Offiziere deuteten auf akute Mängel in der Organisation der Bundeswehr und des Verteidigungsministeriums.[9] Das entscheidende Problem aber war die wirtschaftliche Krise. Der Anstieg der Arbeitslosigkeit – vergleichsweise geringfügig, aber ungewohnt – löste Besorgnis und Angst aus in einer Gesellschaft, die sich der Krisen am Ende der Weimarer Republik noch gut erinnern konnte. Erhard hatte hiergegen kein Rezept und wollte überdies nicht seitens des Staates in das Wirtschaftsgeschehen eingreifen. Er schien gerade in dem Bereich, für den er lange Jahre in charismatischer Weise gestanden hatte, nun wie ein Mann „von gestern". Nach Ansicht vieler Akteure in der CDU/CSU und SPD war es jetzt an der Zeit, der „Sozialen Marktwirtschaft" eine neue Wendung zu geben.

Im Gegensatz zu Erhard hatte die SPD bereits frühzeitig ein Konzept für die Lösung der anstehenden Fragen angeboten. Sie plädierte für das moderne und verheißungsvolle Mittel der antizyklischen Konjunkturpolitik, wollte nicht nur die Beachtung der Stabilität, sondern auch eine Politik der Wachstumsförderung. Ziel war insgesamt eine Neuorientierung der Politik; „Gemeinschaftsaufgaben" lautete das Schlagwort, das wie eine „innenpolitische Zauberformel" seit den frühen 60er Jahren die Programme und Reden der SPD bestimmte.[10] Die Sozialdemokraten verstanden darunter zentrale innen- und außenpolitische Probleme, die gemeinschaftlich von den demokratischen Parteien bewältigt werden sollten. Zu diesen Aufgaben, die auch längerfristig zum Forderungskatalog der SPD gehörten, zählten u. a. die Erneuerung der Städte und die Modernisierung des Verkehrswesens, die Förderung des sozialen Wohnungsbaus; die Förderung von Fähigkeiten und Begabung jedes Einzelnen; Unterstützung des Breitensports und der Volksgesundheit; die Absicherung der Rentnerinnen und Rentner; Regelung der Kriegsopferversorgung; Familienförderung und Umweltschutz.

Seit den späten 50er Jahren hatte die SPD sich, angestoßen auch durch Brandt, in organisatorischer und inhaltlicher Hinsicht erneuert. Mit dem Godesberger Programm 1959 und Herbert Wehners wegweisender Bundestagsrede vom 30. Juni 1960 anerkannte sie die Rahmenbedingungen der Bundesrepublik – Soziale Marktwirtschaft und Einbindung ins westliche Bündnis – mit allen Konsequenzen.[11] Die SPD hatte ideologischen Ballast abgeworfen und stand mit ihrer außenpolitischen Neuorientierung sowie einer modernen Wirtschaftspolitik für eine Wende zum Pragmatismus. Mit den „Gemeinschaftsaufgaben" sollte nun Regierungsfähigkeit bewiesen und die Partei aus der Opposition herausgebracht werden. Die „Aufgaben" dieser neuen „Gemeinsamkeitspolitik", an der Brandt führend beteiligt war, betonten denn auch weniger die prinzipiellen und ideologischen Unterschiede zwischen den Parteien als vielmehr die grundsätzliche Kooperationsmöglichkeit im gesamtgesellschaftlichen Interesse.

Schon vor der Koalition mit der CDU/CSU 1966 hatte die SPD den Gedanken einer gemeinsamen politischen Verantwortung ins

Spiel gebracht.¹² Diese Überlegungen beruhten zum einen auf dem taktischen Kalkül, dass unter den Bedingungen einer Mehrheit des bürgerlichen Lagers der kooperative Weg erfolgversprechender sei als der konfrontative, um den Weg zur Regierungsverantwortung zu ebnen. Zum anderen entsprach dies bei Brandt aber auch seiner praktischen Tätigkeit als Kommunal- und Landespolitiker, der als Regierender Bürgermeister alle Varianten von Parteikoalitionen erlebt hatte.

Im Herbst 1966 wurde die „Bewährungsprobe" für die SPD und ihren Vorsitzenden konkret. Neben der Autorität war auch die Legitimation Erhards als Regierungsführer derart erschüttert, dass alle Parteien fortan nach Möglichkeiten zu seiner Ablösung suchten. Als Erhard sich weigerte, von seinem Amt zu lassen, wählte die eigene Fraktion, die CDU/CSU, am 10. November 1966 den Ministerpräsidenten von Baden-Württemberg, Kurt Georg Kiesinger, zum Kandidaten für seine Nachfolge. Ein ähnliches Signal gab Brandt dem widerspenstigen Kanzler, als er öffentlich über eine Verfassungsänderung zur Abwahl nachdachte.¹³

Anfang November hatte die SPD bereits ein „Regierungsprogramm" vorgelegt – acht Punkte, die später noch ergänzt wurden und die im Kern auf dem Katalog der „Gemeinschaftsaufgaben" fußten. Dieses Programm bildete zunächst die Basis der Verhandlungen über die Bildung einer neuen Regierung mit der CDU/CSU, später diente es – nur geringfügig abgewandelt – als Vereinbarung der Großen Koalition und als Gerüst für die Regierungserklärung des neuen Kanzlers Kiesinger. Am 30. November 1966, als die neue Koalition bereits „stand", trat Erhard schließlich zurück.

Der Bildung der Großen Koalition ging innerhalb der SPD eine tiefe Auseinandersetzung voraus. Der SPD hatten alle Wege zur Übernahme von Regierungsverantwortung offen gestanden. Auch nach den Gesprächen und Ergebnissen der Verhandlungskommissionen wäre neben der Großen Koalition noch die kleine mit der FDP möglich gewesen. In nächtelangen Sitzungen von Vorstand, Fraktion und Parteirat Ende November setzte aber die Parteiführung das Votum der Verhandlungskommission durch, der neben Brandt noch

Wehner, Schmidt, Möller und Schiller angehörten. Diese hatte für eine Koalition mit der CDU/CSU plädiert – eine Entscheidung, die in der Partei, aber auch bei SPD-nahen Intellektuellen auf starken Widerstand traf.[14]

Besonders Wehner und Schmidt waren Anhänger dieser großen Lösung, in der die SPD zwar nicht den Kanzler stellte, aber auf eine verlässlichere Mehrheit bauen konnte als in einem Bündnis mit der FDP. Brandt hätte es dagegen bevorzugt, die Chancen einer sozialliberalen Koalition genauer auszuloten. Mit der FDP wusste er die Übereinstimmung in der Deutschland- und Außenpolitik enger, mit ihr hatte er in den letzten Jahren in Berlin erfolgreich und – was schwer wog – vertrauensvoll zusammengearbeitet.[15] Im Verlauf der Verhandlungen, in denen die SPD jeweils in mehreren Runden mit der CDU/CSU bzw. der FDP die politischen Vorhaben durchsprach, modifizierte Brandt zwar seine Meinung und begann, die Große Koalition als „kleineres Übel" zu befürworten. Doch noch bis zum Schluss gab er sich der Hoffnung hin, der Vorsitzende der FDP in Nordrhein-Westfalen, Weyer, würde dort mit einem Partnerwechsel das entscheidende Zeichen setzen.[16] CDU und FDP besaßen seit den Wahlen im Juli 1966 in Nordrhein-Westfalen nur eine denkbar knappe Mehrheit gegenüber der SPD, die fast eine absolute Mehrheit erreicht hatte. Den Wechsel zur SPD aber vollzog Weyer erst nach Bildung der Großen Koalition in Bonn.

Brandt hielt die Koalition mit der Union dennoch für gerechtfertigt. Zum einen bildete sie für die SPD eine „Bewährungsprobe"[17]: Die Sozialdemokraten konnten zeigen, dass sie regierungsfähig waren und die angemessenen Konzepte zur notwendigen Modernisierung des Landes besaßen. Zum anderen war die neue Koalition auch innenpolitisch gut begründet. Die neuen Methoden der Wirtschafts- und Finanzpolitik, mit denen Schiller die gegenwärtige Krise beheben wollte, griffen in die inneren Strukturen der Bundesrepublik tief ein. Die Zuständigkeiten zwischen Bund und Ländern müssten geändert, die Kompetenzen des Bundes – auch auf weiteren Feldern der Politik, etwa dem Bildungswesen – erweitert werden. Dafür brauchte man eine verfassungsändernde Zweidrittelmehrheit im Bundestag. Mit der FDP war das allein ohnehin nicht zu schaffen, zumal bei den Liberalen unsicher war, ob überhaupt alle Abgeordneten sich auf Brandt als Kanzler eingelassen hätten. Die nötigen Reformen – die bislang mehrfach in den Gremien steckengebliebene Notstandsgesetzgebung kam noch hinzu – schienen mit einem großen Partner einfacher zu bewerkstelligen zu sein.

Das Votum Brandts war innerhalb der SPD von großer Bedeutung. Die Stimme des einstigen Emigranten und vielfach Diffamierten war nicht zuletzt bei der Bewertung der „dicken Kröten", die mit Kiesinger und Strauß zu schlucken waren, von Gewicht. Brandt argumentierte hier in für ihn sehr typischer Weise: Die nationalsozialistische Vergangenheit Kiesingers – dieser war im März 1933 der NSDAP beigetreten und hatte seit 1943 in der rundfunkpolitischen Abteilung des Auswärtigen Amtes gearbeitet – und das rechtswidrige, demokratiegefährdende Verhalten von Strauß in der Spiegel-Affäre 1962 sollten nicht den jetzigen Notwendigkeiten und der Gestaltung der Zukunft im Wege stehen. Dies bedeutete aus Brandts Sicht nicht, die Vergangenheit zu beschönigen; es unterstrich vielmehr die Dimension, die die Große Koalition in dieser Hinsicht für die Bundesrepublik besaß: Im Kabinett kam es nun zur Zusammenarbeit des aktiven, im April 1933 nach Norwegen geflohenen Hitler-Gegners Brandt und des einstigen führenden Kommunisten Wehner mit dem ehemaligen NSDAP-Mitglied Kiesinger (CDU) sowie dem früheren SA-Anwärter Gerhard Schröder (CDU); auch ein sozialdemokratisches Regierungsmitglied, der frühere Berliner Wirtschaftssenator Karl Schiller, hatte ehemals der NSDAP angehört.

Brandt wäre freilich am liebsten dem Kabinett ferngeblieben oder hätte, wenn dies schon nicht zu umgehen war, das Forschungsministerium bevorzugt. Vom Auswärtigen Amt und der Bedeutung, die er als Parteivorsitzender und Vizekanzler für die Koalition besaß, musste Brandt erst überzeugt werden. Allerdings darf seine Neigung zum Forschungsressort nicht einfach mit Lustlosigkeit und mangelndem Sensorium für Machtfragen abgetan werden. Neben dem sicher bestehenden Widerstreben gegen eine direkte politische Auseinandersetzung mit Kiesinger sprach daraus auch eine wegweisende Einschätzung: Der Bereich von Forschung, Technologie, Bildung und Wissenschaft gehörte zu den entscheidenden Reformfeldern des nächsten Jahrzehnts. Ein mit entsprechenden Kompetenzen versehenes „Zukunftsministerium" hätte in der Gesellschaftspolitik gestalterische Aufgaben gehabt. Auf diesem Fundament drei Jahre später den nächsten Wahlkampf für eine moderne Politik zu führen, erschien durchaus vielversprechend, zumal Brandt ohnehin die Zeit nach der Großen Koalition im Auge hatte.[18]

Innenpolitik in der Großen Koalition

Im Rahmen der Großen Koalition besaß Brandt drei Funktionen: Er war Außenminister, Vizekanzler und Parteivorsitzender der SPD. In allen drei Funktionen wirkte er auf die Innenpolitik ein, auch wenn er in diesen Jahren sein Hauptaugenmerk auf die Erweiterung des außenpolitischen Handlungsspielraums der Bundesrepublik richtete.[19] Aber nicht nur wegen des Vorrangs der Außenpolitik und der Verpflichtungen auf der internationalen Bühne war es für Brandt nicht leicht, gegen die konkurrierenden Kräfte Raum für seine gesellschaftspolitischen Gestaltungsvorstellungen zu gewinnen. Er stand zwar in den Machtzentren, aber ein Großteil der politischen Details wurde in informellen Zirkeln ausgehandelt. Um die Durchsetzung etwa der Koalitionsvereinbarung kümmerten sich die beiden Fraktionsvorsitzenden von SPD und CDU/CSU, Helmut Schmidt und Rainer Barzel. Zeitweise entwickelte sich der „Kreßbronner Kreis" zum entscheidenden Gremium. In dieser nach dem Urlaubsort Kiesingers benannten Runde versammelten sich – erstmals im August 1967 – die führenden Politiker der Koalitionsparteien. Diesem Kreis gehörte natürlich auch Brandt an; allerdings überließ er es häufig anderen, in erster Linie Schmidt oder Wehner, sich dezidiert zu innenpolitischen Fragen zu äußern.[20] Dazu kam das distanzierte Verhältnis zwischen ihm und dem Bundeskanzler. Kiesinger und Brandt blieben sich fremd; ein spezielles Vertrauensverhältnis, das über politische Krisen hinweggeholfen hätte, wie es dies nach 1969 zwischen Brandt und Scheel gab, fehlte.

Generell lagen die zentralen innenpolitischen Fragen ohnehin in der Zuständigkeit der jeweiligen Ministerien, die häufig von Politikern geleitet wurden, die schon seit längerem in ihren Parteien mit der jeweiligen Materie befasst gewesen waren. Das galt auch für die SPD: Die Wirtschaftspolitik lag in den Händen von Schiller; Gustav Heinemann, der aus Protest gegen Adenauers Wehrpolitik 1950 vom Amt des Innenministers zurückgetreten war, wurde für Justiz zuständig, Herbert Wehner für gesamtdeutsche Fragen; Lauritz Lauritzen übernahm den Wohnungsbau und der bisherige Vorsitzende der Industriegewerkschaft Bau, Steine, Erden, Georg Leber, das Verkehrsressort.[21]

Die Große Koalition war nach Brandts Überzeugung – anders als später die sozialliberale Koalition – kein historisches Bündnis. Sie hatte aber zwei wesentliche Aufgaben zu erfüllen: Zum einen sollte sie innen- und vor allem auch außenpolitisch den Nachweis erbringen, dass die deutsche Sozialdemokratie regierungsfähig war, ein berechenbarer und verlässlicher Partner, der nicht an den realpolitischen Gegebenheiten vorbeiging oder in Ideologien befangen war. Zum anderen musste die gegenwärtige Krise der Bundesrepublik gelöst werden und der Politik die auf vielen Feldern bezweifelte Autorität und Legitimation zurückgewonnen werden. Die dafür notwendigen Reformen stellte Brandt unter die prinzipielle Forderung nach Modernisierung und Demokratisierung der gesamten Gesellschaft.

Die bedeutendste innenpolitische Weichenstellung während der Großen Koalition erfolgte auf dem Gebiet der Wirtschafts- und Finanzverfassung. Die Umgestaltung dieses Bereichs führte zum Einsatz von Instrumenten der Wirtschaftspolitik, die nicht neu, aber in der Bundesrepublik bisher nicht angewendet worden waren, und schloss die Verteilung der Finanzmittel sowie die Neuordnung der Kompetenzen von Bund, Ländern und Kommunen mit ein. Dieser Innovationsprozess orientierte sich an einer Krisenbekämpfung nach dem Modell der antizyklischen Konjunkturpolitik, wie sie John Maynard Keynes in den zwanziger und dreißiger Jahren entwickelt hatte, und ging in der aktuellen Ausformung auf die Vorstellungen

Schillers zurück. Auch Brandt war mit einem solchen Ansatz, der das erfolgreiche deutsche Modell der Sozialen Marktwirtschaft ergänzte, gut vertraut. Im schwedischen Exil hatte er im Rahmen der „Internationalen Gruppe demokratischer Sozialisten" das noch sehr viel weitergehende Konzept eines zugunsten der sozialen Umverteilung in die Wirtschaft eingreifenden Staates bei einem der Vordenker der „Stockholmer Schule", Gunnar Myrdal, kennen gelernt.[22]

In großer Geschwindigkeit ergriff die Bundesregierung im ersten Halbjahr 1967 Maßnahmen zur Überwindung der Wirtschaftskrise. Der Bundeshaushalt, der noch wenige Monate zuvor Anlass für das Auseinanderbrechen der Regierung aus CDU/CSU und FDP gewesen war, weil man sich über den Ausgleich des Budgetdefizits nicht hatte einigen können, wurde im Januar 1967 auf den Weg gebracht. Ein Kreditfinanzierungsgesetz schloss sich im Februar an, und in den nächsten Monaten bis zur Sommerpause des Bundestages wurden schließlich die Fundamente der neuen Wirtschaftspolitik gelegt: das „Gesetz zur Förderung der Stabilität und des Wachstums der Wirtschaft" und die „mittelfristige Finanzplanung" von 1968 bis 1971. Dies war besonders ein Erfolg der SPD, die seit Beginn der Rezession im Sommer 1966 mehrfach gefordert hatte, das vorgegebene Ziel der wirtschaftlichen Stabilität durch ein die Marktkräfte anregendes Investitions- und Wachstumsgesetz zu ergänzen.[23] Die generelle Absicht bei diesen staatlichen Maßnahmen war es, dem Idealfall des in der Praxis freilich unerreichbaren „magischen Vierecks" kraftvoller Volkswirtschaften so nahe wie möglich zu kommen: Stetiges Wirtschaftswachstum sollte bei gleichzeitiger Stabilität der Preise, einem hohen Beschäftigungsstand und außenwirtschaftlichem Gleichgewicht gesichert werden.

Dies war aber nur der Anfang, um neues Vertrauen für die Politik zu gewinnen. Hinzu kamen auch Elemente, die nicht alle neuartig waren, aber durch eine geschickte Etikettierung den Charakter der Modernität erhielten und somit eine ganz eigene psychologische Wirkung entfalteten. In diese Kategorie der vor allem vom Wirtschaftsminister popularisierten, bildhaften und darum einprägsamen Begriffe fielen das Konzept einer „Globalsteuerung der Wirtschaft", die als „MifriFi" abgekürzte „Mittelfristige Finanzplanung" oder die „Konzertierte Aktion". Die Koalition war kaum ein halbes Jahr alt, da waren unter federführender Beteiligung der Sozialdemokraten bereits zwei Elemente neu implementiert und in aller Munde: die Zusammenarbeit des Staates mit Interessengruppen – von Ministerien mit Gewerkschaften und Unternehmerverbänden – in der *Konzertierten Aktion* und die vorausschauende mehrjährige Planung und Lenkung in der *Mittelfristigen Finanzplanung*. Flankiert wurden diese Instrumente durch Jahreswirtschaftsberichte, Sachverständigenkommissionen und Expertenräte.

Beides beruhte auf einer Vorstellung vom Staat, die Brandts politischem Konzept entgegenkam: Politik als Kunst des Ausgleichs der Interessen und der Zusammenführung aller betroffenen Gruppen, ohne aber dem Staat die Verantwortung für die grundsätzliche Richtungsvorgabe zu nehmen. Ins Praktische gewendet hieß dies, weder bei der Konzertierten Aktion oder in den Expertengremien die Tarifautonomie in Frage zu stellen, noch etwa bei der Diskussion der betrieblichen Mitbestimmung der Arbeitnehmer das Eigentumsrecht anzutasten, aber gleichzeitig die Pflicht des Gemeinwesens, für das Wohl und die soziale Sicherheit der Bürger zu sorgen, als umfassend zu verstehen.

In diesem Sinne einer erweiterten Definition der Staatsaufgaben begann die Große Koalition in der kurzen Zeit von etwa zwei Jahren auf vielen Gebieten den sogenannten „Reformstau" aufzulösen. Dabei handelte es sich unter anderem um Maßnahmen zur sozialen Sicherung, wie der Lohnfortzahlung für Arbeiter im Krankheitsfall, dem Einbezug aller Angestellten in die Krankenversicherung unabhängig von ihrem Einkommen oder der Neuregelung der beruflichen Bildung und Arbeitsförderung, aber auch um Änderungen beim Nichtehelichenrecht oder dem Straf- und Strafvollzugsrecht.[24] Andere Bereiche wurden dagegen aufgrund zunehmender Interessenkonflikte zwischen Union und SPD nur vorläufig geregelt oder blieben gänzlich unerledigt: In der Frage der Verjährung von Mord – hier ging es vor allem um die Sühnung der nationalsozialistischen Verbrechen – einigte sich die Koalition kurz vor Auslaufen der Verjährungsfrist mit Mühe auf die Verlängerung um zehn Jahre; erst 1979 wurde die Verjährung dann, wie es die SPD schon 1969 gewünscht hatte, gänzlich aufgehoben. Das Publizitätsgesetz, mit dem Großbetriebe zur Offenlegung ihrer Bilanzen verpflichtet werden sollten, wurde von Brandt in mehreren Schreiben an Kiesinger angemahnt und regelmäßig auf die Tagesordnung der Koalitionstreffen gesetzt, blieb aber liegen.[25] Ähnlich erging es dem Vorhaben zur Beschränkung der Pressekonzentration, das 1969 vom Kabinett still begraben wurde, nachdem der Axel-Springer-Konzern, auf den sich die Maßnahme in erster Linie beziehen sollte, auf Empfehlung der eingesetzten Expertenkommission einige Zeitschriften aus dem Verlag ausgegliedert hatte. Brandt und die SPD hatten – verstärkt seit dem Attentat auf den Studentenführer Rudi Dutschke im April 1968 – die wachsende Medienmacht des Verlegers Axel Springer und seines Konzerns mit Unbehagen registriert.

In den Auseinandersetzungen von Staat und Gesellschaft mit den Protestbewegungen und dem Generationskonflikt am Ende der 60er Jahre war Brandts Haltung von zwei Tendenzen bestimmt: Zum einen zeigte er Verständnis für den Wunsch nach Veränderung, warb für seine Überzeugung, dass die Demokratie ein lebendiger Prozess sei und der Staat durchaus eine Portion Unruhe vertragen könne, ja dass eine solche Bewegung nicht einfach aufzuhalten sei.[26] Zum anderen zog er kompromisslos die Grenze zu Gegnern der parlamentarischen Demokratie, beharrte auf Rechtsstaatlichkeit und staatlichem Gewaltmonopol, das er gegen jede Infragestellung verteidigte. Letzteres kam auch in seinen Bemühungen um organisatorische Abgrenzung zum Ausdruck: Nach der fortschreitenden Radikalisierung 1968 entzog die SPD dem Sozialdemokratischen Hochschulbund (SHB) im März 1969 die finanzielle Unterstützung; die Bundesregierung strich dem Verband Deutscher Studentenschaften die Zuschüsse. Brandt änderte in dieser Hinsicht seine Haltung auch Jahre später nicht: Um den weiteren „Marsch durch die Institutionen" zu erschweren, bedurfte es nach seiner Ansicht erneuter Grenzziehungen. Hierin lag ein Grund für seine Befürwortung des „Radikalenerlasses" im Januar 1972, der endgültigen Trennung der SPD vom SHB (der sich nach einem verlorenen Rechtsstreit um seinen Namen in „Sozialistischer Hochschulbund" umbenannte) im Juni 1972 oder der Unvereinbarkeitsbeschlüsse gegenüber kommunistischen Gruppen.

Die „Außerparlamentarische Opposition" bündelte verschiedene Protestformen, vom studentischen Protest gegen die Verhältnisse an den Hochschulen bis hin zur Revolution der Lebensstile; die Lust am Angriff auf das Establishment vermischte sich mit fundamentaler Kapitalismuskritik und dem engagierten und zornigen Protest gegen den von den USA mit äußerster Härte geführten Vietnamkrieg.[27] Hinzu kam der Widerspruch vieler Menschen gegen die Große Koalition, von Studenten und Akademikern, Gewerkschaftern, Intellektuellen aus Medien, Wissenschaft und Kultur. Sie einte zunächst die Überzeugung, dass die Koalition der beiden Großparteien SPD und CDU eine wirkungsvolle, kritische Opposition innerhalb des Parlaments unmöglich mache. Dies traf insofern zu, als die FDP-Fraktion so klein war, dass sie im Bundestag die entscheidenden Rechte der Opposition gar nicht wahrnehmen konnte: Sie besaß nicht die Sperrminorität, um Änderungen des Grundgesetzes zu verhindern, konnte weder Sitzungen des Parlaments oder die Einsetzung eines Untersuchungsausschusses beantragen noch Normenkontrollklagen vor dem Bundesverfassungsgericht erheben.

Für das Verhältnis der APO zum Staat sollte vor allem einem Ereignis weichenstellende Wirkung zukommen: Während der Demonstrationen gegen den Besuch des Schah von Persien am 2. Juni 1967 in Berlin erschoss ein Polizeibeamter den Studenten Benno Ohnesorg, ohne dass dieser irgendeinen Anlass gegeben hätte, zur Waffe zu greifen. Die Gewalttat war umso folgenreicher, als die Polizei zunächst versucht hatte, die Öffentlichkeit zu täuschen und die Schuld für das Geschehen dem Toten zuzuschieben. Die Radikalisierung der Studentenbewegung beschleunigte sich; im April und Mai 1968 spitzte sich die gesellschaftliche Auseinandersetzung zu und mündete in weitere Gewalt. Die verschiedenen Bewegungen in der APO und der Widerstand gegen die Große Koalition hatten sich durch innen- und außenpolitische Faktoren verstärkt – die Verschärfung der

Kriegführung der USA in Vietnam, die Verabschiedung der Notstandsgesetzgebung im Deutschen Bundestag und die Protestbewegungen in Amerika und besonders in Frankreich, wo es in Paris zu revolutionsähnlichen Vorgängen kam. Den von den Urhebern als Protest gegen den „Konsumterror" bezeichneten Brandstiftungen in zwei Frankfurter Kaufhäusern Anfang April 1968, mit denen die Baader-Meinhof-Gruppe die Weichen für ihren Weg in den Terrorismus stellte, folgte am Abend vor Karfreitag das Attentat auf Rudi Dutschke. Die Tat, bei der Dutschke lebensgefährliche Verletzungen erlitt, deren Spätfolgen 1978 zu seinem Tod führen sollten, hatte ein aus München angereister Gelegenheitsarbeiter verübt. Dieser hatte sich in seiner Mordabsicht auch durch die – gegen die Studentenbewegung im Allgemeinen und gegen Dutschke im Besonderen gerichteten – Kampagnen von Zeitungen des Axel-Springer-Verlages sowie der rechtsextremen „Nationalzeitung" bestärkt gefühlt. Die durch den Anschlag ausgelösten Osterunruhen brachten ein ungekanntes Ausmaß an Protest und Hass, das Brandt veranlasste, die Gewalt zu verurteilen und alle Seiten zur Besonnenheit zu mahnen.[28]

In diese Situation fiel im Mai 1968 die dritte – entscheidende – Lesung der Notstandsgesetze im Bundestag. Die geplanten Regelungen – gegliedert in mit einfacher Mehrheit zu beschließende Gesetze und in diejenigen, die eine Grundgesetzänderung, also eine Zweidrittelmehrheit verlangten – sollten ein normatives Defizit der Bundesrepublik beseitigen: Im Gegensatz zu den meisten anderen Staaten gab es keine vom Parlament beschlossene Notstandsverfassung; in einem Krisenfall hätten alliierte Vorbehaltsrechte gegolten, die sich aus dem Deutschlandvertrag von 1952 ableiteten.[29] Wäre ein solcher Fall eingetreten, hätten die Alliierten die Planung und Durchführung einzelner Verordnungen an die deutschen Behörden übertragen. Im Laufe der Jahre waren zu diesem Zweck von den Behörden Maßnahmen entwickelt worden, die so genannten „Schubladengesetze", die gravierende Einschränkungen der Grundrechte enthielten und dann – ohne vorherige parlamentarische Legitimierung – in Kraft getreten wären. Die bereits seit 1958 in verschiedenen Entwürfen und Varianten im Bundestag und in den Parteien diskutierte eigene „Notstandsverfassung" sollte im Verteidigungsfall die Versorgung der Bevölkerung und der Bundeswehr sicherstellen, Gefahren für die Demokratie im Innern abwehren und für den Fall von Naturkatastrophen oder Unglücksfällen die Bündelung aller Hilfsmittel von Bund und Ländern ermöglichen. Die Absicht der Großen Koalition, ihre Zweidrittelmehrheit im Bundestag zu nutzen, um nach mehr als zehnjähriger Debatte das Vorhaben endlich abzuschließen, rief starken Protest hervor. Es bildete sich ein breites Bündnis von Gewerkschaftern, Kirchenvertretern und Wissenschaftlern bis hin zu Intellektuellen, die im Kuratorium „Notstand der Demokratie" über zwei Jahre lang den Widerstand organisierten. An einem Sternmarsch auf Bonn Mitte Mai 1968 nahmen die Gewerkschaften allerdings nicht mehr teil; sie wollten sich als stärkste Gruppe von den anderen nicht ins Schlepptau nehmen lassen und organisierten zum selben Zeitpunkt eine eigene Demonstration. Ihr Protest war teilweise erfolgreich; die SPD kam manchen ihrer Bedenken entgegen und entschärfte den Entwurf der Notstandsverfassung vor der dritten Lesung nochmals. So wurden insbesondere Arbeitnehmer- und Streikrechte gegen Eingriffe gesichert.[30]

Die heftige Auseinandersetzung über die Notstandsgesetze lässt spürbar werden, wie groß das Vertrauens- und Legitimationsdefizit der bundesdeutschen Demokratie Mitte der 60er Jahre gewesen war. Das Misstrauen in die demokratische Gesinnung deutscher Behörden und die Sorge vor einer Diktatur von rechts waren bei manchen Gegnern so groß, dass sie lieber das Fortbestehen der alliierten Rechtssetzung hingenommen hätten. Dies insbesondere war der Grund, warum Brandt sich am 30. Mai 1968 für die Annahme der „Notstandsgesetze" in die Bresche schlug: In seiner fulminanten Rede betonte er die Notwendigkeit der Ablösung der alliierten Rechte und setzte den Ängsten von Gewerkschaftern und Intellektuellen sein Vertrauen in die Stärke der deutschen Demokratie entgegen.[31]

Die Sorge um die politische Stabilität der Bundesrepublik ist auch vor dem Hintergrund der Mobilisierung des rechtsextremen Lagers zu sehen. In der instabilen Situation am Ende der Kanzlerschaft Erhards hatte die NPD beängstigende Wahlerfolge errungen: So war sie im November 1966 in Hessen mit 7,9 % und in Bayern mit 7,4 % der Stimmen in den Landtag eingezogen. Bei der Bildung der Großen Koalition hatte es die Befürchtung gegeben, das Bündnis der Großparteien werde der NPD weiteren Auftrieb bescheren, ihr den Nimbus einer ernsthaften Oppositionsbewegung geben. Und in der Tat: Bei allen Landtagswahlen 1967 zog die NPD in die Parlamente ein; im April 1968 in Baden-Württemberg gelang ihr mit 9,8 % der Stimmen der größte Erfolg.[32] Brandt hatte nach dieser Wahl sein Amt als Außenminister zur Verfügung stellen wollen, zumal die SPD im Südwesten eine vernichtende Niederlage erlitten hatte. Nachdem Brandt anfangs noch für ein Verbot der NPD eingetreten war, setzte er, als sich die Antragstellung für ein beim Bundesverfassungsgericht zu bewirkendes Parteiverbot hinzog, verstärkt auf die öffentliche Auseinandersetzung mit den Rechtsradikalen, auf die Aufklärung mit den Mitteln der politischen Bildung, aber auch auf eine Beschneidung der Möglichkeiten zu rechtsradikaler Propaganda.[33] Ein Abrücken von der Verbotsstrategie lag auch aus taktischen Gründen nahe: Nach der 1968 erfolgten Wiedergründung einer kommunistischen Partei, der DKP – de facto die Nachfolgeorganisation der 1956 vom Bundesverfassungsgericht verbotenen KPD –, hätte ein Vorgehen gegen die NPD auch eines gegen die DKP nahegelegt; zumindest hatten die Unionsparteien dies in Koalitionsgesprächen bereits gefordert. Die von Brandt betriebene Entspannungspolitik und die ohnehin schwierigen Verhandlungen mit der Sowjetunion wären dadurch kaum erleichtert worden.

Die Frage, wie den Wahlerfolgen extremistischer Parteien zu begegnen sei, berührte ganz wesentlich ein anderes großes Vorhaben der Koalition: die Reform des Wahlrechts. In der Koalitionsvereinbarung war die Absicht beider Partner niedergelegt, sich innerhalb der Wahlperiode auf ein mehrheitsbildendes Wahlrecht zu einigen. Eine Änderung des Wahlrechts, so die Hoffnung, könnte die Funktionsfähigkeit der parlamentarischen Demokratie in der Bundesrepublik festigen. Die unterschiedlichsten Möglichkeiten wurden erwogen, vom reinen Mehrheitswahlrecht bis zu diversen Mischformen von Mehrheits- und Verhältniswahlrecht mit der Wahl mehrerer Abgeordneter in einem Wahlkreis (so genannte Dreier- oder Viererwahlkreise). Von großer Bedeutung für das Wahlergebnis – und daher besonders umstritten – war zudem das System, nach dem die Stimmen ausgezählt werden sollten. Die Komplexität der Materie hatte zur Folge, dass beide Koalitionspartner und das von Paul Lücke (CDU) geleitete Bundesministerium des Innern je eigene Expertenkommissionen einsetzten. Anfangs war die Auseinandersetzung noch sehr stark von der Sorge um die Stabilität der demokratischen Ordnung bestimmt, jedoch gewannen taktische Motive von Jahr zu Jahr mehr Bedeutung. Wie würde sich das jeweilige Wahlrecht auf die eigenen Regierungschancen auswirken? Was war von der NPD zu befürchten, was von der FDP zu erhoffen?

Brandt besaß, jenseits aller taktischen Fragen, Sympathien für ein relatives Mehrheitswahlrecht: Es erlaubte die Bildung klarer Mehrheiten und erschwerte extremen Parteien den Einzug ins Parlament. Für Brandt spielte hier die Analyse des Untergangs der Weimarer Republik eine große Rolle. Die Demokratie in der Bundesrepublik aber hielt er nicht für so gefährdet, dass dies den Versuch gerechtfertigt hätte, kleine Parteien generell von der politischen Mitwirkung auszuschließen.[34] Zudem – dies war der taktische Gesichtspunkt – wäre damit auch die FDP als potenzieller Mehrheitsbeschaffer einer sozialdemokratisch geführten Regierung ausgefallen.

Die von der SPD eingesetzte Wahlrechtskommission votierte in ihrem Bericht 1968 schließlich für Dreier-Wahlkreise, die – angesichts des vorgeschlagenen Auszählungssystems – in der Regel SPD und CDU bzw. CSU zugefallen wären, einige wenige möglicherweise auch der FDP. Die Vorschläge blieben – wie auch die Pläne von Innenminister Lücke und der CDU-Kommission – ohne praktische Folgen. Wechselseitig warf man sich in der Koalition vor, die Reform zu verzögern. Verhindert wurde sie schließlich durch die SPD: Auf Betreiben der Parteispitze wurde die Sache auf dem Parteitag in Nürnberg 1968 vertagt, was den in dieser Frage sehr engagierten Innenminister – eine Wahlrechtsänderung schien ihm für die Stabilität der Demokratie notwendig – zum Rücktritt veranlasste. Brandt hatte – wie viele in der Parteiführung – kein Interesse an einer Reform, deren Folgen für die SPD ungewiss blieben. Insgesamt zeigte die Wahlrechtsdebatte die grundsätzlichen Grenzen einer Annäherung an westliche Muster der Demokratie. Vor einem nämlich schreckten fast alle Gruppen zurück: ein wirkliches Konfliktmodell zu adaptieren. Den meisten ging es nicht um ein Wahlrecht, das den Konflikt zwischen Opposition und Regierung in den Mittelpunkt rückte, sondern immer um gemäßigte Systeme, die im Prinzip alle demokratisch fundierten Interessen berücksichtigten, aber den Gefahren extremistischer Minderheiten besser begegnen konnten. Das Scharmützel um die Wahlrechtsreform wurde zwischen den Koalitionspartnern noch bis 1969 fortgesetzt, zumal Brandt dadurch gegenüber der FDP ein willkommenes Druckmittel besaß, um die Liberalen in der Frage der Bundespräsidentenwahl dem SPD-Kandidaten Heinemann gewogener zu machen.

Je länger die Große Koalition dauerte, desto schlechter wurde schließlich die Stimmung; der nahende Wahlkampf nötigte die Partner zu deutlicherer Profilierung. Der Ton wurde härter, und es gab trotz eines 1968 geschlossenen Fairnessabkommens für den Wahlkampf heftigen Streit und wechselseitige Diffamierungen.[35] Der „Kreßbronner Kreis" existierte in seiner ursprünglichen Form nicht mehr. Ende 1968 hatte Schmidt versucht, ihn wiederzubeleben – doch ohne rechten Erfolg. Auch in den Sachfragen wuchsen die Differenzen. Ein derartiger Fall war der Streit um die Aufwertung der D-Mark gegenüber dem Dollar im Sommer 1969. Die sich lange Zeit gut ergänzenden Partner Schiller und Strauß hatten schon seit dem Frühjahr 1969 in der Frage, wie auf die internationalen Währungsprobleme reagiert werden sollte, keinen gemeinsamen Weg gefunden. Nachdem Schillers Vorschlag eines Stabilisierungsprogramms zur Dämpfung der Nachfrage in Verbindung mit einer D-Mark-Aufwertung im Kabinett von Kiesinger brüsk abgelehnt worden war, gewann die Auseinandersetzung über die richtige Wirtschafts- und Währungspolitik entscheidende Bedeutung im Wahlkampf. Der Streit eskalierte und führte auch zu harschen Schreiben zwischen Brandt und dem Kanzler.[36] Dem Wirtschaftsminister gelang es, mit dieser Frage, in der er breite Unterstützung bei den Experten und im Ausland fand, sich und die SPD zu profilieren, zumal der spekulative Devisenzufluss in die Bundesrepublik durch die Debatte über die Aufwertung noch zunahm und wenige Tage vor der Wahl im September 1969 die Schließung der Devisenbörsen notwendig machte. Der erste innenpolitische Akt der neuen sozialliberalen Koalition bestand dann folgerichtig in der Aufwertung der D-Mark, deren Wechselkurs allerdings schon am Tag nach der Bundestagswahl von der alten Regierung freigegeben worden war, was praktisch einer De-facto-Aufwertung entsprochen hatte.

Ein „Stück Machtwechsel": Die Durchsetzung der sozialliberalen Koalition 1969

Die Schärfe des öffentlich ausgetragenen Streits um die Aufwertung der D-Mark machte deutlich, wie sehr sich die Gemeinsamkeiten der Großen Koalition erschöpft hatten. Wesentliche innenpolitische Vorhaben waren entweder bewältigt oder – wie in der Finanzpolitik – in dieser Koalition nicht mehr lösbar. Auf außenpolitischem Gebiet überwogen spätestens seit dem Streit, wie die Bundesrepublik auf die Anerkennung der DDR durch Kambodscha reagieren sollte, die Gegensätze. Auch hatte Brandt inzwischen begonnen, auf vielen Gebieten den Macht- und Führungsanspruch der SPD zu erheben; ihr Anteil – so hieß es – müsse sich in den gesellschaftlichen Institutionen des Staates niederschlagen.[37]

Der Vizekanzler neigte schon seit längerem dazu, die Koalition mit der CDU/CSU nach Möglichkeit nach den Wahlen 1969 nicht mehr fortzusetzen, zumindest aber selbst nicht wieder in ein derartiges Kabinett zurückzukehren. Er hatte den Kontakt zur FDP nie abreißen lassen, sorgsam auf die Entwicklungen in dieser Partei geachtet, den Wechsel an der Parteispitze von Mende zu Scheel im Januar 1968 ausdrücklich begrüßt und besonders die wachsenden Gemeinsamkeiten in der Deutschland- und Außenpolitik betont.[38] Überhaupt schienen ihm die neuen Liberalen als die moderneren

Köpfe; sie waren offenkundig sehr viel beweglicher als die Konservativen.

Zum Beweis neuer Möglichkeiten wurde die Wahl des Nachfolgers von Bundespräsident Lübke im März 1969. Gegen den von der SPD benannten Kandidaten Gustav Heinemann hatte die Unionsfraktion Verteidigungsminister Gerhard Schröder ins Rennen geschickt. Dieser konnte sich zwar in der Bundesversammlung, ob er wollte oder nicht, der Unterstützung der NPD sicher sein, weniger aber der FDP, deren Stimmen den Ausschlag geben mussten. Um die Chancen einer Wahl Heinemanns zu sondieren, hatte Brandt bereits im Herbst 1968 mit dem stellvertretenden FDP-Vorsitzenden, Hans-Dietrich Genscher, gesprochen. Entscheidend aber war die Zusicherung der SPD-Spitze an die Adresse der beunruhigten Liberalen, dass die für die FDP tödliche Wahlrechtsreform endgültig begraben werde, wenn Heinemann die nötige Unterstützung der Partei erhalte.[39]

Die Bundesversammlung am 5. März 1969 brauchte drei Wahlgänge, um schließlich mit der knappen Mehrheit von 512:506 Stimmen Gustav Heinemann zum Bundespräsidenten zu wählen. Damit hatte sich die politische Situation in der Bundesrepublik erheblich gewandelt: Zum einen war verhindert worden, dass ein Bundespräsident sein Amt – wie es bei Schröder der Fall gewesen wäre – mit Hilfe der Stimmen der rechtsradikalen NPD erlangt hätte, was außen- und innenpolitisch ein verhängnisvolles Signal gewesen wäre. Zum anderen kündigte sich durch das Verhalten der FDP eine neue politische Konstellation an, die „neue Mitte" von liberalem Bürgertum und Sozialdemokratie schien erreichbar. 50 Jahre nachdem die Weimarer Nationalversammlung 1919 Friedrich Ebert zum Reichspräsidenten bestimmt hatte, war wieder ein Sozialdemokrat zum höchsten Repräsentanten des Staates gewählt worden. Dies bedeutete, wie Heinemann es forsch – und die Gemüter polarisierend – interpretierte, „ein Stück Machtwechsel".[40] Die Bundesrepublik war zwei Jahrzehnte nach ihrer Gründung der demokratischen Normalität des Wechsels von Regierung und Opposition einen Schritt näher gerückt.

Vor der Bundestagswahl im September 1969 hatten sich die SPD und auch die anderen Parteien zu möglichen Koalitionsabsichten lange nicht geäußert. Zunächst im Stillen, dann zunehmend auch öffentlich bahnte Brandt jedoch den Weg, auf dem er – sollte sich nach der Wahl die Chance bieten – ein Bündnis mit der FDP erreichen konnte: Gespräche mit Scheel und Kontakte zu früheren Berliner Koalitionspartnern und Bundestagsabgeordneten der FDP bereiteten den Boden; in Interviews erörterte Brandt offen Felder politischer Gemeinsamkeit mit den Liberalen. Solche fanden sich für die Deutschland- und Außenpolitik leichter als für andere Bereiche, aber auch dort, wo man nicht einer Meinung war, vermied es Brandt, die Gegensätze unüberbrückbar werden zu lassen. Der Schlusspunkt wurde schließlich am 25. September 1969, drei Tage vor der Wahl, in der Diskussionsrunde der vier Parteivorsitzenden im Fernsehen gesetzt, als Scheel die Chance nutzte und seine Präferenz für die Sozialdemokraten erklärte.[41] Dies erhielt noch zusätzliches Gewicht, da die Debatte offenbarte, wie wenig sich Brandt und Kiesinger noch zu sagen hatten. Auch die Wahlslogans deuteten die neue Konstellation bereits an: Während die CDU sich auf das Bewährte, auf ihren Kanzler Kiesinger stützte („Auf den Kanzler kommt es an"), setzten FDP und SPD auf die Erneuerung: Die FDP, die nun als die Partei mit den drei Punkten („F.D.P.") auftrat, brach mit der Tradition („Wir schaffen die alten Zöpfe ab"); die SPD formulierte etwas weniger radikal, aber voller Verheißung („Wir schaffen das moderne Deutschland").

Diese Anzeichen einer Tendenzwende von Teilen der SPD und FDP wurden umso bedeutsamer, als das Wahlergebnis am Abend des 28. September 1969 ein sozialliberales Bündnis nicht unbedingt nahelegte. Die SPD lag trotz eines erneuten Stimmengewinns mit 42,7 % der Stimmen deutlich hinter der Union (46,1 %) zurück, die nur minimale Einbußen erlitten hatte. Auch zusammen mit der FDP – mit einem Verlust von über einem Drittel ihrer Wähler die eigentliche Wahlverliererin – waren es lediglich 48,5 % aller abgegebenen Stimmen. Eine parlamentarische Mehrheit für SPD und FDP ergab sich nur daraus, dass die NPD mit 4,3 % relativ knapp an der Fünfprozentklausel gescheitert war. Doch diese Mehrheit war gering; sie betrug 12 Mandate – genug für Brandt, um die Koalition in seiner

Partei durchzusetzen, zu wenig jedoch, wie sich zeigen sollte, um die gesamte Wahlperiode zu überstehen.[42]

Dass der Coup der neuen Koalition noch vor den laufenden Fernsehkameras am Sonntagabend gelang, lag daran, dass – wie mit Verwunderung noch Jahre später die Weggefährten Brandts und Beobachter konstatierten – der Außenminister und Parteivorsitzende ungewöhnlich machtbewusst seinen Anspruch auf die Kanzlerschaft und die Regierungsbildung formulierte: „SPD und FDP haben mehr als CDU und CSU".[43] Ein Telefonat mit dem durch die Halbierung des FDP-Stimmenanteils niedergeschlagenen Scheel noch am selben Abend, die Unterstützung seitens der seit Dezember 1966 im sozialliberalen Bündnis erprobten Koalitionspolitiker in Nordrhein-Westfalen im Laufe der Nacht sowie vor allem die immense Energie, Durchsetzungskraft und Einigkeit der Hauptprotagonisten Brandt und Scheel in den Gremienberatungen der nächsten Tage sicherten der gewünschten Entscheidung eine Mehrheit in beiden Parteien. Der Bund war geschlossen, bevor seine Möglichkeit überhaupt erst in Zweifel gezogen werden konnte.

Auch die Koalitionsvereinbarung wurde in wenigen Tagen vereinbart. In den großen Linien waren sich die Partner einig; das Herzstück bildete die Außen- und Deutschlandpolitik, die in einer gesonderten Stellungnahme fixiert wurde. Festgeschrieben wurden ansonsten nur wenige Regelungen, in denen unterschiedliche Positionen bestanden hatten, wie etwa in der Mitbestimmungsfrage, in der sich die FDP weitgehend durchsetzte. So wurde die von der Sozialdemokratie favorisierte Übernahme der im Montanbereich gültigen paritätischen Mitbestimmung für Unternehmen anderer Branchen ausgeschlossen.[44]

Am 21. Oktober 1969 wählte der Bundestag Willy Brandt zum Bundeskanzler. So groß der Erfolg für ihn und die SPD war – zum ersten Mal seit 1930 stellte die Partei wieder den Kanzler –, er blieb nicht ohne Wermutstropfen: Brandt erhielt lediglich 251 Stimmen, gerade zwei über der erforderlichen absoluten Mehrheit. Dass gleich drei Abgeordnete der Koalition gegen ihn gestimmt hatten, die Liberalen Mende, Starke und Zoglmann, wies auf kommende Schwierigkeiten des Bündnisses hin.

Personell unterschied sich das Kabinett auf der SPD-Seite zwar nur in einigen Positionen von dem der Großen Koalition, aber diese waren dafür umso bedeutender und für einen Teil der künftigen Probleme Brandts bei der Führung der Regierung verantwortlich. Mit Schmidt und Möller wechselten – gegen ihre eigene Absicht und auf ausdrücklichen Wunsch des Kanzlers – zwei zuvor für die Fraktion Verantwortliche ins Kabinett, übernahmen das Verteidigungs- bzw. Finanzministerium; Wehner trat dagegen den umgekehrten Weg an und rückte an die für den Kanzler besonders bedeutsame Schaltstelle der Politik, an die Spitze der Bundestagsfraktion. Im Mai 1971 gab es den ersten Aderlass: Möller trat entnervt von den Streitigkeiten im Kabinett und fehlender Unterstützung für seine Finanzpolitik zurück. Die weiteren Verluste folgten in kurzen Abständen: Im Januar 1972 trat der parteilose und in der SPD von Anfang an umstrittene Wissenschaftsminister Leussink zurück, im Mai 1972 der zuletzt als „Superminister" für Finanzen und Wirtschaft verantwortliche Schiller.

Ein weiteres Problem ergab sich durch die Erhebung des neuen Chefs des Kanzleramts, Horst Ehmke – der im März 1969 Nachfolger Heinemanns als Justizminister der Großen Koalition geworden war –, in den Ministerrang. Verfassungsrechtlich war dies nicht unproblematisch, denn Ehmke geriet dadurch in den Zwiespalt, einerseits Dienstuntergebener des Kanzlers zu sein, andererseits im Kabinett eigenständige Ressortverantwortung zu tragen.[45] Politisch folgenreicher waren für Brandt die Befürchtungen von Schmidt und Schiller, Ehmke könne als Kronprinz des Kanzlers wahrgenommen werden und ihre eigenen Ambitionen beschneiden. Mit schriftlichen Vereinbarungen versuchten sie, Ehmkes Einfluss in Partei und Öffentlichkeit zu begrenzen.[46] Die Saat für Konflikte war jedenfalls gelegt, und prompt wurden die ersten Kabinettssitzungen von Eifersüchteleien geprägt. Brandts Hauptsorge nach den ersten Wochen des Regierens galt denn auch der Frage, wie aus den einzelnen Persönlichkeiten in der Regierung „ein Team zu formen" sei.[47] Dies sollte ihm bis zum Ende seiner Kanzlerschaft nicht gelingen. Mehr Glück hatte Brandt dagegen mit der Entscheidung, dem FDP-Politiker Ertl einen Traum zu erfüllen und ihm das Landwirtschaftsministerium anzubieten. Ertl nahm an und schwächte damit die Phalanx der Gegner der sozialliberalen Koalition in der FDP, zu denen er davor gehört hatte.

Anders als das Zweckbündnis von SPD und CDU 1966 musste die SPD diesmal die Zusammenarbeit mit der FDP nicht mühselig vor der Basis und ihrer eigenen Anhängerschaft rechtfertigen. Die Koalition verkörperte den Aufbruch zu neuen Ufern; sie spiegelte, trotz der knappen Mehrheit, die gewaltigen Veränderungen der politischen Kultur und die fortschreitende Differenzierung der bundesrepublikanischen Gesellschaft seit den frühen 60er Jahren wider. Der Wandel schlug sich auch innerhalb der Parteien und in ihrem Selbstverständnis nieder. Die SPD gewann neue Wählerschichten, darunter Teile des „neuen Mittelstandes", die zu einem guten Teil von der Wirtschaftspolitik und der Person Karl Schillers angezogen wurden. Zahlreiche Menschen – allein 1969 waren es fast 100 000 – traten der Partei bei, die sich dadurch auch erheblich verjüngte. Generell wuchs die Bereitschaft, sich für die SPD zu engagieren, gerade bei denjenigen, die bisher nicht zur üblichen politischen Klientel der Partei gezählt hatten.

Ein Beispiel war das Engagement von Intellektuellen, Künstlern, Wissenschaftlern und Journalisten für eine junge und moderne Sozialdemokratie. Dieser Einsatz war eng mit der Person Brandts verknüpft. Die Initiativen hatten im Wahlkampf 1961 begonnen, führten dann 1965 zur Gründung des „Wahlkontors deutscher Schriftsteller", in dem sich Verleger und Dichter zusammenschlossen, um der Parteiführung Anregungen für Reden, Wahlslogans u. Ä. zu geben. Der Eintritt der SPD in die Große Koalition 1966 war in diesen Kreisen als falsches Signal heftig kritisiert worden. Die Kritik führte aber nicht zur Abwendung von der Partei, sondern im Gegenteil zum engagierten Mitwirken, zum Versuch der Veränderung. In einem Kreis um den Motor dieser Bewegung, Günter Grass, entstand die Idee der „Sozialdemokratischen Wählerinitiative", einer breiten Bürgerbewegung, die durch ihr öffentliches Auftreten den außen- und innenpolitischen Reformkurs der SPD bestärken und zudem die Partei vom proletarischen Image befreien wollte, um sie für Mittelschichten, Angestellte und Akademiker wählbar zu machen.[48] Wahlhilfe von Künstlern und Intellektuellen war das eine. Den Protagonisten ging es aber um mehr: Sie wollten ein Bündnis zwischen Geist und Politik, sie wollten Teilhaber der Macht sein, wollten auf die Gestaltung der Innen- und Gesellschaftspolitik einwirken. Die Briefwechsel aus dieser Zeit zeichnen ein schillerndes Bild dieser von Euphorie und Enttäuschungen geprägten Beziehung. Brandt, der seine Wirkung auf die intellektuelle Welt nicht ungern registrierte, nutzte gezielt die Chance, die sich ihm bot. Wo konnten ihm die im politischen Geschäft zumeist unbewanderten, aber seismographisch gesellschaftliche Prozesse erspürenden Intellektuellen eine Hilfe sein? Wirkliche Mitsprache ließ Brandt nicht zu, schon gar nicht in offizieller Funktion (die Erwartungen von Grass blieben in dieser Hinsicht unerfüllt). Helfen konnten ihm die Schriftsteller und Intellektuellen aber bei der Auseinandersetzung mit der APO, mit der unruhigen, in Bewegung begriffenen jungen Generation, die sich eine Durchdringung aller politischen, gesellschaftlichen und wirtschaftlichen Bereiche mit „Demokratie" erträumte, eine neue Welt mit veränderten, sich ihrer selbst bewusst gewordenen Menschen erhoffte. In diesem Bereich nahm Brandt Vorschläge und Anregungen auf, reagierte auf Kritik, ließ die Intellektuellen bei sich im Kanzleramt über die Verbesserung der Welt diskutieren und stellte sich schützend vor die häufig Angegriffenen und Diffamierten, ob es um ihre Rolle als Schriftsteller ging oder um den Vorwurf der Unterstützung radikalisierter, gewalttätiger Gruppen. Wenn die konkrete Wirkung der Gruppe auf die innenpolitische Gesetzgebung des Kanzlers auch gering war, so ist deren Bedeutung für die Fähigkeit Brandts, vermittelnd, deeskalierend, integrativ wirksam zu werden, nicht zu unterschätzen.[49]

Auch in der FDP gab es strukturelle Veränderungen in der Wählerschaft und Mitgliedschaft der Partei. Zum Richtungsstreit über die Außen- und Deutschlandpolitik kam der Streit über die liberale Identität hinzu, eine Krise, die erst auf dem Freiburger Parteitag im Oktober 1971 überwunden wurde.[50] Die sechs Landtagswahlen 1970 bedeuteten für die FDP ein dauerhaftes Ringen um die parlamentarische Existenz und um den Koalitionskurs. Zwar war der innerparteilichen Opposition um den Ex-Vorsitzenden Mende schon im Januar 1970 beim Dreikönigstreffen der FDP in Stuttgart kein Erfolg beschieden, doch personelle Konsequenzen gab es erst auf dem Parteitag im Juni 1970. Mende und Zoglmann, die mit einer eigenen Gründung, der „Nationalliberalen Aktion", den Kurswechsel der FDP bekämpften, verließen schließlich die Partei und traten im Oktober 1970 zusammen mit Starke zur CDU über. Die SPD-FDP-Koalition hatte kaum ein Jahr nach ihrer Entstehung bereits einen Teil ihrer Mehrheit eingebüßt.

„Mehr Demokratie wagen": Die Rolle der Gesellschaftspolitik bei Brandt

Die Regierungserklärung vom 28. Oktober 1969 enthielt eine Vielzahl von Schlüsselbegriffen zum Verständnis der sozialliberalen Koalition; sie war ein teilweise pathetisches Bekenntnis zur Demokratisierung von Staat und Gesellschaft. So wurde die Rede als „Manifest des Neubeginns"[51], als eine legitimatorische Überhöhung des auf knappen Mehrheitsverhältnissen beruhenden Regierungswechsels verstanden.

Dabei war die Regierungserklärung in den allermeisten Passagen sachlicher und zurückhaltender, als sie vielen später in Erinnerung war. Zunächst betonte Brandt die Kontinuität zur bisherigen Politik seit Adenauer. In der anschließenden Übersicht über die politischen Prioritäten der Regierung rückte er die Reformen in Bildung, Wissenschaft und Technologie an die erste Stelle der Aufgaben. Zu den Schwerpunkten des innenpolitischen Sachprogramms gehörten weiter Reformen des Strafrechts und wirtschaftspolitische Maßnahmen. Insgesamt bot der Kanzler eine Mischung aus konkreten gesetzgeberischen Projekten, längerfristig angelegten politischen Reformvorhaben und Ansätzen einer Ethik der staatsbürgerlichen Verantwortung in der Demokratie. Allgegenwärtig waren die in vielfachen Kombinationen verwendeten Wörter „Reform" und „Plan"; Leitbegriffe waren Mitverantwortung, Soziale Demokratie, Partizipation,

Überwindung überkommener Hierarchien, Struktur- und Raumordnungspolitik, Gesamtplanung der Lebenswelt. Die innenpolitischen Leitgedanken – ob sie die Fortführung der Wirtschaftspolitik Schillers (gesunde Finanzen, Wachstum und Stabilität), die Erweiterung der Bürgerrechte oder den Ausbau sozialer Leistungen betrafen – waren zusammen mit der Neuformulierung der Außen- und Deutschlandpolitik in eine gesellschaftspolitische Vorstellung eingebettet, in der auch die bestehenden demokratischen Prinzipien neu akzentuiert wurden. Die Bürger zum Wagnis von „mehr Demokratie" aufzurufen und das „Volk" insgesamt zu einem „guten Nachbarn im Innern und nach außen" werden zu lassen, das fügte sich für Brandt zu einem Modernisierungsprojekt zusammen, in dem sich Außen- und Innenpolitik nicht mehr strikt trennen ließen. Diesen Zusammenhang erweiterte Brandt bei seiner Halbzeitbilanz im Juli 1971 noch: In einer als „zweite Regierungserklärung" apostrophierten Rede vor der Evangelischen Akademie Tutzing bekräftigte er den übergreifenden ethischen Bezug der geplanten Vorhaben. Die einzelnen inneren Reformen sollten zur „Bildung" des Menschen zusammenwirken, dessen Individualität, Selbstbestimmung und soziale Gebundenheit miteinander vermitteln – ob es sich bei den Reformen nun um die betriebliche Mitbestimmung, den Strafvollzug oder die Öffnung der Sozialversicherung für weitere Berufsgruppen handelte.[52]

Die Verwirklichung des Reformprogramms setzte ein umfassendes staatliches Eingreifen unter gleichzeitiger Beteiligung verschiedenster gesellschaftlicher Gruppen voraus. Zur Absicherung innenpolitischer Entscheidungen diente ein Geflecht von Organisationen, Räten, Gremien und Gesprächskreisen, dessen zwangsläufige Umständlichkeit dann aber mitunter vom Kanzler widerwillig konzediert wurde. Zudem entstand ein Dilemma, wenn gleichzeitig das Streben nach Eigenverantwortlichkeit betont und der mündige und selbstbewusste Bürger gefordert wurde. Dieser konnte sich der Einsicht in die Eingriffe natürlich auch entziehen und den Gang der Reformen verlangsamen oder blockieren.

Was verbarg sich hinter dem Appell „mehr Demokratie wagen" und dem Anspruch „wir fangen erst richtig an"? Implizierte dies, wie es die empört reagierende Opposition verstand, dass nach zwanzig Jahren unionsgeführter Regierungen in der Bundesrepublik die Demokratie noch nicht verwirklicht sei?[53]

Brandts Ausführungen können in den Grundzügen als Gegenentwurf zur Regierungserklärung Ludwig Erhards von 1965 gelesen werden. Auf den sozialen Wandel und die Veränderung der politischen Kultur der Bundesrepublik in den 60er Jahren hatte Erhard mit dem Konzept der „formierten Gesellschaft" reagiert. Er verstand darunter eine Gesellschaft, die sich durch Kooperation „formiert" und ihre Wertungen und Ordnungen nicht in pluralistischem Interessenstreit, sozialen Kämpfen oder kulturellen Konflikten gewinnt, sondern aus dem Zusammenwirken aller Gruppen „unter dem Gesichtspunkt des allgemeinen Wohls" bezieht.[54] Erhard sah den Parlamentarismus der Bundesrepublik vom Egoismus organisierter Interessen und der Übermacht der Verbände und Korporationen beherrscht; dieser vermeintlichen Fehlentwicklung der parlamentarischen Demokratie wollte er mit seinem Konzept entgegenwirken. Seiner Idee blieb der Erfolg jedoch versagt. Sie war zu unattraktiv: In theoretischer Hinsicht litt sie an Gebrechlichkeit; sie war vieldeutig (was sich für Brandts Demokratieansatz allerdings auch sagen ließe), und zudem konnte ihr Überbringer – anders als Brandt – kaum als „Modernisierer" oder Reformer auftreten. Erhards Popularität speiste sich aus längst vergangenen Zeiten des wirtschaftlichen Wiederaufbaus nach dem Krieg. Die Vision einer „formierten" Gesellschaft schien vielmehr – gerade während der langen Debatte um die Notstandsgesetze – eine autoritäre Anmaßung. Ihr haftete der Geist obrigkeitlicher Tradition und deutscher Vorbehalte gegen den Parlamentarismus sowie Misstrauen gegenüber der produktiven Wirkung offen ausgetragener Konflikte und Interessenwahrnehmung an.

Im Vertrauen in ebendiese demokratische Dynamik lag die Faszination begründet, die von Brandts Appell ausging: Demokratie sei ein Prinzip, so die Forderung des Kanzlers, „das alles gesellschaftliche Sein der Menschen beeinflussen und durchdringen muß".[55] Sie sollte durch eine Ausweitung ihrer Grundlagen stabilisiert, die traditionelle Trennung von Staat und Gesellschaft in dieser Hinsicht partiell aufgehoben werden. Das Verhältnis zwischen Bürger und Staat bzw. Bürger und Regierung müsse sich durch das demokratische Engagement des Einzelnen fortentwickeln. Dieser habe kritisch mitzudenken und – das war wesentlich – mitzuverantworten. „Demokratisierung", so ergänzte Brandt später, „heißt hier: politische Entscheidungsprozesse durchschaubarer machen und die Bürger ermutigen, bei der Neugestaltung der Verhältnisse selber mitzuwirken".[56] Damit richtete sich Brandts Postulat noch gegen einen – neben Erhards Vorstoß – weiteren Versuch der Einhegung der Demokratie: Der Generalsekretär der CDU, Bruno Heck, hatte im Frühjahr 1969 die Berechtigung von Brandts Ansatz bestritten und die Forderung nach „Demokratisierung" wegen der Entgrenzung des Prinzips und dessen Übertragung auf die gesamte Gesellschaft kritisiert.[57] Für Brandts Auffassung waren gerade diese Elemente zentral: zum einen Demokratie nicht nur als politisches Organisationsprinzip des Staates zu begreifen, worauf Heck beharrte, sondern als Gestaltungsprinzip für das gesellschaftliche Zusammenleben überhaupt zu erkennen. Es dürfe keinen Bereich geben, in dem die der Herrschaft Unterworfenen nicht Verfahren zur Einflussnahme besäßen. Auch sozioökonomische Strukturen und Entscheidungen müssten, wie die politischen, demokratisch begründet werden. Die demokratische Ordnung legitimiere sich nicht nur über die Auswahl der Eliten und deren Kapazität zur Problemlösung, sondern ebenso über die umfassende Beteiligung und Mitwirkung aller am Willensbildungsprozess.[58] Zum anderen handelte es sich für Brandt bei der Demokratie nicht um einen *Zustand*, sondern um einen *Prozess*. Dieser war dynamisch und offen in seiner möglichen Reichweite und zielte inhaltlich auf die Verwirklichung politischer Freiheit unter der Voraussetzung sozialer Gerechtigkeit.

So wie Brandt sich damit gegen Vorstellungen einer „Formierung" der Interessen oder gegen die Einengung der Demokratie wandte, so richtete sich die Formel des „mehr Demokratie wagen" auch gegen die Legitimierung revolutionärer Veränderung. Sie sollte stattdessen ermöglichen, auf evolutionäre Weise ohne ideologische

Scheuklappen Werte der sozialen Demokratie umzusetzen – nach dem Vorbild, das er in seiner Exilzeit in Skandinavien erfahren hatte: „Ich lernte eine große Offenheit kennen [...]. Ich lernte dort kennen, wie wirklich um die Demokratisierung eines Staatswesens gerungen wird, wie das aussieht, wenn man wirklich dabei ist und sich um praktische Aufgaben zu kümmern hat. [...] Ich lernte kennen, wie eine moderne Sozialpolitik gestaltet wurde, und eine ganze Menge anderer Dinge."[59] Diesem Pragmatismus entsprach auch seine Auffassung vom „Demokratischen Sozialismus" als einem „in sich nicht abgeschlossene[n] System von Vorstellungen über eine Neugestaltung der gesellschaftlichen Verhältnisse". Diesem liege eine „gemeinsame Lebensanschauung" zugrunde: das „Bekenntnis zur Freiheit und zum Humanismus, zum Rechtsstaat und zur sozialen Gerechtigkeit".[60] Mit seiner Regierungserklärung reagierte Brandt 1969 auf Bedürfnisse, die sich bereits seit einem Jahrzehnt in der Gesellschaft ausgeprägt hatten. Er wies die Gesellschaft nicht auf den Weg einer radikalen Alternative zum Bestehenden, sondern erhob die liberale und soziale Demokratie zum Leitbild einer umfassenden Lebensform.

Reformpolitik und ihre Grenzen im ersten Kabinett Brandt

Von der Verfassung her ist dem Kanzler in der Bundesrepublik eine relativ starke Stellung gegeben; er bestimmt die Richtlinien der Regierungspolitik und kann nur durch ein konstruktives Misstrauensvotum abgewählt werden. In der politischen Praxis hängt die Macht des Kanzlers aber sehr davon ab, wie er seine formalen Rechte gegenüber den konkurrierenden Institutionen zur Geltung bringt; die Machtbalance muss immer wieder neu austariert werden. Dies betrifft das Verhältnis zum Bundesverfassungsgericht genauso wie die Korrektivfunktion der föderativen Komponente im politischen System der Bundesrepublik, den Bundesrat. Im Kabinett selbst wird die Richtlinienkompetenz durch die Eigenverantwortlichkeit der Minister für ihr Ressort und, in der Regel, den Koalitionscharakter der Regierung begrenzt.

Brandt konnte sich zu Beginn seiner Kanzlerschaft – von seiner Stellung als Regierungschef abgesehen – auf eine Reihe weiterer Faktoren stützen, die ihm großen politischen Spielraum gewährten: Er war seit 1964 Vorsitzender der SPD, besaß gute Kontakte zum Koalitionspartner, vor allem eine enge und vertrauensvolle Beziehung zum Vizekanzler und Vorsitzenden der FDP, Walter Scheel, und genoss großes internationales Prestige, das er sich als Regierender Bürgermeister von Berlin und als Außenminister erworben hatte. Solange diese Kräfte in eine Richtung zusammenwirkten, besaß Brandt erheblichen Einfluss.

Das außenpolitische Renommee kehrte sich allerdings innenpolitisch schnell ins Gegenteil: Von Anfang an wurde Brandt mit dem Vorwurf konfrontiert, die gesellschaftspolitische Reform zugunsten der Ost- und Deutschlandpolitik zu vernachlässigen. Die Regierung war noch keine 100 Tage alt, da musste der Kanzler einräumen, dass in der Tat die Außenpolitik „stärkere Beachtung" finde.[61] „Mir fallen zwei Entwicklungen auf", schrieb Grass im März 1970 besorgt an den Kanzler, „während Du außenpolitisch einen Erfolg an den anderen reihst (Den Haag, Paris, London), und auch die Ostpolitik, im Westen sorgfältig abgesichert, erkennen läßt, daß seit Jahren zum ersten Mal wieder abgewogen und nach weitreichendem Konzept Politik betrieben wird, sieht es in der Innenpolitik zunehmend dürftig aus: Je größer Du Dich als außenpolitischer Bundeskanzler profilierst, umso fragwürdiger wird Dein Vorsatz, Bundeskanzler der inneren Reformen sein zu wollen, heute gewertet." Dies hänge, so wurde dem Kanzler vorgehalten, mit seiner mangelnden Durchsetzungskraft auf den innenpolitischen Feldern zusammen: „Dem wird nur zu begegnen sein, wenn Du – wie in der Außenpolitik, so auch in der Innenpolitik – bereit bist, die Richtlinien als Bundeskanzler zu bestimmen." Grass fuhr dann fast hellseherisch fort: „Immerhin könnte es sein, daß, nach einer relativ erfolgreichen Anlaufphase, die Ost- und Deutschlandpolitik zu stagnieren beginnt; dann wird sich das allgemeine öffentliche Interesse mit Vorrang auf die Innenpolitik richten. Und immerhin könnte es dann sein, daß Du ungeschützt dastehst als ein Bundeskanzler, dessen außenpolitisches Image nicht darüber hinwegtäuschen kann, in welchem Ausmaß er als Kanzler der inneren Reformen blockiert ist. Oft kommt mir die Aufführung der Bonner Regierungsarbeit wie die Aufführung eines recht guten Stückes vor, das aber überbesetzt ist, d. h. jeder Mitspielende, auch die Chargenschauspieler, wollen nur an der Rampe spielen. Jeder will möglichst vor dem anderen auftreten; jeder nennt den anderen eine Diva."[62]

In der Tat war die Prioritätensetzung in der ersten Phase eindeutig, und dieser Eindruck sollte prägend sein: Die Verhandlungen über die Verträge mit Moskau und Warschau hatte Brandt – in Absprache mit Außenminister Scheel – zur Chefsache erklärt. Während seiner gesamten Amtszeit hielt die Klage an, er widme sich zwar der „Großen Politik", dem internationalen Geschäft mit glanzvollen Auftritten, schiebe aber die Gestaltung der Reformen auf und verzögere den erstrebten fundamentalpolitischen Wandel. Vergeblich versuchte Brandt, die Erwartungen zu dämpfen. Reformpolitik sei, so Brandt im November 1970, ein „Schneckengang", ein „langer Marsch durch die Institutionen".[63] Stattdessen verschärfte sich die Kritik aus dem eigenen Lager noch: Brandt sei ein „Teil-Kanzler", hieß es Anfang 1971 in einem Kommentar des Spiegel-Chefredakteurs Gaus; im Herbst 1973 sprach Grass zur besten Sendezeit im Fernsehen vom „entrückten" Denkmal Brandt, der über der Wirklichkeit schwebe, und im März 1974 wurde ihm schließlich von Parteifreunden – mit dem Hintergedanken seiner Ablösung – nahegelegt, einen Nebenkanzler für die Innenpolitik einzustellen.[64]

Dieser zeitgenössische Unmut wurde später zu dem Befund zusammengefasst, Brandt habe sich für Innenpolitik „nicht interessiert", das alltägliche Gerangel um die Durchführung des politischen Geschäfts habe ihn gelangweilt.[65] Dem Denken Brandts aber war ein derartiges Entgegensetzen von Innen- und Außenpolitik eher fremd. Beides war für ihn vielmehr komplementär auf eine Zielvorstellung bezogen: die Schaffung einer „modernen Gesellschaft". Umfassende Gesellschaftspolitik bedeutete Frieden „im Innern und nach außen", Erweiterung der Partizipation und die Verwirklichung größerer sozialer Gerechtigkeit. Nur in dieser Gesamtperspektive gewinnt auch das Bündnis von Liberalen und Sozialdemokraten den Charakter der von Brandt intendierten gesellschaftlichen Weichenstellung. Die Schwierigkeiten bei der Durchsetzung des Programms haben weniger mit dem vorgeblich geringen Interesse des Kanzlers am inneren Ausbau der Bundesrepublik zu tun; sie hängen allerdings auch mit seinen politischen Prioritäten und persönlichen Schwächen zusammen, vor allem mit seiner ausgeprägten Neigung, bei Konflikten in der engeren politischen Umgebung zunächst nicht zu entscheiden, sondern abzuwarten. Das Unbehagen an zu langsamem Fortschritt und das Ausmaß der Kritik daran sind damit allein aber nicht erklärbar; es weist vielmehr auf die Kritiker selbst zurück, auf ihren Hang zum Visionären, ihre hochgesteckten Erwartungen, denen die Reformpolitik in der Realität von vornherein nicht genügen konnte. Der Glaube an die Steuerbarkeit der sozialen und politischen Entwicklungen, die Zuversicht, in allen Bereichen Krisen durch vorausschauende Planung, durch Analysen und nachvollziehbare Rationalität der Entscheidungsprozesse vermeiden zu können, wurde erst mit der Tendenzwende 1973 erschüttert, als offenbar wurde, wie wenig sich die Wirklichkeit den eigenen Prognosen fügte.

Zur eigentlichen Schaltstelle der Politik sollte das Kanzleramt werden. Mit der Berufung von Ehmke zum Leiter im Ministerrang hatte Brandt die Bedeutung der Behörde betont; er wollte ihr eine koordinierende und planende Funktion für die Regierung sowie die Zusammenarbeit mit den Ressorts zuweisen. Die Neuorganisation des Amtes als Zentrale für die Steuerung der Reformpolitik wirkte als gewisser Ausgleich für die vom Kanzler im Kabinett nur sehr behutsam ausgeübte Richtlinienkompetenz – Brandt fungierte eher als Moderator. Der neue Ansatz hatte zur Folge, dass sich die Regierung zunächst praktisch mit der Organisation der Planung zu befassen hatte: Die Konzeptualisierung der inneren Reformpolitik selbst wurde zum Teil der Politik. Die Absicht, mit einem zentralen „Vorhabeninformationssystem", einer Vielzahl von Einzelberichten, von Expertenkommissionen und Sachverständigenräten, die Reformpolitik selbst steuerbar zu machen, Politik „durchsichtig", eben modern und vernünftig zu machen, scheiterte jedoch weitgehend.[66] Zum

Teil leisteten die einzelnen Ressorts – Minister wie Beamte – Widerstand, da sie die Steuerbarkeit einer auf Datensammlungen und entsprechenden Vorhersagen beruhenden Reformpolitik bezweifelten, den Verlust von eigenen Kompetenzen befürchteten oder die mit dieser Lenkung einhergehende Aufwertung des Kanzleramts generell kritisch sahen. In der Tat beeinträchtigte insbesondere die konkrete, nicht den Prognosen entsprechende Wirtschaftsentwicklung die Planungssicherheit entscheidend. Sie führte letztlich dazu, dass es kaum gelang, die Planung der verfügbaren Ressourcen mit der Programmplanung zu verknüpfen; in der Praxis reduzierte sich das Modell von der innovativen *Aufgaben*planung zur klassischen *Ausgaben*planung. Erfolgreich konnten aber diejenigen Mittel der politischen Steuerung weiter eingesetzt werden, die von der Großen Koalition geschaffen und angewandt worden waren, etwa die Mittelfristige Finanzplanung oder regelmäßige Übersichten über die politischen Vorhaben.[67]

Die Reformpolitik stand unter zwei Perspektiven: Sie zielte auf den Ausbau der sozialen Sicherheit sowie größere Partizipation und Emanzipation der Staatsbürger. Die meisten Maßnahmen standen in einer Kontinuität seit Anfang der 60er Jahre und waren längerfristig angelegt. An die vorderste Stelle rückte Brandt die Bildungspolitik. Die Debatte um den Ausbau des Bildungswesens begleitete die Bundesrepublik bereits seit einem Jahrzehnt, nachdem mehrfach ein „Bildungsnotstand" konstatiert worden war.[68] Zum einen ging es darum, mit dem Ausbau der Schulen und Hochschulen sowie der Erhöhung der Lehrer- und Absolventenzahlen die Wettbewerbsfähigkeit der Bundesrepublik gegenüber den westlichen Industriestaaten in technologischer und wissenschaftlicher Hinsicht zu erhalten. Zum anderen aber wollten Brandt und die sozialliberale Koalition mehr als nur die Sicherstellung der Ausbildung: Bildung wurde – wie Ralf Dahrendorf dies 1965 programmatisch formuliert hatte – als „Bürgerrecht" verstanden; lebenslange Qualifizierung sollte zum Grundrecht und Ziel des Menschen werden.[69] Die qualitative Erneuerung des Bildungswesens – umfassend verstanden als akademische und berufliche Bildung – orientierte sich deshalb an den Prinzipien der Demokratisierung (Ablösung der Ordinarienuniversität durch die auf dem Gedanken der Mitbestimmung beruhende „Gruppen-Universität"), Emanzipation und Chancengleichheit (Förderung von Kindern aus einkommensschwachen Familien). Bereits unter der Großen Koalition hatte der Bund hierzu durch eine Änderung des Grundgesetzes im Mai 1969 stärkere Kompetenzen erhalten: Die Bildungsplanung im weitesten Sinne und der Ausbau von Hochschulen wurden zu einer „Gemeinschaftsaufgabe" von Bund und Ländern. Dieser Begriff meinte nun nicht mehr die sozialdemokratische Gemeinsamkeitspolitik der frühen 60er Jahre, sondern bezog sich auf die – wie es im Grundgesetzartikel 91a hieß – Mitwirkung des Bundes an den Aufgaben der Länder zur „Verbesserung der Lebensverhältnisse". Ähnlich wie andere Reformbereiche ging auch die Erweiterung des Bildungswesens einher mit der Entstehung neuer Planungsstrukturen und Expertenkommissionen wie dem Bildungsrat und Wissenschaftsrat.[70]

Der Bildungsansatz stand in Zusammenhang mit dem Ziel, Selbstverantwortung und Mündigkeit zu fördern, den Bürger stärker an der Politik zu beteiligen und überkommene Traditionen des Obrigkeitsdenkens zu überwinden. Diese Absicht verfolgten auch die Änderungen auf anderen Gebieten. Im Strafrecht etwa wurde der Gedanke der Resozialisierung gestärkt, im Demonstrationsrecht gab es für früher begangene kleinere Delikte wie „Auflauf" und „Landfriedensbruch" eine Amnestie. Dieses gegen viele Widerstände – auch in den eigenen Reihen – im Mai 1970 beschlossene Straffreiheitsgesetz war charakteristisch für Brandts Streben, mit dem politischen Neubeginn nicht die Autorität des Staates hervorzuheben, sondern dessen Wandlungs- und Kompromissfähigkeit. In diesem Sinne war die Amnestie auch ein Angebot an die breite „68er Bewegung" zur Versöhnung und sollte deren Solidarisierung mit den gewaltbereiten, radikalisierten Gruppen der APO vorbeugen.[71] Auf dieser Linie größeren Vertrauens lag auch die Herabsetzung des aktiven Wahlalters auf 18 Jahre, was fast alle politischen Kräfte im Wahlkampf 1969 propagiert hatten, und des passiven auf 21, mit der einer ganzen Generation größere Mündigkeit zuerkannt wurde. Und das Durchforsten aller Bestimmungen und Gesetze nahm auch die Verfassung nicht aus: 1970 setzte der Bundestag die „Enquete-Kommission Verfassungsreform" ein, die allerdings erst nach dem Ende der Kanzlerschaft Brandts ihre Ergebnisse vorlegte.[72] Den Ansatz der Straffreiheit vertrat Brandt auch beim § 218 StGB, dem Verbot der Abtreibung. Allerdings votierte er – der selbst unehelich geboren wurde und seinen leiblichen Vater nicht kennen lernte – aus politischen und ethischen Motiven zunächst nicht für die von der SPD mehrheitlich befürwortete, von der Union und den Kirchen aber abgelehnte Fristenlösung (derzufolge die Abtreibung in den ersten drei Monaten nicht strafrechtlich verfolgt werden sollte). Für Brandt war dies eine Frage, die nicht ohne eine überzeugende überparteiliche Mehrheit zu lösen war und bei der jeder Abgeordnete nach seinem Gewissen entscheiden sollte: Man solle sich, so Brandt, „nicht zu Gefangenen übersteigerter Ansprüche oder Vorwürfe machen" lassen. Er befürwortete selbst ein erweitertes Indikationenmodell, schloss sich im Bundestag 1974 dann aber der Mehrheitslösung seiner Fraktion an – einer Lösung, die im Jahr darauf vom Bundesverfassungsgericht als verfassungswidrig verworfen wurde.[73]

Im Bereich der Demokratisierung der Wirtschaft kam es zwar Anfang 1972 zur Novellierung des Betriebsverfassungsgesetzes, in der Mitbestimmung aber stockte der Reformprozess erheblich. Die von den Gewerkschaften gewünschte paritätische Mitbestimmung traf auf den Widerstand nicht nur der Unternehmer und der Opposition, sondern auch auf den des liberalen Koalitionspartners. Im Grunde hatte Brandt diese Frage vorentschieden, als er eine umfassende Regelung nicht zur Grundbedingung der sozialliberalen Koalition gemacht hatte.[74]

Im Bereich der sozialen Sicherung hoffte die Regierung, den Ausbau über das weitere wirtschaftliche Wachstum und die Beitragszahler finanzieren zu können; eine Aufstockung des Anteils der öffentlichen Hand war ursprünglich nicht beabsichtigt. Insgesamt stieg dann das Sozialbudget zwischen 1970 und 1975 um mehr als ein Drittel. Zum Ausbau gehörte eine Reihe von Besserstellungen wie die Dynamisierung der Kriegsopferversorgung, die Öffnung der Rentenversorgung für Selbständige und Hausfrauen, die Erweiterung der

Krankenversicherung auf die Landwirtschaft (womit Brandt einen seit 1883 aus Kostengründen bestehenden Strukturfehler behob), die flexible Altersgrenze und der Gesundheitsschutz (Vorsorgeuntersuchungen, Mutterschutz). Umverteilungsmaßnahmen blieben – kennzeichnend für Brandts pragmatische Politik – immer im Rahmen des bestehenden Systems. Dies galt für die Erhöhung der vermögenswirksamen Leistungen 1970 wie auch für die Steuerreform. Diese sollte nach der Bildungspolitik zum zweiten Pfeiler der Gesellschaftspolitik werden. Sie zielte nicht auf die Einnahmenerhöhung des Staates, sondern auf ein höheres Maß an sozialer Gerechtigkeit und Stärkung der Schwachen, etwa durch die Belastung höherer Einkommen, einen Familienlastenausgleich und die Verbesserung des Kindergeldes. Die in drei Stufen geplante Reform, für die in erster Linie Wirtschaftsminister Schiller zuständig war und auf deren Erledigung Brandt großen Wert legte, geriet in den Sog der Personalquerelen und des Machtverfalls 1972.[75] So blieb es bei einem Außensteuergesetz zur Bekämpfung der Steuerflucht; zur Vollendung der Reform der Abgabenordnung, der Vermögens- und Gewerbesteuer sowie der Einkommen- und Lohnsteuer kam es erst nach dem Ende von Brandts Kanzlerschaft Mitte der 70er Jahre.

Auch die Raumordnungspolitik und der Umweltschutz waren in den Bereich der Umgestaltung der Lebensverhältnisse einbezogen. Das 1971 beschlossene Städtebauförderungsgesetz, das für Brandt eines der zentralen und erfolgreichen Projekte der Modernisierungspolitik darstellte, diente dem Ziel, die Folgen globaler Prozesse – etwa der rapiden Urbanisierung – durch rationale Planung und Lenkung abzufedern und sozial gerecht zu gestalten.[76] Beim Umweltschutz waren die Kompetenzen bei der Regierungsbildung 1969 neu geordnet und im Bundesinnenministerium unter Hans-Dietrich Genscher konzentriert worden; mit der Einrichtung eines „Kabinettsausschusses für Umweltfragen" wurde die Bedeutung dieses Bereichs betont. Auch hier wurde ein entscheidender Fortschritt erreicht. Das Sofortprogramm gegen Umweltbelastungen vom September 1971 beschloss die für die Zukunft gültigen Grundsätze: Vorsorge- und

Verursacherprinzip, Prüfung der Umweltverträglichkeit, Verbesserung der Umweltforschung, Weckung des Umweltbewusstseins und Unterstützung von Bürgerinitiativen.[77]

Zu folgenreichen Beschlüssen für das innere Gefüge der Bundesrepublik kam es im Bereich der inneren Sicherheit. Die Regierungschefs der Bundesländer hatten seit Mitte 1971 gefordert, die Regelung über die Verfassungstreue der Beamten erneut zu bekräftigen. Sie befürchteten, mit einer wachsenden Zahl von Anwärtern für den öffentlichen Dienst konfrontiert zu sein, die radikalen, insbesondere linksextremen Organisationen angehörten. Vor allem betraf dies den Bereich des Schuldienstes und der Rechtsprechung. Am 29. Januar 1972 entschieden Bundeskanzler und Ministerpräsidenten in gemeinsamer Sitzung schließlich, durch eine „Regelanfrage" beim Verfassungsschutz festzustellen, ob der „Bewerber die Gewähr dafür bietet, daß er jederzeit für die freiheitlich-demokratische Grundordnung im Sinne des Grundgesetzes eintritt". Der Beschluss, der im Kern ein fundamentales Misstrauensvotum des Staates gegenüber der Gesellschaft war, zog eine je nach Bundesland unterschiedlich intensive Praxis der Überwachung und Nachforschung nach sich. Große Verunsicherung und wachsende Kritik im In- und Ausland waren die Folge.

Brandt stimmte dem „Radikalenerlaß" zu, nicht, weil er in dieser Frage von der Opposition oder den Regierungschefs der Bundesländer „getrieben" worden wäre, sondern weil er ihn in der Sache nicht für falsch hielt. Der Staat dürfe sich nicht vorführen lassen; die Demokratie habe wehrhaft zu sein. Von einem Bewerber für den öffentlichen Dienst könne aktive Verfassungstreue gefordert werden. Die Ablehnung der Einstellung als „Berufsverbot" zu bezeichnen, empfand Brandt als völlig unangemessen; keiner habe Anspruch darauf, gerade diesen Beruf auszuüben und als Beamter beschäftigt zu werden. Erst später, nachdem die Handhabung in der Praxis erwiesen hatte, dass die gewünschte Einheitlichkeit des Verfahrens nicht zu erreichen war und das Vertrauen in den Staat unter der Überprüfungspraxis mehr litt, als dieser durch das Fernhalten einiger Radikaler stabilisiert wurde, änderte Brandt seine Haltung. Von der

Praxis der Regelanfrage rückte er öffentlich ab und plädierte nach dem ersten Erfahrungsbericht 1973 für eine „Präzisierung" der Bestimmungen.[78] Ganz ohne taktische Motive war Brandts Zustimmung zum Extremistenbeschluss allerdings nicht: Um angesichts der politischen Polarisierung die notwendige Ratifizierung der Ostpolitik innenpolitisch nicht zusätzlich zu gefährden, wollte der Kanzler es vermeiden, der Opposition Anfang 1972 weitere Angriffspunkte zu bieten.

Die Belastung der Regierung Brandt nahm im ersten Halbjahr 1972 ohnehin dramatisch zu: Neben dem Streit über die Ostpolitik eskalierte auch die Auseinandersetzung über Charakter und Motivation der terroristischen Gewalt der Baader-Meinhof-Gruppe. Auf die Kampagne einiger Medien – nicht nur von Zeitungen des Axel-Springer-Verlags –, die „linke" Intellektuelle, Wissenschaftler und Schriftsteller als „Sympathisanten" der RAF-Terroristen verdächtigten, reagierten die Angegriffenen zum Teil nicht weniger heftig mit dem Vorwurf, Staatsgewalt und Medien würden faschistischen Tendenzen Vorschub leisten. Der Streit ging im Kern um die Frage der Legitimation von Gewalt und berührte das Selbstverständnis der demokratischen Institutionen der Bundesrepublik. Brandt folgte hier der gleichen Strategie wie schon in den 60er Jahren: Einerseits sprach er sich klar gegen jede Gewaltanwendung aus und distanzierte sich unmissverständlich von den Tätern, andererseits versuchte er, der öffentlichen Zuspitzung und den Stimmungsmachern entgegenzuwirken.[79] Über den Einsatz der notwendigen Mittel gegen die RAF ließ der Kanzler dabei keinen Zweifel. Auf das Gefühl von Unsicherheit und Bedrohung reagierte die Bundesregierung mit einem enormen Ausbau des Sicherheitsapparates und der Erweiterung der Kompetenzen des Bundes, die den Einsatz des Bundesgrenzschutzes im Innern des Landes und die zentrale Organisation der Gefahrenabwehr ermöglichten.[80] Neue Fahndungsmethoden („Rasterfahndung"), flächendeckender Einsatz von Polizeikräften und Kontrollen des öffentlichen Raumes verbanden sich mit dem bereits in der Regierungserklärung von 1969 betonten Ansatz einer modernen Verbrechensbekämpfung. Auch hier folgte die Regierung dem Grundsatz der Planung und Prognose, erhoffte sich von einem System von Sozialindikatoren eine informationsgestützte Prävention im Kriminalbereich.

Diese innere Aufrüstung wurde nach dem Anschlag palästinensischer Terroristen bei den Olympischen Spielen im September 1972 nochmals forciert. Acht Mitglieder der palästinensischen Terrorgruppe „Schwarzer September" ermordeten im Olympischen Dorf zwei Sportler der israelischen Mannschaft und nahmen neun weitere als Geiseln, um 200 in Israel inhaftierte Freischärler freizupressen. Bei der von den – in dieser Hinsicht unerfahrenen – Behörden völlig unzureichend vorbereiteten nächtlichen Befreiungsaktion auf dem Flughafen Fürstenfeldbruck ermordeten die Terroristen alle Geiseln, bevor sie selbst von der Polizei überwältigt wurden.[81] Diese Geiselnahme und der auf tragische Weise missglückte Versuch ihrer Beendigung prägten das kollektive Gedächtnis in der Bundesrepublik nachdrücklich: Der deutsche Sicherheitsapparat hatte versagt, der Staat sich als hilflos und unfähig erwiesen, Israelis auf deutschem Boden Schutz zu bieten.

Das von Brandt und der sozialliberalen Koalition intendierte Reformprogramm hatte auf eine tiefgreifende Modernisierung der Gesellschaft gezielt. Dass dies nur partiell gelang, hing mit mehreren Faktoren zusammen:

Die Achillesferse der Reformpolitik war von Anfang an die wirtschaftliche Lage. Ein Großteil der Reformen beruhte auf der Annäherung an die Ziele des „magischen Vierecks" der Wirtschaftspolitik, mindestens aber auf kontinuierlichem wirtschaftlichem Wachstum und Stabilität. Zugleich setzte das Gelingen der Modernisierungskonzeption die Solidarität aller großen Interessengruppen, Gewerkschaften wie Unternehmer, voraus. Beides war nicht in ausreichendem Maß gegeben.

Zu keinem Zeitpunkt gelang es der Bundesregierung, die Wirtschafts- und Finanzpolitik in den Griff zu bekommen. Dies hatte viel mit den Auswirkungen der amerikanischen Politik, insbesondere dem Vietnamkrieg, auf die europäische Währungsstabilität zu tun. Das dauerhafte Zahlungs- und Handelsbilanzdefizit der USA verstärkte den spekulativen Währungszufluss nach Europa; Dollarspekulation und Unterbewertung der D-Mark waren wiederkehrende Probleme. Im August 1971 kündigten die Amerikaner praktisch das seit 1944 bestehende Weltwährungssystem von *Bretton Woods*, indem sie von der Golddeckung des Dollars abrückten. Im März 1972 versuchten die Europäer, den zunehmenden Währungsschwierigkeiten beizukommen, indem sie die Wechselkurse gegenüber dem Dollar freigaben, diese innerhalb der EG aber mit einem gewissen Spielraum beibehielten („Währungsschlange").

Die Inflationsgefahr, steigende Preise und das wachsende Haushaltsdefizit begrenzten die Spielräume sozialliberaler Gestaltung. Bereits im Januar 1970 war die Regierung gezwungen, ein erstes konjunkturdämpfendes Stabilitätsprogramm vorzulegen, Geldmittel stillzulegen und Ausgabenzuwächse in den Ressorts zu begrenzen. Dies sollte noch weitere Male erforderlich werden, da die Inflationsgefahr bestehen blieb und 1971 sogar noch zunahm. Die Probleme wären nur mit einer gemeinsamen Kraftanstrengung aller Ressorts gemildert worden, dazu aber fehlte es den Kabinettsmitgliedern an Solidarität und dem Kanzler an Entschiedenheit.[82] Den Finanzministern – erst Möller, dann Schiller – gelang es nicht, die Kabinettskollegen zu Einsparungen in der erforderlichen Höhe und zu Abstrichen an ihren Vorhabenplanungen zu bewegen. Es fehlte ihnen auch die letzte Unterstützung von Brandt. Dieser gab im Konfliktfall eher den dringenden Investitionswünschen der Ressorts nach, ob es sich um den Infrastrukturausbau von Verkehrsminister Leber oder um die Wehrgerechtigkeit und Strukturveränderungen bei Schmidts Bundeswehr handelte. Im Mai 1971 zog Möller, allein gelassen und verbittert, die Konsequenz und trat, um nicht als „Inflationsminister" in die Geschichte der Bundesrepublik einzugehen, von seinem Amt zurück.[83] Brandt wertete nun einen der Kritiker von Möller auf und übergab Schiller die Gesamtverantwortung für den Bereich Wirtschaft und Finanzen. An den grundsätzlichen Schwierigkeiten der konjunkturellen Lage wie der unzureichenden Kabinettsdisziplin änderte dies nichts. Im Streit mit Bundesbankchef Klasen über die richtigen Maßnahmen zur Bekämpfung des Devisenzuflusses im Mai

1972 – Schiller votierte gegen die von Klasen vorgeschlagenen protektionistischen Mittel – verließ auch Schiller seinen Posten, als sich Kanzler und Kabinett einstimmig auf die Seite Klasens schlugen. Ausschlaggebend waren weniger die finanzpolitischen Sachfragen gewesen, mit denen ohnehin nur ein kleiner Teil der Kabinettsmitglieder wirklich vertraut war, sondern vielmehr die anhaltende Verärgerung des Kabinetts über Schillers Sparmaßnahmen und seinen persönlichen Umgangsstil.[84] Beide Rücktritte, von Möller wie von Schiller, wogen für Brandt umso schwerer, als er, um die jeweils notwendige Regierungsumbildung in der von ihm gewünschten Weise durchzusetzen, mit personellen Zusagen künftigen Entscheidungsspielraum einbüßte.

Je deutlicher die Diskrepanz zwischen Reformansprüchen und finanziellen Spielräumen wurde, desto schriller wurden auch die Töne im Verteilungskampf der Tarifpartner. In der Unternehmerschaft und seitens des BDI gab es seit Beginn der sozialliberalen Koalition neben erheblichem Widerstand gegen einzelne wirtschaftspolitische Maßnahmen auch das Bestreben, die Regierung insgesamt zum Scheitern zu bringen. Die Mittel reichten von der finanziellen Unterstützung der Opposition über die Diffamierung der Absichten der Regierung bis zum Instrument der Tarifpolitik, indem Zugeständnisse gegenüber den Gewerkschaften verweigert wurden, obwohl die Betriebsgewinne durchaus Spielraum geboten hätten.[85] Die Gewerkschaften wiederum erwarteten von der SPD nicht nur Retuschen am System, sondern wirksame Reformen zur Umverteilung, Stärkung der Gewerkschaftsmacht und Mitbestimmung in den Unternehmen. Da half es wenig, wenn Brandt ebenso häufig wie vergeblich auf die Grenzen der Finanzierbarkeit der Staatsaufgaben hinwies und an die Tarifpartner appellierte, sich „an die Spielregeln" zu halten.[86]

Zudem riefen die staatlichen Planungsabsichten unterschiedlich motivierten Widerstand hervor. Bildungspolitische Reformen und die Implementierung wirtschaftsdemokratischer Elemente wurden von Unternehmern, der Opposition oder den Ländern gerade wegen ihrer partizipatorischen Intention oder des machtteilenden Effektes bekämpft und teilweise um ihre Wirkung gebracht. Dies machte sich besonders gravierend bemerkbar, nachdem im April 1972 die CDU/CSU-geführten Bundesländer im Bundesrat die Mehrheit erhalten hatten.

Eine weitere Hürde für die Wirksamkeit der Reformen lag beim Bundesverfassungsgericht. Aufgrund der Entscheidungen des Gerichts mussten in einigen Fällen zentrale Elemente der Reformpolitik modifiziert werden, oder es wurden bereits im Vorfeld Kompromisse zwischen Opposition und Regierung geschlossen.[87]

Auch Parteistreitigkeiten begrenzten die Handlungsfähigkeit des Kanzlers. Der rapide Strukturwandel der SPD hatte die Auseinandersetzungen innerhalb der Partei verschärft und die Flügelbildung verstärkt. Hier zu integrieren bzw. Abgrenzungen durchzusetzen, band viele Energien des Parteivorsitzenden. Zudem gab es manches, was die Koalitionspartner trennte. So eng die Übereinstimmung in der Deutschland- und Außenpolitik war, in den gesellschaftspolitischen Fragen der Wirtschaftsdemokratie, der Umverteilung, der Eigentumsbildung musste die FDP auf die Interessen ihres „Wirtschaftsflügels" Rücksicht nehmen. Dies rief neuerliche Konflikte mit den auf Systemveränderung drängenden Kräften im linken Flügel der SPD hervor.[88]

Brandt gelang es nicht, personelle Auseinandersetzungen im Kabinett rechtzeitig einzuhegen. Seine Neigung, Konflikte nicht machtvoll zu entscheiden, ließ die Streitigkeiten wuchern und in regelmäßigen Abständen zum Ausbruch kommen. Die Ministerrücktritte von Leussink, Möller und Schiller hingen auch damit zusammen und behinderten die Erfolgschancen wichtigster innenpolitischer Reformvorhaben, etwa der Bildungs- und Steuergesetzgebung. Der häufig in die Öffentlichkeit getragene Personalstreit schädigte die Autorität des Kanzlers. In der Zeit nach 1972 verschärfte sich dies so weit, dass der Ansehens- und Autoritätsverlust von Brandt nicht mehr nur einzelne Vorgänge betraf, sondern seinen gesamten Führungsstil.

Als weiteres kam hinzu, dass die Außenpolitik in ihrer Wirkung paradox war: Was Brandt persönlich auf der einen Seite größtes Ansehen und Anerkennung bis hin zum Friedensnobelpreis 1971 einbrachte, behinderte auf der anderen Seite die Chancen seiner Reformpolitik. Der innenpolitische Streit um die Ostverträge war eine wesentliche Ursache für das Schwinden der parlamentarischen Mehrheit. Nachdem schon im Oktober 1970 Mende, Starke und Zoglmann von der FDP zur Union gewechselt waren, schrumpfte die Mehrheit 1972 weiter. Aus Protest gegen die Ostpolitik verließen Ende Februar die SPD-Abgeordneten Hupka und Seume die Fraktion; die Koalition verfügte nur noch über eine Mehrheit von 250 zu 246 Stimmen.[89] Nun war das Feld breiter öffentlicher Spekulationen eröffnet, denen am 10. März 1972 der Oppositionsführer Barzel weitere Nahrung gab, als er erstmals öffentlich die Möglichkeit eines konstruktiven Misstrauensvotums erwähnte. Nachdem sich Anfang April 1972 die beiden Liberalen Kühlmann-Stumm und Kienbaum für Barzel ausgesprochen hatten, war es dann soweit: Die Koalition besaß mit 248 verbliebenen Stimmen keine parlamentarische Mehrheit mehr.

Der Trend schien für die Union zu laufen; die Koalition befand sich in der Defensive. Hätte es dafür noch eines Beweises bedurft, so brachte ihn die Landtagswahl in Baden-Württemberg am 24. April 1972: Der überwältigende Sieg der CDU gab den Unionsparteien im Bundesrat die Mehrheit. Noch schwerer aber wog, dass mit dem am selben Tag vollzogenen Austritt von Wilhelm Helms aus der FDP-Fraktion die Opposition nun auch im Bundestag eine Gestaltungsmehrheit erhalten hatte.

Die Union konnte den Versuch wagen, den Kanzler durch das erste konstruktive Misstrauensvotum in der Geschichte der Bundesrepublik zu stürzen. Wahrscheinlich auch gegen eigene Zweifel anredend, gab sich Brandt am 27. April in seiner Rede im Bundestag überzeugt, nach der Abstimmung weiterregieren zu können.[90] Wider Erwarten behielt er Recht. Barzel scheiterte mit 247 Stimmen an der nötigen absoluten Mehrheit, weil ihm zwei Abgeordnete ihr Votum verweigert hatten. Dies hatte allerdings nur wenig mit der freien Gewissensentscheidung der Volksvertreter oder ihrer politischen Einsicht zu tun. Der Vorgang war vielmehr ein Beispiel für den Verfall der politischen Sitten und für unrechtmäßiges Verhalten auf beiden Seiten. Schon einige der früher abtrünnigen Koalitionsabgeordneten hatten nur teilweise aus politischer Überzeugung die Seite gewechselt; Existenznöte, Sorge um den künftigen Listenplatz, persönliche Vorteilsnahme hatten eine Rolle gespielt. Die Abstimmung über das Misstrauensvotum steigerte dies noch: Der CDU-Abgeordnete Julius Steiner und – mit an Sicherheit grenzender Wahrscheinlichkeit – sein Kollege, der Fraktionsgeschäftsführer Leo Wagner von der CSU, hatten sich ihr Votum gegen Barzel mit je 50 000 DM in bar vom Ministerium für Staatssicherheit der DDR entlohnen lassen. Auf Steiner hatte überdies auch der Geschäftsführer der SPD-Fraktion, Karl Wienand, mit Wissen des Fraktionsvorsitzenden Wehner massiv eingewirkt; Steiner bezichtigte später Wienand, ihm das Geld für sein Brandt-Votum übergeben zu haben.[91] Die Aktionen hatten Erfolg, Barzel war dauerhaft um die Kanzlerschaft gebracht, für die er ohne die Bestechung wohl eine Mehrheit gehabt hätte.

Die Geschichten um Fraktionswechsel, das Ködern von Abgeordneten durch Zuwendungen und den Kauf von Stimmen sollten Brandts restliche Kanzlerzeit überschatten. Ende September 1972 erhob Brandt öffentlich den Vorwurf, beim Misstrauensvotum sei „Korruption im Spiel gewesen". Damit war nicht der Stimmenkauf zu seinen Gunsten gemeint; vielmehr spielte Brandt bei diesem Versuch, im Wahlkampf zu polarisieren, auf die Abwerbeaktionen der Unionsparteien seit 1970 an.[92] Auch ein Untersuchungsausschuss des Bundestages rief die Vorgänge um das Misstrauensvotum in regelmäßigen Abständen wieder in Erinnerung. Von Juni 1973 bis März 1974 bemühte sich das Gremium, allerdings weitgehend vergeblich, die von Steiner erhobenen Anschuldigungen gegen Wienand zu klären.

Einen Tag nach der Abstimmung über das Misstrauensvotum lehnte das Parlament am 28. April 1972 bei Stimmengleichheit den Kanzlerhaushalt ab.[93] Zwischen Regierung und Opposition ergab sich somit ein parlamentarisches Patt. Zwar besaß die Opposition die einfache Gesetzgebungsmehrheit, die Koalition aber hatte noch eine Mehrheit bei Beschlüssen zur Geschäftsordnung, weil hier die Berliner Abgeordneten mitgezählt wurden. Eine Kanzlermehrheit von 249 Stimmen besaß keines der beiden Lager.

Dem Drängen des Oppositionsführers, den Weg zu vorgezogenen Neuwahlen durch einen Rücktritt freizumachen, gab Brandt nicht nach. Zum einen wollte er zunächst das Herzstück des innenpolitischen Streits, die Ostverträge, retten. In zahlreichen Verhandlungsrunden und Gesprächen zwischen Regierung und Opposition gelang dies endlich mit einer zusätzlichen Entschließung des Bundestages zur deutschen Frage. Zum anderen bevorzugte Brandt einen anderen Weg, um die Krise durch Auflösung des Bundestags und vorgezogene Neuwahlen zu überwinden: Am 20. September stellte der Kanzler die Vertrauensfrage. Da die Mitglieder der Bundesregierung sich an der zwei Tage später erfolgten Abstimmung nicht beteiligten, war der erstrebte negative Ausgang sichergestellt. Noch am gleichen Tag löste der Bundespräsident, nach Rücksprache mit Oppositionsführer Barzel, den Bundestag auf.[94] Die Wahl am 19. November 1972 sollte, soweit es nach Brandt ging, zum Plebiszit über ihn und seine Politik werden.

Dieses Plebiszit bezog sich zwar auch auf die Ostpolitik und den – geschickt wenige Tage vor der Wahl paraphierten – Grundlagenvertrag mit der DDR. Im Kern aber ging es bei der Entscheidung zwischen Union und sozialliberaler Koalition um widerstreitende Grundüberzeugungen und Grundstimmungen: Die Wahl wurde zum Votum über Aufbruch oder Stagnation, Moderne oder Tradition, aktive Demokratie oder Staatsautorität. So war der Wahlkampf in ungewöhnlichem Maß durch Personalisierung und Polarisierung bestimmt. Dazu trugen jenseits der Sachthemen viele Faktoren bei: der Korruptionsvorwurf von Brandt, der öffentlich ohne Beweis blieb und zu heftiger Kritik auch im eigenen Lager und in den Medien führte; die Strategien einiger Machteliten wie der Unternehmerverbände oder der katholischen Kirche, die sich massiv auf Seiten der Union engagierten; die fast schon traditionelle, besonders von der CSU und von rechtsradikalen Gruppen ausgehende Diffamierung Brandts wegen seiner Exil- und Widerstandszeit; aber auch die von der SPD betont plebiszitär geführte Mobilisierungskampagne („Willy wählen").[95]

Mit über 90 % war denn auch die Wahlbeteiligung so hoch wie nie zuvor. Die SPD, mit 45,8 % der Stimmen die Wahlsiegerin, bildete erstmals die stärkste Fraktion im Bundestag. Seit den 50er Jahren war die Sozialdemokratie nun kontinuierlich bei den Wahlen stärker geworden. Ein Erdrutschsieg allerdings war dies hervorragende Ergebnis dennoch nicht. Alle Parteien hatten an Stimmen zugelegt – die SPD um 3,1, die Union um über 1,6 und die FDP um nahezu 1,2 Millionen –, auch die Union erhielt – absolut betrachtet – so viel Wählerzulauf wie noch nie.[96] SPD und FDP profitierten in erster Linie überproportional von der Herabsetzung des Wahlalters; 60 % der Jungwähler votierten für die SPD, 10 % für die FDP, nur 30 % für die Union. So bestätigte zwar die Wahl zweifellos den gesellschaftlichen und strukturellen Wandel in der Bundesrepublik seit Beginn der 60er Jahre, und sie gab Brandt und seiner sozialliberalen Koalition eine komfortable Mehrheit. Die Entscheidung bedeutete aber keineswegs, wie die weitere Entwicklung zeigen sollte, jene gewaltige und dauerhafte Verschiebung der Gewichte zwischen den Lagern, als die sie viele Sozialdemokraten verstehen wollten.

Vom Ende der Zuversicht: Politische Gestaltung in Krisenzeiten

Am 19. November 1972, dem Wahlabend, befand sich Brandt auf dem Gipfel seiner politischen Karriere. Seit acht Jahren war er unumstrittener Parteivorsitzender, in den letzten drei Jahren hatte er als Kanzler größte Erfolge mit der Entspannungspolitik errungen, seine Popularität strebte dem Höhepunkt zu. Es war ein überwältigender Wahlsieg; doch er trug den Keim des Niedergangs in sich und sollte zum Wendepunkt werden.

Brandt hatte sich im Wahlkampf physisch verausgabt, eine notwendige Operation der Stimmbänder auf die Zeit nach der Wahl verschoben. Die Krankheit, deren mögliche Schwere ihn beunruhigte und seine regelmäßigen ausgeprägt depressiven Phasen verschärfte, zwang ihn, mehr als zwei Wochen auf das Sprechen ganz zu verzichten und vom Krankenbett aus zu regieren. Die Koalitionsverhandlungen mussten nun andere führen. Daran konnte Brandt nichts ändern. Dass er darüber nicht unglücklich war, zeigt, wie sehr er aber nach den Anstrengungen der letzten Jahre der Unbill täglicher Kärrnerarbeit und der politischen Streitigkeiten unter den Genossen müde war.[97] Die Bildung der neuen Regierung verlief somit in vielem gänzlich anders als die Verhandlungen über das erste Kabinett von 1969. Damals überraschte, ja überfuhr Brandt alle Widersacher mit seiner Tatkraft, setzte in großer Eintracht mit seinem Partner Scheel die sozialliberale Koalition durch. Ein knappes Protokoll der Vereinbarungen hatte es damals gegeben, beraten in wenigen, kurzen Treffen. Drei Jahre später ein anderes Bild: Im November/Dezember 1972 wurden in fünf großen Runden die politischen Vorhaben erörtert, begleitet von Beratungen im kleinen Kreis – zwischen Schmidt, Wehner, Scheel, Mischnick, Genscher – und weiteren Besprechungen zwischen Genscher und Ehmke über den Zuschnitt der einzelnen Ressorts. Diskussionen innerhalb der SPD schlossen sich an, und durch Indiskretionen konnte auch die Öffentlichkeit daran teilhaben. Brandt, von der Krankheit ermattet und zum Schweigen verurteilt, verließ sich auf den schriftlichen Weg; seine Anregungen und Wünsche über die Zusammensetzung der Regierung notierte er auf zahlreichen Zetteln, die von seinem Persönlichen Referenten, Reinhard Wilke, und von Ehmke weitergeleitet wurden.[98]

Dass das Ergebnis der Gespräche am Ende den Interessen der direkt beteiligten Verhandlungsführer mehr entsprach als denen von Brandt, kann unter diesen Umständen kaum verwundern. Zwei Vorgänge beleuchten dabei beispielhaft die Verhältnisse in der SPD-Führungsspitze, dem Triumvirat von Brandt, Wehner und Schmidt: Schmidt hatte dem Kanzler bereits am Wahlsonntag einen üppigen Vermerk von 17 Seiten zukommen lassen, in dem er seine Bedingungen für eine Beteiligung an der Regierung festlegte. Dieses Manifest bestand aus einem Regierungsprogramm der Wirtschafts- und Finanzpolitik und schloss die Forderung nach einem – auf ihn, Schmidt, zugeschnittenen – Schatzkanzleramt ein, in dem alle Kompetenzen der Konjunktur- und Geldpolitik gebündelt waren.[99] Wehner agierte anders: Ein entscheidender Vermerk über die künftige personelle Zusammensetzung des Kabinetts, den Brandt am 28. November 1972 für Wehner geschrieben hatte, blieb ohne Beachtung: Er habe, so gab Wehner später zu Protokoll, diese Aufstellung schlicht in seiner Aktentasche „vergessen".[100] Es ging jedoch nicht nur um derartige Eigenmächtigkeiten. Auch frühere Zugeständnisse von Brandt begannen sich zu rächen: Um nach dem Rücktritt von Schiller im Juli 1972 Schmidt als dessen Nachfolger gewinnen und durchsetzen zu können, hatte Brandt zwei Zusagen geben müssen. Zum einen hatte er Scheel versprochen, dass die FDP nach der Wahl „im Bereich Wirtschaft/Finanzen" eigenständige Verantwortung übernehmen werde. Ein „Superministerium" sollte es nicht mehr geben.[101] Scheel und Genscher gelang es in den Verhandlungen zur Regierungsbildung dann, diese Aussage im Sinne einer Erhöhung ihrer Ministerzahl umzudeuten. Die FDP stellte nun die Minister in den zentralen Ressorts Wirtschaft, Inneres und Außenpolitik, hinzu kamen noch die Landwirtschaft, ein Sonderminister und der Chef des Bundespresseamts, von Wechmar. Sie wirkte nun fast gleichgewichtig gegenüber der SPD und verließ die Verhandlungsrunden als Sieger. Zum anderen hatte Brandt im Juli 1972 Schmidt zugesagt, dessen Intimfeind Ehmke aus der Schaltzentrale, dem Kanzleramt, zu entfernen. Dies schwächte Brandts Apparat in den nächsten Jahren an entscheidender Stelle.

Es wäre allerdings falsch anzunehmen, die Entscheidungen der Verhandlungsführer seien alle *gegen* Brandt gefallen. Der Spielraum der Verhandlungsführer war auch deshalb sehr groß, weil Brandt in vielen Bereichen keine dezidierten Vorgaben machte. Auch der „vergessene" Personalvermerk zeigt das Hin und Her der Gedankengänge des Kanzlers; Ähnliches galt für die Sachabgrenzungen der Ressorts. Personell herrschte, abgesehen von den FDP-Ministerien und vom Kanzleramt, in das der Brandt aus Berliner Zeiten bekannte Horst Grabert einzog, weitgehend Kontinuität in der Regierung. Brandt tröstete sich mit der Absicht, zur Mitte der Legislaturperiode, im Herbst 1974, das Kabinett umzubilden.

In seiner Regierungserklärung vom Januar 1973 betonte Brandt zunächst die Kontinuität der Politik seit 1969, nahm dann aber einen deutlichen Perspektivwechsel vor. Hatte er drei Jahre zuvor ein großes innen- und außenpolitisches Reformprogramm gezeichnet, das in das Bekenntnis zu „mehr Demokratie" mündete, so waren die sachlichen Vorhaben nun deutlich zurückhaltender gefasst. Aber auch diesmal kulminierte die Rede in einer Beschwörung: „Die moralische Kraft eines Volkes beweist sich nicht so sehr in einer hohen Programmatik von Parteien, einer politischen Führung, einer geistigen Elite [...], sondern in seiner Bereitschaft zum Mitleiden – in seiner Fähigkeit, denen zu helfen, die Hilfe brauchen – und in seiner Toleranz gegenüber dem anderen."[102] Unter die Aufgabe der „Mit-Leidenschaft" und der „Solidarität als lebendiger Nachbarschaft" fasste Brandt Behinderte, Kinder, die Alten, Minderheiten, kurz: die Schwachen der Gesellschaft. Die Gesellschaftsreform stellte nun ab auf den „vitalen Bürgergeist", die „Bürgergesellschaft", auf die „soziale und liberale Mitte", die Brandt erstmals im Wahlkampf 1972 als „neue Mitte" angesprochen hatte. Diese war für Brandt „mehr als eine neue Formel"; die Koalition von SPD und FDP sei „kein Bündnis des Zufalls und kein willkürlich widerrufbarer Zusammenschluß auf Zeit".[103] Sie ziehe gleichsam – so überhöhte der Kanzler das Bündnis historisch – die Lehre aus 150 Jahren getrennter Geschichte von Bürgertum und Arbeiterschaft. Die Vision von 1969 – „Wir wollen ein Volk der guten Nachbarn sein" – hatte sich erfüllt: „Niemals lebte ein deutscher Staat in einer vergleichbar guten Übereinstimmung mit dem freien Geist seiner Bürger, mit seinen Nachbarn und den weltpolitischen Partnern."[104]

Die innenpolitischen Probleme, mit denen Brandt vor 1972 zu kämpfen hatte, blieben zunächst unverändert. Die wirtschaftlichen Schwierigkeiten der USA, weithin eine Folge der Beendigung des Vietnamkrieges, wurden auch in Europa spürbar; die wiederholte Schwäche des Dollar und die damit verbundene Devisenspekulation erhöhten den Inflationsdruck in Deutschland. Im ersten Halbjahr 1973 griff die Bundesregierung, in enger Abstimmung mit den westeuropäischen Staaten, mehrfach korrigierend ein. Dem ersten stabilitätspolitischen Programm im Februar 1973 folgten Aufwertungen der D-Mark – im europäischen Verbund wurde das „block-floating" eingeführt, der Wechselkurs gegenüber den Amerikanern freigegeben, innerhalb der EG aber festgeschrieben – und ein weiteres Programm zur wirtschaftlichen Stabilisierung, das mit zusätzlichen steuerlichen Abgaben den Gefahren der Konjunkturüberhitzung begegnen sollte. Die beabsichtigten Impulse zur Preisstabilität und zum Wachstum wurden allerdings teilweise unterlaufen. Gewerkschaften wie Unternehmer ließen sich auf Konfrontationen ein, und mit einer Reihe von spontanen Streiks, beginnend in der Metallindustrie, brach dann eine Welle von Tarifkonflikten los, die am Ende auch den Kanzler nicht unbeschädigt ließ.

Die Auseinandersetzungen wirkten sich umso gravierender aus, als nun zwei Ventile nicht mehr existierten, die Brandt in früheren Jahren vor einer Enttäuschung der großen Erwartungen innerhalb und außerhalb seiner Partei bewahrt hatten. 1969 war die Mehrheit fragil gewesen, und alle Beteiligten wussten um die Gefahr des Scheiterns. Anders 1972: Der grandiose Wahlsieg schien endlich den nötigen Gestaltungsraum zu geben; die stärkste Fraktion zu sein war nach Ansicht vieler Sozialdemokraten fast gleichbedeutend mit einer absoluten Mehrheit. Die Hoffnungen auf die gesellschaftsverändernde Kraft der Regierung waren in der SPD nicht geringer geworden. Im Gegenteil, die starke Verjüngung der Parteimitglieder, von denen zwei Drittel erst in den letzen zehn Jahren beigetreten waren, und die durch die neuen Mitglieder bewirkte „Verbürgerlichung" – Zunahme der Mittelschichten, Beamten und Angestellten – auf Kosten des Arbeiteranteils hatten diese Tendenzen eher noch verstärkt. Den Ansprüchen und innerparteilichen Forderungen trat Brandt schon im Dezember 1972 vor dem Parteirat mit einem eindringlichen Appell, fast einer Drohung, entgegen – allerdings vergeblich.[105] Wie aber hätten nach dem größten Wahlerfolg in der sozialdemokratischen Geschichte auch die Hoffnungen begrenzt werden sollen? Zum anderen fehlte Brandt noch eine zweite innenpolitische Druckentlastung: Nach dem Ende der ostpolitischen Sturm- und Drangphase war es sehr viel weniger möglich, Schwächen in der inneren Politik durch außenpolitische Erfolge zu kompensieren. So musste sich jede innenpolitische Krise, jeder Partei-

oder Koalitionsstreit zwangsläufig auf das Ansehen des Kanzlers auswirken.

Neben der wachsenden innerparteilichen Spannung, insbesondere den sich lautstark zu Wort meldenden Jungsozialisten, waren es vor allem die Tarifkonflikte im öffentlichen Dienst und bei den Fluglotsen, die der Regierung zu schaffen machten.

Als Ende Mai 1973 wenige hundert Fluglotsen dafür sorgten, dass kein Urlauber oder Geschäftsreisender mit dem Flugzeug ans Ziel gelangte, nahm dies die Öffentlichkeit noch gelassen zur Kenntnis. Die Fluglotsen leisteten zu wechselnden Zeiten und an wechselnden Flughäfen so genannten „Dienst nach Vorschrift", der einem Bummelstreik gleichkam und von den Lotsen durch gezielte Krankmeldungen verschärft wurde, sodass sie mit minimalem Aufwand ein Maximum an öffentlichem Ärger erreichten. Die Forderungen der Lotsen waren teils nachvollziehbar – etwa bessere technische Ausstattung und Sicherheitsvorkehrungen auf überlasteten Flughäfen, Verbesserung der Arbeitsplatzsituation, zusätzlicher Lohnausgleich für Spitzenanforderungen –, teils bedeuteten sie eine schlichte materielle Erpressung, die ihnen aufgrund ihrer beruflichen Spezialistenstellung – es gab keinen Ersatz für sie – möglich war. Als mit Beginn der Sommerferien im Juli 1973 Tausende von Urlaubern auf den Flughäfen festsaßen, kehrte sich der Unmut der Bevölkerung verstärkt gegen die Regierung. Ihrer Untätigkeit wurde es zugeschrieben, dass der Konflikt noch nicht gelöst war.

Ganz falsch war dies nicht. Schon 1971 hatte es einen ähnlichen Streik gegeben, der damals beigelegt worden war. Die den Lotsen versprochenen Verbesserungen in der Tarifeinstufung waren aber teilweise am Veto des Bundesinnenministers gescheitert. Genscher hatte befürchtet, einen Präzedenzfall für andere Spezialistenberufe zu schaffen und die öffentlichen Haushalte mit hohen zusätzlichen Kosten zu belasten. In der aktuellen Situation klappte zudem die Abstimmung zwischen den betroffenen Ministerien nicht, so dass in der Öffentlichkeit der Eindruck von Hilflosigkeit entstand. Teils befanden sich die Minister in Urlaub (wohin sie ohne Flugzeug gereist waren), teils benötigte die Klärung der verwirrenden Zuständigkeiten in den Ressorts Verkehr, Innen, Justiz und Finanzen tatsächlich Zeit.[106] Versuche von Verkehrsminister Lauritzen, die Fluglotsen mit Drohungen und Disziplinarmaßnahmen zur Räson zu bringen, fruchteten nichts, und das Eingreifen des Kanzlers, der sich dazu bis Anfang August Zeit ließ, erwies sich als ebenso wirkungslos. Brandt sah den Streik als schlichten Missbrauch einer beruflichen Sonderstellung an und hätte das Problem gerne im Rahmen einer Reform des gesamten Besoldungs- und Beamtenrechts gelöst, wofür ihm aber die Unterstützung der Interessengruppen fehlte.[107] Der Konflikt endete erst im November 1973: Mit Beginn der „Ölkrise" brachen die Lotsen ihre ein halbes Jahr andauernden Maßnahmen schließlich ab.

Den zweiten Schadensfall für Brandt bildete der Tarifkonflikt mit den Arbeitnehmern im öffentlichen Dienst. Formal konnte der Kanzler nicht viel tun: Sich im Herbst 1973 frühzeitig einzumischen und gegen die maßlosen Forderungen der Gewerkschaft Öffentliche Dienste, Transport und Verkehr (ÖTV) nach einer Lohnerhöhung von 15 % vorzugehen, wäre ihm als Eingriff in die Tarifautonomie ausgelegt worden. Auch ein anderes bewährtes Mittel, die „Konzertierte Aktion", war nach ihrem erfolgreichen Wirken in den 60er Jahren inzwischen weitgehend erschöpft. Es gelang nicht mehr, Konflikte zwischen Unternehmern und Gewerkschaften durch Gesprächsrunden unter staatlicher Beteiligung einzuhegen. In der aktuellen Auseinandersetzung konnte das Instrument ohnehin nicht in der gedachten Form wirksam werden, da der Staat selbst – Kommunen, Länder und Bund bildeten die Arbeitgeberseite – Interessenpartei war.

Brandt sprach mit den Gewerkschaftsführern, ermahnte sie zu Besonnenheit und appellierte an die gemeinsame Verantwortung aller Gruppen für die wirtschaftliche Stabilität und für die Inflationsbekämpfung. Finanziell sei, so erklärte Brandt mehrfach öffentlich, der Spielraum gering; die öffentlichen Haushalte, Länder, Kommunen würden durch einen Tarifabschluss in zweistelliger Höhe unzumutbar belastet.[108] Der Versuch, sein persönliches und sein Amtscharisma in die Waagschale zu werfen und die Sache zu wenden, misslang. Seine Autorität war nicht mehr stark genug. Die Gewerkschaftsführer glaubten offenbar, der Kanzler habe ihre Konzessionsbereitschaft schon in anderen Reformbereichen – Umverteilung, Mitbestimmung – zu sehr strapaziert. Unter dem Druck der Basis war der Vorsitzende der Gewerkschaft ÖTV, Heinz Kluncker, zur Machtprobe mit der Regierung bereit – und er gewann sie. Nach mehrtätigem Massenstreik im Dienstleistungsbereich der Kommunen (Verkehrsbetriebe, Müllabfuhr u. a.) stimmten im Februar 1974 die öffentlichen Arbeitgeber unter dem Druck der am meisten betroffenen kommunalen Spitzenverbände einer Lohnerhöhung von elf Prozent zu. Der zweistellige Abschluss bedeutete für Brandt eine der bittersten Niederlagen seiner Kanzlerschaft; die „unmögliche Haltung" der Gewerkschaftsführer Kluncker und Grothegut stellte ihn – wie er später notieren sollte – „ernsthaft" vor die Frage, ob dies nicht der richtige Zeitpunkt für die „Demission" vom Amt des Bundeskanzlers sei.[109]

Er blieb, noch. Doch die Kritik an seinem Führungsstil war inzwischen allgegenwärtig. Bei einem Besuch in Moskau Anfang Oktober 1973 hatte Wehner vor Journalisten den Kanzler abschätzig der Unfähigkeit geziehen. Brandts Verstimmung war tief. In der Folge versuchte Wehner zwar, seine verbalen Ausfälle herunterzuspielen – die Äußerungen seien missverstanden und von der Presse falsch wiedergegeben worden –, doch war der Vorgang schwerwiegend genug, dass sich für Brandt die Frage nach den politischen Konsequenzen stellte. Es müsse, so schrieb er Ende Oktober 1973 an Wehner, „geklärt werden, [...] ob das, was als persönlicher Bruch erscheint, zwischen uns noch in Ordnung gebracht werden kann – und sei es nur in der Form, dass unbeschadet eines persönlichen Gegensatzes sachliche Kooperation praktiziert wird – oder ob der Konflikt noch deutlicher gemacht und mit den für die Partei ernsten Konsequenzen ausgetragen werden muss."[110] Doch diese verhaltene Drohung blieb folgenlos: Nach einer lauen Entschuldigung Wehners, der bat, es „noch einmal mit ihm zu versuchen", bestand Brandt schließlich nicht mehr auf dessen Ablösung als Fraktionsvorsitzender.[111] Damit schien er das Bild des führungsschwachen Kanzlers zu bestätigen. Die Unruhe in einem Teil der Medien nahm weiter zu. Selbst die

Brandt gewogenen Journalisten begannen, über eine Regierungsumbildung und sogar einen Kanzlerwechsel zu spekulieren. Ähnlich gärte es in der SPD: Nach den verlorenen Landtags- und Kommunalwahlen im März 1974 wurde der Parteivorsitzende offen aufgefordert, einen Teil seiner Macht abzugeben.[112]

Die Kritik am mangelnden Durchsetzungsvermögen des Kanzlers war zu einem guten Teil berechtigt, sie übersah aber, dass die Misere nicht nur mit dem konsensorientierten und verhaltenen Führungsstil des Kanzlers zu tun hatte. In Wirklichkeit war der Zenit der Reformeuphorie überschritten; nicht um gesellschaftspolitische Reform ging es mehr, sondern um eine Krisenbewältigung, für die Lösungen aber erst noch entwickelt werden mussten. Dass sich Veränderungen in den Einstellungen abzeichneten, war Brandt nicht verborgen geblieben. Seit Mitte 1972, verstärkt ab 1973, deutete er in Gesprächen auf die Fragwürdigkeit bisheriger Annahmen und thematisierte die zunehmende Skepsis gegenüber einer Ideologie des Wachstums und der Zukunftsgewissheit. Insbesondere befasste er sich mit Analysen, die ein eher pessimistisches Bild von der weiteren Entwicklung der menschlichen Gesellschaft malten. Ihm galt dies als Aufforderung an die Politik, nach Steuerungsmöglichkeiten zu suchen.[113]

Die Tendenzwende der Bundesrepublik zeigte sich exemplarisch in einem Bild, das die kollektive Erinnerung der Bürger auf lange Zeit prägen sollte: An vier Sonntagen im November und Dezember 1973 verwandelte sich das ganze Land in eine, wie Brandt in einer Fernsehansprache ausdrückte, „riesige Fußgängerzone". Die Regierung hatte ein allgemeines Fahrverbot verhängt, um in der „Ölpreiskrise" ein Zeichen zu setzen.[114] Dabei war die Bundesrepublik durch die Erhöhung der Rohölpreise seitens der arabischen Staaten infolge des israelisch-arabischen Yom-Kippur-Krieges im Oktober 1973 nicht akut gefährdet. Die Lager waren gefüllt, Ölknappheit nicht zu erwarten, es gab lediglich einen – insgesamt und verglichen mit anderen Produkten – moderaten Preisanstieg. Zudem entschärfte sich die Situation für die meisten europäischen Staaten bereits im Dezember 1973, als sie mit entsprechenden Resolutionen den arabischen Wünschen entgegenkamen und auf eine offene Unterstützung

Israels in der Nahostkrise verzichteten. Die Regierung hatte im Ganzen energisch und zügig reagiert: Ein von Brandt noch im November 1973 durchgesetztes Energiesicherungsgesetz erweiterte vorsorglich die Kompetenzen des Bundes, beschleunigte unter öffentlicher Beteiligung den Zusammenschluss der in der Energieerzeugung tätigen Unternehmen und förderte heimische Energiestoffe, um der Abhängigkeit von Importen vorzubeugen.

Die Krisenerscheinungen 1973/74 beförderten insgesamt jedoch einen Mentalitätswandel hin zu einem schärferen Bewusstsein für die Gefährdung der gewohnten Lebensgrundlagen. Der Glaube an gesicherte Ressourcen, an ein unbegrenztes Wachstum, die Planbarkeit der Zukunft und die Steuerungsmöglichkeiten der politischen Führung war erschüttert.

Der Rücktritt

Brandt schien sich von den Tiefschlägen der Jahreswende gerade zu erholen und wieder die Initiative zu ergreifen – Anfang April 1974 war er mit zehn Thesen in der SPD gegen sektiererische Tendenzen aufgetreten und hatte die Partei wieder in die „Mitte" zurückzuführen versucht –, da brach der Damm an einer ganz anderen, unerwarteten Stelle. Was war passiert? Nach einem offiziellen Besuch in arabischen Ländern, bei dem er während nächtlicher Fahrten auf dem Nil intensiv mit Präsident Sadat die gemeinsamen Ursprünge der großen Religionen und die Wertvorstellungen von westlicher und östlicher Welt diskutiert hatte, wurde Brandt bei seiner Rückkehr am 24. April 1974 von der Verhaftung seines Mitarbeiters Günter Guillaume wegen des Verdachts der Spionage für die DDR unterrichtet. Guillaume war, wie sich herausstellte, Offizier der Nationalen Volksarmee und „Offizier im besonderen Einsatz" des Ministeriums für Staatssicherheit; nach einer fingierten „Flucht" aus der DDR lebte er seit den 50er Jahren in der Bundesrepublik und hatte 1970 eine Beschäftigung im Bundeskanzleramt erlangt.

Bei Guillaumes Einstellung im Kanzleramt hatte es Bedenken in zweierlei Hinsicht gegeben: Zum einen hatte der Personalrat Einspruch erhoben wegen der mangelnden akademischen Qualifikation Guillaumes. Diese Bedenken schienen Amtschef Ehmke typisch für die konservativ geprägte Behörde. Er wollte bewusst mit solchen Traditionen der Personalauswahl brechen. Wie sollte mit Mitarbeitern, die seit Jahren unter Adenauer, Erhard und Kiesinger gearbeitet hatten und den Vorgaben der Staatssekretäre Globke, Westrick und Carstens gefolgt waren, ein „Machtwechsel" ermöglicht werden? Die Qualitätsvorbehalte des Personalrats und sein Beharren auf dem Akademikerprivileg sollten durch eine neue Offenheit der Bildungswege, durch verstärkte Berücksichtigung politischer und gesellschaftlicher Kompetenzen erweitert werden. Als langjähriger Mitarbeiter in der Frankfurter SPD verfügte Guillaume über Erfahrungen, die ihn, so Ehmke, für seine künftige Aufgabe befähigten. Guillaume sollte im Bundeskanzleramt die Verbindungen zu den SPD-Gliederungen betreuen und wurde später aufgrund seiner Organisationsfähigkeiten mit der Planung von Parteiterminen und Wahlreisen des Kanzlers betraut. Zum anderen gab es in der Sicherheitsüberprüfung Zweifel an der Zuverlässigkeit des Mitarbeiters. Da sich diese aber nicht erhärteten, wurde er eingestellt. Erst später stellten sich die Schwächen dieser Überprüfung heraus.[115]

Brandt erfuhr erstmals Ende Mai 1973 durch Bundesinnenminister Genscher vom Verdacht gegen Guillaume. Genscher wiederum war vom Chef des Bundesamtes für Verfassungsschutz, Nollau, unterrichtet worden. Nollau hatte zudem Wehner, mit dem ihn die gemeinsame Herkunft und eine langjährige Bekanntschaft verband, informiert – eine Dienstpflichtverletzung, für die er auch später nicht zur Verantwortung gezogen wurde. Auf Nachfrage von Brandt rieten Nollau wie Genscher, zunächst nichts zu unternehmen, solange weiter ermittelt werde, damit Guillaume keinen Verdacht schöpfe. Brandt setzte lediglich den Chef des Kanzleramts, Grabert, und seinen Persönlichen Referenten, Wilke, in Kenntnis. Veränderungen in den Arbeitsbereichen oder Planungen gab es nicht. So fuhr der unter Verdacht stehende Guillaume 1973 zweimal mit dem Kanzler in den Urlaub, im Sommer nach Norwegen und im Herbst nach Südfrankreich, und erhielt Einblick in Vorgänge, die ihm im geregelten Verwaltungsalltag des Kanzleramtes noch unzugänglich geblieben waren.[116] Besonders folgenreich war seine Begleitung der Familie Brandt beim Sommerurlaub nach Hamar gewesen. Guillaume war der einzige mitfahrende Referent und überbrachte Brandt die aus Deutschland eintreffenden Nachrichten und Schreiben von der einige hundert Meter vom Wohnhaus entfernt gelegenen Funkleitstelle – und dies gerade zwei Monate, nachdem das Kanzleramt über den Verdacht gegen Guillaume informiert worden war. Es konnte nicht ausbleiben, dass der Spion auch Zugang zu Papieren der höchsten Geheimhaltungsstufe, Informationen über die NATO, erhielt. Im Ergebnis, so ließ sich nachträglich feststellen, waren dies zwar keine Texte, deren Weitergabe unmittelbar die Sicherheit des Bündnisses oder der Bundesrepublik gefährdet hatten, aber das änderte am Eindruck der verblüffenden Sorglosigkeit im näheren Umfeld des Kanzlers, der ermittelnden Behörden, insbesondere des Bundesamtes für Verfassungsschutz, und ihres Dienstherrn, des Innenministers, nichts.[117]

Als nach der Enttarnung diese Fahrlässigkeiten und eine Reihe weiterer Fehleinschätzungen bekannt wurden, rückte die Frage nach der Verantwortlichkeit in den Mittelpunkt. Im Laufe weniger Tage kehrten sich die Dinge nun gegen den Kanzler. Die nach und nach ans Licht kommenden Versäumnisse und Enthüllungen, bei denen Brandt ebenso überrascht wirkte wie die Öffentlichkeit, ließen Opposition und Medien, die anfangs eher Nollau, Genscher oder die beiden Kanzleramtsleiter Grabert und Ehmke im Blick hatten, nun nach der Schuld des Kanzlers fragen. Dieser wirkte in der Affäre von Anfang an als Spielball: desinformiert, vom Verfassungsschutz als Lockvogel eingesetzt und täglich mit neuen Entwicklungen konfrontiert. Ab Ende April wurde süffisant berichtet, dass das Bundeskriminalamt in „Frauengeschichten" stöbere und die Sicherheitsbeamten des Kanzlers über Brandts privaten Lebenswandel vernehme. Brandt, empört und zugleich deprimiert, schwankte zwischen Resignation, dem Wunsch, alles hinter sich zu lassen, und dem Willen, die Affäre durchzustehen. Die Waagschale neigte sich eher zum Rücktritt, trotz der Beschwörungen von Mitarbeitern und politischen Freunden. Die endgültige Entscheidung brachten Gespräche, die Brandt am 4. Mai am Rande eines schon lange vereinbarten Zusammentreffens von Partei- und Gewerkschaftsführern in Bad Münstereifel führte; den Ausschlag gab dabei die Unterredung mit Wehner, der ihm nicht den benötigten Rückhalt gewährte.[118] Zwei Tage später erklärte Brandt dem Bundespräsidenten seinen Rücktritt und schlug Helmut Schmidt als Nachfolger vor.[119] Hinsichtlich der Agenten-Affäre übernahm Brandt damit eine Verantwortung, die von der Zuständigkeit her Genscher hätte tragen müssen. Doch eine Entlassung Genschers hätte möglicherweise die sozialliberale Koalition gefährdet. Der Innenminister sollte – so war es bereits vereinbart worden – von Walter Scheel das Außenministerium und den Vorsitz der FDP übernehmen, wenn dieser im Mai 1974 Heinemann im Amt des Bundespräsidenten nachfolgte und damit nicht mehr wie bisher die Koalition aktiv fördern konnte.

Der Rücktritt – nicht einmal 18 Monate nach dem Sieg in der Bundestagswahl 1972 – war nicht das Werk der DDR. Die Enttarnung des Agenten hatte zwar den Zeitpunkt bestimmt. Den Boden, auf dem der Kanzlerrücktritt überhaupt vorstellbar wurde, hatten aber andere Faktoren bereitet: etwa die strukturelle Krise 1973, die schwierigen Verhältnisse in der SPD-Führungsspitze, die andauernde Kritik in Medien und Partei, die Brandt mürbe gemacht hatte, schließlich das öffentliche und staatliche Interesse an seinem Privatleben.

Bilanz: Das historische Bündnis

Brandt war, dies wurde in den Tagen des Rücktritts nochmals deutlich, kein Machiavellist. Seine Stärke bestand mehr darin, „möglichst zu versöhnen, jedoch nicht, vorhandene Gegensätze aufzuspüren und wo nötig zu vertiefen; seine Schwäche war schon damals, wo dieses nicht gelingt, dazu zu neigen, Gegensätze zu verkleistern".[120] Diese „inspirative Verschwommenheit"[121] ermöglichte ihm, politischen Spielraum dort zu gewinnen, wo die Machtbasis sehr schmal war: In der Großen Koalition war das Prinzip der Vereinbarung aller Politik ohnehin Pflicht, in der ersten sozialliberalen Koalition musste Brandt um die nötige Basis ringen, und für wichtige politische Fragen war er auch hier auf den Konsens angewiesen. Angesichts der heterogenen Kräfte in seiner eigenen Partei und der widerstrebenden Kräfte in der Gesellschaft konnte die Verwirklichung der „Demokratisierung" nur „auf der Grundlage eines durch seine persönliche Wirkung sinnlich wahrnehmbaren, flexiblen inner- und überparteilichen Integrationskurses" gelingen.[122]

Brandts Stil der „unio mystica"[123] konnte zwar als Führungsschwäche ausgelegt werden, die darin steckende Anerkennung einer konsensuellen Demokratie entsprach aber durchaus einem Grundbedürfnis der Gesellschaft. In der bundesdeutschen Demokratie gibt es viele Regelungen aus dem Geist des Konsenses: So pluralistisch das Grundgesetz und das politische System im Prinzip angelegt sind, der Vermittlungsgedanke ist mindestens in der Praxis stark verankert. Dies zeigte sich auch während der Ära Brandt in einer Vielzahl von Institutionen und Arrangements: angefangen beim Wahlrecht über die Einbeziehung der Opposition bei wichtigen Gesetzesfragen, den Ausgleich zwischen Mehr- und Minderheiten, die Rolle von Bundesrat und Vermittlungsausschuss bis hin zu Kanzlerrunden und Konsensgesprächen, ob „Kreßbronner Kreis" in der Großen Koalition, „Konzertierte Aktion" oder die zahlreichen Expertenkommissionen und Räte. Für diese Einrichtungen war weniger ihre unterschiedlich starke demokratische Legitimation von Bedeutung, als ihr konfliktentschärfendes, auf höhere Einsicht vertrauendes Potenzial. Gerade das Modell der während der Kanzlerschaft Brandts praktizierten Mischung von konsens- und konkurrenzdemokratischen Elementen stellte schließlich die hohe Akzeptanz der Demokratie in der Bundesrepublik sicher und verbürgte die Stabilität des Gemeinwesens in den Krisen der späten 60er und frühen 70er Jahre. Dies bildete eine Gemengelage von deutschen Traditionen und substanziellen Annäherungen an westliche Formen der Demokratie.

Zusammenfassend ist zu konstatieren, dass Brandts Vorstellung einer Modernisierung der Bundesrepublik in der Praxis auf deutliche strukturelle Hindernisse stieß; er geriet zwischen die Fronten der Verheißung eines neuen Zeitalters und der Furcht vor der Systemveränderung. Sicher: Die Macht jeder Bundesregierung ist begrenzt durch die föderative Komponente, das Bundesverfassungsgericht sowie durch die Parlamentsfraktionen der eigenen Koalition und natürlich besonders die der Oppositionsparteien. Dies zwingt die Machteliten zum Zusammenwirken und Aushandeln der Politik. Nur selten aber wirkten diese Faktoren derart geballt gegen eine Regierung wie zu Zeiten Brandts: Über den Bundesrat nutzten die Länder intensiv ihre Korrektiv- und Kontrollmöglichkeit, das Bundesverfassungsgericht zwang auf mittlere Sicht zur Modifikation wesentlicher Reformschritte, der starke Druck der Opposition schränkte den Spielraum erheblich ein. Die Realisierung kostenintensiver Reformabschnitte setzte ökonomisches Wachstum voraus. Der Finanzierung aus Zuwächsen stellte sich aber die wirtschaftliche Entwicklung entgegen. Eine Entscheidung zur strukturellen Umverteilung wiederum hätte des Verzichts auf den Vereinbarungsmechanismus bedurft – mit ungewissen Folgen für die Regierung. Mit dem Rückrudern vom propagierten Reformhorizont brach jedoch das gesellschaftspolitische Konzept auf und mutierte zu einem Steinbruch, von dem leicht erreichbare Teile verwertet wurden, während der Rest zurückblieb.

1969 war die Euphorie des Aufbruchs erforderlich, weil die knappe parlamentarische Mehrheit noch nicht durch die Gewissheit einer gesellschaftlichen Mehrheit abgesichert war. Doch führte dies zu Hoffnungen, die aufgrund der genannten Faktoren nicht ausreichend zu erfüllen waren. Die Kluft zwischen Erwartungen und Erfahrungen zu überbrücken, bildete eine der größten Schwierigkeiten der Regierung Brandt. Diese Kluft trug auch wesentlich zum Autoritätsverlust des Kanzlers bei. Aufgehalten zunächst noch durch den erfolgreichen Kampf um die Ostpolitik und den mustergültig geführten, aber die Spirale der Erwartungen weiter steigernden Wahlkampf und Wahlsieg 1972, brach sich die Krise erst danach Bahn. Die Erwartungen hatten der innovatorischen Politik zunächst eine Legitimation gegeben, sie riefen aber auch die „gegenreformatorischen Geister" auf den Plan.[124] Diesen *circulus vitiosus* zu durchbrechen gelang Brandt nicht, zumal die Akzeptanz der reformpolitischen Zielsetzungen durch die erkennbare Spannung zu ihren technokratischen Planungsmethoden abnahm. Die Steuerungsleistungen der Politik brachten wieder neue Legitimationsprobleme hervor. Die „Reform" selbst unterlag einem Begriffswandel: Emanzipation und Reform seien, so war es am Ende auch von engen politischen Freunden und Beratern zu lesen, fragwürdige Begriffe geworden.[125] Mit seinem Rücktritt hatte Brandt vor allem die reformorientierte sozialliberale Koalition retten wollen. Für ihn rechtfertigte sich das Bündnis aus einer historischen Perspektive. Es knüpfte in seiner Sicht an einen positiven Strang der Weimarer Demokratie an: die politische Überbrückung der noch im Kaiserreich vorherrschenden tiefen Kluft zwischen Bürgertum und Arbeiterschaft. Brandt sah in dieser Verbindung weniger einen temporären, politischer Taktik folgenden Vorgang, sondern die Möglichkeit, mit der „Mitte" auch einen neuen gesellschaftlichen Wertekonsens zu finden. Auch wenn die Hoffnungen, die Brandt an die sozialliberale Koalition band, in dieser umfassenden Form nicht zum Tragen kamen – sowohl in der FDP wie in der SPD wurden diese Vorstellungen nicht von allen geteilt –, gab diese Ära der Bundesrepublik ein neues Fundament. Dass es in der Bundesrepublik kein ausgeprägtes staatsbürgerliches Bewusstsein gebe und die Demokratie deshalb durch wirtschaftliche Krisen, Streiks, politischen Wechsel in ihrem Bestand gefährdet werden könne, war noch Mitte der 60er Jahre eine häufig geäußerte Sorge. Ein durch Krisen und Schwächen der politischen Führung entstehendes mögliches Legitimationsdefizit der Bundesrepublik hätte weniger als in anderen Staaten durch ein Nationalbewusstsein kompensiert werden können. „Bonn" dürfe nicht „Weimar" werden, war bis in die 70er Jahre die prägende Mahnung.[126]

Dass diese Gefahr gebannt wurde, war ein wesentliches Verdienst der Kanzlerschaft Brandts. Der Grundlegung des Staates und seiner Rahmenbedingungen während der Zeit Adenauers und dem innenpolitischen Modernisierungsschub durch die Große Koalition folgte mit der sozialliberalen Koalition die politische Umsetzung des seit den 60er Jahren andauernden Wertewandels und der gesellschaftlichen Dynamik. Die Ära Brandt entließ die Bundesrepublik 1974 in die demokratische Normalität.

Zur Dokumentenauswahl

Die Auswahl der Dokumente für diesen Band folgt den in der Einleitung vorgestellten Hauptlinien der Zeit von 1966 bis 1974. Die Quellen geben – unter dem Gesichtspunkt der Innen- und Gesellschaftspolitik – einen Eindruck von Willy Brandts politischer Tätigkeit während seiner Zeit als Außenminister und Vizekanzler sowie als Bundeskanzler. Die Auswahl gibt dabei auch ein Bild von der Gewichtung, die Brandt einzelnen Themen beimaß, seinen Prioritäten und Schwerpunkten. Der Gliederung der „Berliner Ausgabe" entsprechend finden sich Dokumente zum spezifischen Verhältnis von Brandt zur SPD sowie zur Außen- und Deutschlandpolitik der Zeit von 1966 bis 1974 nicht in diesem Band, sondern vornehmlich in den Bänden Nr. 4 – 6 der Edition. Auch wenn es immer wieder politische Vorgänge gibt, in denen sich diese Bereiche nicht voneinander trennen lassen – beispielsweise bei der inhaltlichen Ausgestaltung der Regierungsbildungen, beim Misstrauensvotum 1972, bei der Wirtschaftspolitik oder auch beim Rücktritt 1974 – ist die vorliegende Dokumentenauswahl in sich geschlossen und eigenständig.

Die „Berliner Ausgabe" möchte ein vielfältiges Bild der politischen Persönlichkeit Willy Brandts geben. Diesem Ansatz entsprechend wurden möglichst viele verschiedene Quellentypen fruchtbar gemacht: Das Spektrum reicht von gedruckten Quellen, Reden, Artikeln, Gesprächs- und Interviewaufzeichnungen, handschriftlichen Notizen und Briefen bis hin zu Protokollen, Tonaufzeichnungen und Fotografien. Um den Zusammenhang einzelner Aufzeichnungen und Schreiben Brandts zu verdeutlichen, kamen in wenigen Fällen auch Briefe Dritter zum Abdruck. Ediert wurde immer die letzte vorliegende Version eines Dokuments. In Einzelfällen wurden frühere Versionen, handschriftliche Bearbeitungen und Entwürfe in den Anmerkungen nachgewiesen bzw. Abweichungen benannt. Von der Arbeitsweise Brandts und seines Umgangs mit Texten geben auch die faksimilierten Dokumentenabbildungen einen Eindruck.

Den Editionsvorgaben folgend stützt sich die Dokumentenauswahl vornehmlich auf die Überlieferung aus dem Willy-Brandt-Archiv im Archiv der sozialen Demokratie der Friedrich-Ebert-Stiftung in Bonn. Die Quellen aus dem Nachlass von Brandt werden durch Akten und Protokolle des SPD-Parteivorstands sowie Deposita führender sozialdemokratischer Politiker im AdsD, wie Helmut Schmidt und Horst Ehmke, ergänzt. Ebenso fanden die amtlichen Überlieferungen im Bundeskanzleramt Berlin und im Bundesarchiv Koblenz, einschließlich dort gebildeter Deposita von Rainer Barzel, Knut Freiherr von Kühlmann-Stumm, Lauritz Lauritzen u.a., Verwendung. Vereinzelt wurden auch private Archive und Aufzeichnungen genutzt sowie die Tonaufnahmen in Rundfunkarchiven.

So weit es das Kriterium der politischen Bedeutung und des zeitlichen Ablaufs zuließ, wurde die Priorität auf die Umsetzung bisher unveröffentlichter oder schwer zugänglicher Quellen gelegt, hierunter fällt beispielsweise eine Reihe von Vermerken und umfangreichen Hintergrundgesprächen, die Brandt führte. Eine Ausnahme bilden die „Notizen zum Fall Guillaume" (Dok. Nr. 104), die bereits veröffentlicht wurden, jedoch in so unzureichender Weise, dass sich eine neue kritische Edierung als notwendig erwies. Auf die Aufnahme von Protokollen der Kabinettssitzungen als eigenständige Dokumente wurde verzichtet, da diese in einer eigenen Edition des Bundesarchivs sorgfältig aufgelegt und dann ohne Schwierigkeit ergänzend herangezogen werden können. Ähnliches gilt für die Reden Willy Brandts auf den SPD-Parteitagen.

Die faksimilierten Dokumentenabbildungen zeigen Entwürfe bzw. Bearbeitungen einiger abgedruckter Texte. Ebenso wie die beiden Seiten des Terminkalenders und die Fotografien gelten sie als eigene Dokumente und sollen das Bild des Politikers Brandt abrunden.

Danksagung

Die Erstellung des vorliegenden Bandes war nur möglich durch die Unterstützung zahlreicher Personen und Institutionen. Zudem haben viele Menschen mit ihren Erzählungen und Erinnerungen wesentlich dazu beigetragen, dass dieses Projekt für mich über die editorische Arbeit hinaus eine ungewöhnliche Lebendigkeit gewann.

Für die Organisation, vielfältige Förderung und Begleitung der Edition danke ich den Herausgebern und dem Vorstand der Bundeskanzler-Willy-Brandt-Stiftung: seinem Vorsitzenden Dr. Gerhard Groß sowie den Professoren Dr. Dieter Dowe, Dr. Helga Grebing, Dr. Gregor Schöllgen und Dr. Heinrich August Winkler. Letzterer hat als verantwortlicher Herausgeber dieses Bandes mir manches Mal Wege geebnet, immer mit Rat zur Seite gestanden und mit kritischer Genauigkeit das Manuskript diskutiert.

Dem Kollegen- und Kolleginnenkreis der Bearbeiter sowie den Mitarbeitern der Geschäftsstelle der Bundeskanzler-Willy-Brandt-Stiftung, insbesondere Dr. Carsten Tessmer, Dr. Bernd Rother und Dr. Wolfram Hoppenstedt, danke ich für die stete Hilfsbereitschaft und produktive Diskussionsfreudigkeit. Diese wie auch viele andere Einrichtungen haben mich ohne Ausnahme freundlich unterstützt und immer Langmut bei zahllosen Nachfragen und Wünschen bewiesen, wie sie ein derartiges Vorhaben mit sich bringt: das Willy-Brandt-Archiv, in dem Gertrud Lenz mir in vielen Gesprächen wertvolle Anregungen gab, andere Abteilungen des Archivs der sozialen Demokratie und der Bibliothek der Friedrich-Ebert-Stiftung in Bonn, hierin namentlich Antje Sommer, Dr. Christoph Stamm und Wolfgang Stärcke, das Bundesarchiv Koblenz, das Bundeskanzleramt in Berlin und Bonn, das Archiv Helmut Schmidt in Hamburg, das Archiv des Deutschen Liberalismus in Gummersbach und die Staatsbibliothek Preußischer Kulturbesitz in Berlin. Ein besonderer Dank gilt den Archiven von Radio Bremen und des Westdeutschen Rundfunks für ihre Bereitschaft, Ton- und Filmaufzeichnungen zur Verfügung zu stellen.

Für Gespräche, wertvolle Hinweise oder die Möglichkeit, Aufzeichnungen einzusehen, danke ich Dr. Rainer Barzel, Prof. Dr. Horst Ehmke, Horst Grabert, Klaus Harpprecht, Prof. Dr. Reimut Jochimsen (†), Dr. Karl-Heinz Klär, Klaus Henning Rosen, Dr. h.c. Helmut Schmidt, Dr. h.c. Klaus Schütz, Winfried Staar, Rüdiger Freiherr von Wechmar, Dr. Reinhard Wilke.

Auf unterschiedliche Weise haben Bettina Effner, Astrid Hörlin, Uffa Jensen, Dr. Uwe Mai und die „INI", der diskursive Arbeitskreis in

Scharouns Berliner Bibliothek, einen Anteil an der Entstehung des Buches. In herausragender Weise gilt dies für Alexander Cammann, der mich über die gesamte Zeit mit Ideen und großem Engagement fachkundig unterstützt und zur Fertigstellung erheblich beigetragen hat. Ihnen allen danke ich ebenso wie Dr. Heiner Lindner, der das Manuskript am Ende sorgsam lektoriert hat.

Berlin, im Oktober 2001   Wolther von Kieseritzky

Verzeichnis der Dokumente

94	Nr. 1	März/April 1966	Artikel des Regierenden Bürgermeisters von Berlin und Vorsitzenden der SPD, Brandt, für *Die Neue Gesellschaft*
107	Nr. 2	25. August 1966	Erklärung des Vorsitzenden der SPD, Brandt, für das deutsche Fernsehen
109	Nr. 3	19. September 1966	Interview des Vorsitzenden der SPD, Brandt, für *Der Spiegel*
112	Nr. 4	11. November 1966	Aus dem Protokoll der gemeinsamen Sitzung von Partei- und Fraktionsvorstand der SPD
114	Nr. 5	28. November 1966	Aus den Ausführungen des Vorsitzenden der SPD, Brandt, auf der gemeinsamen Sitzung von Parteirat, Parteivorstand und Kontrollkommission der SPD
124	Nr. 6	9. Dezember 1966	Schreiben des Bundesministers des Auswärtigen, Brandt, an den Vorsitzenden der FDP, Mende
126	Nr. 7	12. Dezember 1966	Schreiben des Bundesministers des Auswärtigen, Brandt, an den stellvertretenden Vorsitzenden der SPD-Bundestagsfraktion Möller
128	Nr. 8	17. März 1967	Aus den Ausführungen des Vorsitzenden der SPD, Brandt, auf der gemeinsamen Sitzung von Parteirat, Parteivorstand und Kontrollkommission der SPD
131	Nr. 9	7. Juli 1967	Aus den hs. Notizen des Vorsitzenden der SPD und Bundesministers des Auswärtigen, Brandt, für die Sitzung der SPD-Bundestagsfraktion

135	Nr. 10	7. August 1967	Schreiben des Bundesministers des Auswärtigen und Vorsitzenden der SPD, Brandt, an den Bundeskanzler und Vorsitzenden der CDU, Kiesinger
137	Nr. 11	28. August 1967	Schreiben des Bundesministers des Auswärtigen, Brandt, an den Bundeskanzler, Kiesinger
138	Nr. 12	9. November 1967	Schreiben des Bundesministers des Auswärtigen und Vorsitzenden der SPD, Brandt, an den Bundeskanzler und Vorsitzenden der CDU, Kiesinger
140	Nr. 13	13. November 1967	Aus den Ausführungen des Vorsitzenden der SPD, Brandt, auf der gemeinsamen Sitzung von Parteirat, Parteivorstand und Kontrollkommission der SPD
142	Nr. 14	3. Februar 1968	Aus den hs. Notizen des Vorsitzenden der SPD, Brandt, für die Rede auf dem Landesparteitag der SPD Baden-Württemberg in Ravensburg
143	Nr. 15	26. April 1968	Aus dem Interview des Bundesministers des Auswärtigen, Brandt, für *Quick*
148	Nr. 16	30. Mai 1968	Aus der Rede des Bundesministers des Auswärtigen, Brandt, vor dem Deutschen Bundestag
157	Nr. 17	6. Juni 1968	Schreiben des Vorsitzenden der SPD, Brandt, an den Bundeskanzler, Kiesinger
161	Nr. 18	22. Juli 1968	Schreiben des Bundesministers des Auswärtigen, Brandt, an den Bundeskanzler, Kiesinger

163	Nr. 19	13. November 1968	Schreiben des Bundesministers des Auswärtigen, Brandt, an den Bundeskanzler, Kiesinger
164	Nr. 20	4. Dezember 1968	Schreiben des Bundesministers des Auswärtigen, Brandt, an den Bundeskanzler, Kiesinger
166	Nr. 21	6. Januar 1969	Aus dem Interview des Bundesministers des Auswärtigen, Brandt, für *Der Spiegel*
170	Nr. 22	22. Januar 1969	Schreiben des Vorsitzenden der SPD, Brandt, an den Unternehmer Rosenthal
175	Nr. 23	29. Januar 1969	Hs. Schreiben des Bundesministers des Auswärtigen, Brandt, an den Präsidenten des Deutschen Bundestages, Gerstenmaier
176	Nr. 24	März 1969	Aus dem Artikel des Bundesministers des Auswärtigen und Vorsitzenden der SPD, Brandt, für *bildung und politik*
184	Nr. 25	21. Mai 1969	Schreiben des Vorsitzenden der SPD, Brandt, an den Bundeskanzler, Kiesinger
186	Nr. 26	27. Juni 1969	Schreiben des Vorsitzenden der SPD, Brandt, an den Vorsitzenden der CDU/CSU-Bundestagsfraktion, Barzel
189	Nr. 27	28. Juni 1969	Aus den Ausführungen des Vorsitzenden der SPD, Brandt, auf der gemeinsamen Sitzung von Parteirat, Parteivorstand und Kontrollkommission der SPD
193	Nr. 28	15. September 1969	Aus dem Interview des Vizekanzlers, Brandt, für *Der Spiegel*

196	Nr. 29	25. September 1969	Schreiben des Bundesministers des Auswärtigen, Brandt, an den Bundeskanzler, Kiesinger
197	Nr. 30	28. September 1969	Interview des Bundesministers des Auswärtigen und Vorsitzenden der SPD, Brandt, für das deutsche Fernsehen
200	Nr. 31	29. September 1969	Hs. Notizen des Vorsitzenden der SPD, Brandt, über ein Gespräch mit dem Vorsitzenden der FDP, Scheel
202	Nr. 32	9. Oktober 1969	Hs. Schreiben des Vorsitzenden der SPD, Brandt, an den Bundeskanzler, Kiesinger
203	Nr. 33	20. Oktober 1969	Schreiben des Bundesministers des Auswärtigen, Brandt, an den Politikwissenschaftler Eschenburg
206	Nr. 34	21. Oktober 1969	Vereidigung des Bundeskanzlers, Brandt, vor dem Deutschen Bundestag
209	Nr. 35	27. Oktober 1969	Aus dem Interview des Bundeskanzlers, Brandt, für *Der Spiegel*
218	Nr. 36	28. Oktober 1969	Aus der Regierungserklärung des Bundeskanzlers, Brandt, vor dem Deutschen Bundestag
225	Nr. 37	22. Dezember 1969	Schreiben des Bundeskanzlers, Brandt, an den Bundesminister für Verkehr, Leber
226	Nr. 38	22. Dezember 1969	Hs. Schreiben des Bundeskanzlers, Brandt, an den Bundesminister für Verteidigung, Schmidt
227	Nr. 39	1. Januar 1970	Schreiben des Bundeskanzlers, Brandt, an den Bundesminister des Auswärtigen, Scheel
230	Nr. 40	11. März 1970	Schreiben des Bundeskanzlers, Brandt, an den Schriftsteller Grass

231	Nr. 41	11. Mai 1970	Interview des Bundeskanzlers, Brandt, für das Erste Deutsche Fernsehen
235	Nr. 42	31. Juli 1970	Schreiben des Vorsitzenden der SPD und Bundeskanzlers, Brandt, an die stellvertretenden Vorsitzenden der SPD, Wehner und Schmidt
238	Nr. 43	15. September 1970	Aus den hs. Notizen des Bundeskanzlers, Brandt, für die Sitzung der SPD-Bundestagsfraktion
240	Nr. 44	21. November 1970	Aus der Rede des Bundeskanzlers, Brandt, auf der Tagung des Verbandes deutscher Schriftsteller
244	Nr. 45	2. Dezember 1970	Aus einem Gespräch des Bundeskanzlers, Brandt, zum Thema „Eigentum verpflichtet"
250	Nr. 46	15. Februar 1971	Schreiben des Bundeskanzlers, Brandt, an den Chefredakteur von *Der Spiegel*, Gaus
251	Nr. 47	29. März 1971	Schreiben des Bundeskanzlers, Brandt, an den Vorsitzenden des Deutschen Gewerkschaftsbundes, Vetter
253	Nr. 48	30. März 1971	Schreiben des Bundeskanzlers, Brandt, an den Bundesminister für Arbeit und Sozialordnung, Arendt
255	Nr. 49	12. Mai 1971	Schreiben des Bundeskanzlers, Brandt, an den Bundesminister der Finanzen, Möller
256	Nr. 50	17. Mai 1971	Aus den hs. Notizen des Bundeskanzlers, Brandt, für die gemeinsame Sitzung von Parteivorstand und Gewerkschaftsrat der SPD
261	Nr. 51	24. Mai 1971	Aus dem Interview des Bundeskanzlers, Brandt, für *Der Spiegel*

272	Nr. 52	13. Juli 1971	Aus der Rede des Bundeskanzlers, Brandt, in der Evangelischen Akademie in Tutzing
283	Nr. 53	15. Juli 1971	Schreiben des Bundesministers des Auswärtigen, Scheel, an den Bundeskanzler, Brandt
284	Nr. 54	20. Juli 1971	Schreiben des Bundeskanzlers, Brandt, an den Bundesminister des Auswärtigen, Scheel
285	Nr. 55	28. August 1971	Aus einem Hintergrundgespräch des Bundeskanzlers, Brandt, mit Journalisten
292	Nr. 56	4. Oktober 1971	Schreiben des Bundeskanzlers, Brandt, an den Chef des Presse- und Informationsamtes der Bundesregierung, Ahlers
297	Nr. 57	29. Januar 1972	Schreiben des Bundeskanzlers, Brandt, an den Schriftsteller Böll
298	Nr. 58	4. Februar 1972	Appell des Bundeskanzlers, Brandt, im deutschen Fernsehen
299	Nr. 59	3. März 1972	Aus den hs. Notizen des Bundeskanzlers, Brandt, für die Sitzung der SPD-Bundestagsfraktion
302	Nr. 60	4. März 1972	Schreiben des Bundeskanzlers, Brandt, an den Informationswissenschaftler Steinbuch
306	Nr. 61	26. März 1972	Hs. Schreiben des Bundeskanzlers, Brandt, an den Bundesminister des Auswärtigen, Scheel
307	Nr. 62	27. April 1972	Aus der Rede des Bundeskanzlers, Brandt, vor dem Deutschen Bundestag
314	Nr. 63	19. Mai 1972	Schreiben des Bundeskanzlers, Brandt, an den Bundesminister für Wirtschaft und Finanzen, Schiller

315	Nr. 64	19. Mai 1972	Hs. Schreiben des Bundeskanzlers, Brandt, an den Bundesminister für innerdeutsche Beziehungen, Franke
316	Nr. 65	1. Juni 1972	Notizen des Bundeskanzlers, Brandt, für das Koalitionsgespräch
318	Nr. 66	13. Juni 1972	Schreiben des Bundeskanzlers, Brandt, an den Vorsitzenden der CDU/CSU-Bundestagsfraktion, Barzel
320	Nr. 67	26. Juni 1972	Aus der Rede des Bundeskanzlers, Brandt, auf der Tagung der Nobelpreisträger in Lindau
328	Nr. 68	2. Juli 1972	Aus dem Schreiben des Bundesministers für Wirtschaft und Finanzen, Schiller, an den Bundeskanzler, Brandt
333	Nr. 69	6. Juli 1972	Schreiben des Bundeskanzlers, Brandt, an den Bundesminister für Wirtschaft und Finanzen, Schiller
338	Nr. 70	9. Juli 1972	Notizen des Bundeskanzlers, Brandt, zur Umweltpolitik
340	Nr. 71	17. August 1972	Aus dem Schreiben des Bundeskanzlers, Brandt, an die Redaktion von *Quick*
344	Nr. 72	21. August 1972	Aus dem Interview des Bundeskanzlers und Vorsitzenden der SPD, Brandt, mit dem britischen Publizisten Prittie
348	Nr. 73	5. September 1972	Erklärung des Bundeskanzlers, Brandt, im deutschen Fernsehen
350	Nr. 74	5./6. September 1972	Aus den Aufzeichnungen des Bundeskanzlers und Vorsitzenden der SPD, Brandt, für das „Tagebuch"
354	Nr. 75	19. September 1972	Hintergrundgespräch des Bundeskanzlers, Brandt, für *Die Zeit*

365	Nr. 76	25. September 1972	Aus dem Protokoll der Pressekonferenz mit dem Bundeskanzler, Brandt
368	Nr. 77	1. Oktober 1972	Vermerk über das Gespräch des Bundeskanzlers, Brandt, mit dem Präsidenten des Deutschen Bundestages, von Hassel
375	Nr. 78	23. Oktober 1972	Schreiben des Bundeskanzlers, Brandt, an den Präsidenten der Bundesvereinigung der Deutschen Arbeitgeberverbände, Friedrich
377	Nr. 79	25. Oktober 1972	Aus dem Hintergrundgespräch des Bundeskanzlers, Brandt, mit Vertretern der katholischen Presse
383	Nr. 80	20. November 1972	Schreiben des Bundeskanzlers, Brandt, an den Vorsitzenden der CDU, Barzel
384	Nr. 81	27. November 1972	Hs. Schreiben des Vorsitzenden der SPD und Bundeskanzlers, Brandt, an die stellvertretenden Vorsitzenden der SPD, Wehner und Schmidt
385	Nr. 82	28. November 1972	Hs. Schreiben des Vorsitzenden der SPD und Bundeskanzlers, Brandt, an den Vorsitzenden der FDP und Vizekanzler, Scheel
387	Nr. 83	28. November 1972	Vermerk des Bundeskanzlers, Brandt, zur Regierungsbildung
396	Nr. 84	8. Dezember 1972	Vermerk des Bundeskanzlers, Brandt, über die Koalitionsverhandlungen von SPD und FDP
404	Nr. 85	18. Januar 1973	Aus der Regierungserklärung des Bundeskanzlers, Brandt, vor dem Deutschen Bundestag
410	Nr. 86	29. März 1973	Interview des Bundeskanzlers, Brandt, für den *Vorwärts*

413	Nr. 87	29. Juni 1973	Schreiben des Bundeskanzlers, Brandt, an den Bundesminister für Arbeit und Sozialordnung, Arendt
414	Nr. 88	3. August 1973	Schreiben des Bundeskanzlers, Brandt, an den Vorsitzenden des Verkehrsausschusses des Deutschen Bundestages, Börner
416	Nr. 89	6. August 1973	Aus dem Hintergrundgespräch des Bundeskanzlers, Brandt, mit Journalisten
428	Nr. 90	22. August 1973	Aus dem Gespräch des Bundeskanzlers, Brandt, mit dem französischen Historiker Rovan
443	Nr. 91	28. August 1973	Erklärung des Bundeskanzlers, Brandt, in Rundfunk und Fernsehen
444	Nr. 92	1. September 1973	Aus der Rede des Bundeskanzlers, Brandt, in der Evangelischen Akademie in Bad Segeberg
457	Nr. 93	30. September 1973	Aus dem Interview des Vorsitzenden der SPD, Brandt, für das *Deutsche Allgemeine Sonntagsblatt*
462	Nr. 94	16. November 1973	Aus dem Protokoll der Pressekonferenz mit dem Bundeskanzler, Brandt
467	Nr. 95	24. November 1973	Erklärung des Bundeskanzlers, Brandt, im deutschen Fernsehen
469	Nr. 96	21. Dezember 1973	Schreiben des Bundeskanzlers, Brandt, an den Bundesminister des Auswärtigen, Scheel
471	Nr. 97	18. Januar 1974	Aus den Notizen des Bundeskanzlers, Brandt, für die Sitzung des Parteivorstandes der SPD
473	Nr. 98	18. Januar 1974	Aus dem Interview des Bundeskanzlers, Brandt, für die *Frankfurter Rundschau*

479	Nr. 99	1. Februar 1974	Schreiben des Bundeskanzlers, Brandt, an den Bundesminister des Innern, Genscher, den Bundesminister der Finanzen, Schmidt, und den Bundesminister für Verkehr, Lauritzen
480	Nr. 100	2. Februar 1974	Aus der Rede des Bundeskanzlers, Brandt, anlässlich der Verleihung des Theodor-Heuss-Preises in München
490	Nr. 101	22. Februar 1974	Aus dem Hintergrundgespräch des Bundeskanzlers, Brandt, mit den Redakteuren von *Die Zeit*
499	Nr. 102	25. März 1974	Interview des Bundeskanzlers und Vorsitzenden der SPD, Brandt, für das Erste Deutsche Fernsehen
505	Nr. 103	26. April 1974	Erklärung des Bundeskanzlers, Brandt, vor dem Deutschen Bundestag
508	Nr. 104	24. April – 6. Mai 1974	Hs. Aufzeichnungen des Vorsitzenden der SPD, Brandt, über den „Fall Guillaume"
538	Nr. 105	6. Mai 1974	Hs. Schreiben des Bundeskanzlers, Brandt, an den Bundespräsidenten, Heinemann
538	Nr. 106	8. Mai 1974	Erklärung des Vorsitzenden der SPD, Brandt, für das Erste Deutsche Fernsehen
541	Nr. 107	14. Mai 1974	Aus den Ausführungen des Vorsitzenden der SPD, Brandt, vor der SPD-Fraktion in der Bundesversammlung

Dokumente

Nr. 1
Artikel des Regierenden Bürgermeisters von Berlin und Vorsitzenden der SPD, Brandt, für *Die Neue Gesellschaft* **März/April 1966**

Die Neue Gesellschaft 13 (1966) 2, S. 75–84.

Die zweite Bewährungsprobe

Eine Modernisierung von Staat und Gesellschaft, damit die Bundesrepublik Deutschland den Erfordernissen im letzten Drittel dieses Jahrhunderts gewachsen ist; eine Demokratisierung, die zu verwirklichen uns das Grundgesetz verpflichtet; ein erwachsenes Verhalten der Deutschen, trotz nationaler Spaltung, in der sich rasch wandelnden Welt – diese drei Bezugspunkte standen für mich im Zentrum des [19]65er Wahlkampfes. Ich nannte sie: Die zweite Bewährungsprobe.[1]

Die deutschen Sozialdemokraten prüfen, was sie hätten besser machen können. Sie prüfen, wie sie ihren Einfluß weiter verstärken können. Sie brauchen sich nicht einreden zu lassen, daß sie 1965 einen anspruchslosen Wahlkampf geführt hätten. Wir haben es uns nicht bequem gemacht mit einer Konzeption, die sich aus den für die weitere Entwicklung der Bundesrepublik Deutschland erkannten Notwendigkeiten ergab. Es trifft zu, daß wir die Thematik noch nicht bis ins letzte Detail durchgearbeitet hatten. Wir haben es unseren Landsleuten jedoch nicht zu leicht gemacht. Ich hätte es auch nicht verantworten wollen, einen Wettlauf mitzumachen, wer unserem Volk besser nach dem Munde redet. Tatsächlich haben wir Prioritäten gesetzt, Anstrengungen gefordert und um das Ja zur deutschen Zukunft gerungen. Was wir vertreten haben, ist durch den Wahlausgang nicht widerlegt worden. Es ist aktuell geblieben.

Wer sich zu Beginn des Jahres 1966 die innenpolitische Landschaft ansieht, muß betroffen feststellen, daß der Raum für die Aufgaben der zweiten Bewährungsprobe zunächst erheblich eingeengt ist. Auf die Vernebelung vor dem 19. September [1965] ist eine Ernüchterung erfolgt, um nicht von einem Katzenjammer zu sprechen. Die Großsprecherei hat keines der über den Tag hinausreichenden Probleme lösen, keine der durch Treibenlassen entstandenen Schwierigkeiten auflösen können. Unsere Republik lebt mit ihren Problemen und beginnt an ihnen zu kranken. Die Aktivität des offiziellen Bonn zielt nicht auf die vernachlässigten oder falsch angepackten Aufgaben. Sie beschränkt sich darauf, Dammbrüche zu verhindern oder bröckelnde Dämme dicht zu machen.

In der gegenwärtigen Lage der Bundesrepublik Deutschland erscheint es durchaus vernünftig und notwendig, wenn man damit beschäftigt ist, Schlimmeres zu verhüten. Unter dieser Einschränkung, die hoffentlich eine zeitlich begrenzte Einschränkung bleiben kann, ist es erforderlich, die Auseinandersetzung um die eigentlichen Notwendigkeiten, die längerfristigen Aufgaben zu führen.

Mit guten Argumenten und Überzeugungskraft gilt es, unseren Landsleuten klarzumachen, daß wir miteinander vor einer neuen Bewährungsprobe stehen, der wir nicht ausweichen dürfen, selbst wenn wir es könnten. Dies ist keine Fortsetzung des Wahlkampfes mit anderen Mitteln, sondern dies ist der ehrliche und dringliche Versuch, die Lage zu erkennen und eine solide Mehrheit des Volkes davon zu überzeugen, was notwendig ist, um die Lage positiv zu verändern.

*

Ihre erste Bewährungsprobe hat die Bundesrepublik Deutschland nicht schlecht bestanden. Wirtschaftlich ist es rasch vorangegangen. Die Bedürfnisse und Erwartungen vieler Menschen wurden zufriedengestellt. Die demokratischen Institutionen haben sich im wesentlichen bewährt. Dabei gilt es allerdings immer noch, einmal daran zu erinnern, daß unser Volk in diese erste Bewährungsprobe bereits gestellt war, bevor die Bundesrepublik staatlich organisiert werden konnte. Die Menschen wollten überleben. Deshalb haben sie hart gearbeitet. Sie wollten zugleich zeigen, daß sie sich als Volk nicht aufgegeben hatten. Dies gilt auch für den anderen Teil Deutschlands, in dem die Menschen nicht weniger hart gearbeitet haben. Auch in der „DDR" ist der Wiederaufbau für viele zum Ausdruck der nationalen Selbstbehauptung geworden. Bei uns in der Bundesrepublik war es leichter, und der Erfolg war größer. Gemeinsame Leistungen haben unseren Staat auf einen – jedenfalls unter den Wirtschaftsmächten – unübersehbaren, vielfach auch geachteten Platz gebracht. Also „sind wir wieder wer"? Gewiß, aus unserer Republik ist etwas geworden, was wir nicht gering schätzen wollen. Aber berechtigter Stolz darf unseren Blick nicht trüben. Denn wir stehen nicht dort, wo wir stehen müßten und stehen könnten. Unser Volk ist in der Gefahr, die Zukunft zu verspielen, wenn es heute nicht erkennt, was morgen notwendig ist.

Es geht jetzt nicht mehr um die rein materiellen Fragen, wie in den ersten Nachkriegsjahren. Wir stehen nicht vor einer Wirtschaftskrise, aber wir haben es mit einer Krise der Staatsfinanzen zu tun, und gewisse ökonomische Fehlentwicklungen müssen befürchtet werden. Auch außerhalb einer Bundesregierung kann niemand, der in der Verantwortung steht, die Sorge um ein kontinuierliches wirtschaftliches Wachstum, um Stabilität der Währung und Ordnung der öffentlichen Haushalte etwa leicht nehmen. Aber es rächt sich, daß die ökonomischen Erfolge der vergangenen Jahre von tonangebenden Männern in unserem Lande allzulange als absolute Werte hingestellt wurden. Geldverdienen wurde zum Ersatz für ein ausgewogenes Programm. Ich bestreite nicht, daß Politik ohne ausreichenden materiellen Rückhalt leicht zur Ablenkung oder zur Flucht vor der Misere werden kann. Aber Wirtschaften ohne politische Rücklagen bleibt genauso unbefriedigend.

Ein „wirtschaftlicher Riese", so hatte ich es bildhaft auszudrükken versucht, kann sich nicht auf die Dauer verhalten wie ein „politischer Zwerg". Mir ist nie eingefallen, dies als ein primitives außenpolitisches Rezept anzubieten. Neben dem Unerwachsensein in nationalen und außenpolitischen Zusammenhängen hatten wir es in den vergangenen Jahren mit einer oft pygmäenhaft anmutenden Unterentwicklung der Innenpolitik zu tun. Eifrige Routine wird nicht bestritten, aber die politischen Fragezeichen sind auf dem Hintergrund der wirtschaftlichen Entfaltung eher größer als kleiner geworden. Es geht seit Jahren und bestimmt heute um die politische Substanz der Bundesrepublik Deutschland, um ihre Ordnung im Innern und ihre Geltung nach außen.

Die zweite Bewährungsprobe ist die Phase, in der sich entscheidet, was aus Deutschland wird und ob wir Deutschen Wichtiges zum Weltgeschehen, zum Fortschritt der Menschheit beizutragen vermögen. Oder ob wir recht und schlecht leben, aber dabei zum bloßen Objekt der Geschichte werden, bei aller Tüchtigkeit eine verlängerte Werkbank von Supermächten. Diese Probe hat begonnen. Wir können sie weder aufhalten noch umgehen, denn die Entwicklung in der Welt läßt sich nicht stoppen, und die Anstrengungen anderer Völker finden auch statt, wenn wir „politisch von der Hand in den Mund leben" und uns „weiterhin mit dem gedankenlosen Verzehr billig gestanzter Formeln begnügen", wie es kürzlich zutreffend formuliert worden ist. Unsere Bevölkerung ist für diese Probe schlecht vorbereitet, zumal man an der Spitze der Bundesregierung und in einem Teil ihrer Gefolgschaft auch nach dem September 1965 in einer Haltung verharrt, die Probleme vernebelt, ihren Ernst verniedlicht und die Sachlichkeit flieht. Opportunismus ist schon seit Jahr und Tag eine Art Staatsphilosophie unserer Regierung.

Die zweite Bewährungsprobe enthält für die politisch wachen Kräfte der Bundesrepublik Deutschland die Aufgabe, sich selbst klar zu werden über die Notwendigkeiten und Möglichkeiten im letzten Drittel dieses Jahrhunderts und den Mut zu haben, der Bevölkerung die Ergebnisse zu vermitteln, um ihr Verständnis zu ringen und ihre Hilfe zu erbitten. Die Probe wird dann leichter bestanden werden können, wenn viele Menschen in ihrem Denken und Empfinden die Aufgaben erkennen und aus vollem Herzen bejahen. Insofern handelt es sich auch um einen neuen politischen Stil. Davon haben wir in den letzten Jahren mehr als einmal gesprochen, und das Thema soll hier nicht vertieft werden. Aber dies sei gesagt: Der Wahrhaftigkeit in den öffentlichen Dingen und dem gegenseitigen Respekt unter den tragenden politischen Kräften wird ein höherer Rang einzuräumen sein. Eine Politik und eine Partei der Vernunft sind mit der Zukunft im Bunde, da sich in diesem Jahrhundert Vernünftiges durchsetzen muß, wenn die Welt nicht im Chaos versinken soll. Dies bedeutet keinen kalten Rationalismus. Der Mensch bleibt ein widerspruchsvolles Wesen. An der Wirkung seiner edlen und weniger edlen Gefühle, an seinen guten und weniger guten Wünschen kommt keiner vorbei, der um eine breite Basis für politischen Einfluß ringt. Jedenfalls sollten die Gefühle der Menschen kein Vorbehaltsbereich für Demagogen und Opportunisten sein.

Die zweite Bewährungsprobe wäre zu bestehen, auch wenn es für die Deutschen kein ungelöstes Einheitsproblem und für die Bundesrepublik Deutschland keine schwierigen außenpolitischen Fragen gäbe. Mit anderen Worten: Wenn wir uns vorstellen, so schwer das auch fallen mag, daß es keine NATO-Krise gäbe, kein EWG-Problem, keine sich verändernden Ost-West-Konflikte, wenn wir uns weiter vorstellen, das Ansehen der Bundesrepublik wäre groß und gefestigt, auch dann würde es erforderlich sein, unser Volk auf die Aufgaben in der Welt von 1966 bis 1975 vorzubereiten und gleichzeitig die Weichen für die Zeit zwischen 1975 und 1985 zu stellen. Es wird eine Welt sein, in der neue Dimensionen der Technik und der gesellschaftlichen Investitionen vorherrschen werden, in der an Bildung und Wissenschaft ungleich größere Anforderungen gestellt werden als heute, in der der neue „Klassenkampf" zwischen „reichen" und „armen" Nationen kanalisiert sein oder schwere Erschütterungen herbeiführen wird, in der – auf unsere Verhältnisse bezogen – die demokratischen Institutionen rationaler und effektiver arbeiten müssen als heute. Um in dieser Welt bestehen zu können, bedarf es geistiger Anstrengungen und materieller Leistungen. Um sie zu erbringen, bedarf es eines politischen Bewußtseins, das aufgeschlossen ist und sich an modernen Maßstäben orientiert.

*

Der Bereich der vernachlässigten Sozialinvestitionen und Infrastrukturen – von uns vor fünf Jahren erstmals Gemeinschaftsaufgaben genannt[2] – ist nach den Wahlen von 1961 zu einer Bedeutung gelangt, an der keine der politischen Parteien mehr vorbeigehen kann. Wir Sozialdemokraten hatten gesagt, uns könne nur recht sein, wenn wir es mit einem weiten Feld nicht mehr bestrittener Notwendigkeiten zu tun hätten. Dann werde es lohnender, darüber zu sprechen oder auch zu streiten, wie das als notwendig Anerkannte möglich zu machen sei. Unser konzeptioneller Vorsprung hat sich in Stimmenzahlen nur mäßig niedergeschlagen.[3] Das hat nicht nur damit zu tun, daß wir beim „Umsetzen" unserer Politik nur bedingt erfolgreich waren. Es hat auch nicht nur mit den Vorurteilen zu tun, die immer noch gegen uns mobilisiert werden konnten.[4] Eine wesentliche Erklärung ist darin zu finden, daß in unserem Volk bisher ein allgemeines Empfinden der Notwendigkeit, aufzuholen und zu modernisieren, nicht vorhanden war.

Vor den Wahlen vom Herbst 1964 hatten viele Engländer das ungute Gefühl, in einem auf die Dauer nicht konkurrenzfähigen Staat zu leben.[5] Dies war und ist nicht das Empfinden unserer Landsleute. In der Tat: Gemessen am europäischen Durchschnitt muß das Erscheinungsbild der Bundesrepublik Deutschland dem einzelnen Bürger durchaus nicht als „unmodern" erscheinen. Viele andere haben Grund genug gefunden, uns Deutsche wegen unserer wirtschaftlichen Vitalität und politischen Stabilität zu beneiden. Was sie zur Kenntnis nahmen, war gewiß nicht nur Fassade. Aber es gab dabei auch eine Fassade, die nur schwer erkennen ließ, daß wir auf den Gebieten der Bildung, Ausbildung, Wissenschaft und Forschung zurückblieben und daß auch die Ausstattung unserer Wirtschaft nur bedingt auf der Höhe der Situation war. Der Widerspruch zwischen dem privaten Wohlstand vieler und der „öffentlichen Armut aller" ist allzu lange verkannt worden. Es war versäumt worden, „Geist und Geld" an den entscheidenden Punkten zusammenzuführen und die öffentlichen Haushalte entsprechend zu gestalten, wie wir es vor Jahr und Tag gefordert hatten.

Oberflächliche und ungerechte Kritiker möchte ich daran erinnern, daß wir vor den Wahlen vom Herbst 1965 nicht nur von langfristigen Erfordernissen gesprochen haben, sondern daß wir uns auch auf kürzere Sicht konkret dazu äußerten, die öffentlichen Finanzen zu konsolidieren und die Finanzreform endlich anzupacken, das Gießkannenverfahren durch übergeordnete Wertungen abzulösen, dem neuen Bundestag Prioritäten für die Lösung der Gemeinschaftsaufgaben vorzuschlagen und ein fruchtbares Miteinander von Bund, Ländern und Gemeinden zustande zu bringen. Wir hatten wichtige Maßnahmen für „die ersten hundert Tage" skizziert.

Die Förderung von Bildung und Ausbildung, von Wissenschaft und Forschung bleibt das entscheidende Kriterium einer Modernisierung, die nicht bloß auf Modernität aus ist. Mehr denn je muß eine Industrienation heute und morgen Wissenschaftsnation sein. Ein Vorsprung ist leicht vertan, ein Rückstand kann unaufholbar werden. In der deutschen Bildungs- und Wissenschaftspolitik ist einiges in Bewegung geraten. Aber es bewegt sich immer noch zu langsam, wenn wir an den objektiven Nachholbedarf denken. Wir brauchen auch bei hochwertigsten Gütern nicht in die Rolle von Zulieferern abgedrängt zu werden oder uns damit abzufinden, daß wir für ausländische Patente und Lizenzen viel mehr Geld ausgeben als wir für eigene Patente und Lizenzen hereinbekommen. Wir brauchen auf keinem Gebiet vor der Notwendigkeit und Möglichkeit bahnbrechender Forschung zu kapitulieren.

Bei der Diskussion um Atomwaffen wurde allzu lange übersehen, daß wir ein legitimes Interesse am Zugang zu solchen Erkenntnissen haben, die für eine bedeutende Industrienation unerläßlich werden. Auch bei der Weltraumfahrt geht es schon seit geraumer Zeit um Entdeckungen und Entwicklungen von unmittelbarer Bedeutung für die Industrie. Daran müssen wir teilhaben, ohne uns mit Prestigeprojekten zu übernehmen. Zu dieser Sicht der Dinge gehört die völlige Abkehr von überholten Weltmachtträumen und falschem militärischem Ehrgeiz. Aber es gehört dazu gleichzeitig die Vorstellung von einer großen Macht friedlicher Leistungen, auf den Gebieten der Forschung und der Technik, der Kultur und der Wohlfahrt, einer vorbildlichen inneren Ordnung, im Dienst am Menschen und an der Menschheit.

In einem hochindustrialisierten Staat wie der Bundesrepublik Deutschland müssen nicht nur die Maschinen modern und leistungsfähig sein. Die Sozialordnung (zu der heute vor allem auch eine moderne Gesundheitspolitik und Hilfen gegen die Vereinsamung gehören) und die öffentlichen Einrichtungen (von der Erneuerung der Städte und Dörfer über ein leistungsfähiges Verkehrswesen bis hin zu modernen Altenheimen und Kindergärten) müssen den Erfordernissen der Zeit entsprechen und aus dem Ertrag der Volkswirtschaft bedient werden. Dies gehört zum ABC dessen, was wir zum Thema der Gemeinschaftsaufgaben entwickelt und vertreten haben. Eine geschlossene und überzeugende Politik wird daraus nur, wenn diese Einsichten zu den Lebensformen und Lebensäußerungen der Menschen nicht im Widerspruch stehen. Wenn die Bundesrepublik Deutschland etwas Neues sein will und nicht nur korrigierte Vergangenheit, muß sich, bei Regierenden und Regierten, auch das Gesellschaftsbild Änderungen gefallen lassen.

Neuerdings wird viel von Reformen gesprochen, und es gibt manchen Hinweis auf die „neue Wirklichkeit". Aber einige Reformatoren werden erst noch zu lernen haben, daß man mit gesellschaftlichen Kräften nicht umspringen kann wie mit einem undifferenzierten Auditorium. Wer durch „Formierung"[6] den Pluralismus beseitigen will, kommt mit der Demokratie in Konflikt. Aufgabe demokratischer Politik ist es freilich, Vorstellungen vom Gesamtwohl zu entwickeln und diese gegenüber Gruppeninteressen durchzusetzen. Auswüchse des Pluralismus begegnen verantwortliche politische Kräfte in der Demokratie nicht dadurch, daß sie den einzelnen Gruppen vorschreiben, was „gut" für sie sei, sondern indem sie allen Gruppen und Verbänden gegenüber vertreten, was an Gesamtinteressen vertreten werden muß.

Praktisch ist dies nur möglich, wenn die tragenden politischen Kräfte nicht nur miteinander streiten, sondern wenn ausreichend starke Teile von ihnen durch gemeinsame Überzeugungen von dem, was vordringlich notwendig ist, miteinander verbunden sind. Diese Voraussetzung ist in der Bundesrepublik Deutschland bisher nicht hinreichend gegeben. Sie kann leichter entstehen, wenn ernsthaft über Prioritäten gesprochen wird, und wenn man sich darauf versteht, moderne wissenschaftliche Mittel in den Dienst einer vorausschauenden Politik zu stellen. Gerade hier bedarf es der „Modernisierung", um in demokratischen Formen und gestützt auf sachliche

Gegebenheiten den Rahmen deutlich zu machen, innerhalb dessen Interessengegensätze auszutragen sind, wenn nicht das Ganze Schaden leiden soll. Die Wirtschafts- und Finanzwissenschaft ist beispielsweise in der Lage, bei Tarifverhandlungen und preispolitischen Entscheidungen mit objektiven Analysen und soliden Vorausberechnungen zu helfen. Der Staat hat geradezu die Pflicht, den unabhängigen Sachverstand in Anspruch zu nehmen und ins Feld zu führen, wenn dadurch Gesamtinteressen gedient wird. Dies wird aber nur dann Erfolg haben, wenn Sachverständigenkommissionen weder zum Feigenblatt von Ministerien degradiert noch als verlängerter Arm der einen oder anderen Interessengruppe mißbraucht werden.[7] Hier gäbe es – ohne wesentliche Mehrausgaben – eine ganze Skala von Möglichkeiten, fruchtbares Neuland zu betreten.

Bei der zweiten Bewährungsprobe geht es nicht zuletzt um ein zeitgemäßes Bündnis: um das qualifizierte Zusammenwirken von Politik und Wissenschaft und gleichzeitig um die Versachlichung gesellschaftlicher Interessengegensätze. Ich sehe dieses Erfordernis auch für die Sozialdemokratische Partei. Unser eigenes Denken, unsere Analysen und Sachvorschläge, unsere Selbstdarstellung und unsere Organisation müssen fortlaufend kritisch überprüft, an der Entwicklung gemessen, also modernisiert werden.

*

Die zweite Bewährungsprobe ist auch eine Aufgabe der Demokratisierung. Das ist ein Auftrag des Grundgesetzes.[8] Wir deutschen Sozialdemokraten finden darüber hinaus im Godesberger Programm einen Generalnenner unserer Bemühungen, den demokratischen und sozialen Bundesstaat verwirklichen und ausbauen zu helfen.[9] Demokratie heißt auch: Gleiche Chance für jeden, besonders eine gleiche Startchance. Demokratie heißt im konkreten deutschen Fall weiter, daß das Wort Gerechtigkeit größer geschrieben wird. Hier befinden wir uns im klaren Gegensatz zu denen, die meinen, die Verfassung der Bundesrepublik Deutschland sei eine Situationsbeschreibung und kein permanenter Auftrag. Aber wir treffen uns mit manchen, nicht zuletzt solchen, die aus der Soziallehre der Kirchen schöpfen und sich weithin von der Erkenntnis leiten lassen, daß es in Gesellschaft, Erziehung und Wirtschaft partieller und umfassender Reformen zugunsten der bisher Benachteiligten bedarf. Es ist durchaus möglich, daß man sich aus wirtschaftspolitischer Einsicht zeitweilig auf ein bestimmtes Verhalten verständigt oder daß man wegen der Auswirkungen einer unverantwortlichen Haushalts- und Finanzpolitik eine Phasenverschiebung schweren Herzens in Kauf nimmt. Aber es ist für meine Begriffe unmöglich, aktuelle Schwierigkeiten zum Vorwand zu nehmen, um die Berechtigung demokratischer Reformen zu bestreiten oder den Anteil verschiedener Schichten und Gruppen am Ertrag der gemeinsamen Arbeit für „naturgegeben" und unveränderbar zu erklären.

Bei der Verwirklichung der Demokratie kommt es sehr auf den einzelnen Bürger an, und es gibt Anzeichen dafür, daß viele einzelne Bürger ansprechbar sind. Zugegeben, das Desinteresse am staatlichen und gesellschaftlichen Leben erscheint noch fast so groß wie das Interesse am eigenen wirtschaftlichen Fortkommen. Das heißt jedoch nicht, daß dieses Desinteresse eine feste Größe sei, mit der man für alle Zukunft zu rechnen hätte. Hier kommt es entscheidend auf die politische Führung an. Regieren heißt nicht zuletzt erziehen, und keine politische Bildung ist erfolgreich, die den Bürger nicht befähigt, sich kritisch mit seiner Lage auseinanderzusetzen. Wenn die Führung keine überzeugenden Ziele setzt, wenn sie den Bürger nicht ins Vertrauen zieht, wird sie schwerlich ein lebhaftes Interesse an politischen Entscheidungen wecken können. Es wird dann der fatale Widerspruch zwischen Wunsch und Wirklichkeit noch zunehmen, von dem Demoskopen gesagt haben, er sei heute in unserem Volk viel stärker als vor zehn Jahren. Politische Wünsche werden dann als Festposten weiternotiert. Ökonomische Tatbestände erscheinen als die eigentliche Wirklichkeit, aber auch diese wird häufig aus einem Zerrspiegel abgelesen. Ein kluger ausländischer Kommentator hat kürzlich, auf unser Volk bezogen, von einem „permanenten Konflikt zwischen Instinkt und Erfahrung" gesprochen. Das Durcheinander und die Unentschlossenheit, die oft mit der freien Diskussion in einer Demokratie einhergingen, ärgere uns, und wir würdigten noch nicht die Möglichkeiten, die die Demokratie für Selbstdisziplin und Selbstkontrolle biete.

Bürger können an der Politik nur mitwirken, wenn es eine ihnen verständliche Politik gibt und wenn sie ihnen – nicht nur im Parlament, aber auch dort – in ihren großen Linien, über die Vielzahl gesetzgeberischer und administrativer Einzelentscheidungen hinaus, vor Augen geführt wird. Zukunftsaufgaben lassen sich nur mit dem Mittel der Rangordnungen lösen. Ein Denken in solchen Kategorien verlangt ein hohes Maß an Aufgeschlossenheit, es kann aber auch die staatsbürgerliche Mitverantwortung fördern. Für einzelne Gemeinschaftsaufgaben, die ja ein Teil des Wohlstandes sind, wird es geradezu zur Existenzfrage, ob der Staatsbürger ja sagt oder nein. Für die weitere Ausgestaltung des Wohlfahrtsstaates und für das mögliche Erfordernis, Fehlentwicklungen auf dem einen oder anderen Gebiet aufzufangen, ist es schlechthin entscheidend, ob sich viele einzelne mitverantwortlich fühlen wollen oder nicht.

Wir haben uns mit der zweiten Bewährungsprobe unter dem doppelten Aspekt der Modernisierung und der Demokratisierung befaßt und von den Aufgaben nach innen gesprochen, fast als ob es Probleme nach außen nicht gäbe. Leider kann man dies ganz und gar nicht sagen. In Wirklichkeit hat die zweite Bewährungsprobe mit unserer Lage als Nation und mit unserer Stellung in der Welt zu tun. Keine Beschwörungsformel kann uns die Probleme abnehmen. Niemand kann mit einem Zauberspruch die Welt, in der wir leben, für den einzelnen und für unser Volk problemlos machen. Aber die Angst vor der Geschichte bringt überhaupt nichts Vernünftiges zustande. Sie bringt jedenfalls die Geschichte nicht zum Stehen. Die Frage für unser Volk ist: Soll es sich damit bescheiden, Geschichte zu erleiden oder will es im Wissen um die großen Veränderungen in der Welt und ohne Überheblichkeit Geschichte mitgestalten? Treten wir ab als geschichtsbildende Kraft oder sagen wir ja zu der gewiß nicht leichten Rolle, die uns zugefallen ist und die wir in der Welt von morgen spielen können? Diese Frage ist zu einem Teil beantwortet: Wenn es uns gelingt, die inneren Aufgaben der zweiten Bewährungsprobe zu lösen, dann werden wir Deutschen ein Volk sein, das zum wissenschaftlichen, technischen und sozialen Fortschritt Europas und der Welt den Beitrag leistet, der seiner Begabung und seinen Möglichkeiten entspricht. Dies wird ein bedeutender, unersetzbarer Beitrag sein, wenn es gelingt, die in unserem Volk vorhandenen Talente voll zu entfalten. Unser Volk wird Ansehen gewinnen, und das ist wichtig. Es ist nicht sicher, daß wir deshalb überall beliebt sein werden. Man sagt, das deutsche Volk möchte gern geliebt sein. Dies ist für die Politik ein zu hohes Ziel. Politisch ist es wichtiger, wir gewännen furchtlose Achtung und solides Vertrauen. Dazu kann die Politik beitragen, wenn die Bundesrepublik Deutschland sich im Weltgeschehen und beim Bau Europas als ein aktiver Faktor zur Sicherung des Friedens erweist.

Manche meinen, die unmittelbaren, existenzsichernden Interessen der Bundesrepublik Deutschland seien mit dieser Zielsetzung leichter zu vereinbaren als das geduldige Wegräumen der Hindernisse, die auf dem Wege zur Verwirklichung des Selbstbestimmungsrechts und der nationalen Einheit liegen. Es ist bemerkenswert, daß manche ausländischen Staatsmänner – man denke nur an den italienischen Staatspräsidenten Saragat – hier klarer sehen, als es vermeintliche Realpolitiker bei uns wahrhaben wollen, indem sie die Bedeutung der deutschen Frage für die Zukunft Europas und für die Sicherung des Friedens hervorheben. Aber auch die besten Freunde in anderen Ländern können nichts an der einfachen Tatsache ändern: In der deutschen Frage wird sich ernsthaft nichts rühren, solange sich die Deutschen nicht selber rühren. Die Bundesrepublik Deutschland wird ihre Interessen nur soweit durchsetzen können, wie sie es versteht, die Interessen anderer mit den eigenen auf einen Nenner zu bringen. Der deutsche Beitrag zu einer friedensvertraglichen Regelung wird dabei zu dem entscheidenden Beitrag, den unser Volk für den Frieden der Welt leisten kann. Es bedarf deutscher Klarheit über die Lage der Nation, deutscher Antworten auf die eigenen offenen Fragen, deutscher Beiträge zum Zusammenleben der Völker in Ost und West, deutscher Wachsamkeit gegenüber einer Politik der Phrase und des gefährlichen Opportunismus.

Hindernisse aus dem Weg räumen, heißt nicht zuletzt, den Völkern die Sorge vor Deutschland nehmen und die Gewißheit vermitteln, daß niemand ein einiges Deutschland zu fürchten braucht. Hiermit ist eine komplexe Aufgabe bezeichnet, die hier nicht im einzelnen beschrieben werden kann. Jedenfalls gehört dazu, es denen so schwer wie möglich zu machen, die uns den Stempel eines „westlichen China" aufdrücken wollen, und statt dessen klarzumachen, daß wir eindeutig, stetig und aktiv für die Entspannung eintreten. Dazu würde gehören, daß wir unsere Interessen selbstsicher, aber in Erkenntnis der praktischen Möglichkeiten – um das abgegriffene Wort „Maß" zu vermeiden – vertreten. Wir haben die Eierschalen deutscher Außenpolitik abzuwerfen und müssen uns als voller Partner bewegen, der seine Sache ohne Überheblichkeit, selbstbewußt und illusionslos vertritt. Das ist ein hartes Geschäft.

Vor fast einem Jahr habe ich in einer New Yorker Rede davon gesprochen, daß kein Volk auf die Dauer ohne Stolz leben will. Damals hat man im Ausland anerkannt, daß ich mir zu sagen erlauben könne: Zwanzig Jahre sind genug – genug nämlich des mangelnden Selbstvertrauens, der Befangenheit, der Feigheit vor dem Freund.[10] Es gibt Leute, die ähnliches sagen, aber das Gegenteil tun. Die mit jedem einig sind, mit dem sie gerade sprechen und dabei im Grunde mit niemandem übereinstimmen. Deshalb muß das eigene Wort von den „zwanzig Jahren" gegen Mißdeutungen gesichert werden: Das Erwachsensein, ohne das wir nicht werden bestehen können, hat mit Selbstbewußtsein und Selbstkritik zu tun. Es darf kein Wandschirm sein für einen nur dürftig kaschierten Nationalismus.

Der Streit um den Vorrang von Innenpolitik und Außenpolitik ist müßig. Mir scheint sicher, daß unser Gewicht in der Welt von der Solidität und der Kraft dessen abhängt, was die Bundesrepublik Deutschland im Innern schafft. Deshalb muß man innen anfangen, und deshalb ist das, was gemeinhin der Innenpolitik zugeordnet wird, eine Voraussetzung für europäisches und weltweites Wirken. Die zweite Bewährungsprobe stellt die schwere und große Aufgabe, Deutschland nicht zu verspielen, sondern so an ihm zu bauen, daß es sich als Friedensmacht in Europa verwirklicht.

Nr. 2
Erklärung des Vorsitzenden der SPD, Brandt, für das deutsche Fernsehen
25. August 1966[1]

SPD Pressemitteilungen und Informationen, Nr. 424/66 vom 25. August 1966.

Unbehagen, Unmut und Unruhe verbreiten sich in unserem Volk. Viele Menschen sind empört über die Krisen und Skandale, die ihnen von der Regierung Erhard zugemutet werden.[2] Die Öffentlichkeit erkennt in zunehmendem Maße, daß die amtierende Bundesregierung weder die Aufgaben des Tages noch die Probleme der Zukunft meistern kann. Die Besorgnis über die Minderung des internationalen Ansehens der Bundesrepublik Deutschland wächst.

In dieser Situation kann die SPD nicht schweigen. Sie hat schon im Herbst 1965 festgestellt, daß die damals gebildete Regierung die schwächste ist, die die Bundesrepublik bisher gehabt hat. Aber jetzt geht es um mehr als darum, wer recht behalten hat.

Das Verhalten der SPD in der gegenwärtigen ernsten Krise ist bestimmt und wird bestimmt durch die über Parteiinteressen hinausgehende Verantwortung für das Wohl unseres Volkes. Die SPD wird ihr Gewicht einsetzen für wirtschaftliche Stabilität, für die Überwindung des Bonner Durcheinanders, für Klarheit in der Deutschland-Politik.

Die parlamentarische Opposition ist jedoch nicht dazu da, die Schwächen und das Versagen der Regierung zu bemänteln. Ob man es gern hört oder nicht: Was wir gegenwärtig erleben, resultiert aus der Schwäche der gegenwärtigen Führung, aus den auch ins Persönliche gehenden Streitigkeiten innerhalb des Regierungslagers, aus der Unfähigkeit der Koalition, vorausschauend die Aufgaben im Innern und nach außen anzupacken und zu meistern.

Die CDU und ihre Hilfstruppen werden sich auch endlich daran gewöhnen müssen, die tatsächliche Stärke der SPD in Rechnung zu stellen. Große Entscheidungen nach innen und außen gegen die Sozialdemokraten treffen zu wollen, wird sich als immer fragwürdiger erweisen. Verfassungsänderungen sind ohnehin nur in dem Maße möglich, in dem sich die Regierung mit der SPD darüber verständigt.

Der Vorstand der SPD wird am 12. September [1966] zu einer besonderen Sitzung zusammentreten, um gemeinsam mit dem Vorstand der Bundestagsfraktion, den sozialdemokratischen Länderchefs und führenden Kommunalpolitikern über den sozialdemokratischen Beitrag zur Sicherung der Währung, zur Gesundung der öffentlichen Finanzen und zur Gewährleistung des notwendigen wirtschaftlichen Wachstums zu beraten.[3] Im Verlauf dieser Sitzung werden die weiter wachsende Kohlenkrise und die Zuspitzung der Lage der Stahlindustrie eine besondere Rolle spielen.

Am morgigen Vormittag werden der SPD-Vorsitzende und der stellvertretende Fraktionsvorsitzende der SPD, Helmut Schmidt, gemeinsam mit Wehrexperten und Verfassungsrechtlern der SPD über die Krise der Führungsspitze des Bundesverteidigungsministeriums beraten.[4]

Weitere Beratungen der sozialdemokratischen Führungskörperschaften, die dieser Tage vorbereitet werden, gelten folgenden allgemeinpolitischen Themen:

1.) Welchen Beitrag kann die Bundesrepublik Deutschland zu einer Politik der Rüstungsbegrenzung und europäischen Entspannung leisten?

2.) Welche Schritte kann die Bundesrepublik Deutschland jetzt unternehmen, um das Verhältnis zu den osteuropäischen Staaten abgestuft zu verbessern?

3.) Welche wirklichkeitsnahen Initiativen können auf kürzere Sicht in den Fragen der Deutschlandpolitik ergriffen werden?

Nr. 3
Interview des Vorsitzenden der SPD, Brandt, für *Der Spiegel*
19. September 1966

Der Spiegel, Nr. 39 vom 19. September 1966, S. 43.

„DIE VERFASSUNG IST KEIN SCHWEIZER KÄSE"

SPIEGEL: Herr Brandt, die SPD hat immer vor übereilten Verfassungsänderungen gewarnt. Nun haben Sie selbst eine völlig unerwartete Grundgesetz-Reform vorgeschlagen: Der Bundestag soll sich künftig mit Zweidrittelmehrheit selbst auflösen dürfen.[1] Was versprechen Sie sich davon?
BRANDT: Zunächst einmal: Ich habe eine Anregung gegeben, von der ich meine, die Parteien sollten darüber miteinander sprechen, wenn ohnehin darüber gesprochen werden muß, welche Verfassungsänderungen die gegenwärtige Regierung für notwendig hält. Der Justizminister hat sich für die Bundesregierung bereit erklärt, in eine Erörterung einzutreten. Sie ist von mir aus unabhängig von tagespolitischen Erwägungen, sollte in Ruhe und in dem Bewußtsein geführt werden, daß es nicht um parteipolitische Vorteile geht. Zur Sache selbst: Ich habe nicht vorgeschlagen, am konstruktiven Mißtrauensvotum zu rühren.[2] Für eine jeweilige Mehrheit kann es jedoch psychologisch und politisch leichter sein, einer Auflösung des Bundestages zuzustimmen, als sich zu einem konstruktiven Mißtrauensvotum durchzuringen. In einer solchen Lage also wären Neuwahlen durch ein Zweidrittel-Votum über Selbstauflösung des Bundestages ein zusätzliches Mittel zur Stabilisierung der Bundesrepublik.
SPIEGEL: Wenn es dem Bundestag schon nicht gelingt, mit einfacher Mehrheit über das konstruktive Mißtrauensvotum den derzeitigen Kanzler zu stürzen und einen Nachfolger zu wählen, wie soll es dann über Zweidrittelmehrheit zur Parlamentsauflösung kommen?
BRANDT: Sie haben recht, von der Möglichkeit, die ich angeregt habe, würde wahrscheinlich kaum Gebrauch gemacht werden. Aber es sind doch Ausnahmesituationen denkbar, in denen eine Parlaments-

mehrheit lieber Neuwahlen macht, als ihren Kanzler und sein in Ehren verbrauchtes Kabinett abzuwählen.

SPIEGEL: Warum sollen Neuwahlen zum Bundestag nicht mit einfacher Mehrheit beschlossen werden können?

BRANDT: So steht es in einigen Landesverfassungen. Mir kam es aber darauf an, und zwar aufgrund eines Gespräches mit meinem Freund Fritz Erler, überhaupt auf einen Weg der Selbstauflösung des Bundesparlaments hinzuweisen.

SPIEGEL: Wenn die SPD aus Angst vor der Wiederholung Weimarer Verhältnisse die nach dem Bonner Grundgesetz starke Stellung des Kanzlers nicht antasten will, warum haben Sie dann nicht vorgeschlagen, ein Mißtrauensvotum gegen einzelne Minister einzuführen, wie es sich im Fall Hassel[3] geradezu anbietet?

BRANDT: Ich bin gegen eine Umstrukturierung unseres Verfassungsgefüges. Im übrigen haben die Sozialdemokraten, wie seinerzeit bei Strauß, den Antrag eingebracht, durch den der Kanzler beauftragt werden soll, dem Bundespräsidenten die Entlassung des betreffenden Ministers vorzuschlagen.[4]

SPIEGEL: Halten Sie das Grundgesetz auch in anderen Artikeln für reformbedürftig?

BRANDT: Ich bin hier sehr zurückhaltend. Eine Verfassung ist kein Schweizer Käse, in dessen Löcher man nach Belieben und bei schlechtem Benehmen seine Finger steckt. Dabei will ich nicht verhehlen, daß die Sozialdemokraten eine Neuordnung der Finanzverfassung für notwendig halten. Die Stellung der Gemeinden muß dabei gestärkt werden. Am bundesstaatlichen Aufbau unserer Republik sollten wir nicht rütteln, aber Einzelheiten werden wohl im Interesse einer modernen Entwicklung zu überdenken sein.

SPIEGEL: Werden Sie trotzdem dem jetzt debattierten verfassungsändernden Gesetz zur Stabilisierung der Wirtschaft zustimmen, ohne Erhards Gesamtkatalog zu kennen?[5]

BRANDT: Wir stellen bei der Stabilisierung keine „sachfremden" Bedingungen. Aber man muß in der Tat die verfassungspolitische Gesamtkonzeption der Regierung für diese Legislaturperiode kennen.

SPIEGEL: Sogar SPD-regierte Bundesländer und das föderalistische Bayern haben sich mit einer Grundgesetz-Änderung zugunsten von Erhards Stabilisierungsgesetz abgefunden. Warum will die zentralistisch gesinnte SPD den Abbau des Föderalismus in diesem Falle im Bundestag behindern, obwohl im Bundesrat – der Länderkammer – bereits eine Zweidrittelmehrheit gesichert erscheint?
BRANDT: Die SPD ist frei in ihrer Entscheidung. Sie gibt einer staatsvertraglichen Regelung zwischen Bund und Ländern den Vorzug. Sie hat prinzipielle Bedenken gegen Verfassungsänderungen, wo sie nicht unbedingt nötig sind. Aber sie ist offen für alle sachlichen Vorschläge und Erörterungen.
SPIEGEL: Sie haben vorgeschlagen, die Wahl des Bundespräsidenten auf einen Zeitpunkt nach den Bundestagswahlen 1969 zu verschieben. Aus welchem Grund?
BRANDT: Ich habe zu diesem Punkt gar nichts „vorgeschlagen", sondern ich habe rechtzeitig darauf aufmerksam gemacht, daß die Wahl des Bundespräsidenten nicht in den Strudel des Bundestagswahlkampfes 1969 geraten sollte. Die reguläre Bundestagswahl hat zwischen dem 19. Juli und 19. Oktober, die Bundesversammlung zur Wahl des Bundespräsidenten spätestens am 13. August 1969 stattzufinden. Meiner Meinung nach wäre es besser, wenn der neue Bundespräsident nicht vor, sondern nach den Bundestagswahlen 1969 gewählt würde. Vor der Bundespressekonferenz habe ich hinzugefügt, daß auch in diesem Fall für die eine Hälfte der Bundesversammlung die jetzige Zusammensetzung des Bundestages maßgebend sein würde. Das ist nicht, wie ein Teil der Presse meinte, eine Ermessensfrage, sondern das ergibt sich aus dem Gesetz. Aber das Gesetz will nicht, daß das Staatsoberhaupt durch Parteien- und Koalitionskrisen gekürt wird.

Nr. 4
Aus dem Protokoll der gemeinsamen Sitzung von Partei- und Fraktionsvorstand der SPD
11. November 1966[1]

AdsD, SPD-Parteivorstand, PV-Protokolle.

[...]

Regierungskrise

Willy Brandt stellt einleitend fest, dass es sich nicht allein um eine Krise Erhard, sondern um eine Krise der CDU handelt. Diesmal sei die Partei bei den Verhandlungen nicht Zuschauer, sondern Mithandelnder. Unser Ziel muss sein, der Bundesrepublik eine Regierung zu geben, die den vor uns stehenden Aufgaben gewachsen ist. Wir sollten alles daransetzen, die Regierungspolitik mitzugestalten. Unsere Forderung nach Neuwahlen sei sicher die richtige und sauberste Lösung. Man habe aber feststellen müssen, dass keine andere Partei bereit ist, an der Erreichung von Neuwahlen mitzuwirken.

Durch die Benennung Kiesingers zum Kanzlerkandidaten habe sich in der CDU das nachvollzogen, wozu sie am Dienstag, 8. 11. 1966 (Vertrauensfrage des Bundestages), noch nicht bereit gewesen sei.[2]

Er plädiere dafür, dass sich die Partei einverstanden erklärt, dass man die NS-Vergangenheit Kiesingers in der Auseinandersetzung nicht anspricht.[3] Er glaube, dass es richtig sei, an dem Standpunkt festzuhalten, dass die SPD nicht bereit ist, Verhandlungen über Koalitionen und Personen zu führen, solange nicht Klarheiten über Sachfragen erreicht seien. Die anderen Parteien sollten zu Gesprächen über Sachfragen aufgefordert werden. Aufgabe müsse es sein, die anderen 3 Parteien und die 2 Bundestagsfraktionen zur Bestandsaufnahme zu zwingen. Das, was in den 8 Punkten der Bundestagsfraktion gesagt worden sei, müsse angereichert werden durch das, was im Wahlkampf 1965 und auf dem Dortmunder Parteitag gesagt wurde.[4]

Neben der Gesamtsituation müsse man die Probleme an der Ruhr sehen. Wenn es gelingen könnte, ein Programm für die Ruhr zu erarbeiten, würde das ein Fortschritt sein. Er schlage vor, Karl Schiller, Wilhelm Haferkamp und OB Heinemann zu beauftragen, innerhalb der nächsten Zeit ein solches Programm zu erarbeiten.

Wenn der Parteivorstand einverstanden sei, werde er einen Brief an die anderen Parteien und Fraktionen schreiben und sie einladen, über Sachfragen zu sprechen.[5]

Kiesinger habe durch Rasner wissen lassen, dass er für Gespräche ab 14. 11. 1966 zur Verfügung steht. Die FDP könne durch ihre Sitzungen in Nürnberg erst ab 17. 11. 1966 Gespräche führen.[6] Eine Festlegung nach einer Seite hin halte er in dieser Situation für nicht richtig. Das konstruktive Misstrauensvotum müsse nach wie vor als Möglichkeit gesehen werden. Erhard habe allerdings die Möglichkeit, ein solches zu unterlaufen, indem er vorher zurücktrete.

Zur Frage des Berliner Stimmrechtes wolle er feststellen, dass die Alliierten 1965 bei Erhard vorstellig geworden sind und mitgeteilt haben, dass dann, wenn das Ergebnis der Bundestagswahl sehr knapp ausfallen werde, man auch die Berliner Stimmen bei der Wahl des Bundeskanzlers einbeziehen könne.[7] Vielleicht solle diese Frage mit in die Sachgespräche einbezogen werden.

Für den Fall, dass eine Verständigung über Sachfragen eine Basis für eine grosse Koalition ergibt, ist mit einer grossen Belastung innerhalb der Organisation zu rechnen. Wenn dazu noch Strauss als Minister zu akzeptieren ist, wird die Belastung noch grösser. Andererseits sei es besser, Strauss in einer solchen Regierung zu haben, als ihm die Möglichkeit des Agierens draussen zu geben.

Z.Zt. besteht keine Ursache, die Wahlrechtsfrage mit in die Auseinandersetzungen einzubeziehen. Das, was 1961 in Bezug auf eine Allparteien-Regierung gesagt worden sei, könne heute nicht wiederholt werden.[8] Die Situation sei eine andere.

Vorschlagen möchte er auch, dass der Bundespräsident über unsere Vorstellungen unterrichtet wird.

[...]

Nr. 5
Aus den Ausführungen des Vorsitzenden der SPD, Brandt, auf der gemeinsamen Sitzung von Parteirat, Parteivorstand und Kontrollkommission der SPD
28. November 1966[1]

AdsD, SPD-Parteivorstand, PV-Protokolle.

Liebe Genossinnen und Genossen, jeder von uns weiß, mit wie lebhaftem Interesse in der deutschen Öffentlichkeit, vor allen Dingen aber in der Partei selbst, all das verfolgt und begleitet wird, was uns hier in den letzten Wochen und Tagen beschäftigt hat. Und auch wenn einem manches nicht ganz einleuchtet, von dem, was als kritischer Rat oder als Ausdruck des Unmuts auf den Tisch kommt, und auch, wenn man nicht ausschließen darf, daß in einigen Fällen auch das nicht so ganz spontan ist, wie es aussieht, was da auf die Tische gelangt, so wird man im Ganzen nur dankbar sein können für dieses lebhafte Interesse, auch dort, wo es einen anderen Standpunkt zum Ausdruck bringt. Dies ist in der Tat eine ungewöhnliche Situation, in der wir uns befinden, aus einer ungewöhnlichen Situation heraus muß für die Bundesrepublik wieder eine Regierung gebildet werden, und auf ungewohnte Weise soll eine Regierung gebildet werden. So wie sich das abzeichnet, und zwar nicht nur für eine Seite ungewohnt, ungewohnt für die Sozialdemokraten und für die, die es gut mit ihnen meinen, die auf nationaler Ebene seit 1930 an keiner Regierung mehr teilgenommen haben,[2] die in der ganzen Entwicklung der Bundesrepublik Deutschland nach dem Krieg die Rolle der Opposition zu spielen hatten, ungewohnt aber auch für andere. [...]

Genossen, die kleine Koalition, ich finde, wir brauchen uns den Ausdruck Mini-Koalition nicht zu eigen zu machen, die kleine Koalition von SPD und FDP ist mir – wie vielen anderen – erschienen in den letzten Wochen als eine ernsthaft zu erwägende Möglichkeit, einen neuen Beginn zu machen in der deutschen Politik. Und auch, nachdem ich mit der Mehrheit der Gremien, die bisher getagt haben,

Willy Brandt mit Helmut Schmidt (m.) und Kurt Georg Kiesinger (re.) am 30. November 1966 nach Abschluss der Verhandlungen zwischen SPD und CDU/CSU zur Bildung der Großen Koalition.

zu einem anderen Ergebnis gekommen bin, ‹das›[3] ich gleich im einzelnen darlegen werde, sehe ich keinen Grund, die Motivation jetzt anders darzustellen, als ich sie in diesem Prozeß des Miteinanderdenkens selbst gegeben habe. Es ist gar kein Zweifel, daß das Verbrauchtsein der CDU deutlich unterstrichen worden wäre, unser Wille und der Wille anderer und der Wunsch vieler Menschen im Lande, gerade auch aus der jungen Generation, eine deutliche Unterstreichung erhalten haben würde, wenn die CDU/CSU in die Rolle der Opposition verwiesen worden wäre, auch mit der Chance, sich in der Opposition zu regenerieren. Was sie nötig hat, was wir ihr nicht abnehmen können, was aber für die deutsche Demokratie wichtig ist. Und bei denen, die sich für diese Lösung eingesetzt haben, bei vielen derer, die sich im Lande dazu geäußert haben, spielte ja dann auch die

Vorstellung eine Rolle, auf diese Weise würde ein von der SPD gestellter Kanzler die Richtlinienkompetenz – in die man übrigens nicht mehr hineinlegen soll, als nach dem Grundgesetz in sie hineingehört, aber immerhin[4] – wahrnehmen können und damit eine Lage schaffen können, die für die Sozialdemokratische Partei große Möglichkeiten bieten könnte. [...]

Aber, liebe Genossen, ich muß sagen, und hier glaube ich, würden weithin auch die Genossen zustimmen können, die bis auf den heutigen Tag meinen, man hätte das andere versuchen müssen, ich glaube, sie werden für diesen Teil der Argumentation, den ich jetzt bringe, keine abweichende Beurteilung geben, wenn ich sage, eine wirkliche Chance zwischen dem 8. November [1966], an dem im Bundestag SPD und FDP gemeinsam stimmten über den Antrag gemäß Artikel 68 Grundgesetz,[5] und dem Ende der vorigen Woche, als die Verhandlungen ein gewisses Stadium erreicht hatten, eine Chance ist in dieser Zwischenzeit im Verhältnis zur FDP nicht versäumt worden. Mir liegt daran, daß die Mitglieder des Parteirats dies bitte in ihre Betrachtungen einbeziehen wollen, weil es dazu zum Teil draußen andere und ich meine unrichtige Vorstellungen gibt. Tatsächlich ist es so, daß ich selbst dem stellvertretenden Vorsitzenden der FDP und stellvertretendem Ministerpräsidenten von Nordrhein-Westfalen den Hinweis gegeben habe, und zwar noch vor dem 8. November [1966], daß, wenn er es für richtig halte und sich zutraue, er Bewegung in diesen Prozeß bringen könnte, von Nordrhein-Westfalen aus.[6] Er hat um Verständnis dafür gebeten, das hat man aufbringen müssen, daß er dies nicht für richtig halte, sondern abwarten wolle. [...] Wenn ich einen Augenblick bei der FDP bleiben darf, liebe Genossen, so würde ich es nicht für richtig halten, jedenfalls würde ich es mir persönlich nicht zu eigen machen können, was die Sachfragen angeht, hinterher ein zu negatives Bild zu geben. Das ist gar nicht nötig. Ein zu negatives Bild zu geben, um an möglichst vielen Punkten nachzuweisen, es wäre auch sachlich nicht gegangen. Sondern ich komme eher zu dem Ergebnis, das [ist] ja auch kein Geheimnis, daß auf den Gebieten der Außenpolitik, der Sicherheits-, Europa- und Ostpolitik das von Anfang an sehr nahe aneinander lag.

In der Deutschlandpolitik nicht ganz so problemfrei, wie es sich zunächst ansah, weil doch überschwengliche Hoffnungen bei der FDP stärker mitschwingen, als bei uns aus bester Gesinnung, aber vielleicht doch zum Teil hinaustragend über das, was jetzt in ganz harter Arbeit in den innerdeutschen Bereichen angesteuert werden sollte, aber grundsätzliche Gegensätze gab es dazu nicht. Ein bißchen problematischer war es, was manche innenpolitischen Dinge angeht, das ist ja auch gar nicht verwunderlich, daß es bei der FDP und bei einzelnen ihrer Repräsentanten betont doktrinär-liberalistische Elemente gibt in den Auffassungen, daß es in der Sozialpolitik Positionen gibt, die vom Thema der Mitbestimmung, die schwerer oder jedenfalls nicht von Anfang an ganz leicht mit unseren Vorstellungen auf einen Nenner zu bringen sind, oder auf dem Gebiet der Gemeinden, der Gemeindefinanzen – wohl einfach aus der Tatsache, daß die FDP viel weniger kommunale Verantwortung trägt als die SPD, aber auch als die CDU – eine nicht ganz so starke Nähe zu diesem Thema zu spüren ist. Aber ich sage, sachlich hätte man auch mit der FDP ein Programm zustandebringen können. Bloß hier kann man Sachpunkte und Ziffern, nüchterne Ziffern, im Bundestag nicht voneinander trennen. Das ist eben der Unterschied. Wenn Ihr es mit einer Gruppe zu tun habt, von der im Grunde der letzte oder fast der letzte Mann gebraucht wird, wo es jedenfalls auf ganz knappe Mehrheiten ankommt, dann spielen eben wenige Außenseiter[7], sei es mit starken Verzahnungen zum Bundesverband der deutschen Industrie oder auch anderswohin, eine größere Rolle, als im Bündnis mit einer großen Partei, wo, wenn sich die Regierung auf etwas verständigt hat, es immer leichter ist, dafür Mehrheiten im Parlament, die nicht immer genau die gleichen Mehrheiten sein müssen, zu bekommen. [...]

Als die Bundestagsfraktion ihre acht Punkte[8] formulierte, und es war ein Glück, daß wir die hatten, denn die wurden zur Grundlage der Verhandlungen mit den beiden anderen, und als wir die konkretisierten, ausfüllten, da war das gerade beim Auslaufen einer Phase der öffentlichen Diskussion, die ganz stark durch Außenpolitik und Deutschlandpolitik dominiert war. Und in diesen letzten drei Wochen ist im Bewußtsein der Menschen draußen ebenso wie derer, die hier in Bonn Politik zu machen versuchen, das Wirtschaftliche, bis hin zur nackten Sorge um den Arbeitsplatz, stärker in den Mittelpunkt der Betrachtungen getreten. Wirtschaftliche Sicherung, Wiederherstellung des Vertrauens im Ausland, dort, wo es angeschlagen ist, aber auch noch ein weiterer Faktor bewegte dann diejenigen zu ihrem Standpunkt, die sagten, wir müssen es doch mit breiter Lösung versuchen. Bitte, auch hier will ich versuchen, Argument gegen Argument zu stellen. Die einen sagten, und ich habe selbst diesem Argument zunächst viel abgewinnen können, sie sagten, wenn eine auch noch so schwache SPD-FDP-Lösung kommt, dann haben die radikalen Kräfte im Lande weniger Chancen, weil die CDU/CSU das jedenfalls nach rechts hin zu einem Teil abdeckt. Wenn man eine große Lösung macht, dann besteht die Gefahr, daß die FDP das nicht abdecken kann, und nun muß ich aber doch sagen, da gibt's auch noch eine andere Erwägung. Es gibt auch noch zumindest die Erwägung, die dann danebenzustellen ist, ist nicht für das Eindämmen extremistischer Gefahren im Lande es besonders wichtig, daß hier eine gewisse Stabilität erreicht wird? Politische und wirtschaftliche Stabilität sind nicht von einander zu trennen.

Nun, Genossen, wenn man die Frage des konstruktiven Mißtrauensvotums geprüft hat, haben natürlich auch die Genossen, die den Minderheitsstandpunkt in der Fraktion vertreten haben, gewußt, insofern gibt's dort keine Differenz, daß ein beantragtes Mißtrauensvotum auch ins Leere gehen konnte. Das haben wir alle miteinander gewußt, denn zum Zeitpunkt des Einbringens hätte die CDU vielleicht Erfolg gehabt, Erhard dann zum Rücktritt zu bringen, er regiert ja eh jetzt am Rande – soweit man das Regieren nennen kann – am Rande des Grundgesetzes. Das Grundgesetz hat im Grunde die Lage nicht vorgesehen, die es jetzt gibt. Mit einem Kanzler, der weiter im Bungalow sitzt und gelegentlich auch im Palais Schaumburg, während alle drei Fraktionen des Bundestages ihm ihr Mißtrauen ausgesprochen haben. Denn das ist doch die Lage, wenn auch das der CDU hinter verschlossenen Türen ausgesprochen worden ist durch die Benennung eines neuen Kandidaten. Aber ein Rücktritt hätte das konstruktive Mißtrauensvotum ins Leere gehen lassen und hätte den

Prozeß ausgelöst, den der Bundespräsident dann auf einen Rücktritt hin – nicht, das wäre ja im Grunde auch das Normale, daß ein Kanzler, wenn er nicht mehr das Vertrauen hat, dem Bundespräsidenten schreibt, und der hört dann die Parteiführer und der macht dann seinen Vorschlag. Es ist auch noch gesagt worden, ja, aber – und das glaube ich, sollte ich fairerweise als ein Argument derjenigen vorbringen, die mit großem Nachdruck und mit derselben Sorge um die Dinge, die kommen, vorgebracht haben – also das Argument, ja, wenn das nicht lange gutgegangen wäre, dann würde doch ein Kanzler, den die SPD stellt, wenn auch noch so knapp mit der FDP zusammen gewählt, das würde doch jene Prozedur auslösen können, die nach Art. 68 des GG möglich ist, um sich dann das Mißtrauen bescheinigen zu lassen durch den Bundestag, wozu er ja gegebenenfalls auch die eigenen Freunde auffordern konnte, wenn die Stimmen der anderen nicht reichen, und dann zum Bundespräsidenten zu gehen, und den zu bitten, den Bundestag aufzulösen. Dabei sind, bitte, zwei Dinge, das weiß ich natürlich, daß die Genossen, die diese Möglichkeit erwogen haben, das auch nicht übersehen haben, dann sind zwei Dinge zu beachten: 1. Falls ein Bundeskanzler dies tut, beginnt eine 21-Tage-Frist zu laufen, binnen derer der Bundestag, mit ebenso knapper Mehrheit, einen neuen Kanzler wählen kann. Das heißt, eine FDP, die mit diesem Schritt nicht einverstanden wäre, Neuwahlen herbeizuführen, könnte dann in einer neuen Konstellation wählen, ohne daß das andere zustandegekommen ist, 2. der Bundespräsident kann, muß aber nicht auflösen und 3. auch wenn man sehr optimistisch ist, was die Verankerung demokratischen Geistes in unserem Volke angeht: Neuwahlen herbeigeführt durch ein sozusagen durch eigene Freunde mitzustandegebrachtes Mißtrauensvotum sind natürlich nicht die allerbeste Ausgangslage für einen Wahlkampf. Da müßte man eine ganze Menge noch bei erklären. [...]

Die große Koalition ist nur gerechtfertigt, wenn die Genossen zu der Überzeugung kommen, daß mit allem Problematischen, was darin steckt, daß sie auf genügend wesentlichen Gebieten die Basis schafft, um wichtige Aufgaben nach außen und im innern zu lösen.

Das gilt einschließlich der großen Reform-Aufgabe Finanzreform, von der ich hoffe, daß sie ein gutes Stück auf den Weg gebracht werden kann in dieser Legislaturperiode, manche sind optimistischer. Ich hoffe, es geht also mehr als nur ein gutes Stück auf den Weg. Es wäre großartig, wenn man es schaffte. Oder – um ein anderes Beispiel zu nennen – wir stehen vor einer Reform unseres Verteidigungswesens. Auch eine große, in das Leben des ganzen Staates, der öffentlichen Finanzen usw. hineinwirkende Sache. Dabei wird klar werden, dies ist nicht als ein Dauerbündnis gedacht, dies ist nicht als das gedacht, was man eine Proporz-Demokratie nennt, dies ist als ein zeitlich begrenztes partnerschaftliches Verhältnis solcher gedacht, die im übrigen politische Widersacher bleiben und unbeschadet dessen, daß sie für eine Zeit Regierungsverantwortung tragen, selbstverständlich weiter um die Mehrheit im Volk ringen, für ihre Überzeugungen und ihre Antworten und ihre Forderungen. Dies wird noch deutlicher, wenn wir unsere Bereitschaft erklären, wir bitten um eine solche Bereitschaftserklärung, daß wir nicht für 1969, aber für die Wahl nach 1969, ein Wahlrecht in Aussicht nehmen, das klare Mehrheiten schafft. Nicht ein manipuliertes Mehrheitswahlrecht, nicht ein manipuliertes Mehrheitswahlrecht, und vor allen Dingen auch – zumal auf 1969 bezogen – nichts, was wie ein Kartell von Zweien aussieht, die dem Dritten die Gurgel durchschneiden. Aber die Bereitschaft – was ja bei uns nicht nur die Fraktion in Anspruch nimmt, sondern die Gremien der Partei, die ja betroffen sind in ihrer ganzen Breite – einbezieht in diese Willens- und Meinungsbildung, wie wir zu einem die Demokratie stabilisierenden Wahlrecht kommen. [...]

Ja, nun ist mancher vielleicht der Meinung, ich könnte schon mitteilen, was da im einzelnen auf die Partei zukommt, wenn wir diesen Weg gehen in bezug auf die Struktur der neuen Bundesregierung. Das ist aber verfrüht. Morgen wird man mehr wissen. Nur eins dürfen die Genossen – auch ohne der Fraktion vorzugreifen, die sich damit morgen nachmittag und morgen abend befassen wird, unterstellen: 1. vom Kanzler abgesehen, der nun einmal, wenn man diese Kombination macht, der stärkeren Fraktion im Parlament zusteht, wird es sich um eine gleichgewichtig zusammengesetzte Regierung handeln. 2. Man wird uns nicht mit irgendwelchen Ministerien, die unter ferner liefen, abspeisen, man hat auch diese Absicht nicht. 3. Wir denken nicht an eines der negativen Elemente der langjährigen österreichischen Koalition, nämlich an das Über-Kreuz-Besetzen, an das Aufeinanderaufpassen.[9] Das heißt, das muß man nüchtern sehen, da wird es große Ministerien und kleine geben, in denen wir weiterhin wenig zu sagen haben oder nichts, außer, daß wir die Politik im Kabinett mit beeinflussen. Aber es wird andere, und ich versichere Euch, große, aber nicht nur große, geben, in denen der sozialdemokratische Ressortchef auch in Bezug auf Vertretung und sonstige Führung des Ministeriums allein entscheidet. Dies ist die saubere Regelung, als wenn da überall schwarze und rote, wie es die österreichische Übung war, einander gegenübersitzen. Ich will auch diesen Punkt nicht verabsolutieren. Aber, Genossen, wir haben doch alle schon einmal miteinander gesprochen in kleineren oder größeren Kreisen, darüber, was es bedeutet hat, daß dadurch, daß wir nicht in den Wirtschaftsrat gekommen sind, damals, die ganze führende Bürokratie des Bundes an uns vorbei organisiert worden ist.[10] Und hier wird für bestimmte Zweige, ohne daß man sich dabei übernehmen kann, wird ein angemessener sozialdemokratischer Einfluß hineingebracht werden können. Und [...] einige, die allzusehr besorgt sind wegen der grauen Schläfen von Kurt-Georg Kiesinger und der Art, in netter schwäbischer Mundart seine Ideen zu vertreten, die werden doch auch dann erfahren, welche Veränderung eintritt, der Öffentlichkeit gegenüber werden 8, oder 9, oder 10, was es sein wird, sozialdemokratische Bundesminister nun nicht mehr aus einem Parteienproporz im Fernsehen heraus, sondern aus ihrer Hälfte der Regierungsverantwortung heraus, nicht mehr nur darüber sprechen, was sein sollte, und was man tun müßte, sondern was sie tun, nicht als Mehrheit, aber gestützt auf 40 % der Mandate im Bundestag und auf ihre verantwortliche Stellung, für wichtige Teilbereiche der deutschen Politik. Das heißt, in die Stuben kommen wir auch hinein, wo man Anteil nimmt an dem, was politisch geschieht.

Kurt-Georg Kiesinger, [...] ich kann nichts anderes sagen als zu der Zeit, wo ich hier im Bundestag unter seinem Vorsitz Mitglied des Auswärtigen Ausschusses war[11], oder als ich sagen kann, nachdem ich acht Jahre, wenn auch nicht so eng wie August Zinn, aber doch eben auch im Kreis der Länderchefs mit ihm zusammengewirkt habe, als – ich streiche jetzt nichts ab von dem, womit er seinen eigenen Weg auch während der bösen 12 Jahre zu begründen hat – aber als einen Mann, der seine Erfahrungen zu machen hatte, so wie andere ihre gemacht haben und den ich kenne als einen Mann, der den guten Willen und die Fähigkeit zur Zusammenarbeit hat. Ich glaube, das kann man bei allen sonstigen Anmerkungen sagen, diesen Willen und diese Fähigkeit hat er.

Nun taucht noch ein zweiter Name auf, und was diesen zweiten Namen angeht, liebe Genossen, ist es darum schwer etwas zu sagen, weil die, die von der CDU/CSU an der Regierungsbildung arbeiten, nicht wissen, ob sie uns Strauß offerieren sollen, wollen oder können. Sie haben den Eindruck, sie möchten den gern für eine bestimmte Aufgabe gewinnen, weil sie glauben, daß es der Stabilität der Regierungsarbeit dienen würde und ihrer eigenen innerparteilichen Situation. [...] Nun gibt es eine gute alte Regel, dort, wo Koalitionen gebildet werden, wenn sie Bestand haben sollen. Von denen man allerdings, das weiß ich auch, manchmal abweichen muß. Aber die gute alte Regel, an die ich doch noch einmal erinnert haben wollte, ist die, [...] daß in einer Koalition jede Seite die Verantwortung für ihre Vertrauensleute trägt. Daß da die Verantwortung nicht durcheinandergerät und daß auch nicht ein Prestigeprozess ausgelöst wird, eine Eskalation, hau ich Deinen sowieso, dann haust Du meinen, hau ich Deinen und dann geht's drei, vier, fünf, sechs, man blockiert einander. Ich sage aber noch einmal, das muß nicht für alle Fälle gelten. Und ein Problem steht heute schon ganz unabhängig davon, ob die Regierungsfragen stehen und [es] uns als eine Frage gestellt werden sollte: In bezug auf den CSU-Vorsitzenden, auch als Koalitionspartner, der nicht in die Regierung ginge, müßte etwas in Ordnung gebracht werden, soweit es nachträglich in Ordnung zu bringen ist. Nämlich das, was den 1962er Vorgang[12] angeht, der ja im Bundestag

Außenminister und Vizekanzler Willy Brandt mit Bundeskanzler Kurt Georg Kiesinger (vorne li.) im Deutschen Bundestag am 1. Dezember 1966, dem Tag der Vereidigung der neuen Regierung aus SPD und CDU/CSU.

etwas bedeutet hat, und ich kann hier nur soviel sagen, wir haben das offen, in seiner Gegenwart, angesprochen, und wir sind in einem Gespräch mit seinen Kollegen darüber, wie man die von uns dringendste, für dringend erwünscht gehaltene präzise Klarstellung dieses Vorgangs erreicht werden kann. Nun, die Union hat sonst ihre Probleme noch und da geht vieles durcheinander. Die Genossen, die in den Rathäusern und in den Ländern es mit der CDU zu tun hatten oder haben, werden genau wissen, aus wie vielen Strömungen und Gruppierungen die Partei im Wirklichkeit besteht.

Bleibt die Frage, wenn das aber nun nicht gutgeht, Ihr sprecht doch von den großen Schwierigkeiten. Wenn das auch unter sozialdemokratischer Mitwirkung nicht gutgeht, wenn das scheitert, dann stehen wir hinterher da, und wie fein wären wir rausgewesen, wenn wir gesagt hätten, jetzt sollen die, die den Karren da haben abgleiten lassen, ihn auch wieder rausholen. Liebe Genossen, dazu sind wir zu groß geworden. Wenn das auch mit unserer Mitwirkung scheitert, dann scheitert es so, daß es schlecht für Deutschland einschließlich der SPD ist. Darum muß die Anstrengung gemacht werden, es zu dem begrenzten, aber doch möglichen Erfolg für Deutschland einschließlich der SPD werden zu lassen. Die dann, wenn sie sich auf wichtigen Gebieten bewährt, zusätzliches Vertrauen gewinnen wird. Es kommt doch darauf an, diese schreckliche, immer noch in Teilen des Volkes lebendige Legende zu zerstören, die von Goebbels her kommt und von anderen weitergetragen worden ist, als hätten in den Zeiten, in denen Sozialdemokraten in Deutschland regiert haben, sie nur ein Versagen hinterlassen, was eine böse Entstellung einer bestimmten Periode der Weimarer Republik ist. [...]

Nr. 6
Schreiben des Bundesministers des Auswärtigen, Brandt, an den Vorsitzenden der FDP, Mende
9. Dezember 1966[1]

AdsD, WBA, A 7, 7.

Lieber Herr Kollege Mende!
Unser Gespräch an jenem Sonnabend ist mir in lebhafter Erinnerung.[2] Ich möchte es, trotz seines im Augenblick negativen Ergebnisses, nicht missen. Es kann für die Entwicklung der Bundesrepublik von großer Bedeutung sein, wenn es gelingt, die menschlich-politischen Verbindungen, die sich in den letzten Wochen entwickelt haben, zu erhalten.

Mit Genugtuung habe ich gelesen, daß Sie eine sehr kritische, aber keine verbitterte Opposition sein wollen. Was ich im Rahmen meiner Kompetenzen dazu tun kann, Ihnen bei der Erfüllung Ihrer

Entwurf gef. 9/72.

Herrn Dr. Erich M e n d e, Bundesmin. a.D.
532   Bad Godesberg, Am Stadtwald 62

Lieber Herr Mende, Kollege

unser Gespräch an jenem Sonnabend ist mir in lebhafter Erinnerung. Ich möchte es, trotz seines im Augenblick negativen Ergebnisses, nicht missen. Es kann für die Entwicklung der Bundesrepublik von großer Bedeutung sein, wenn es gelingt, die menschlich-politischen Verbindungen, die sich in den letzten Wochen entwickelt haben, zu erhalten. ~~Ich habe~~ mit ~~gro-~~ glaube ich ~~ßer~~ Genugtuung gelesen, daß Sie eine sehr kritische, aber keine verbitterte Opposition sein wollen. Was ich dazu tun kann, im Rahmen meiner Kompetenzen ~~Sie in dieser Richtung zu~~ unterstützen, wird ~~geschehen~~.

Ihnen bei der Erfüllung Ihrer neuen für Sie wichtigen Aufgaben zu helfen, werde ich gerne tun. Hoffentlich wird sich die in den letzten Tagen entstandene Polemik eindämmen lassen ich Sie

(bei der Wahrnehmung, von dem Anspruch der Herrn ... zu würdigen)

Mit freundlichen Grüßen, auch an Ihre Frau Gemahlin,

Ihr

(Willy Brandt)

6./12. 1966
ba/be.

Von Willy Brandt bearbeiteter Entwurf des Schreibens an Erich Mende vom 9. Dezember 1966.

für unseren Staat wichtigen Aufgaben zu helfen, werde ich gerne tun. Hoffentlich wird sich die in den letzten Tagen entstandene Polemik (bei der ich Sie bitten möchte, den Standpunkt von Herrn Wehner vorurteilsfrei zu würdigen) eindämmen lassen.³
Mit freundlichen Grüßen, auch an Ihre Frau Gemahlin,
Ihr
‹gez[eichnet]: Brandt›⁴

Nr. 7
Schreiben des Bundesministers des Auswärtigen, Brandt, an den stellvertretenden Vorsitzenden der SPD-Bundestagsfraktion Möller
12. Dezember 1966[1]

AdsD, WBA, A 7, 7.

Lieber Alex,
Dein Brief an Helmut [Schmidt] hat mir weh getan.[2] Ich habe darüber, außer mit Helmut [Schmidt], mit niemandem gesprochen. Dies ist der Versuch eines persönlichen Beitrages zu dem Gespräch, das Ihr heute abend miteinander führen werdet. Selbst bin ich vermutlich bis in die späte Nacht durch die Arbeit an der Regierungserklärung in Anspruch genommen, und morgen geht es nach Paris.

Ehrlich gesagt, lieber Alex: Ich bin mir nicht bewußt, welche Vorgänge im Zusammenhang mit der Regierungsbildung Dich so gekränkt haben können, daß Du Dich als „Mitläufer" empfunden haben kannst.[3] Du wirst Dich erinnern, daß die eigentliche Entscheidung gefallen ist, als wir am Donnerstagabend, dem 24. November [1966], im Haus Berlin beisammen waren. Dein Votum war dabei von maßgebender Bedeutung. Ich selbst empfand die Situation als in gewisser Hinsicht präjudiziert, worüber ich mich aber nicht beklagen konnte, da ich erst mit so großer Verspätung in Bonn sein konnte.[4] Du wirst

Dich erinnern, daß ich die Frage aufgeworfen habe, ob es meiner Teilnahme an der Regierung bedürfe. Die Frage wurde zurückgewiesen.

Du hattest selbst erklärt, daß wir mit Deiner Teilnahme nicht rechnen könnten. Es tut mit leid, wenn Du unabhängig davon zu dem Ergebnis kommst, an der Lösung der personellen Fragen nicht angemessen beteiligt worden zu sein. Das gilt dann nicht nur für Dich. Wir haben den Rahmen in der Nacht vom 29. zum 30. November [1966] im Haus Berlin abgesteckt, und am nächsten Tag ergab sich eine gewisse Hektik einfach durch den Zeitdruck, der sich aus der für Mittwochnachmittag angesetzten Fraktionssitzung ergab.

Wegen der Fragen, die sich für die Fraktion stellen, kann allein Helmut [Schmidt] Dir die Probleme schildern. Soviel weiß jedoch auch ich, daß niemand daran gedacht hat, Dir etwas Unzumutbares zuzumuten. Nachdem Du damit einverstanden warst, daß Helmut [Schmidt] den amtierenden Vorsitz übernehmen sollte, ging ich davon aus, daß Du Helmut [Schmidt] als erster Stellvertreter, als unser führender Mann auf finanz- und wirtschaftspolitischem Gebiet und als das, was man in guter Übernahme eines amerikanischen Wortes einen „elder statesman" nennt, zur Seite stehen würdest. Das ließe sich vor der Fraktion und vor der Öffentlichkeit auch deutlich machen.

Dein Einverständnis vorausgesetzt, sollten wir darüber nachdenken, wie auch auf andere Weise einem möglicherweise von Dir befürchteten Eindruck entgegengewirkt werden könnte.

Heute aber muss ich die ebenso herzliche wie eindringliche Bitte an Dich richten, Deine Entscheidung noch einmal zu überprüfen, jedenfalls aber zurückzustellen. Jetzt würdest Du nicht nur Helmut [Schmidt] Schwierigkeiten bereiten, sondern auch allgemeine Unsicherheit in der Partei hervorrufen. Das kannst Du nicht wollen.

Lieber Alex, habe bitte Nachsicht mit mir und verschließe Dich bitte nicht dem Wunsch, den Helmut [Schmidt] und ich übereinstimmend an Dich richten.
Herzliche Grüße
‹Dein
gez[eichnet]: Brandt›[5]
‹Br[andt]›[6]

Nr. 8
Aus den Ausführungen des Vorsitzenden der SPD, Brandt, auf der gemeinsamen Sitzung von Parteirat, Parteivorstand und Kontrollkommission der SPD
17. März 1967[1]

AdsD, WBA, A 3, 250.

<u>Schwerpunkte der Regierungspolitik</u>
[...][2]

II.

Im November vergangenen Jahres – vor den Koalitionsverhandlungen – haben wir in unserem <u>Acht-Punkte-Programm</u> festgehalten, worauf es in der Sache vor allem ankam. Die damals niedergelegten Leitsätze sind im wesentlichen Bestandteil der Regierungspolitik geworden.[3] Vor allem daran haben wir uns zu messen lassen.

Wir haben damals gesagt, die Wirtschaft der Bundesrepublik Deutschland sei durch die Versäumnisse der bisherigen Regierung in die Gefahr der Stagnation und des Rückschlages geraten. Durch sofort einzuleitende Maßnahmen müsse der deutschen Wirtschaft die Möglichkeit geschaffen werden, „in einen neuen Aufschwung einzutreten, damit in Zukunft Stabilität und Wachstum gleichermaßen gesichert sind".

Inzwischen hat die neue Bundesregierung jenes Programm entwickelt, von dem wir sagten, es müsse „darauf ausgerichtet sein, die Schrumpfung der Investitionstätigkeit, die Abschwächung der Spartätigkeit, die Drosselung des wirtschaftlichen Wachstums und deren beschäftigungspolitische Konsequenzen abzustoppen". – Das Vertrauen der Sparer wurde wieder hergestellt. Das Investitionsklima und die Unternehmensplanungen wurden positiv beeinflußt. Die Bundesbank hat sich, wenn auch zögernd, zur schrittweisen Lockerung ihrer Restriktionspolitik entschlossen. Das Stabilitätsgesetz ist, wenn auch verspätet, im Sinne der sozialdemokratischen Anträge ausgebaut worden. Die neue Bundesregierung hat den von uns empfohlenen Eventual- bzw. Investitionshaushalt eingebracht, durch den der Volkswirtschaft – auch zugunsten des Wohnungsbaus – neue Impulse gegeben werden.[4]

Wir sind durchaus noch nicht über den Berg. Aber niemand kann bestreiten, daß endlich moderne Wirtschaftspolitik gemacht wird. Auf Grund von Vorausschätzungen der wirtschaftlichen Entwicklung, so hatten wir gesagt, solle sich die Bundesregierung um ein kooperatives Verhalten der Sozialpartner bemühen. Hier ist der Wirtschaftsminister mit der „konzertierten Aktion"[5] auf dem guten Weg, und wir wünschen ihm dabei weiterhin viel Erfolg.

Große Aufgaben hat die Regierung vor sich, wo es um die Strukturpolitik geht. Die Gesundung des Ruhrgebiets wird zur gemeinsamen Bewährungsprobe für die Bundesregierung und die Landesregierung von Nordrhein-Westfalen. Die Modernisierung der Bundesbahn stellt eine weitere große Aufgabe.

Wir haben gesagt, daß Wirtschafts-, Finanz- und Sozialpolitik langfristig angelegt und aufeinander abgestimmt sein müssen. Jeder in unserem Staat kann sich darauf verlassen, daß wir die sozialpolitische Komponente und die Notwendigkeit der sozialen Stabilität nicht zu kurz kommen lassen. Das haben wir bewiesen, und das werden wir weiterhin glaubhaft machen. Wir werden uns um ein Schwerpunktprogramm für die soziale Infrastruktur bemühen und an die langfristigen Erfordernisse der Industriegesellschaft denken. Aber wir denken nicht daran, uns in einen Wettlauf leichtfertiger Versprechungen einzulassen.

Einige meinen, wir hätten unsere gesellschaftspolitischen Vorstellungen, etwa zur „Mitbestimmung", über lauter Freude am Regieren vergessen; dagegen sprechen die Tatsachen. In unseren acht Punkten heißt es: „Die Bundesregierung beruft eine Kommission unabhängiger Sachverständiger aus Vertretern der Gewerkschaften, der Unternehmer und der Wissenschaft. Diese soll die Erfahrungen mit den bisher erprobten Formen der Mitbestimmung prüfen, um damit Unterlagen für eine allgemeine Reform der Unternehmensverfassung zu schaffen."

Die Regierungserklärung vom 13. Dezember 1966 sagt zum gleichen Thema: „Die Bundesregierung wird eine Kommission unabhängiger Sachverständiger berufen und sie mit der Auswertung der bisherigen Erfahrungen bei der Mitbestimmung als Grundlage weiterer Überlegungen beauftragen. Die Bundesregierung lehnt Bestrebungen ab, die den bewußten und erkennbaren Zweck einer Aushöhlung der Mitbestimmung verfolgen."[6]

Die Sachverständigenkommission wird berufen werden. Und was den zweiten Punkt, eine mögliche Aushöhlung des Mitbestimmungsrechts, betrifft, so haben die letzten Tage hoffentlich keinen Zweifel daran gelassen, daß die Große Koalition auch hier entschlossen ist, ihre Worte ernst zu nehmen.

Finanzpolitisch stehen wir in einer schwierigen, aber nicht hoffnungslosen Operation. Ohne allgemeine Steuererhöhungen ist der Bundeshaushalt 1967 um insgesamt 8,4 Mrd. DM entlastet worden. Wir stehen zu unserem Wort, die frühere Augenauswischerei nicht fortzusetzen, die das Defizit für die folgenden Jahre noch steigern würde. Selbstverständlich hat nicht jede Empfehlung aus unserem Acht-Punkte-Programm und nicht jedes unserer Worte bei den Koalitionsverhandlungen Eingang in die gegenwärtige Regierungspolitik gefunden. Aber es ist doch von wesentlicher Bedeutung, daß die mittelfristige Finanzplanung nicht mehr umstritten ist.

Die neue Bundesregierung packt endlich die Aufgabe der Finanzreform an. Nach unserer Empfehlung hat sie sich auch daran gehalten, die Gemeinden für den Straßenbau am erhöhten Aufkommen aus der Mineralölsteuer zu beteiligen.

Die Finanzreform wird unsere verfassungsmäßige Ordnung so oder so weiterentwickeln. – ‹Bekanntlich können wir auch vom Justizminister ein Reformwerk erwarten, das für die Ausformung uns[erer] Rechtsstaatlichkeit viel bedeuten kann.›[7] Die Gesetzgebung für Notstände soll die verfassungsmäßige Ordnung auch in außergewöhnlichen Situationen sichern helfen. Es ist kein schlechtes Zeichen, daß die Regierung der Großen Koalition ihre Vorschläge hierzu schon nach wenigen Monaten unterbreiten konnte, und zwar so, daß den Erfordernissen Rechnung getragen wird, auf die die SPD durch ihre Parteitage verpflichtet wurde.[8]

Wenn von Schwerpunkten der Regierungspolitik die Rede ist, muß ich auch jenen Absatz aus unserem Acht-Punkte-Programm unterstreichen, in dem es heißt: Die Bundesregierung muß Wissenschaft und Forschung so fördern, wie es ihrer entscheidenden Bedeutung für die Zukunft Deutschlands zukommt.

Ich muß weiter darauf hinweisen, wie wichtig es ist – ohne sich einen Eingriff in die verfassungsmäßigen Rechte der Länder anzumaßen –, daß die Modernisierung der Schulgesetze nicht zu unnötigen Konflikten mit der Kirche führt. Wir können in unserer Bundesrepublik keinen Kulturkampf brauchen, sondern es bedarf des konfessionellen Friedens und darüber hinaus jener Partnerschaft und gemeinsamen Verantwortung, auf die wir deutschen Sozialdemokraten durch das Godesberger Programm verpflichtet sind. [...][9]

Nr. 9
Aus den hs. Notizen des Vorsitzenden der SPD und Bundesministers des Auswärtigen, Brandt, für die Sitzung der SPD-Bundestagsfraktion
7. Juli 1967

AdsD, WBA, A 7, 17.

Vor[igen] Freitag vor P[artei-]R[at]: G[roße]K[oalition] vor ihrer eigentl[ichen] Bewähr[ungs]probe
 Heute: G[roße]K[oalition] wird diese Probe bestehen
 Und: die Soz[ialdemokraten] haben gro[ßen] Anteil daran, dass „die schwierigste vo[lks]wi[rtschaftliche] Aufgabe seit Begründung der BRD" (P[artei-]R[at]) gemeistert wird.[1]

Heutige Beratung steht allerdings unter nicht ganz glückl[ichem] Stern:

1) Verständl[iche] Irritation wegen der zeitl[ichen] Dispositionen

Zuzugeben, dass Kabinett sich + andere unter einen Zeitdruck gesetzt hatte, ohne die eig[enen] Termine halten zu können (3 Tage = 36 St[un]d[en])

And[erer]seits war Aufgabe selbst nicht bis nach Ferien zu verschieben – das hätte wi[rtschafts]po[litisch] + staatspo[litisch] schwere Schäden nach sich gezogen[2]

2) Der Vorgang – mittelfr[istige] Fi[nanz]planung, gekoppelt mit einem konj[unktur]polit[ischen] Progr[amm] –, hatte soviel Eigengewicht, dass es überflüssig war, ihn auch noch künstlich zu dramatisieren

Theatralische Effekte tun einer solchen Sache nicht gut. Sie gehen auf Kosten der Sachlichkeit.

Es käme aber gerade darauf an, dass bei einer solchen Weichenstellung viele Mitbürger zum Mitdenken angeregt, zur Mitverantwortung aufgefordert werden

3) Indiskretionen + Zweckgerüchte haben viel Verunsicherung + Unruhe hervorgerufen

Es muss möglich sein, einiges davon in Zuk[unft] zu vermeiden

Eine mündige Ges[ellschaft] verträgt sich nicht mit Geheimniskrämerei – sie verträgt sich auch nicht mit Mangel an Selbstzucht – auch nicht mit Meinungsmache

Ich meine, dass hierüber zw[ischen] den Koalitionspartnern gesprochen werden muss.

Allerdings sollten diese Begleiterscheinungen nicht den Blick trüben für die Betrachtung + Bewertung des Vorgangs selbst:

1.) Es wird eine ernste Anstrengung unternommen, die heruntergewirtsch[afteten] Finanzen d[es] Bundes wieder in Ordnung zu bringen

2.) Zum 1. Mal wird die Methode der mittelfristigen Fi[nanz]planung ([19]68-[19]71) angewendet.

+ zum 1. Mal hat es eine B[undes]reg[ierung] unternommen – wenn auch sicher noch unvollkommen –, dabei wi[rtschafts]-

po[litische], fi[nanz]po[litische], so[zial]po[litische] + allgemeinpolit[ische] Interessen zus[ammen] zu ordnen³

[...]

3.) Gekoppelt mit einem Programm zur Sicherung der Staatsfinanzen – aus dem Haushalt [19]68 die Konsequ[enzen] zu ziehen –

ist ein in dieser Sit[uation] notwendiges, ergänzendes Progr[amm] zur Belebung der Konjunktur

4.) Dies sind alles drei soz[ial]dem[okratische] Forderungen gewesen:

– Initiativen der öff[entlichen] Hand, damit die Angst um den A[rbeits]platz aufhört + damit neues wi[rtschaftliches] Wachstum möglich wird

– Ordnung der öff[entlichen] Finanzen, damit die Unsicherheit aufhört + die Währung gesichert wird

– mittelfristige Fin[anz]planung, damit das von-der-Hand-in-den-Mund-Leben aufhört + wir uns moderner Methoden bedienen

Wir haben Sit[uation] richtig gesehen, bevor es zur Bildung der neuen Reg[ierung] kam

Umfang + Tiefe der Wahrheiten wurden uns damals noch nicht voll bewusst

Die Haushaltsmisere war noch schlimmer, als die meisten von uns ahnten

Auch der Tiefgang der von der Reg[ierung] E[rhard]-M[ende] hinterlass[enen] Rezession wurde vielfach unterschätzt

M[it] a[nderen] Worten: Wir haben negativ noch mehr geerbt als wir erkannten

Nun ist es gewiss richtig, immer wieder an die Verantwortl[ichen] zu erinnern

Vor allem wenn die törichten Behauptungen kommen, die Soz[ialdemokraten] seien in die G[roße]K[oalition] gegangen oder gekommen, weil sie sich von der Richtigkeit der CDU-Politik überzeugt hätten,

muss hart gegengehalten werden:

wenn die damalige CDU-Politik richtig gewesen wäre, hätte es kein Scheitern Erhards, keine neue Reg[ierung] gegeben. Die Soz[ialdemokraten] sind nicht deshalb in die Reg[ierung] gekommen, weil man es ohne sie nicht mehr aushielt, sondern weil es anders nicht mehr weiterging,

weil nur so auf wichtigen Gebieten eine neue Politik eingeleitet werden konnte

Aber so wichtig dieser Hinweis ist: Die Menschen in uns[erem] Lande sind nicht <u>in erster Linie</u> an der Auseinandersetzung um die Verg[angen]heit interessiert, sondern an der Klärung + Erklärung d[er] Zukunft

– was wird, interessiert sie noch mehr als das, was war.

Im Nov[ember] [19]66 haben wir im 8 P[unkte]-Progr[amm] den ursächlichen Zusammenhang dargestellt zw[ischen]

Stabil[ität] + Wachstum in d[er] Wirtsch[aft] + der Ordnung der Finanzen des Staates[4]

Haben gewusst, dass es sich hierbei nicht nur um Interdependenz handle, sondern auch um latenten Zielkonflikt

Dieser Zielkonflikt ist akut geworden, + auch das hat

die Arbeit dieser Tage so besonders schwer gemacht

Ein magisches Dreieck eig[ener] Art:

a) Negative Auswirkungen gesenkter Ausgaben und erhöhter Steuereinnahmen d[es] Staates auf die Wirtschaft
b) stabile Staatsfinanzen als eine Basis der Entscheidungen von Unternehmern + Verbrauchern,
c) wi[rtschaftliches] Wachstum als Basis jeder nicht bloss einengenden Planung d[er] Finanzen

[...]

Was wird heute erwartet?

grunds[ätzliche] Billigung

Volumen + Struktur

Entscheidung über Einzelh[eiten] + das Gesamte liegt selbstv[erständlich] beim Parlament

beim Haushalt

bei Gesetzen

Bitte: positiv prüfen

Bitte: verstehen, dass Reg[ierung] geschlossen eintritt

geht nur, wenn zusammen getragen

zeigt, wie abwegig, wenn man Geschichte falsch darstellt
(grotesk als ob Operation: auf Vordermann)
    Lamentieren nützt nichts, Welt könnte schöner sein
    Jeder hat gewusst, dass es nicht einfach werden würde (auch nicht in Oppos[ition])
    kein soz[ial]dem[okratisches] Progr[amm], aber ein von uns mitgeprägtes + mitzuverantw[ortendes]
    – oder: was jetzt möglich
    – keine and[ere] Konstell[ation] hätte jetzt eine solche Aufgabe angehen können
    Statt zu jammern, selbst + andere fragen:
was passiert, wenn jetzt nicht endlich gehandelt würde?
Was geschähe, wenn wir jetzt nicht uns[eren] Einfluss geltend machen könnten?
    Überzeugt: so schwierig alles ist, so schmerzlich manche Eingriffe, insgesamt auf richtigem Weg
Guten Urlaub!

Nr. 10
Schreiben des Bundesministers des Auswärtigen und Vorsitzenden der SPD, Brandt, an den Bundeskanzler und Vorsitzenden der CDU, Kiesinger
7. August 1967[1]

AdsD, WBA, A 7, 13.

Sehr geehrter Herr Bundeskanzler!
In Ihrer Eigenschaft als Vorsitzender der CDU möchte ich Sie davon unterrichten, daß das Präsidium meiner Partei meine Ankündigung bestätigt hat, daß die SPD in der nächsten Bundesversammlung die Wahl eines aus ihren Reihen kommenden Bundespräsidenten anstreben werde.[2]

Am 25. August 1967 um 10 Uhr 57 schaltet Willy Brandt auf der Internationalen Funkausstellung in Berlin durch Knopfdruck das Farbfernsehen in Deutschland frei.

Ich bin gern bereit, die Haltung des SPD-Präsidiums zu einem Ihnen geeigneten Zeitpunkt mündlich zu erläutern.

Gleichlautend habe ich an den Vorsitzenden der CSU, Herrn Kollegen Franz-Josef Strauß, geschrieben.
Mit freundlichen Grüßen
Ihr
gez[eichnet]: Brandt
‹Br[andt]›³

Nr. 11
Schreiben des Bundesministers des Auswärtigen, Brandt, an den Bundeskanzler, Kiesinger
28. August 1967¹

AdsD, WBA, A 7, 13.

Sehr geehrter Herr Bundeskanzler!
Der Entwurf einer Notstandsverfassung ist am 10. März 1967 vom Kabinett verabschiedet und im Bundestag am 29. Juni 1967 in erster Lesung behandelt worden. Wie ich höre, wird der Rechtsausschuss als federführender Ausschuss sofort nach der Beendigung der Sommerpause des Bundestages mit den Beratungen beginnen.

Schon in den bisherigen Debatten ist deutlich geworden, daß der Bundestag die baldige Vorlage der bisher noch nicht im Kabinett beratenen sog. einfachen Notstandsgesetze und die Entwürfe über die Abänderung der bereits bestehenden Sicherstellungsgesetze erwartet. Es gibt auch sachliche Notwendigkeiten, dieser Erwartung des Bundestages alsbald zu entsprechen. Über eine Reihe von Einzelvorschriften wie z. B. die Neufassung des Artikel 12 GG kann nicht abschließend beraten werden, wenn nicht gleichzeitig das dazu erforderliche Ausführungsgesetz vorliegt.² Darüber hinaus meine ich, daß das Fehlen eines vollständigen Überblicks über alle gesetzlichen

Regelungen im Rahmen der Notstandsgesetzgebung die ohnehin schon schwierige öffentliche Diskussion zusätzlich und unnötigerweise belasten würde.

Ich halte es deswegen für dringend geboten, daß dem Kabinett sämtliche noch ausstehenden Notstandsgesetzentwürfe zum frühest möglichen Zeitpunkt vorgelegt werden, damit sie den gesetzgebenden Körperschaften unterbreitet werden können. Sollte das bis Anfang Oktober [1967] nicht möglich sein, dann wäre es mindestens notwendig, rechtzeitig einen verbindlichen Terminplan für die Vorlage dieser Gesetze aufzustellen.³

Mit freundlichen Grüßen
Ihr gez[eichnet]: Brandt

Nr. 12
Schreiben des Bundesministers des Auswärtigen und Vorsitzenden der SPD, Brandt, an den Bundeskanzler und Vorsitzenden der CDU, Kiesinger
9. November 1967¹

AdsD, WBA, A 7, 13.

Sehr geehrter Herr Bundeskanzler!
Herr Bundesminister Heck wird Sie von dem Gespräch unterrichtet haben, das er am 7. November [1967] mit Herrn Parlamentarischen Staatssekretär Jahn über Personalfragen geführt hat.² Im Präsidium der SPD besteht ebenso wie im SPD-Fraktionsvorstand erheblicher Unmut über die bisherige Behandlung von Personalfragen im Rahmen der Großen Koalition, soweit der mittelbare Zuständigkeitsbereich der Bundesregierung betroffen ist. Es liegt mir daher daran, Ihnen noch einmal zu zwei Fragen, die gegenwärtig geklärt werden müssen, meine und meiner politischen Freunde Auffassung darzulegen.

Seit Gründung der Bundesanstalt für Arbeitsvermittlung und Arbeitslosenversicherung sind deren Präsidenten namhafte Mitglieder der CDU gewesen. Meine Freunde vertreten die Auffassung, daß es nunmehr an der Zeit sei, einem geeigneten Vorschlag der SPD zu folgen. Auf diesem wichtigen Gebiet hat das entsprechende Ressort in der Bundesregierung mit Herrn Kollegen Katzer eine für die CDU durchaus gewichtige Vertretung gefunden. Für das notwendige enge Zusammenwirken zwischen Regierung und Bundesanstalt wäre es gut, wenn durch die Berufung eines Sozialdemokraten zum Präsidenten der Bundesanstalt eine entsprechend ausgewogene Regelung gefunden würde.

Gleichzeitig wäre dies ein erstes sichtbares Zeichen dafür, daß unsere Mitverantwortung bei der Bewältigung der beiden Koalitionspartnern gemeinsam gestellten Aufgaben über den unmittelbaren Bereich der Regierung hinausreicht.

Durch den Entschluss von Staatssekretär von Hase, den Posten des Intendanten der Deutschen Welle nicht zu übernehmen, stellt sich erneut das Problem der Besetzung dieser Stelle. Es erscheint uns jedoch nicht gerechtfertigt, die Besetzung dieser Stelle mit der Besetzung der Stelle des Präsidenten der Bundesanstalt für Arbeitsvermittlung und Arbeitslosenversicherung in einen Zusammenhang zu bringen. Bekanntlich besteht seit Jahren der unbefriedigende Zustand, daß die Intendantenposten der drei überregionalen Rundfunkanstalten ausschließlich auf Vorschlag der CDU besetzt worden sind. Ein geeigneter sozialdemokratischer Vorschlag für die Besetzung des Postens des Intendanten der Deutschen Welle sollte daher Ihre Unterstützung finden.

Ich wäre dankbar, wenn Sie in beiden Fragen bald eine in diesem Sinne positive Entscheidung des Präsidiums der CDU herbeiführen könnten.[3] Dies käme sicherlich der Zusammenarbeit in der Koalition zugute.

Auch über die Besetzung anderer bedeutsamer Positionen, die demnächst zu besetzen sein werden – Bundesbank, BND –, sollte möglichst bald Einvernehmen erzielt werden.

Mit freundlichen Grüßen

Ihr ‹gez[eichnet]: Brandt›[4]

Nr. 13
Aus den Ausführungen des Vorsitzenden der SPD, Brandt, auf der gemeinsamen Sitzung von Parteirat, Parteivorstand und Kontrollkommission der SPD
13. November 1967[1]

AdsD, SPD-Parteivorstand, PV-Protokolle.

[...] Ich glaube aber, ich sollte eine Geschichte noch hinzufügen, liebe Genossen.[2] Man wird, man wurde nicht nur auf den Konferenzen gefragt, sondern gerade aus dem Kreise derer, die hier sind, ist in den verschiedenen Bezirken natürlich in den letzten Wochen und Monaten auch immer noch einmal die Frage aufgeworfen worden, was wird aus dem Wahlrecht? Und da möchte ich kurz sagen, wie der Stand der Dinge ist. Ihr könnt Euch daran erinnern, daß diejenigen, die von der einen und der anderen Seite, von der Union und von uns, die Verhandlungen über die Bildung der Großen Koalition geführt haben und dafür die Zustimmung der Gremien gefunden haben, daß sie vereinbart hatten, in das Regierungsprogramm, d. h. in die Regierungserklärung vom 13. Dezember vergangenen Jahres, zweierlei einzuführen. 1.) Regierungsinitiative zugunsten eines Mehrheitswahlrechts, wobei unsere Seite klargemacht hat, daß wir weder als Verhandlungsführer noch als Regierungsmitglieder die Entscheidung der Sozialdemokratischen Bundestagsfraktion präjudizieren konnten und können und daß es, jedenfalls was die SPD angeht, eines Bundesparteitages bedürfen würde, wenn über die Frage einer grundsätzlichen Änderung des Wahlrechts zu entscheiden ist. 2.) Es hat auch seinen Niederschlag in der Regierungserklärung gefunden, unsere Bereitschaft zu prüfen, prüfen zu lassen, ob sich schon für die Wahl [19]69, für den anderen Komplex war der Gedanke wirkend ab [19]73, ob sich schon für [19]69 ein Übergangswahlrecht finden lasse, und jetzt zitiere ich nicht wörtlich die Regierungserklärung – aber sinngemäß –, in das Übergangswahlrecht nämlich mehrheitsbildende Elemente eingeführt werden könnten.[3] Was diesen zweiten

Punkt angeht, so ist in den vergangenen 11 Monaten – jedenfalls bis auf den heutigen Tag – nicht[s] Überzeugendes auf den Tisch gekommen. Kiesinger und ich waren schon im Spätsommer darin einig und haben es auch unabhängig voneinander gesagt, daß wir dieses Thema nicht mehr für aktuell halten. Aber das eigentliche Thema bleibt. Und da sieht es ja so aus, und das ist, glaube ich, wichtig zu wissen für die innerparteiliche Ordnung, wie immer man die Sache selbst beurteilt, es ist ausgeschlossen, daß dieses Thema den Parteitag in Nürnberg befassen kann, d. h., es ist ‹niemand›[4] unbenommen, von sich aus dazu Initiativen zu ergreifen aus der Partei. Aber im Sinne des Dortmunder Beschlusses könnte sich ein Parteitag mit dieser Materie erst befassen, nachdem es eine Vorlage gibt. Und nachdem die Kommission, die die Partei selbst eingesetzt hat, dazu ihre Meinung gesagt, dazu ihre Empfehlungen gegeben hat.[5] Das kann man heute schon mit absoluter Sicherheit sagen. Dies ist bis zum Parteitag und für den Parteitag in Nürnberg nicht möglich. Das heißt, wenn gleichwohl durch eine Regierungsinitiative das Thema in den nächsten Monaten auf den Tisch kommt, dann wird daraus folgern, daß sich ein besonders zu diesem Zweck einberufener Parteitag irgendwann in der zweiten Hälfte des Jahres 1968 mit der Materie zu befassen haben würde. Das, liebe Genossen, wollte ich zu diesem Punkt sagen einfach von der Prozedur her, weil es ja ein Punkt ist, von großer Bedeutung, ob man bei dem, im Kern, im Wesen bei dem Verhältniswahlrecht bleibt, wie es in Deutschland nach den beiden Weltkriegen eingeführt oder durchgesetzt wurde, oder ob man zum relativen Mehrheitswahlrecht übergehen soll, wie es vor allem in der angelsächsischen Welt bekannt ist. Als meine Meinung werde ich heute nachmittag sagen, daß – und ich sage es insbesondere, nachdem das Präsidium der CDU erst in den letzten Tagen wieder von einem mehrheitsbildenden Wahlrecht gesprochen hat –, ich sage als meine Meinung, daß ich überzeugt bin, daß, wenn sich eine Alternative für die SPD stellt, dann kann sie sich nur stellen im Sinne Verhältniswahlrecht oder unverfälschtes relatives Mehrheitswahlrecht, d. h., gewählt ist, wer jeweils in einem Wahlkreis die meisten Stimmen hat. Schönen Dank.

Nr. 14
Aus den hs. Notizen des Vorsitzenden der SPD, Brandt, für die Rede auf dem Landesparteitag der SPD Baden-Württemberg in Ravensburg
3. Februar 1968[1]

AdsD, WBA, A 7, 18.

[...]
FDP: Diese Partei hat in Freiburg einen neuen Vorsitzenden gewählt, einen Mann, dem ich persönlich große Hochachtung entgegenbringe.[2]

Das gilt nicht nur für eine Person. Es gilt auch für manches, was in der FDP zur Sache gesagt und vertreten wird.

Wenn so widersprechende Gruppen zusammen sind, kann es allerdings nicht leicht sein, einen polit[ischen] Kurs zu bestimmen. In Freiburg ist denn auch mancher alte Wein in neue Schläuche getan worden.

Auf Abstand konnte man den Eindruck gewinnen, die neue Politik der Liberalität habe sich als eine Politik der Professoralität dargestellt.[3]

Die Freien Demokraten müssen selbst wissen, welchen Weg sie gehen wollen. Wir wissen, dass das liberale Gedankengut – in Anpassung an die Notwendigkeiten dieser Zeit – in der Sozialdemokratie längst eine legitime Heimstatt gefunden hat.

Die SPD ist die soziale + zugleich die freiheitliche + fortschrittliche Partei des Volkes in uns[erem] Land.

Das ist dann allerdings etwas, was man immer wieder neu werden muss.

[...]

Nr. 15
Aus dem Interview des Bundesministers des Auswärtigen, Brandt, für *Quick*
26. April 1968[1]

SPD Pressemitteilungen und Informationen, Nr. 198/68 vom 26. April 1968.

Frage: Nach den Ausschreitungen der letzten Zeit bei Studenten-Demonstrationen haben sich Politiker mehrfach geäußert und eingeräumt, daß von den Parteien und von der Regierung Versäumnisse vorliegen.[2] Können Sie konkret sagen, was versäumt worden ist?
Antwort: Nun, es geht wohl zunächst darum, daß wir uns nicht genügend Zeit genommen haben, um der Kritik aus den Reihen der jungen Generation nachzugehen. Zum anderen ist der Wille zu gesellschaftlichen Reformen nicht deutlich genug geworden. Dabei geht es nicht nur, aber auch um die Hochschulreform.
Frage: Ihr Parteifreund und Amtsnachfolger in Berlin, Herr Albertz, hat mit seiner spontanen und pauschalen Rechtfertigung der Polizeimaßnahmen nach den Schah-Demonstrationen erhebliche Kritik ausgelöst. In den letzten Tagen bemüht sich Herr Albertz sehr ernsthaft, mit der außerparlamentarischen Opposition ins Gespräch zu kommen und einen neuen Anfang zu machen.[3] Ist die Verhaltensweise von Herrn Albertz die Folge einer neuen Einstellung zur außerparlamentarischen Opposition bei der SPD?
Antwort: Nein, so ist das ja nun auch wieder nicht. Heinrich Albertz hat sich für seine Person, nicht für seine Partei geäußert. Im übrigen hat die SPD als erste der parlamentarischen Parteien im vergangenen Frühsommer den Dialog mit Vertretern der gesamten Studentenschaft aufgenommen. Die jüngsten Ereignisse unterstreichen die Notwendigkeit, solche Gespräche in Zukunft verstärkt fortzusetzen. Meine Freunde und ich sind nach wie vor zum Gespräch mit jedem bereit, der zum Grundgesetz der Bundesrepublik Deutschland steht und die Rechtsordnung unverletzt gewahrt wissen will. Natürlich

haben die Ereignisse von Ostern die Situation nicht erleichtert. Aber gewiß müssen wir gerade jetzt eine Gesprächsbasis finden. Demokratie heißt: einander zuhören können, miteinander zu sprechen, Meinungen auszutauschen, Argumente aneinander und an den Tatsachen zu messen. Zu Gewalt, Terror und Provokation aber gibt es nur ein unerbittliches Nein!
Frage: Ist es richtig, daß durch die Haltung verschiedener Politiker in der Vergangenheit der außerparlamentarischen Opposition generell das Odium der Illegalität verliehen worden ist und sich hier ein Prozeß des Umdenkens eingeleitet hat?
Antwort: Ich habe nie behauptet, daß eine außerparlamentarische Opposition als solche illegal wäre. Eine Grenze allerdings gibt es: nämlich dort, wo aus einer außerparlamentarischen Opposition eine antiparlamentarische und antidemokratische Opposition zu werden droht.[4] Ich wiederhole: Wir müssen zum Gespräch mit jedem bereit sein, der auf dem Boden unseres Grundgesetzes steht und Gewalttätigkeiten als Mittel der politischen Auseinandersetzung ablehnt. Wer sich aber der Gewalt bedienen will, wer bewußt die Rechte anderer verletzt und wer offen erklärt, daß es sein Ziel ist, unsere freiheitliche demokratische Grundordnung zu beseitigen, mit dem wird sich nicht sinnvoll diskutieren lassen.
Frage: Nach dem Zusammenbruch hat es sehr lange gedauert, bis sich die junge Generation politisch engagierte. Worin sehen Sie den Grund, daß dies gerade jetzt und so intensiv geschieht? Unsere Demokratie ist wohl im Augenblick nicht schlechter als vor zwei Jahren.
Antwort: Nach dem Zusammenbruch waren wir alle zunächst einmal damit beschäftigt, die Trümmer beiseite zu räumen und einen neuen Anfang zu machen. Das war ein schweres Stück Arbeit. Daß sie geleistet werden konnte, dazu haben alle in unserem Volk beigetragen. Das hat viel Mühe gekostet. Die neue Generation, die jetzt heranwächst, weiß von alledem aus eigener direkter Erfahrung so gut wie nichts. Vielleicht verfällt sie deshalb zuweilen in den Fehler, diese große Aufbauleistung zu übersehen oder gering zu schätzen.

Wir messen das, was ist, an dem, was war. Die neue Generation mißt das, was ist, an dem, was sein könnte. Daraus ergeben sich unterschiedliche Betrachtungen. Aber das ist nicht schädlich. Im Gegenteil, wir Älteren brauchen die Herausforderung durch die neuen Fragen, Zweifel, Erwartungen und Forderungen aus den Reihen der jungen Generation.

Natürlich darf die Aufbauleistung für uns kein Grund sein, jetzt die Hände in den Schoß zu legen, aber man muß jungen Leuten auch sagen dürfen, daß sie über all das nicht einfach hinwegsehen dürfen, als wäre es gar nichts. Natürlich ist unsere Demokratie nicht schlechter als etwa vor zwei Jahren. Es hat auf deutschem Boden noch nie eine Ordnung gegeben, die so viel freiheitliche Entfaltung möglich machte wie die der Bundesrepublik Deutschland heute. Das ist eine Tatsache, die niemand ernsthaft bestreiten kann. Aber vielleicht ist es auch eine Tatsache, daß manche darüber ein wenig selbstzufrieden geworden sind. Jedenfalls habe ich Verständnis dafür, daß junge Leute das, was wir aufgebaut haben, gerne besser und vollkommener hätten, als es ist. Das kann der Gesellschaft – wenn es ernsthaft begründet und vernünftig vertreten wird – nur nützlich sein.

Frage: Wie begründen Sie die erhebliche Diskrepanz der Auffassungen zwischen den Studenten und ähnlich Gesinnten einerseits und dem sogenannten Establishment andererseits? Ist das eine Generationsfrage?

Antwort: Ich glaube in der Tat, daß das zum größten Teil eine Generationsfrage ist, und zwar eine, die nicht auf Deutschland beschränkt ist. Es steckt darin viel Reaktion auf die Unsicherheit dieser Welt und auf die Erscheinungen der modernen industriellen Zivilisation. Darüber kann und muß man reden, ohne Überheblichkeit von der einen und ohne Besserwisserei von der anderen Seite. Jung sein allein ist kein Verdienst, genauso wenig wie das Alter allein ein Verdienst wäre.

Frage: Halten Sie es für möglich, daß durch die zum Teil noch recht unartikulierten Forderungen der Studentenschaft unsere derzeitige Politik belebt wird?

Antwort: Das glaube ich in der Tat. Wir müssen uns die Fähigkeit bewahren, genau hinzuhören und genau zu prüfen, ob nicht doch manches Beachtung verdient, was Studenten und andere junge Leute vorbringen. Ich unterstreiche: Wir Älteren brauchen die sachliche Herausforderung durch die junge Generation. Man schafft nicht Ruhe, sondern verursacht nur zusätzliche Unsicherheit, wenn man nur nach der Staatsautorität ruft oder wenn man gegen unbequeme Frager primitive Instinkte mobilisiert.

Frage: Werden die Forderungen der Studentenschaft es den Politikern leichter machen, einige „Heilige Kühe" zu schlachten, d. h. Tabus abzubauen?

Antwort: Ungezügelte Demonstrationen und Gewalttätigkeiten bewirken vermutlich das Gegenteil. Mit dem Schlachten der „Heiligen Kühe" ist das übrigens so eine Sache. Man hat zwar im Moment die Fleischtöpfe voll, aber ob die eigentlichen Probleme damit gelöst sind, das ist noch eine andere Frage. Natürlich werden wir ständig unsere Positionen zu überdenken und zu überprüfen haben. Dabei kann die Kritik der Jungen hilfreich sein. Wenn es überlebte Positionen gibt, dann sollten sie überwunden werden. Aber es wird auch Positionen geben, die nur in Frage gestellt werden, weil sie schwierig sind, und die wir im Interesse der Sache gleichwohl halten müssen. Das ist keine immer sehr dankbare Aufgabe. Aber wenn es richtig und notwendig ist, dann muß man das durchstehen, auch wenn einem dabei manchmal der Wind der Ungeduld und des Unverständnisses ins Gesicht bläst.

Frage: Haben Sie es als Vorsitzender der SPD schwerer, sich mit den Studenten-Demonstrationen auseinanderzusetzen, weil Sie als Koalitions-Partner Rücksichten auf überparteiliche Interessen nehmen müssen?

Antwort: Nein, diesen Zusammenhang sehe ich nicht. Es gibt „überparteiliche" Interessen unabhängig davon, ob man in der Regierung ist oder nicht, d. h. Interessen der Verfassung und des demokratischen Staates. Jeder weiß, daß ich Vorsitzender der SPD bin und als solcher auch Mitglied der Bundesregierung. Meine Kollegen und ich vertreten die gemeinsame Regierungspolitik, die wir für richtig halten, mitgestalten und mitverantworten. Wir vertreten unsere eigenen Auffassungen, wo sie von denen der CDU/CSU abweichen. Meine

Partei beansprucht für sich, Politik für das ganze Volk zu machen. Das mag ihr nicht immer gut genug gelingen; aber an dem ehrlichen und ernsthaften Bemühen kann es keinen Zweifel geben.

<u>Frage:</u> In einem Teil der Tagespresse wird forciert von dem Verhaften von Rädelsführern und raschen Reaktionen der Justiz gesprochen. Halten Sie das für die wirksamsten Mittel, dem Radikalismus zu begegnen?

<u>Antwort:</u> Wir wollen bitte nichts verniedlichen. Es hat schreckliche Verirrungen gegeben. Wenn jemand Gesetze bricht, muß er wissen, daß er dafür geradezustehen hat. Der Respekt vor dem Gesetz muß notfalls erzwungen werden. Wer Brände legt, Menschen verletzt oder den Aufruhr organisiert (oder wer, wie im Falle Berlins, an einer Blockade seiner eigenen Stadt mitwirken will), muß dafür zur Rechenschaft gezogen werden. Das gehört zu einem rechtsstaatlichen Gemeinwesen. Aber ich bin gegen Sondergerichte ebenso wie gegen Sonderrechte. Mit dem Ruf nach der Staatsautorität, mit dem Pochen auf Ruhe und Ordnung allein ist es ohnehin nicht getan. Politische Aufgeschlossenheit und geistige Beweglichkeit müssen hinzutreten.

<u>Frage:</u> Bei einigen Ihrer Äußerungen, Herr Außenminister, wurde deutlich, daß für Sie die Studenten-Demonstrationen nicht nur einen politischen Faktor, sondern auch eine rein menschliche Frage darstellen. Worin sehen Sie den Unterschied zwischen dem Überzeugen von Wählern und der Aufgabe, junge Söhne zu überzeugen?[5]

<u>Antwort:</u> Grundsätzlich gibt es da keinen Unterschied.

[...]

Nr. 16
**Aus der Rede des Bundesministers des Auswärtigen, Brandt, vor dem Deutschen Bundestag
30. Mai 1968**[1]

Stenogr. Berichte 5. Deutscher Bundestag, 178. Sitzung, Bd. 67, S. 9625–9631.

Herr Präsident! Meine Damen und Herren! Unsere Bundesrepublik ist nicht souverän in bezug auf Berlin und auf Deutschland als Ganzes. Ich jammere darüber nicht, ich stelle es einfach fest. So ist die Welt, in der wir leben.

Bisher hatten die Alliierten auch noch Rechte, die uns als Untermieter im eigenen Haus erscheinen ließen. Das soll jetzt geändert werden. Unsere Bundesrepublik ist erwachsen genug, um die Ordnung ihrer inneren Angelegenheiten ohne Einschränkung in die eigenen Hände zu nehmen; (Beifall bei den Regierungsparteien) das heißt, auch in eigener Verantwortung die Vorsorge zu regeln für Notfälle, die es hoffentlich nicht geben wird. Die Bundesrepublik gibt sich Vollmachten und begrenzt sie. Wie ein Volljähriger erwirbt sie nicht nur Rechte, sondern übernimmt sie auch Verantwortung.

Verantwortungsbewußtsein und Selbstachtung haben zu dem geführt, worüber heute zu entscheiden ist. Und wir alle miteinander, das Parlament, die Regierung, die Parteien, die gesellschaftlichen Organisationen, die Menschen in diesem Lande haben dafür zu sorgen, daß die Verantwortung für das Recht des einzelnen Bürgers dabei nicht Schaden leidet.

Der Bundestag und die deutsche Öffentlichkeit wissen: An dem Tage, an dem eigene deutsche Gesetze zum Schutze unserer Demokratie in Notzeiten in Kraft treten, erlöschen die Rechte, die sich unsere Alliierten bis dahin vorbehalten haben. So ist es mit ihnen in Art. 5 Abs. 2 des Deutschland-Vertrages vereinbart.[2] Diese Vereinbarung gilt und begründet die Ablösung der alliierten Rechte, die praktisch noch immer auf das Besatzungsstatut zurückgehen.

Diese Vorbehaltsrechte räumen in einem Notstandsfall den Alliierten einen fast unbegrenzten Handlungsspielraum ein. Die uns im Deutschland-Vertrag gegebene Möglichkeit zur Ablösung der Vorbehaltsrechte wird jetzt genutzt. [...]

Wir wissen, meine Damen und Herren, daß manche unserer Mitbürger noch immer fragen, ob denn die Vorsorgegesetze überhaupt nötig seien. Hierzu hat nicht zuletzt der Bundesjustizminister, mein Kollege Dr. Heinemann, wiederholt darauf hingewiesen, daß der Verzicht auf ein im Grundgesetz verankertes Notstandsrecht unweigerlich das Wiederaufleben von Bemühungen um eine außerparlamentarische Notstandsvorsorge der Exekutive zur Folge hätte, die an die Schranken unserer Verfassung nicht gebunden wäre. (Beifall bei den Regierungsparteien.) Wir sollten uns deshalb in dieser Stunde vor Augen führen, wie in der Zeit bis zur Beseitigung der Schubladengesetzentwürfe ein solches Notstandsrecht ausgesehen haben würde, wenn der Notstandsfall hätte ausgerufen werden müssen.[3]

Die drei Alliierten hätten erklärt, sie würden ab sofort wegen einer unmittelbaren Bedrohung ihrer hier stationierten Streitkräfte ihre Rechte gemäß Art. 5 Abs. 2 des Deutschland-Vertrages ausüben. Einen Teil dieser Rechte hätten sie auf die deutschen Behörden übertragen. (Hört! Hört! bei der SPD.) Damit hätten sie der Bundesregierung rechtlich und praktisch ermöglicht, den Ausnahmezustand über das gesamte Gebiet der Bundesrepublik Deutschland zu verhängen. (Hört! Hört! bei der CDU/CSU.) Ein solcher Beschluß der Bundesregierung wäre möglich gewesen, ohne daß Bundestag oder Bundesrat auch nur die Möglichkeit gehabt hätten, sie daran zu hindern. Während des Ausnahmezustandes hätte die Bundesregierung in Ausübung von Besatzungsrecht in weitem Umfang Notverordnungen erlassen können, (Hört! Hört! bei der CDU/CSU.) ohne die durch unsere Verfassung gesetzten Grenzen beachten zu müssen. Nach der Planung hätte sie beispielsweise ohne Mitwirkung des Bundestages die Grundrechte der Meinungs-, Presse- und Informationsfreiheit, die Versammlungsfreiheit, der Freizügigkeit und der Berufsfreiheit über das im Grundgesetz vorgesehene Maß hinaus einschränken können, hätte sie ohne Rücksicht auf Art. 104 Abs. 2 und 3 des Grundgesetzes[4] anordnen können, daß einzelne Bürger für längere Zeit verhaftet werden, und hätte sie Bundeswehr, Bundesgrenzschutz und die Polizei der Länder ohne jede Kontrolle zentral einsetzen können.

Nähere Bestimmungen hätten die zahlreichen Notverordnungen – es waren mehrere Dutzend – gebracht, die ja bekanntlich noch bis November 1967 unter Geheimverschluß in den Schubladen der Bundesregierung und der Länderbehörden, teilweise bis zur Kreisebene, ruhten, um an einem Tage X mit sofortiger Wirkung in Kraft gesetzt zu werden. Ohne den Anschein und die Andeutung einer Polemik mit denjenigen, die unter den seinerzeitigen Voraussetzungen nach diesem Modell arbeiteten und glaubten arbeiten zu müssen, darf ich doch einige Beispiele für den Inhalt solcher Verordnungsentwürfe vortragen:

Erstens. Eine Verordnung sah die Heranziehung, sei es durch Dienstverpflichtungen oder Arbeitsplatzwechselverbot, von Männern und Frauen zum Zivildienst ohne die parlamentarischen und materiell-rechtlichen Sicherungen vor, wie sie jetzt die Art. 12 a, 9 Abs. 3 und 80 a der Notstandsverfassung enthalten.[5]

Zweitens. Es war vorgesehen, das Recht zur Wahl des Aufenthaltsortes einschneidend zu beschränken.

Drittens. Die Presse würde in weitem Umfang einer behördlichen Zensur unterworfen gewesen sein.

Viertens. In einer weiteren Verordnung waren weitreichende Maßnahmen zur Einschränkung der Versammlungs- und Vereinsfreiheit vorgesehen.

Fünftens. Eine Verordnung auf dem arbeitsrechtlichen Sektor befaßte sich mit der Einschränkung der Tarifautonomie bis hin zum allgemeinen Lohnstopp.

Ich will es mit diesen Hinweisen genug sein lassen und sage: So hätte unser Notstands„recht" ausgesehen; ähnlich, dies füge ich in vollem Ernst hinzu, würde es – wenn auch wohl mit Abstrichen – wiederum aussehen, wenn wir uns jetzt nicht dazu durchringen würden, die vorliegende Vorsorgeregelung in unser Grundgesetz aufzunehmen. (Beifall bei den Regierungsparteien.) Der Notstandsfall

darf eben nicht die „Stunde der Exekutive" sein, er muß die Stunde der Bewährung des Parlaments und des mündigen Bürgers sein.
[...]

Die Vorsorge für Notzeiten – das weiß man in Wirklichkeit auch draußen – ist die Pflicht des Hausvaters, der die Verantwortung für die Familie trägt. Niemand wird natürlich sagen können, ob das vorliegende Instrumentarium allen Lagen, die eintreten mögen, gerecht werden kann. Aber niemand wird bestreiten können, daß man es sich im Abwägen des Für und Wider und im Bemühen um rechtliche Sicherungen nicht leicht gemacht hat. Vielleicht kann man sagen, es sei der Versuch gemacht worden, das Unvereinbare zu vereinbaren. Die Erhaltung und Sicherung der Freiheit unter den Bedingungen ihrer extremen Bedrohung und Gefährdung mit freiheitlichen Mitteln ist eine außerordentlich schwere Aufgabe.

Aber nicht in diesem Bemühen liegt eine „deutsche Gefahr", meine Damen und Herren. Wenn es eine „deutsche Gefahr" – nein, heute muß man wohl sagen: europäische Gefahr – gibt, dann liegt sie wieder im Irrationalen und nicht in der soliden Gesetzesarbeit; (Beifall bei den Regierungsparteien.) dann liegt sie wieder im Bereich jener Unwägbarkeiten, denen mit der Vernunft nicht oder nur schwer beizukommen ist. Jedenfalls, die Feuerwehr für ein mögliches Feuer verantwortlich zu machen ist widersinnig. In staatlichen Maßnahmen, die für Notzeiten Vorsorge treffen wollen, ein Mittel und einen Weg zu sehen, der das Verhängnis herbeizwingt, ist nicht minder abwegig.
[...]

Als Stellvertreter des Bundeskanzlers und auch als Vorsitzender der Sozialdemokratischen Partei Deutschlands möchte ich dieses Wort hinzufügen dürfen: Es gibt eine Kritik an der Notstandsgesetzgebung, die ich für reine Demagogie halte. Diese stützt sich in der Bevölkerung zum Teil auf einen Mangel an Vertrautheit mit Tatsachen, und daran sind wir vielleicht nicht immer ganz schuldlos gewesen.

Es gibt zugleich eine andere Kritik, die ich ernst nehme und respektiere. Ich meine zahlreiche Männer unseres geistigen und wissenschaftlichen Lebens, aus denen eine ehrliche Sorge spricht. Manche von ihnen meinen, es könnte sich quer durch die Parteien eine Art „Partei der Ordnung" im Sinne bloßer Beharrung bilden, die alle Unzulänglichkeiten des Bestehenden zementieren und in Versuchung geraten könnte, sich zu diesem Zweck auch der Vorsorgegesetze zu bedienen; eben damit würde sie einen tiefen Bruch im Volk, also einen Notstand hervorrufen.

Aus dieser Argumentation spricht Mißtrauen gegen die demokratische Verläßlichkeit unserer Parteien. Wir haben keinen Grund, dieses Mißtrauen einfach zurückzuweisen. Ich halte es für besser, wenn wir uns nach den Gründen dafür fragen. Darüber hinaus möchte ich jedenfalls für mich selbst sagen dürfen – es gilt zugleich für meine Freunde –: ich bin davon überzeugt, daß jeder auch nur entfernt ausdenkbare Versuch zu einem Mißbrauch der Notstandsgesetze auf unseren leidenschaftlichen Widerstand stoßen würde. (Beifall bei den Regierungsparteien.) Wer einmal mit dem Notstand spielen sollte, um die Freiheit einzuschränken, wird meine Freunde und mich auf den Barrikaden zur Verteidigung der Demokratie finden, und dies ist ganz wörtlich gemeint. (Erneuter Beifall bei den Regierungsparteien.)

So meine ich denn auch, daß viele im Lande wissen sollten, daß man sich auf uns verlassen kann. Sie sollen auch wissen, daß wir uns in Regierung und Parlament, in Parlament und Regierung an das halten, was uns unsere politische Gemeinschaft als ein nach dem Grundgesetz geschaffenes, gebildetes, geformtes Element dieses demokratischen Staatswesens aufträgt. Das gilt für die Einzelfragen, das gilt auch für den Gesamtauftrag, die Beratung der Gesetze so bald wie möglich zum Abschluß zu bringen, damit man sich mit ganzer Kraft für eine Politik des Friedens, der Entspannung, der sozialen Sicherheit und der Gerechtigkeit einsetzen kann.

Wir sind, meine sehr verehrten Damen und Herren, Zeugen einer erregenden, manchmal anstrengenden Unruhe der jungen Generation, die inzwischen über alle nationalen Grenzen hinausgewachsen ist. Sie findet in jedem Land andere Anlässe des Protestes. Zum Teil ist sie von dem Aufbegehren gegen das Gefühl getragen, der einzelne Mensch könnte zum manipulierten Rädchen in einer alles beherrschenden Technisierung unserer Welt werden. Sie lehnt ab, sich von Erfahrungen leiten zu lassen, die für sie Geschichte sind. Sie sucht nach Maßstäben und Werten, die über Wohlstandskategorien hinausgehen. Sie möchte Technik in den Dienst ihres noch unformulierten Willens stellen.

Ich sympathisiere mit dieser Strömung in der jungen Generation. Das weiß man. Ich wünsche, daß sie ihren Idealen näherkommen möge, als andere imstande waren, im Laufe jüngerer deutscher Geschichte die Ideale ihrer Jugend zu verwirklichen. Aber jedenfalls können wir doch sicher unbestreitbar feststellen – ich sage auch dies noch besonders nach Osten –, daß die junge Generation in Deutschland mit allem, was in ihr sich rührt, nicht wesentlich anders reagiert als die Jugend anderer Länder auch. In dieser Beziehung gibt es keine Isolierung, und das ist immerhin noch gut so.

Die demokratische Empfindlichkeit vieler in unserem Volk hat sich als leicht ansprechbar erwiesen. Das ist auch gut. Doch gehöre ich zu denen, die meinen, daß wir uns fragen müssen, was in unserem Staat nicht stimmt, noch nicht stimmt, wenn zuweilen ganze Gruppen von tiefem Mißtrauen erfüllt sind, wenn man dem Wort des anderen nicht mehr glaubt, wenn alle allen alles oder viele vielen vieles zutrauen. Ich deutete es aus meiner Sicht der Dinge schon an: der Angelpunkt vielen Streites, der um diesen Komplex bis zur Erschöpfung geführt worden ist, heißt Mißtrauen. Das ist gar nicht so verwunderlich. Denn wir Deutsche tragen nun einmal an der Last einer Geschichte, die uns schwere Prüfungen auferlegt hat, aber im tiefsten Sinne nicht Vergangenheit geworden ist. Nach zwei Geschichtskatastrophen im Laufe eines halben Jahrhunderts sind wir allzumal gebrannte Kinder. Erinnerungen verfolgen und quälen uns. Wir sind von den Ereignissen zu tief geprägt, als daß wir Vergangenes ganz vergangen sein lassen könnten. So kommt es – auch bei dem, was uns hier bis in die letzten Stunden miteinander beschäftigt hat –, daß düstere Schatten des Schlimmen und Bösen auf uns lasten, daß wir Tabus und Traumata mit uns herumtragen. Wir geben uns redliche Mühe, die Wiederkehr dessen, was so verhängnisvoll war, zu vermeiden, und lassen uns dabei zuweilen den Blick für nüchterne Realitäten trüben. Wir sind in unserem Denken und Handeln eingeengt, nicht immer wirklich frei. Es fehlt oft das rechte Augenmaß. Wäre es anders, hätten diese Vorsorgegesetze nicht so viele Emotionen auslösen können.

Beinahe fragt man sich, wie man noch überzeugen soll, wo nicht mehr, wo längst nicht mehr zugehört wird. (Sehr wahr! bei der SPD.) Wie soll denjenigen, die zu ihrer Verantwortung stehen, geglaubt werden, wenn der Buchstabe des Gesetzes die nachweisbare Verbindlichkeit des Schwarz auf Weiß verliert? Wir sollten freilich auch nicht die Frage überhören – sie anderen und uns selbst stellen –, ob in den zurückliegenden Jahren die Grundsätze der Machtkontrolle und der Wahrhaftigkeit in staatlichen Angelegenheiten hoch genug gehalten worden sind, um Schule machen zu können.

Wie wir alle habe ich in diesen Tagen viele Briefe bekommen. Ich habe sie so ernst genommen, wie sie gemeint waren, und dabei auch wieder einiges hinzugelernt. Tief berührt haben mich folgende Zeilen aus einem der Briefe – ich zitiere wörtlich diesen Satz; und nicht irgend jemand hat ihn geschrieben –: „Immerhin bin ich nicht durch Deutsche von den Nazis befreit worden, sondern durch Amerikaner und Engländer, und in diesem Sinne bleibe ich ganz und gar 1945er."[6]

Dies und anderes hat mich nicht nur bewegt, erschüttert, sondern auch in der Überzeugung bestärkt, daß vieles doch noch notleidend ist im Verhältnis zwischen Staat und Teilen der geistigen Schichten, wohl auch der jungen Generation, wohl auch der Arbeiterschaft. Ich fürchte wirklich, daß uns weder die Bewältigung der Vergangenheit noch die Vorbereitung auf die Zukunft schon gut genug gelungen ist. Aber jetzt geht es, so meine ich, um die nüchterne und notwendige Aufgabe des Tages. Um die endgültige Fassung der vorliegenden Gesetzestexte ist lange genug gerungen worden. Anhörungen und Debatten haben einen Ausgleich herbeigeführt, der unter den gegebenen Umständen wohl nicht anders aussehen konnte. In diesem Stadium hat es gewiß keinen Sinn, noch einmal von vorn anzufangen. Da gibt es manchen, der sich auch einen anderen Ansatz und andere Teillösungen hätte vorstellen können. Gewisse Risiken lassen sich ohnehin nicht ausdiskutieren. Aber ich denke, wir sollten uns und anderen klarmachen: ein gewisses Risiko gehört zum Wesen der Demokratie. (Beifall bei den Regierungsparteien.) Das Risiko nämlich, daß im entscheidenden Augenblick Demokraten dasein müssen, die Verantwortung tragen. (Erneuter Beifall bei den Regierungsparteien.) Hier geht es um die letzte Verantwortung jedes einzelnen unserer Bürger für die Bewahrung der Demokratie.

Ein gewisser Unwille in Teilen unserer Bevölkerung über das, was sich in der Vorstellung des Einzelnen mit dem Begriff „Notstand" verbindet, wird gewiß auch nach der Verabschiedung der Gesetze nicht von heute auf morgen verschwinden. Es gibt nun einmal Kräfte in unserem Land, die ein Interesse daran haben, den Unwillen am Leben zu erhalten und womöglich noch zu intensivieren. (Zustimmung in der Mitte.) Für sie ist das Thema „Notstand" nur ein Vorwand zur Unruhe. (Beifall bei den Regierungsparteien.) Es gibt andere, die es ernst meinen – einige habe ich schon erwähnt – und von denen wir uns nicht trennen lassen dürfen.

Der Deutsche Gewerkschaftsbund und die einzelnen Gewerkschaften haben im Laufe der jungen Geschichte dieser Bundesrepublik zahlreiche Beweise für demokratisches Verantwortungsbewußtsein erbracht. (Beifall bei der SPD und bei Abgeordneten in der Mitte.) In der Haltung der Gewerkschaften und der meisten Gewerkschafter zur Vorsorgegesetzgebung hat man das demokratische Verantwortungsgefühl nie überhören können.[7] Es ist hart debattiert worden, aber am Schluß steht für meine Begriffe die Erkenntnis, daß Parlament, Bundesregierung, demokratische Parteien und mit ihnen die Gewerkschaften die gleiche Ordnung und die gleichen Werte verteidigen und die gleichen Gefahren abwenden wollen. (Beifall bei den Regierungsparteien.)

Der Deutsche Gewerkschaftsbund hat in den abschließenden Gesprächen mit den Vertretern der Bundesregierung und der im Bundestag vertretenen Parteien eine Warnung anklingen lassen, die wir alle nicht überhören sollten. Er hat davor gewarnt, die mit diesem Gesetzeswerk eröffneten Möglichkeiten zu mißbrauchen, und sei es nur durch bürokratischen Übereifer. (Sehr gut! bei der SPD.) Darin liegt kein Mißtrauen gegen diesen Bundestag und diese Bundesregierung. Ich bin überzeugt, es ist keiner unter uns, der nicht ebenso wie die Gewerkschaften entschlossen ist, gegen einen denkbaren künftigen Mißbrauch von Gesetzen energisch Widerstand zu leisten. In diesem Willen können sich, wenn einmal die Entscheidung nun gefallen sein wird, alle treffen, denen die Erhaltung unserer parlamentarisch-demokratischen Ordnung am Herzen liegt.

Jene, die jetzt noch enttäuscht oder empört abseits stehen, werden sich davon überzeugen können, daß das Ende der deutschen Demokratie hier nicht eingeläutet wurde. Die deutsche Demokratie wird mit den Vorsorgegesetzen nicht nur leben, sondern sich auch kräftig weiterentwickeln, besser vorbereitet auf mögliche Gefahren. Den Beweis hierfür kann allein die weitere Entwicklung liefern. Das wird um so eher gelingen, je deutlicher wir zeigen: durch das Inkraftsetzen der Notstandsverfassung und der Vorsorgegesetze ändert sich in der deutschen Innenpolitik und in der deutschen Außenpolitik im Grunde nicht das geringste. Nur werden wir diese Politik künftig als ein Staat führen, der erwachsener, verantwortlicher geworden ist und der hoffentlich auch noch glaubwürdiger werden kann. (Beifall bei den Regierungsparteien.)

Einmal verabschiedet, werden die hier vorliegenden Gesetze ruhen. Die darüber geführte Debatte wird dann zu Ende sein. Keiner der Bürger dieses Landes wird zu spüren bekommen, daß sich an diesem Staat und in diesem Staat irgend etwas geändert hat. Und doch ist unabhängig davon vieles in Bewegung, Erfreuliches und Bedenkliches, Aufrüttelndes und Gefährliches zugleich.
[...]

Um die Vorsorgegesetze ist ein Kampf geführt worden, der Respekt verdient. Für Notzeiten, die hoffentlich niemals eintreten, ist das Menschenmögliche getan. Mein bescheidenes Votum, mein Rat an dieses Hohe Haus wäre nun, an die Arbeit zu gehen, um diesen Staat so zu gestalten, daß er der Mitarbeit aller seiner Bürger sicher sein kann. (Anhaltender Beifall bei den Regierungsparteien.)

Nr. 17
Schreiben des Vorsitzenden der SPD, Brandt, an den Bundeskanzler, Kiesinger
6. Juni 1968

AdsD, WBA, A 7, 13.

Sehr geehrter Herr Bundeskanzler,
als Vorsitzender der SPD, die in dieser Bundesregierung die Verantwortung mitträgt, gehe ich von der Voraussetzung aus, daß sich die Große Koalition in der noch verbleibenden Zeit bis zum Ende der Legislaturperiode über einige wichtige Fragen einigt und unverzüglich zu konkreten Ergebnissen kommt. Dabei erscheinen mir folgende Aufgaben von besonderer Bedeutung:[1]

Die BRD darf in ihrer Ostpolitik nicht erlahmen. Das Thema der europäischen Sicherheit gewinnt dabei an zunehmender Bedeutung. Es hat positive und negative Aspekte für die Interessen der BRD. Die Bundesregierung braucht dazu eine Politik, die unsere Interessen in die allgemeinen Bemühungen zur Entspannung zwischen Ost und West einordnet und uns befähigt, eigene Vorschläge auch auf dem Gebiet der Rüstungsbegrenzung und Abrüstung zu machen.

Die Finanzverfassungsreform und die Gemeindefinanzreform müssen von Bundestag und Bundesrat bis Ende des Jahres verabschiedet werden. Dazu bedarf es der Vorlage der Ausführungsgesetze zu den Gemeinschaftsaufgaben und zur Konkretisierung der Gemeindefinanzreform, einschließlich der Erweiterung der Kompetenz des Bundes bei der konkurrierenden Gesetzgebung auf den Gebieten des Krankenhauswesens, der Hochschulkosten und der Ausbildungsförderung.[2] Um die einheitliche Finanzplanung von Bund, Ländern und Gemeinden für die Zukunft zu ermöglichen und zu sichern, muß die bereits eingebrachte Haushaltsreform im Bundestag bis Ende des Jahres verabschiedet werden.

Auf dem Gebiet der Verkehrspolitik erwartet die SPD, daß der Koalitionspartner in dem für den 18. Juni [1968] vorgesehenen Gespräch Entscheidungen auf der Grundlage des Verkehrspolitischen Programms der Bundesregierung ermöglicht. Die SPD betont erneut, daß sie in der Neuordnung der Verkehrspolitik eine wesentliche Aufgabe der Bundesregierung sieht. In diesem Zusammenhang ist zu unterstreichen, daß die mittelfristige Finanzplanung des Bundes die Priorität des Verkehrswegebaues sicherzustellen hat.

Die Bundesregierung hat seit ihrer Bildung den Standpunkt vertreten, daß die Ausweitung des innerdeutschen Handels und die Erhaltung der Zugehörigkeit Berlins wichtige Bestandteile der Deutschlandpolitik sind. Angesichts der Schwierigkeiten, organisatorische Maßnahmen zur Verstärkung der innerdeutschen Kontakte durchzusetzen, sollte die Bundesregierung in den kommenden Monaten der Frage des innerdeutschen Handels besonderes Gewicht verleihen. Die Zielvorstellungen des Jahreswirtschaftsberichts werden sich nur erreichen lassen, wenn bald einige konkrete Entscheidungen getroffen werden. Hierzu gehören u. a. eine Ausweitung des Swings[3] bei gleichzeitiger Aufhebung des Saldierungszwangs und eine positive Entscheidung über den Mineralölsteuerausgleich, der bei 120 Mio. DM angesetzt werden sollte.

Die in der Regierungserklärung vorgetragene Prüfung der Frage, wie die Wirtschaft Berlins gefestigt werden könne, hat zu dem Ergebnis geführt, daß das Berlin-Hilfe-Gesetz beschleunigt verabschiedet werden muß.

Die Bundesregierung hat die Deutschland- und Berlinpolitik immer in den Zusammenhang einer ostpolitischen Gesamtkonzeption gestellt. Dabei gewinnt die Frage des Osthandels immer größere Bedeutung. Hier muß auch im Rahmen der gemeinsamen Handelspolitik der Europäischen Gemeinschaften das besondere Interesse der Bundesrepublik an den Entwicklungen in Osteuropa zum Tragen kommen.

In der Wirtschaftspolitik müssen die Anstrengungen der Regierung durch konkrete strukturpolitische Maßnahmen gekennzeichnet sein. Die Bundesregierung hat im Bereich der sektoralen Strukturpolitik auch gemeinsame Anstrengungen mit befreundeten Staaten zur Schließung technologischer Lücken unternommen. Im übrigen werden Forschung und Entwicklung durch zusätzliche Maßnahmen zu fördern sein, wobei eine zehnprozentige Investitionsprämie für Forschung und Entwicklung zur Diskussion gestellt werden sollte.

Im Rahmen der regionalen Strukturpolitik sollte in Ergänzung zu den Programmen für Ruhr und Saar sowie für die Bundesausbaugebiete eine besondere Investitionsprämie für das Zonenrandgebiet geschaffen werden. Der Finanzierungsbeitrag für die bereits vorgeschlagenen Programme muß mit etwa 100 Mio. DM p.a. angesetzt werden, wenn es nicht gelingt, einen Teil des Betrages über Mittel der Bundesanstalt für Arbeitslosenversicherung zu finanzieren. Für die Investitionsprämie des Zonenrandgebietes, die etwa entsprechend dem § 32 des Kohleanpassungsgesetzes zu konzipieren wäre, müßten nach vorläufiger Schätzung ca. 50 Mio DM p.a. angesetzt werden.[4]

Ein besonderes Strukturproblem stellt die Frage der Pressekonzentration dar. Kabinett und Bundestag müssen unmittelbar nach der Sommerpause den Bericht der Günther-Kommission[5] diskutieren, damit, soweit erforderlich, noch in dieser Legislaturperiode entsprechende Maßnahmen zur Sicherung der Pressefreiheit getroffen werden können.

Wettbewerbspolitische Probleme schließlich sind mit der Kartellrechtsnovelle, insbesondere mit der Abschaffung der Preisbindung der zweiten Hand, verbunden, für die sich die Bundesregierung in ihrer Stellungnahme zum Bericht des Bundeskartellamtes im April 1967 ausdrücklich bekannt hat. Die Kabinettsvorlage des Bundeswirtschaftsministers muß umgehend verabschiedet werden, damit die Bundesregierung hier ihre Erklärung noch in dieser Legislaturperiode einlösen kann.

Steuerumwandlungsgesetz und Publizitätsgesetz müssen noch in dieser Legislaturperiode verabschiedet werden.

Angesichts des Bekenntnisses der Bundesregierung zu einer vorrangig auf Investitionen ausgerichteten Haushalts- und Wirtschaftspolitik muß es als vordringliche Aufgabe angesehen werden, noch in dieser Legislaturperiode einen weiteren Schritt zugunsten der Vermögensbildung in Arbeitnehmerhand zu tun. Die politische und soziale Krisenfestigkeit in unserem Land wird davon abhängen, ob es gelingt, für eine nach vorn gerichtete Investitionspolitik auch die Arbeitnehmer zu gewinnen. Dies wird nur gelingen, wenn eine entsprechende Konzeption für die Vermögensbildung erarbeitet wird; Unternehmerverbände und Gewerkschaften stehen gemeinsam mit Vertretern der zuständigen Ressorts im Gespräch über verschiedene Alternativen. Bis zum 1. September dieses Jahres sollte deswegen ein kabinettsreifer Entwurf vorgelegt werden.

Die Bundesregierung muß in den EWG-Verhandlungen an dem Konzept der Plafondierung der Kosten und einer gerechteren Verteilung der Lasten festhalten. Aus diesem Grunde ist es unerläßlich, daß noch vor der Sommerpause vom BML ein langfristiges Konzept zur Agrarpolitik der Bundesrepublik vorgelegt wird, in dem sektorale, regionale und europapolitische Überlegungen miteinander verschmolzen werden.

Nachdem jetzt das politische Strafrecht erneuert ist, erwartet die SPD, daß die Reform des Strafrechts insgesamt noch in dieser Legislaturperiode so zügig weitergeführt wird, daß der Bundestag ein neues Strafgesetzbuch beschließt, das zumindest in seinen entscheidenden Teilen reformiert ist.

Außerdem muß das Städtebauförderungsgesetz, durch das die notwendige Ergänzung zur Wohnungsbauförderung geschaffen werden muß, um einen sonst drohenden Niedergang der Bauwirtschaft zu verhindern und um die Aufgabe der Stadterneuerung in Angriff nehmen zu können, vorgelegt werden.

Die angeführten Gesetzgebungsvorhaben müssen in die mittelfristige Finanzplanung einbezogen werden.
Mit vorzüglicher Hochachtung
‹Ihr
Willy Brandt›[6]

Nr. 18
Schreiben des Bundesministers des Auswärtigen, Brandt, an den Bundeskanzler, Kiesinger
22. Juli 1968[1]

AdsD, WBA, A 7, 13.

Sehr geehrter Herr Bundeskanzler!
Wir haben kürzlich erneut über die ernsten Belastungen gesprochen, denen unser Staat international bei Wahlerfolgen der NPD ausgesetzt ist. Ich berichtete Ihnen über die freundschaftlichen aber ernsten Warnungen, die Dean Rusk und andere westliche Aussenminister ausgesprochen haben. Dass die sowjetische Seite von dieser Seite her ein Interventionsrecht zu begründen versucht, ist unverkennbar.[2]

Meine Meinung war, dass – gestützt auf die neonazistischen Elemente in der NPD – rechtzeitig eine Klage auf Feststellung der Verfassungswidrigkeit hätte eingebracht werden sollen. Das zuständige Bundesministerium des Innern hat sich dazu nicht entschließen können.[3] Die Erfolgsaussichten wären heute vermutlich geringer als noch vor einem Jahr. Trotzdem möchte ich sagen, die Entscheidung über eine Klage müsste von der Überzeugung der Regierung, nicht von Vermutungen über den Ausgang des Prozesses, ausgehen.

Ob der Einzug der NPD in den Bundestag 1969 durch ein neues Wahlgesetz verhindert werden kann, lässt sich noch nicht sagen.[4]

Mir will jedoch scheinen, dass unabhängig von den eben erwähnten Fragen eine Anstrengung unternommen werden müßte, den Machenschaften der NPD politisch zu begegnen. Es muss einem gewissen Fatalismus entgegengetreten werden. Auch für die Wirkung im Ausland wird es von Bedeutung sein, wenn die Prozentanteile für die NPD herunter- statt heraufgehen.

Ein unmittelbares Aufgreifen der Propaganda der NPD dürfte wenig erfolgversprechend und eher geeignet sein, dieser zusätzliche Beachtung in der öffentlichen Diskussion zu verschaffen. Ich halte es für erfolgversprechender, die Auseinandersetzung auf folgende Weise zu führen:

1.) Es sollte festgestellt werden, welche Argumente bzw. Propagandathesen der NPD den stärksten Eindruck auf Wähler machen. Das müsste durch eine demoskopische Untersuchung geklärt werden können.

2.) Aufgrund der dabei gewonnenen Erkenntnisse sollte dann eine positive Darstellung der politischen Fragen, die sich bei der Untersuchung herausstellen, durch die Bundesregierung aufgenommen werden. Der Verzerrung und Entstellung durch die NPD-Propaganda sollte also nicht durch eine Art Erwiderung oder Gegendarstellung begegnet werden. Vielmehr müßte durch verstärkte werbende Sachdarstellung der in diesem Sinne strittigen Punkte durch die Bundesregierung eine klare Unterrichtung der Bevölkerung entgegengehalten werden. Dies wäre eine Aufgabe, für die erforderlichenfalls zusätzliche Mittel zur Verfügung gestellt werden müssten.

3.) Darüber hinaus sollten die Ergebnisse der Untersuchung wie die daraus gewonnenen Erkenntnisse den im Bundestag vertretenen Parteien zugänglich gemacht werden, verbunden mit der Aufforderung, sich an einer entsprechenden politischen Arbeit zu beteiligen.

Diese Überlegung geht davon aus, dass eine systematische politische Arbeit eingeleitet werden muss. Eine baldige Entscheidung, die eine möglichst frühzeitige Aufnahme der entsprechenden Arbeiten ermöglicht, ist notwendig. Ich schlage vor, das Bundespresse- und Informationsamt wird beauftragt, die unter Ziffer 1.) angegebene Untersuchung zu veranlassen, binnen zwei Monaten die Ergebnisse vorzulegen und zugleich Vorschläge für die erforderlichen weiteren Schritte damit zu verbinden.

Unabhängig davon sollten unsere Parteien prüfen, was sie schon bei den Kommunalwahlen im Herbst dieses Jahres tun können, um den vermuteten Anteil der NPD an den Wählerstimmen herunterzudrücken.

Mit freundlichen Grüßen
gez[eichnet]: Brandt
‹Br[andt]›[5]

Nr. 19
Schreiben des Bundesministers des Auswärtigen, Brandt, an den Bundeskanzler, Kiesinger
13. November 1968[1]

AdsD, WBA, A 7, 13.

Sehr geehrter Herr Bundeskanzler,
für Ihren Brief vom 19. Oktober [1968] zur Frage der Wahlrechtsreform danke ich Ihnen.[2]

Ich darf zunächst noch einmal zur Gesamtproblematik festhalten: Im Rahmen der Koalitionsverhandlungen 1966 waren wir übereingekommen, „ein neues Wahlrecht grundgesetzlich zu verankern, das für künftige Wahlen nach 1969 klare Mehrheiten ermöglicht. Die Möglichkeit für ein Übergangswahlrecht für die Bundestagswahl 1969 sollte geprüft werden."[3]

Am 11. Januar 1968 haben wir auf Grund des Berichts des Herrn Bundesministers der Justiz übereinstimmend festgestellt, daß es aus rechtlichen Gründen nicht möglich ist, ein Übergangswahlrecht für 1969 zu schaffen.[4] Damit war die Frage einer Wahlrechtsänderung noch für die Wahl 1969 entschieden.

Es kann jetzt demnach nur noch um die Frage gehen, ob eine Änderung des Wahlrechts für Wahlen nach 1969 noch in dieser Wahlperiode möglich ist.

Ich bedaure sehr, daß meine Freunde und ich das bisherige Verhalten und Vorgehen des Bundesministers des Innern nicht als genügend kooperativ ansehen können. Mir ist ebensowenig wie meinen politischen Freunden bisher auch nur einer der von Ihnen genannten Gesetzesentwürfe des Bundesministers des Innern bekannt geworden.

Sie werden sicher mit mir übereinstimmen, daß es für den Koalitionspartner kaum ein angemessener Hinweis ist, wenn auf die Vorlage der Entwürfe im Bundeskabinett verwiesen würde. Vor einer Beratung auch im Koalitionskreis ist eine rechtzeitige Vorlage derartiger Entwürfe zur eigenen Meinungsbildung und Vorbereitung von Entscheidungen unverzichtbar. Ich verstehe nicht, weshalb diese Information des Koalitionspartners bisher unterblieben ist.

Nachdem der Bundesminister der Justiz seine Auffassung formuliert hat, wäre es für die weiteren Beratungen nicht nur nützlich, sondern ist es unerläßlich, daß der Bundesminister des Innern seine Auffassung ebenfalls so formuliert, daß sie in Ruhe bedacht werden kann.

Wie ich höre, liegen die Gutachten, die der Bundesinnenminister eingeholt hat, nunmehr vor.[5] Ich wäre dankbar, wenn auch diese Unterlagen wenigstens den Teilnehmern des Koalitionskreises alsbald zur Verfügung stehen würden.
Mit freundlichen Grüßen
gez[eichnet] Brandt
‹Br[andt]›[6]

Nr. 20
Schreiben des Bundesministers des Auswärtigen, Brandt, an den Bundeskanzler, Kiesinger
4. Dezember 1968[1]

AdsD, WBA, A 7, 13.

Sehr geehrter Herr Bundeskanzler,
im Koalitionskreis sprachen wir am Dienstag, den 26. November 1968, darüber, dass leider eine grössere Zahl von unerledigten Punkten angelaufen ist.[2] Zum Teil handelt es sich dabei um Bereiche, in denen ein längerer Aufschub nicht gut ist. In einigen Fällen werden Entscheidungen auch in der Öffentlichkeit erwartet, die ohne Schaden für die Überzeugungskraft dieser Bundesregierung nicht länger aufgeschoben werden können. Ich mache darauf aufmerksam und würde es begrüssen, wenn wir uns vornehmen könnten, diese Liste in

der für den nächsten Mittwoch, 11.12.1968, vorgesehenen Zusammenkunft aufzuarbeiten.

Nach meinen Unterlagen handelt es sich um folgende Fragen:
1) Verbot der NPD.
2) Politische Auseinandersetzung mit der NPD.
3) Besetzung der Spitze der Deutschen Bundesbank.
4) Besprechung wichtiger aussen- und deutschlandpolitischer Fragen mit den engeren Vorständen aller im Bundestag vertretenen Fraktionen.
5) Unverjährbarkeit von Mord und Völkermord.
6) Stand der Projekte, die in der Regierungserklärung vom 13. 12. 1966 angekündigt worden sind.
7) Fairness in der Wahlkampfführung.
8) Finanzverfassungsreform.
9) Kriegsopferversorgung.
10) Fragen der Neuordnung des Gesundheitswesens.
11) Vorlage eines Sozialbudgets.
12) Wahlrechtsreform.
13) Besetzung der Stelle des Vizepräsidenten im BND.
14) Frage eines Verfahrens gegen die Nationalzeitung.[3]
15) Lohnfortzahlung und Fragen der Krankenversicherungsreform.

Diese Liste kann sicher nicht einmal Anspruch auf Vollständigkeit erheben. Sie umfasst nur das, was sich aus meinen Aufzeichnungen ergibt.

Zu den Punkten 1, 2, 5 und 14 halte ich die Beteiligung von Herrn Bundesminister Dr. Dr. Heinemann, zu 3 und 11 die von Herrn Bundesminister Professor Dr. Schiller, zu 9, 10, 11 und 15 die der Frau Bundesminister Strobel und des Herrn Bundesministers Katzer für zweckmässig.

Mit freundlichen Grüssen
gez[eichnet] Brandt
‹Br[andt]›[4]

Nr. 21
Aus dem Interview des Bundesministers des Auswärtigen, Brandt, für *Der Spiegel*
6. Januar 1969

Der Spiegel, Nr. 1–2 vom 6. Januar 1969, S. 24–26.

[...]
SPIEGEL: Herr Minister, im kommenden Herbst gibt es Zeugnisse für Sie und Ihre Partei. Sind Sie mit Ihren Erfolgen in der Großen Koalition zufrieden?
BRANDT: Wenn man einfach zu einem Arbeitsabschnitt, der hinter einem liegt, nun sagt, man sei zufrieden, dann kann das wie Selbstzufriedenheit wirken. Es gibt Gebiete, auf denen wir gerne mehr erreicht hätten.
SPIEGEL: Welche?
BRANDT: Alles Wesentliche, was in der Regierungserklärung vom Dezember 1966 vorgesehen war, ist durchgeführt oder auf den Weg gebracht. Meine Bemerkung bezieht sich zum Beispiel auf folgendes: Außenpolitisch hätte ich mir die Möglichkeit zu mehr Konsequenz gewünscht, das heißt eine geringere Beeinflussung durch taktische Erwägungen, die sich aus Meinungsverschiedenheiten innerhalb der Koalitionsparteien ergeben haben. In der Innenpolitik wäre es gut gewesen, wenn Schillers Initiativen ungeschmälert zum Tragen gekommen wären, auch in der Wettbewerbs- und Strukturpolitik. Ich denke hier aber auch an die Lohnfortzahlung für Arbeiter im Krankheitsfalle, wobei eine positive Lösung übrigens noch möglich ist.
[...]
SPIEGEL: Wird die Bundesregierung in den nächsten Wochen auch über den Verbotsantrag gegen die NPD entscheiden?[1] Denn bei der Behandlung dieses Problems hat sich ja bisher auch gezeigt, daß sich die Große Koalition in wichtigen Fragen nicht einigen kann.
BRANDT: Was heißt wichtige Fragen? Wichtige Fragen sind für die Regierung eines Staates, ob die Wirtschaft floriert, ob die zerrütteten

Finanzen wieder in Ordnung gebracht werden. Wichtige Fragen sind, wie der Staat sich darstellt gegenüber der Umwelt.

SPIEGEL: Sie selbst haben über die NPD gesagt, sie bilde für den Bestand der Bundesrepublik eine Gefahr – eben weil diese Partei diesem Staat in seiner Umwelt großen Schaden zufüge. Dann gehört doch wohl die Frage, was weiterhin geschehen soll, zu den allerwichtigsten Problemen.

BRANDT: Ich habe mich bewußt geäußert zu solchen Strömungen und Gruppierungen, die aufgefaßt werden können und müssen, als wollten sie den Nazismus wieder kultivieren. Ich habe gesagt, dies sei Verrat an Volk und Land.[2] Nur, dies ist eine Frage, die ich jetzt nicht weiter erörtere, bis nicht der Innenminister seine neue Vorlage im Kabinett gemacht hat.

SPIEGEL: Auf eine Kampfabstimmung im Kabinett wollen Sie es also nicht ankommen lassen?

BRANDT: Dies ist eine Rechtsfrage, über die nicht aus dem Stand abgestimmt wird. Außerdem: Kampfabstimmungen werden in einer so zusammengesetzten Regierung kaum stattfinden.

SPIEGEL: Sind sie systemwidrig?

BRANDT: Ja, denn sobald eine Frage eines vitalen Interesses für die eine oder die andere Seite kommt, stellt sich die Frage des Bestandes der Koalition.

SPIEGEL: Der Ausklammerungsmechanismus setzt also immer dann ein, wenn in vitalen Fragen Differenzen auftreten.

BRANDT: Aufschub, würde ich sagen.

SPIEGEL: Bis wann?

BRANDT: Das richtet sich nach dem Gegenstand. Ich sage nur wieder: Es ist ja nicht so, wie manche meinen mögen, nun geht es mit der Wirtschaft wieder gut, vorher ging es ein bißchen weniger gut. Es sind neue Grundsätze eingeführt worden in die Wirtschaftspolitik.[3] Wir sind im Unterschied zu manchen Nachbarländern ohne irgendeine nennenswerte Erschütterung durch eine Rezession hindurchgekommen.

SPIEGEL: Also: Hauptsache, die Kohlen stimmen.

BRANDT: Wenn es überhaupt keine andere Leistung gäbe, dann würde diese zählen. Immerhin, die Gefahr Ende [19]66, von der Re-

zession in die Krise abzugleiten, ist einem genügend großen Teil der Bevölkerung weiterhin bewußt. Es ging ja damals gerade unter den Arbeitnehmern ein Zittern um die Arbeitsplätze. Und ich möchte nicht erlebt haben, was aus diesem Staat geworden wäre, wenn er sich über eine Rezession hinaus mit einer wirklichen ökonomischen Krise auseinanderzusetzen gehabt hätte.
SPIEGEL: Diese Leistung der Großen Koalition macht also nach Ihrer Meinung alle anderen Mängel wett?
BRANDT: Was heißt Mängel? Ich komme noch mal darauf zurück: Eine CDU/FDP-Regierung hat angesichts der Rezession versagt. Sie hätte auch in den anderen Fragen keine raschen Entscheidungen zustande gebracht.
SPIEGEL: Bleiben wir beim Beispiel NPD. Da könnte die Regierung ohne Rücksicht auf parlamentarische Strömungen alleine entscheiden. Sie tut es nicht. Im Gegenteil, die Sache schwebt seit Monaten. Jedermann wartet auf die Entscheidung. Die Entscheidung kommt nicht, es kommt ein Aufschub. So stellt sich der Stil dieser Regierung dar. Und die SPD kann sich davon nicht ausnehmen.
BRANDT: Ich habe gar nichts dagegen, wenn man die Regierung drängt oder sie an ihre Absichten erinnert. Wir wollen uns doch aber jetzt bitte nicht verrückt machen lassen durch die Diskussion, ob Verbot oder Nicht-Verbot der NPD. Entscheidend bleibt hier natürlich die politische Auseinandersetzung. Entscheidend bleibt, daß wir, nicht nur wegen der Auslandswirkung, den Trennungsstrich gegenüber der NS-Vergangenheit nicht deutlich genug ziehen können.
SPIEGEL: Man hat den Kanzler einen wandelnden Vermittlungsausschuß genannt.[4] Teilen Sie die Meinung, daß alle Kabinettsentscheidungen einstimmig gefaßt werden sollten, wie es ja offensichtlich Kiesingers Bestreben ist?
BRANDT: So weit würde ich nicht gehen. Aber wissen Sie, ich habe in einem viel engeren Rahmen, nämlich dem des Berliner Senats, doch viele Jahre gewirkt, zunächst mit der CDU, dann mit der FDP.[5] Und obwohl das fast zehn Jahre waren, könnte ich an den Fingern einer Hand abzählen, wann unter meinem Vorsitz kontrovers abgestimmt

worden ist. Es ist an sich nichts Schlechtes, bemüht zu sein, eine möglichst breite Basis zu bekommen für das, was gewollt wird.
SPIEGEL: Die breiteste Basis bietet die Große Koalition. Wollen Sie dieses Bündnis nach den Wahlen fortsetzen?
BRANDT: Das hat mit der Frage, ob Große Koalition oder nicht, überhaupt nichts zu tun. Ich habe das Berliner Beispiel einer Zusammenarbeit einmal mit der CDU, ein andermal mit der FDP ja absichtlich gewählt. Die Frage, was für eine Regierung die Bundesrepublik Deutschland nach den nächsten Bundestagswahlen haben wird, die hängt davon ab, wie die Wahl ausgeht.
SPIEGEL: Wird die SPD im Wahlkampf ihren Führungsanspruch dadurch proklamieren, daß sie Sie als Kanzlerkandidaten herausstellt?
BRANDT: Die SPD leidet nicht an Minderwertigkeitskomplexen, sie wird es auch nicht daran fehlen lassen, ihren Führungsanspruch sachlich und personell deutlich zu machen. Wahlpolitisch hat sich die Situation ja wesentlich verändert gegenüber früher. Eben durch die Regierungsmitarbeit hat sie sich sehr verändert. Das Nennen eines Kanzlerkandidaten 1961 und 1965 war das Mittel einer Oppositionspartei, sich auf diesem Gebiet deutlich zu machen. Jetzt höre ich neuerdings zum erstenmal, daß Herr Heck gesagt hat, die CDU werde Herrn Kiesinger als Kanzlerkandidaten benennen. Das kann doch wohl nur die Bedeutung haben, innerparteilich klarzustellen, daß er von niemand anderem weggedrängt werden soll.[6] Diese Bedeutung muß das wohl haben.
SPIEGEL: Schließlich wurde der CDU-Kandidat auch immer Kanzler.
BRANDT: Aber er blieb es 1965 nicht und 1961 auch nicht. Beide Male ist derjenige, der Kanzler bleiben sollte, es nur kürzere Zeit geblieben.[7] Es hat in beiden Fällen nicht gestimmt und abgelenkt von den Fragen, um die es wirklich ging. Nun gut, das ist das Problem der anderen großen Partei.
SPIEGEL: Man hat in diesem beginnenden Wahlkampf den Eindruck, als gehe die CDU mit Kiesinger als Kanzlerkandidaten und die SPD mit Brandt als Vizekanzlerkandidaten in den Wahlkampf.
BRANDT: Ich rede nicht über Wahlkampf, sondern jetzt schreiben wir Januar 1969 und nicht Sommer 1969. Inzwischen ist noch viel

Arbeit zu leisten. Im April 1969 wird meine Partei auf ihrem Godesberger Parteitag zur Sache und zur personellen Darstellung deutlich machen, wie sie sich dem Wählervolk präsentiert. Dabei ist klar, daß der Außenminister, der Wirtschaftsminister und die anderen, die in der Regierung und im Bundestag für die SPD gewirkt haben, sowohl für Leistungen wie für neue Pläne einstehen.
SPIEGEL: Aber Sie müssen doch heute schon wissen, was Sie den Wählern sagen wollen. Entweder: Wir wollen die Stärksten werden; oder: Macht den zweiten Mann stärker. Kommt es also dahin, daß die SPD die führende Partei wird oder eine noch führendere als bisher?
BRANDT: Man wird diesmal sich sehr darum bemühen müssen, überzeugend darzustellen, was man in der Regierung und im Parlament erreicht hat oder auch was man versucht hat, um gestützt darauf zu sagen: Wir möchten das gerne honoriert bekommen, wenn ihr Wähler so gut sein wollt, dies zu tun. Und: Wir möchten eure Unterstützung dazu bekommen, daß wir durch neue Mehrheitsverhältnisse das nächste Mal das, was wir jetzt nur versuchen, aber nicht erreichen konnten, dann nicht mehr nur zu versuchen brauchen, sondern durchsetzen können. Das ist eine klare Linie.
[...]

Nr. 22
Schreiben des Vorsitzenden der SPD, Brandt, an den Unternehmer Rosenthal
22. Januar 1969[1]

AdsD, WBA, A 11.1, 6.

Sehr geehrter Herr Rosenthal,
ich will gar nicht erst den Versuch machen, mich bei Ihnen dafür zu entschuldigen, daß ich auf Ihre Briefe zur Wahlrechtsfrage vom Februar und August vergangenen Jahres nicht direkt reagiert hatte.[2]

Das Thema selbst war und ist schwierig genug. Da mich der Arzt nun für einige Wochen aus dem Verkehr gezogen hat, will ich nicht nur eine Briefschuld abtragen, sondern gleichzeitig Ihnen und mir die Problematik klarmachen, mit der man es in knapp drei Monaten auf dem außerordentlichen Parteitag der SPD[3] zu tun haben wird.

Es ist interessant, wie sehr sich die aktuelle Einbettung einer grundsätzlichen Diskussion im Laufe weniger Monate verändern kann:

1.) In Ihrem August-Brief gingen Sie – unter dem Eindruck von Baden-Württemberg[4] – verständlicherweise noch von einer sehr pessimistischen Einschätzung der SPD-Chancen aus. Die Aussichten für die diesjährigen Wahlen sind wesentlich besser geworden. Das ist ohne Belang für die prinzipielle Seite der Sache; nicht ohne Belang ist es für seinerzeitige Hinweise, der SPD bleibe gar kein anderer Weg als die „Durststrecke" bis zum Erfolg 1977 oder 1973.

2.) Die Chancen der NPD werden heute durchweg anders als vor einem halben Jahr beurteilt. Ich bin sehr unzufrieden mit der Art, in der dieses Thema diskutiert worden ist. Zunächst machte sich ein Fatalismus breit, als ob gegen zehn oder zwölf Prozent NPD-Stimmen kein Kraut gewachsen sei. Dann kam die stümperhafte und widerspruchsvolle Behandlung der Frage eines Verbotsantrags.[5] Ich hatte auf dem Nürnberger Parteitag zu sagen versucht, Nazismus (d. h. unter Umständen weniger oder auch mehr als die NPD) sei Verrat an Land und Volk,[6] aber dieser Gedanke drang bisher nicht durch. Für mich bleibt es eine bedrückende Erfahrung, daß es nicht mehr als einer Rezession bedurfte, um dem Rechtsradikalismus viel Wind in die Segel zu bringen. Andererseits halte ich es in der konkreten Situation nicht für unmöglich, daß die NPD in diesem Herbst unter der Fünfprozentgrenze bleibt. Daß dies auch außenpolitisch sehr erwünscht ist, brauche ich kaum hinzuzufügen.

3.) Neu ist der Beginn einer Diskussion darüber, ob zu einer Reform unserer Demokratie die Einführung plebiszitärer Elemente in das Grundgesetz – unter Umständen in Richtung auf eine Präsidialdemokratie – gehören sollte. Es liegt auf der Hand, daß dies erhebliche Auswirkungen auf die Erörterung der Wahlrechtsfrage haben würde.

Aus der Sicht meiner Partei haben sich in diesen Monaten einige Elemente der Diskussion nicht oder kaum verändert. Damit meine ich:

1.) Für große Teile der SPD wirkt bis auf den heutigen Tag der geschichtliche Prozeß nach, in dem die Sozialdemokraten – gegen Dreiklassenwahlrecht in Preußen und absolute Mehrheitswahl im Reich[7] – das Verhältniswahlrecht durchgesetzt haben. Auch die soziale und konfessionelle Struktur unserer Bundesrepublik läßt viele vor den Konsequenzen der relativen Mehrheitswahl zurückschrecken. Dabei ist zuzugeben, daß diesem Einwand durch das Konzept der Dreierwahlkreise weitgehend Rechnung getragen werden kann.[8]

2.) Für beträchtliche Teile der öffentlichen Meinung ist das Mehrheitswahlrecht bei uns dem Verdacht der Manipulation ausgesetzt. Dieser Verdacht würde natürlich entscheidend reduziert, wenn eine Wahlrechtsänderung mit Zustimmung der FDP angestrebt werden könnte.

3.) Für einen Teil der Abgeordneten – der CDU ebenso wie der SPD – stellt sich das Mehrheitswahlrecht immer noch so dar, als hätten sie über ihre eigene Eliminierung zu befinden. Arnold Brecht hat dieses Ei des Kolumbus in seinen Erinnerungen aus der Weimarer Republik eindrucksvoll geschildert.[9]

4.) Die CDU hat nicht glaubhaft machen können, daß sie sich nicht in starkem Maße von taktischen Erwägungen leiten lasse. Daß dies bei manchen Sozialdemokraten nicht viel anders sein mag, ändert nichts an dem Gefühl der Unsicherheit, das vom Verhalten der Union ausgegangen ist.

5.) Jedenfalls schied die Möglichkeit, noch in den letzten Monaten des vergangenen Jahres eine Entscheidung zu suchen, schon deswegen aus, weil eine nicht rechtzeitig verabschiedete Wahlrechtsänderung mit ziemlicher Sicherheit verfassungsrechtlich gescheitert wäre. Daß Entscheidungsgrundlagen nicht rechtzeitig vorlagen, hat in hohem Maße der Bundesinnenminister zu verantworten.

6.) Man wird realistisch davon ausgehen müssen, daß die Bereitschaft des außerordentlichen SPD-Parteitages im April [1969], das Wahlrechtsthema so oder so anzugehen, stark durch die Haltung der FDP bei der Wahl des Bundespräsidenten beeinflußt sein wird.[10]

Zur grundsätzlichen Beurteilung des Themas möchte ich folgende Bemerkungen machen:

1.) Ich stimme Ihrer Feststellung zu, daß es eine perfekte Demokratie nicht gibt, „sondern nur eine akzeptable Balance zwischen Gerechtigkeit und Funktionsfähigkeit". Um die Demokratie zu sichern, muß man eine „kleine Manipulation" – ich würde lieber sagen: eine Korrektur – vorzunehmen bereit sein.[11] Nur, diese Korrektur sollte nach Möglichkeit nicht neue Gefahren auslösen.

2.) Nicht überzeugt hat mich die Argumentation derer, die das Mehrheitswahlrecht als eine Art Allheilmittel darstellen (vergleichbar mit allzu engen und wundergläubigen Positionen in der Frage der westeuropäischen Integration).

3.) Gegenüber solcher Argumentation wird man gelten lassen müssen, daß das Mehrheitswahlrecht a) in England nicht immer (vorsichtig formuliert!) handlungsfähige Regierungen hervorgebracht hat, b) in Frankreich die Krise des vergangenen Jahres, die weiterwirkt, nicht hat vermeiden können, c) in den USA Erschütterungen durch eine „dritte Partei" (Wallace) nicht ausgeschlossen hat;[12] wobei man außerdem leicht übersieht, daß es in den Staaten immer häufiger nicht das Gegenüber von Regierung und Opposition gibt, sondern die Über-quer-Mehrheiten für den Präsidenten und im Kongreß.

4.) Nicht übertreiben sollte man das Argument, daß Koalitionen überhaupt von Übel seien. Das scheint mir auf dem Irrtum zu beruhen, Regierung sei heutzutage noch – im englischen Sinne – als eine Art gehobenen Parlamentsausschusses möglich. Jedenfalls wird die Diskussion auf diese Weise – wozu wir in Deutschland ohnehin neigen – leicht vom Inhalt der Politik auf das Institutionelle, von den Notwendigkeiten auf das Theoretische verlagert.

5.) Der Hinweis auf den Zusammenhang zwischen Großer Koalition und jugendlicher Unruhe hat mich nie recht überzeugt. Dabei wird doch wohl die Tatsache übersehen, daß wir es mit jugendlicher Unruhe in aller Welt und unter sehr unterschiedlichen Regierungsformen zu tun haben.

6.) Für die SPD kann es nicht allein darum gehen, ob sie nach einer oder mehreren Wahlperioden die „Alleinregierung" übernimmt, sondern was sie inzwischen tut, um Fehlentwicklungen zu vermeiden und die Weichen einigermaßen richtig zu stellen. Deshalb war es Ende 1966 richtig, in die Regierung zu gehen. Deshalb muß versucht werden, durch die kommenden Wahlen stärker zu werden und nach Möglichkeit die führende Rolle in der Bundesregierung eindeutig werden zu lassen.

Für den außerordentlichen Parteitag der SPD scheint es mir auf folgende Erwägungen anzukommen:

1.) Was ist erforderlich, um unsere Demokratie moderner, durchsichtiger, effektiver zu machen und das Grundgesetz demgemäß zu überholen? Sollte nicht, wenn die Konstellation es erlaubt, unverzüglich nach der Bildung der neuen Bundesregierung eine Große Verfassungskommission berufen werden, um im Laufe eines Jahres ihre Empfehlungen zu unterbreiten? (Dabei unterstelle ich, daß die Finanzreform in ihren wesentlichen Elementen verabschiedet sein wird.)

2.) Was kann insbesondere geschehen, um unsere demokratische Ordnung wirksamer als bisher gegen demokratiefeindliche und „volksverräterische" Kräfte zu sichern?

3.) Soll das Instrument des Volksentscheids in die Verfassung eingebaut werden?

4.) Was ergibt sich hieraus und aus dem folgenden Punkt an zusätzlichen Argumenten für die Reform des Wahlrechts?

5.) Sollten die Aufgaben des Bundespräsidenten und des Bundeskanzlers in eine Hand gelegt werden? Soll der so entstehende Regierungschef neuen Stils oder soll der Bundeskanzler neuen Stils (bei Beibehalten des repräsentativen Bundespräsidenten) durch das Volk gewählt werden? (Den Bundespräsidenten jetzigen Stils plebiszitär wählen zu lassen, wie es Schröder vorgeschlagen hat, ergibt keinen Sinn. Wenn man Bundeskanzler oder Bundespräsident neuen Stils durch das Volk in einem Wahlgang – nicht, wie in der Weimarer Republik, in zwei Wahlgängen[13] – wählen ließe, würde man insoweit die Zweiparteien-Koalition – mit der erwünschten Stabilität – erzwingen und im übrigen frei sein, den Bundestag – gleichzeitig? – nach den Prinzipien der relativen Mehrheitswahl, der Verhältniswahl oder einer Modifizierung eines der beiden Prinzipien wählen zu lassen.)

6.) Für eine Beschlußfassung der SPD in diesem Frühjahr [1969] scheint mir anzustreben zu sein, daß die Wahlrechtsfrage in die umfassendere Aufgabe (Modernisierung und Effektivierung der Demokratie sowie Abwehr demokratiefeindlicher Kräfte) eingebettet wird und ein Mandat zustandekommt, das der Parteiführung Bewegungsmöglichkeit gibt, ohne die Partei selbst zu überfordern.

Entschuldigen Sie, verehrter Herr Rosenthal, daß ich Sie solange mit meinen Hinweisen aufgehalten habe. Ich weiß, wie ernst Sie die Wahlrechtsfrage nehmen. Deshalb habe ich es für angemessen gehalten, Sie etwas ausführlicher an meinen Überlegungen teilhaben zu lassen.

Mit freundlichen Grüßen
Ihr
‹gez[eichnet] W[illy]B[randt]›[14]

Nr. 23
Hs. Schreiben des Bundesministers des Auswärtigen, Brandt, an den Präsidenten des Deutschen Bundestages, Gerstenmaier 29. Januar 1969[1]

AdsD, WBA, A 7, 4.

Sehr geehrter Herr Dr. Gerstenmaier,
als wir das letzte Mal miteinander telefonierten, planten Sie die Reise nach Südafrika, und ich war froh, Ihnen die Begleitung durch Herrn Federer zusagen zu können. Seitdem sind Sie in den Wirbel geraten, der zu Ihrem Rücktritt als Bundestagspräsident führte.[2]

Sie werden vielleicht wissen, dass mich der Arzt für einige Wochen aus dem Verkehr gezogen hat. Ich habe also das, was um Sie vor sich ging, nur beobachten können. Hoffentlich irre ich mich nicht, wenn ich meine, dass meine Parteifreunde um eine faire und sachliche Beurteilung bemüht gewesen sind.

Warum ich Ihnen schreibe? Nicht, um etwas anderes zu sagen, als meine Freunde im Bundestag gesagt haben. Ich bin sicher, dass Sie bei mehr als einer Gelegenheit schlecht beraten gewesen sind. Ich meine allerdings auch, dass es – was die Wiedergutmachung angeht – Fehler gibt, die im System liegen und die von den 131er-Regelungen nicht zu trennen sind.[3] Darüber hinaus vermute ich, dass hier etwas in Gang gesetzt wurde, was unserer Demokratie noch schwer zu schaffen machen kann.

Ich schreibe also in erster Linie, um Sie wissen zu lassen, dass sich an meiner Wertschätzung dessen, was Sie gegen Hitler und für Deutschland und was Sie im Dienst an unserer Bundesrepublik geleistet haben, nichts geändert hat.[4]

Mit aufrichtigen Grüssen
Ihr
Willy Brandt

Nr. 24
**Aus dem Artikel des Bundesministers des Auswärtigen und Vorsitzenden der SPD, Brandt, für *bildung und politik*
März 1969**[1]

bildung und politik 5 (1969), 3, S. 43–46.

Wir brauchen eine Koalition der Reformwilligen

Die Krawalle und Gewalttätigkeiten in unseren Universitätsstädten sind nicht nur ein studentisches Problem. Sie sind auch nicht nur ein deutsches Phänomen.

Die Krawalle und Gewalttätigkeiten mit ihren terroristischen und psychopathischen Begleiterscheinungen werden von der Bevölkerung in zunehmendem Maße als unerträglich empfunden. Sie haben den Ruf nach Gesetz und Ordnung lauter werden lassen.

Die Krawalle und Gewalttätigkeiten schaffen ein Klima, das den überfälligen Reformen nicht förderlich ist, sondern sie erneut zu hindern droht. Sie spielen also eine objektiv reaktionäre Rolle.

In dieser Lage war es wichtig, daß die Führungskörperschaften der SPD – am 13. Februar [1969] – nicht allein die Beunruhigung über die Aktionen einer in den Anarchismus abgleitenden Minderheit artikulierten. Sie haben sich gleichzeitig über „die träge Entwicklung der Universitätsreform" besorgt gezeigt, die der unverantwortlichen Minderheit Vorwände für Gewaltaktionen verschafft.[2]

Die sozialdemokratischen Führungskörperschaften haben sich gerade in dieser Lage zu ihrem Reformwillen bekannt und betont, daß sie sich weder durch konservative Unvernunft – „keine Experimente"![3] – noch durch extremistischen Radau auf einen falschen Weg drängen lassen werden. Sie haben, gerade weil sie ihren Reformauftrag ernst nehmen, allen denjenigen ihre Unterstützung zugesagt, „die das Recht als die Grundlage unseres freiheitlichen Zusammenlebens konsequent verteidigen".[4]

Dies ist ein kritischer Zeitpunkt. Ich fühle mich als Vorsitzender der SPD verpflichtet, an alle Beteiligten zu appellieren und sie zu bitten, ernste Fehlentwicklungen vermeiden zu helfen:

Mein erster Appell richtet sich an die breite Öffentlichkeit in unserer Bundesrepublik. Man darf nicht den Stab brechen über der studentischen Jugend in ihrer Gesamtheit. Wir dürfen vor allem auch keine Kluft entstehen lassen zwischen Universitäten und Arbeitnehmern. Aber es gilt deutlich zu machen, daß wir mit den Hochschulen nicht nur als Steuerzahler, sondern auch als vorausschauende Staatsbürger verbunden sind. Aus dieser Sicht und Verantwortung darf man erwarten, daß die Freiheit des Lehrens und des Lernens an allen Hochschulen garantiert wird; daß die Universität nicht zum Tummelplatz der Revolte gemacht wird; und nicht zuletzt, daß die im Interesse der Gesamtgesellschaft liegende Universitätsreform endlich vorankommt.

Mein zweiter Appell richtet sich an alle, die mithelfen wollen und können, ein Abgleiten in Gewalt und Rechtsbruch zu verhindern. Wer zu ungesetzlichen, zerstörerischen Handlungen aufruft oder sich daran beteiligt, muß zur Rechenschaft gezogen werden. Wenn Polizeibeamte tätig werden müssen, um die rechtsstaatliche Ordnung zu sichern, dürfen sie sich nicht im Stich gelassen fühlen. Bevor man neue Gesetze macht, müssen die bestehenden angewendet werden. Sie müssen vernünftig, aber mit Nachdruck angewendet werden. Alles andere führt zu einer Zersetzung und Demoralisierung, und davon profitiert allein die Reaktion.

Mein dritter Appell richtet sich an diejenigen, die erkannt haben oder jetzt erkennen, daß eine heimliche Koalition zwischen Konservatismus und Revoluzzertum den Weg nach vorn blockiert. Demgegenüber brauchen wir die Koalition der Reformwilligen. Hier geht es nicht um eine neue Organisation. Hier geht es um ein vernünftiges, verantwortliches, vorwärtsgewandtes Verhalten an den Hochschulen, in den Hochschulstädten, in den Ländern, im Bund. Es ist an der Zeit, daß die reformwillige Mehrheit das Heft in die Hand nimmt; denn es handelt sich heute in allen entscheidenden Bereichen um eine mehrheitlich fortschrittlich-demokratische Tendenz, der allerdings vielfach noch das entsprechende Bewußtsein fehlt.

Kein Zweifel: Die Bevölkerung drängt darauf, daß endlich ein geregelter Lehr- und Forschungsbetrieb an den Hochschulen gewährleistet wird. Außer Zweifel steht auch, daß die Abneigung gegen Terrorhandlungen und gegen andere Gewalttätigkeiten immer stärker geworden ist. Was die Sozialdemokraten angeht, gegen die sich die Aktivität der Linksradikalen, zum Teil nur in studentischer Verkleidung, im besonderen Maße richtet, will ich mit aller Deutlichkeit sagen, daß unsere Geduld insoweit zu Ende ist. Wir werden unsere Sache, unsere Ehre und auch, ganz konkret, unsere Versammlungen zu schützen wissen. Und wir werden abschütteln, was sich uns nur zugesellt, um uns bequemer bekämpfen zu können.

Allerdings: Diejenigen, die ihre Kenntnisse von den Ereignissen an den Hochschulen lediglich aus Zeitungen, Rundfunk und Fernsehen gewonnen haben, laufen Gefahr, Teilaspekte für das Ganze zu halten. Berichterstatter – das liegt in der Natur der Sache – schildern das Außergewöhnliche und stellen das von der Regel Abweichende dar. Leser, Hörer und Betrachter erliegen dann allzu leicht der Versuchung, die Dinge einfacher zu nehmen als sie sind. Dabei sind sie schon ernst genug.

Man sollte das, was sich ereignet hat, nicht verniedlichen. Man sollte aber auch nicht panikmacherisch so tun, als hätten wir es mit einem Bürgerkrieg an unseren Universitäten zu tun. So weit muß und darf es auch nicht kommen. Die Ansätze, das Spiel mit dem Feuer, weiterreichende Pläne sind gefährlich genug. Deshalb muß man jetzt handeln. Gespräch und Ermahnungen allein werden der Situation nicht mehr gerecht.

Mit vernünftigem Zureden sind diejenigen nicht mehr zu stoppen, die an unseren Universitäten zur Gewalt gegriffen haben. Ihnen gegenüber hilft nur noch hartes Durchgreifen. Ich meine nicht die primitive Forderung „Knüppel aus dem Sack!". Es geht um die differenzierte Anwendung der zur Verfügung stehenden rechtsstaatlichen Mittel. Der Bürger – auch der an der Universität arbeitende Bürger – muß wirksam geschützt werden.

Gespräche allein sind aber auch nicht mehr genug, so es um die Reformen geht. Es genügt nicht mehr, sich am grünen Tisch zusammenzusetzen, mit Studenten und Assistenten über die schwachen Stellen der Universität und des Studiums zu plaudern, wenn aus den Gesprächen keine Konsequenzen gezogen werden. Daran hat es seit mehr als zehn Jahren gehapert. Und das ist jedenfalls eine der Ursachen dafür, daß so viele Studenten unruhig geworden sind. Insoweit haben sie recht; denn angesichts verschleppter Reformen ist Ruhe nicht die erste Bürgerpflicht.

Wenn es richtig ist, daß die Forderung nach Reform unserer Hochschule zu Recht erhoben wird, dann ist es längst an der Zeit, mit Plänen sparsamer umzugehen und endlich Taten sprechen zu lassen. Die augenblickliche Situation verführt die einen – nach dem Satz „Man kann ja doch nichts tun!" – zum Fatalismus und zur Passivität, die anderen dazu, daß sie unüberlegten Parolen aufsitzen. Die Probleme, mit denen wir es zu tun haben, lassen sich jedoch nur mit klarem Kopf durchstehen.

Ich will einige Thesen zur Diskussion stellen, die sich aus dem Gespräch mit jüngeren Freunden ergeben haben.[5] Dabei muß ausdrücklich betont werden, daß hier nicht der Versuch gemacht wird, die internationalen, gesellschaftlichen und psychologischen Aspekte der Studentenunruhen zu analysieren. Es geht mehr um eine momentane bundesdeutsche Bestandsaufnahme:

1. Das Mitte Februar [1969] zu Ende gegangene unruhige Semester hat deutlich zu einer Klärung der Situation geführt: Es hat sich eine kleine Gruppe herausgebildet, mit der ein Gespräch praktisch unmöglich geworden ist.

2. Die Unterscheidung zwischen „Radikalen" auf der einen und „Gutwilligen" auf der anderen Seite trifft nicht mehr die Situation auf den Hochschulen. Eine kleine Gruppe schafft durch terroristische Maßnahmen ein Klima, das Reformen erschwert, wenn nicht unmöglich macht. Aber ein größerer Teil setzt sich von dieser Minderheit nicht ab, weil er unserer Gesellschaft in bezug auf Fähigkeit und Willen zur Reform mißtraut.

3. Gespräche allein genügen nicht mehr, mit verbalen Zugeständnissen ist es nicht getan. Wer Reformen will, muß verändern wollen.

4. Die Aufforderung, sich von radikalen Kräften zu distanzieren, wird so lange wenig fruchten, wie die besonnenen Studenten keinen Partner an der Hochschule finden, mit dem gemeinsam sie Reformen einleiten können. Sie brauchen Partner zum Reformieren, nicht nur zum Diskutieren.

5. Die „Entsolidarisierung" gegenüber den Extremisten wird sich leichter vollziehen, wenn die Studenten mitverantwortlich und mitbestimmend in die Universität einbezogen werden. Durch gemeinsames wissenschaftliches Arbeiten können auch überspannte Vorstellungen an Hand praktischer Erfahrungen überprüft und korrigiert werden.

6. Es gilt, die heimliche Koalition zwischen rückschrittlich-egoistischen Professoren auf der einen Seite und destruktiv-demagogischen Studentenführern auf der anderen Seite zu entlarven: Beide interessieren sich nicht für die notwendigen Reformen.

7. Einseitige Maßnahmen werden die Unruhe und den Radikalismus nicht beseitigen. Nur gekoppelte Maßnahmen helfen weiter. Das

heißt, wir brauchen ein klares Ordnungsrecht und zugleich eine gründliche demokratische Erneuerung für unsere Universitäten.

8. Was ist kurzfristig zu tun? Ich meine, daß eine Rahmenplanung des Bundes im Bereich der Hochschulreform notwendig geworden ist. Man soll dabei nur nicht glauben, daß neue Zuständigkeiten das Problem bereits inhaltlich lösen.

Auf ganz kurze Sicht scheint mir notwendig, daß für die Massenfächer der „Mittelbau" verstärkt wird. Das heißt die Zahl der wissenschaftlichen Hilfskräfte zu vermehren.

Die studentische Initiative, Arbeitskreise mit wirklichkeitsnahen Themen zu schaffen, darf nicht entmutigt werden. Fachlich erfahrene Lehrkräfte sollten solche Arbeitskreise vor enttäuschenden Umwegen bewahren.

Für die anstehenden Hochschulgesetzentwürfe sollte ein Vorschaltgesetz mit einem „Experimentierparagraphen" erwogen werden. Dadurch würden die Universitäten die Möglichkeit erhalten, an einzelnen Instituten probeweise Reformen durchzuführen. Entmutigende Einzelbeispiele sollten nicht die Chance verbauen, daß positive Erkenntnisse später auf den Bereich der Gesamtuniversität übertragen werden könnten.

9. Gegenüber Gewalttätigkeiten müssen die staatlichen Organe einheitlich reagieren. Man muß sich allerdings noch klarer darüber werden, welche Aktionen den Rahmen einer demokratischen Auseinandersetzung sprengen und strafrechtliche Sanktionen erfordern. (Gustav Heinemann hat darauf hingewiesen, daß die strafrechtlichen Bestimmungen zur Sicherung des Gemeinwesens schon deshalb überprüft werden müssen, weil sie aus einer Zeit ohne Demonstrationsrecht stammen.)

10. Wer sich mit Gewalt revolutionär gebärden und bestätigen will, den sollte man in diesem Anspruch ernst nehmen und ihm entsprechend beggenen. Es genügt aber nicht, die übergroße Mehrheit der Studenten, die reformwillig ist, aufzufordern: Distanziert Euch von den Radikalen! Die Vorstellungen der Mehrheit müssen gefördert und ermutigt werden, wenn wir weitere Fehlentwicklungen vermeiden wollen.

Sozialdemokratische Experten haben sich für „Gestufte Gesamthochschulen" ausgesprochen, die zugleich differenziert und integriert sein sollen.[6] Für die Organisations-Struktur liegen moderne Modelle vor. Das Verhältnis zwischen Staat und Hochschule, so sagen sie vernünftigerweise, ist weder auf der Grundlage eines weitreichenden staatlichen Dirigismus noch auf der Basis eines unreflektierten und unbestimmten Autonomieanspruchs der Universität zu gestalten. Vielmehr müssen Staat (Parlament und Regierung) und Universität gemeinsam die Verantwortung für die Universitäten tragen. Die staatliche Hochschulgesetzgebung und Hochschulpolitik hat sicherzustellen, daß die Universitäten ihre Aufgaben – Forschung, Lehre, Berufsvorbereitung und wissenschaftliche Fortbildung – in voller Freiheit und Unabhängigkeit erfüllen können und daß solche schädlichen und sachfremden Einflüsse von den Universitäten ferngehalten werden, die eine vorurteilsfreie Vermittlung von Erkenntnissen zu beeinträchtigen drohen.

Die staatliche Hochschulpolitik, so heißt es weiter in den Empfehlungen unserer Experten, muß auch die Bedingungen dafür schaffen, daß berechtigte Ansprüche der demokratischen Gesellschaft erfüllt werden. Notwendig sind deshalb insbesondere
– eine prinzipiell offene Struktur der Hochschule,
– eine demokratische Willensbildung an den Universitäten,
– eine weitgehende Versachlichung bei der Auswahl des Lehrkörpers,
– die Berücksichtigung des Grundrechts auf Bildung und
– die Befriedigung des Bedarfs an qualifizierten Hochschulabsolventen in ausreichender Zahl, um Positionen in den verschiedensten gesellschaftlichen Bereichen besetzen zu können.
Die Kultusminister der Länder werden häufig als die Hauptverantwortlichen für die bisherigen Versäumnisse gesehen. Das ist nicht gerecht. Mit dem Finden von Sündenböcken und mit Selbstgerechtigkeit ist die Krise, der wir gegenüberstehen, ohnehin nicht zu überwinden. Aber man muß sich darüber im klaren sein, daß das Pendel nach der Seite des Zentralismus ausschlagen wird, wenn die Kooperation auf dem Boden der bundesstaatlichen Ordnung nicht zu

raschen und überzeugenden Ergebnissen führt. Parlamente und Regierungen, aber auch die Universitäten selbst, sind allzu lange blind gewesen für die weithin unzureichend gewordene Organisation unserer Hochschulen. Auch die Sozialdemokratische Partei Deutschlands, für die ich spreche, hat dieser Aufgabe nicht genügend Aufmerksamkeit, Weitblick und Kraft gewidmet.

Die politisch Verantwortlichen in unserer Bundesrepublik müssen sich zusammennehmen, um Versäumtes nachzuholen. Kraft und Tempo müssen nicht nur bei der Konfrontation mit den Anarchisten, sondern vor allem auch bei der Lösung der konstruktiven Aufgaben entwickelt werden. [...]

Reformwillige Professoren, Assistenten und Studenten müssen sich gemeinsam auflehnen und durchsetzen gegen die heimliche Koalition von Reaktionären und Zerstörern. Die Koalition der Reformwilligen muß nicht nur „oben" gebildet werden, sie muß sich auf allen Ebenen formieren. Ich sage noch einmal: Nicht als neue Organisation, sondern als Verhaltensweise: in den verschiedenen Bereichen der Universitäten, bei den verschiedenen Wahlen, in der Verbindung zu den politischen Kräften in der Stadt, im Land, im Bund.

Die Träger der öffentlichen Meinung – nicht zuletzt im Fernsehen – können der Koalition der Reformwilligen wesentlich helfen. Ausgewogene Berichterstattung, kritische Wertung, konstruktive Orientierung werden für den weiteren Verlauf von mitentscheidender Bedeutung sein.

Die breite, mit der Universität nicht besonders eng verbundene Öffentlichkeit sollte nicht im Unbehagen verharren. Wir sollten uns alle bewußt sein, daß über unsere Gesellschaft von morgen, über unseren Rang als Kultur- und Industrienation zu einem großen Teil an den Hochschulen entschieden wird. Es geht nicht nur um ein akademisches, sondern zugleich um ein nationales Problem.

Nr. 25
Schreiben des Vorsitzenden der SPD, Brandt, an den Bundeskanzler, Kiesinger
21. Mai 1969[1]

AdsD, WBA, A 7, 52.

Sehr geehrter Herr Bundeskanzler,
leider ergibt sich in den nächsten Tagen keine Gelegenheit zu einem Gespräch zwischen uns. Wenn Sie von Ihrer Reise nach Japan zurückkehren – wie ich hoffe, wohlbehalten und befriedigt –, bin ich auf dem Wege in die Türkei. Dort werde ich Gelegenheit haben, eine Reihe von Gesprächen zu führen, die sich auch auf den arabischen Raum beziehen werden, und ein paar Ruhetage werden sich anschließen. Nach Pfingsten, wenn wir beide wieder in Bonn sein werden, sollten wir bald Gelegenheit zu einem ruhigen Gespräch finden. Grundsätzliche wie auch verschiedene Einzelfragen bedürfen der Erörterung.

Im Vordergrund meiner Sorgen steht die Frage nach der Zusammenarbeit unserer beiden Parteien in der Bundesregierung. Die Erfahrung zeigt einerseits, daß einige Elemente des gemeinsamen Regierungsprogramms ins Wanken geraten und daß gewisse neu auftretende Fragen allein unter Berufung auf das Regierungsprogramm vom Dezember 1966 nicht mehr leicht beantwortet werden können.

Die letzten Wochen haben die objektiven Schwierigkeiten sichtbar gemacht, die in dieser Zeit des herannahenden Wahlkampfes einer gemeinsamen Haltung oft entgegenstehen. Doch bin ich der festen Überzeugung, daß wir auch in den vor uns liegenden Monaten zurückfinden müssen zu dem Leitgedanken, unter dem sich unsere Zusammenarbeit in den vergangenen zweieinhalb Jahren im wesentlichen bewährt hat. Beide Partner müssen zu einer gemeinsamen Haltung in den offenen wichtigen Fragen kommen. Kein Problem kann dadurch gelöst werden, daß die eine Seite die andere überstimmt oder sich überstimmen läßt. Grundlage und Sinn unserer Koalition würden dadurch über Gebühr belastet. Leider hat es schon einige „Abweichungen" in der letzten Zeit gegeben, die hätten vermieden werden sollen.² Ein Vertrauensverschleiß der Regierungsautorität nützt der NPD.

Sie und ich müssen jetzt besonders darauf achten, daß erneute unnötige Belastungen vermieden werden. Das gilt insbesondere für die unmittelbar anstehenden Entscheidungen. Wir müssen versuchen, uns darüber zu verständigen, wie die Bundesregierung weiter verfahren und zu einer Entscheidung kommen will bei den Problemen der

Anerkennung der DDR durch dritte Länder,
Unterzeichnung des Nichtverbreitungsvertrages,
Währungs- und Preisstabilität,
Lohnfortzahlung für kranke Arbeiter und der
Verjährung von NS-Verbrechen.

Dies ist keine abschließende Aufzählung. Weitere Fragen sind anhängig oder werden sich noch ergeben, auch dadurch, daß von anderer Seite Probleme in die Vorwahldebatte gebracht werden, wofür manche Anzeichen aus dem Osten sprechen. Wichtig ist, daß wir uns darüber verständigen, wie wir die gemeinsame Arbeit überzeugend zu einem glaubwürdigen Abschluß bringen. Dazu gehört auch die Überlegung, nach dem Schluß der Bundestagsarbeitsperiode möglicherweise einen Tag im Monat für ein Koalitionsgespräch mit Einschluß der Fraktionsvorsitzenden zu verabreden.³

Ich wünsche Ihnen einige ruhige und erholsame Tage über Pfingsten und bin
mit freundlichen Grüßen
Ihr
gez[eichnet] W[illy] B[randt]

Nr. 26
Schreiben des Vorsitzenden der SPD, Brandt, an den Vorsitzenden der CDU/CSU-Bundestagsfraktion, Barzel
27. Juni 1969[1]

AdsD, WBA, A 7, 52.

Sehr geehrter Herr Kollege,
für Ihr Schreiben vom 18. Juni [1969] danke ich Ihnen.[2] So wie Sie bedauere ich, daß der Ertrag der Koalition für den demokratischen Stil offenbar noch einiges zu wünschen übrig läßt. Ich sehe die darin liegenden Gefahren für unseren Staat sehr wohl und möchte mithelfen, sie auszuräumen. Allerdings gibt es wohl eine Reihe von Sachfragen, in denen wir unterschiedlicher Meinung sind.

Gern bin ich bereit, meinen Beitrag zur Klärung und nach Möglichkeit zur Verständigung zwischen unseren Parteien zu leisten. Das wird allerdings nur möglich sein, wenn beide Seiten sich ernsthaft darum bemühen.

Es handelt sich für mich gewiß nicht darum, ob oder daß die CDU gelegentlich Beifall von der falschen Seite erhält. Soweit das geschehen sein mag, bin ich so wenig wie meine Freunde darauf eingegangen. Gegenstand und Anlaß meiner Kritik war vielmehr das Verhalten der CSU, die zwar mit Ihnen eine gemeinsame Fraktion bildet, sich aber immer wieder in einer Weise öffentlich äußert, die ihr Verhältnis zur Koalition und zum Koalitionspartner SPD zweifelhaft macht. Seit Beginn unserer Zusammenarbeit ist die gemeinsame, von mir vertretene Außenpolitik Gegenstand ständiger heftiger Angriffe des Bayern-Kurier. Die Veröffentlichungen haben häufig einen herabsetzenden Charakter, machen vor persönlichen Diffamierungen nicht halt und scheuen sich nicht, auch das Auswärtige Amt und meine Mitarbeiter darin einzubeziehen. Thematik, Stil, Form und Sprache der Veröffentlichungen im Bayern-Kurier offenbaren in einer Reihe von Fällen leider eine erschreckende Verwandtschaft mit solchen in der National-Zeitung. Ich sage das nicht ohne Überlegung.

Eine sorgfältige Gegenüberstellung wird Sie bei unvoreingenommener Prüfung zu demselben Ergebnis führen müssen.

Zunächst habe ich dazu öffentlich geschwiegen. Wiederholt habe ich Herrn Kollegen Strauß, den Herausgeber des Bayern-Kurier, auf diesen Sachverhalt hingewiesen, gelegentlich auch im Kreßbronner Kreis[3] darüber gesprochen. Irgendwelche Ergebnisse haben diese Bemühungen nicht gehabt. Halten Sie es auf die Dauer für erträglich, daß der Herausgeber des Bayern-Kurier sich im Gegenteil ständig darauf beruft, er könne auf die einzelnen Veröffentlichungen keinen Einfluß nehmen, wenn doch nicht geleugnet werden kann, daß es sich um eine grundsätzlich bewußt und systematisch vertretene Haltung handelt? – Obwohl die CDU dieses Vorgehen der CSU bisher ständig toleriert hat, habe ich mich bewußt darauf beschränkt, die Auseinandersetzung – und auch das erst in der letzten Zeit – nur auf die CSU zu beziehen.

Zu Ihren drei Punkten:

1.) Meine Rede vor dem Parteitag am 18. April 1969 weist auf den vorstehend dargelegten Sachverhalt hin. Von der „Mini-Ausgabe einer neuen Harzburger Front" ist aber tatsächlich nur in Zusammenhang mit den Zeitungen die Rede.[4] Weder die CDU noch die CDU/CSU-Bundestagsfraktion sind hier genannt oder gemeint.

2.) Günter Grass spricht in eigener Verantwortung. Ich stimme mit ihm und mit der „Sozialdemokratischen Wählerinitiative" nicht immer überein, wie ich auch auf dem Landesparteitag der SPD in Ingolstadt am 22. d[e]s M[ona]ts öffentlich dargelegt habe.[5] Ähnliches gilt aus Ihrer Sicht vermutlich für den einen oder anderen Schriftsteller oder sonst nicht-parteigebundenen Helfer, der sich zugunsten der Union geäußert hat.

Mir ist im übrigen dargetan worden, daß die Äußerungen von Herrn Grass gegenüber dem Interviewer der NBC mißverständlich wiedergegeben wurden. Unabhängig davon kann und will ich mich selbstverständlich nicht mit Äußerungen identifizieren, die ehrkränkenden Chararakter haben.

3.) Das Zitat aus der „Berliner Stimme" war mir neu, und ich kann es mir nicht zu eigen machen. Ich habe auch erst auf diese

Weise erfahren, daß die Anspielung auf die „Harzburger Front" schon Monate vor meiner Parteitagsrede gebraucht worden war. An Sie, verehrter Herr Kollege, hatte ich im April [1969] ganz bestimmt nicht gedacht; dies habe ich oben bereits klargemacht.

Allerdings bitte ich Sie auch, die Sorge zu verstehen, die viele meiner Freunde und mich selbst auf Grund mancher Äußerungen aus den Reihen der Union erfüllte. Meines Erachtens hat es sich die Union auch zu leicht gemacht, als sie am 5. März [1969] in Berlin darauf setzte, ihren Kandidaten mit Hilfe der NPD-Stimmen zum Bundespräsidenten gewählt zu bekommen.[6]

Ich habe kürzlich im Koalitionskreis, ohne eine Antwort darauf zu bekommen, auf die kränkenden Äußerungen verwiesen, die der Abgeordnete Aigner in bezug auf mich gemacht hat. Inzwischen hat gegen meinen Freund Herbert Wehner eine neue böse Verleumdungskampagne begonnen, angeführt durch eine Veröffentlichung desselben Hans Frederik, der einigen Unionspolitikern wohl bekannt ist und der außerdem vom Presse- und Informationsamt der Bundesregierung – wie mir berichtet wird – regelmäßige Geldzuwendungen erhält.[7]

Dies ist keine „Gegenrechnung". Ich bedaure eine Entwicklung, die uns miteinander auf Abwege führt. Ich stehe nicht an zu erklären, daß ich auch manche Äußerung auf meiner Seite für vermeidbar halte. Ich war und bin bereit, darauf hinzuwirken, daß Entgleisungen vermieden werden. Doch ist das nur dann mit Aussicht auf Erfolg möglich, wenn von allen Beteiligten die gleiche Haltung eingenommen wird. Verantwortung und Fairneß kann nicht nur von einer Seite gefordert werden. Sie muß von uns allen nicht zuletzt deshalb angestrebt werden, weil die Form unserer Auseinandersetzungen für die Stabilität der Demokratie in unserem Lande von entscheidender Bedeutung bleibt. Ich sehe hier eine unverändert fortbestehende Aufgabe unserer Koalition, die trotz der Wahlauseinandersetzungen davor nicht verzagen darf.

Auch ich darf dem Herrn Bundeskanzler eine Kopie dieses Briefes senden.
Mit freundlichen Grüßen
gez[eichnet] Ihr Brandt

Nr. 27
Aus den Ausführungen des Vorsitzenden der SPD, Brandt, auf der gemeinsamen Sitzung von Parteirat, Parteivorstand und Kontrollkommission der SPD
28. Juni 1969[1]

AdsD, SPD-Parteivorstand, PV-Protokolle.

[...] NPD – ich denke, da bedarf unsere Haltung keiner besonderen Erläuterung. Wir sollten, das mag gesagt sein, wir sollten der NPD im Wahlkampf nicht den Gefallen tun, sie als politische Gegner dadurch aufzuwerten, daß man ihre Äußerungen häufig zum Gegenstand politischer Auseinandersetzung macht und dadurch deren Äußerung mit verbreiten hilft. Auch nicht die NPD durch Podiumsdiskussion aufwerten. Wir waren im Vorstand gestern der Meinung, daß von ganz seltenen Ausnahmen abgesehen, es gibt solche, es mag solche geben, Teilnahme von uns und hoffentlich auch von den anderen demokratischen Parteien an Podiumsdiskussionen mit der NPD nicht in Betracht kommt. Die Ausnahme, die gestern erwähnt wurde und die überzeugend dargestellt wurde, war eine vor Oberschülern in einer mittleren Stadt, die Rechtsradikalismus behandelt hat, und die einen von der NPD hören wollten, und wo man diesem nicht das Feld dort überlassen durfte. Aber etwas anderes ist mindestens so wichtig, Genossen. Ich weiß ja auch, daß man vom Gesundbeten nicht gesund wird und daß, wenn man nur immer wieder sagt, die NPD kommt nicht rein, daß man damit noch keine Garantie dafür hat, daß sie wirklich nicht reinkommt. Ich meine nur umgekehrt, man hilft, ohne es zu wollen, der NPD, wenn man mit dazu beiträgt, den Eindruck entstehen zu lassen, dagegen ist kein Kraut gewachsen. Und ich sage Euch, das ist noch gar nicht sicher, es ist aus meiner Überzeugung nach wirklich noch nicht sicher, ob sie im Bundesdurchschnitt über 5 [Prozent] liegt. Ich war neulich in Dortmund, die Genossen im Revier halten es für möglich, daß sie dort auf 2,5 [Prozent] bleiben, die NPD. Wenn das in einigen weiteren Ballungsgebieten geschieht, dann wird der Prozentsatz doch stark runtergedrückt. – Zwischenbemerkung – Es müssen 5 % im Bundesdurchschnitt sein. Das heißt nicht, einem Fatalismus hier Lauf lassen a), und b) sollten sie den Sprung machen, wenn's einer ist, dann sich daran erinnern, daß wir einen solchen Prozentsatz von Rechtsradikalen in Landtagen und in den beiden ersten Bundestagen gehabt haben.[2] – Zwischenbemerkung – Ja, [in] anderen demokratischen Staaten. Da habe ich in Washington etwas frech gesagt im April [1969], als mich Journalisten fragten, was aus der NPD wird, gesagt, eines kann ich Euch garantieren, – da guckten die – da habe ich gesagt, bei uns bleiben die unter 13 %. Ja, damit meinte ich die Wallace-Wähler.[3] – Zwischenbemerkung – Das heißt, wenn dort Verhältniswahlrecht wäre, nicht, wären dort – wie in England – die Rechtsradikalen mit starken Gruppen im Parlament. Ist keine Hilfe für uns. Aber, Genossen, auch neuere Untersuchungen bestätigen das früher festgestellte Bild, daß bestimmte oder Teile von Wählergruppen, die bisher uns zuneigten, zur NPD hin tendieren, oder – anders gesagt – daß zu denen, die was abgeben an sie, auch wir gehören. Das haben wir ja auch außerdem ablesen können in einigen Regionen. Und hier ist immer soviel von Heimatvertriebenen geredet worden, manchmal übertrieben geredet worden. Und es wird immer noch unterschätzt, daß die Gruppe der ungelernten Arbeiter eine nicht ungefährdete Gruppe in diesem Zusammenhang ist. Im Falle der Arbeiter haben bisherige Erfahrungen gezeigt, daß Reste vorhandener Loyalitäten auf lokaler und regionaler Ebene häufig leicht wieder aktivert werden können. Wir müssen uns um die Vertriebenen und Flüchtlinge kümmern. Wir dürfen die Bundeswehr nicht verprellen. Wir dürfen in den Gegenden, in denen es bessere Gesprächsmöglichkeiten als früher gibt, die Bauern nicht sich selbst überlassen. Und vor allem anderen wissen und sagen, und unseren Genossen sagen, die es noch nicht begriffen haben, Krawalle, tätliche Auseinandersetzungen, die sich auf Veranstaltungen der SPD beziehen, helfen der NPD. Das heißt, sie helfen nicht nur der NPD, sie helfen in manchen Gebieten auch der CSU, wenn sich dies mehr auf uns konzentriert als auf sie. Aber der Vorgang insgesamt hilft nicht nur rechts-global, sondern hilft der äußersten Rechten insbesondere.

Was die Kommunisten angeht, DKP, ADF[4], so will ich nur der Ordnung halber betonen, die grundsätzliche Ablehnung jeglicher Form politischer Kooperation, die Zurückweisung aller Anbiederungsversuche, ist wiederholt ausgesprochen worden. Und ich denke, es ist unter allen Umständen daran festzuhalten, daß keine – wie auch immer gearteten – Gelegenheitskompromisse in dieser Frage möglich sind. Und daß dort, wo es notwendig ist, wo es also aus betrieblichen Positionen oder Nachwirken traditionellen Einflusses Möglichkeiten gibt, für die KP, da eben auch ganz primitiv darauf hinweisen, die Arbeitergruppen, um die es geht, daß Stimmen für diese Partei verlorene Stimmen sind, einfach weggeworfene Stimmen sind, und dadurch zu einer Stärkung der CDU führen im Bundestag. Die APO, die sich ja für links hält, wird uns ja in verschiedenen Erscheinungsformen noch über die nächsten Jahre hinweg einiges an Problemen aufgeben. Dazu ist jetzt nicht die Zeit, auch nicht, sich mit den Argumenten des nicht randalierenden Teils dieser Gruppen auseinanderzusetzen. Das müssen wir später machen. Für mich geht's jetzt um ein paar Orientierungspunkte. Ich wäre froh, wenn sie dem entsprächen, was weithin gemeinsame Überzeugung in unseren Reihen ist zu Beginn eines Wahlkampfes. Ich denke, wir sitzen über den Wahlkampf hinaus am längeren Hebel, wenn wir nach allen Seiten hin eine harte, aber sachliche Auseinandersetzung führen, wenn wir auf das Mobilisieren von Vorurteilen und Emotionen verzichten, wenn wir den Bürgern zeigen, wer harte Sachauseinandersetzung mit Emotionen und Vorurteilen vertauschen will. Auf keinen Fall sollten wir uns auf die gleiche Stufe mit den großen – aber eben auch schrecklichen Vereinfachern stellen, die es auf beiden Seiten von uns gibt. Das ist die eine Erwägung, die ist nicht neu, die gilt weiter, die gilt über die Wahlzeit hinaus. Zweitens warten ja einige unter den Linken – gerade aus der jungen Generation – nur darauf, daß sich das Establishment ‹dekuvriert›[5]. Sie warten auf unüberlegte Aktionen irgendwelcher Ordnungsmächte, die oft genug nicht wissen, wie sie taktisch am klügsten den oft provozierenden Aktionen entgegentreten sollen. Sie warten darauf, daß sich der – wie sie behaupten – wahre Charakter unserer Gesellschaft auf diese Weise enthülle und daß sich das Gesicht eines, wie sie meinen, autoritären oder gar faschistischen Staates zeige. Weil das so ist, kommt es sehr darauf an, sich nicht provozieren zu lassen. Ich habe Beispiele erlebt im Vorwahlkampf, wo einige der braven Genossen zu früh junge Leute rausschmeissen wollen, die, wenn man sie ruhig auch mal einen Zwischenruf machen läßt, jedenfalls jemand wie mich darin unterstützen, zu einer etwas weniger langweiligen Rede zu kommen. Wenn also gar kein Leben in der Bude ist, dann kommt man manchmal gar nicht in Fahrt. Also nicht – Zwischenbemerkung, Heiterkeit – ja, nicht provozieren lassen. Dritter Punkt. Wir dürfen keine Konzessionen machen an Leute, die mit Gewalttätigkeiten operieren. Aber ich meine jetzt nicht nur die physischen Gewalttätigkeiten, sondern, das muß sich erstrecken auf alles das, was Haß und Unduldsamkeit, nicht nur physische Gewalt in die politische Auseinandersetzung hineinträgt, und da gebieten uns Erfahrung und Verantwortung, nicht nachzugeben. Und nachdem ich eben gesagt habe, nicht provozieren lassen, auch nicht einfach hier als ‹sanfter Heinrich›[6] durch die Lande ziehen wollen, sondern, wo es notwendig ist, dann mal dafür sorgen, daß alle wissen, wo also die Stühle stehen sollen in der Stube, oder die Tassen im Schrank bleiben sollen. Eine gewisse Differenzierung ist immer noch, jedenfalls noch im Vorwahlkampf, an manchen Fällen möglich zwischen denen, die eben nur – das sage ich mal bewußt – andere Auffassungen haben und ‹denen, mit denen›[7] man nichts anderes tun kann als hart gegenzuhalten, die auf Störung und Zerstörung aus sind. Und dabei gilt dann weiter – und das muß gesagt werden – egal ob's alle immer gleich hören wollen oder nicht, daß wir diejenige politische Gemeinschaft sind, die bereit und hoffentlich auch fähig bleibt, alle wichtigen Impulse, auch die ihrer Kritiker, in sich aufzunehmen. Aber daß es schwer ist, mit Leuten zu reden, die nur von der eigenen Anständigkeit, von der Richtigkeit der eigenen Antworten, von der Tiefe und Genauigkeit der eigenen Analyse überzeugt sind, und nicht begriffen haben, daß man sich auch selbst relativieren und in Frage stellen können muß. [...]

Nr. 28
Aus dem Interview des Vizekanzlers, Brandt, für *Der Spiegel*
15. September 1969[1]

Der Spiegel, Nr. 38 vom 15. September 1969, S. 39–52.

[...]
SPIEGEL: Die Parole der CDU „Auf den Kanzler kommt es an"[2] ist etwas, das sicher vielen Leuten einleuchtet. Wie soll ein Kanzler beschaffen sein?
BRANDT: Zunächst, finde ich, kommt es auf den Wähler an. Und auf die Politik. Der CDU wird ihre Parole noch leid tun: Das Schicksal von 60 Millionen darf doch nicht auf zwei Augen ruhen. Zur Beschaffenheit eines Kanzlers: Solche Figuren kann man nicht aus der Retorte machen.
SPIEGEL: Können Sie es an lebenden Figuren schildern?
BRANDT: Stellen Sie sich vor, die Konstellation 1949 hätte ergeben, daß Konrad Adenauer nicht zum Kanzler gewählt worden wäre, sondern aus Gemeinheit – was einige seiner Parteifreunde vorhatten – zum Bundespräsidenten, und daß Theodor Heuss nicht zum Präsidenten, sondern zum Kanzler gewählt worden wäre. Mit demselben Grundgesetz wäre eine andere Verfassungswirklichkeit entstanden.
SPIEGEL: Gesetzt, Sie hätten recht – was lehrt uns das?
BRANDT: Der Kanzler wird je nach der politischen Konstellation und nach seinem Naturell die Verfassungswirklichkeit bestimmen. Nicht, indem er die Verfassung bricht, aber indem er sie anwendet. Das läßt sich nicht einfach allemal vorhersagen, unabhängig von den Personen und den Konstellationen.
SPIEGEL: Sie sprechen über den Kanzler, den Kanzler als Verfassungs-Institution, noch immer so verhalten, daß man sich fragen muß: Sind Sie nicht vielleicht viel lieber Außenminister, als daß Sie Kanzler wären?
BRANDT: Die Verfassung schließt nicht aus, daß man beides ist.
SPIEGEL: Könnten Sie beides sein?

BRANDT: Das war nur eine Anmerkung. Adenauer hat das eine Weile gemacht[3], aber heutzutage wäre es zuviel für einen allein. Hier liegt natürlich ein Problem: Jeder außenpolitisch interessierte Kanzler gerät in die Versuchung, dem Außenminister ins Handwerk zu pfuschen. Ganz gut geht es wohl nur, wenn der Regierungschef sich ganz auf die Innenpolitik konzentriert, wie etwa in Holland. Da wird über Außenpolitik gar nicht gesprochen im Kabinett, wenn Luns nicht da ist. Wenn er dann aber mal kommt – so sagen Spaßvögel –, steht in den Überschriften der Zeitungen: „Luns stattet den Niederlanden einen Besuch ab." Und dann wird auch im Kabinett über Außenpolitik gesprochen.
SPIEGEL: Kiesingers Hobby ist aber leider gerade die Außenpolitik.
BRANDT: Als Kiesinger Kanzler geworden war, hat er mal gesagt, er wäre eigentlich lieber Außenminister geworden. Das ist auch eine schöne Aufgabe, und ich hätte es gern weitergemacht. Aber das ist so nicht mehr drin, meine Herren. Denn ich kann mir nach dem heutigen Stand der Dinge keine Koalition denken – insofern sind wir dann doch noch mal bei allem Anfang –, bei der für einen Außenminister Brandt Platz ist.
SPIEGEL: In einer Großen Koalition, wenn sie fortgesetzt würde, wäre für einen Außenminister Brandt kein Platz?
BRANDT: Auch eine Große Koalition macht es unwahrscheinlich, daß es einen Außenminister Brandt gibt. Es sei denn, er bekommt eine ganz klare Bestätigung, daß er nach dem Grundgesetz für sein Ressort so verantwortlich ist wie andere Minister für das ihre und daß nicht aus der Richtlinienkompetenz eine Bürokraten-Zuständigkeit des Bundeskanzleramts für den Außenminister wird.
SPIEGEL: Herr Minister, heißt das, daß Sie bei Koalitionsverhandlungen mit der CDU/CSU eine größere Ressort-Souveränität des Außenministers Brandt gegenüber dem Kanzler zur Bedingung machen werden?
BRANDT: Ich hatte Ihnen schon gesagt, daß ich keine etwaigen Koalitionsgespräche vorwegnehme. Im übrigen: Ja.
SPIEGEL: Und wenn Sie diesen Punkt in den Koalitionsverhandlungen nicht durchsetzen, dann ist es zwar möglich, daß die Große

Koalition fortgesetzt wird, aber nicht mit einem Außenminister Brandt?
BRANDT: So ist es.
SPIEGEL: Sie nehmen aber auch kein anderes Ressort an?
BRANDT: Das kann ich mir schwer vorstellen. Aber ich kann nicht sagen, ich ginge überhaupt nicht ins Kabinett.
SPIEGEL: Als was sonst, wenn nicht als Außenminister?
BRANDT: Es ist immerhin möglich, daß jemand ganz bewußt ohne Ressort in die Regierung geht, nur als Stellvertreter des Bundeskanzlers, und nur die Aufgabe hat...
SPIEGEL: ... Schwierigkeiten zu machen...
BRANDT: ... seine Seite am Kabinettstisch zusammenzuhalten.
SPIEGEL: Wie soll das faktisch aussehen, ein Bundeskanzler-Stellvertreter ohne Ressort?
BRANDT: Nach der Verfassung gibt es den Bundesminister ohne Ministerium. Wenn das so abgemacht ist, kriegt er den Brief, den nach dem Grundgesetz ein Bundesminister bekommt, daß er Stellvertreter des Kanzlers ist.
SPIEGEL: Wer würde dann von der SPD als Außenminister gestellt? Helmut Schmidt?
BRANDT: ‹Wer wollte seine Fähigkeiten bestreiten? Sie wissen doch, wir haben die richtigen Männer.[4] Bei uns hängt das nicht nur von zwei Augen ab.›[5]
SPIEGEL: Herr Minister, wir danken Ihnen für dieses Gespräch.

Nr. 29
Schreiben des Bundesministers des Auswärtigen, Brandt, an den Bundeskanzler, Kiesinger
25. September 1969[1]

AdsD, WBA, A 7, 52.

Sehr geehrter Herr Bundeskanzler,
die ständigen Auseinandersetzungen, die Sie mit dem Herrn Bundeswirtschaftsminister über komplizierte Fach-Fragen der internationalen Währungsordnung führen, erfüllen mich mit großer Sorge. Gestern, am 24. September 1969, hat es wieder einen derartigen Fall gegeben. Nach den Indiskretionen in bezug auf Ihr Fernschreiben hatte der Bundeswirtschaftsminister keine Möglichkeit, das Für und Wider einer vorübergehenden Schließung der Devisenbörsen mit Ihnen und der Deutschen Bundesbank zu erörtern.[2] Tatsächlich wird mir schon berichtet, daß sich Schwierigkeiten für ausländische Reisende in Deutschland und für die Abwicklung des Zahlungsverkehrs im Außenhandel ergeben.

Ich enthalte mich jeder fachlichen Stellungnahme, betone aber, daß die Bundesrepublik Deutschland als zweitstärkste Handelsnation der Welt sich eine derartige Eskapade nicht ohne Schaden leisten kann und unsere internationale Geltung darunter leidet. Dies kann, wie Sie verstehen werden, dem Bundesaußenminister nicht gleichgültig sein.

1. Ich erwarte daher, daß morgen auf der außerordentlichen Kabinettssitzung endlich ein glaubhaftes Stabilitätsprogramm beschlossen wird.[3] Dabei können währungspolitische Entscheidungen bei der gegenwärtigen Lage nicht zur Diskussion stehen.

2. Ich bin bereit, mit Ihnen ein währungspolitisches Stillhalteabkommen zu schließen, damit die Spekulationsflucht schwächerer Währungen in die DM beendet wird und Möglichkeiten für eine ruhige und konstruktive Fortentwicklung der internationalen Währungsordnung entstehen.[4] Ich mache Ihnen diesen Vorschlag in vol-

lem Einvernehmen mit Professor Dr. Karl Schiller und mit Zustimmung der sozialdemokratischen Kabinettskollegen.

Ihre rasche Antwort erwartend,
mit freundlichem Gruß
gez[eichnet] Brandt

Nr. 30
Interview des Bundesministers des Auswärtigen und Vorsitzenden der SPD, Brandt, für das deutsche Fernsehen
28. September 1969[1]

AdsD, WBA, A 8, 61.

[Brandt:] Erst muß ich ein Wort sagen, nicht als Parteivorsitzender, sondern als derjenige, der sich jetzt fast drei Jahre um die Aussenpolitik zu kümmern hatte: Ich finde, es ist wirklich gut für Deutschland, daß der erklärte Rechtsextremismus nicht im Bundestag vertreten sein wird.[2] Das ist das erste.

Als Vorsitzender meiner Partei möchte ich sagen: Dies ist das beste Ergebnis, das wir bisher gehabt haben, und deshalb liegt mir natürlich sehr daran, allen Wählern zu danken und insbesondere auch denen Dank zu sagen, die so gut mitgeholfen haben in diesen letzten Monaten und Wochen.

Dann darf ich schlicht feststellen: Die SPD ist die größte Partei. Sie hat wieder über eine Million Stimmen dazugewonnen.
Frage: Die CDU/CSU zählen Sie nicht als eine Partei?
Brandt: Nein, wenn sie in Wahlen nicht das sein will, dann darf man wohl sagen, wenn die Wahl zu Ende ist, wer die stärkste Partei ist und wer die zweitstärkste ist. Die SPD ist die stärkste Partei, die CDU die zweitstärkste. Die CDU hat ausserdem nicht gewonnen, sondern sie hat verloren. Der Abstand – und jetzt zähle ich doch mal CDU-CSU zusammen – der Abstand zwischen CDU-CSU und SPD ist gut halbiert worden

von über 8 % Abstand auf 4 [%]; vielleicht werden es noch ein bißchen weniger als 4 [%]. Wir sind ja noch nicht ganz am Ende des Auszählens.[3]

Ja, das ist das Ergebnis. Und nun zu den Folgerungen:

Eine Koalition der Verlierer, ich wiederhole: eine Koalition der Verlierer wäre kein angemessenes Ergebnis oder keine angemessene Folgerung aus dem Ergebnis.

Frage: Damit meinen Sie eine Koalition zwischen CDU und FDP?

Brandt: Genau; denn die FDP hat stark verloren, die CDU hat schwach verloren. Einer, der stark verliert, und einer, der schwach verliert, sind dann Verlierer, nicht wahr? Keine Frage, keine Frage.

Ausserdem ist das so: Diejenigen früheren FDP-Wähler, die eine Koalition mit der CDU wollten, die haben CDU gewählt. Das ist ein klarer Fall. Diejenigen FDP-Anhänger, die mit Scheel etwas anderes wollten, die haben Scheel gewählt, d. h. (Stimmengewirr) man hat doch vorher gesagt: Wer die FDP wählt, wählt SPD und FDP[4], d. h., man muß jetzt nüchtern davon ausgehen: SPD und FDP haben mehr als CDU und CSU. Das ist das Ergebnis. Unabhängig davon kann ich mir nicht vorstellen, wie man in diesem Land Wirtschaftspolitik, Sozialpolitik und Aussenpolitik gegen eine Partei von der Statur der SPD machen will, die bei den letzten drei Wahlen über 10 % Stimmen gemessen am Gesamtergebnis dazugewonnen hat.[5] Und jetzt noch was die unmittelbar anstehenden Schritte angeht, die SPD tritt in die notwendigen Verhandlungen, Verhandlungen sind notwendig, nicht im Gefühl des zweiten Siegers ein, sondern als die einzige Partei, deren Wahlergebnis ein[en] Zuwachs an Vertrauen ausdrückt. Ich habe die FDP wissen lassen, daß wir zu Gesprächen mit ihr bereit sind.[6] Dies ist der jetzt fällige Schritt von unserer Seite. Über alles andere wird morgen zu reden sein.

Frage: Der Bundeskanzler hat eben gesagt, er hält bei diesem Ergebnis eine Koalition SPD-FDP aus politischen Gründen nicht für möglich, nicht von den Zahlen her, sondern aus politischen Gründen.[7] Sehen Sie das offenbar anders?

Brandt: Das sehe ich anders, ja.

Frage: Das letzte Mal waren 6 Mandate nicht genug. Im Moment hat die SPD und die FDP, wenn man sie zusammenzählt, einen Vor-

sprung von 6 Mandaten, vielleicht vergrössert er sich durch Überhangmandate, aber warum sind diesmal 8 oder 10 Mandate genug, wenn das letzte Mal 6 Mandate nicht genug waren?
Brandt: Ich habe gesagt: wir sind bereit zu Gesprächen.
Frage: Aber aus Ihren Äusserungen geht hervor, daß Sie, und Sie haben es eben selbst gesagt, ... (Unterbrechung)
Brandt: Dies ist die erste Wahl ...
Frage: ... und Sie sind natürlich offensichtlich persönlich stärker für ein Zusammengehen der SPD mit der FDP?
Brandt: Nein, die Situation ist doch so, daß die Alternative ist die „Koalition der Verlierer".
Frage: Und eine Große Koalition schliessen Sie aus?
Brandt: Haben Sie irgendwas gehört?
Frage: Nein, nein. Ich frage Sie.
Brandt: Ich habe gesagt vorher, was jetzt meiner Meinung nach der jetzt notwendige politische Schritt ist.
Frage: Eine Große Koalition, für den Fall, daß sie fortgesetzt werden sollte, würde Sie als Vizekanzler und Aussenminister wiedersehen?
Brandt: Das greift alles den Dingen weit voraus. Jetzt muß gesprochen werden, morgen und übermorgen, und dann werden wir darüber berichten, was sich als Lösung abzeichnet.
Frage: Können Sie sich eine Große Koalition ohne einen Vertrag über das Mehrheitswahlrecht länger als zwei Jahre vorstellen?
Brandt: Ich weiß gar nicht, was die Diskussion über die Große Koalition jetzt soll. Sie ist in diesem Augenblick keine sich anbietende Lösung.
Frage: Auch keine Große Koalition unter dem Kanzler Brandt?
Brandt: Das wäre eben nur dann möglich, wenn die beiden anderen sich tatsächlich auch im Bundestag als Fraktionen konstituieren. Das wäre ehrlich; aber ich denke nicht, daß das so gehandhabt werden wird.
Frage: Sie haben der FDP Verhandlungen angeboten. Laufen die etwa schon über Heinz Kühn?
Brandt: Ich nehme an, daß Herr Kühn auch mit seinen Kollegen spricht.[8] Nein, ich habe nur wissen lassen, daß Gespräche stattfinden

können. Das bedeutet nicht, daß in der Nacht noch groß verhandelt wird. Herr Scheel braucht sicher erst seine Gremien beieinander, und ich glaube, sein Vorstand tagt erst am Dienstag.
Frage: Sie sehen also, sagen wir für die nächsten 2 bis 3 Stunden, in dieser Nacht keine Begegnung zwischen Ihnen und Herrn Scheel z. B.?
Brandt: Nein, nicht nur während der nächsten 2, 3 Stunden, sondern ich gehe schlafen. Ich weiß nicht, was Herr Scheel noch vorhat. Nein, das ist nicht notwendig, daß wir jetzt in dieser Nacht miteinander reden.
Frage: Nun hat Herr Barzel vorhin in der Runde der Fraktionsvorsitzenden gesagt, und Helmut Schmidt hat ihm da sogar expressis verbis zugestimmt, daß nach bisherigem Brauch die CDU zu Gesprächen einlädt. Sie sehen das offensichtlich anders?
Brandt: Ja.
Frage: Sie sehen das von der Partei her und nicht von der Fraktion?
Brandt: So ist es.

Nr. 31
Hs. Notizen des Vorsitzenden der SPD, Brandt, über ein Gespräch mit dem Vorsitzenden der FDP, Scheel
29. September 1969[1]

AdsD, WBA, A 11, Hs. Aufzeichnungen, 4.

1) Sch[eel] berichtet über Landesvorstand NRW: 39:1:1
   Mende habe sich öffentlich negativ geäussert[2]
2) B[randt] berichtet über gemeinsame Sitzung von P[artei-]V[orstand] + F[raktions-]V[orstand][3]
   + sagt, man müsse bald Nägel mit Köpfen machen
3) Sch[eel]: erst Parteivorstand + Fraktion am Dienstag, dann Bundesparteiausschuß am Mittwoch

Willy Brandt mit Karl Schiller (li.) und Walter Scheel (m.) bei den Koalitionsverhandlungen von SPD und FDP am 30. September 1969.

4) B[randt]: bereit, sich vor der Fraktion zu äussern, falls Sch[eel] dies für sachdienlich halten sollte
5) B[randt]: für Koordinierung der Gespräche A[lex] Möller zuständig
   Es empfiehlt sich, rasch eine Grundsatzentscheidung zu treffen
   Gleich danach müsse eingehend über die Sachfragen mit Hinblick auf Reg[ierungs]programm beraten werden
   Über Personalfragen sollte nicht zuerst zwischen den Kommissionen, sondern zwischen den Vorsitzenden gesprochen werden
   Sch[eel]: einverstanden
6) Sch[eel]: Telegramme aus Partei + Publikum: Zustimmung zu Koalition mit SPD
   Aus Wirtschaftskreisen Warnungen, vermutlich von CDU gesteuert

201 Notizen über Gespräch mit Scheel, 29. Sept. 1969

7) B[randt]: Kühn ist bereit, Koalition in NRW auch nach nächsten L[and-]T[ags]-Wahlen weiterzuführen

Osswald ist bereit, über punktuelle Verständigung in Hessen zu sprechen + schliesst darüber Hinausgehendes nicht aus[4]

8) Sch[eel] gibt zu erkennen, dass er gerne A[uswärtiges] A[mt] übernehmen möchte. Er hält nichts von der Anregung Weyers, ihm das B[undes-]M[inisterium für Wi[rtschaft] oder B[undes-]M[inisterium für] F[orschung] zu übertragen

B[randt] deutet an, FDP sollte sich – bei Reduzierung der Gesamtzahl der Ministerien – Gedanken betr. Justiz (Genscher?) und Landwirtschaft machen.

Sch[eel] gibt zu erkennen, dass es zweckmässig sein könnte, Ertl zum StS zu machen

9) Sch[eel] hält nicht viel von Staatsministern. Lieber PStS mit Zuständigkeiten

B[randt]: für Auslandstätigkeit könnten diese den Ministerrang erhalten

Nr. 32
Hs. Schreiben des Vorsitzenden der SPD, Brandt, an den Bundeskanzler, Kiesinger
9. Oktober 1969[1]

AdsD, WBA, A 7, 13.

Sehr geehrter Herr Bundeskanzler,
da ich an der gestrigen Kabinettssitzung, der vermutlich letzten der Regierung der Grossen Koalition, nicht teilnehmen konnte, habe ich auch nicht auf Ihre abschliessenden Ausführungen antworten können. Ich möchte Sie auf diese Weise gern wissen lassen, dass meine Freunde und ich zu würdigen wissen, was Sie über die gemeinsame Arbeit gesagt haben.[2]

Weder zurückliegende noch bevorstehende Kontroversen werden mich abhalten, zu dem zu stehen, was wir seit Ende 1966 miteinander geleistet haben; es ist unserem Vaterland nicht schlecht bekommen. Die künftige Regierung wird sich auf das zu stützen haben, was durch die Grosse Koalition konzipiert, angepackt und zu einem nicht geringen Teil ja auch verwirklicht wurde.

Wir stehen, so oder so, in gemeinsamer Verantwortung. Auch deshalb kann dies kein politischer Abschiedsbrief sein. Aber ich wollte Ihren gestrigen Rückblick doch nicht ohne eine Antwort lassen, in die der persönliche Respekt vor Ihrer Kanzlerschaft einbezogen ist.

Mit freundlichen Grüssen
Ihr
Willy Brandt

Nr. 33
Schreiben des Bundesministers des Auswärtigen, Brandt, an den Politikwissenschaftler Eschenburg
20. Oktober 1969[1]

AdsD, WBA, A 7, 3.

Lieber Herr Eschenburg,
in Ihrem Schreiben vom 14. Oktober [1969] weisen Sie auf institutionelle Bedenken gegen die Bestellung eines Bundesministers als Chef des Kanzleramtes hin;[2] hierfür danke ich Ihnen sehr. Die Fragen sind im Zusammenhang mit der Regierungsbildung sehr eingehend erörtert worden.

Sicherlich müssen die institutionellen Schranken gesehen und respektiert werden, die sich aus der verfassungsrechtlichen Zuordnung von Kanzler-, Kabinett- und Ressortprinzip ergeben. Das Kanzleramt ist zweifellos kein Ressort im Sinne des Artikels 65 GG.[3]

Ich stimme mit Ihnen überein, daß sich hieraus institutionelle Folgerungen einmal im Verhältnis zum Bundeskanzler, aber auch gegenüber dem Kabinett und den Ressortministern ergeben. Diese Folgerungen werden aber durch die Berufung eines Bundesministers ohne Geschäftsbereich als Chef des Kanzleramtes nicht überspielt. Natürlich muß Klarheit über die Funktion bestehen; das ist aber gewährleistet.

Die Leitung des Kanzleramtes kann innerhalb bestimmter Grenzen recht verschieden ausgestaltet werden; nicht nur die bisherige Praxis beweist das. Ich halte eine gewisse institutionelle Flexibilität auch für richtig. Deshalb kann weder ein Präjudiz Globke noch ein Präjudiz Westrick alleinige Geltung beanspruchen.[4] Für die nächste Regierung unter meiner Kanzlerschaft halte ich die gefundene Organisationsform für gut. Ohne Veränderung des Amtsinhalts und ohne Beeinträchtigung der vollen Offenheit des Kanzleramtes nach oben gewährleistet sie vor allem, daß die persönlichen Verantwortungsverhältnisse auch gegenüber dem Parlament durchsichtig sind.

Es geht also nicht darum, etwa das Amtsprestige des Chefs des Kanzleramtes zu heben oder das persönliche Prestige von Herrn Prof. Ehmke im Hinblick auf seine bisherige Stellung als Bundesminister zu gewährleisten. Zumindest darin möchte ich Ihnen deutlich zustimmen, daß die Überlegungen institutioneller Art im Vordergrund stehen müssen. Nur wäre es nicht richtig, die Verteilung der üblichen Ressortverantwortlichkeit auf den Minister als politische Spitze einerseits und den beamteten Staatssekretär als Spitze der Exekutive andererseits unbesehen auf das Kanzleramt zu übertragen. Die Leitung des Kanzleramtes ist im Hinblick auf seine anders geartete Funktion ein durchaus eigenständiges Problem. Dem wird am besten Rechnung getragen, wenn der Chef des Kanzleramtes nicht über einen auf dieses Amt bezogenen spezifischen persönlichen Status verfügt, der den Gegebenheiten nur unvollkommen Rechnung tragen könnte. Es wird also in der Person von Prof. Ehmke weder eine Kombination von Minister und Staatssekretär noch einen Kanzleramtsminister geben. Die Aufgaben als Chef des Kanzleramtes be-

Willy Brandt bei der Vereidigung als Bundeskanzler durch Bundestagspräsident Kai-Uwe von Hassel am 21. Oktober 1969.

stimmen sich ausschließlich nach der verfassungsrechtlichen und geschäftsordnungsmäßigen Funktion dieses Amts, nicht nach der Stellung als Bundesminister, die in politischer Hinsicht vor allem die persönliche Verantwortlichkeit gegenüber dem Parlament gewährleisten soll.[5]
Mit freundlichen Grüßen
Ihr
‹gez[eichnet] Brandt›[6]
‹Br[andt]›[7]

Nr. 34
Vereidigung des Bundeskanzlers, Brandt, vor dem Deutschen Bundestag
21. Oktober 1969

Stenogr. Berichte 6. Deutscher Bundestag, 3. Sitzung, Bd. 71, S. 11.

Präsident von Hassel: Meine Damen und Herren! Die Sitzung ist eröffnet.

Der Herr Bundespräsident hat mir mitgeteilt, daß er nach Art. 63 des Grundgesetzes den heute vom Bundestag gewählten Abgeordneten Willy Brandt zum Bundeskanzler ernannt hat.

Herr Bundeskanzler, ich bitte Sie, zur Eidesleistung zu mir zu treten. (Die Abgeordneten erheben sich.)

Nach Art. 64 des Grundgesetzes leistet der Bundeskanzler bei der Amtsübernahme vor dem Bundestag den in Art. 56 des Grundgesetzes festgelegten Eid. Herr Bundeskanzler, ich überreiche Ihnen das Grundgesetz der Bundesrepublik Deutschland und bitte Sie, den Eid zu sprechen.

Brandt, Bundeskanzler: Ich schwöre, daß ich meine Kraft dem Wohle des deutschen Volkes widmen, seinen Nutzen mehren, Schaden von ihm wenden, das Grundgesetz und die Gesetze des Bundes wahren und verteidigen, meine Pflichten gewissenhaft erfüllen und Gerechtigkeit gegen jedermann üben werde. So wahr mir Gott helfe.[1]

Präsident von Hassel: Ich stelle fest, daß Herr Willy Brandt den im Grundgesetz vorgeschriebenen Eid vor dem Bundestag geleistet hat. Herr Bundeskanzler, die guten Wünsche des ganzen Hauses begleiten Sie in Ihr schweres Amt.

Bundeskanzler Willy Brandt und Bundespräsident Gustav Heinemann am 21. Oktober 1969 im Bundespräsidialamt. Zuvor hatte Heinemann dem neuen Bundeskanzler seine Ernennungsurkunde überreicht.

43. Woche   Mittwoch 22. Oktober   Donnerstag   292—68

8.45	BuPrä:
	Gegenzeichnung der Ministerurkunden durch BuKa
9.00	Ernennung der Minister durch BuPrä
10.00	BuHaus:
	Vereidigung der BuMinister
10.30	BuKaA:
	Kabinett
11.00	BuKa Brandt und BM Ehmke zur Amtsübernahme
	anschl. entbindet BuKa die StS Krautwig und Diehl von der Wahrnehmung ihrer bisherigen Funktionen und überträgt BM Ehmke und Ahlers die neuen Aufgaben
12.00	AA:
	Verabschiedung von BuKa Brandt und Einführung BM Scheel
14.00	BuHaus:
	Fraktionssitzung
15.45	BKA:
	Übernahme des Wachbataillones des Bundesgrenzschutzes durch BuKa
16.00	Ansprache des BuKa und Chef des BKA vor den Angehörigen des BKA
17.30	im Arbeitszimmer ? des BuKa kleine Lagebesprechung mit Ehmke, Bahr, Focke, Duckwitz, Sahm, Ahlers, Ehrenberg, Dr. Kiep
20.00	Venusberg:
	Gespräch mit G. Gaus vom "Spiegel", Leptien, Böhm, 1 Stenograf, 1 Fotograf

Auszug (22. Oktober 1969) aus dem vom Sekretariat geführten Terminkalender Willy Brandts. Die Termine zeigen den Ablauf des ersten Arbeitstags nach der am Vortag erfolgten Vereidigung des neuen Bundeskanzlers. Zum am Abend geführten Gespräch mit „Der Spiegel" vgl. Dok. Nr. 35.

Nr. 35
Aus dem Interview des Bundeskanzlers, Brandt, für *Der Spiegel*
27. Oktober 1969[1]

Der Spiegel, Nr. 44 vom 27. Oktober 1969, S. 29–34.

„EINE TOTALE OPPOSITION WIRD SCHEITERN"

SPIEGEL: Herr Bundeskanzler, Sie sind mit nur drei Stimmen Mehrheit zum neuen Regierungschef gewählt worden. Kann Ihre Regierung angesichts der zahlenmäßigen Stärke der Opposition und der Schwäche der Koalition stabil sein?

BRANDT: Für den Bundeskanzler Brandt wurden 251 Stimmen abgegeben, gegen ihn 235. Da das Grundgesetz für den ersten Wahlgang die absolute Mehrheit von mindestens 249 Stimmen vorschreibt, war es natürlich ein knappes Ergebnis. Aber Konrad Adenauer ist 1949 nur mit einer Stimme Mehrheit gewählt worden, mit seiner eigenen.[2] Meine eigene Stimme war diesmal auch dabei. Aber immerhin waren es 200 Prozent mehr Stimmen als bei Adenauer.

SPIEGEL: Irritiert es Sie, daß Sie drei Stimmen weniger bekommen haben, als SPD und FDP Mandate besitzen?

BRANDT: Es ist doch bemerkenswert, daß die Freien Demokraten sich ebenso wie bei der Bundespräsidentenwahl am 5. März [1969] in Berlin allen Einflüsterungen und Einwirkungen zum Trotz als eine recht einheitliche Gruppe dargestellt haben, sonst hätte die Wahl nicht zustande kommen können. Ich halte nicht viel von dem Philosophieren darüber, welche drei Stimmen der jetzigen Koalition gefehlt haben, denn die CDU hat ja auch nicht ganz einheitlich abgestimmt. Aber auch wenn es drei FDP-Stimmen gewesen wären, würde es immer noch zeigen, daß ich in dieser Gruppe, gemessen an dem Hintergrund, mit dem man es zu tun hat, auf eine sehr starke Geschlossenheit rechnen kann. Das ist wichtig. Die eigentliche Hürde ist genommen, hinterher bei den Gesetzen reicht die einfache Mehrheit. Und dann kommt hinzu, was manche sich noch nicht klargemacht haben: Wenn die CDU/CSU ...

SPIEGEL: Die zahlenmäßig stärkste Opposition, die der Bundestag je gehabt hat ...
BRANDT: ... eine totale Opposition machen wollte, wird sie scheitern. Ich rechne damit, daß sie das versucht, aber das würde nur einige Monate gehen.
SPIEGEL: Was verstehen Sie unter totaler Opposition?
BRANDT: Unter totaler Opposition verstehe ich eine Opposition auf Gebieten oder zu Gegenständen, zu Vorschlägen, zu Gesetzentwürfen, die man eigentlich unterstützen möchte, sich aber gegen sie stellt, weil man die Regierung in ihrer Tätigkeit behindern oder ihren Sturz vorbereiten will. Die CDU/CSU würde daran scheitern. Es würde sich nach sehr kurzer Zeit zeigen, daß, wenn die Regierung beispielsweise ein halbwegs vernünftiges Sozialgesetz vorlegt, nicht alle CDU-Abgeordneten dagegen stimmen. Da mag abgesprochen werden, was will, einige könnten sich sonst zu Hause nicht mehr sehen lassen.
[...]
SPIEGEL: Halten Sie die Einheitlichkeit der Union für zerbrechlicher als die Einheitlichkeit der jetzigen Koalition?
BRANDT: Diese Koalition wird über vier Jahre hinweg halten. Es gibt genug, worüber man einig geworden ist. Ich sage ganz offen: Es war für mich eine neue Erfahrung, daß es zwischen diesen Parteien, deren Unterschiedlichkeit man im übrigen nicht wegdiskutieren soll, einen großen Spielraum gibt für ein innenpolitisches Programm. Daß wir in der Außenpolitik nicht so weit auseinander waren, das haben alle schon mitgekriegt. Außerdem bedeuten vier Jahre gemeinsamer Regierung nie, daß man die Welt umstülpt, was sowieso nicht meiner Neigung entspricht seit meinen frühen linkssozialistischen Tagen.
SPIEGEL: Welche Kompromisse, Herr Bundeskanzler, die Sie schließen mußten mit dem Koalitionspartner, sind für Sie am schmerzlichsten gewesen?
BRANDT: Ich bin doch nicht in die Koalitionsverhandlungen mit der Vorstellung hineingegangen, die SPD müsse jeden Punkt ihres Programms durchsetzen. Sondern ich bin in die Verhandlungen

gegangen mit der nüchternen Erkenntnis, die SPD ist stärker geworden, die FDP schwächer, aber zusammen haben sie die Mehrheit. Und dies hält nur, wenn man in vollem Respekt voreinander prüft, wo die Auffassungen so nahe beieinander sind, daß man daraus Politik machen kann.

SPIEGEL: Wieweit ist die Koalition dadurch gefährdet, daß in der SPD und in Gruppen, die ihr nahestehen wie etwa die Gewerkschaften, Unzufriedenheit und Unmut über die Kompromisse aufkommen und Ihnen als Verrat am sozialdemokratischen Programm angekreidet werden?

BRANDT: Es geht ja nicht nur um die Einsicht des Parteivorsitzenden Brandt in die Notwendigkeit von Kompromissen. Die Einsichten werden geteilt, nicht zuletzt von Herbert Wehner, der als erster Mann der Sozialdemokraten im Bundestag mit seinem FDP-Kollegen Mischnick die Koalitions-Fraktionen zusammenhalten wird. Im Kabinett sitzt neben dem früheren Vorsitzenden der Bauarbeitergewerkschaft Georg Leber der langjährige Vorsitzende der Bergarbeiter, Walter Arendt. Er sitzt an einer wichtigen Gelenkstelle der Regierungspolitik und weiß, was er seinen Kollegen in den Zentralen der deutschen Gewerkschaften nüchtern sagen kann über das, was jetzt möglich ist und was nicht möglich ist.

SPIEGEL: Was erwarten Sie von den Gewerkschaften?

BRANDT: Die deutschen Gewerkschaften und ihre Anhänger haben ein primäres Interesse daran, daß wir wieder eine Wirtschaftspolitik machen, die sich am Grundgesetz der deutschen Wirtschaft, dem Stabilitäts- und Wachstumsgesetz, orientiert, das leider seit dem Mai dieses Jahres nicht mehr angewendet worden ist. Das ist das eigentliche Versagen in der Schlußphase der Großen Koalition. Es hat zu unnötigen Belastungen für Verbraucher, Arbeitnehmer und Unternehmer geführt. Es hat den Arbeitsfrieden zeitweilig gestört. Und es hat den Preisauftrieb in Gang gebracht.

SPIEGEL: Sie müssen die Gewerkschaften in einer bestimmten Konjunkturlage unter Umständen dazu bringen, auf exzessive Lohnforderungen zu verzichten. Kann die Bundesregierung sich darauf verlassen, daß Leber und Arendt die durch sogenannte wilde Streiks verunsicherten Gewerkschaften davon abhalten können, unvernünftige Lohnforderungen zu stellen?[3]

BRANDT: Die beiden werden nicht überfordert werden. Wenn wieder entschieden wird, dann kann auch die „konzertierte Aktion" als ein Instrument des Ausgleichs, als ein Koordinierungsgremium aktiv werden. Allerdings gebe ich Ihnen zu, daß wir in Deutschland aus der Phase heraus sind, in der alles ganz genau so ruhig und fast idyllisch bleibt, wie es in den vergangenen 20 Jahren gewesen ist.

SPIEGEL: Unsere Titelgeschichte über Versäumnisse in der Vermögenspolitik hat einen ungewöhnlichen Widerhall gefunden.[4] Zu diesem Thema werden künftig die Forderungen präziser vorgetragen werden als bisher. Wird die Bundesregierung hier die Initiative ergreifen?

BRANDT: Ja! Das ist in der Tat ein wichtiger Punkt. Ich glaube, daß neben den Initiativen der Bundesregierung auf dem Gebiet der Bildungs- und Wissenschaftspolitik, die ich an die erste Stelle setze, und neben der Steuerreform, über die wir schon gesprochen haben, dies ein weiterer Hauptpunkt des inneren Reformprogramms sein muß. Bei den Koalitionsberatungen zur Vorbereitung meiner Regierungserklärung haben wir drei Projekte herausgearbeitet: die Verdoppelung des steuerfreien Satzes im 312-Mark-Gesetz, eine Verbesserung des Bausparens und die tarifvertragliche Förderung der Vermögensbildung. Das ist eine Absage an die Idee des Zwangssparens. Es ist außerdem konjunkturpolitisch interessant, wenn man bestimmte Lohnerhöhungen nicht einfach auf den Markt bringt, sondern Teile davon vermögenswirksam anlegen läßt. Ich weiß nicht, wie weit wir in den kommenden vier Jahren kommen, aber ich bin ganz sicher, daß wir Fortschritte machen werden.

SPIEGEL: Aber trotzdem bleibt das Problem, daß Sie den Machtwechsel mit Kompromissen beginnen müssen, die einen großen Teil der SPD-Wähler – ob Gewerkschafter oder nicht – und einen großen Teil der jungen Leute in diesem Land unbefriedigt lassen. Wie will die SPD damit fertig werden?

BRANDT: Wenn die Regierungserklärung vorliegt und man über sie debattiert haben wird, wird man sehen, daß viel weniger Abstriche am sozialdemokratischen Regierungsprogramm gemacht werden mußten und daß es viel mehr Gemeinsamkeiten mit den Freien Demokraten gibt, als die Opposition sich erhoffte und die kritische Öffentlichkeit erwartete. Außerdem haben viele Menschen draußen im Lande, gerade auch Anhänger der SPD, gelernt zu unterscheiden zwischen dem, was man auf weite Sicht anstrebt, und dem, was auf kürzere Sicht möglich ist.

SPIEGEL: Sprechen wir von den Abstrichen am SPD-Programm: zunächst von der Frage der paritätischen Mitbestimmung in der Großindustrie.

BRANDT: Gut. Mir gefällt an der Mitbestimmungsdiskussion nicht, daß man sie einengt allein zu einer Diskussion der Frage, wie man in der Großwirtschaft die Aufsichtsräte zusammensetzt. Das eigentliche Mitbestimmungs-Thema heißt, unseren demokratischen Staat lebendiger machen, den Gegensatz zwischen Untertan und Obrigkeit überwinden, die Entscheidungsvorgänge transparent machen. Und was den wirtschaftlichen Bereich angeht, bitte sehr, die SPD hat ihr Modell im Dezember 1968 vorgelegt.[5] Und wenn ich mich recht erinnere, hat mein Koalitionspartner Walter Scheel im SPIEGEL kurz vor der Bundestagswahl ein interessantes Modell zur Diskussion gestellt.[6] Wenn das der Vorsitzende der FDP tut, hat das sein Gewicht, so wie es ein Gewicht hat, wenn Karl Schiller als der prominente SPD-Mann, der er ist, sagt: Fortschrittliche Unternehmer, nun kommt mal mit euren Vorstellungen raus!

SPIEGEL: Man wird auf die Vorschläge, die da etwa kommen, gespannt sein dürfen. So oder so: Sie mußten in dieser Frage zurückstecken. Werden Sie in einer anderen vieldiskutierten Frage – in der Wissenschaftsförderung – radikale Schritte wagen? Werden Sie für das Bundeswissenschaftsministerium neue Kompetenzen fordern?

BRANDT: Der Bund sollte sich jetzt nicht übernehmen. Er sollte erst mal sehen, daß er die Kompetenzen, die er hat, richtig wahrnimmt und daß er das, was er schon macht, an einer Stelle zusammenfaßt. Sehen Sie, es wird manche Föderalisten in unserem Land geben, die es schon für schrecklich halten, daß es jetzt einen „Bundesminister für Bildung und Wissenschaft" gibt.

SPIEGEL: Das ist zunächst nur ein neuer Titel für das alte Ministerium.

BRANDT: Nein, ein Titel, der mehr sagen soll. Hier werden mit Schwerpunkt die Aufgaben des Forschungsministeriums wahrgenommen. Und dies halte ich in der Tat für die große Aufgabe, daß wir dem japanischen Beispiel nacheifern und uns technologisch nicht abhängen lassen.[7] Dem ordnen wir die beiden neuen Kompetenzen des Bundes für Bildungsplanung und die Hochschulrahmengesetze zu. Und wir tun außerdem dorthin, was an kulturellen Zuständigkeiten im Innenministerium bisher ressortierte.

SPIEGEL: Hat denn die FDP der Überweisung dieser Kompetenzen aus dem Innenministerium ans neue Wissenschaftsministerium ohne Gegenwehr zugestimmt?

BRANDT: Ja, ich muß sagen, der Kollege Genscher hat sich noch unbeeinflußt durch die von mir sonst hochgeschätzte Ministerialbürokratie überhaupt nicht als ein Ressort-Imperialist betätigt. Das Normale ist doch, daß Minister durch ihre hohen Mitarbeiter darüber belehrt werden, daß alles, was im Hause ist, da bleiben muß, und daß von woanders noch was dazukommen muß.

SPIEGEL: Die Belehrung kommt noch.

BRANDT: Herr Genscher hat zwei ganze Abteilungen neu zugeordnet.[8] Ich muß sagen, dies ist eine exemplarische Haltung für eine stille Kabinettsreform.

SPIEGEL: Wird das Interesse, das der Bundeskanzler am Wissenschaftsressort nimmt, sich im Haushalt ausweisen?

BRANDT: Wir waren uns schon bisher einig, daß vier Gebiete überproportional am Etat beteiligt sein sollen: an erster Stelle die Forschung, dann der Verkehrsausbau, dann die Entwicklungshilfe und schließlich die regionale Strukturpolitik.

SPIEGEL: Kann es dem Bund gelingen, mit Hilfe einer Rahmenkompetenz in Hochschulfragen und mit Hilfe einer allgemeinen Bildungsplanung allmählich Einfluß auf die gesamte Bildungspolitik, also auch auf die Schulpolitik, die noch allein bei den Ländern liegt, zu gewinnen?

BRANDT: Ich würde begrüßen, wenn es uns gelänge, auf diese Weise mit dem sozialdemokratischen Programm für eine Gesamtschule bundeseinheitlich voranzukommen.

SPIEGEL: Da Sie ein so großes Gewicht auf die Wissenschaftspolitik legen, wieso hat die Sozialdemokratische Partei dann ein solches Schlüsselministerium nicht mit einem Sozialdemokraten besetzt? Warum haben Sie den parteilosen Professor Leussink genommen?

BRANDT: Es hat sich als zweckmäßig erwiesen, dieses Ministerium parteipolitisch anders zu behandeln als die anderen. Wir haben eine Dreigliederung vorgezogen: Der beamtete Staatssekretär wird aus einer Gruppe von hervorragenden Persönlichkeiten ausgewählt, die die Freien Demokraten vorgeschlagen haben, den Parlamentarischen Staatssekretär stellen wir.[9] Der Minister selber ist parteiungebunden. Dies betrachte ich nicht als einen Nachteil. Eine Regierung, die parlamentarisch eine so schwache Mehrheit hat, tut gut daran, an einem so wichtigen Punkt den nicht parteigebundenen Menschen im akademischen Leben und den sonst an Wissenschaft und Forschung Interessierten deutlich zu machen, daß sie mit dabei sind.

SPIEGEL: Aber Sie mußten Herrn Leussink doch gegen heftigen Widerstand aus den eigenen Reihen durchsetzen.[10]

BRANDT: Unter denen, die sich besonders engagiert hatten, waren die Kollegen von der Gewerkschaft Erziehung und Wissenschaft. Und nun stellt sich heraus, daß der neue Bundeswissenschaftsminister für die Schulmeister einen Plan vorbereitet hat, der mir sehr modern vorkommt. Die Gewerkschaft Erziehung und Wissenschaft wird erstaunt sein, daß ihren wesentlichen Vorstellungen durchaus Rechnung getragen werden wird. Ich meine damit die einheitliche Hochschulausbildung. Ich meine auch die gleichen Bedingungen, was die Gehälter angeht.

SPIEGEL: Von der Volksschule bis zum Gymnasium?

BRANDT: Ich meine, im Prinzip ja. Selbstverständlich wird es eine Fächerung geben müssen, die dem Ausmaß der zusätzlichen Ausbildung und Erfahrung Rechnung trägt.

SPIEGEL: Herr Bundeskanzler, die Bodenspekulation erregt die Leute. Kann die Regierung sich Zeit lassen, das rückständige Bodenrecht zu reformieren und den klassisch liberalen Eigentumsbegriff aus dem vorigen Jahrhundert den Erfordernissen von heute anzupassen?

BRANDT: Meine Regierung wird schon sehr bald ein neues Städtebauförderungsgesetz einbringen. Der alte Entwurf des Wohnungsbauministers Lauritzen war am Einspruch der CDU/CSU gescheitert...

HAUSMEISTER WEBER (öffnet die Tür): Wir führen drei zu zwei gegen die Schotten.[11]

BRANDT: War's Uwe [Seeler]?

WEBER: Nein, Herr Bundeskanzler, Libuda.

BRANDT: Wir müssen dazu kommen, daß jemand, der Grund und Boden hat, zwar in angemessener Weise an der wirtschaftlichen Fortentwicklung beteiligt ist, aber keine Spekulationsgewinne machen darf. Ich bin sicher, daß wir ein solches Städtebauförderungsgesetz, das auch Handhaben gibt gegen die Bodenspekulation, rasch auf den Weg bringen.

[...]

SPIEGEL: Mit welchem neuen Stil in der Kabinettsführung haben Ihre Minister zu rechnen?

BRANDT: Ich habe schon am ersten Tag meiner Regierung gemerkt, wie wohltuend es ist, daß im Sitzungssaal des Palais Schaumburg nicht nur neue Stühle stehen, sondern daß weniger Personen um den Tisch herumsitzen.[12] Zweitens: Ich kenne das Grundgesetz und denke überhaupt nicht daran, etwas abzustreichen von der Verantwortung, die der Bundeskanzler in bestimmten Situationen nach dem Grundgesetz hat. Aber es wird beispielsweise nur einen Außenminister in meiner Regierung geben.

SPIEGEL: Der heißt Brandt?

BRANDT: Nein – der heißt Scheel. Und der Bundeskanzler wird ihm helfen.

SPIEGEL: In einem SPIEGEL-Gespräch kurz vor der Wahl haben Sie gesagt, das Außenamt brauche mehr Selbständigkeit, als Herr

Kiesinger Ihnen zugestanden hat.[13] Bedeutet das, daß Sie nun Ihre Richtlinien-Kompetenz gegenüber Außenminister Scheel einschränken?

BRANDT: Die Richtlinien-Kompetenz darf ich vom Prinzip her nicht einschränken wollen. In der Zeit, in der wir leben, soll aber ein Bundeskanzler nicht glauben, er sei ein Allerweltskünstler. Ich halte sehr viel von Teamwork und Kollegialitätsprinzip. Es bleiben dann immer noch Fragen übrig, die einer entscheiden muß – das wird auch der Außenminister respektieren.

SPIEGEL: Die Richtlinien-Kompetenz bleibt also unangetastet?

BRANDT: Ja. Aber ich muß einen kleinen Koalitionspartner mit größerem Respekt behandeln als einen fast gleichstarken. Ich muß ihn besonders respektvoll behandeln, weil er sein eigenes Gewicht und seinen Wert hat und mit seinen Problemen fertig werden muß. Denn das ist für diesen Staat notwendig.

SPIEGEL: Kiesingers Kreßbronner Kreis von CDU/CSU und SPD ist tot. Gibt es einen Nachfolger für die neue Koalition, und wie heißt er?

BRANDT: Diese Koalition braucht keinen Kreis. Wenn es sich ergeben sollte, daß Dinge zwischen Regierung und Parlament zu koordinieren sind, dann werden sich die beiden Parteivorsitzenden Scheel und Brandt mit den beiden Fraktionsvorsitzenden Wehner und Mischnick von Fall zu Fall zusammensetzen, ohne daraus eine Institution zu machen.

SPIEGEL: Herr Bundeskanzler, wir danken Ihnen für dieses Gespräch.

Nr. 36
Aus der Regierungserklärung des Bundeskanzlers, Brandt, vor dem Deutschen Bundestag
28. Oktober 1969[1]

Stenogr. Berichte 6. Deutscher Bundestag, 5. Sitzung, Bd. 71, S. 20–34.

Herr Präsident! Meine Damen und Herren! Wir sind entschlossen, die Sicherheit der Bundesrepublik Deutschland und den Zusammenhalt der deutschen Nation zu wahren, den Frieden zu erhalten und an einer europäischen Friedensordnung mitzuarbeiten, die Freiheitsrechte und den Wohlstand unseres Volkes zu erweitern und unser Land so zu entwickeln, daß sein Rang in der Welt von Morgen anerkannt und gesichert sein wird. Die Politik dieser Regierung wird also im Zeichen der Kontinuität und im Zeichen der Erneuerung stehen.

Unser Respekt gebührt dem, was in den vergangenen Jahren geleistet worden ist – im Bund, in den Ländern und in den Gemeinden, von allen Schichten unseres Volkes. Ich nenne die Namen Konrad Adenauer, Theodor Heuss und Kurt Schumacher stellvertretend für viele andere, mit denen die Bundesrepublik Deutschland einen Weg zurückgelegt hat, auf den sie stolz sein kann. Niemand wird die Leistungen der letzten zwei Jahrzehnte leugnen, bezweifeln oder geringschätzen. Sie sind Geschichte geworden.

Die Beständigkeit unserer freiheitlichen Grundordnung ist am 28. September [1969] erneut bestätigt worden. Ich danke den Wählern für die eindeutige Ablehnung des Extremismus, den es weiterhin zu bekämpfen gilt. (Beifall bei den Regierungsparteien sowie bei der CDU/CSU.)

Unsere parlamentarische Demokratie hat 20 Jahre nach ihrer Gründung ihre Fähigkeit zum Wandel bewiesen und damit ihre Probe bestanden. Dies ist auch außerhalb unserer Grenzen vermerkt worden und hat unserem Staat zu neuem Vertrauen in der Welt verholfen.

Die strikte Beachtung der Formen parlamentarischer Demokratie ist selbstverständlich für politische Gemeinschaften, die seit gut 100 Jahren für die deutsche Demokratie gekämpft, sie unter schweren Opfern verteidigt und unter großen Mühen wieder aufgebaut haben. Im sachlichen Gegeneinander und im nationalen Miteinander von Regierung und Opposition ist es unsere gemeinsame Verantwortung und Aufgabe, dieser Bundesrepublik eine gute Zukunft zu sichern.

Die Bundesregierung weiß, daß sie dazu der loyalen Zusammenarbeit mit den gesetzgebenden Körperschaften bedarf. Dafür bietet sie dem Deutschen Bundestag und natürlich auch dem Bundesrat ihren guten Willen an. Unser Volk braucht wie jedes andere seine innere Ordnung. In den [19]70er Jahren werden wir aber in diesem Lande nur so viel Ordnung haben, wie wir an Mitverantwortung ermutigen. Solche demokratische Ordnung braucht außerordentliche Geduld im Zuhören und außerordentliche Anstrengung, sich gegenseitig zu verstehen.

Wir wollen mehr Demokratie wagen. Wir werden unsere Arbeitsweise öffnen und dem kritischen Bedürfnis nach Information Genüge tun. Wir werden darauf hinwirken, daß nicht nur durch Anhörungen im Bundestag, (Abg. Dr. Barzel: Anhörungen?) sondern auch durch ständige Fühlungnahme mit den repräsentativen Gruppen unseres Volkes und durch eine umfassende Unterrichtung über die Regierungspolitik jeder Bürger die Möglichkeit erhält, an der Reform von Staat und Gesellschaft mitzuwirken. (Abg. Dr. Barzel: Die Regierung will uns gnädigst anhören?! – Abg. Wehner: Beruhigen Sie sich! Das heißt neudeutsch „Hearing", nichts anderes! – Abg. Dr. Barzel: Dann soll er es doch richtig sagen!)

Wir wenden uns an die im Frieden nachgewachsenen Generationen, die nicht mit den Hypotheken der Älteren belastet sind und belastet werden dürfen; jene jungen Menschen, die uns beim Wort nehmen wollen – und sollen. Diese jungen Menschen müssen aber verstehen, daß auch sie gegenüber Staat und Gesellschaft Verpflichtungen haben.

Wir werden dem Hohen Hause ein Gesetz unterbreiten, wodurch das aktive Wahlalter von 21 auf 18, das passive von 25 auf 21 Jahre herabgesetzt wird. (Beifall bei den Regierungsparteien.) Wir werden auch die Volljährigkeitsgrenze überprüfen.

Mitbestimmung, Mitverantwortung in den verschiedenen Bereichen unserer Gesellschaft wird eine bewegende Kraft der kommenden Jahre sein. Wir können nicht die perfekte Demokratie schaffen. Wir wollen eine Gesellschaft, die mehr Freiheit bietet und mehr Mitverantwortung fordert. Diese Regierung sucht das Gespräch, sie sucht kritische Partnerschaft mit allen, die Verantwortung tragen, sei es in den Kirchen, der Kunst, der Wissenschaft und der Wirtschaft oder in anderen Bereichen der Gesellschaft.

Dies gilt nicht zuletzt für die Gewerkschaften, um deren vertrauensvolle Zusammenarbeit wir uns bemühen. Wir brauchen ihnen ihre überragende Bedeutung für diesen Staat, für seinen weiteren Ausbau zum sozialen Rechtsstaat nicht zu bescheinigen.

Wenn wir leisten wollen, was geleistet werden muß, brauchen wir alle aktiven Kräfte unserer Gesellschaft. Eine Gesellschaft, die allen weltanschaulichen und religiösen Überzeugungen offen sein will, ist auf ethische Impulse angewiesen, die sich im solidarischen Dienst am Nächsten beweisen. Es kann nicht darum gehen, lediglich hinzunehmen, was durch die Kirchen für die Familie, in der Jugendarbeit oder auf dem Sektor der Bildung geleistet wird. Wir sehen die gemeinsamen Aufgaben, besonders, wo Alte, Kranke, körperlich oder geistig Behinderte in ihrer Not nicht nur materielle Unterstützung, sondern auch menschliche Solidarität brauchen. Im Dienst am Menschen – nicht nur im eigenen Land, sondern auch in den Entwicklungsländern – begegnet sich das Wirken kirchlicher und gesellschaftlicher Gruppen mit dem politischen Handeln.

Wir werden uns ständig darum bemühen, daß sich die begründeten Wünsche der gesellschaftlichen Kräfte und der politische Wille der Regierung vereinen lassen.
[...]

Meine Damen und Herren, in unserer Bundesrepublik stehen wir vor der Notwendigkeit umfassender Reformen. Die Durchführung der notwendigen Reformen und ein weiteres Steigen des Wohlstandes sind nur möglich bei wachsender Wirtschaft und gesunden Finanzen. Doch diese Bundesregierung hat ein schwieriges wirtschaftspolitisches Erbe übernommen, das zu raschem Handeln zwang: (Beifall bei den Regierungsparteien. – Lachen und Widerspruch bei der CDU/CSU.) Seit gestern ist die Parität der Deutschen Mark um 8,5 % verbessert.[2] [...] Ohne Aufwertung wäre eine weitere Zuspitzung der Konjunkturlage mit der Gefahr einer nachfolgenden Rezession kaum vermeidbar gewesen. (Beifall bei den Regierungsparteien.)

Unser Ziel lautet: Stabilisierung ohne Stagnation. Diesem Ziel dient unser wirtschafts- und finanzpolitisches Sofortprogramm. Es enthält:

1. Eine Finanzpolitik, die eine graduelle Umorientierung des Güterangebots auf den Binnenmarkt hin fördert. (Zuruf von der CDU/CSU: Sehr bedenklich!)

2. Weitere Konsultationen mit der Bundesbank über eine der neuen Lage nach der DM-Aufwertung angemessene Linie der Geld- und Kreditpolitik.

3. Die Fortsetzung und Intensivierung der bewährten Zusammenarbeit mit den Gewerkschaften und Unternehmensverbänden im Rahmen der Konzertierten Aktion, an der in Zukunft auch Vertreter der Landwirtschaft teilnehmen werden. (Beifall bei den Regierungsparteien.)

4. Die Intensivierung der Zusammenarbeit zwischen Bund, Ländern und Gemeinden im Konjunkturrat der öffentlichen Hand.

5. Die aktive Mitarbeit der Bundesregierung an einer stärkeren Koordinierung der Wirtschafts- und Finanzpolitik in den Mitgliedstaaten der Europäischen Gemeinschaft und an der notwendigen Weiterentwicklung des Weltwährungssystems.
[...][3]

Meine Damen und Herren, Bildung und Ausbildung, Wissenschaft und Forschung stehen an der Spitze der Reformen, die es bei uns vorzunehmen gilt. Wir haben die Verantwortung, soweit sie von der Bundesregierung zu tragen ist, im Bundesministerium für Bildung und Wissenschaft zusammengefaßt.

Mit diesem Hohen Haus sind wir uns wohl darin einig, daß die Aufgaben von Bildung und Wissenschaft nur gemeinsam von Bund, Ländern und Gemeinden gelöst werden können. Der 5. Deutsche Bundestag hat für die Zusammenarbeit von Bund und Ländern eine Reihe neuer Möglichkeiten geschaffen, die diese Bundesregierung voll ausschöpfen will; sie will den Ländern – ohne deren Zuständigkeiten anzutasten – helfen.[4]

Schwere Störungen des gesamten Bildungssystems ergeben sich daraus, daß es bisher nicht gelungen ist, die vier Hauptbereiche unseres Bildungswesens – Schule, Hochschule, Berufsausbildung und Erwachsenenbildung – nach einer durchsichtigen und rationalen Konzeption zu koordinieren. Solange aber ein Gesamtplan fehlt, ist es nicht möglich, Menschen und Mittel so einzusetzen, daß ein optimaler Effekt erzielt wird.

Die Bundesregierung hat aufgrund des Art. 91 b des Grundgesetzes eine klare verfassungsrechtliche Grundlage für eine Bildungsplanung gemeinsam mit den Ländern erhalten. Besonders dringlich ist ein langfristiger Bildungsplan für die Bundesrepublik für die nächsten 15 bis 20 Jahre. Dieser dem Bundestag und den Länderparlamenten vorzulegende Plan soll gleichzeitig erklären, wie er verwirklicht werden kann. Gleichzeitig muß ein nationales Bildungsbudget für einen Zeitraum von 5 bis 15 Jahren aufgestellt werden. (Beifall bei den Regierungsparteien.)

Die Bundesregierung wird in den Grenzen ihrer Möglichkeiten zu einem Gesamtbildungsplan beitragen. Das Ziel ist die Erziehung eines kritischen, urteilsfähigen Bürgers, der imstande ist, durch einen permanenten Lernprozeß die Bedingungen seiner sozialen Existenz zu erkennen und sich ihnen entsprechend zu verhalten. Die Schule der Nation ist die Schule.[5] (Lebhafter Beifall bei der SPD und Beifall bei der FDP. – Lachen bei der CDU/CSU.)

Wir brauchen das 10. Schuljahr, und wir brauchen einen möglichst hohen Anteil von Menschen in unserer Gesellschaft, der eine differenzierte Schulausbildung bis zum 18. Lebensjahr erhält. Die finanziellen Mittel für die Bildungspolitik müssen in den nächsten Jahren entsprechend gesteigert werden. (Zuruf von der CDU/CSU: Wie?)

Die Bundesregierung wird sich von der Erkenntnis leiten lassen, daß der zentrale Auftrag des Grundgesetzes, allen Bürgern gleiche Chancen zu geben, noch nicht annähernd erfüllt wurde. Die Bildungsplanung muß entscheidend dazu beitragen, die soziale Demokratie zu verwirklichen. (Beifall bei den Regierungsparteien.)

[...]

Meine Damen und Herren! Diese Regierung redet niemandem nach dem Mund. (Lachen bei der CDU/CSU.) Sie fordert viel, nicht nur von anderen, sondern auch von sich selbst. (Beifall bei den Regierungsparteien.) Sie setzt konkrete Ziele. Diese Ziele sind nur zu erreichen, wenn sich manches im Verhältnis des Bürgers zu seinem Staat und seiner Regierung ändert.

Die Regierung kann in der Demokratie nur erfolgreich wirken, wenn sie getragen wird vom demokratischen Engagement der Bürger. Wir haben so wenig Bedarf an blinder Zustimmung, wie unser Volk Bedarf hat an gespreizter Würde und hoheitsvoller Distanz. (Lebhafter Beifall bei den Regierungsparteien.)

Wir suchen keine Bewunderer; wir brauchen Menschen, die kritisch mitdenken, mitentscheiden und mitverantworten. (Beifall bei den Regierungsparteien.) Das Selbstbewußtsein dieser Regierung wird sich als Toleranz zu erkennen geben. (Lachen bei der CDU/CSU.)

Sie wird daher auch jene Solidarität zu schätzen wissen, die sich in Kritik äußert. Wir sind keine Erwählten; wir sind Gewählte. (Lebhafter Beifall bei den Regierungsparteien.)

Deshalb suchen wir das Gespräch mit allen, die sich um diese Demokratie mühen.

Meine Damen und Herren, in den letzten Jahren haben manche in diesem Land befürchtet, die zweite deutsche Demokratie werde den Weg der ersten gehen.[6] Ich habe dies nie geglaubt. Ich glaube dies heute weniger denn je.

Bundeskanzler Willy Brandt mit den Politikerinnen des Kabinetts der neuen sozialliberalen Regierung. Von li.: StS Hildegard Hamm-Brücher (FDP), PStS Brigitte Freyh (SPD), BM Käte Strobel (SPD) und PStS Katharina Focke (SPD).

Nein: Wir stehen nicht am Ende unserer Demokratie, wir fangen erst richtig an. (Abg. Dr. Barzel: Aber Herr Brandt! – Weitere Zurufe von der CDU/CSU.)

Wir wollen ein Volk der guten Nachbarn sein und werden im Inneren und nach außen. (Anhaltender lebhafter Beifall bei den Regierungsparteien. – Abg. Dr. Barzel: Das ist ein starkes Stück, Herr Bundeskanzler! Ein starkes Stück! Unglaublich! Unerhört!)

Nr. 37
Schreiben des Bundeskanzlers, Brandt, an den Bundesminister für Verkehr, Leber
22. Dezember 1969[1]

AdsD, WBA, A 8, 12.

Lieber Georg,
auf diesem Wege möchte ich Dir und Deiner Familie die herzlichsten Grüsse und Wünsche, denen sich Rut [Brandt] anschliesst, zum Weihnachtsfest und für das neue Jahr übermitteln.

Auch möchte ich Dir für die guten Wünsche danken, die Du mir zum Geburtstag ausgesprochen hast. Du bist mir in diesen Jahren ein guter Freund gewesen. Das sage ich nicht nur, weil Du mich im Oktober 1965, als ich ziemlich down war, wieder aufgerichtet hast.[2] Es ist nicht nur menschlich gut, sondern auch sachlich wichtig, dass wir unser freundschaftliches Verhältnis nicht antasten lassen. Gerade dann nicht, wenn wir einmal – was ja keine Schande wäre – unterschiedlicher Meinung sein sollten.

Ich möchte Dir danken dafür, dass Du damals – vor über drei Jahren – mit in die Regierung gegangen bist und vor allem auch dafür, wie Du Dein Amt ausübst und auch darüber hinaus noch Wichtiges für unsere politische Gemeinschaft leistest.

Aber ich will heute ebensowenig wie in unserem letzten Gespräch unter vier Augen verhehlen, dass ich ernste Sorgen habe. Mit den Sachfragen, so schwierig sie im einzelnen sein mögen, ist fertig zu werden. Das eigentliche Problem ist im Augenblick, wie aus dem Kabinett ein Team werden kann. Ich hoffe, dass dies zu schaffen ist. Meine Bitte an Dich ist, mitzuhelfen, dass wir die Mannschaft an Bord bzw. an den Maschinen und am Steuer halten.
Nochmals alle guten Wünsche und herzliche Grüsse
Dein W[illy] B[randt]

Nr. 38
Hs. Schreiben des Bundeskanzlers, Brandt, an den Bundesminister für Verteidigung, Schmidt
22. Dezember 1969

Archiv Helmut Schmidt, Innenpolitik A-Z, 2 (1970).

Lieber Helmut,
vorweg, zugleich von Haus zu Haus, alle guten Wünsche zum Weihnachtsfest und für ein gesundes, erfolgreiches neues Jahr.

Sodann herzlichen Dank für das schöne, praktische Geschenk, das ich von Dir und Willi Berkhan zum Geburtstag bekommen habe.

Du bist wohl sehr unzufrieden von der letzten Kabinettssitzung weggegangen. Vielleicht warst Du danach noch unzufriedener, dass ich das Kabinett nicht zur zunächst für heute vorgesehenen Sitzung eingeladen habe. Aber, glaube mir, es wäre nichts dabei herausgekommen.

Ich habe ein paar Punkte für das Vorsitzenden-Gespräch notiert und hoffe, dass wir das ausgefallene Gespräch selbst bald nachholen können.[1]

Die technischen Schwierigkeiten, mit denen wir es im Kabinett zunächst zu tun hatten, lassen sich relativ leicht überwinden. Horst Ehmke wollte, und dafür muss man Verständnis haben, im alten Jahr noch oder schon möglichst viel vom Tisch bringen, bevor wir mit dem eigentlichen Arbeitsprogramm beginnen können. Selbstverständlich muss es zur Regel werden, dass aufgrund von Vorlagen verhandelt wird, die hinreichend vorgeklärt und rechtzeitig zugeleitet worden sind. Im Einzelfall wird es allerdings immer wieder einmal unvermeidlich sein, dass besonders interessante Fragen ausserhalb der Tagesordnung und ohne Vorlage besprochen werden.

Das eigentliche Problem liegt allerdings weder im Technischen noch im Sachlichen (so schwierig dies auf manchen Gebieten werden wird), sondern darin, ob aus dem Kabinett auch nur Annäherungswerte in Richtung auf ein Team entwickelt werden können. Bei dem Bemühen hierum kommt es auf Dich ganz entscheidend an. Deshalb bitte ich um Dein Verständnis, Deine Geduld und Deine freundschaftliche Kooperation.[2]

Dafür, dass Du ins Kabinett gegangen und die Verteidigung übernommen hast, möchte ich Dir noch einmal danken. Ich bin sicher, Du wirst es trotz mancher Umstellungsprobleme nicht bereuen.

Ich wollte Dir auch noch sagen, dass ich Deinem Hinweis wegen des Gehalts für Herbert [Wehner] nachgegangen bin. Da ein mit H[erbert Wehner] vereinbarter Termin wegen meiner Erkältung nicht zustandekam, habe ich mit Alfred [Nau] gesprochen und Herbert [Wehner] geschrieben. Ich gehe davon aus, dass eine vernünftige Regelung gefunden wird (wobei ich allerdings Gründe habe anzunehmen, dass H[erbert Wehner] eine Berufung auf das Barzel-Modell nicht angenehm wäre).[3]

Nun noch einmal alle guten Wünsche und sehr herzliche Grüsse
Dein
Willy Brandt

Nr. 39
Schreiben des Bundeskanzlers, Brandt, an den Bundesminister des Auswärtigen, Scheel
1. Januar 1970[1]

AdsD, WBA, A 8, 17.

Lieber Herr Scheel,
ich freue mich zu hören, dass es Ihnen gesundheitlich besser geht. Sie müssen bitte wie wir anderen bedenken, dass es nicht zur Regel werden darf, die eigenen Reserven zu überfordern.

Vor Ihnen steht nun gleich zu Beginn des neuen Jahres eine wichtige politische Aufgabe, die mit einer grossen Anstrengung verbunden sein wird.[2] Ich wünsche Ihnen dazu viel Kraft und Erfolg.

Meiner Überzeugung nach wird Ihre Partei nicht zu bereuen brauchen, was wir uns miteinander vorgenommen haben. Die konsolidierenden Wirkungen werden nicht ausbleiben, wenn Ihr Anteil an der Bundesregierung noch deutlicher geworden sein wird und Sie die bevorstehenden Landtagswahlen, besonders die wichtigste davon, bestanden haben werden.[3] Die Durststrecke, die Sie auf sich genommen haben, hat eine Perspektive und wird gewiss ihre Rechtfertigung finden.

Jedenfalls brauchen Ihre Freunde nicht daran zu zweifeln, dass sie es mit einem Partner zu tun haben, der um Fairness und Loyalität bemüht ist. Unser Bündnis erfordert, dass jede der beiden Parteien ihre eigenen Überzeugungen verficht und beide dabei doch aufeinander Rücksicht nehmen. Es gibt eine ausreichende Bandbreite gemeinsamer Überzeugungen und Interessen, um eine erfolgreiche Regierungspolitik entwickeln zu können.

Mit guten Wünschen für die kommenden Tage und die kommende Zeit
Ihr Willy Brandt

Rut und Willy Brandt bei einem Empfang im Haus des Bundeskanzlers

Nr. 40
Schreiben des Bundeskanzlers, Brandt, an den Schriftsteller Grass
11. März 1970[1]

AdsD, WBA, A 8, 6.

Lieber Günter,
leider bin ich gestern nicht dazu gekommen, den Danzigern[2] guten Abend zu sagen. Ich höre von Horst Ehmke, es sei lebhaft gewesen und spät geworden.

H[orst] E[hmke] wird Dir auch gesagt haben, dass ich die in Deinem vorigen Brief behandelten Fragen sehr ernst nehme. Inzwischen habe ich Deinen Brief vom 9. März [1970] erhalten. Deine Sorgen sind weithin berechtigt.[3] Aber ich kann nicht alles auf einmal machen. Meine aussenpolitischen Aktivitäten werden, soweit sie zeitraubend sind, in zwei Monaten abnehmen.[4] Im Juni wird dann auch der Bildungsbericht dem Bundestag vorgelegt werden.

Wie man Evers „einspannen" und verhindern kann, dass er auf Abwege gerät, ist mir noch nicht klar. Dass er tüchtig ist, steht ausser Zweifel. Aber wie kann man einfach davonlaufen, ohne mit den Kollegen in Berlin oder mit uns hier in Bonn auch nur ein Wort gesprochen zu haben?[5]

Für die Amerikareise wünsche ich Dir alles Gute. Wenn Du mir daraufhin den einen oder anderen Hinweis für mein Auftreten in Washington geben magst, würde ich mich freuen.
Herzliche Grüße
Dein
gez[eichnet] Unterschrift

Nr. 41
Interview des Bundeskanzlers, Brandt, für das Erste Deutsche Fernsehen
11. Mai 1970[1]

AdsD, WBA, A 3, 347.

Frage: Herr Bundeskanzler Brandt, betrachten Sie das Drängen einzelner Gruppen innerhalb der SPD auf mehr Sozialismus mit Unbehagen?
Antwort: Nein, das tue ich nicht. Es ist nützlich und sogar hilfreich, daß man immer wieder selbst vor die Frage gestellt wird, ob man nicht zu sehr im Tagesgeschäft hängen bleibt und ob nicht das Pragmatische zu sehr überwiegt. Insofern ist es durchaus nützlich, wenn immer wieder auf Zielvorstellungen hingewiesen wird. Das will aber noch nichts über den konkreten Inhalt dessen besagen, was vorgebracht wird. Vieles von dem, was vorgebracht wird, halte ich nicht für sehr realitätsbezogen. Aber darüber wird man sprechen. Daß in einer so großen Partei immer wieder gerungen wird, ist ganz natürlich, und das ist, nebenbei gesagt, gar nicht hinreichend mit den alten Schlagworten „rechts" und „links" zu charakterisieren.
Frage: Über die Ziele des Sozialismus ist man sich ja weitgehend einig. Der Streit geht eigentlich mehr um die Methoden, um den Weg zu den Zielen. Sie haben eben gesagt, einiges hielten Sie für wenig realitätsbezogen. Gehören dazu auch die Forderungen oder Wünsche nach mehr Sozialisierung, nach Überführung bestimmter Industrien und Produktionsmittel in Gemeineigentum?
Antwort: Ich glaube, daß Sozialisierungsfragen im wesentlichen uns nicht zu beschäftigen haben werden. Vom Grundsatz her – bitte. Das Godesberger Programm, das für die SPD verbindlich ist, schließt nicht aus, daß in einer bestimmten Situation, bestimmter Notwendigkeiten wegen, ökonomische Tätigkeiten durch den Staat wahrgenommen werden. Das ist für uns in Deutschland auch nichts Neues, seit Generationen nichts Neues. Aber es gibt nicht die Posi-

tion, daß man etwas staatlich oder kommunal organisieren müsse, weil ein Dogma dies verlange. Es kann in bestimmten Bereichen notwendig sein, weil es effektiver ist. Nein, die eigentliche Frage dieser Zeit ist nicht, wie man mehr Sozialismus bekommt – das ist zu schillernd –, sondern wie man allmählich mehr soziale Demokratie verwirklicht.

Frage: Ja die Frage ist doch gerade, ob sie zu verwirklichen ist, ohne daß nicht auch gewisse Sozialisierungen damit einhergehen. Sie haben Godesberg selbst genannt. Godesberg knüpft die Möglichkeit von Sozialisierungen an bestimmte Voraussetzungen. Es sagt, Sozialisierung als Kontrolle bestimmter Machtorgane sei legitim und könne nötig sein, sofern eine gesunde wirtschaftliche Ordnung nicht durch andere Mittel zustande komme.[2] Wir sind uns sicher einig, daß diese gegenwärtige Ordnung – nehmen wir die Eigentumsverteilung – nicht gesund ist, und Sie selbst wollen sie ändern. Die Frage ist, ob Sie sie ändern können, ohne einen solchen grundsätzlichen Eingriff in Eigentumsverhältnisse.

Antwort: Man kann den Sozialisierungsbegriff natürlich sehr weit fassen. Ich habe vor einigen Jahren mit Professor Myrdal als Vertreter der schwedischen Schule[3] darüber diskutiert, und er hat die Position vertreten, daß die ganze staatliche Steuer- und Sozialpolitik mit in einen umfassenden Begriff der Sozialisierung gehöre, weil es darum gehe, bestimmte Mittel anders zu verwenden, als man sie verwendet hat. Aber Sozialisierung bei uns bedeutet eben doch tatsächlich Veränderung der Eigentumsverhältnisse, und dies ist nicht die zentrale Frage. Die zentrale Frage ist – Sie deuten sie schon an – Kontrolle wirtschaftlicher Macht, Mitbestimmung. Das ist das eine Problem. Das andere zentrale Problem ist: Wie werden wir auf unsere Weise damit fertig, daß wir nicht noch mehr Schlagseite zwischen privatem Wohlstand und öffentlicher Armut bekommen, das heißt Vernachlässigung der Dinge, die für alle gemeinsam gelöst werden müssen, also Bildungspolitik, Infrastruktur, Umweltfragen, und – ohne mich jetzt auf die Reihenfolge festzulegen – dabei vergesse ich auch nicht die Frage, die Sie schon haben anklingen lassen, nämlich wie kommen wir zu einer gesünderen Eigentumsrelation. Da sind die Ziffern

im Sozialbericht ja eher bedrückend. Ende des Jahres werden wir einen eingehenderen Vermögensbericht haben, und da wird das noch deutlicher werden.
Frage: Die Entwicklung macht sie ja noch schlimmer.
Antwort: So ist es. Aber dort bin ich der Meinung, daß das, was jetzt möglich ist, angegangen werden sollte, nämlich – zumal gestützt auf die tariflichen Möglichkeiten der nächsten Jahre und weniger auf das, was der Staat gesetzlich regelt – es dahin zu bringen, daß jeder Arbeitnehmer in die Lage versetzt wird, auch durch die steuerlichen Leistungen, die der Staat einbringt, im Laufe einer Zehnjahresperiode ein durchschnittliches Jahreseinkommen zu sparen. Das ist bescheiden, aber es ist, gemessen am Ausgangspunkt, ein wichtiger Schritt.
Frage: Bringt dieser Schritt aber nicht doch nur eine Linderung der gesellschaftspolitischen Mißstände mit sich, ohne in Wahrheit die Struktur anzugreifen? Konkret gesagt ist dies doch eine Art des Zwangssparens, und die Eigentumsverhältnisse werden dadurch im Ernst nicht angetastet. Einer Ihrer Kabinetts- und Parteikollegen hat das ja sehr deutlich gesagt: Die Unternehmer können wählen, ob sie in einigen Jahren das Vierfache oder das Doppelte haben wollen. Wenn sie sich mit dem Doppelten begnügten, dann können sie ruhig schlafen.

Es wurde also selbst zugestanden, daß die verzerrte Eigentumsrelation sich dadurch im Ernst nicht ändern wird. Die Entwicklung zu einer immer größeren Vermögenskonzentration bei wenigen Prozent wird vielleicht ein bißchen gebremst, aber es ändert sich im Prinzip nichts.
Antwort: Das kann ich so nicht gelten lassen. Ich gehe zunächst davon aus: Bei allen Unzulänglichkeiten unserer Ordnung, sie funktioniert bei all ihren Unzulänglichkeiten auch im Interesse der breiten Schichten des Volkes besser als dort, wo man sich auf den Weg der Befehlswirtschaft begeben hat, gestützt auf einen ganz entscheidenden Einfluß des Staates eben auch im Sinne des direkten Hineinregierens in die Betriebe. Zweitens: Wenn man dieses nächste Ziel, von dem ich spreche, erreichen könnte, dann wird das dem einzelnen mehr Sicherheit bieten, es wird auch dazu führen, daß viele, die bis-

her nicht beteiligt waren, über Aktien an den Aktiengesellschaften beteiligt sind, die ja immer mehr typisch für die Struktur unserer Ökonomie sind, gegenüber der Zeit, in der es stark auf einzelne Personen oder Familien zugeschnittene Betriebe gab. Außerdem ist es nun einmal meine Überzeugung und die überwiegende Überzeugung in der SPD, daß es für uns keine vernünftige Alternative zum langen Marsch der Reformen gibt.

Frage: Gewiß. Die Frage ist nur, was das Ziel bei diesen Reformen ist. Geht es nur um die Linderung von Übelständen, oder ist es die Änderung der Struktur? Sie haben eben gesagt, im Augenblick sei wohl nichts anderes realisierbar. Dem ist sicher zuzustimmen. Die Frage scheint mir aber doch zu sein: Halten Sie im Prinzip die Überführung von großindustriellen Produktionsmitteln für falsch und für nicht erstrebenswert, oder glauben Sie nur, die Wähler würden Ihnen dabei nicht folgen und wollen Sie es deshalb im Augenblick nicht durchführen?

Antwort: Ich hatte vorhin schon anklingen lassen, daß es Situationen und bestimmte wirtschaftliche Tätigkeiten geben kann, für die sich eine andere Organisationsform als die anbietet, die wir heute überwiegend haben. Aber ich kann nicht einsehen, daß ein Betrieb deshalb besser funktioniert, weil er von quasi Beamten geleitet wird. Die Erfahrung spricht eigentlich eher dagegen. Das Denken ist eben noch nicht weiter, als sich unter Vergesellschaftung und Überführung in Gemeineigentum eine Art von Staatsbesitz vorzustellen, der dann von Staatsdienern verwaltet wird.

Frage: Das ist die Frage. Wäre hier nicht eine Aufgabe der SPD, ein westliches Modell des Gemeineigentums zu entwickeln?

Antwort: Wir sind ja schon dabei. Wir haben ja einen nicht geringen Sektor an zumal gemeindlicher wirtschaftlicher Betätigung. Wir haben eine ganze Reihe gemischtwirtschaftlicher Betriebe – in der Elektrizitätswirtschaft und auf anderen Gebieten –, und ich bin sehr wohl dafür, daß solche Modelle weiter ausprobiert werden, aber ich bin nicht für Pferdekuren.

Willy Brandt und der SPD-Fraktionsvorsitzende Herbert Wehner während der Haushaltsberatungen des Deutschen Bundestages am 18. Juni 1970.

Nr. 42
Schreiben des Vorsitzenden der SPD und Bundeskanzlers, Brandt, an die stellvertretenden Vorsitzenden der SPD, Wehner und Schmidt
31. Juli 1970[1]

AdsD, WBA, A 11.3, 18.

Lieber Herbert, lieber Helmut,
in den vergangenen Tagen hatte ich unabhängig voneinander getrennte Gespräche mit Heinz-Oskar Vetter, Otto Brenner, Heinz Kluncker und Carl Stenger.[2] Bei Letzterem ging es im Grunde nur um die Post. Das ist auch kein unwichtiges Thema, aber ich kann es hier beiseite lassen. Im übrigen möchte ich folgendes festhalten:

1.) Allgemein wurde der Wunsch nach noch engerem Kontakt mit der Partei zum Ausdruck gebracht. Insbesondere Otto Brenner betonte, daß er auch in schwierigen wirtschaftspolitischen Fragen eine gemeinsam gefundene Linie gegenüber mühsamen Reservationen vorziehe. Mit Brenner wurde vereinbart, daß der Gewerkschaftsrat in der zweiten September-Hälfte einberufen werden soll.[3] Alfred Nau wird sich hierum kümmern. – Vetter wünschte, daß wir bei der Besetzung von Fachausschüssen und Kommissionen noch stärker auf Vertrauensleute der Gewerkschaften zurückgriffen. Ich habe Hans-Jürgen Wischnewski gebeten, hierauf zu achten.

Brenner berichtete von einzelnen Austritten, auch bei anderen Gewerkschaften, bei denen als Begründung die Steuervorauszahlung angegeben werde.[4] Er hat veranlaßt, daß diesen Fällen genau nachgegangen wird.

Kluncker befürchtet einen Prozeß zunehmender Entsolidarisierung und meinte, wir müßten aufpassen, daß sich hieraus nicht eine „englische Krankheit"[5] entwickele.

Vetter teilte mit, er werde den Bundesvorstand Anfang September [1970] mit einer Studie über kommunistische Kaderbildung in den Betrieben befassen.

2.) Mit Brenner wurden die inhaltlichen, mit Kluncker die prozeduralen Fragen der bevorstehenden Tarifverhandlungen erörtert.

Für den Öffentlichen Dienst wird es von großer Bedeutung sein, daß in diesem Jahr nicht noch zusätzliche Leistungen für die Beamten zugestanden werden. Dies würde sonst einen Druck auf den übrigen Öffentlichen Dienst auslösen. Persönlich glaube ich auch nicht, daß die vom Innenminister anvisierten strukturellen Verbesserungen für die Beamten im nächsten Jahr finanziell zu verkraften sind. Es wird wichtig sein, daß relativ rasch nach der Sommerpause hierüber mit den verantwortlichen Kollegen in der Fraktion und in der Regierung gesprochen wird.

3.) Vetter würde einverstanden sein, daß der Deutsche Beamtenbund – woran diesem sehr liegt – zur Konzertierten Aktion hinzugezogen wird, wenn sich eine solche Hinzuziehung auch auf Waldemar Reuter für die DGB-Beamten bezöge. Kluncker würde sich mit einer solchen Regelung abfinden. Ich habe Schiller entsprechend unterrichtet.

4.) In führenden Gewerkschaftskreisen schien der Verdacht aufgekommen zu sein, wir könnten die Modernisierung des B[etriebs-]V[erfassungs-]G[esetzes] aufgrund von Verständigungsschwierigkeiten mit der FDP zurückstellen wollen. Es ist wichtig, daß der Entwurf vor Jahresende auf den Tisch kommt.
Freundliche Grüße
⟨gez[eichnet] Willy Brandt⟩[6]

P.S.
Als ich mit Heinz Kühn am Tage nach seiner Wahl sprach, teilte er mir mit, die „National-Liberalen" hätten ihm nicht nur gratuliert, sondern auch erklärt, ihre Stimmenthaltung richte sich nicht gegen ihn, sondern gegen ihren selbstherrlichen Landesvorsitzenden.[7] Auf Bonn bezogen gibt es ähnliche Hinweise. Für den Augenblick würde ich hieraus folgern, daß wir – was immer man von den einzelnen Leuten meinen mag – nicht persönlich gegen Mitglieder der NLA Stellung nehmen, daß wir unseren Kollegen von der FDP nicht zum Ausschluß der Betreffenden raten und daß wir auf den einen oder anderen Kontakt mit den Außenseitern nicht verzichten – wobei mir allerdings selbstverständlich erscheint, daß dies nicht hinter dem Rücken der FDP-Führung geschehen kann.
D[er] O[bige]

Nr. 43
Aus den hs. Notizen des Bundeskanzlers, Brandt, für die Sitzung der SPD-Bundestagsfraktion
15. September 1970

AdsD, WBA, A 11, Hs. Aufzeichnungen, 5.

[...][1]
7) Lage Reg[ierung] + Koal[ition]
Juni/Juli [1970] Einbussen nicht nur wegen der schwierigen wi[rtschafts-] + fi[nanz]po[litischen] Problematik – auch wegen ungünstiger Nachwirkungen von Kassel[2]
Au[ßen]po[litik] ist bei weitem nicht aus Streit (vor allem nicht im Lande)
Aber wir stehen hier auf sicherem Boden
Reg[ierung] aufgrund von Schwierigk[eiten] von Fdp gefährdet?[3]
– Basis nicht schwächer als im Okt[ober 19]69
– keine Alternative
Statt über Fdp zu philosophieren: konsequent + unbefangen Arbeit nachgehen
Auch: Solidarität, Rücksicht, nicht mit uns spielen lassen
(auf Journ[alisten] schimpfen – es wird
zu viel gequatscht)
Eigentl[iches] Kampffeld: Wi[rtschafts-] + Fi[nanz]po[litik], besonders Preise + Mieten
+ konkret: Auseinandersetzung um Haushalt
Herzl[iche] Bitte: dass wir nicht defensiv sondern offensiv in die Auseinanders[etzung] gehen
Erfahrung: wird honoriert, wenn man Schwierigk[eiten] nicht ausweicht
– auch Vorauszahlungen lassen sich gut vertreten (man muss sie nur vertreten)[4]

8) Vor Schiller + Möller
1) Opp[osition] vor harte Frage stellen, was sie zu bieten hat
wenn nichts anderes als ein paar Mark beim Haushalt streichen: wo, was?
2) Opp[osition] tut so, als hätten wir es nicht mit einer internat[ionalen] Lohn- + Preiswelle zu tun
– Millionen haben sich überzeugen können
– fordert noch rascheren europ[äischen] Zus[ammen]schluss + hat offenbar ein Patentrezept dafür, wie wir unberührt bleiben
3) Opp[osition] tut so, als ob es den Menschen schlechter gehe
Wir müssen deutlich machen, wie sich die Realeink[ommen] entwickelt haben
4) Demagogie um Haushalt
a) Konj[unktur]politik über Ausg[aben]seite des Haushalts würde zu schweren Schädigungen führen
b) Fi[nanz]mi[nister] nicht schelten, weil er fristgerecht
c) davon auszug[ehen], dass in Landschaft des nä[chsten] Jahres Tendenzen der Entspannung, aber Beruhigung d[er] Preise wird noch auf sich warten lassen
   von Anfang an: gesamtwi[rtschaftliche] Voraussetzungen zu überprüfen, wenn Haushalt verabschiedet wird
– jedenfalls keine Erhöhung, auch betr[effend] öff[entlicher] Dienst
Allgemein:
1) Leistungen besser verkaufen: angefangen mit Kriegsopfer[n]
2) Mieten
Reg[ierungs]beschlüsse sorgf[ältig] prüfen
dankbar, wenn sachkundige Mitgl[ieder] der Fraktion prüfen, was zusätzlich möglich ist, d. h. was sachlich möglich + durchzusetzen
3) Unser Reformprogramm konkret vertreten – nicht nur was Geld kostet
– Okt[ober]/Nov[ember] 1970: Vorhaben dieser Periode, und was im Rahmen der Mifrifi

Nr. 44
Aus der Rede des Bundeskanzlers, Brandt, auf der Tagung des Verbandes deutscher Schriftsteller
21. November 1970[1]

Bulletin des Presse- und Informationsamtes der Bundesregierung, Nr. 163 vom 25. November 1970, S. 1729–1732.

[...]
Ich komme zu der Frage, die hier zu beantworten ich leichtsinnigerweise übernommen habe: Braucht die Politik den Schriftsteller?

Nun, ich will nicht lange am Thema herummachen. Aber es gibt hier vermutlich manchen, der – in Erinnerung an Vorträge, die er hat halten müssen – jetzt wissen möchte, was der Redner wohl antworten wird. Sagt er: Warum haben Sie mich überhaupt so gefragt? Denn selbstverständlich braucht die Politik den Schriftsteller. Oder wird er frech sagen – frech auch wegen der geistigen Anleihe, die darin steckt –, Politik sei eine zu ernste Angelegenheit, als daß man sie den Politikern allein überlassen könne!

Das wirkliche Leben kennt nicht die strikte Abgrenzung der Ställe: hier die Kunst, dort die Gesellschaft oder die Politik. Ich kann nichts anfangen mit der stereotyp-langweiligen Unterscheidung von Kultur und Zivilisation oder von Geist und Macht. Wenn wir uns umschauen in der Geschichte, in der Welt und in unserem Land, dann stellen wir fest, daß solche Konstruktionen der Wirklichkeit nicht entsprechen.

Der vielberufene Geist ist nicht in der Literatur allein zu Hause. Und es soll schon Politiker gegeben haben, die mit – gutgeschriebenen – Memoiren Erfolg gehabt und sich einen Platz in der Literaturgeschichte verdient haben. Nicht nur als Sozialdemokrat bin ich der Meinung, daß August Bebels Buch „Aus meinem Leben"[2] mehr ist als ein Stück Geschichte der deutschen Arbeiterbewegung; nach meinem Verständnis ist es gleichfalls deutsche Literatur.

Geist und Macht, das angeblich strenge Gegensatzpaar, üben oft und gerne Rollentausch. Denn so mächtig der Einfluß der Politik auf die Gesellschaft sein mag, längst hat sie ihre Macht teilen müssen: Gerade Sie als Schriftsteller sollten Ihren Einfluß nicht unterschätzen.

Gewiß haben Träger staatlicher Gewalt immer wieder – nicht nur in vordemokratischer Zeit – den Versuch unternommen, sich der Literatur zu bedienen, mit anderen Worten: sie zu mißbrauchen. Aber wer sich darauf einließ, ob unter Druck, Schmeichelei oder materiellen Zusicherungen, hat dabei letzten Endes stets den kürzeren gezogen. Mit der Unabhängigkeit und ihrem Risiko geht auch die Glaubwürdigkeit verloren. Ohne Risiko ist Freiheit nicht zu haben.

Ob es alle gern hören oder nicht, es ist notwendig daran zu erinnern, daß Diktatoren immer wieder daran gehen, die Freiheiten der Schriftsteller einzuschränken, Schriftstellern den Prozeß zu machen, Bücher und Autoren auf schwarze Listen zu setzen. Wo man Bücher tatsächlich oder nur symbolisch verbrennt, wo Schriftsteller verfolgt oder gezwungen werden, außer Landes zu gehen, da sind immer auch Freiheit, Sicherheit und das Leben aller Bürger in Gefahr.

Ich scheue mich nicht, die Zustände in Griechenland beim Namen zu nennen.[3] Ebensowenig scheue ich mich, mit Ihnen das bedrückende Schicksal einiger Ihrer Kollegen in kommunistisch regierten Ländern zu beklagen.

Die Geschichte der Literatur ist von Ovid und über Brecht hinaus bis in unsere Tage immer wieder die Geschichte ihrer Verfolgung gewesen. Es ist ein Ruhmesblatt der deutschen Literatur, daß ihre Schriftsteller in so großer Zahl der Diktatur des Nationalsozialismus widerstanden haben. Unter den bedrückenden Verhältnissen der Emigration haben sie Werke von bleibendem Wert geschaffen! Und wenn ich die Emigration bedrückend nenne, weiß ich, was ich sage.

Das liegt hinter uns. Heute brauchen wir keine selbstquälerische Angst vor einigen trüb-cholerischen Geistern zu haben, die uns Vergangenheit als Gegenwart auftischen wollen. Heute brauchen wir furchtlos aktives Engagement für den Bestand und die Erneuerung einer deutschen Demokratie.

Die Entscheidung für diese Demokratie werden wir nicht in fernen Ländern finden, sondern hier, vor der eigenen Tür, als Bürger unter Bürgern.

Der Schriftsteller ist belesener, weltkundiger, freier in der Verfügung über seine Zeit als der Nachbar im Doktorkittel, an der Drehbank, am Schreibtisch des Managers. Es ist sein Beruf, sich Gedanken zu machen. Darin ist er in der Tat „ein wenig gleicher". Deshalb darf man vom Schriftsteller ein beispielhaftes Engagement erwarten.

Das Handwerkszeug des Schriftstellers ist das Wort, die Sprache. Es gehört zu seinem Beruf, daß er bewußter als andere, die dieselbe Sprache sprechen, mit oder an oder in der Sprache arbeitet. Das Wort gehört auch zum Handwerkszeug des Politikers als Gesprächspartner etwa, als Redner oder als Gesetzgeber. Der Politiker findet jedoch im Andrang der Aktualitäten, die ihn beschäftigen, selten die Muße, sich seiner Sprache so bewußt zu werden, wie es nötig wäre. Die Hilflosigkeit, die Nachlässigkeit und zuweilen sogar die Verachtung der Sprache ist immer ein Signal für politischen Niveau-Verlust. Das sollte der Politiker sich stets vor Augen halten.

Es gehört zu meinem Verständnis von Demokratie, daß die Kluft zwischen Volk und Behörde, auch zwischen Bürger und Parlament durch genaue Sprache überbrückt wird. Bürokraten-Deutsch als Obrigkeits- und Untertanensprache hat uns geschädigt und zu gestelztem Jargon verführt.

Demokratie und Sprache stehen in einem direkten Zusammenhang. Gute Politik braucht die Literatur als sprachliches Korrektiv. Je enger der Kontakt zwischen Literatur und Politik, um so besser ist das Sprachbewußtsein. Besseres Sprachbewußtsein bedeutet mehr Aufgeschlossenheit für die Demokratie.

Der Schriftsteller lebt in einer größeren Distanz zur Wirklichkeit als der Politiker. Diese Distanz erlaubt es ihm – und ich sehe darin einen wichtigen Teil seiner Möglichkeiten in der Gesellschaft –, Kritik zu üben, zu sagen, was er für falsch, was er für schief, was er für verbesserungswürdig hält. Ich meine jetzt nicht so sehr die tagespolitischen Ereignisse, sondern die Auseinandersetzung mit literarischen Mitteln, die den Grundlagen und den Grundzügen der Politik und der Gesellschaft gilt, ihren sittlichen und geistigen Normen, die im besonderen des kritischen Wortes bedürfen.

Oft vermag der Schriftsteller, die Vergangenheit reflektierend, gesellschaftliche Entwicklung für die Zukunft aufzuzeigen, bevor sich der Politiker aus den Verstrickungen der Gegenwart, Distanz gewinnend, lösen kann. Auch da braucht die Politik den Schriftsteller.

[...]

Sie wissen, daß ich umfassende gesellschaftliche Reformen für notwendig halte. Es geht langsam genug damit voran, aber es geht voran. Ich wünsche mir viel Unterstützung, Anregung und kritische Begleitung bei dem Bemühen um eine lebendigere, vielfältigere und aktivere Demokratie. Wenn wir mehr Demokratie wagen, wird es kein Schriftsteller nötig haben, aus dem Land oder in den Elfenbeinernen Turm oder in ein Wolkenkuckucksheim zu emigrieren.

[...]

Ich habe versucht, Ihre Frage zu beantworten: Ja, Politik, wie ich sie verstehe, braucht den Schriftsteller.

Wenn dauerhafter Frieden unser Ziel ist, dann lassen Sie uns diesen Weg gemeinsam gehen, als Partner, in Verantwortung für die Gesellschaft, in der wir leben.

Nr. 45
Aus einem Gespräch des Bundeskanzlers, Brandt, zum Thema „Eigentum verpflichtet"
2. Dezember 1970[1]

AdsD, WBA, A 8, ungeordnet.

[...][2]
BRANDT: Überhaupt noch nicht besprochen worden ist: Gibt es noch oder wieder einen politischen Mißbrauch des Eigentums? Ich fürchte, das muß mit „ja" beantwortet werden.

Ein etwas überspitztes Beispiel. Es gibt eine CSU-Waffenschmiede in der Bundesrepublik. München, Augsburg ist der Raum, in dem sich die Rüstungsproduktion in der Bundesrepublik überwiegend konzentriert, mit Firmen, deren maßgebliche Repräsentanten ihre Macht zugleich als eine Stützung einer bestimmten politischen Richtung in dieser Republik verstehen.[3]

Das ist ein ernster Vorgang. Adenauer hat einmal mit dem Blick auf F[ranz] J[osef] S[trauß] zu jemand gesagt: Der könnte putschen, wenn er ein Stück staatlicher Macht hätte.

Helmut Schmidt kann das von heute auf morgen nicht ändern. Er kann nicht durch abrupte Veränderungen seinen Laden plötzlich lahmlegen. Wenn er z. B. die Boelkow-Order wesentlich ändert, dann scheitert daran ein großes NATO-Projekt, MRCA.[4]

Das haben wir noch nicht besprochen: Es gibt politischen Mißbrauch wirtschaftlicher Macht. Das steht im Widerspruch zu diesem Satz im Grundgesetz von der Sozialverpflichtung des Eigentums.[5] Das ist ein besonders krasser Verstoß dagegen.

Die nächste Frage: Wo gibt es eklatanten ökonomischen Machtmißbrauch?

Die andere Geschichte: Sozialverpflichtung soll zu Ausgleichsvorstellungen, Demokratisierungsvorstellungen hinleiten. Aber ich sage bewußt: Wir dürfen nicht den Fehler machen, Sozialverpflichtung irgendwo in unseren Vorstellungen in einen Gegensatz zum Leistungsprinzip geraten zu lassen.

Sozialverpflichtung ist auch eine Verpflichtung, die darauf hinausläuft, das bestmögliche Resultat zu erzielen. Das wird häufig vergessen.

Ich würde zum letzten Komplex noch etwas mehr über den Stand der internationalen Debatte wissen. Da gibt es einiges in der westlichen Welt, teils in der Tschechoslowakei und in Ungarn und anderswo, was sich vom Ausgangspunkt her damit beschäftigt. Mir kommt es darauf an, daß in dieses Gespräch politischer Mißbrauch und ökonomischer Mißbrauch wirtschaftlicher Macht eingeführt wird.

GRASS: Es hat keinen Sinn, daß diejenigen, die Politik machen, vor dem Fetischcharakter des Begriffs Eigentum kapitulieren. Eigentum gibt es wie Leistung. In unserem Land sind beide Begriffe Fetische geworden. Das würde in der Diskussion nicht weiterführen.

Die Fixierung auf Eigentum als Fetisch ist vor allem bei der älteren Generation da. Bei der jüngeren wird zumindest deutlich, daß Überfluß an Eigentum zu Überdrußvorstellungen führt. Es zeichnet sich ein irrationales Verhältnis zum Eigentum ab. Dadurch wächst die Chance, einen neuen Eigentumsbegriff in die jüngere Generation hineinzutragen.

Mir ist aufgefallen, daß überall, wo man die Verpflichtung des Eigentums gesellschaftlichen Aufgaben gegenüber anspricht – z. B. den Umweltschutz –, die Aufmerksamkeit beginnt. Durch den Druck der Verhältnisse – weil es stinkt – könnte da der Hebel angesetzt werden, um über diese großen Aufgaben den Begriff Eigentum in seiner sozialen Verpflichtung neu anzusetzen. Hier ist vielleicht der Ansatzpunkt, um das Thema „Eigentum verpflichtet" neu zu fassen.

Ich habe in Bayern eine ganze Reise unter diesem Motto veranstaltet und war erstaunt, wieviel Aufmerksamkeit die Politik der neuen Bundesregierung (Städtebauförderung, Umweltschutz, Artikel 14 GG) gefunden hat. Ich warne, aus Angst vor Fehldeutung und Diffamierung einer vernünftigen Politik zu resignieren.

BAHR: Du widersprichst [Dir]. Wenn Du sagst, Eigentum verpflichtet, dann legst Du den Nachdruck auf Verpflichtung, und gleichzeitig sagst Du: Eigentum als Begriff soll nicht in Frage gestellt werden.

BRANDT: Bis Ende November 1970 sind in der deutschen Tagespresse 17mal soviel Artikel über Umweltschutz als im ganzen Jahr 1969 erschienen.
[...]
GRASS: In der Breite der Bevölkerung ist dieses Naturrecht „Eigentum verpflichtet" gar nicht bewußt. Man muß den verpflichtenden Charakter des Großeigentums deutlich machen. In einer zweiten Phase kann man es ins Deutsche übersetzen, daß es sich um Investitionskontrolle handelt.

Mir ist aufgefallen, daß ein Haupthinderungsgrund beim tatsächlichen Unvermögen der Reformkräfte in diesem Lande liegt, die ihre Reformen isoliert betreiben. – Natürlich kann man sagen, daß der Verbalismus einiger Jungsozialisten für Strauß ein beliebtes Futter ist.

BRANDT: Was in einer überschaubaren Zeit tun?

1. Auf 1973 bezogen: 1973 müssen wir uns mehr zutrauen, deutlicher zum Thema des politischen Mißbrauchs ökonomischer Macht zu sprechen.

2. Schiller wird – nach dem, was jetzt geht – es in Richtung auf Fusionskontrolle versuchen. Das wird nicht viel werden, aber es wird jedenfalls eine Debatte um die Konzentrationsfrage geben, die es manchen Leuten deutlicher macht und auch in die Diskussion um publizistische Macht hineinreicht.

3. Mitbestimmung, was immer der einzelne davon hält. Für diese paar Jahre, die wir haben, ist nicht mehr drin als das, was wir morgen vom Kabinettstisch bringen. Das wird ein anständiges neues Betriebsverfassungsgesetz, keine Novelle des alten, mit einer entscheidenden Stärkung des einzelnen und der Rechte des Betriebsrates sein.[6] Mitbestimmung in personellen und sozialen Fragen.

Aber auf das bezogen, was man wirtschaftliche Mitbestimmung nennt, wird bis 1973 nichts Wesentliches geschehen. Die Regierung macht ihre Äußerung zum Biedenkopf-Gutachten, und sie sichert die bestehende Mitbestimmung auch dort, wo der Prozentsatz der Montanerzeugung dafür sprechen könnte, es abzubauen.[7] Das fördert die Diskussion.

4. Im nächsten Jahr kommen wir in die Debatte der Steuerreform hinein. Selbst wenn man die Vermögenspolitik nur als qualifizierte Sparförderung auffassen wollte, würde das nichts daran ändern, daß sie für die Stellung des einzelnen und sein Sicherheitsgefühl viel bedeutet. Ich bin der Meinung, schaden kann es auf keinen Fall, auch wenn diejenigen unserer Freunde nicht recht haben sollten, die hier mehr erwarten als andere.

Es wäre doch früher unvorstellbar gewesen, daß man guten Gewissens vor die Belegschaft treten und sagen kann: Ihr werdet in 10 Jahren ein Jahreseinkommen als Reserve zurücklegen können.

Und wenn unsere Freunde recht haben, daß es außerdem wirtschaftlich als Gegengewicht eingesetzt werden kann, um so besser.

In mancher Beziehung der wichtigste und der psychologisch schwierigste Punkt bleibt Grund und Boden. Dies geht am härtesten die Leute an, die gar nicht in diesen Städten Hausbesitzer sind, sondern die außerhalb der Städte ein Häuschen haben usw. Ich fürchte, die Erbschaftssteuergeschichte reicht nicht.[8] Ich spüre in meinen Diskussionen, daß, wenn wir hier keine Antwort finden, dann kommt in ganz wenigen Jahren die radikale Enteignungsforderung – mit Entschädigung – auf uns zu. Das ist schwierig, weil so viele sich falsch solidarisieren werden.

BÖLL: Wir haben über sehr viele Eigentumsformen gesprochen, aber nicht über das an Publikationsmitteln. Zur Verbreitung aller hier geäußerten Ideen bedürfte es einer neu zu etablierenden publizistischen Macht.

Man kann sich auf die Dauer nicht auf mehr oder weniger launische Sympathisanten verlassen, sich dazu zu äußern. Wir sind auf Zufallsorgane angewiesen. Wir sollten uns eine ernsthafte Publikationspolitik machen.

MITSCHERLICH: Wir haben kein Gegenstück zum BILD.

BÖLL: Möglicherweise kann man die Eigentumsverhältnisse in bezug auf Diffamierung und Diskriminierung etwas schärfer fassen. [...]

BAHR: Ich würde meinen: Laßt uns von dem Begriff des Eigentums nicht mehr reden. Laßt uns es wie ein Tabu behandeln und laßt uns darüber reden, wie der Mißbrauch verhindert werden kann. Laßt uns alles das, was notwendig ist, an den Notwendigkeiten der Gesellschaft orientieren. Dann sehen es die Leute ein.

Unangetastet das Eigentum an den Produktionsmitteln, aber den Mißbrauch der Produktionsmittel kontrollierend. In dem Augenblick wird es nicht so schwierig, wie das mit den Eigentumsverhältnissen in den Städten ist.

Da gibt es in England, den Niederlanden, in Frankreich Gesetze (Rotterdam, Le Havre, Birmingham), durch die das Privateigentum zugunsten einer Stadtplanung enteignet worden ist. Dies kann man ohne Risiko tun.

GRÜNDLER: Nur muß man darauf aufmerksam machen, daß das weniger als 1 % der Menschen betrifft.

ROSENTHAL: Ich sehe keine Schwierigkeit. Wenn wir auf dem Weg zur Entfetischisierung des Eigentums jetzt in Fortführung des 624-DM-Gesetzes sagen, daß man der breiten Masse der Menschen Eigentum auf dem bisherigen Wege gibt, dann hat man 80 % der Wähler für sich, und es behindert nicht den Weg der notwendigen wichtigeren Aufgaben in der Bildung, Städtesanierung usw.

GRASS: Die Diskussion wird erschwert, weil es der SPD nicht gelingt, das Gesamtkonzept ihrer Reformvorhaben darzustellen.

ROSENTHAL: Wenn man in einer Fabrik 200 Produkte hat und man versucht, mit jedem zu werben, kommt man nicht weit. Wenn man die Werbung hinter ein Produkt setzt, kann man es verkaufen.

GRASS: Mir ist in diesem Gespräch aufgefallen, daß Leute, die von außen kommen, den Pragmatikern der Politik die Frage stellen: Wie wollt ihr die Wahlen 1973 gewinnen?

JOCHIMSEN: Die Regierungserklärung[9] ist ein sehr ehrgeiziges und gleichzeitig sehr heterogenes Dokument. Es enthält sehr konkrete Dinge und generelle Absichtserklärungen. Wir haben es geschafft, daß wir ein internes Arbeitsprogramm bis 1973 hin zeitlich, inhaltlich und finanziell konkretisiert haben.

BRANDT: Die Frage des Verkaufens kommt erst danach. Über die Philosophie der Innenpolitik, die sich erst jetzt entwickelt, muß man reden.

Die Leute draußen sehen: dort passiert das, dort das. Die eine Gruppe sieht nicht, was die andere betrifft. Sie sieht nicht, daß das Mosaiksteinchen sind. Sie sieht nicht, daß wir hier ein Mosaik bauen: mehr soziale Gerechtigkeit. Und dazu gehören die und die Steinchen. Mit Philosophie meinte ich, den Zusammenhang des Realisierbaren darzustellen.

[...][10]

Ich muß bitten, nach Hause gehen zu dürfen. Neben kleineren Sachen behandeln wir morgen (im Bundeskabinett) folgende Kleinigkeiten: Ob das Bundeskabinett nach der Verfassung dem Bundeskanzler zustimmt, daß er am Montag einen Vertrag mit der Volksrepublik Polen unterzeichnet; 3 Vorlagen zur Mitbestimmung, die in dieser Legislaturperiode möglich sind, Stellungnahme zum Biedenkopf-Gutachten und Mitbestimmungssicherungsgesetz; Verabschiedung des Hochschulrahmengesetzes. – Was kommt heraus? Nur Polen und eine kurze Notiz.[11]

GAUS: Das ist eine Frage des Verkaufens. Dies ist einfach schlecht koordiniert. Wenn eine solche Bundesregierung mit einem Bundeskanzler, der so sehr – aus guten Gründen – für Ost- und Außenpolitik engagiert ist, einmal drei solche innenpolitische Themen hat, und die macht sie an einem Tage, dann bin ich bereit, mir von irgend jemand sagen zu lassen, dieses müsse an einem Tag passieren. Wenn die Bundesregierung dies an einem Tag verkaufen will, ist sie schlecht organisiert im Verkaufen.

Nr. 46
Schreiben des Bundeskanzlers, Brandt, an den Chefredakteur von *Der Spiegel*, **Gaus**
15. Februar 1971[1]

AdsD, WBA, A 8, 6.

Lieber Herr Gaus,
ich komme erst heute dazu, Ihren Brief vom 2. Februar [1971] zu bestätigen.[2]

Auf die Gefahr hin, dass auch Sie mich für mimosenhaft empfindlich halten: Nichts hat mir seit langem so geschadet – und zugleich weh getan – wie Ihr böses Wort vom Teil-Kanzler[3]. Ich habe mich trotzdem nicht davon abhalten lassen, das zu tun, was in diesen Wochen notwendig und möglich ist.

Es wird sicher möglich sein, hierüber einmal in Ruhe zu sprechen. Im Augenblick würde allerdings nicht viel dabei herauskommen.

Mit freundlichen Grüssen
‹gez[eichnet] Brandt›[4]
‹Br[andt]›[5]

Nr. 47
Schreiben des Bundeskanzlers, Brandt, an den Vorsitzenden des Deutschen Gewerkschaftsbundes, Vetter
29. März 1971

AdsD, WBA, A 8, 47.

Sehr geehrter Herr Vorsitzender,
lieber Heinz Oskar Vetter,
  im Anschluß an unser Gespräch in der vergangenen Woche möchte ich den Versuch machen, falsche Eindrücke über die Haltung der Gewerkschaften beiseite zu räumen.[1]

In der Bundesregierung gibt es niemand, der nicht wüßte, daß die deutschen Gewerkschaften zum Wiederaufbau und zur Entwicklung unserer Volkswirtschaft entscheidend beigetragen haben. Jeder objektiv Urteilende wird bestätigen müssen, daß der Deutsche Gewerkschaftsbund und die Einzelgewerkschaften bei der Erfüllung ihrer Aufgaben über die Jahre hinweg immer auch die Gesamtverantwortung im Auge gehabt haben. Ich weiß, daß diese Haltung nicht immer leicht gewesen ist; gerade deshalb verdient sie Respekt.

Zur aktuellen Situation und den notwendigen stabilitätspolitischen Anstrengungen der Bundesregierung möchte ich festhalten, daß wir stets bemüht gewesen sind, Gewichte und Verantwortlichkeit nicht einseitig zu verteilen. Ich habe selbst erst vor wenigen Tagen im Bundestag von „den Unternehmern, den Gewerkschaften und den verbrauchsintensiven Bereichen des Staates"[2] gesprochen. Die Bundesregierung wendet sich – wie es gar nicht anders sein kann – an alle gesellschaftlichen Gruppen und klammert die eigene Verantwortung dabei nicht aus.

Ebenso klar ist, daß wir die Tarifautonomie als ein wesentliches Element unserer freiheitlichen Wirtschafts- und Gesellschaftsordnung betrachten. Daraus ergibt sich, daß die autonomen Gruppen ihre Entscheidungen in freier Verantwortung zu treffen haben. Wenn die Bundesregierung – entsprechend dem Stabilitäts- und

Wachstumsgesetz – Orientierungsdaten bekannt gibt, so sind diese als Richtwerte für ein den gesamtwirtschaftlichen Notwendigkeiten entsprechendes Verhalten aller gesellschaftlichen Gruppen zu verstehen.

Autonomie und Gesamtverantwortung sind allerdings nicht voneinander zu trennen. Das stabilitätspolitische Ziel wird im Interesse unserer Volkswirtschaft und unserer Bevölkerung nur zu erreichen sein, wenn alle gesellschaftlichen Gruppen daran mitwirken. Es entspricht nicht meiner Auffassung, die gewerkschaftlichen Lohnforderungen einseitig als Quelle der Preissteigerungen zu bezeichnen. Unzweifelhaft ist jedoch, daß in der jetzigen Konjunkturphase die Kostensituation und das Preisverhalten für die Entwicklung der Gesamtwirtschaft von ganz besonderer Bedeutung sind. Sicher ist, daß nur durch ein gleich verantwortliches Handeln aller Beteiligten mehr Stabilität erreicht werden kann.

Wir haben auch über die verschiedenen innenpolitischen Vorhaben der Bundesregierung gesprochen, und ich weiß, mit wie wachem Interesse die Gewerkschaften daran Anteil nehmen. Jeder kann sich darauf verlassen, daß wir – im Rahmen der finanziellen Möglichkeiten und unter Berücksichtigung der gesamtwirtschaftlichen Erfordernisse – unser Reformprogramm zielstrebig verwirklichen werden. Dies bedeutet, daß die soziale Sicherheit ausgebaut und die Stellung der Arbeitnehmer gestärkt wird.

Für die Bundesregierung ist auch wichtig zu wissen, daß die deutschen Gewerkschaften weiterhin die Politik unterstützen, die die westeuropäische Einigung ebenso zum Ziele hat wie den Abbau von Spannungen zwischen Ost und West, und damit die Sicherung des Friedens. Die Übereinstimmung in diesen nationalen Grundfragen sollte es uns möglich machen, daß wir – jeder an seinem Platz und jeder aus seiner Verantwortung – auch in den jetzt entscheidenden wirtschaftspolitischen Fragen zusammenfinden.

Ich hätte nichts dagegen einzuwenden, wenn von diesen Feststellungen öffentlich Gebrauch gemacht würde.
Mit freundlichen Grüßen
‹Ihr Willy Brandt›[3]

Nr. 48
Schreiben des Bundeskanzlers, Brandt, an den Bundesminister für Arbeit und Sozialordnung, Arendt
30. März 1971[1]

AdsD, WBA, A 8, 34.

Lieber Herr Kollege Arendt!
Die Erörterungen im Kabinett am 25. Februar und 25. März d[es] J[ahres] zu den Problemen der Fortschreibung der Finanzplanung geben mir Veranlassung, unseren gemeinsamen Ausgangspunkt für die künftige Aufgaben- und Ausgabenplanung in Erinnerung zu bringen.[2]

Die Wiedergewinnung und Erhaltung einer dauerhaften Stabilität hängen in ganz entscheidendem Maße auch davon ab, daß der Bund seine Ausgaben in den gesamtwirtschaftlich gebotenen Grenzen hält – nicht zuletzt deshalb, weil mit dem Bundeshaushalt ein Bestimmungsfaktor für das Anwachsen des öffentlichen Gesamthaushalts gegeben wird. Außerdem sind die Grenzen unserer finanzwirtschaftlichen Möglichkeiten zu beachten. In der Ministerbesprechung am 25. Februar 1971 waren wir darin einig, daß die Gesamtausgabeplafonds, wie sie sich unter Zugrundelegung der Steigerungsraten des geltenden Finanzplans ergeben, die Obergrenze für die Ausgaben in den künftigen Jahren darstellen, die unter Umständen noch unterschritten werden muß.

Die Einhaltung dieser Ausgabeplafonds kann nur erreicht werden, wenn sich alle Mitglieder des Kabinetts in ihren Anforderungen an den Haushalt auf die vordringlichen Maßnahmen beschränken. Der zur Verfügung stehende Ausgaberahmen für die kommenden Jahre läßt eine Bewältigung der drängenden Aufgaben und eine Durchführung des Arbeitsprogramms nur dann zu, wenn durch erhebliche Einschränkungen bei laufenden Maßnahmen ein Ausgleich auf der Ausgabeseite gefunden wird. Ich bitte deshalb nachdrücklich, daß alle Kabinettsmitglieder sich bei ihren Anmeldungen zum

Haushaltsplan 1972 und zum Finanzplan 1971 bis 1975 an die grundsätzliche Entscheidung des Kabinetts vom 25. Februar 1971 halten und eine ernsthafte Prüfung der Möglichkeiten eines Wegfalls oder einer Einschränkung von Ausgaben in ihrem Einzelplan anstellen, damit der Bundesfinanzminister in die Lage versetzt wird, den neuen Finanzplan entsprechend den stabilitätspolitischen Erfordernissen und den finanzwirtschaftlichen Möglichkeiten aufzustellen. Die Ihnen bekannten Vorstellungen des Finanzkabinetts geben dafür die notwendigen Anhaltspunkte. Sofern sich aus übergeordneten politischen Gründen in einzelnen Fällen noch Mehrausgaben ergeben, wird dies weitere Kürzungen an anderer Stelle zur Folge haben müssen.[3]

Die Entscheidung, bei welchen Maßnahmen am ehesten Einschränkungen möglich sind, ist selbstverständlich dem einzelnen Ressort überlassen. Es bleibt jedoch ein unabdingbares Erfordernis, durch Konzentrierung auf die wirklich vordringlichen Aufgaben und durch Verzicht auf Entbehrliches Spielraum auf der Ausgabeseite zu gewinnen.

Ich verkenne nicht die Schwierigkeiten, die sich in allen Einzelbereichen durch die unerläßlichen Beschränkungen ergeben. Ich bitte Sie aber, sich bewußt zu bleiben, daß die Wirksamkeit unserer Regierungsarbeit mit allen ihren Teilaspekten als Ganzes gesehen davon abhängt, daß der Boden der Stabilität und der soliden Finanzwirtschaft nicht verlassen wird.

Mit freundlichen Grüßen

‹Ihr

Willy Brandt›[4]

Rut und Willy Brandt als Gastgeber mit Wohnungsbauminister Lauritz Lauritzen bei einem Treffen von Kabinettsmitgliedern im Hause des Bundeskanzlers Anfang der siebziger Jahre.

Nr. 49
Schreiben des Bundeskanzlers, Brandt, an den Bundesminister der Finanzen, Möller
12. Mai 1971[1]

AdsD, WBA, A 8, 13.

Lieber Alex,
von Deinem Brief habe ich mit Bedauern Kenntnis genommen.[2] Angesichts der Bestimmtheit Deiner Mitteilung sehe ich keine Möglichkeit, Dich umzustimmen.

Unter diesen Umständen hat es keinen Sinn, die morgige Kabinettssitzung im vorgesehenen Sinne durchzuführen. Ich habe deshalb die Kabinettsitzung auf 11.00 Uhr verlegen lassen, zumal über die Brüsseler Agrarbeschlüsse gesprochen werden muss.

Ich möchte diese Sitzung zugleich benutzen, um Dir, bevor ich den Bundespräsidenten unterrichte, meinen Dank für Deine Arbeit auszusprechen.

Es tut mir leid, dass wir uns heute nicht mehr sehen können. Ich würde es aber begrüssen, wenn Du mich morgen früh 10.30 Uhr in meinem Amtszimmer besuchen würdest.
Mit freundlichen Grüssen
Dein
‹gez[eichnet]: Brandt›[3]

Nr. 50
Aus den hs. Notizen des Bundeskanzlers, Brandt, für die gemeinsame Sitzung von Parteivorstand und Gewerkschaftsrat der SPD
17. Mai 1971[1]

AdsD, WBA, A 3, 398.

I.

Stabil[itäts]programm der B[undes-]Reg[ierung] vom 9. Mai [1971][2] erfordert Verständnis + Unterstützung der ganzen Partei

Neben der aussenwi[rtschaftlichen] Absicherung + einer vorsichtig-elastischen Führung der öff[entlichen] Haushalte kommt dem stabil[itäts]gerechten Verhalten der gewerkschaftl[ichen] Gruppen besondere Bedeutung zu
[...]

3) Die beschlossene restriktive (besser: vorsichtig-elastische) Haushaltspolitik bedeutet natürlich keine Preisgabe der notwendigen inneren Reformen.

Werden das Prog[amm] verwirklichen, das in Reg[ierungs]erklärung vom 28. 10. [19]69 skizziert + am 24. 3. [19]71 vor B[undes-]T[ag] konkretisiert wurde[3]

Stab[ilitäts]politik soll auch dazu dienen, für die notwend[igen] Reformen die erforderlichen Grundlagen zu schaffen

Allerdings kommt es auch darauf an, mehr Verständnis für die Doppelaufgabe zu wecken:

a) Reformen auf längere Sicht zu planen + durchzurechnen,

b) ihre Finanzierung den jeweils gegeb[enen] Möglichkeiten anzupassen

4) Die Bitte um Mitwirkung aller bei stab[ilitäts]polit[ischem] Verhalten darf nicht mit einer Suche nach Sündenböcken verwechselt werden

Dies wäre verhängnisvoll + sinnlos.

a) Es gab einen Nachholbedarf

b) Die Konj[unktur]bremsen haben nicht gegriffen, + zwar wegen des Inflationsimports

Die auswärtige Infl[ations]quelle verstopft. Jetzt kommt es auf die eigenen Anstreng[ungen] an, um das Mass an Stabil[ität] zu erzielen, das sich erreichen lässt

Dabei daran denken: Stabilität ist in uns[erem] Land immer auch eine polit[ische] Frage

5) Gegner behauptet, ich hätte Vollbesch[äftigungs]garantie ausgesprochen + zwar „auf Kosten der Stabilität"

Es bleibt dabei, dass diese Reg[ierung] kein Spiel mit Sicherheit der Arb[eits]plätze betreiben oder zulassen wird

Bleibt auch dabei, dass die Ziele des Gesetzes über Stab[ilität] + Wachstum gleichermassen angestrebt werden müssen.

a) Wir müssen – im Schnitt – wieder zu angemess[enen] Steigerungen d[er] Produktivität kommen

b) Wir müssen die Preissteig[erungs]rate herunterdrücken

II.

Rücktritt A[lex] M[öller]: 12. Mai [1971]. Auch hier Dank für seine Arbeit

Auch hier: A[lex] M[öller] hat im Kab[inett] + Öffentl[ichkeit] gesagt, er stehe zur Koal[ition], Reg[ierung] + Stab[ilitäts]politik[4]

Nicht die Absicht, mich an Manövern derer zu beteiligen, die A[lex] M[öller] gegen seine Partei ausspielen oder sonst im Trüben fischen möchten

An Versuchen des Ausspielens wird es auch sonst nicht fehlen – sie müssen eiskalt zur[ück]gewiesen werden

betr[effend] A[lex] M[öller] habe ich in aller Offenheit den Punkt genannt, dessentwegen er seine sofortige Entlassung beantragte: Er betrachtete es für sich als nicht möglich, die Anforderungen der Ressorts mit den Gesamterfordern[issen] auf einen Nenner zu bringen

Trifft zu, dass er dies in einer Zus[ammen]stellung[5] dargelegt hat

Aber, mit Adr[esse] an alle Beteiligten: In solchen Zus[ammen]hängen helfen keine Klagelieder, sondern es muss ausgeglichen + entschieden werden

D.h.: Wie ohnehin vorgesehen, wird Haush[alts]plan [19]72 bis zum Schluss Sommerpause aufgestellt + von B[undes]reg[ierung] verabschiedet werden

Dabei wird zugleich über Mifrifi + etwaige Einnahmeverbesserungen [19]72/73 zu entscheiden sein

Bis dahin wird sich auch Herr Barzel gedulden müssen

Das Begehren nach einer Haushaltserörterung im Juni ist sachlich nicht begründet

Wir haben ein gültiges, vom B[undes-]T[ag] beschloss[enes] Haush[alts]gesetz + den Beschluss, den Reg[ierung] dazu am 9. 5. [1971] gefasst + am 11. 5. [1971] vor B[undes-]T[ag] begründet hat[6]

Nun sollte es die Opp[osition] nicht erneut als ihre Aufgabe betrachten, Unsicherheit zu verbreiten,

sondern sie sollte lieber sagen, ob ihr nachträglich noch etwas Positives zum Thema Stabilität eingefallen ist

Donnerstag kam es darauf an, unmittelbar zu entscheiden[7]

Falsch, dass es keine Kandidaten für F[inanz-]M[inisterium] gegeben hätte – mindestens 3 besonders geeignete Kand[idaten]

In gegeb[ener] Lage + Blick auf nä[chste] Jahre für Lösung entschieden, durch die Wi[rtschaft] + Fi[anzen] in eine Hand

Ob + welche organis[atorischen] Änderungen sich im Laufe der Zeit für einzelne Teilbereiche ergeben mögen, wird später zu entscheiden sein – jetzt haben wir anderes zu tun

Bitte, Karl Sch[iller] zu unterstützen, der seine gesteigerte Verantw[ortung] in engem Zus[ammen]wirken mit mir wahrnehmen wird

Er wird – besonders betr. Haushalt – in Hans H[ermsdorf] eine wichtige Stütze haben

Ablösung Reischl: 1. Fall, stilbildend, nichts Diskriminierendes[8]

Neben Stab[ilitäts]progr[amm] + Haushalt eine große Aufgabe, für deren Lösung unter Federführung A[lex] M[öller]s die wesentlichen Vorarbeiten geleistet wurden: Steuerreform

[...]

III.

Ein enger Kontakt mit den Gewerk[schaften] ist in dieser Sit[uation] von besond[erer] Bedeutung

Dabei wird es nicht immer voll übereinstimm[ende] Auffassungen geben

+ niemand in Reg[ierung] oder Partei wird den Eindr[uck] erwecken wollen, als beabsichtige er, die Gew[erkschaften] an ein Gängelband zu legen

And[erer]seits kann ich mir nicht vorstellen, dass es Soz[ial]dem[okraten] in führender gewerksch[aftlicher] Verantwortung gibt, die – angesichts der gesellschaftspol[itischen] + allgemeinpol[itischen] Fragen, um die es geht – geneigt sein könnten, uns im Stich zu lassen.

Vetter, Brenner u. a. haben dazu in diesen Tagen Wesentliches gesagt, was ich sehr zu würdigen weiss.[9] Meinerseits 3 Feststellungen:

1) betrachte es als hilfreich, dass DGB bzw. die Gewerkschaften ihre Bereitschaft erklärt haben, „die für die Stabilisierung geeigneten Massnahmen zu unterstützen"

Die Form, in der die Gewerkschaften ihre Meinungen mit den Unternehmerverbänden austauschen – und das Ausmass des dabei zu Erörternden, d. h. ob alle relevanten Themen einbezogen werden –, können sie nur selbst bestimmen

Die Reg[ierung] muss natürlich mit allen Beteiligten sprechen + sie zu einem möglichst parallelen, stab[ilitäts]gerechten Verhalten anhalten – denn der Kostendruck in uns[erer] Volkswi[rtschaft] muss herunter

2) Freue mich, dass anerkannt wurde, was wir so[zial]po[litisch] bereits auf den Weg gebracht haben

Eine Konsolid[ierungs]pause bedeutet keinen Stop, kein blosses Festschreiben dessen, was ist

Haben uns erneut davon überzeugen können, dass die aktuellen Reformvorschläge der Gew[erkschaften] weithin im Arb[eits]-progr[amm] der Reg[ierung] enthalten sind + jeder kann sich darauf verlassen, dass sie im Rahmen des Möglichen verwirklicht werden

(Denke dabei nicht nur an So[zial]po[litik], z. B. Kartellrecht, Städtebauförderung)

3) Ein Vergleich mit and[eren] Ländern zeigt, was ein gewerksch[aftliches] Verantw[ortungs]bewusstsein bedeutet, das mit polit[ischem] Gesamtverständnis gekoppelt ist

Bei allen Mein[ungs]verschiedenheiten im einzelnen muss ganz deutlich bleiben, dass wir untrennbare Verbündete sind beim Ausbau des dem[okratischen] + soz[ialen] Bundesstaates

Meine Bitte: dies im jeweiligen Tät[igkeits]bereich deutlich zu vermitteln

Nr. 51
Aus dem Interview des Bundeskanzlers, Brandt, für *Der Spiegel*
24. Mai 1971

Der Spiegel, Nr. 22 vom 24. Mai 1971, S. 36–47.

„Meine Landsleute krempeln die Ärmel hoch"

SPIEGEL: Herr Bundeskanzler, warum haben Sie den Rücktritt von Finanzminister Möller angenommen?

BRANDT: Wenn ein erfahrener Mann wie Alex Möller nach reiflicher Überlegung dem Bundeskanzler schreibt, daß er ihn darum bitte, seine sofortige Entlassung beim Bundespräsidenten zu veranlassen, dann bedeutet dies, daß er sich die Sache genau überlegt hat.[1] Dann ist es eigentlich nur noch eine Frage, wie man den Respekt verbindet mit dem Dank, den man einem solchen Mann für seine Mitarbeit auszusprechen hat. Im gleichen Augenblick muß man dann darüber nachdenken, wie es weitergehen soll.

SPIEGEL: Der Zeitpunkt war politisch denkbar ungünstig.

BRANDT: Das ist mehr eine Frage der Öffentlichkeitswirkung. Im Regierungsgeschäft selbst hat es nicht die Andeutung einer Krise gegeben. Daß die Öffentlichkeit es zum Teil anders gesehen hat, muß ich zur Kenntnis nehmen.

SPIEGEL: Was hat Sie dazu bewogen, Wirtschaftsminister Schiller zum Superminister[2] zu ernennen?

BRANDT: Es zeigte sich schon in den ersten Tagen, daß sich Schillers gemeinsame Verantwortung für Wirtschaft und Finanzen, sein „vereinigtes Königreich", als vorteilhaft erweist. Bei unserem Stabilitätsprogramm haben wir es mit Maßnahmen zu tun, die beide bisherigen Häuser betreffen. Und es ist für die Regierungsarbeit in dieser Phase von Vorteil, ein Votum auf den Tisch zu bekommen, in dem die fiskalischen und gesamtwirtschaftlichen Elemente gleichermaßen enthalten sind.

SPIEGEL: Bisher erschienen Sie vielfach als ein Regierungschef, der sein Kabinett und die Koalition durch Diskussion und durch

Überzeugung, durch starke Loyalitätsbindungen führt. Resultiert Ihr schneller Entschluß, Alex Möller zu entlassen und seinen Nachfolger zu ernennen, aus Ihrer Einsicht, daß die Zeit vorüber ist, in der die Regierungsgeschäfte am langen Zügel geführt werden können?

BRANDT: Ich werde nicht darauf verzichten, zu diskutieren und, wie Sie es nennen, zu überzeugen – dort, wo man dies kann. Ein Kollegium wie das Bundeskabinett funktioniert sicher nicht gut, wenn es zu häufig vor die Notwendigkeit von Abstimmungen gestellt wird. Es funktioniert auch nicht gut, wenn es zu häufig mit Richtlinienentscheidungen konfrontiert wird. Sicher aber werden wir in einigen Fällen mehr als bisher – das ergibt sich aus dem Stabilitätsprogramm in besonderem Maße – rascher entscheiden müssen. Und rascher entscheiden bedeutet dann, sich zuweilen nicht soviel Zeit für Diskussionen nehmen zu können, wie wir sie uns zunächst genommen hatten.

SPIEGEL: Wird Ihr Kabinett in der zweiten Halbzeit dieser Regierung einen Kanzler haben, der weniger diskutieren läßt und rascher entscheidet?

BRANDT: Ich könnte es mir jetzt ganz leicht machen. Zwar schätze ich die SPIEGEL-Leser so ein, daß ihr Bedarf an Autoritätsbekundungen eher etwas unterentwickelt ist, aber im ganzen gesehen würde es sich vermutlich gut anhören, wenn ich sagte, nun wird geführt und wird entschieden, was auch immer die Leute sich so darunter vorstellen. Diesen Eindruck möchte ich nicht aufkommen lassen, sondern sagen, es wird nicht der Schau wegen geführt, sondern es wird das getan, was von der Sache her erforderlich ist. Und wenn die Sache es gebietet, dann wird rasch entschieden. Überdies ist die Halbzeit noch nicht da. Es fehlen noch einige wichtige Monate, in denen noch eine Menge zu arbeiten ist. Bis Oktober [1971] wird noch viel passieren.

SPIEGEL: Erzwingen die Sachfragen jetzt raschere Entscheidungen als vorher?

BRANDT: Ja, es ist ganz sicher so, daß unser Stabilitätsprogramm in den nächsten Monaten solche Situationen immer wieder hervorbringen wird. Im Juni [1971] wird die Regierung die Eckdaten für die

Steuerreform festlegen. Und von Mitte August bis Oktober [1971] müssen wir alles Wesentliche fixieren, was in dieser Legislaturperiode von der Regierung aus innenpolitisch zu geschehen hat. Um die Monatswende August/September [1971] fallen die Entscheidungen zum Haushalt 1972 und über die mittelfristige Finanzplanung, also für 1973 und die folgenden Jahre. Unmittelbar danach, Ende Oktober [1971], entscheidet die Regierung über ihre Steuerreformvorlage.

SPIEGEL: Gerade in den kommenden Monaten muß Ihre Regierung alle Kraft für die Herstellung stabiler Wirtschaftsverhältnisse aufwenden. Was bleibt der Regierung Brandt dann noch an Reformvorschlägen übrig?

BRANDT: Zunächst muß ich auf ein Mißverständnis eingehen, das in der öffentlichen Diskussion eine große Rolle gespielt hat. Viele haben geglaubt, Regierung der inneren Reformen sein zu wollen bedeute, in vier Jahren auf allen möglichen Gebieten alles Mögliche von Grund auf zu ändern. Das haben wir nie gesagt. Regierung der inneren Reformen zu sein heißt eben – auch wenn es eine ganze Weile dauert und manches dabei auch noch durcheinandergeht und draußen schwer verstanden wird –, auf allen Gebieten, auf denen bisher nicht vorgesorgt wurde, endlich mit der Planung und dem Rechnen anzufangen. Die Vorhaben erstrecken sich zum Teil über ein Jahrzehnt.

SPIEGEL: Muß man nicht zuerst für die Finanzierung der Reformen sorgen?

BRANDT: Wir müssen und werden mehr Verständnis dafür wecken, daß die finanzielle Bedienung solcher Reformvorhaben natürlich immer von der wirtschaftlichen Entwicklung abhängig ist. Man soll sich natürlich nicht völlig zum Sklaven der Wirtschaftsentwicklung machen. Aber die Erkenntnis, daß der konjunkturelle Ablauf darüber entscheidet, wie man ein Reformprogramm bedient, mal etwas rascher, mal etwas langsamer, die wird sich noch durchsetzen.

SPIEGEL: Muß sich nicht gerade in der Regierung selbst die Erkenntnis durchsetzen, daß sie ihre Reformvorhaben nicht frühzeitig genug mit den wirtschaftlichen und finanziellen Möglichkeiten abgestimmt hat?

BRANDT: Ob nun mehr bei der Regierung, bei der Opposition oder auch bei Wissenschaftlern, sei dahingestellt. Ich will ja niemandem zu nahe treten, aber mein Glaube an die Vorausberechenbarkeit volkswirtschaftlicher Abläufe – wenn es ihn jemals als fundierten Glauben gegeben hat –, der ist in diesen letzten einhalb Jahren wesentlich erschüttert worden.
[...]
Es gab Daten, die vermuten ließen, daß wir konjunkturell in ein ruhigeres Fahrwasser kämen und daß wir nicht so stark konfrontiert sein würden mit der Tatsache, daß wir Milliarden an Staatseinnahmen für die Konjunkturdämpfung stillegen mußten, statt sie für öffentliche Investitionen ausgeben zu können. Aber die Konjunkturbremse, die wir selbst und die Bundesbank zu betätigen versuchten, funktionierte nicht so, wie wir es gewünscht hatten. Ich will die inneren Faktoren – was Schiller „das Hausgemachte" nennt – nicht herunterspielen, aber die Bremsen sind durch die von außen auf uns einwirkenden inflationären Faktoren übertroffen worden. Seit Januar 1970 haben Regierung und Bundesbank durch ihre Maßnahmen 24 Milliarden Mark innere Liquidität stillgelegt. In derselben Zeit sind 42 Milliarden Mark Liquidität von außen bei uns nicht nur eingeströmt, sondern wirksam geworden. Mit dieser neuen Situation mußten und werden wir fertig werden.
SPIEGEL: Die Regierung kommt mit ihrem neuen Vorrang für die Stabilität ziemlich spät.
BRANDT: Wenn das so wäre, dann würde ich sagen, lieber spät als gar nicht. Aber es stimmt auch nicht. Diese Bundesregierung hat seit der Aufwertung der D-Mark viel für die Stabilität getan.[3] Warum die Bremsen nur teilweise gegriffen haben, habe ich schon gesagt. Aber ganz wirkungslos waren sie auch nicht, denn im Ausland sind die Preise ja wesentlich stärker gestiegen, vor allem 1970. Man muß sich daran erinnern, daß das Gesetz über Stabilität und Wachstum uns die Pflicht aufgibt, den Versuch zu machen, mehrere Ziele zur gleichen Zeit anzusteuern. Nach Überzeugung der meisten Fachleute wird man in einer Wachstumswirtschaft mit Vollbeschäftigung mit

einem gewissen Maß an Preissteigerungen rechnen müssen. Die Theorien mancher Ökonomen, wonach der Produktivitätsfortschritt in bestimmten Bereichen automatisch zu solchen Preissenkungen führen wird, daß die notwendigen Preissteigerungen in anderen Bereichen kompensiert werden, geht nicht auf. Kein vernünftiger Mensch in Deutschland glaubt, wir könnten den Preisanstieg auf null Prozent herunterdrücken.

[...]

SPIEGEL: Herr Bundeskanzler, wäre es 1970 nicht richtiger gewesen, etwas länger um eine Steuererhöhung mit den widerstrebenden Flügeln der SPD und der FDP zu ringen, anstatt sich mit dem Konjunkturzuschlag zu begnügen?[4]

BRANDT: Ich gebe zu, daß nach den Erfahrungen, die man jetzt hat, mindestens soviel für eine Steuererhöhung wie für den Konjunkturzuschlag hätte sprechen können. Nur müssen Sie sich die damalige Situation bitte mit mir zusammen noch einmal klarmachen: Niemand konnte dafür plädieren, dieses Geld 1970 auch wieder auszugeben. Und da war es doch eben relativ schwer, unseren Bürgern klarzumachen, daß man Steuern erhöhen muß, ohne daß der Staat das Geld auch verbraucht.

SPIEGEL: Es war offensichtlich noch schwerer, das den Ressortministern klarzumachen.

BRANDT: Nein. Es ging vor allem auch um das Verständnis der Bevölkerung. Ich bin übrigens hocherfreut darüber, wie das mit dem Konjunkturzuschlag funktioniert hat. Erst all das Mißtrauen, das ich ja nur zu gut verstehe gegenüber dem, was alles schon Staat gewesen ist auf deutschem Boden: Wollen die uns nicht beschummeln? Sagen die jetzt nicht nur, der Zuschlag wird zurückgezahlt, und dann stecken sie ihn doch in die Staatskasse? Nach einigen Monaten drehte sich die Diskussion in den Betrieben nur noch darum, wann der Zuschlag zurückgezahlt wird. Heute zweifelt im Grunde keiner mehr daran, daß es am 30. Juni [1971] aufhört und später zurückgezahlt wird. Es muß ja zurückgezahlt werden, damit man auch insoweit wieder handlungsfähig wird.

SPIEGEL: Handlungsfähig für eine Steuererhöhung?

BRANDT: Das ist mir zu spitz gefragt. Was ich meine, ist: Man muß ja erstens wissen, daß der Zuschlag nach dem Gesetz spätestens bis zum Frühjahr 1973 zurückgezahlt sein muß. Das zweite ist dann, daß im Herbst dieses Jahres darüber zu entscheiden sein wird, was wir an großer Steuerreform mit Wirkung vom 1. Januar 1974 an vorschlagen, was aber dem Staat nicht in erster Linie zu mehr Geld verhelfen soll. Ich hätte übrigens nichts dagegen, wenn unterm Strich ein bißchen mehr dabei herauskäme. Aber das ist nicht das Motiv der Steuerreform, denn sie soll mehr Einheitlichkeit und soziale Ausgeglichenheit bringen. Im Herbst müssen wir uns aber auch darüber klarwerden, ob wir für die Jahre 1972/73 – nun, wie sagt man jetzt, fachmännisch umschrieben – Einnahmeverbesserungen für die öffentliche Hand brauchen.

SPIEGEL: Dann muß sich der Bürger also doch beschummelt fühlen, wenn Sie nach Ablauf des Konjunkturzuschlags im Herbst beschließen, man brauche wohl wieder ein paar Einnahmeverbesserungen?

BRANDT: Nein. Der Konjunkturzuschlag wird ja schon aufgehört haben, wenn wir über die kommenden Jahre beschließen. Und ich habe ja auch nicht gesagt, daß sich für die Jahre 1972/73 eine zusätzliche Belastung bei den Einkommen- und Körperschaftsteuern ergeben würde. Aber es wird mit zu den Überlegungen gehören, nicht nur den Haushalt in Grenzen zu halten – darum wird Schiller sich sehr kümmern –, sondern auch zu sehen, was in diesen verantwortungsvoll abgesteckten Grenzen notwendig ist, um Bund, Ländern und Gemeinden zu den Mitteln zu verhelfen, die sie im Interesse der Bürger benötigen.

SPIEGEL: Unterstellt, ein Ressortminister würde sich mit der Etatzumessung, die ihm Schiller zubilligt, nicht einverstanden erklären: Würden Sie eher diesen Ressortminister aus dem Kabinett entlassen, als Schiller zurückpfeifen?

BRANDT: Ich bin ganz sicher, daß sich dieser Fall nicht ergibt. Schiller wird mit jedem einzelnen Kollegen gesprochen haben, bevor er seinen Entwurf einbringt.

SPIEGEL: Woher kommt Ihre Überzeugung, daß Schiller das eher möglich sein wird als Alex Möller? Möller erinnerte bei seinem

Rücktritt an die Kabinettsitzung vom 25. Februar [1971], in der er die Ressorts vergebens um Mäßigung gebeten hatte. Sie selbst haben dann anschließend in einem Brief an die Ressorts dringend vor weiteren Forderungen gewarnt.[5] Tatsächlich aber haben die Ressorts ihre Forderungen für 1972 nur noch weiter heraufgeschraubt.

BRANDT: Ich würde es nicht als fair empfinden, wenn ich hier in der Vergangenheit herumkramte. Die Vorerörterung im Februar [1971] war natürlich interessant. Der Haushalt 1972 wird aber im September [1971] vom Kabinett verabschiedet und im Oktober [1971] im Bundestag begründet werden. Alles, was bis dorthin geschieht, ist sehr wichtig, ist vielleicht auch für manchen enttäuschend, aber entscheidend ist allein, was unter dem Strich steht.

SPIEGEL: Und der Stabilitätshaushalt hat absoluten Vorrang vor der personellen Zusammensetzung des Kabinetts?

BRANDT: Das Kabinett hat sich in seiner Gesamtheit darüber verständigt, was für dieses Jahr noch zu geschehen hat – die Steuermehreinnahmen und zusätzlich eine Milliarde trockenzulegen –, und das Kabinett ist sich einig über den Rhythmus und das Verfahren, nach dem wir den Haushalt 1972 und die damit verbundene mittelfristige Finanzplanung behandeln werden. Das ist in extremem Maße eine kollegiale Entscheidung.

SPIEGEL: Wir sehen Ihre Schwierigkeit und die Ihres Finanzministers darin, daß zwar das Kollegium der Minister zusammen für einen Stabilitätshaushalt plädiert, daß sich aber die einzelnen Ressortminister diesem Zwang nicht unterwerfen wollen.

BRANDT: Wollen wir wetten, daß das geht? Wollen wir uns im September [1971] darüber noch mal unterhalten, und Sie nehmen mich beim Wort?

SPIEGEL: Die Wette gilt. Hat die Ernennung Karl Schillers zum Minister für Wirtschaft und Finanzen die Kräfteverhältnisse im Kabinett verändert?

BRANDT: Wieso?

SPIEGEL: Weil damit in einer Person die für die Innenpolitik derzeit wichtigsten Kompetenzen unterhalb der Kanzlerrichtlinien zusammengefaßt sind. Es liegt auf der Hand, daß ein Minister, in diesem Fall Karl Schiller, gegenüber den anderen wichtigen Ressortministern anders auftreten kann, als es zwei Minister – Schiller und Möller – konnten. Dieses führt doch zu einer Verschiebung der Gewichte im Kabinett.

BRANDT: Also, da hab' ich schon gelesen, daß andere sich darüber den Kopf mehr zerbrechen, als ich es tue. Was hab' ich alles gelesen vom Mitkanzler und jetzt irgendwo, daß die eigentlichen Richtlinien vom Wirtschafts- und Finanzminister bestimmt würden. Nein, ich sehe die Sache von zwei Seiten: einmal im Vergleich mit anderen Ländern. Es schadet ja nicht, daß das, was sich woanders wohl im wesentlichen bewährt hat – in Frankreich, in Großbritannien, in den USA –, sich auch bei uns bewähren kann. Zum anderen ist ein Minister für Wirtschaft und Finanzen in stärkerem Maße als jeder der beiden, deren gemeinsames Arbeitsgebiet er übernimmt, auch von der Sache her gezwungen, sich intensiv um einen Ausgleich mit den anderen Kollegen zu bemühen. Er muß sowohl die Notwendigkeiten der Konjunktur als auch die des Etatausgleichs in einem Entscheidungsvorgang treffen.

SPIEGEL: Die Frage nach der sachlichen Richtigkeit dieses Schatzkanzleramts und den neuen Gewichten im Kabinett einmal beiseite gelassen, könnte sich der Bundeskanzler Brandt personell und politisch den Rücktritt eines zweiten Finanzministers leisten?

BRANDT: Aber dies ist doch nun wirklich eine rein hypothetische Frage.

SPIEGEL: Stimmen Sie zu, Herr Bundeskanzler, daß die Überlebenschance Ihrer Regierung von einer Rückgewinnung der Stabilität abhängt und Sie gezwungen sind, innenpolitische Reformen weithin zurückzustellen?

BRANDT: Also ich verstehe das nicht mit der Überlebenschance. Denn auf diese Legislaturperiode des Bundestages bezogen, sehe ich nicht, wer sich zutraut, hier ein konstruktives Mißtrauensvotum zu stellen und dafür jemanden ins Rennen zu schicken.

SPIEGEL: Herr Bundeskanzler, seit Sie regieren, mußten Sie sich stets mit der FDP als Koalitionspartner arrangieren. Dieses Arrangement aber wird unter den jetzigen Umständen wohl noch schwieriger werden und kann Sie in Konflikt mit der Linken in Ihrer eigenen Partei bringen, die möglicherweise übertriebene Vorstellungen davon hatte, was in der ersten Legislaturperiode einer sozialdemokratisch geführten Regierung, die auf die FDP angewiesen ist, an Reformen zu leisten ist.

BRANDT: Also, wenn ich mal von Spinnern absehe, die es natürlich auch immer wieder gibt: Mir sind Menschen, die was wollen und die dabei sogar mehr wollen, als man dann in der rauhen Wirklichkeit durchsetzen kann, häufig lieber als solche, die einfach nur von der Hand in den Mund leben und sich nichts richtig vornehmen.

SPIEGEL: Das bedeutet eine Absage an den schieren Pragmatismus?

BRANDT: Ja. Und ich finde die Auseinandersetzungen interessant und lohnend. Erstens schlafen einem dabei die Füße nicht ein, und zweitens muß man immer wieder prüfen, ob man nicht doch etwas mehr schaffen kann, als es im ersten Augenblick aussieht.

SPIEGEL: Es gibt eine dritte und vierte Gruppe, mit denen Sie für die Arbeit Ihrer Regierung in den nächsten zwei Jahren rechnen müssen, das sind die Unternehmer und die Arbeitnehmer. Was wollen Sie denen über einen verbalen Maßhalte-Appell hinaus anbieten, um sie auf Ihre Stabilitätspolitik einzuschwören?

BRANDT: Was immer man heute sagt, um auf ein vernünftiges, stabilitätsgerechtes Verhalten hinzuweisen, wird leicht als bloßer Maßhalte-Appell mißverstanden. Trotzdem bin ich sicher, daß die Beteiligten bei Preisen und Löhnen wissen, wieviel für alle davon abhängt, ob wir von übersteigerten Zuwachsraten herunterkommen und ob wir der Gefahren Herr werden, die in den zur Zeit erschreckend geringen Produktivitätssteigerungen der deutschen Wirtschaft liegen. Dies ist für mich das eigentlich Bedrückende und Bedrohliche. Ich würde mich wirklich wundern, wenn meine Landsleute, nachdem sie das mal spitzgekriegt haben, nicht die Hemdsärmel hochkrempeln.

SPIEGEL: Woher nehmen Sie den Glauben, daß sie das tun werden?

BRANDT: Man hat ja seine Einschätzungen, und ich bin nicht mehr ganz im Stand der Unschuld, was das Wissen darum angeht. Ich habe den Eindruck gewonnen, daß wichtige Persönlichkeiten für diese Betrachtungsweise aufgeschlossen sind.

SPIEGEL: Auf beiden Seiten?

BRANDT: Ja. Bei Verantwortlichen auf beiden Seiten. Hinzu kommt, daß sich ein etwas langsameres Tempo bei den Zuwachsraten eher zustande bringen läßt, wenn die Gespräche zwischen den beiden großen Gruppen nicht mehr nur um die drei traditionellen Themen Löhne, Arbeitszeit und Urlaub gehen, sondern wenn der Kreis des zu Besprechenden sich ausdehnt auf andere Probleme. Gesellschaftliche Reformen sind dabei nicht ohne Interesse. Die Regierung macht sich natürlich Gedanken darüber, wo Vorhaben, die ohnehin anstehen, vielleicht etwas rascher vorangetrieben werden können.

SPIEGEL: Sie wollen den Gewerkschaften beispielsweise garantieren, daß die Frage nach der flexiblen Altersgrenze noch in dieser Legislaturperiode beantwortet wird?

BRANDT: Ich werde mich schwer hüten, mehr zu sagen, als was in der Regierungserklärung steht.[6] Zu meinen Erfahrungen des Jahres 1970 gehört unter anderem, daß man in wenigen Monaten große soziale Verbesserungen erreichen kann, die Milliarden Aufwendungen erfordern, daß diese aber im öffentlichen Bewußtsein bereits verbraucht sind, nicht erst, nachdem sie beschlossen wurden, sondern manchmal schon, nachdem sie vom Kabinett bekanntgegeben werden.

SPIEGEL: Welches ist das Thema, das für den Umgang mit den Unternehmern von Bedeutung sein kann?

BRANDT: Das Wissen, daß diese Regierung unbeirrt zur Marktwirtschaft steht, daß sie sich die Schelle der Eigentumsfeindlichkeit nicht umhängen läßt und daß sie für Sicherheit im Innern und nach außen einsteht.

SPIEGEL: Nützt oder schadet der Umstand, daß diese Regierung von einem Sozialdemokraten geführt wird, den begütigenden Verhandlungen mit den Gewerkschaften?

BRANDT: Die Gewerkschaftsführer achten zu Recht darauf, daß sie nicht als solche erscheinen, die am Gängelband geführt werden.

Das würden sie sich im übrigen auch gar nicht gefallen lassen. Die Situation, daß Leute gleicher Gesinnung einander am Tisch gegenübersitzen, auch einmal nicht nur als Leute, die nett miteinander reden, sondern auch als Partner, die etwas hart auszutragen haben, ist im übrigen nicht neu und wird sich in einer lebendigen Demokratie immer wieder stellen.

SPIEGEL: Womit, Herr Bundeskanzler, wollen Sie die Bundestagswahl 1973 gewinnen?

BRANDT: Ich stimme denen zu, die sagen, die Bundestagswahl 1973 wird innenpolitisch entschieden. Gestützt darauf sage ich: Die Menschen werden bis 1973 noch mehr als heute gelernt haben, daß es ihnen, verglichen mit vergleichbaren Ländern, nicht schlecht, sondern gut geht. Wir werden ein Stück, ich hoffe ein wesentliches Stück, Stabilität gewinnen. Das wird das Vertrauen stärken, das wird auch die Basis verstärken für unsere Reformvorhaben. So sehr die auswärtige Politik in den Hintergrund geraten ist – wogegen ich nichts habe –, ich bin sicher, daß ich im Jahre 1973 mit einer Bilanz aufwarten kann, die sich so oder so sehen lassen kann.

[...]

SPIEGEL: Sie haben im Verlaufe dieses Gesprächs ein paarmal darauf hingewiesen, daß entweder den Menschen in diesem Lande schon bewußt ist oder bis zum Wahljahr 1973 bewußt wird, daß es ihnen im allgemeinen gut geht, im Vergleich mit anderen Ländern sogar besonders gut. Steckt darin nicht ein Hauch von Resignation insofern, als diese Regierung mit sehr vielen guten Argumenten 1969 angetreten war, einen reformierten Staat, eine reformierte Gesellschaft zu schaffen, mithin nicht auf das selbstverständliche Argument angewiesen sein sollte, es gehe ihren Bürgern doch gut?

BRANDT: Ich spüre keine Resignation, ich habe auch nicht das Gefühl, meinen Wählern im Jahre 1973 mit leeren Händen entgegenzutreten.

SPIEGEL: Herr Bundeskanzler, wir danken Ihnen für dieses Gespräch.

Nr. 52
Aus der Rede des Bundeskanzlers, Brandt, in der Evangelischen Akademie in Tutzing
13. Juli 1971[1]

Bulletin des Presse- und Informationsamtes der Bundesregierung, Nr. 108 vom 14. Juli 1971, S. 1181–1186.

Eine Politik für den Menschen – Phrase oder Programm?

I.

Wer versichert, es gehe ihm in der Politik um den Menschen – und nur um den Menschen –, der wird sich einige Skepsis gefallen lassen müssen. Allzuviele in Ost und West brauchen solche Floskeln als Öl zum Salat, ohne daß sich dadurch an der Qualität des Salats Wesentliches ändert.

Damit stehen wir bereits vor der Frage, was denn für den Menschen gut sei und wer darüber entscheidet. Es gibt Ideologien, die dies so genau zu wissen meinen, daß ihre Träger sich berechtigt fühlen, die Menschen zu einem Glück zu zwingen, das andere für sie ausgedacht haben. Hier liegt die Wurzel der totalitären Systeme, soweit sie nicht schon im Ansatz inhuman oder zynisch angelegt waren.

Demokratie lebt von der Überzeugung, daß die freie Diskussion die beste Chance bietet, herauszufinden, was für die Menschen einer bestimmten Gesellschaft gut ist – keine narrensichere, aber doch die beste Chance.

Man mag einwenden, dies sei eine optimistische Prämisse. Hier sei übersehen, was Marx – als Erbe der Philosophie des Deutschen Idealismus – mit dem Wort Entfremdung bezeichnet hat.[2] Oder was, schärfer ansetzend, die christliche und insbesondere die lutherische Theologie mit dem Begriff der Erbsünde meint.[3]

Ich kann aus meiner politischen Sicht und Erfahrung nur antworten: Ohne diese Prämisse gibt es keine Demokratie, auch wenn sich dagegen ebenso viel einwenden läßt wie gegen die Demokratie selbst. Demokratie, wie wir sie verstehen, geht nicht aus von himmelblauem anthropologischem Optimismus. Und ich möchte hinzufügen: Eine Gesellschaft, deren Struktur den Menschen voll zu dem macht oder werden läßt, wozu er sich angelegt glaubt, hat es noch nicht gegeben und wird es wohl auch nicht geben. Aber ganz sicher gibt es gesellschaftliche Strukturen, die ihn näher zu sich selbst zu bringen vermögen. Es gibt andere, die ihn weiter von dem entfremden, was er als positive Möglichkeit gesehen oder geahnt hat. Und ebenso sicher scheint es mir zu sein, daß jeder Versuch, Menschen durch Zwang zurechtzubiegen, sie entweder zerbricht oder erst recht verbiegt.

Wenn es also darum geht, festzustellen, was für die Menschen dieses Landes gut sei, so werden wir uns darauf verlassen müssen, daß die freie Diskussion zwar zu keinem perfekten, wohl aber zu brauchbaren Ergebnissen führt. Auch auf die Gefahr hin, daß die Ergebnisse manchmal reichlich spät kommen. Natürlich bleibt ein Risiko, natürlich gibt es theoretisch immer bessere Lösungen. Daß der einzelne dabei das Recht hat, andere von seinen Einsichten zu überzeugen, versteht sich von selbst. Eine Regierung hat hierzu gelegentlich nicht nur das Recht, sondern die Pflicht. Sie hat besonders die Pflicht, durch Bildung und Information den einzelnen Menschen zu befähigen, seine wirklichen Bedürfnisse deutlicher zu erkennen.

Vorerst werden wir ohne Rechthaberei zur Kenntnis nehmen müssen, daß die meisten Menschen in unserem Land, wenn sich das reale Pro-Kopf-Einkommen erhöht, nicht ohne weiteres das Gefühl haben, es gehe ihnen besser. Das mag u. a. damit zu tun haben, daß Preissteigerungen stärker empfunden werden als Lohn- und Gehaltserhöhungen. Auch wenn letztere, wie im Jahre 1970, die ersteren um das Doppelte übersteigen. Menschen neigen wohl immer dazu, Verschlechterungen stärker zu empfinden als Verbesserungen. So hat zum Beispiel die Aufhebung des Krankenkassenbeitrags der Rentner im vorigen Jahr wesentlich weniger Gefühle freigesetzt als die Einführung drei Jahre zuvor.

Aber zusätzliche Konsumkraft wird in einer modernen Industriegesellschaft ja auch zunehmend dadurch neutralisiert, daß der zusätzliche Konsum des einen das Leben des anderen nicht leichter macht. Der Wettlauf zwischen Motorisierung und Straßenbau ist hierfür ein Beispiel. Das Mißverhältnis zwischen Umweltgefährdung und Umweltschutz ist ein anderes. ‹Standard of living und Quality of life›[4] sind eben nicht dasselbe.

II.

Die Bedürfnisse der Menschen sind zu vielgestaltig, als daß Regierungen sie je erfassen oder gar befriedigen könnten. Und das ist gut so. Jeder Mensch hat andere Bedürfnisse, und diese Bedürfnisse werden sich, je mehr die Freizeit zunimmt, weiter auffächern. In einer freiheitlich verfaßten Gesellschaft und Wirtschaft werden sich immer Wege finden, viele dieser Bedürfnisse aus eigener Initiative des einzelnen oder der vielgestaltigen gesellschaftlichen Kräfte zu befriedigen. Sache des Staates kann es insoweit nur sein, Raum zur Entfaltung solcher Initiativen zu schaffen und sie da zu fördern, wo die eigene Kraft beim besten Willen nicht ausreicht.

Es gibt bestimmte Grundbedürfnisse, deren Sicherung von der Politik unmittelbar gefordert wird. Dies gilt zuerst für Nahrung, Kleidung und Wohnung. Die Zeiten liegen hinter uns, in denen Millionen Frauen in unserem Lande nicht schlafen konnten, weil sie nicht wußten, was sie ihren Kindern am nächsten Tag zu essen geben und wie sie sie kleiden sollten.

Anders liegt es bei der Versorgung mit Wohnraum. In unserem Lande leben noch immer viele Familien und viele Alleinstehende in Unterkünften, die weit entfernt sind von dem, was wir heute unter einer menschenwürdigen Wohnung verstehen. Die letzte umfassende Wohnungszählung brachte erschreckende Zahlen: Rund 800 000 Familien und Haushalte lebten in Baracken, Hütten oder sonstigen Notunterkünften. Eine Million Wohnungen ist abbruchreif oder sanierungsbedürftig.

Deshalb haben wir ein mehrjähriges Wohnungsbauprogramm. Es sieht den Bau von 200 000 bis 250 000 öffentlich geförderten Wohnungen pro Jahr vor.

Dem Ausbau unserer Städte und Gemeinden und dem Bau von Wohnungen stehen Hindernisse entgegen, die wir mit den verfügbaren gesetzlichen und finanziellen Mitteln nicht beseitigen können. Das ist den meisten von uns in den letzten Jahren immer deutlicher geworden. Grund und Boden lassen sich eben nicht beliebig beschaffen und vermehren. Trotzdem kann es meiner Meinung nach nicht darum gehen, die Eigentumsordnung auf den Kopf zu stellen. Wir müssen es aber endlich ernster nehmen mit der Sozialbindung des Eigentums, die im Grundgesetz verankert ist.

Das in den letzten Jahren mehrfach gescheiterte und in diesen Wochen noch einmal heftig umstrittene Städtebauförderungsgesetz bedeutet einen Schritt in diese Richtung. Es öffnet die Möglichkeit, Städte zu sanieren, zu entwickeln, ihre Infrastruktur zu verbessern. Dennoch darf man sich über die Auswirkungen dieses Gesetzes keine Illusionen machen. An den ständig steigenden Baulandpreisen außerhalb von Sanierungs- und Entwicklungsgebieten ändert es noch nichts. Wir werden zusätzliche Wege finden müssen, um den Bodenmarkt zu mobilisieren und Bodenspekulationen einzudämmen. [...][5]

IV.

Zu den Grundtatsachen menschlicher Existenz gehören die Beziehungen zwischen Mann und Frau. Viele von uns haben mit großem Interesse verfolgt, wie die Diskussion darüber in den letzten Jahren in den Kirchen verlaufen ist.

Erotik ist – man darf wohl sagen: wieder – erkannt worden als ein Bereich eigenen Wertes. Der Mensch ist ja nicht abstrakt geschaffen, sondern konkret als Mann und als Frau. Und das Verhältnis zwischen beiden läßt sich weder reduzieren auf den Vorgang der Fortpflanzung noch isolieren von den anderen Bezügen des Daseins. Ich verstehe und teile die Sorgen gegenüber einer Sexualisierung unseres Lebens, wenn damit das Propagieren und Dominieren eines triebhaften Verhaltens losgelöst von menschlicher Beziehung gemeint ist. Ich verstehe und teile die Auffassung, daß auch in diesem Zusammenhang der Mensch nicht auseinanderzudividieren ist in einen geistig-menschlichen und einen animalisch-triebhaften Bereich, daß also das Verhältnis zwischen Mann und Frau integriert sein muß in den Bereich menschlicher Beziehung und Verantwortung.

Staat und Kirche stehen hier vor unterschiedlichen Aufgaben. Auch ich sehe in Ehe und Familie die adäquateste Form der Beziehung zwischen den Geschlechtern und den Generationen. Aber wo Ehe ist, was sie sein soll, ist der Träger politischer Verantwortung weniger gefordert als da, wo sie offenkundig nicht mehr ist, was sie einmal sein wollte. Deshalb geht der Entwurf meiner Regierung für ein neues Familienrecht vom Zerrüttungsprinzip aus. Daß wir dabei Anregungen aus der EKD-Denkschrift zu Fragen der Sexualethik aufgenommen haben, will ich hier gerne zugeben.[6] Wenn Ehe der adäquateste Versuch humaner Erotik ist, dann muß, wo dieser Versuch mißlingt, eine Form der Trennung gefunden werden, die weder die Ehe noch den Menschen entwürdigt.

Sie erwarten von mir vermutlich auch ein Wort zu jenem Paragraphen des Strafgesetzbuches, der jetzt wieder so stark in die Diskussion gekommen ist. Manchmal könnte man den Eindruck gewinnen, als sähen die einen in einer möglichst großen Zahl von legalen Abtreibungen einen Fortschritt der Gesellschaft und als gehe es den anderen nur um die Aufrechterhaltung einer staatlichen Strafandrohung, unabhängig davon, was tatsächlich geschieht. Beide Positionen sind meiner Meinung nach nicht haltbar.

Wir sollten uns erst einmal darüber einig werden, daß Abtreibung etwas ist, was Menschen bedrückt und gefährdet und was meist aus Not geschieht. Und daß eine Gesellschaft humaner wird, wenn weniger Abtreibungen geschehen. Zumal in einer Zeit, wo die Möglichkeiten der Empfängnisverhütung vielfältiger sind als jemals in der Geschichte. Vielleicht können durch eine bessere Mütterberatung, durch eine wirkliche Gleichstellung des unehelichen Kindes und durch ein besseres Adoptionsrecht einige der vielen Ursachen reduziert werden, die zu Abtreibungen führen.

Aber dann bleibt immer noch die Frage übrig, was da geschehen soll, wo das Austragen und Gebären eines Kindes noch schwierigere

Fragen aufwirft als der frühzeitige Abbruch einer Schwangerschaft. Darüber sollte in unserer Gesellschaft gesprochen werden können, auch unter Berücksichtigung der Lage in anderen europäischen Ländern, ohne daß gleich wieder die Grabenkriege der Vergangenheit aufflammen. Der Rat der EKD hat eine für viele hilfreiche Feststellung getroffen, als er einerseits einer ersatzlosen Streichung des Paragraphen 218 widersprach und andererseits darauf hinwies, daß bei einer strafrechtlichen Neuregelung eine Fülle von schwerwiegenden und vielfältigen Konfliktsituationen durchdacht werden müßte.[7]

Noch ein Wort zum viel strapazierten Thema Pornographie: Daß sie auf eine Form der Sexualität zielt, die den meisten von uns zuwider ist – eben weil der humane Aspekt meist völlig fehlt –, brauchen wir uns nicht gegenseitig zu versichern. Für den Gesetzgeber geht es aber nicht darum, was er gerne haben möchte und was nicht. Sondern für ihn geht es darum, wie er mit Tatbeständen fertig wird, die er sich nicht ausgesucht hat. Wenn wir meinen, daß erwachsene Menschen selbst entscheiden können, ob sie mit Pornographie etwas zu tun haben wollen oder nicht, dann hat das mit Billigung nichts zu tun, wohl aber mit der Frage nach der Zuständigkeit und der Reichweite des Strafgesetzes. Und wenn wir verhindern wollen, daß diejenigen mit Pornographie konfrontiert werden, die sie nicht wollen oder die noch zu jung sind, damit fertig zu werden, dann hat das mit dem Prinzip der Zumutbarkeit sehr viel zu tun.

Persönlich glaube ich nicht, daß am Ende des Prozesses, dessen Zeugen wir auf diesem Gebiet sind, die Auflösung aller Bindungen und die allgemeine Promiskuität stehen wird. Ich glaube vielmehr, daß, wenn alle jene Wellen verebbt sind, die heute manchen erschrecken oder auch anwidern, eine weniger verkrampfte, aber deshalb nicht weniger humane Erotik übrigbleiben wird. Daß die Beziehungen zwischen zwei Menschen nicht flacher, sondern intensiver sein werden. Vielleicht sollten wir mehr darüber nachdenken, was geschehen und beeinflußt werden kann, damit dies übrigbleibt.

V.

Zu den elementaren menschlichen Antriebskräften gehört sicher das Bedürfnis nach Sicherheit. Das beginnt heute für viele bei der sozialen Sicherheit. Die Zeiten, in denen soziale Sicherheit gegen individuelle Freiheit ausgespielt werden konnte, gehen jedenfalls zu Ende. Für die meisten unserer Bürger ist soziale Sicherheit kein Hemmnis, sondern eine Voraussetzung für einen größeren Entscheidungsspielraum.

Die neuen Regelungen für die Krankenversicherung der Angestellten haben deren individuellen Entscheidungsspielraum vergrößert. Dies ist auch der Fall, wenn die Rentenversicherung nach und nach für Gruppen der Selbständigen geöffnet wird. Und es wird nicht minder der Fall sein, wenn das Konzept einer flexiblen Altersgrenze in der Rentenversicherung schrittweise realisiert werden kann. Das heißt, daß der Arbeitnehmer die Möglichkeit erhalten wird, in Grenzen selbst bestimmen zu können, ob er sich früher oder später als mit 65 Jahren zur Ruhe setzt.

Übersehen wir in diesem Zusammenhang bitte nicht: In unserem Land leben inzwischen zwei Millionen ausländische Arbeitnehmer. Ich habe mich zu den dadurch entstandenen Problemen und neuen Pflichten in Köln bei der Eröffnung der Woche der Brüderlichkeit geäußert.[8] Die millionenfache Migration in Europa macht eine soziale Frage deutlich, die nur der übersehen kann, für den die europäische Einigung nicht mehr als ein merkantiles Ereignis ist. Wir werden über kurz oder lang zu einer europäischen Raumordnungspolitik kommen müssen, die die Industrialisierung in Südeuropa verstärkt, eine weitere Verdichtung der bisherigen Ballungszonen vermeidet und für viele unserer ausländischen Arbeitnehmer Arbeitsplätze in ihrer Heimat schafft. Aber es ist sicher, daß genügend zu tun bleibt, um die Gefahren abzuwenden, die mit dem Entstehen eines Leihproletariats verbunden sind.

Ich weiß, daß manche unserer Mitbürger sich Sorgen um die innere Sicherheit machen. Diese Sorge darf nicht überhört werden. Sonst wird der Ruf nach „Law and order" mißbraucht.

Im übrigen unterscheidet sich die Bundesrepublik von der Weimarer Republik unter anderem auch dadurch, daß politische Gewalttaten seltener geworden sind. Das hängt wohl damit zusammen, daß die demokratischen Parteien sich weithin bemüht haben, jene Grenze einzuhalten, die zwischen der notwendigen Auseinandersetzung und der Verteufelung verläuft. In letzter Zeit habe ich manchmal die Sorge, daß diese Grenze nicht mehr überall respektiert wird. Und ich hoffe, daß der Appell, der von der Spandauer Synode der EKD ausging, überall gehört wird.[9] Die Mahnung nämlich, einer nationalistischen Hetze zu widerstehen und politische Auseinandersetzungen nicht die Form eines kalten Bürgerkrieges annehmen zu lassen.

Mit der Unruhe eines Teils der Jugend werden wir leben müssen. Wir wie die meisten vergleichbaren Staaten. Ich bin nicht dafür, daß man der Jugend nach dem Munde redet. Ich bin nicht dafür, daß man demokratie-feindliche Gruppen streichelt. Aber ich meine doch, daß wir uns anstrengen müssen, auch die ungewohnten und unbequemen Strömungen in der jungen Generation zu begreifen. Das geistige und politische Klima scheint dies heute nicht mehr ganz so schwer zu machen wie Ende der sechziger Jahre.

[...]

VIII.

Wenn ich nun noch von der Hoffnung spreche, so ist mir bewußt, wie schwer diese Antriebskraft zu fassen, aber wie wirksam sie doch ist. Ich weiß, welche Bedeutung dieser Begriff auch in der modernen Theologie bekommen hat.

Ganze Generationen der Arbeiterbewegung haben von der Hoffnung gelebt. Und auch heute gibt es Länder, wo Hoffnung die einzige Kraft ist, die das Leben erträglich macht. Ich glaube nicht, daß ein Politiker das Recht hat, Menschen auf eine ferne Zukunft zu vertrösten, wenn er nach den Zuständen hier und heute gefragt ist. Aber er kann auch nicht auf die Gegenwart verweisen, wenn er nach der Zukunft gefragt ist.

Es scheint, als bewege viele gerade der jüngeren Menschen im Blick auf die Zukunft mehr Sorge und Angst als Hoffnung. Angst vor dem Vernichtungspotential der militärischen Apparaturen. Sorgen um die Lebensgrundlagen in unserer Umwelt. Sorge um das, was sich von Jahr zu Jahr dramatischer in der Dritten Welt abspielt. Aber doch wohl auch Angst vor dem Manipuliertwerden. Mißtrauen, weil es so oft an der Wahrhaftigkeit mangelt.

Eberhard Stammler hat darüber in den Evangelischen Kommentaren berichtet[10], auch über den Zusammenhang von Hoffnungslosigkeit und Rauschgiftwelle. Niemand sollte diese Unruhe mit ein paar billigen Floskeln abtun, ob sie sich nun in Rebellion oder – schlimmer noch – in Resignation äußert. Denn eines läßt sich nicht bestreiten: Die Zeit, wo man sich Zukunft als einfache Verlängerung der Entwicklungslinien der Vergangenheit vorstellen konnte, geht zu Ende. Die Fortschreibung der Gegenwart ergibt noch keine Zukunft.

Dazu bedarf es der Korrekturen, der Reformen. Und es bedarf neuer Anstrengungen. Ich habe den Eindruck, daß dabei den Kirchen eine wichtige Funktion zuwächst. Wo Kurskorrekturen nötig werden nicht aus ideologischer Voreingenommenheit, nicht aus dem Suchen nach einer heilen Welt, sondern aus der Sorge um den Menschen, kann die Stimme der Kirchen nicht nur warnen, sondern auch weiterhelfen. Wo es zum ersten Mal in der Geschichte um so etwas wie die bewußte – gute oder miserable – „Fortschreibung der Schöpfung" geht, hat die Kirche eine Chance, in die Zukunft zu weisen.

Wo die materiellen Bedürfnisse an Gewicht verlieren gegenüber dem Suchen nach Gerechtigkeit, Teilnahme, Hoffnung – und wohl auch Liebe –, sind die Kirchen neu gefordert. Auch wenn für sie dasselbe gelten sollte wie für andere: daß die Fortschreibung der Linien aus der Vergangenheit noch keine Zukunft ergibt. In einer Gesellschaft der organisierten Interessen könnten sich die Kirchen vor allem zum Anwalt derer machen, deren Belange nicht organisierbar sind und nur unzulänglich artikuliert werden.

Natürlich enthebt uns der Blick auf die Bedürfnisse der Menschen nicht der Arbeit mit dem Rechenstift. Rationale Wirtschafts- und Finanzpolitik ist eine unabdingbare Voraussetzung für Kurskorrekturen und Reformen. Aber Wirtschafts- und Finanzpolitik kann natürlich kein Selbstzweck sein. Sie muß sich in den Dienst gesellschaftspolitischer Ziele stellen. Meiner Meinung nach muß es um eine Gesellschaft gehen, die von der Frage ausgeht, wie die Menschen in ihr sich entfalten und verwirklichen können. Eine Gesellschaft, die nach der Qualität des Lebens fragt. Eine Gesellschaft, die danach ihre Anstrengungen und damit den gemeinschaftlichen Anteil am Sozialprodukt bemißt. Eine Gesellschaft, wo Politik für den Menschen nicht Phrase ist, sondern Programm.

Jede Politik hat ihren Preis. Und der Preis einer Politik für den Menschen wird ungleich höher sein als wir es uns auf Grund bisheriger Lebenserfahrungen vorgestellt haben.

Ich kann denen nicht zustimmen, die sich an Plänen für Steuererhöhungen berauschen, ohne dabei die konjunkturelle Lage, die wirtschaftliche Rentabilität, die politischen Konstellationen und die psychologischen Faktoren genügend zu bedenken. Aber ich muß denen beipflichten, die uns mit Nachdruck darauf hinweisen, daß die kollektive Komponente des Lebensstandards – oder der Lebensqualität – immer wichtiger wird. Und daß die öffentlichen Hände die von ihnen erwarteten Leistungen nicht erbringen können, wenn die Bürger dafür nicht genügend Mittel zur Verfügung stellen.

Es ist bekannt, daß meine Regierung der Stabilität in der gegenwärtigen Phase einen besonders hohen Rang einräumt. Davon ist nichts abzustreichen. Stabilität bedeutet in unserem Verständnis jedoch nicht Beharrung. Es handelt sich vielmehr darum – auch im Interesse der neuen Aufgaben –, ein möglichst stabiles Preisniveau zu erreichen, eine möglichst stabile Beschäftigungslage zu erhalten und gleichzeitig für gesellschaftliche Stabilität zu sorgen, die ohne ständige Erneuerung nicht mehr möglich sein wird.

Manche von Ihnen werden von dem Buch des Professors der Universität Yale, Charles Reich, gehört haben, das in den USA zum Bestseller geworden ist. Vieles von dem, womit wir uns beschäftigen, würde nach seinem anregenden Schema noch zu „Consciousness II" gehören. Aber ich möchte nicht, daß unsere Antennen nicht aufnahmefähig blieben für das, was er „Consciousness III" nennt. Es stellt sich ihm als eine gewaltlose Revolution dar, die in den Einzelmenschen und in der Kultur vor sich geht und die erst zum Schluß zu einer Änderung der politischen Strukturen führen wird. Er sieht diese Umwälzung dazu führen, daß die Menschen ein neues Verhältnis zu sich selbst, zu anderen, zur Gesellschaft, zur Natur finden werden.[11]

Nun, die Erfahrung wird zeigen, inwieweit sich diese optimistische Annahme bestätigt. Ich mache immerhin die interessante Erfahrung, daß das Bemühen um Reformen nicht nur konservativer Ablehnung begegnet, sondern in erheblichem Maß auch der Kritik jener, denen es nicht rasch genug geht. [...] Lassen Sie mich sagen, daß ich es nicht nur als eine Bürde betrachte, wenn viele mehr erwarten, als man geben kann. Dennoch wird der Maximalismus zu einer Gefahr, wenn er die Aufmerksamkeit und die Kräfte von dem ablenkt, was in einer konkreten Situation möglich ist.

Viele erkennen jedoch, daß eine zukunftsorientierte Politik nicht in den zufälligen Rahmen von Legislaturperioden gezwängt werden kann. Und daß es bewußtseinsmäßiger Veränderungen und einer starken willensmäßigen Anstrengung bedarf, um die Ansätze der Reformpolitik nicht verkümmern zu lassen. Ich bin heute sicher, daß unser Volk bereit sein wird, den Preis zu entrichten, den eine Politik für den Menschen – nicht für privilegierte Gruppen oder anonyme Apparate – kostet. Aber es wird darüber noch viel gestritten werden. Es muß auch um die Inhalte immer wieder neu gerungen werden. Dies bleibt eine permanente Aufgabe. Ein einfacheres und billigeres Konzept habe ich nicht anzubieten.

Willy Brandt diskutiert im Bundeskanzleramt am 30. März 1971 mit sechs Preisträgern eines Schüler-Wettbewerbs „Wenn ich Kanzler wär...".

Nr. 53
Schreiben des Bundesministers des Auswärtigen, Scheel, an den Bundeskanzler, Brandt
15. Juli 1971[1]

AdsD, WBA, A 8, 17.

Sehr geehrter Herr Bundeskanzler,
lieber Herr Brandt,
heute habe ich Gelegenheit genommen, Ihnen für die faire und verständnisvolle Zusammenarbeit in der ersten Halbzeit unserer Regierung zu danken und zugleich auf die Schwierigkeiten und Erfolge unserer Zusammenarbeit hinzuweisen.[2]

Sie werden sicher auch Verständnis dafür haben, wenn ich Ihnen gleichzeitig vertraulich meine Sorgen anvertraue. Während die Zusammenarbeit zwischen den Koalitionspartnern reibungslos funktioniert, zeigen sich innerhalb der SPD-Ministermannschaft zunehmend Schwierigkeiten. Sie kennen die Vorgänge, die zum Rücktritt des Bundesfinanzministers Möller führten.[3] Wenig später wurden wir Zeuge einer öffentlichen Auseinandersetzung zwischen den Bundesministern Leber und Schiller.[4] Für die Etatberatungen im Herbst ist mit weiteren Schwierigkeiten zu rechnen.

Meine Bitte an Sie geht dahin, mit aller Kraft als Bundeskanzler und Parteivorsitzender darauf hinzuwirken, daß derartige öffentliche Auseinandersetzungen zwischen Kabinettsmitgliedern in Zukunft unterbleiben und die Herren sich zu einem fairen Zusammenspiel verpflichten. Der Erfolg unserer Koalition darf auf keinen Fall durch derartige Reibereien gefährdet werden.

Mit freundlichen Grüßen
⟨Ihr Walter Scheel⟩[5]

Nr. 54
Schreiben des Bundeskanzlers, Brandt, an den Bundesminister des Auswärtigen, Scheel
20. Juli 1971

AdsD, WBA, A 8, 17.

Lieber Herr Scheel,
ich möchte auf den nicht zur Veröffentlichung bestimmten Brief zurückkommen, den Sie mir am 15. Juli [1971] geschrieben haben.[1]

Sie können sicher sein, dass ich mich weiterhin mit Nachdruck darum bemühen werde, unnötige und zumal öffentliche Auseinandersetzungen zwischen Kabinettsmitgliedern vermeiden zu helfen.

Dazu wird auch gehören müssen – wie ich in der vorigen Kabinettssitzung betonte –, dass weder direkt noch durch Mitarbeiter über vertrauliche Kabinettserörterungen berichtet wird.²
Mit guten Urlaubswünschen und besten Grüssen
Ihr
‹Br[andt]›³

Nr. 55
Aus einem Hintergrundgespräch des Bundeskanzlers, Brandt, mit Journalisten
28. August 1971¹

AdsD, WBA, A 3, 405.

[...]
BK Brandt: In der Bundesrepublik selbst stehen wir vor dem Beginn einer Zwei-Wochen-Periode, in der der Bundeshaushalt 1972 ausgehandelt wird. Das geht nicht nur die Bundesregierung an; dazu haben noch viele andere ihr Wort zu sagen. Der große Krach, den viele prophezeit haben, wird ausbleiben. Die Beteiligten werden sich zusammenraufen, wie es ihre Pflicht ist. Sie werden den gesetzgebenden Körperschaften einen Haushaltsplan für 1972 zuleiten, von dem sie glauben, daß er konjunkturpolitisch in die Landschaft paßt. Daraus ergeben sich Fragen, die nicht nur den Haushalt 1972 betreffen, sondern auch die folgenden Jahre der mittelfristigen Finanzplanung. Wir sind nach dem Gesetz verpflichtet, die Finanzplanung fortzuschreiben. Ich darf kritisch anklingen lassen – um vielleicht dazu eine Frage herauszufordern –, daß dieses Instrument der Fortschreibung für meine Begriffe bisher formalistisch gehandhabt worden ist. In den Jahren, seit ich das mitmache, haben wir zum Schluß manchmal um 20 Millionen DM im vierten oder fünften Jahr einer Finanzplanung gestritten; dabei bedeutet es in der Bundesrepublik ökono-

misch viel mehr, wenn es einen Tag regnet oder nicht regnet. Der Gedanke der Plafondvorausberechnung ist viel zu sehr in den Hintergrund getreten gegenüber dem Gedanken, halbwegs garantierte Haushaltspläne vorauszuschreiben.

Ich will darauf hinweisen, daß diese Haushaltsberatung des Kabinetts, die vor uns liegt, nicht nur mit der mittelfristigen Finanzplanung im Zusammenhang steht, sondern auch mit den steuerpolitischen Erwägungen und Empfehlungen. Das gilt im strengen Sinn für die Jahre 1972 und 1973. Der Sinn der Haushaltsberatung, die das Kabinett jetzt führt und über deren Ergebnis der Bundestag Mitte Oktober [1971] befinden wird, ist, für den Rest dieser Legislaturperiode die Entscheidungen zu treffen, die jetzt vorweg zu treffen sind. Für die Jahre 1972/73 ist nicht nur über die Ausgaben-, sondern auch über die Einnahmenseite des Haushalts zu entscheiden. Dabei ist auch darüber zu entscheiden, ob Einnahmeverbesserungen der öffentlichen Hand erforderlich sind; das sind jene Vorgänge, die die Betroffenen lieber als Steuererhöhungen bezeichnen.[2]
[...]

<u>Frage:</u> Würden Sie uns einen Einblick in die Chefgespräche geben, die Minister Schiller bisher über den Etat 1972 geführt hat? Welche Chancen rechnen sich die Länder aus, über die 30 % hinaus Geld zu bekommen?[3]

<u>BK Brandt:</u> Was Einzelheiten der Chefgespräche angeht, muß ich passen. Ich habe von den Beteiligten erwartet, daß die Schotten dicht gemacht werden, was Meldungen angeht. Das, was ich in den letzten Tagen gesehen habe, hat mich insofern beruhigt, als es überwiegend falsch war. Es ist diesmal eine besonders schwierige Operation. Erinnern Sie sich an die Warnungen von Alex Möller, als er aus dem Kabinett ausgeschieden ist und dargelegt hat, wie groß die Lücken nicht nur für das kommende Jahr, sondern für die Periode der mittelfristigen Finanzplanung sein würden.[4] Er kam wohl auf 65 Milliarden DM für diesen Zeitraum.

Ich kann nur so viel sagen. Die Gespräche – auch mit den „Großverbrauchern" – sind sehr sachlich verlaufen. Ich habe mich in dem einen und anderen Fall eingeschaltet. Die Beteiligten wußten, daß sie die Freiheit hatten, sich auch an den Bundeskanzler selbst zu wenden. Wir haben für die nächste Woche ein System ausgearbeitet, nach dem das Finanzkabinett nur eine kurze Vorerörterung haben wird und alle Kabinettskollegen dann dabei sind, wenn das Finanzkabinett mit seiner eigentlichen Erörterung beginnt. Das ist eine Neuerung. Wir hatten bisher das System, daß die Opfer nacheinander einzeln für zwei bis drei Stunden zu den Erörterungen gebeten wurden und daß der Finanzminister jeweils mit einem Trauerlied begann, um jedem einzelnen klarzumachen, wie ernst die Lage sei. Da das alles erwachsene Menschen sind, ist es ebensogut, man macht das einmal für alle; dann wissen alle Beteiligten, wie die Lage ist, und jeder kann zuhören, was mit den anderen Kollegen besprochen wird. Dann werden wir das zusammenfassen und in der folgenden Woche zu guten Beschlüssen kommen.

Die Frage, ob eine Einnahmeverbesserung für die Länder und Gemeinden ansteht, kann ich bejahen. Aber ich kann nicht guten Gewissens sagen, daß wir auch nur annähernd dem entsprechen können, was zumindest einige Länder erwarten. Das Land Bayern hat, ohne das Ergebnis von Verhandlungen abzuwarten, die 30 % auf 40 % in seiner Haushaltsvorbereitung für das nächste Jahr erhöht. Davon wird überhaupt keine Rede sein können. Die Bundesregierung weiß, daß Einnahmeverbesserungen von der Steuerseite her für Länder und Gemeinden erforderlich sind, und sie wird dazu ihre Vorschläge unterbreiten.

Frage: Haben Sie sich ein Limit für die Ausweitung des Haushaltsvolumens gesetzt? Weicht dieses Limit von dem des Wirtschafts- und Finanzministers ab, oder stimmen Sie mit ihm überein?

BK Brandt: Wir sind mit einem gemeinsamen Limit in die Erörterungen eingetreten. In diesem Kreis, in dem Bundesminister nicht dabei sind, kann ich hinzufügen, daß eine solche Ausgangsposition nicht bis auf die Stellen hinter dem Komma die Schlußposition sein muß.

Frage: Wo steht das Komma?

BK Brandt: Das Komma bleibt etwas unter dem Wert einer zweistelligen Zahl; hier ist der Phantasie sehr viel Spielraum gelassen.

Frage: Ist es angesichts der Dollar-Krise[5] überhaupt noch möglich, diesen Haushalt genau einzugrenzen?
BK Brandt: Dies ist ein wichtiger Hinweis, der uns aber nicht davon abhalten kann, einen Haushalt einzubringen. Bei allen Unsicherheiten in weltwirtschaftlicher Hinsicht scheint es uns richtig zu sein, einen Haushalt einzubringen, der von einer maßvollen Ausweitung des Haushaltsvolumens ausgeht. Wenn sich aus der Entwicklung, an die Sie denken, rezessive Einflüsse ergeben sollten – schon auf kurze Sicht –, wird dies der Bundesgesetzgeber bereits bis zum Januar 1972 einfangen können, wenn der Haushalt vermutlich durch den Bundestag geht. Für die Wirkungen, die nicht so kurzfristig sichtbar werden, wird die Bundesregierung vermutlich bereits ein Instrument in ihrem Vorschlag mit anbieten. Außerdem verfügt die Bundesregierung allein und im Zusammenwirken mit den Ländern über das Mittel, die Reserven freizumachen, die sich bei der Bundesbank gebildet haben: teils die Kaufkraftreserve aus dem Steuerzuschlag, um, wenn es notwendig werden sollte, den Konsum anzureizen, teils die Konjunkturausgleichsrücklagen der öffentlichen Hand, die für investive Zwecke eingesetzt werden können. Die Unsicherheiten, die sich aus der internationalen Wirtschaftslage ergeben, sind nicht so groß, daß sie uns von dieser Art von Überlegungen ablenken können. [...]
Frage: An eine Kürzung [des Haushalts] ist zunächst nicht gedacht?
BK Brandt: Weitere Kürzungen werden natürlich nicht an dem erfolgen, was wir haben, sondern können an dem erfolgen, was die Kollegen – zum Teil mit gutem Grund – für notwendig halten. Wenn es heißt, der Verteidigungsminister werde sich mit Kürzungen abfinden müssen, denkt natürlich kein Mensch daran, daß der Verteidigungshaushalt zusammengestrichen wird. Der Verteidigungsminister bekommt nicht weniger, er bekommt mehr als bisher. Er müßte aber eigentlich viel mehr bekommen, um das Instrument „Bundeswehr" voll intakt zu halten. Die Bundeswehr hat in den letzten Jahren – das geht bis in das Jahr 1966 zurück – ziemlich viel Federn lassen müssen. Der Verteidigungsminister wird also nicht so viel mehr bekommen können, wie er eigentlich objektiv brauchte.

Ähnliches gilt für andere Bereiche. Erhebliche Abstriche werden nicht nur von Wunschvorstellungen, sondern auch von solchen Planungen gemacht werden müssen, denen man die objektive Berechtigung nicht absprechen kann, die aber in einem Gesamtrahmen, wie er sich uns darstellt, nicht erfüllt werden können.

Frage: Die Personalstrukturkommission hat in ihrem Bericht die Summe von 2,2 Milliarden DM bis 1980 genannt, um eine Umgliederung der Bundeswehr in ein Teilberufsheer vorzunehmen. Sehen Sie überhaupt Möglichkeiten, das erforderliche Geld aufzubringen?

BK Brandt: Ja. Bei weitem nicht das, was man sich schon auf kürzere Sicht erhoffen möchte. Es muß auf diesem Gebiet damit begonnen werden, Konsequenzen aus dem Weißbuch zu ziehen. Die Strukturkommission war eine Folgerung aus dem Weißbuch.[6]

Frage: Wenn seit 1966 die Zuwachsraten für den Haushalt des Verteidigungsministeriums nicht so waren, daß die Bundeswehr intakt gehalten werden könnte, ist sie denn dann noch intakt?

Sind nach Ihrer heutigen Kenntnis der Lage die Warnungen Ihres früheren Finanzministers, die Sie erwähnen, überspitzt? Ist Herr Möller vergeblich zurückgetreten?

BK Brandt: Ihre erste Frage ist für die Teilstreitkräfte unterschiedlich zu beantworten. Wenn ich an den Erwartungen messe, die die NATO an uns stellt – das kann ich hier etwas leichter tun, als ich öffentlich dürfte –, dann komme ich zu dem Ergebnis: Luftwaffe trotz mancher Unzulänglichkeiten Prädikat „gut", Marine mit einem wesentlich schlechteren Prädikat als „gut", was sich auch aus einem Zusammenwirken zwischen Waffensystemen und strategischer Lage ergibt und sich nicht nur auf die deutsche Teilstreitkraft Marine bezieht, sondern auf das Bündnis insgesamt. Die Sanität brauche ich nicht zu erwähnen, die ist gut. Das Heer ist, gemessen am NATO-Standard, mit „3 bis 4" zu bewerten. Das ist nicht so schlecht, aber nur ein schwacher Trost, wenn man mit den anderen Verbündeten vergleicht. Wir haben die 12 Divisionen. Ihre gleichmäßige Ausstattung mit modernen Waffensystemen ist unzureichend. Das hängt mit dem Problem zusammen, ob es ein Ziel sein kann, alle Einheiten des Heeres mehr oder weniger gleichmäßig auszustatten.

Wenn man für das Ende dieses Jahrzehnts eine stärkere Komponente „Berufsarmee" ansteuert, mit einer Wehrpflicht, die stärker territorial bedingt wäre, als sie es nach der jetzigen Struktur ist, dann würden sich gewisse Folgerungen für die Bewaffnung ergeben, nicht zuletzt für die jeweils einzumottende Bewaffnung von Divisionen des Territorialheers.

Zur zweiten Frage. Wenn mein Freund Alex Möller mit seinem Schritt im Mai [1971] aufrütteln wollte, kann ihm ein gewisser Erfolg nicht abgesprochen werden. Dabei will ich nicht sagen, daß die jetzigen Bemühungen allein darauf zurückzuführen wären. Alle Beteiligten sind dabei, sich auf einen gemeinsam zu vertretenden Haushalt zu einigen. [...]

Frage: Glauben Sie, daß der Bund in seinen zuständigen Bereichen in der Lohn- und Preispolitik mit gutem Beispiel vorangehen kann? Was den Rundfunk und die Presse angeht, setzt etwa die Bundespost kein gutes Beispiel für das, was wir von der Privatwirtschaft erwarten.

BK Brandt: Ich will jetzt nicht über einzelne Entscheidungen rechten. Ich weiß, daß es zum Teil erhebliche Beanstandungen gibt. Aber man muß einen großen Unterschied machen zwischen der Lohn- und Gehaltspolitik der öffentlichen Hand und der Rentabilität der öffentlichen Betriebe. Es ist nicht möglich, daß der Zuschußbedarf der Bundesbahn von rund 3 Mrd. DM im Jahre 1965 auf 5,7 Mrd. DM im nächsten Jahr anwächst. Hier muß in den kommenden Jahren etwas geschehen, um die Bundesbahn rentabler zu machen, auch wenn es etwas kostet. Ich sage bewußt nicht: voll rentabel. Dasselbe gilt für die Bundespost. Wir müssen uns daran gewöhnen, daß Rentabilitätsgesichtspunkte auch in den öffentlichen Betrieben im Rahmen des Möglichen geltend gemacht werden. Damit rechte ich nicht über die Zweckmäßigkeit der einen oder anderen Gebührenbestimmung auf Gebieten, auf denen das, was man einnimmt, wahrscheinlich nicht in einem Verhältnis zu dem Ärger steht, den man sich damit einhandelt.

Der direkte Zusammenhang zu den Lohn- und Gehaltsentwicklungen in der übrigen Wirtschaft ist viel stärker, wo es sich um die Lohn- und Gehaltsbewegung der öffentlichen Hand handelt. Wir sind ohne Zweifel an einem kritischen Punkt, und zwar nicht nur wegen der Unsicherheiten, die sich aus der allgemeinen weltwirtschaftlichen Lage ergeben. Es ist gar kein Frage, daß der öffentliche Dienst einen gewissen Nachholbedarf hatte. Es ist auch nicht mehr zu bestreiten – nachdem dies sachverständig geprüft worden ist –, daß man insgesamt nicht mehr von einer Schere zwischen der Besoldung im öffentlichen Dienst und dem, was in vergleichbaren Bereichen woanders bezahlt wird, sprechen kann. Nach einem gewissen Nachhinken in den Jahren der Rezession hat das letzte Jahr einen größeren Schluck aus der Pulle gebracht, als es objektiv zu verantworten war.

Es mag wie ein Armutszeugnis klingen, wenn ich Ihnen in aller Offenheit erkläre, daß die Bundesregierung nicht die vollen Auswirkungen dessen übersehen konnte, was der Bundestag ihr im Frühjahr dieses Jahres aufgedrückt hat. Wir wollten die grundgesetzliche Kompetenz für die Vereinheitlichung der Besoldungspolitik haben. Das ist im Bundestag mit einer Reihe von Wohltaten gekoppelt worden, und zwar durch eine interfraktionelle Arbeitsgruppe, in der es gar nicht um Koalition oder Opposition ging, sondern nur um die Beamtenbesoldung.[7] Dies hat sich vor allen Dingen unter dem Kennwort „Angleichung an die Länder" entwickelt. Das zieht in der nächsten Runde noch einmal eine Angleichung der Länder an den Bund nach sich. Wenn man die lineare Erhöhung und die Stellenvermehrung einrechnet, gibt der Bund im Jahre 1971 über 15 % mehr für den öffentlichen Dienst aus als im Jahre 1970; Bundesbahn und Bundespost über 16 % mehr, Bundeswehr über 17 % mehr. Mit solchen Steigerungsraten kann kein Staat bestehen. Der Bund geht mit einer Zuwachsrate von 8 % für den öffentlichen Dienst ohne ein Prozent lineare Erhöhung und ohne eine neue Stelle in das Jahr 1972.

Außerdem ist der Bund allein mit der Forderung nach 19 000 neuen Stellen konfrontiert. Ich werde alles tun, damit es weit unter 1000 bleibt. Aber es gibt ein paar Gebiete, auf denen es unausweichlich ist, etwas zu tun. Das Bundeskriminalamt braucht eine Reihe neuer Stellen. Man kann nicht einerseits verlangen, der Bund solle z.B bei Banküberfällen im Zusammenwirken mit den Ländern

mehr tun, andererseits hat er nicht das Instrument. Der Verfassungsschutz braucht auch einige neue Stellen. Wir haben rund 3 Millionen Ausländer im Land. Über all die Jahre hinweg, in denen diese Zahl schon gestiegen war, ist der Verfassungsschutz überhaupt nicht mit sachkundigen Damen und Herren ausgestattet, die die subversiven Gruppen wirklich unter Kontrolle halten können; ich meine die Gruppen radikalster Art, die es hier und dort gibt. – Die Zahl, die ich genannt habe, zeigt, wie schwer das in dieser Zeit sein wird. Man kommt entweder mit einer Radikalkur durch oder mit einem Mehrjahresprogramm, das Vorgänge, wie wir sie im letzten Jahr hatten, stufenweise auf das Normalmaß zurückführt.
[...]

Nr. 56
Schreiben des Bundeskanzlers, Brandt, an den Chef des Presse- und Informationsamtes der Bundesregierung, Ahlers
4. Oktober 1971[1]

AdsD, WBA, A 8, 1.

Lieber Herr Ahlers,
ich möchte auf unser Gespräch vom Mittwoch zurückkommen: An Ihrer Loyalität mir gegenüber zu zweifeln, habe ich nie Grund gehabt, und ihre besonderen Erfahrungen habe ich stets zu schätzen gewusst. Umso mehr tut es mir leid, dass sich in zunehmendem Masse Reibungsverluste, Kontaktlücken und Unsicherheiten ergeben haben, die der Arbeit abträglich sind.[2]

Das Beispiel mit dem Interview am Sonnabend erscheint mir in mehrfacher Hinsicht gravierend:[3]

Als ich, durch Anrufe alarmiert – am Sonntag hat es eine Fülle weiterer Fragen und Interventionen gegeben – bei Ihnen anrief, schienen Sie dies für nicht besonders wichtig zu halten. Über vorzeitige Neuwahlen kann aber – wegen der Auswirkungen auf die eigene Partei, den Koalitionspartner und die Opposition – überhaupt nur in meinem Auftrag oder nach ausdrücklicher Absprache mit mir etwas erklärt werden. Dies hätte eigentlich klar sein müssen.

Für ganz unzweckmässig halte ich in diesem Augenblick auch eine als Ankündigung wirkende Äusserung über Beziehungen zu China.[4] Sie waren doch selbst dabei, als ich darüber berichtete, wie ich dieses Thema Breschnew gegenüber zur Sprache gebracht habe. Hier kann doch nicht der Sprecher etwas vorwegnehmen, was Bundeskanzler und Aussenminister jetzt nicht für opportun halten.

Meines Erachtens ist es ganz allgemein nicht zweckmässig, dass sich der Sprecher häufig in Interviews und Artikeln äussert und dabei in die Gefahr gerät, die Regierungspolitik nicht nur zu interpretieren, sondern sie auch im Sinne eigener Vorstellungen „anzureichern".

Vom ganz aktuellen Anlass abgesehen, sprachen wir schon über meinen, gewiss nicht unbegründeten, Eindruck, dass die Zusammenarbeit mit dem Bundeskanzleramt nicht so reibungslos und wirksam verläuft, wie es der Sache wegen geboten wäre. Dass Sie mich selbst nicht über Gebühr in Anspruch nehmen, weiss ich wohl zu schätzen, aber dies ist natürlich auch mit der Gefahr verbunden, dass ich über Planungen und wichtigere Einzelvorhaben des mir direkt unterstellten BPA kaum unterrichtet bin. Ihnen wird auch nicht entgangen sein, dass es zur Gesamtanlage und zur Einzeldarstellung unserer Informationspolitik aus den Reihen der eigenen Partei bzw. der Koalition immer wieder recht kritische Äusserungen gibt.

Nun weiss ich wohl, dass manches davon objektiv bedingt ist oder auf irrigen Voraussetzungen beruht. Ich weiss auch, dass der Pressechef bis zu einem gewissen Grade eine Mittlerfunktion in beiden Richtungen wahrzunehmen hat, dass er dem Bundeskanzler und der Regierung also auch nahezubringen hat, was sich an kritischen Stimmungen zeigt und wie man darauf reagieren sollte. Es liegt auf der Hand, dass eine solche Mittlerstellung notwendigerweise Schwierigkeiten mit sich bringt, nach beiden Seiten. Trotzdem beruht ein Teil der Beanstandungen auf dem Eindruck, dass Sie Ihre persönliche Beurteilung von Methodenfragen der Regierungspolitik und Ihre subjektive Haltung zu Einzelinhalten mit in das einfliessen lassen, was Sie der Presse vermitteln. Dies aber ginge selbst dann nicht, wenn Sie im einzelnen Fall recht hätten. Der Sprecher der Bundesregierung muss nun einmal seine eigene Meinung – ausser in der internen Beratung – völlig zurückstellen und die Massnahmen der Regierung bzw. des Kanzlers gerade dann verständlich machen, wenn es unter Umständen gar nicht so einfach ist. Oder wenn es für politisch richtig gehalten wird, noch nichts zu sagen.

Sie haben nie ein Hehl daraus gemacht, dass Sie gegen Geheimniskrämerei sind und ein Höchstmass an Transparenz für sachlich geboten halten. Für diesen Standpunkt lässt sich viel ins Feld führen. Trotzdem müssen Sie sehen, dass manche der aufgetretenen Unsicherheiten mit der Ungeklärtheit dieser Frage zusammenhängen. Nicht nur im BKA, sondern z.B. auch im AA hat die Vermutung, Sie würden den Begriff der Transparenz zu weitherzig auslegen, dazu geführt, dass sich die Herren sperren. Und so kommt es dann zu unmöglichen Situationen, in denen der Pressechef über Hintergründe und noch nicht publizitätsreife Vorhaben uninformiert ist und dazu – was ich für ebenso schlimm halte –, dass über das Wann und Wie der pressemässigen Behandlung solcher Vorhaben nicht rechtzeitig und gründlich genug gesprochen wird.

Generell – und auch dies wird Ihnen nicht verborgen geblieben sein – läuft jedoch ein wesentlicher Teil der Kritik darauf hinaus, dass die Innenpolitik – im weitesten Sinne – in unserer Informationspolitik nicht mit dem gleichen Interesse und Nachdruck vertreten worden ist wie die Aussenpolitik. Die Kritiker übersehen gewiss manche der mir durchaus bewussten Probleme. Sie überschätzen zuweilen auch die Möglichkeiten, über die wir verfügen. Und doch bleibt ein Rest, der auch mir Sorgen bereitet. Ich denke dabei an das Konzeptionelle (innenpolitische Vorwärtsstrategie) ebenso wie an Einzelheiten der Interpretation, die natürlich nur bedingt vorausgeplant werden können, aber auch nicht unnötigerweise dem Zufall überlassen werden dürfen.

Es hat übrigens Zeiten gegeben, in denen der Pressechef in der Regel den Bundeskanzler begleitete und ihn im einzelnen publizistisch „bediente".[5] Meine Begleitung seitens des BPA besteht in der Regel aus einem tüchtigen Stenografen. Dies hängt natürlich auch mit der Frage zusammen, wie bei der Fülle der Aufgaben die Arbeiten des Sprechers und die des Verwaltungschefs des BPA auf einen Nenner gebracht werden können. Aber ich finde es auf die Dauer schwer zumutbar, wenn ich über die vielfach durchweg verdienstvollen Arbeiten des Amtes auch nicht andeutungsweise unterrichtet bin. Geschweige denn, dass ich keine Auskunft geben könnte, wenn man von mir wissen wollte, wie ich über die Mittel verfüge, die im Haushalt „zur Verfügung des Bundeskanzlers" ausgewiesen sind.

Ich habe Ihnen dies geschrieben, lieber Herr Ahlers, weil mir der Zeitpunkt für eine kritische Bestandsaufnahme gekommen zu sein scheint und weil einige der aufgeworfenen Fragen sogar unabhängig von den beteiligten Personen einer Klärung bedürfen.

Mit den besten Grüssen

‹gez[eichnet] Brandt›[6]

‹Br[andt]›[7]

Willy Brandt in seinem Arbeitszimmer im Bundeskanzleramt, dem Palais Schaumburg, am 29. November 1971. Links eine Büste von Abraham Lincoln, im Hintergrund das Gemälde „Ein vornehmer Venezianer" (ca. 1560) von Tintoretto.

Nr. 57
Schreiben des Bundeskanzlers, Brandt, an den Schriftsteller Böll
29. Januar 1972[1]

AdsD, WBA, A 8, 3.

Lieber Herr Böll,
für Ihren Brief und die Replik auf Diether Possers Artikel danke ich Ihnen herzlich.[2]

Ich habe die Diskussion, die sich an Ihren Artikel im „Spiegel" angeschlossen hat, sehr bedauert. Bei manchen, die sich dabei zu Wort gemeldet haben, ist es schwer vorstellbar, dass sie nur Missverständnissen, die gegenüber einem so prononcierten Schriftsteller allerdings kaum vermeidbar sind, erlegen seien. Diese Reaktionen entsprachen genau der Geisteshaltung, vor der Sie in Ihrem Artikel gewarnt hatten. Klaus Harpprecht hat hierzu in seinem vorgestrigen ZDF-Kommentar richtige Worte gefunden.[3]

Ich will mich gewiss nicht daran beteiligen, auch noch glühende Kohlen auf Ihr Haupt zu sammeln. Diether Posser hat als Jurist und Politiker – natürlich nicht nur an Sie gewandt, sondern auch im Blick auf eine emotional aufgeheizte Öffentlichkeit – in seiner sachlichen Art einige Klarstellungen gegeben. Ich würde mich freuen, wenn es zu dem von Ihnen angeregten privaten Gespräch mit ihm kommen würde.

Lassen Sie sich bitte nicht entmutigen. Es fehlt in unserem Lande nicht an Menschen, die sich auch durch Übertreibungen nicht abhalten lassen, der Aufforderung zum Nachdenken zu folgen.

Erschrocken bin ich über Ihre Ankündigung, Sie würden für deutsche Kulturinstitute im Ausland keine Vorträge mehr halten. Damit würden Sie denen einen Gefallen tun, die bei aller Anmassung und Lautstärke doch nicht die Bundesrepublik sind. Resignieren sollten Sie nicht. Ich habe es auch nicht getan.[4]

Mit freundlichen Grüssen
‹gez[eichnet] Brandt›[5]
‹Br[andt]›[6]

Nr. 58
**Appell des Bundeskanzlers, Brandt, im deutschen Fernsehen
4. Februar 1972**[1]

Bulletin des Presse- und Informationsamtes der Bundesregierung, Nr. 17 vom 8. Februar 1972, S. 162.

In zahlreichen Briefen, die der Innenminister, der Justizminister und ich selbst erhalten, wird die Frage gestellt: Tun wir genug, um der Gewalttätigkeit in unserem Lande Einhalt zu gebieten?[2] Ich möchte mich mit der Antwort an Sie alle wenden.

Erstens sollten wir uns darin einig sein, daß wir Gewalttätigkeit nicht akzeptieren und nicht dulden können. Die freiheitliche Demokratie, die wir aus den Trümmern von Diktatur und Krieg aufgebaut haben, darf nicht als schlapper Staat mißverstanden werden.

Zweitens: Gruppen oder einzelne, die auf Gewaltanwendung aus sind, müssen wissen, daß wir verpflichtet und entschlossen sind, ihnen mit allen rechtlichen Mitteln das Handwerk zu legen.

Daraus folgt drittens, daß Gewalttätern und Gewaltpredigern keine Unterstützung gewährt werden darf. Aus mißverstandener Solidarität wird sonst Beihilfe zum Verbrechen.

Hiermit zusammen hängt viertens, daß wir den häufig schweren Dienst der Polizeibeamten in unserem Lande richtig zu würdigen haben. Durch Verständnis und besonnenes Verhalten können wir ihre Arbeit erleichtern.

Fünftens will ich aber auch deutlich sagen: Blindes Draufschlagen ist keine Politik, die dem Grundgesetz entspricht.

Ich finde es bedauerlich, wenn Erwägungen der Vernunft verdächtigt werden. Meine Bitte an alle, die es angeht: Gegen Gewalt und Haß helfen nicht Kopflosigkeit und sterile Aufgeregtheit, sondern sachliche Information, nüchterne Bewertung und angemessenes Handeln.[3]

Man sollte auch niemanden, der in selbstgewählter Gesetzlosigkeit lebt, daran hindern, zu Recht und Vernunft zurückzukehren.

Lassen Sie uns alle miteinander das tun, was wir unserem demokratischen Rechtsstaat schuldig sind.

Nr. 59
Aus den hs. Notizen des Bundeskanzlers, Brandt, für die Sitzung der SPD-Bundestagsfraktion
3. März 1972

AdsD, WBA, A 3, 427.

Ich hatte um Sitzung gebeten: um Stand d[er] Arbeiten zur St[euer]-reform zu erörtern
 Hatte den Wirbel nicht einkalkuliert, der Sitzung voraufgeg[angen] ist[1]
 Trotzdem möchte ich beim Thema bleiben + nur ein paar allgem[eine] Bemerkungen vorausschicken:
 1) Das disziplinlose Gerede nach Sitzungen, manchmal solchen im engsten Kreis, + das eigenwillige Füttern von Journ[alisten] ist ein kräfteverzehr[endes] + nervenbelast[endes] Ärgernis.
 Was aus solchem Gerede entsteht, erschwert nicht nur uns[ere] Arbeit, sondern enttäuscht auch Freunde im Lande, in deren Pflicht wir stehen
 Aus gegeb[enem] Anlass:
 Trifft nicht zu, dass Schi[ller] Rücktritt angeb[oten] hätte + völlig abwegig, wenn behauptet, wir hätten es mit einem Koal[itions]-problem oder gar einer Belastung der Koal[ition] zu tun
 2) Unverantw[ortliches] Gerede + egozentr[isches] Verhalten sollten nicht zu oft dazu führen, dass wir um die begrenzten, aber unbestreitbaren Erfolge uns[erer] Arbeit gebracht werden.
 Kann niemand hindern, aufgrund pessimist[ischer] Grundeinstellung zu sagen: halbvolles Glas = halbleer
 Aber tief traurig, wenn im konkreten Fall eine beachtl[iche] Leistung (= Reform der einheitswertbezog[enen] Steuern) völlig untergeht, weil der Eindr[uck] entsteht, wir hätten vor einer selbstgest[ellten] Aufgabe kapituliert
 Das oft erörterte Thema des Verkaufens ist nicht nur etwas, worum sich Presseämter + Mitarbeiter für Ö[ffentlichkeits]-Arbeit zu

kümmern haben, sondern es ist zunächst Frage des polit[ischen] Entscheid[ungs]prozesses

+ niemand soll sich über schlechte Presse beklagen, der selbst mit der Presse so umgeht, dass Ansehen der polit[ischen] Gemeinschaft – Partei oder Regierung – ramponiert wird.

3) kein Zweifel, dass Opp[osition] gegenwärtig gewisse Pluspunkte im Ö[ffentlichkeits]-Bild notieren kann.

Bitte daran erinnern, dass altes Jahr mit relativ guter Bilanz abgeschlossen

Seitdem keine Veränderung der objekt[iven] Daten, im Gegenteil
[...]

Das für uns im Augenblick ungünstigere Wetter hat sich aufgrund and[erer] als obj[ektiver] Faktoren ergeben

Kurshalten bei ruhiger See + klarer Sicht ist keine Kunst – erst bei rauhem Wetter zeigt sich, wer was kann

Der Ehrenbürger von Lübeck[2] will kein Seemannsgarn spinnen. Aber:

bei rauhem Wetter müssen alle auf ihrem Posten sein,

alle müssen gute Nerven bewahren/jeder seine Aufg[abe] + es können nicht alle (oder mehrere) Kapitän sein wollen.
[...]

‹Was diese Bundesregierung in relativ kurzer Zeit auf dem Gebiet der Steuerreform bereits verabschiedet oder vorbereitet hat, ist keine Kleinigkeit. Ich erinnere an die Abgabenordnung und an das Steuerfluchtgesetz, die ja durchaus wesentliche Teile einer umfassenden Steuerreform sind. Ich habe bereits erwähnt, daß das Kabinett vorgestern das zweite Steuerreformpaket verabschiedet hat, das in sich ausgewogen ist und wesentliche Fortschritte bringt. Auch das dritte Steuerreformpaket, das die Einkommenssteuer und die Körperschaftssteuer umfaßt, ist bereits weitgehend fertiggestellt. Es bedarf allerdings noch einiger Korrekturen, und die können nicht im Hau-Ruck-Verfahren angebracht werden.[3]

Die Regierung hat die Pflicht, derart schwerwiegende Entscheidungen, wie sie Änderungen des Steuerrechts darstellen, mit aller Sorgfalt vorzubereiten und zu treffen. Niemand hat das Recht, deshalb davon zu sprechen, die Steuerreform sei gescheitert. Die Bundesregierung wird auch den dritten Teil der Steuerreform verabschieden und dem Parlament nach der Sommerpause vorlegen. Die Steuerreform ist nicht gescheitert, sondern sie wird zielstrebig auf d[en] Weg gebracht. Darin sind wir uns mit dem Koalitionspartner vollständig einig.

Die in der Vergangenheit und jetzt wieder eingetretenen Verzögerungen sind zu bedauern. Sie sind jedoch kein Grund zu steriler Aufgeregtheit. Leider hat es das in diesen Tagen wieder im Übermaß gegeben. Die Ereignisse der letzten Tage – nicht nur die Ereignisse, die mit der Steuerreform zusammenhängen – haben wohl jedem gezeigt, worauf wir uns einzurichten haben.[4] Dies, Genossinnen und Genossen, ist nicht die Stunde, um auf Kosten unserer gemeinsamen Sache persönliche Animositäten zu pflegen. Ich appelliere bei dieser Gelegenheit deshalb nochmals an alle, die in der Regierung, in der Fraktion und in der Partei Verantwortung tragen, an ihre Pflicht zur Einordnung und zur Solidarität.›[5]

Thema nicht ausweiten

Nicht verheimlichen, dass uns der Haushalt,

aber auch Konj[unktur-] + Wi[rtschafts]politik noch – oder immer wieder – zu sehr ernsthaften Überlegungen veranlassen werden.

Möchte Fraktion wissen lassen: Vorstellung, ich hätte mich in ersten 2 Jahren überwieg[end] um Au[ßen]po[litik] gekümmert, ist nicht zutreffend

– richtig ist jedoch – so auch Schi[ller] gestern bestätigt –, dass ich mich um die Fragen der Wi[rtschafts-] + Fi[nanz]po[litik] verstärkt selbst mit kümmern werde.

Noch wichtiger: nicht mit uns spielen lassen, sondern mit gebotener Geschlossenheit + Entschlossenheit über eine schwierige Wegstrecke hinweg.

Nr. 60
Schreiben des Bundeskanzlers, Brandt, an den Informationswissenschaftler Steinbuch
4. März 1972[1]

AdsD, WBA, A 8, 46.

Sehr geehrter Herr Professor Steinbuch,
ich danke Ihnen für Ihren Brief, den Sie der Öffentlichkeit zugänglich gemacht haben.[2] Und ich danke auch dafür, daß Sie eine so offene Sprache geführt haben. Ihre Sorgen um die Sicherung unserer freiheitlichen demokratischen Grundordnung und um die Lage an unseren Universitäten nehme ich ernst, wenn ich auch mit Ihrer Analyse unserer Situation nur in wenigen Punkten übereinstimmen kann.

Nach meiner Ansicht dürfen wir nicht in den gleichen Fehler verfallen, den die meisten der von Ihnen kritisierten radikalen Kritiker begehen: den Fehler der Übertreibung und den Fehler der Verallgemeinerung einzelner wunder Stellen in unseren sozialen Institutionen. Ich mache mich gewiß keiner Verharmlosung schuldig, wenn ich auf Ihre Feststellungen folgendes erwidere:

Unser parlamentarisches System hat sich seit 1949 durchaus als krisenfest erwiesen. Es würde auch schwereren Krisen gewachsen sein, als sie uns nach menschlichem Ermessen bevorstehen können. Es ist deshalb eine Fehleinschätzung unserer innenpolitischen Lage, wenn Sie meinen, dieses politische System würde in einer Krisensituation wie ein Kartenhaus zusammenfallen.[3]

Sie lokalisieren die Schlüsselposition unserer Gesellschaft vornehmlich in Universitätsgremien und Redaktionsstuben. So wichtig diese Positionen sind; sie sind nicht allein wichtig. Ich nenne daneben die Regierungen und die Parlamente, die Verwaltung und die Rechtspflege, die Gewerkschaften und die wirtschaftlichen Unternehmen. Auch das sind Schlüsselpositionen. Und niemand könnte behaupten, sie seien „unterwandert" oder trügen zur sozialen Vergiftung bei.

Für eine krasse Fehleinschätzung halte ich das, was Sie über unsere Jugend geschrieben haben.[4] Diese besteht weder aus einer Armee fanatisierter Revolutionäre, noch folgt sie derartigen kleinen Gruppen. Unsere jungen Menschen sind in der Mehrzahl reformfreudig und politisch aufgeschlossen. Sie sind bereit, sich für die Meinungsfreiheit einzusetzen, und werden, dessen bin ich sicher, in einem Krisenfall mit Ausnahme einer relativ kleinen Zahl von Fanatikern auf der Seite der aktiven Demokratie stehen.

Ihr Bild ist gewiss durch Ihre Erfahrungen an deutschen Hochschulen geprägt. Das sind Erfahrungen, die man ernst nehmen muß. Ich verurteile den Versuch radikaler Studentengruppen, den Universitätsbetrieb an einer Reihe von Orten zu stören und die Hochschulen „umzufunktionieren". Ohne Wenn und Aber trete ich ein für die Lehrfreiheit und die Lernfreiheit. Aber ich kann mir nicht die Feststellung zueigen machen, als handle es sich bei unseren Universitäten um eine einzige Front der Unruhe und der Rebellion. Es gibt Hochschulen, an denen der Betrieb ungehindert läuft. Und auch an den anderen Universitäten sind die meisten Fakultäten störungsfrei.

Natürlich gibt es Personen und Gruppen in unserem Staat und an den Universitäten, die sich offen oder versteckt gegen diesen demokratischen Staat und gegen die Grundlagen einer freiheitlichen Gesellschaft wenden und sich in revolutionärer oder pseudorevolutionärer Taktik üben. Die zuständigen staatlichen Stellen in Bund und Ländern beobachten diese Gruppen sorgfältig; sie treten ihnen durchweg mit Umsicht und Entschlossenheit entgegen, sobald es die Rechtsordnung gebietet. In meiner öffentlichen Erklärung zum Schutz der Demokratie vor Gewalttätigkeit am 4. Februar dieses Jahres habe ich gesagt, daß wir Gewalttätern mit allen rechtlichen Mitteln das Handwerk legen werden, und gleichzeitig habe ich an die Bevölkerung appelliert, die staatlichen Stellen und die Polizei verständnisvoll zu unterstützen.[5] Dazu gehört natürlich auch, daß die reformierte Universität gegen die radikalen Feinde von Reform und friedlicher Zusammenarbeit geschützt wird.

Ich begrüße es, daß wir hinsichtlich der Notwendigkeit von Reformen weiterhin voll übereinstimmen. Auch ich sehe darin die entscheidende Voraussetzung für die dauerhafte Sicherung unseres freiheitlichen demokratischen Systems und für die Verbesserung unserer gesellschaftlichen Bedingungen.

Auch die Universität mußte und muß reformiert werden. Dabei gibt es zeitweilige Fehlentwicklungen, die nur zum Teil vermeidbar sind. Es ist im übrigen mein Eindruck, daß das ungestüme Drängen aus den Reihen der jungen Generation doch auch einen positiven Beitrag geleistet hat, denn es hat mitgeholfen, erstarrte Formen zu erneuern.

Neben der Universität muß unser Schulwesen so reformiert werden, wie es diese Bundesregierung fordert: Öffnung der weiterführenden Bildung für die Leistungsfähigen und Leistungswilligen aus <u>allen</u> Schichten, Abschaffung der aus sozialer Herkunft und unzureichenden Einkommensverhältnissen der Eltern erwachsenden Nachteile durch eine Reform von Schule und Berufsbildung, Mitwirkung und Mitverantwortung von Eltern, Lehrern und Schülern auf allen Ebenen der Bildungseinrichtungen.

Der von der Bundesregierung und nicht zuletzt von meiner Partei immer wieder hervorgehobene und in der politischen Auseinandersetzung ständig vertretene enge Zusammenhang von Reformpolitik und Sicherung der Demokratie beantwortet auch Ihre Befürchtung, die politisch Verantwortlichen in der Bundesrepublik ließen alles laufen und dächten über die Grundsätze und die Zukunft unserer Gesellschaft nicht ernsthaft genug nach.

So ist es nicht. Gerade weil wir den utopischen Paradiesen der Radikalen nicht trauen, gerade weil die SPD als die erfahrenste deutsche Partei weder ideologisch leichtgläubig noch politisch gleichgültig ist,[6] hat sie ein umfassendes Reformprogramm konzipiert, das sie mit anderen reformbewußten Kräften in Bund und Ländern mit Nachdruck verfolgt. Sie selbst weisen darauf hin, daß zu lange und mit schlechten Gründen Reformen verhindert worden sind. Und daß fehlendes Nachdenken über unsere politischen Grundsätze und unsere Zukunft dazu führen kann, daß junge Menschen sich anderswo ihre Orientierungen suchen.

Sie, lieber Herr Steinbuch, und alle mit Ihnen Besorgten können sicher sein: Die SPD ist nicht leichtgläubig, sie ist aber auch nicht kleingläubig! Sie vereint als Partei die Fähigkeit zur Wandlung mit der Kraft der Treue zu unveräußerlichen Prinzipien. Sie wird auch weiterhin, durchaus im Sinne Ihres Appells an mich, der Jugend und unserem Volk insgesamt Ziele der Reform setzen und an ihrer Durchführung arbeiten. Auf diese Weise wird ein Engagement für diesen Staat und diese Gesellschaft den Bürgern noch mehr zur Selbstverständlichkeit werden. Für diese Reformpolitik brauchen wir die Unterstützung vieler Bürger, gerade auch der Bürger an den Hochschulen.

Sie verlangen von den verantwortlichen Politikern zu Recht vorbildhaftes Verhalten. Festigkeit im Einstehen für die Grundprinzipien unserer Verfassung: Freiheit, sozialer Ausgleich, Demokratie und Rechtsstaatlichkeit, ist in der Tat, zusammen mit dem Blick für die notwendigen Veränderungen, Voraussetzung für Stabilität und Fortentwicklung unseres Gemeinwesens.

In diesem Zusammenhang ist übrigens auf den Beschluß hinzuweisen, den die Ministerpräsidenten der Länder gemeinsam mit mir gefaßt haben, aktive Gegner der Verfassung vom öffentlichen Dienst fernzuhalten.[7] Festigkeit, verbunden mit Reformbereitschaft – diese Haltung muß von allen bewiesen werden, die in Staat und Gesellschaft Verantwortung tragen.

Der Staat kann allerdings nur einen Rahmen setzen. Die Politik muß gestalten. Wie die soziale Wirklichkeit aussieht und aussehen wird, hängt – und darin stimmen wir sicherlich überein – nicht allein von den Politikern ab.

Mit freundlichen Grüßen

‹Br[andt]›[8]

Nr. 61
Hs. Schreiben des Bundeskanzlers, Brandt, an den Bundesminister des Auswärtigen, Scheel
26. März 1972[1]

AdsD, WBA, A 8, 17.

Lieber Herr Scheel,
bevor ich morgen für eine gute Woche nach Sardinien fahre, möchte ich Ihnen und Ihrer Familie gern die besten Grüsse zum Osterfest übermitteln.

Die Belastungen der letzten Wochen ändern nichts daran, dass wir uns a) Vernünftiges vorgenommen und b) auch eine gute Chance haben, dies durchzusetzen.

Fast alles spricht dafür, dass wir Anfang Mai [1972] die erforderliche Mehrheit haben werden.[2] Bei den Haushaltsberatungen wird es zuvor einen Ansturm geben, aber ich gehe davon aus, dass wir den abwehren können. Freund B[arzel] scheint wegen eines Misstrauensvotums sehr zu zögern, denn er muss ja damit rechnen, dass ihn einige der eigenen hereinlegen könnten.[3]

Nun kommt aber zunächst der 23. April [1972]. Neue Informationen bestärken mich in der Ansicht, dass Sie – gerade nach dem NPD-Manöver[4] – noch einiges an altliberalen Stimmen, oder auch sonst rechts von der Mitte, holen können.

Wenn meine Einschätzung richtig ist, werden wir nach der 1. Maiwoche (keine Vertagung zulassen!) miteinander prüfen müssen, wie wir vermeiden, für den Rest der Legislaturperiode zu einem ‹Lame-duck-government›[5] zu werden. Aber es müsste mit dem Teufel zugehen, wenn wir nicht auch damit fertig würden.
Alle guten Wünsche und herzliche Grüsse
Ihr
Willy Brandt

Nr. 62
Aus der Rede des Bundeskanzlers, Brandt, vor dem Deutschen Bundestag
27. April 1972[1]

Stenogr. Berichte 6. Deutscher Bundestag, 183. Sitzung, Bd. 79, S. 10707– 10711.

(Von den Regierungsparteien mit Beifall begrüßt.) Herr Präsident! Meine Damen und Herren! Die erste Frage, die ich mir vor diesem Tag zu stellen hatte, lautete: Darfst du dich überhaupt an dieser Debatte beteiligen? Solltest du dich nicht besser von ihr fernhalten? Ich bin zu dem Ergebnis gekommen, meine Damen und Herren, wie Sie hören und sehen, daß ich mich äußern sollte. Ich meine, daß ich dies dem hohen Amt schuldig bin, in das ich im Oktober 1969 gewählt wurde, ebenso wie ich es schuldig bin der mich stützenden Koalition von Sozialdemokraten und Freien Demokraten, aber auch den vielen Freunden im Land, die mir ihre Verbundenheit gerade in diesen Tagen in so bewegender Weise bekunden. (Beifall bei den Regierungsparteien.)

Vielleicht darf ich auf die mir selbst gestellte Frage kurz zurückkommen. Dies ist ja das erstemal, daß hier im Bundestag von der verfassungsmäßigen Möglichkeit des so genannten konstruktiven Mißtrauensvotums Gebrauch gemacht wird. Man hat es als konstruktiv deshalb bezeichnet, weil nicht nur gesagt werden soll: der Bundeskanzler soll weg, sondern zugleich gesagt werden muß – das ist ja der Sinn dieses Artikels der Verfassung –: wir möchten den Kandidaten X als neuen Bundeskanzler sehen.[2]

Nun ist es ja so, daß bei der Wahl des Bundeskanzlers auf Vorschlag des Bundespräsidenten ausdrücklich keine Aussprache stattfindet. Beim so genannten konstruktiven Mißtrauensvotum ist dies anders. Und schon daraus ergibt sich, daß für Aussprache und übriges Verhalten andere Maßstäbe gelten als für die reguläre Kanzlerwahl. Ich denke, das ist gestern zum Teil übersehen worden.[3]

Die Opposition ist wichtig, und sie ist außerdem stark, aber sie ist nicht das Staatsoberhaupt. Dies ist also keine Kanzlerwahl, wie sie sich aus einer Neuwahl zum Bundestag ergibt. Deshalb ist auch vieles abwegig, was hier gestern zum Verfahren vorgebracht worden ist. (Abg. Vogel: Da ist kein Unterschied!)

Ich stimme denen zu, die sich dagegen wehren, daß ein Parteiwechsel als etwas Ehrenrühriges betrachtet wird. Aber ich habe meine eigene Meinung dazu, ob man willkürlich Mandate mitnehmen darf, meine Damen und Herren. (Beifall bei den Regierungsparteien.) Das ist ein weites Feld, wie man zu sagen pflegt. (Abg. Stücklen: Peter Nellen! Stammberger!)[4] Aber eines leuchtet mir nicht ein. Wenn die Antragstellenden Zusagen erhalten haben von Abgeordneten, die nicht ihrer Fraktion angehören, warum stehen dann diese nicht wenigstens auf? (Beifall bei den Regierungsparteien.) Warum bekennen sie sich nicht vor dem deutschen Volk? Was haben sie denn zu befürchten? Was fürchten sie denn? (Beifall bei den Regierungsparteien.) Oder was wollen sie denn verbergen? (Beifall bei den Regierungsparteien.)

Lassen Sie mich gleich ein Wort hinzufügen zu den zahlreichen Sympathiekundgebungen dieser Tage, für die ich mich herzlich zu bedanken habe. (Zuruf von der CDU/CSU: Wir auch!) Ich habe gestern gesagt – und ich meine, dies sei verstanden worden –, worüber nur hier im Bundestag entschieden werden kann und was gleichwohl die Meinung der Bürger aus gegebenem Anlaß bedeutet. Was ich nicht verstehen kann, ist, wenn man aus obrigkeitsstaatlicher Gesinnung von der Straße spricht oder wenn man, wie es in einer Parteiverlautbarung geschehen ist, den Frauen und Männern, die sich anders als nur vor dem Fernsehapparat zu ihrer Regierung bekennen – so stand es in einer Parteiverlautbarung; ich finde es eine Schande –, ein Bratkartoffelverhältnis zur Demokratie unterstellt. (Pfui-Rufe von der SPD.) Bei denen, die sich dieser Tage zu Wort melden, handelt es sich um mündige Bürger und um engagierte junge Menschen, ohne die unser Staat sehr viel ärmer sein würde. (Beifall bei den Regierungsparteien. – Zurufe von der CDU/CSU.)

Der Beschluß der CDU/CSU, die Regierung stürzen zu wollen, entspricht einer Möglichkeit, die die Verfassung bietet, und er ist sowohl machtpolitisch als auch psychologisch nicht schwer zu verstehen. Wenn Sie mir zum letzteren ein Urteil erlauben: Dies ist der Versuch einer Flucht nach vorn, heraus aus der Unverantwortlichkeit eines sterilen Nein zu Schicksalsfragen unseres Volkes, aber mit dem Risiko des Hinein in eine Verantwortung, deren Bitterkeit Sie spüren würden. Denn Dr. Barzel und seine Freunde würden in diese Verantwortung ja nur gelangen, wenn ihnen das Ja von ein paar Mitgliedern dieses Hohen Hauses zufallen sollte, von denen man würde sagen können, sie hätten ihre Gewissenhaftigkeit bis zur Unkenntlichkeit strapaziert. (Beifall bei den Regierungsparteien. – Zurufe von der CDU/CSU: Pfui! – Unerhört!)
[...]
Herr Kollege Kiesinger, ich möchte Ihnen etwas zum Thema Gemeinsamkeit sagen. Als ob ich mir nicht die Finger danach lecken würde, wenn wir in Fragen der nationalen Existenz zu möglichst großer Geschlossenheit gelangen könnten! (Abg. Rösing: Haben wir ja auch angeboten!)

Aber es ist doch zunächst einfach nicht wahr, daß ich oder meine Freunde und ich nach den Wahlen von 1969 eine bis dahin bestehende inhaltliche Gemeinsamkeit zerstört hätten. (Zurufe von der CDU/CSU: Doch!) – Ja, Sie erzählen den Leuten draußen im Lande das, was nicht stimmt, und ich sage Ihnen hier jetzt, was stimmt. (Beifall bei den Regierungsparteien. – Widerspruch bei der CDU/CSU.) Sie, Herr Kollege Kiesinger, erinnern sich doch genauso gut wie ich, und Millionen haben es damals am Fernsehschirm miterlebt: Vor den Wahlen 1969 sind Walter Scheel und ich Ihnen, Herr Kiesinger, und Herrn Strauß im Fernsehen gegenübergetreten und haben Ihnen für unsere beiden Parteien gesagt, vor der Wahl, nicht nach der Wahl: Mit der Politik der Vertröstungen, der Ausklammerungen und der Verkleisterungen kommen wir nicht weiter.[5] Das war unsere Meinung. Das haben wir gesagt, und dafür haben wir die knappe Mehrheit bekommen. (Beifall bei den Regierungsparteien.) Dann haben wir, Walter

Scheel und ich, aus dem Wahlergebnis die entsprechenden Folgerungen abgeleitet.

Es war ja, Herr Kollege Kiesinger, der große Jammer, daß sich die Große Koalition bei einigen Meriten, die ich ihr auch heute nicht absprechen möchte, eben nicht als fähig erwies, aus der Einsicht in die Realitäten auf breiter Basis die gebotenen Konsequenzen zu ziehen. Herr Kollege Kiesinger, Sie haben sich damals nicht dazu durchringen können, eine genügend wirklichkeitsbezogene Politik durchzusetzen. Sie sind vor dem Druck Ihrer bayerischen Freunde und anderer Hilfstruppen zurückgewichen. (Beifall bei den Regierungsparteien. – Abg. Stücklen: Was wollen Sie mit den „Hilfstruppen" sagen?) Sonst wären wir weiter und brauchten weniger zu streiten, als wir es tun.

Was das Bemühen um Gemeinsamkeit seit 1969 angeht, so hat Herr Barzel mir dessen Scheitern anlasten wollen. Das ist nicht gerecht, obwohl ich nie ausschließe, daß auch ich Fehler gemacht haben kann. Aber ich möchte jetzt keine Rechnung aufmachen, weil ich es für geboten halte, über diesen Tag hinauszudenken. Aber dies muß ich doch auf Grund meiner Erfahrungen der letzten 2 1/2 Jahre sagen dürfen: Die Führung der CDU/CSU hat sich verbal zur Gemeinsamkeit bekannt. Aber sie hat durch ihr Verhalten zumeist die konkrete Zusammenarbeit verweigert, (Beifall bei den Regierungsparteien – Abg. Dr. Barzel: Unerhört!) und wenn es dann einmal anders aussah, dann stellte sich heraus, daß unter gemeinsamem Handeln häufig ein Nichthandeln der Regierung verstanden werden sollte. Darauf konnte und darauf wollte ich doch nicht eingehen.

Wenn einige nun von Spaltung reden, dann antworte ich: Die eigentliche Schuld an dem, was man Spaltung nennt oder was Herr Kollege Schröder eben eine Polarisierung genannt hat, die eigentliche Schuld daran trägt aus meiner Sicht derjenige, der die politischen Entscheidungen einer demokratisch gebildeten Regierung nicht als legitim anerkennen will, und das war die Lage in diesen 2 1/2 Jahren. (Zurufe von der CDU/CSU: Was? – Abg. Dr. Müller-Hermann: Was soll das heißen?)

[...]

Über die Aufgaben im Innern habe ich mich gestern ausführlich geäußert.[6] Lassen Sie mich nur hinzufügen: Die Gier nach der Macht entspricht nicht dem Ruf nach Solidität und Stabilität. (Zurufe von der CDU/CSU.) Und, Herr Kollege Kiesinger, was soll die Polemik über Angekündigtes und nicht Erreichtes? Wenn Sie ehrlich sind, geben Sie zu: Hier hat eine Regierung in 2 1/2 Jahren mit einer knappen Mehrheit schon jetzt unendlich viel mehr geleistet, als Sie in drei Jahren mit einer breiten Mehrheit in diesem Bundestag. (Beifall bei den Regierungsparteien.)

Im übrigen kann ich jeder denkbaren Bundesregierung auch in kommenden Jahren nur wünschen, daß sie das von uns, von der sozialliberalen Koalition, erreichte Maß an Frieden im Innern zu bewahren und auszubauen vermag. Und wenn ich vom inneren Frieden spreche, (Zuruf von der CDU/CSU: Baader-Meinhof! – Unruhe bei der SPD) dann denke ich an etwas, worauf ich, ehrlich gesagt, stolz bin, nämlich an die enge Verbindung zwischen Regierung und den Bürgern, die früher am Rande des staatlichen Geschehens standen oder sich dorthin gestellt sahen: Arbeitnehmer, geistige Schichten, kritische junge Generation in diesem unserem Volke. (Beifall bei den Regierungsparteien.)

Da Sie, die Führung der Unionsparteien, die radikale Alternative fordern, betrachte ich es als meine Pflicht, öffentlich darüber nachzudenken, was dieses Hohe Haus und was die Bürger der Bundesrepublik erwarten könnte. Herr Dr. Barzel, ich würde Sie nicht beneiden. Sie haben angedeutet, wenn ich das richtig gelesen habe, Konrad Adenauer habe Ihnen schriftlich sein Erbe zugesprochen.[7] Die Frage, die Sie mir erlauben müssen, ist diese, ob Sie und ob wir es als Außenstehende bei allem, was sonst relativiert werden mag, gerade wo es um die eben erwähnten Schicksalsfragen geht, noch mit der Partei Konrad Adenauers zu tun haben; denn hier hat doch offensichtlich ein Wandlungsprozeß stattgefunden, und zwar keiner nach vorn, sondern einer zurück.

[...]

Die Opposition spielt in Wirklichkeit – auch wenn sie es natürlich nicht will – mit der Gefahr der Isolierung der Bundesrepublik.[8]

Zu dieser Gefahr, gegen die sich im Laufe der Zeiten und unter anderen Umständen Adenauer auf seine Weise, früher Bismarck auf seine Weise gewendet haben, darf es nicht kommen. Vom Frieden darf man auch nicht nur reden, sondern man muß sich fragen: was ist der deutsche Beitrag dazu? Deutsche Interessen nimmt man nur wahr, wenn die Entwicklung nicht um uns herum verläuft oder gar über uns hinweggeht. Dies muß bitte jeder wissen.

Ich unterstelle einmal, die Opposition hätte heute Erfolg. Das wäre auf jeden Fall – Herr Kollege Scheel hat schon darauf hingewiesen – so, wie die Dinge liegen, ein zweifelhaft legitimierter Erfolg. Und die Folge wäre natürlich ein harter Kampf, fair, aber glashart. (Zurufe von der CDU/CSU: Holz!)

Nun, das ist eine theoretische Möglichkeit. Eigentlich könnte ich wünschen wollen, daß wir uns frei von der Regierungsverantwortung auf die nächsten Bundestagswahlen vorbereiten. Aber es hilft alles nichts; die Arbeit geht weiter. Und ich bin davon überzeugt: Wir werden nach der heutigen Abstimmung weiterregieren. (Beifall bei den Regierungsparteien.) Vielleicht ist es dann auch möglich, vor oder jedenfalls nach der Ratifizierung der [Ost-]Verträge in der nächsten Woche gewisse Gebiete gemeinsamer Verantwortung abzustecken oder erneut den Versuch eines solchen Absteckens zu machen, nicht nur in der Außen-, Europa- und Deutschlandpolitik, sondern auch in bezug auf Währung und Finanzen und nicht zuletzt in bezug auf die innere Sicherheit, zu der ich mich gestern geäußert habe.

Ich meine, diese Intervention war notwendig. Aber auch diejenigen, die das anders sehen, müssen bitte Verständnis dafür haben, daß sich der Bundeskanzler nicht versteckt, sondern daß er sagt: Ich habe meine Pflicht getan und manchmal etwas mehr. Und, Herr Kollege Kiesinger, ich habe die Interessen unseres Volkes und unseres Staates besser vertreten, als wenn ich den allzuoft konfusen Ratschlägen der Opposition gefolgt wäre. (Beifall bei der Regierungsparteien.)

Und nun, meine Damen und Herren, bleibt frei nach Kant nichts anderes übrig, als unsere verdammte Pflicht und Schuldigkeit zu tun. (Anhaltender Beifall bei den Regierungsparteien.)

Willy Brandt umringt von Bundestagsabgeordneten, die ihm am 27. April 1972 gratulieren, nachdem der Versuch der CDU/CSU, den Kanzler durch ein konstruktives Misstrauensvotum zu stürzen, gescheitert ist.

Nr. 63
Schreiben des Bundeskanzlers, Brandt, an den Bundesminister für Wirtschaft und Finanzen, Schiller
19. Mai 1972[1]

AdsD, WBA, A 8, 67.

Sehr geehrter Herr Kollege,
ich bedaure das Verfahren, das Sie mit ihrer Kabinettsvorlage vom gestrigen Tage gewählt haben. Ich halte auch Ihren begleitenden Brief für nicht gerechtfertigt.[2]

Die Tagesordnung von Kabinettssitzungen wird nach der Geschäftsordnung der Bundesregierung vom Bundeskanzler bestimmt. Ich hatte Sie und das Kabinett bereits davon unterrichtet, dass es in Anbetracht der gegenwärtigen parlamentarischen Lage erforderlich ist, ein Koalitionsgespräch über Haushalts- und Finanzfragen zu führen. Ich halte es für notwendig und habe das bereits auch den Vorsitzenden der Koalitionsfraktionen zugesagt, dass dieses Koalitionsgespräch der Kabinettserörterung vorgeschaltet wird. Der Termin für das Gespräch ist auf den 1. Juni [1972] festgesetzt worden.[3] Ich halte es für erforderlich, an diesem Termin und an der vorgesehenen Reihenfolge der Erörterungen festzuhalten.

Heute morgen habe ich im Einvernehmen mit Herrn Kollegen Scheel, wie ich es vorgestern in Ihrer Gegenwart vor der Fraktion angekündigt habe, eine Erklärung zur gegenwärtigen Lage abgegeben.[4] Es liegt auf der Hand, dass die politische Wirkung dieser Erklärung geschmälert würde, wenn der Inhalt Ihrer Kabinettsvorlage jetzt in der Öffentlichkeit behandelt würde. Ich bitte Sie daher, von öffentlichen Äusserungen in dieser Sache Abstand zu nehmen, bis wir in Koalition und Kabinett zu den notwendigen Entscheidungen gekommen sind.

Wie Sie wissen, sind mir die ganz besonders grossen Schwierigkeiten, denen vor allem Sie als zuständiger Bundesminister gegenüberstehen, durchaus bekannt. Diese Schwierigkeiten würden aber

nicht vermindert, sondern vermehrt, wenn die jetzt erforderlichen Entscheidungen nicht in aller Ruhe und gemeinsam getroffen würden.
Mit freundlichen Grüssen
‹gez[eichnet]: Brandt›⁵

Nr. 64
Hs. Schreiben des Bundeskanzlers, Brandt, an den Bundesminister für innerdeutsche Beziehungen, Franke
19. Mai 1972[1]

AdsD, WBA, A 8, 5.

Lieber Egon,
über Deinen Brief habe ich mich sehr gefreut.[2]

Es ist für mich gar keine Frage, dass wir – auch bei vorgezogenen Wahlen, wenn es zu ihnen käme – eine gute Chance hätten. Traurig gestimmt und zum Teil verbittert hat mich in den letzten Wochen die mangelnde Reife und Aufgeregtheit in führenden Gremien – wie in der letzten Kabinettssitzung.

Wie immer sich die Krise, zu der nun auch noch Freund Schiller seinen Beitrag leistet,[3] in diesen Wochen entwickeln mag, es kommt jetzt sehr auf die an, die starke Nerven haben und die Sache über die Person stellen. Ich weiss, dass ich gerade in einer solchen Situation mit Dir rechnen kann.

Ich wünsche Dir einige erholsame Tage und bin mit herzlichen Grüssen
Dein Willy

Nr. 65
Notizen des Bundeskanzlers, Brandt, für das Koalitionsgespräch 1. Juni 1972[1]

AdsD, Dep. Ehmke, 1/HEAA000299.

Besprechungspunkte für Koalitionsgespräch am 1. Juni 1972

1.) Die Regierung steht zu ihrem Entwurf des Haushaltsplans [19]72
– einschliesslich der Verpflichtung, eine globale Minderausgabe von 1,2 Mrd. [DM] zu erwirtschaften
– und der zu Beginn der 2. Lesung (26. April [1972]) gegebenen Zusage zu prüfen, inwieweit eine Reduzierung der Kreditaufnahme im Sinne des Antrags der Koalitionsfraktionen (1,3 Mrd. [DM]) möglich ist.[2]

2.) Die Auseinandersetzung um den Haushalt ist so zu führen,
– dass die unter den Schlagworten „Finanzkrise – Haushaltschaos – Offenbarungseid" betriebene Kampagne der CDU/CSU nachdrücklich zurückgewiesen wird
– dass die stabilitätspolitischen Erfordernisse nicht vernachlässigt, aber auch nicht einseitig zu Lasten der staatlichen Aufgaben (nicht nur Reformen, sondern auch klassische Aufgaben) geltend gemacht werden.

3.) Begründung Schillers für die im Vorspann zu seiner Vorlage vom 18. Mai [1972] vertretene Auffassung, dass die voraussichtliche konjunkturelle Entwicklung eine erneute stabilitätspolitische Anstrengung – bei starker Auswirkung auf den Haushalt – zwingend erforderlich mache.[3]
– Tatsächliche Auswirkungen von marginalen Haushaltsveränderungen auf Konjunktur und Preisstabilität
– Relation zwischen Personalausgaben und Aufwendungen für investive Zwecke
– Relation zwischen Haushaltskorrekturen und hereinströmenden Auslandsgeldern
– aber auch: politische Auswirkungen eines primär auf den Haushalt bezogenen Stabilitätskonzepts
– und: Auswirkungen der im Gang befindlichen öffentlichen Diskussion auf die anstehenden Entscheidungen.

4.) Im Koalitionsgespräch sollte nach einer grundsätzlichen Aussprache zunächst über die parlamentarische Prozedur befunden werden:
   a) soll der Haushalt, nachdem er zur Fortsetzung der 2. Lesung wieder auf die Tagesordnung gesetzt worden ist, durch geschäftsordnungsmässigen Antrag – und zwar mit den Anträgen von Koalition und Opposition – sogleich an den Ausschuss zurückverwiesen werden?
   b) kann eine erste Sitzung (an welchem Tag?) damit bestritten werden, dass die Anträge von Koalition und Opposition begründet werden, während die Regierung darlegt, welche neuen Fakten sich ergeben haben, seitdem der Haushaltsentwurf vom Ausschuss ins Plenum kam?
   c) Beratung und Entscheidung der Regierung, im Licht der neuen Ausschussberatungen, über Änderungen zum Haushalt [19]72: kann dies so beeinflusst werden, dass die Vorschläge der Regierung dem Ausschuss Anfang der Woche ab 12. Juni [1972] unterbreitet werden?
   d) mögliche Zwischenschaltung des Finanzplanungsrats (und evtl. Besprechung zwischen Bundeskanzler und Ministerpräsidenten) über mögliche Begrenzung der Kreditaufnahme durch Länder und Gemeinden?
   ‹e) Wie kann erreicht werden, dass im Ausschuss die Vorerörterungen zum Haushalt [19]73 und zur Fortschreibung der Mifrifi nicht ausufern?›[4]
   f) Wünschenswerter und vermutlicher Verlauf der Ausschussberatungen: Plenumsentscheidung vor den Sommerferien? Haltung der Regierung, falls Haushalt abgelehnt wird?

‹5.) Im Koalitionsgespräch ist auch zu prüfen, ob – im Sinne der Anregung vom 28. April [1972] – ein zusätzliches Spitzengespräch der Partei- und Fraktionsvorsitzenden vorgeschlagen werden soll.›[5]

6.) Im Koalitionsgespräch sollte vorgeklärt und im Kabinett im einzelnen durchberaten werden:
   a) Können die 1,2 Mrd. [DM] Minderausgabe[n], wie in früheren Jahren, ohne zusätzliche Massnahmen erwirtschaftet werden, oder welcher zusätzlichen Massnahmen bedarf es?

b) Wie ist die Relation zwischen der erstrebten Reduzierung der Neuverschuldung (1,3 Mrd. [DM]) und den zu erwartenden ‹Steuereinnahmen›[6] (mehr als 0,7 Mrd. [DM]?)?

c) Kritische Durchleuchtung der seit April angefallenen Mehrausgaben für [19]72: Inwieweit sind sie wirklich unabweisbar? Durch welche Umschichtungen oder andere Massnahmen können sie gedeckt werden?

d) Welche Kreditlimitierung (16 Mrd. [DM]?) für Bund-Länder-Gemeinden erscheint aus konjunkturpolitischen Gründen angezeigt?

7.) Terminplanung für Aufstellung des Haushalts [19]73 und Fortschreibung der Mifrifi:

a) Vorerörterung der Vorschläge Schillers im Finanzkabinett

b) Vorbereitende Chefgespräche, gegebenenfalls unter Beteiligung von Bundeskanzler und Vizekanzler

c) Behandlung im Gesamtkabinett jedoch abhängig machen von terminlicher Behandlung des Haushalts [19]72.

Nr. 66
Schreiben des Bundeskanzlers, Brandt, an den Vorsitzenden der CDU/CSU-Bundestagsfraktion, Barzel
13. Juni 1972[1]

AdsD, WBA, A 8, ungeordnet.

Sehr geehrter Herr Dr. Barzel,
von Ihrem Schreiben vom 13. Juni d[es] J[ahres] und den hierauf sich beziehenden Pressemeldungen habe ich Kenntnis genommen.[2] Ich habe heute hierzu folgende Erklärung abgegeben:

„1. Die Opposition hat die von mir wiederholt vorgeschlagene Verständigung über den Termin und die Modalitäten vorgezogener Neuwahlen abgelehnt. Sie hat stattdessen die Handlungsfähigkeit der Bundesregierung bestritten und aus parteitaktischen Gründen ihren Rücktritt gefordert.

2. Am 28. April [1972] hatte ich vor dem Bundestag erklärt: ‚Im Grunde ermöglicht unsere Verfassung Neuwahlen ohne zusätzlichen Streit und Krampf nur dann, wenn sich alle Fraktionen auf ein gemeinsames Handeln verständigen. Ich bin bereit, auch darüber zu sprechen, wenn anders Handlungsfähigkeit bis zum Ende der Legislaturperiode nicht gesichert werden kann.'[3] Ich hatte dieses Angebot mehrfach erneuert, die Opposition ist dem ausgewichen.

3. Die Handlungsfähigkeit der Regierung ist nicht beeinträchtigt, sondern die parlamentarische Lage ist dadurch belastet worden, dass Abgeordnete im Widerspruch zum Wählerwillen vom Herbst 1969 über ihre Mandate verfügt haben.

4. Die Regierung ist handlungsfähig. Die Opposition behauptet das Gegenteil, um von ihrer Zerrissenheit und von ihrer blamablen Haltung zu den Ostverträgen abzulenken.[4]

5. Zur Haushaltspolitik hat die Regierung die erforderlichen Beschlüsse gefasst.[5] Es ist jetzt zu wünschen, dass der Haushalt 1972 baldmöglichst durch den Bundestag verabschiedet wird.

6. Nachdem die Opposition sachliche Gespräche über vorgezogene Neuwahlen abgelehnt hat, werde ich im Einvernehmen mit dem Vizekanzler zur gegebenen Zeit die mir geboten erscheinenden Initiativen ergreifen."

Mit freundlichen Grüssen
gez[eichnet] Willy Brandt

Nr. 67
Aus der Rede des Bundeskanzlers, Brandt, auf der Tagung der Nobelpreisträger in Lindau
26. Juni 1972[1]

Radio Bremen (Schallarchiv), SB 394.

Umweltschutz als internationale Aufgabe

Herr Präsident, Herr Präsident, meine sehr verehrten Damen und Herren! Es ist kaum mehr als zehn Jahre her, da schien das Thema Umweltschutz hierzulande für Phantasten reserviert.[2] Ich kann mich noch gut daran erinnern, und seitdem habe ich nicht nur auf diesem Gebiet erfahren, welche Last sich aus verschleppten Reformen ergeben kann.

Wir sind nun in den letzten zehn Jahren Zeugen eines Bewußtseinswandels von geschichtlicher Auswirkung: Industrielle und technologische Revolution sowie wirtschaftliches Wachstum haben die menschlichen Möglichkeiten in einem bis dahin nicht gekannten Ausmaß erweitert. Gleichzeitig wird jedoch immer deutlicher, daß dieser Prozeß zu schweren Schäden der physischen und sozialen Umwelt führt, die die Existenz des Menschen gefährden. Der Ausnutzung von Rohstoffen und Technologien sind Grenzen gesetzt. Zunehmend wird deutlich, daß die Schäden an den ‹Staatsgrenzen›[3] nicht haltmachen. Insofern sind die Verschmutzung des Bodensees und das Fischsterben im Rhein, um zwei sehr naheliegende Beispiele zu nennen, richtig eingeordnet worden.

Auch nimmt die Zahl derer zu, die sich klarzumachen wissen, daß krisenhafte Verschärfungen der Umweltsituation in anderen Teilen der Welt uns nicht gleichgültig lassen können. Hier wie anderswo spürt man, daß Probleme, die heute noch weit entfernt scheinen, schon morgen bei einem selbst auftreten können. Und es ist eben nicht Science Fiction, wenn wir hören, daß man in Tokio schon mit automatisierten Überwachungs- und Warnsystemen arbeitet, um die Bevölkerung vor plötzlich auftretenden Konzentrationen gefährlicher Schadstoffe zu schützen.

Der gewandelte Stellenwert des Umweltproblems und der tiefgreifende Bewußtseinswandel in der Welt kommen auch dadurch zum Ausdruck, daß die Vereinten Nationen, wie wir wissen, dieses Thema aufgegriffen haben und in diesem Monat in Stockholm eine der größten Konferenzen ihrer Existenz veranstalteten. Ihr Motto: „Only One Earth" – „Nur eine Erde" zeigt, worum es geht.[4]

Es handelt sich nun nicht darum, die Welt das Umweltgruseln zu lehren, sondern es gilt, die Warnungen vor „programmiertem Selbstmord" so ernst zu nehmen, wie sie sind; nicht um vor den ernsten Gefahren zu resignieren, sondern um durch eine nüchterne Bestandsaufnahme rasch genug zu geeigneten Problemlösungen zu kommen.

Meine Damen und Herren, Umweltpolitik erfordert ein konsequentes Umdenken und verlangt die Änderung eingefahrener Gewohnheiten. Und zwar in doppelter Weise: Wir müssen lernen, die Umweltgefahren als ein weltweites, zugleich fast alle Bereiche des Lebens umfassendes Problem zu begreifen; und wir müssen prüfen, ob unser gesellschaftliches Wertsystem der Forderung nach einer angemessenen Qualität des Lebens standhält. Nachdem man sich jahrelang darauf beschränkt hatte, einzelne Symptome isoliert zu betrachten, beginnt nun das Verständnis dafür zu wachsen, daß zwischen den Faktoren, die die Umwelt des Menschen bestimmen, vielfache Verbindungen und Abhängigkeiten bestehen.

Ein wichtiges Indiz für die besonderen Gefahren der Umweltverschmutzung ist die Tatsache, daß Schäden, die durch Immissionen oder durch Eingriffe in die Biosphäre entstehen, nicht nur dort auftreten, wo sie verursacht werden. Das heißt nicht nur: Wer den Oberlauf eines Flusses verunreinigt, schädigt damit fast automatisch die Bewohner am Unterlauf. Sondern es heißt beispielsweise auch: Durch DDT verursachte Schäden können sich, teils direkt, teils durch Wechselwirkung mit anderen Prozessen, in Gebieten zeigen, in denen dieses Insektenschutzmittel nie verwendet worden ist.

Die Auswirkungen von Umweltschädigungen erscheinen, wie das eben genannte Beispiel DDT zeigt, die Auswirkungen erscheinen, so will ich sagen, jedoch häufig nicht nur räumlich, sondern auch zeitlich verschoben, so daß eine erhebliche Zeitspanne zwischen der

Verursachung und der schädlichen Wirkung liegen kann. Die Gefahren werden häufig erst erkannt, wenn sie sich bereits millionenfach vervielfältigt haben.

Man sollte daraus die Lehre ziehen, daß es insgesamt schon viel später ist, als wir denken möchten. Maßnahmen, die wir heute ergreifen, werden unheilvolle Prozesse unter Umständen erst in Jahren unter Kontrolle bringen können.

[...]

Selbstverständlich wird ein so komplexes Thema kontrovers diskutiert, denn wir stehen ja erst am Anfang einer intensiven Erforschung der Umweltbedingungen. Man wird deshalb auch über die Bewertung einzelner Fakten streiten können, aber über eines, glaube ich, sollte man nicht streiten: Einerlei, ob gewisse katastrophale Folgen der Umweltverschmutzung in 10, 50 oder 100 Jahren eintreten, ob die Erschöpfung bestimmter Hilfsquellen schon in der nächsten Generation oder erst später zu verzeichnen sein wird, es geht, meine Damen und Herren, um nicht weniger als darum, den Zusammenbruch unseres ökologischen Systems zu verhindern.

Dazu bedarf es fundierter Kenntnisse der weltweiten Zusammenhänge zwischen Rohstoffreserven, Nahrungsmittelproduktion, Bevölkerungswachstum, Industrialisierung und Umweltverschmutzung – um nur die wichtigsten Faktoren zu nennen. Die Interdependenz dieser Größen ist in letzter Zeit wiederum sehr eindrucksvoll durch die Untersuchungen des Club von Rom belegt worden.[5]

Auch wenn man anmerken muß, daß es sich dabei nur um vorausgeschätzte mögliche Entwicklungen handelt, deren Voraussetzungen noch kritisch zu überprüfen sind, darf festgehalten werden,
– daß die Rohstoffvorkommen endlich sind,
– daß die Möglichkeiten – mit oder ohne Pestizide –, so viel Nahrungsmittel zu produzieren, daß davon eine explosionsartig ansteigende Bevölkerung ernährt werden kann, begrenzt sind und
– daß eine ständige, einseitig orientierte Steigerung des wirtschaftlichen Wachstums angesichts der bereits jetzt sichtbaren Umweltschäden schwere Gefahren zur Folge hat, die ohne eine Änderung der Konsumgewohnheiten nicht bewältigt werden können.

Wir sind gewarnt, wenn ich es recht verstehe, und es ist nun die Aufgabe, nicht nur die vorhandenen Daten in unser politisches Koordinatensystem einzuordnen, sondern daraus dann auch ohne ungebührliche Verzögerung neue Prioritäten abzuleiten.

Hinter uns liegt die schmerzliche Erfahrung, daß ein hoher technischer Standard Verletzungen der Menschenwürde nicht aufhebt und neue nicht ausschließt. Es ist logisch, daß national und international verlangt wird, Umweltschutz in die Grundrechte einzubeziehen.

Aber machen wir uns nichts vor: Umweltschutz ist nicht gratis zu haben. Und wenn man wirklich eine bessere Qualität der Lebensbedingungen verwirklichen will, dann muß man Antworten auf die Fragen finden, die sich aus der engen Verflechtung von ökonomischen Interessen und Umweltschutz ergeben. Isoliert wirtschaftliche Rationalität ist gewiß nicht in der Lage, gesamtgesellschaftliches Wohlergehen zu sichern. Es bedarf, mit anderen Worten, zusätzlicher gemeinschaftlicher Anstrengungen, um die Lebensgrundlagen zu festigen.

Umweltschutz ist eine gesellschaftliche Aufgabe, die es gegen den Widerstand vielfältiger Sonderinteressen durchzusetzen gilt und die deshalb eine möglichst breite Zustimmung braucht. Dazu müssen viele Menschen begreifen, daß jeder Verursacher von Umweltschäden im Grunde auch Opfer der von ihm geschaffenen Zustände ist. Alle sind für die Umwelt, in der sie leben, mitverantwortlich.

Vor allem muß sich die Erkenntnis durchsetzen, daß sich der private Wohlstand aus zwei Komponenten zusammensetzt, einer individuellen und einer gemeinschaftlichen Komponente, und daß die zweite immer mehr Bedeutung erhält. Wenn aus dieser Erkenntnis nicht rasch genug Konsequenzen gezogen werden, drohen über einen inhumanen Materialismus hinaus schwere Störungen der gesellschaftlichen Ordnung.

Damit ich recht verstanden werde, meine Damen und Herren: Wir brauchen Leistung, damit wir die Aufgaben der Zukunft meistern, damit wir ihnen gerecht werden können. Aber wir werden unseren Scharfsinn in steigendem Maße darauf verwenden müssen, wie wir von einer bloßen Wachstumsmaximierung zu einer ausgewogenen Wachstumsoptimierung gelangen können. Oder, mit anderen Worten, zu besseren Lebensbedingungen.

Für die Wissenschaft und für die praktische Politik ergeben sich neue Fragestellungen und Aufgaben. Vor allem ist zu fragen: Wie erreicht man die optimale Nutzung begrenzter Ressourcen?

Ich will gleich hinzufügen, daß ich nicht mit jenen ‹Umweltschützern›[6] übereinstimme, die voreilig, meiner Meinung nach voreilig, ein Nullwachstum propagieren. Ich meine, diese Forderung muß allen jenen Gruppen und Ländern wie Hohn erscheinen, die in Armut leben und durch Entwicklung die wirtschaftliche Grundlage einer menschenwürdigen Existenz schaffen wollen. Es geht meiner Meinung nach nicht darum, das Wachstum anzuhalten, sondern es umzustrukturieren! Dies bedeutet, daß wir als Bestandteil vernünftiger Umweltplanung das Wachstum bei bestimmten Produkten drosseln, bei anderen, z. B. umweltfreundlichen Produkten, aber weiter steigern müssen.

Nun wird, meine Damen und Herren, mit Recht eingewendet, eine solche Vorstellung sei schon deshalb unrealistisch, weil man weder bei uns noch in anderen Ländern damit rechnen könne, daß sich das Umweltbewußtsein bei allen Produzenten gleich stark entwickeln werde. Das ist sicher so, und deshalb müssen, es führt daran kein Weg vorbei, Umweltvorschriften entwickelt werden, die nach Möglichkeit Wettbewerbsverzerrungen und Handelshemmnisse vermeiden. Dies dürfte nach unseren Erfahrungen – z. B. mit der Steuerharmonisierung – schon im Bereich der Europäischen, der Westeuropäischen Gemeinschaft ein dorniges Problem sein. Trotzdem wird es nicht nur regional, sondern weltweit zum Prüfstein für den Willen zur Gemeinsamkeit in Existenzfragen.

[...]

Ich meine nun, daß eine möglichst breite Diskussion über die Sicherung unserer Lebensgrundlagen dazu beitragen wird, die Bereitschaft zu gemeinsamem Handeln zu fördern. Wir brauchen eine Harmonisierung der Umweltpolitik, die Wettbewerbsverzerrungen verhindert und dafür sorgt, daß es keine „billigen Flaggen" des Umweltschutzes gibt. ‹Mir kommt gerade [...], wenn ich von den „billigen Flaggen" spreche, ja ein Vergleich aus der Seefahrt hinein, und ich bin insofern dankbar, daß Sie darauf hingewiesen haben, daß ich als ganz junger Mann auch in dieses Geschäft einmal hineingerochen habe.>[7] Wir brauchen außerdem koordinierte Maßnahmen zur Beseitigung von Umweltschäden.

Ich begrüße es deshalb, daß sich die in den Empfehlungen der Europäischen Kommission entwickelten Vorstellungen in wesentlichen Teilen mit denen des deutschen Umweltprogramms, das ja noch verhältnismäßig jung ist – aber mal mußte es ja kommen –, decken. So bekennt sich die Europäische Kommission ebenso wie wir in der Bundesrepublik zum Verursacherprinzip. Die Partner der Europäischen Gemeinschaft werden gemeinsam prüfen müssen, welche Maßnahmen vordringlich in Angriff genommen werden sollen. Und man wird sich auch zu fragen haben, ob die rechtlichen Möglichkeiten der Europäischen Gemeinschaft ausreichen. Dabei werden wir nicht in jedem Fall Gemeinschaftslösungen abwarten können, wenn es gilt, akute Umweltgefahren im eigenen Lande zu bekämpfen.

Wir brauchen auch eine gesamteuropäische und eine internationale Kooperation auf dem Gebiet des Umweltschutzes. Die Probleme der Umweltverseuchung stellen sich ja in Wirklichkeit unabhängig von den Gesellschaftssystemen. Und gerade auf diesem Gebiet sollte die Zusammenarbeit nicht durch ideologische Schranken beeinträchtigt werden. Dies ist um so notwendiger, als Umweltfragen neue Konfliktstoffe im Verhältnis der Staaten zueinander aufwerfen. Hier gilt es, zeitig genug Vorkehrungen zu treffen, um aufkommende Konflikte mit Hilfe geeigneter Verfahrensweisen und internationaler Organisation auf friedlichem Wege auszutragen und zu regeln.
[...]

Aber, meine Damen und Herren, wenn ich auch dies noch sagen darf, täuschen wir uns bitte nicht: Die jetzt in Gang gekommenen Aktivitäten werden bei weitem nicht ausreichen, um den unheilvollen Prozeß der Zerstörung unserer Umwelt aufzuhalten. Diese Aktivitäten stehen aber immerhin am Anfang eines weltweiten Bewußtseinswandels, den es mit allen Kräften zu fördern gilt. Um die Richtung abzustecken, an der sich unsere Bemühungen in Zukunft zu orientieren haben, möchte ich hier wiederholen dürfen, was ich im November 1970 in Bonn zum Abschluß des Europäischen Naturschutzjahres gesagt habe. Ich sagte damals:

„Wir müssen künftig auf manches verzichten, was zwar ökonomisch rentabel, aber gesellschaftlich bedenklich ist. Und wir müssen manches, was ökonomisch als unrentabel erscheinen mag, gesellschaftlich durchsetzen."[8]

Das ist die meiner Meinung nach notwendige Orientierung. Es ist jedenfalls das Problem. Sicher ist unsere freiheitliche Gesellschaft durchaus wandlungsfähig, aber die Schwierigkeiten wachsen zunächst schneller als die Fähigkeiten und die Möglichkeiten der Politik, sie zu lösen. Umweltfragen sind heute in Wirklichkeit noch Neuland für uns alle oder fast alle. Sie sind eine Herausforderung für alle, die politische Verantwortung tragen, und das nicht nur für die Politiker, sondern die, die politische Verantwortung tragen, [das] sind die Bürger überhaupt, und es sind nicht zuletzt die Wissenschaftler, die ich von hier aus eindringlich um verstärkte Mithilfe bitten möchte. Wir brauchen ihre Forschungsergebnisse und ihren Rat, damit wir unsere Entscheidungen auf möglichst solide und breite Kenntnisse stützen können. Und wir brauchen auch ihr Engagement in der Öffentlichkeit.

Es scheint mir ja bemerkenswert, daß sich die Wissenschaftler des M.I.T., die ich ja schon ein paarmal erwähnt habe, wenn ich „Club von Rom" sagte, es erscheint mir bemerkenswert, daß sie sich mit ihrem Buch über die Grenzen des Wachstums bewußt an die Öffentlichkeit und nicht an ein wissenschaftliches Publikum gewandt haben. Sie waren der Meinung, daß die Folgen, die sich aus ihrer Untersuchung ergeben, jetzt zitiere ich sie selbst, „weit über den Inhalt einer rein wissenschaftlichen Schrift hinausreichen"[9]. Damit haben diese Wissenschaftler bewußt den Dialog mit der Politik und mit all denen gesucht, die täglich Entscheidungen fällen und Meinungen bilden, welche die physikalischen, wirtschaftlichen und sozialen Verhältnisse auf der Welt für Jahrzehnte beeinflussen können.

Ich bin dankbar für ein solches Angebot. Der Weg der Wissenschaft in die öffentliche Verantwortung folgt der Überzeugung, daß Katastrophen verhindert werden können, wenn alle, die es angeht, rechtzeitig über die notwendigen Informationen verfügen. Das war, meine Damen und Herren, bei der Atombombe nicht der Fall, aber gerade die Entwicklung auf diesem Gebiet hat die Wissenschaft in ihrem Selbstverständnis doch wohl wesentlich beeinflußt, wenn nicht in manchen Bereichen sogar entscheidend verändert. Wir sollten ihr gesellschaftspolitisches Engagement für eine bessere Qualität des Lebens sehr ernst nehmen.

Verantwortliche Umweltpolitik braucht geschärfte wissenschaftliche Arbeitsinstrumente und umfassende wissenschaftliche Beratung. In immer stärkerem Maße werden daher in Zukunft von der Wissenschaft nicht nur Fachinformationen, sondern Analysen sehr verwickelter und in ihrem Kausalverlauf schwer erfaßbarer Zusammenhänge zwischen Natur und Gesellschaft verlangt werden. Dies setzt freilich auch im Bereich der Wissenschaften vielfach ein Umdenken voraus. Sie wird durch ein interdisziplinäres Verhalten bestimmt und durch ein häufig politisch motiviertes Umsetzen in die Praxis ergänzt werden müssen.

Das bei uns in der Bundesrepublik in der Verantwortung von Innenminister Genscher entwickelte Umweltprogramm meiner Regierung, seine Entstehung und Verwirklichung geben, bei allen Unzulänglichkeiten, die ich natürlich sehe, insgesamt ein brauchbares Beispiel dafür, wie der Dialog zwischen Wissenschaft und Politik aussehen kann. Wissenschaftler und Verwaltungssachverständige haben dort zum erstenmal für die Bundesrepublik Deutschland insgesamt eine Bestandsaufnahme erarbeitet, die Grundlage für die Entscheidung des Kabinetts war ‹und zum Beispiel für die von uns erstrebten und trotz allen sonstigen Streits durchgesetzten Änderungen des Grundgesetzes, die wir brauchten, um weiterzukommen›[10]. Parlament und Öffentlichkeit konnten sich durch Veröffentlichung dieser Materialien über alle Voraussetzungen und Annahmen orientieren und diese kritisch überprüfen. Ein unabhängiger Sachverständigenrat für Umweltfragen mit Wissenschaftlern verschiedener Disziplinen wurde eingerichtet, um die Bundesregierung wissenschaftlich zu beraten und zu wichtigen Fragen der Umweltpolitik Stellung zu nehmen.[11]

Meine Damen und Herren, es ist noch Zeit, das Steuer herumzuwerfen. Unsere Bemühungen um eine friedliche Zukunft der Menschheit dürfen nicht bei der Verhinderung bewaffneter Konflikte enden. Wir hätten wenig erreicht, wenn die Menschen in Zukunft nicht mehr durch Kriege, sondern durch Umweltkatastrophen ungekannten Ausmaßes in ihrer Existenz bedroht würden. Umweltschutz dient daher auch der Sicherung des Friedens; sie ist – wenn man so will – verlängerte Friedenspolitik. Ich danke für Ihre Aufmerksamkeit.

Nr. 68
Aus dem Schreiben des Bundesministers für Wirtschaft und Finanzen, Schiller, an den Bundeskanzler, Brandt
2. Juli 1972[1]

AdsD, WBA, A 8, 67.

Sehr verehrter Herr Bundeskanzler!
Ich habe in diesen Tagen über die Position meiner Wirtschafts- und Finanzpolitik in diesem Kabinett gründlich nachgedacht. Dabei habe ich mich bemüht, die Vorgänge und die Beschlußfassungen in den Kabinettssitzungen vom 28. und 29. Juni 1972 nur als einen Teilaspekt anzusehen, der allerdings auf dem Hintergrund einer längeren Entwicklung sicherlich seine besondere Bedeutung hat.
 1. Zuerst zum Verfahren. Es ist ein ganz ungewöhnlicher Vorgang, daß der Bundesbankpräsident im Gesamtkabinett einen Antrag auf sofortige Anwendung des § 23 Abs. 1 Ziff. 4 AWG stellt, ohne den federführenden und verantwortlichen Bundesminister vorher davon zu orientieren, und daß dieser Antrag dann zum Gegenstand einer sich über zwei Tage erstreckenden mehrstündigen Kabinettsdebatte gemacht und schließlich gegen den zuständigen Minister durchgesetzt wird.[2] Ich kann mich mit diesem Verfahren in keiner Weise einverstanden erklären.

Wie mir nachträglich bekannt wurde, hat der Bundesbankpräsident schon am Montag, den 26. Juni 1972 morgens, als ich mich auf dem Wege nach Luxemburg befand und Sie ebenfalls außerhalb Bonns waren, dem Bundeskanzleramt seine Absicht, an der Kabinettsitzung teilzunehmen und dort den bewußten Antrag zu stellen, mitgeteilt. Als erstes wäre wohl eine Mitteilung des Bundeskanzleramtes an mich erforderlich gewesen, um dem zuständigen Minister die Gelegenheit zu geben, den Bundesbankpräsidenten selber über seine konkreten und aktuellen Vorstellungen zu befragen. Der Präsident selbst hat dann an jenem Montag acht Stunden neben mir in Luxemburg gesessen, ohne auch nur eine Andeutung von seinen Antragsabsichten für die Kabinettsitzung verlauten zu lassen. Auf meine spätere Rückfrage am 28. Juni [1972] in Ihrer Gegenwart, warum dies von seiner Seite nicht geschehen sei, kam bekanntlich die Antwort, er habe gewußt, daß ich dagegen sei. Diese Antwort, Herr Bundeskanzler, war einfach absurd; denn in einer geordneten Verwaltung finden Vorbesprechungen gerade aus dem Grunde statt, weil man über bestimmte Fragen einen Dissens vermutet und diesen vorweg auszuräumen versucht.

Der eingeschlagene und von einigen Persönlichkeiten des Bundeskanzleramtes zumindest tolerierte Weg der überfallartigen Antragstellung im Kabinett konnte nicht zu einem geordneten Entscheidungsprozeß führen, in dem alle Seiten dieser außerordentlich komplizierten Materie sorgsam vorbereitet und abgewogen wurden. Die Konfrontation wurde künstlich herbeigeführt. Außerdem mußten heikelste Probleme künftiger währungspolitischer Möglichkeiten in dem großen Kreis ad hoc angesprochen werden. Schon am Abend lag alles auf der Straße. Wenn ich das Ergebnis betrachte, daß nämlich am Ende der Beratungen alle anwesenden Kabinettsmitglieder gegen mich votierten, wobei sich selbst bei den weniger engagierten und informierten Kollegen keine einzige Stimmenthaltung fand, so kann ich das – wobei ich frei von jeder persönlichen Empfindlichkeit bin – nur als Demonstration gegen den Wirtschafts- und Finanzminister werten. Ich verzichte darauf, mir den Herrn Außenminister oder gar den Herrn Verteidigungsminister in einer analogen Lage vorzustellen.

Nachdem ich seit vier Jahren eine marktwirtschaftliche Währungspolitik gegen viel Widerstand erfolgreich betrieben habe, kann ich es nicht hinnehmen, daß diese Politik ohne überzeugenden Grund im Handstreichverfahren auf einen anderen Kurs gebracht wird.

Nebenbei erhebt sich die Frage, wie man sich bei diesem Verfahren und Ergebnis das zukünftige Verhältnis zwischen dem federführenden Bundesminister und der Leitung der Bundesbank vorstellen soll.

[...][3]

5. Die letzten Monate haben zugleich gezeigt, daß ich mich mit der Mehrheit des Kabinetts im finanz- und haushaltspolitischen Konflikt befinde. Die denkwürdige Sitzung vom 16. Mai 1972, als der für die Finanzen zuständige Minister sich disziplinlosen Attacken ausgesetzt sah, nur weil er auf die Mehrbelastungen der mittelfristigen Finanzplanung hinwies, braucht nur erwähnt zu werden. Meine Notmaßnahme, nämlich das Kabinett anhand meiner Kabinettvorlage vom 18. Mai 1972 zu unbequemen Entscheidungen zu veranlassen, hat für 1972 sicherlich zu einem Teilerfolg geführt.[4] Aber ungewünscht ist auch diese Anstrengung immer noch. Im Gegenteil: sie wird bekanntlich von einigen Kabinettsmitgliedern in ihrem Sinn und ihrer Bedeutung draußen heruntergemacht. Und immer noch sträubt sich das Kabinett, im Sommer 1972, sich mit den Fakten, die die Finanzplanung ab 1973 bestimmen, zu befassen. Von der Regierung ist bekanntgegeben worden, daß sie Ende August [1972] hierzu Beschlüsse fassen würde. Die letzte Debatte im Kabinett anläßlich der Vorlage über Bundeswehrhochschulen zeigte aber erneut, daß auch dieser Termin noch unklar ist. Da wurde der September [1972] genannt, wo jeder weiß, wenn das Kabinett erst in die Nähe eines bestimmten parlamentarischen Septembertermins gekommen ist[5], wird jeglicher Anlaß zur Erarbeitung einer mittelfristigen Finanzplanung ab 1973 entschwunden sein. Mein Wunsch, der seit dem 18. Mai [1972] genau formuliert ist, nämlich daß die Regierung sich schnell und deutlich über die zwingenden Mehrbelastungen ab 1973 ein Bild macht und auch öffentlich gewisse Eckwerte und Orientierungen für die angepaßte und fortgeschriebene Finanzplanung vertritt, ist bisher als lästig und

unbequem empfunden [worden]. Ich habe Ihnen am Sonntag, dem 25. Juni 1972, in Berlin den neuesten Stand der künftigen Mehrbelastungen aus geltendem Recht und Gesetz dargestellt. Sie sind im Prinzip allen Kabinettsmitgliedern in der Fassung vom 18. Mai [1972] bekannt. Es ist doch unbestritten, daß die Regierung ab 1973 schon durch die zwangsläufigen Mehrbelastungen zu Eingriffen in die Ausgaben oder zu Einnahmeverbesserungen in Milliardenhöhe gezwungen sein wird. Ich habe dabei immer wieder betont, es gibt auch Grenzen der Belastbarkeit für einen Finanzminister. Er kann sich nicht unaufhörlich vertrösten lassen. Ich bin jedenfalls nicht bereit, als Finanzminister bis zum Ende des Jahres schweigen zu müssen über das, was ab 1. Januar 1973 jede Bundesregierung erwartet. Ich bin nicht bereit, eine Politik zu unterstützen, die nach außen den Eindruck erweckt, die Regierung lebe nach dem Motto: „Nach uns die Sintflut". Ich bin auch nicht bereit, dann womöglich noch von einem Amtsnachfolger gleicher oder anderer Couleur in einer neuen Regierung als Hauptschuldner für eine große sogenannte „Erblast" haftbar gemacht zu werden, wie das Herr Kollege Möller 1970 praktiziert hat. Ein Finanzminister, der monatelang stumm bleiben sollte, wie das viele Kollegen wünschen, weil man in solchen Zeiten nicht von Geld redet, ist von mir nicht darzustellen. Die Regierung hat die Pflicht, über den Tellerrand des Wahltermins hinauszublicken und dem Volk rechtzeitig zu sagen, was zu leisten ist und was zu fordern ist. Diese von mir mehrfach empfohlene Strategie ist bisher im Kabinett nicht einmal andiskutiert, geschweige denn akzeptiert [worden]. Der Widerwille einiger Kollegen gegen derartige Überlegungen hindert die gleichen Kollegen nicht daran, mit Anträgen, die ab 1973 einnahmemindernd oder ausgabenerhöhend wirksam werden, heute aufzuwarten.

Dies alles mag zu einem Teil übliches Schicksal eines Finanzministers sein. Aber die Gesamteinstellung des Kabinetts zu diesen Fragen ist seit langem kaum noch verständlich. Ich habe das alles auch schon in meinem Schreiben vom 29. Februar [1972] und in unserem persönlichen Briefwechsel im Anschluß an meine Kabinettvorlage vom 18. Mai [1972] dargestellt.[6] Ich brauche das nicht zu wiederholen.

6. Dieser permanente finanzpolitische Konflikt war bekanntlich die Fortsetzung von früheren konjunkturpolitischen Konflikten, die ich in meiner Eigenschaft als Wirtschaftsminister erlebt habe. Es hat in der Zwischenzeit Perioden gegeben, wo ich die Unterstützung des Bundeskanzlers hatte. In den letzten Monaten ist auch das anders geworden. Abstimmungsergebnisse, wie das vom 29. Juni [1972], sprechen für sich. Die Position: einer gegen alle oder alle gegen einen habe ich bei anderen Gelegenheiten auch ohne formelle Abstimmungen erlebt. Ich habe mich nach dem Doppelamt nicht gedrängt. Es wurde mir in der Stunde der Not aufgebürdet. Dabei habe ich von Anfang an betont, daß eine Bewältigung der äußerst schwierigen Aufgaben nur dann möglich ist, wenn alle Kollegen den festen Willen zur Zusammenarbeit haben unter Hintanstellung von sachlichen und persönlichen Rivalitäten. Unbedingte Voraussetzung war außerdem die volle Unterstützung durch den Bundeskanzler. Gerade bei einem Bundeskabinett, das zum ersten Mal in der Geschichte der Bundesrepublik von der Sozialdemokratie geführt wird, und zwar bei knappen Mehrheitsverhältnissen, bedurfte es in besonderem Maß des gemeinsamen Handelns, und zwar im Hinblick auf das Ziel: einen überzeugenden Wahlsieg bei der nächsten Bundestagswahl. Das erforderte, daß alle sich in einen gegebenen Rahmen einpassen und auf Kosten des Ganzen gehende Einzelinteressen zurückgestellt würden. In diesem zermürbenden Kampf – reich an persönlichen Diffamierungen – stand der zuständige Minister oft allein. Das hat mich nicht gehindert, immer von neuem den Versuch zu machen, zu sachgerechten, überzeugenden Lösungen der anstehenden Probleme zu kommen. Trotz aller mir nachgesagten Empfindlichkeit habe ich mich immer wieder über persönliche Angriffe aus den eigenen Reihen um der Sache willen hinweggesetzt (s[iehe] beispielsweise die Auseinandersetzungen zur Steuerreform im vorigen und in diesem Jahr). Es gibt aber auch für mich Grenzen – diese sind gegeben, wenn ich der auf meinem Amt beruhenden Verantwortung diesem Staat und seinen Bürgern gegenüber nicht mehr gerecht werden kann, weil ich nicht unterstützt bzw. sogar daran gehindert werde. Bei nüchterner und verantwortungsvoller Würdigung des von mir geschilderten Sachverhalts kann ich aus den Gegebenheiten nur die Konsequenz eines Rücktritts ziehen.

Ich weiß, daß in der jetzt beginnenden Woche durch ausländische Besuche, insonderheit durch die deutsch-französischen Konsultationen und durch die Unterzeichnung des deutsch-sowjetischen Handelsvertrages Pflichten von mir zu erfüllen sind. Dem werde ich nachkommen, damit nicht außenpolitische Beziehungen überschattet werden.

Ich habe mich entschlossen, am Freitag, dem 7. Juli 1972 von meinem Amt als Bundesminister für Wirtschaft und Finanzen zurückzutreten. Ich bitte Sie, dem Herrn Bundespräsidenten gemäß § 9 des Bundesministergesetzes meine Entlassung aus dem Ministeramt zu jenem Tage vorzuschlagen.

Mit freundlichen Grüßen
‹Schiller›[7]
(Schiller)

Nr. 69
Schreiben des Bundeskanzlers, Brandt, an den Bundesminister für Wirtschaft und Finanzen, Schiller
6. Juli 1972[1]

AdsD, WBA, A 8, 67.

Sehr geehrter Herr Kollege,
hiermit bestätige ich den Brief, den Sie mir am späten Sonntagabend (2. ds.) haben zukommen lassen.[2]

Zu meinem Bedauern muss ich zur Kenntnis nehmen, dass Sie sich – ohne von der Möglichkeit einer voraufgegangenen Aussprache Gebrauch zu machen – entschlossen haben, am Freitag, dem 7. ds., von Ihrem Amt als Bundesminister für Wirtschaft und Finanzen zurückzutreten. Ihrer Bitte entsprechend werde ich dem Herrn Bundespräsidenten heute gemäss § 9 des Bundesministergesetzes Ihre Entlassung aus dem Ministeramt für den morgigen Tag vorschlagen.

Ihr Entschluss war mir zunächst schwer verständlich, aber ich habe es für richtig gehalten, ihn nicht taktisch zu werten oder auf andere Weise an ihm zu deuten. Umso mehr liegt mir daran, Ihnen ohne jedes Wenn und Aber zu sagen: Mein Dank für das, was Sie in der vorigen und in dieser Bundesregierung für unseren Staat geleistet haben, wird durch die gegenwärtigen Meinungsverschiedenheiten nicht gemindert. Und dem sei gleich hinzugefügt: Ich würde es begrüssen, wenn Sie im Grundsatz nicht die Möglichkeit ausschlössen, sich in der weiteren Entwicklung für andere wichtige Aufgaben im Interesse unserer Bundesrepublik zur Verfügung zu stellen.

Ich würde es ausserdem begrüssen, wenn wir über die von Ihnen im Zusammenhang mit Ihrem Rücktrittsentschluss aufgeworfenen Fragen im einzelnen noch einmal in aller Ruhe reden könnten. Heute möchte ich auf folgendes hinweisen:

1.) Ihre prinzipiellen Bedenken gegen den Teil des Kabinettsbeschlusses vom 29. Juni [1972], der über Ihren eigenen Vorschlag hinausgeht, kann ich wohl verstehen. Für abwegig halte ich jedoch die Befürchtung, das Kabinett habe damit bewährte und gemeinsam vertretene wirtschaftspolitische Grundsätze preisgegeben. Diese Befürchtung wird sich als nicht gerechtfertigt erweisen.

Am 29. Juni [1972] handelte es sich in Wirklichkeit um eine marginale Entscheidung, die uns – auch wegen der nachdrücklichen Empfehlung der Bundesbank – notwendig erschien, um in der gegebenen Lage gegen unerwünschte Einwirkungen von aussen etwas besser gewappnet zu sein. Im übrigen dürften die deutsch-französischen Konsultationen zu Beginn dieser Woche gezeigt haben, dass die Bereitschaft zunimmt, neuen Krisensituationen undogmatisch zu begegnen.[3]

2.) Was die Intentionen der Bundesbank angeht, war der Informationsstand des Bundeskanzleramtes nicht besser als der Ihres eigenen Hauses. Ich stand unter dem Vorwegeindruck, dass Sie geneigt sein könnten, dem Begehren von Präsident Klasen zuzustimmen, während der zuständige Abteilungsleiter des Kanzleramtes mich auf die dem seiner Meinung nach entgegenstehenden Argumente ausdrücklich hingewiesen hatte.[4]

Anders als es Ihnen berichtet worden ist, hat sich das Telefonat Klasen Ehmke am Montag voriger Woche nicht auf die Frage der Anwendung des § 23 Aussenwirtschaftsgesetz, sondern im wesent-

Termine Bundeskanzler		Donnerstag, 6. Juli
9.00	BKA:	Lage m/AL (u.a. Vorbereitung Olympiade)
10.3o–11.oo		Gespräch m/MdB Dr. Schröder (vor Antritt seiner China-Reise)
11.oo–12.oo		Gespräch m/BMSchiller
12.oo–13.15		Gespräch m/BM Ehmke
14.15–15.15		Gespräch m/BM Schmidt
16.oo–16.3o		Antrittsbesuch des amerik. Botschafters Hillenbrand
16.3o		Gespräch m/BM Scheel, BM Genscher, Mischnick, Wehner, BM Schmidt, BM Leber, BM Ehmke
18.oo		Gespräch m/A.Nau, BM Franke, A.Renger, StS Hermsdorf, H.Börner, BM Leber, Dr.Möller, MP Kühn
		-Hallsteinraum-
18.3o		Dr.H.J.Vogel zur Übergabe seines Buches
		~~Teilnahme an Empfang Dr.Vogel im Bahnhof Rolandseck~~
19.oo		Forts.d.Gesprächs mit Teilnehmern wie 16.3o
22.oo		Gespräch b/BuPräs.
23.3o		Gespräch m/BM Lauritzen

Auszug (6. Juli 1972) aus dem vom Sekretariat geführten Terminkalender Willy Brandts. Bei den zahlreichen Gesprächen handelt es sich u. a. um die Vorbereitung der Kabinettsumbildung, die durch den Rücktritt von Finanz- und Wirtschaftsminister Schiller erforderlich wurde.

lichen auf die Einladung des Bundesbankpräsidenten zur Kabinettsitzung bezogen.

Von einer „überfallartigen Antragstellung" des Bundesbankpräsidenten in der Kabinettsitzung kann wirklich keine Rede sein. Dass mir gerade in dieser Situation an einem engen Zusammenwirken mit der Bundesbank gelegen sein musste, werden Sie verstehen. Präsident Klasen hat auch nicht einen <u>Antrag</u> gestellt, sondern eine <u>Anregung</u> gegeben, die dann von den Kabinettsmitgliedern – in der Suche nach einem sachlichen Kompromiss – in Antragsform gekleidet worden ist.

3.) Sie tun den Kabinettskollegen unrecht, wenn Sie vermuten, dass sie nicht geneigt seien, sich der Vorbereitung des Haushalts 1973 und der Fortschreibung der mittelfristigen Finanzplanung mit der gebotenen Gewissenhaftigkeit zu widmen. Ich bin sicher, dass Ihre Fehleinschätzung durch den tatsächlichen Ablauf korrigiert werden wird. Die Vorbereitungen für die Einbringung des nächsten Haushaltsplans werden selbstverständlich so getroffen, wie es der Verantwortung entspricht, die das Kabinett in seiner Gesamtheit zu tragen hat.

Ich bin weiterhin der Meinung, dass Sie mit der Kabinettsvorlage vom 18. Mai [1972] einen falschen Weg gegangen sind und dass dies – intern wie nach aussen – der sachlichen Arbeit nicht dienlich gewesen ist.[5] Dass Sie sich davon andere Wirkungen versprochen haben, will ich gerne konzedieren.

4.) Die Tatsache, dass Sie es in zunehmendem Masse schwer gehabt haben, mit dem überwiegenden Teil der Kabinettsmitglieder zusammenzuarbeiten, sollte vielleicht nicht <u>nur</u> den Kabinettskollegen angelastet werden. Es gibt Situationen, in denen es objektiv nicht angemessen ist, allen anderen einen Mangel an Mannschaftsgeist vorzuwerfen.

5.) Sie hatten sich – was ich auch rückschauend zu würdigen weiss – im Mai 1971 bereit erklärt, die Verantwortung für das vereinigte Wirtschafts- und Finanzministerium zu übernehmen. Dies hat Ihnen besondere Belastungen zugemutet, für die <u>ich</u> die Verantwortung zu tragen habe.

Allerdings war ich davon ausgegangen, dass Sie mir zur Jahreswende 1971/72 Vorschläge über eine teilweise Wiederausgliederung aus dem Doppelministerium unterbreiten würden. Sie waren dann der Meinung, es sollte im wesentlichen wieder zu der früheren Abgrenzung zwischen den beiden Ministerien kommen, aber hiermit sollte man Ihrer Meinung nach bis nach den Wahlen warten.

Was ich besonders bedaure, ist der Umstand, dass Sie die unbestreitbaren Erfolge Ihrer Wirtschaftspolitik in den letzten Monaten nicht stärker hervorgehoben haben.

6.) Ich gehe davon aus, dass Sie auch dem nächsten Bundestag angehören werden und würde – nicht nur aus Gründen der eigenen Partei – eine andere Entwicklung bedauern.

Wegen der Verantwortlichkeit in einem kommenden Kabinett habe ich in der Tat keine festen Zusagen machen können – aus koalitionspolitischen Gründen und mit Rücksicht auf die Kollegen. Zu der in Berlin für Ende vergangener Woche vereinbarten Fortsetzung des Gesprächs über diese Fragen ist es allerdings nicht mehr gekommen.

Unsere Freunde Kühn und Figgen hatten mir, wie ich mitgeteilt hatte, berichtet, dass es wegen Ihrer Placierung auf der Landesliste NRW keine Schwierigkeiten geben würde.[6] Aufgrund der veränderten Lage, die durch den Pressewirbel um Ihren Rücktritt entstanden ist, habe ich erneut mit Heinz Kühn gesprochen. Er hat mir versichert, dass die Nominierung in der Spitzengruppe auch jetzt in Aussicht gestellt werden kann. Ich möchte anregen, hierüber den direkten Kontakt mit dem Landesvorsitzenden von NRW aufzunehmen, der weiss, dass er meine volle Unterstützung hat.

Lieber Karl Schiller! Ich denke in diesem Augenblick stark an die – Berlin einschliessenden – Jahre enger Zusammenarbeit, die – wenn ich es recht sehe – viel Positives gebracht haben. Demgegenüber könnte das verblassen, was jetzt zur Trennung in bezug auf die Form der Zusammenarbeit führt.[7]

Mit guten Wünschen und mit den besten Grüssen
‹gez[eichnet]: Brandt›[8]
‹Br[andt]›[9]

Nr. 70
Notizen des Bundeskanzlers, Brandt, zur Umweltpolitik
9. Juli 1972[1]

AdsD, WBA, A 8, 93.

<u>Betr. Umwelt und Gesundheit als zentrales innenpolitisches Thema</u>
Übergeordnetes, nicht gruppenspezifisches Thema wegen
– nachzuweisendem Interesse in allen Schichten
– gut geeignet zur Illustration von „Sicherheit – Gerechtigkeit – Menschlichkeit"
– Problematik öffentlicher Verantwortung und Leistungen
– europäische und internationale Zusammenarbeit (verlängerte Friedenspolitik)

Erwünschte Verzahnung mit allen innenpolitischen Bereichen, so
– Wirtschaft und Finanzen
– Forschung
– Städtebau und Verkehr
– Naturschutz und Landwirtschaft
– Schutz am Arbeitsplatz
– Rechtspolitik

Besonders geeignet wegen Verzahnung von Bund, Ländern, Gemeinden
– Konkretisierung durch lebensnahe Beispiele
– Mobilisierung von Trägern kommunaler Verantwortung

Beträchtliche Solidarisierungs- und Mobilisierungseffekte bei
– Gewerkschaften
– kritischer Jugend, aber auch Alten
– Wissenschaft
– kirchlichen Kreisen
– Beschäftigten im Gesundheitswesen
– Tierschutz-Interessierten
– ländlicher Bevölkerung

Weiterer Vorteil:
Möglichkeit recht konkreter Behandlung in Wahl- und Regierungsprogramm, ohne übertriebenes finanzielles Engagement.
Möglicher Einwand: Thematik wird als eher „überparteilich" betrachtet und eignet sich nur bedingt für grosse Kontroverse. Demgegenüber:
- Versäumnisse früherer Jahre wegen Rückständigkeit, Voreingenommenheit, Interessenabhängigkeit (z. B. auch bei Städtebauförderung) leicht nachzuweisen
- ebenso leicht nachzuweisen, dass wir uns an unser Regierungsprogramm von 1969 gehalten haben[2] (hierbei „anhängen" an den Effekt, der durch positiven sozialpolitischen Katalog ohnehin gegeben)
- Gemeinschaftsinteressen gegenüber kurzsichtigen Profitinteressen gut zu illustrieren
- besonders geeignet, um die neuen Fragestellungen (bessere Qualität der Lebensbedingungen, Optimierung statt Maximierung des Wachstums) konkret, verständlich zu erörtern
- dadurch auch gute Gegenargumente zum Sozialismus-Gerede
- als Beispiel auch gut, um darzulegen, weshalb – auch beim Verursacherprinzip – der Staat mehr Mittel braucht

Unabhängig davon, ob dies <u>das</u> zentrale Thema wird, Vorarbeiten so einleiten
- dass es hierzu einen guten Abschnitt im Wahlprogramm gibt[3]
- dass für die Öffentlichkeitsarbeit entsprechende Dispositionen getroffen werden
- dass ich noch in der Vorwahlzeit eine Rede halten kann, die ähnlichen Widerhall finden muss wie die vor dem BDI[4]
- dass ich mich auf dem Parteitag[5] und bei anderen Veranstaltungen auf eine Mehrzahl gut formulierter Redeteile stützen kann

Dabei von vornherein jeder Neigung zum Weltuntergang widerstehen. Die Menschen wollen hören, dass es Lösung gibt. Dazu
- ausländische Beispiele (England, Schweden) parat haben, aus denen sich ergibt, dass z. B. Seen und Flüsse rascher regenerieren können, als man noch vor einigen Jahren meinte

- konkrete Möglichkeiten der deutschen Wissenschaft und Technik aufzeigen
- vor allem auch darlegen, was der einzelne tun kann und soll (einschliesslich der Sauberhaltung von Wäldern und anderen Erholungsgebieten).

Nr. 71
**Aus dem Schreiben des Bundeskanzlers, Brandt, an die Redaktion von *Quick*
17. August 1972**[1]

AdsD, WBA, A 8, 16.

Sehr geehrte Damen und Herren,
Ihr Redaktionsleiter, Heinz van Nouhuys, hat in der letzten Ausgabe Ihrer Illustrierten einen Brief an mich veröffentlicht.[2] Nach dem Ton dieses Schreibens – einer Mischung aus Wehleidigkeit, Frivolität und unangemessener Vertraulichkeit – wäre es eigentlich angebracht, ihn als eine journalistische Entgleisung beiseite zu legen.

Wenn ich trotzdem antworte, so nicht wegen des Absenders, sondern wegen der Leser. Der offene Brief verrät in seiner Mischung aus Unterstellungen und Wahlpropaganda eine erschreckende Unkenntnis unserer Rechtsordnung, dass ich als Bundeskanzler dazu nicht schweigen kann.

Zuerst einmal: Das Verfahren liegt, wie man den Lesern nicht vorenthalten sollte, in der ausschliesslichen Verantwortung der Finanz- und Justizbehörden. Und der Ordnung halber, nicht um etwas abzuschieben, füge ich hinzu: der Finanz- und Justizbehörden des Landes Nordrhein-Westfalen.

Es steht fest, und keine Verdächtigung kann daran etwas ändern, dass weder die Bundesregierung noch eine Dienststelle des Bundes direkt oder indirekt von den Ermittlungen der Steuerbehörden und der Bonner Staatsanwaltschaft gegen die Redaktion der QUICK etwas gewusst, sie veranlasst oder zu verantworten haben. Wir leben in einem Rechtsstaat und können stolz darauf sein. Eine seiner tragenden Säulen ist die unabhängige Justiz. Die Staatsanwälte, die in diesem Verfahren tätig geworden sind, haben richterliche Beschlüsse ausgeführt, die von unabhängigen Richtern gefasst worden sind.

Selbstverständlich, auch die Justiz kann irren. Selbstverständlich unterliegt auch sie – ebenso wie die Steuerbehörden – der Kritik und damit der Kontrolle der Öffentlichkeit. Niemandem kann verwehrt werden, dass er die Frage nach der Verhältnismässigkeit der Mittel aufwirft. Oder dass er andererseits fragt, warum Massnahmen aufgrund begründeten Verdachts nicht wirksamer durchgeführt werden. Niemandem wird das Recht der richterlichen Prüfung verweigert.

Aber woher nimmt der Herr van Nouhuys eigentlich den Mut, sich in so herabsetzender Weise über die Organe unserer Rechtspflege – Beispiel: „ein so kleiner Bonner Staatsanwalt"[3] – zu äussern! Will man ausgerechnet die Männer der Verachtung preisgeben, von denen die deutsche Öffentlichkeit zu Recht einen wesentlichen Anteil am Kampf für unsere innere Sicherheit erwartet?

Die Pressefreiheit wird durch unser Grundgesetz als ein besonders hohes Gut geschützt[4] und von allen Organen unseres Staates respektiert. Diese Bundesregierung und die sie tragenden Parteien haben die Pressefreiheit immer verteidigt und werden dies auch weiter tun. Sie haben nur dann Bedenken angemeldet, wenn die Ausübung der Pressefreiheit Gefahr lief, andere wichtige Rechtsgüter zu verletzen.

Denn Pressefreiheit heisst nicht, dass die Journalisten und dass die Presse, die zu Recht Privilegien geniessen, <u>über</u> unserer Rechtsordnung stehen. Auch sie haben sich an die für alle gültigen Gesetze zu halten und müssen es, wie jeder andere Staatsbürger auch, dulden, dass einem sich auf sie erstreckenden begründeten Verdacht nachgegangen wird. Das Bundesverfassungsgericht hat es klar ausgesprochen: „Es kann nicht aus der Verfassung hergeleitet werden, dass Informanten und Redakteure sich darauf verlassen können sollten, durch das Redaktionsgeheimnis praktisch vor der Strafverfolgung auch wegen schwerer Verfehlungen gegen das Gemeinwohl gesichert zu sein."[5]

Zu unserem Gemeinwohl gehört auch ein Minimum an Respekt vor dem demokratischen Staat und zum Beispiel vor dem, was der Staat aus guten Gründen als geheim oder nicht zu veröffentlichen deklariert. Gerade dem engagierten politischen Journalisten, als der Herr van Nouhuys sich darzubieten sucht, stünde es gut an, wenn er in seiner Arbeit den Organen unseres demokratischen Bundesstaates etwas anderes als nur Hohn und Spott entgegenbringen würde. Tut er das nicht, dann ist es nicht möglich, ihm seine ständige Berufung auf eine politische Verantwortung abzunehmen.

Ich finde es erstaunlich, wie Herr van Nouhuys den Umgang mit „Schmiergeldern" und „Informationshonoraren" als eine selbstverständliche Praxis zu rechtfertigen versucht.[6] Die überwiegende Mehrzahl unserer Journalisten möchte nämlich Gott sei Dank nicht mit Nachrichtenhändlern, die ausserdem noch Artikel schreiben, verwechselt werden. Sie lehnt die Auffassung ab, dass derjenige der bessere Journalist sein soll, der am meisten Geld ausgeben kann. Ausserdem ist das Bezahlen hoher „Honorare" für Informationen und Schriftstücke eine Praxis, die sich nur reiche Unternehmen leisten können, und wenn diese Praxis Schule machte, müssten wir über Pressefreiheit in einem ganz anderen Sinne nachdenken als bisher. Dann würde nämlich die Information zur Ware und wäre nicht mehr das Ergebnis guter journalistischer Arbeit.

Herr van Nouhuys hat sich in diesem Zusammenhang zu der Behauptung verstiegen, der Ausdruck „Schmiergelder" sei den Verlagen von den Finanzbehörden aufgezwungen worden, gar noch von Ministern. Die zuständigen Behörden bestreiten das. Auf jeden Fall aber muss man die Begriffe sorgfältig auseinanderhalten. Es gibt legitime und unstatthafte Informationshonorare. Und niemals darf sich der Journalist in den Bereich der Bestechung wagen – d. h. jemanden durch Geld dazu zu bewegen, seine Pflicht zu verletzen – oder sich auch nur diesem Verdacht aussetzen. Pressefreiheit ist unverzichtbar. Bestechung wäre unentschuldbar. Ich hielte es für wünschenswert, wenn sich der Deutsche Presserat und die Journalistenverbände ernsthaft mit diesem Fragenkomplex befassen würden.

Herr van Nouhuys hat in seinem Brief an mich geschrieben:

„Wenn Sie heute nicht Bundeskanzler wären, der glauben muss, was man ihm sagt, sondern noch ein Journalist wären, der nur glaubt, was er selbst sieht ...".[7] Er beweist damit eine absolute Unkenntnis von der Arbeit und den Pflichten des Kanzlers. Dieser glaubt gewiss nicht alles, was man ihm sagt, nicht alles, was er täglich in der Presse liest – oder in der QUICK. Dies schon deshalb nicht, weil Beweise für die Behauptungen in dem Brief des Herrn van Nouhuys in auffälliger, geradezu erschütternder Weise fehlen.

In dem offenen Brief werden bedenkenlos Behauptungen aufgestellt, ohne auch nur den Versuch zu machen, den Beweis dafür anzutreten. Schon der sich ständig wiederholende Ausdruck „man" habe mitgeteilt oder gehört, verrät den Mangel an Kenntnis der Tatsachen und an Sorgfalt beim Recherchieren. Dass der Verfasser an einer Stelle selber einräumt, bei diesem Hörensagen wären Zweifel erlaubt, macht die Sache nicht besser, sondern schlimmer. Sie ist, milde gesagt, Ausdruck von Leichtfertigkeit.

[...][8]

Ich möchte meine Meinung zusammenfassen:

1) Der Brief des Herrn van Nouhuys enthält unwahre Behauptungen über das Verhältnis der Bundesregierung zur Pressefreiheit.

2) Er enthält leichtfertige Unterstellungen, die durch nichts bewiesen werden können, über einen angeblichen Zusammenhang zwischen der Bundesregierung und dem Vorgehen der unabhängigen Justiz.

3) Er enthüllt eine grosse Unkenntnis unserer rechtsstaatlichen Ordnung und eine bedauerliche Feindseligkeit gegenüber den Justizorganen.

4) Er beweist eine Auffassung vom Berufsethos des Journalisten, die ich nur bedauern kann.

Da Herr van Nouhuys seine Kritik an dem Vorgehen der Justiz mit Angriffen gegen meine Regierungspolitik vermischt und verbunden hat, ist mir wohl der Hinweis erlaubt: Es stünde traurig um unser Land, wenn der Bundeskanzler sich einen so leichtfertigen Umgang mit den Tatsachen leisten wollte, wie ihn der Chefredakteur Ihres Blattes sich glaubt leisten zu können.

Hochachtungsvoll

Nr. 72
Aus dem Interview des Bundeskanzlers und Vorsitzenden der SPD, Brandt, mit dem britischen Publizisten Prittie
21. August 1972[1]

AdsD, WBA, A 9, 1.

[...]
T[erence] P[rittie]: Nun noch eine Frage zu der jetzigen Regierung. Eine Kritik, die man sehr viel im Ausland hört, ist, daß Ihre Regierung sich vielleicht ein bißchen zu viel auf die Außenpolitik konzentriert hat. Ist das überhaupt berechtigt, teils berechtigt, unberechtigt?
BK: Ich glaube eigentlich nicht. Wir haben wohl mehr von der Außenpolitik geredet bzw. andere haben mehr geredet. Gerade wenn Sie sagen Ausland. Das Ausland hat sich fast nur interessiert für das, was wir außenpolitisch gemacht haben, und für unsere Innenpolitik würde man sich nur interessiert haben, wenn wir hier eine schöne Krise produziert hätten. Dann hätte man auch von der Innenpolitik geredet. Bei uns zu Hause gibt es auch eine Neigung bei den Journalisten, jedenfalls bei vielen Journalisten, Außenpolitik für viel interessanter zu halten als Innenpolitik. Und da wirkt die Adenauerzeit auch noch nach. Er hat ja auch immer sehr die Außenpolitik in den Mittelpunkt gerückt. Nun kam hinzu, daß wir die Normalisierung zum Osten mit ins Gespräch brachten. Das interessierte nun, teils kontrovers, teils aber [war es] jedenfalls etwas, was die Menschen sehr beschäftigte. Das waren also nach der alten amerikanischen Journalistengeschichte immer ‹man-bites-dog-stories›[2] und nicht umgekehrt. Und dann kommt hinzu, daß wir ganz sicher zwei Mängel gehabt haben. Wenn ich mir unsere Regierungserklärung jetzt noch einmal anschaue vom Herbst 1969, dann ist sie gar nicht unrealistisch, aber sie ist zu extensiv ausgelegt worden. Die Leute sagen heute immer, was habt ihr alles versprochen. Das ist gar nicht wahr, sondern der Eindruck ist entstanden dadurch, daß Fachminister und

andere, gestützt auf diese Erklärung, nun sehr ehrgeizige Programme entwickelt haben. Aber das konnten sie nur, weil ich selbst vielleicht nicht so deutlich – wie in der Außenpolitik – gemacht habe, was punktweise in dieser Legislaturperiode möglich ist und wo es sich um Dinge handelt, mit denen man jetzt beginnt und die sehr viel längere Zeit erfordern. In der Außenpolitik habe ich eins, zwei, drei aufgeschrieben. Das können wir alles als erledigt betrachten, wenn die Legislaturperiode zu Ende ist. In der Innenpolitik waren in der Regierungserklärung diese beiden Elemente miteinander verflochten: Was man in vier Jahren macht und wo man Dinge einleitet, die einen längeren Zeitraum erfordern. Das ist dann noch extensiv ausgelegt worden. Das ist der eine Mangel, den man das nächste Mal zu berücksichtigen haben wird, und der zweite ist, daß unsere eigene Information und unsere Aufklärungsarbeit auf diesem Gebiet nicht beharrlich genug gewesen sind. Trotzdem ist es so, wenn man alleine das Gebiet der sozialen Sicherung nimmt. Da wird jetzt mittlerweile kaum noch von jemand bestritten, daß große Leistungen in drei Jahren zustande gebracht worden sind. Auf anderen Gebieten haben wir Dinge gemacht, an denen sich frühere Regierungen lange versucht haben. Dreimal hat eine CDU-Regierung versucht, ein Städtebauförderungsgesetz durchzubringen. Wir haben es durchgebracht. Wir haben das neue Betriebsverfassungsgesetz für die Mitbestimmung im Betrieb durchgebracht, wir haben ein Krankenhausfinanzierungsgesetz durchgebracht, wir haben ein Umweltprogramm gemacht, das manche anderen europäischen Regierungen als ganz beachtlich ansehen. So gibt es schon eine Reihe wichtiger Dinge.
[...]
T[erence] P[rittie]: Also dann kommt man zu ein paar allgemeinen Fragen. Wie kann man der ganzen westlichen Gesellschaft neue Hoffnung geben? Ich denke an den jetzigen Materialismus, an die jetzige soziale Unsicherheit, an die ständige finanzielle Inflation. Also drei ganz verschiedene Dinge. Aber trotzdem drei ganz große Gefahren. Was ist eigentlich zu tun? [...]
BK: Ich will mal ein paar Elemente sagen, wenn wir es mal aufgliedern. Was den jetzigen Materialismus angeht, da sehe ich ja gerade im

Laufe dieses letzten Jahres eine sehr interessante Diskussion in Gang kommen, [...] daß wir nicht mehr wie in den hinter uns liegenden Jahren und Jahrzehnten uns einfach konzentrieren können auf das ungehemmte materielle Wachstum, weil immer klarer wird, daß mit den produktiven Kräften auch die zerstörerischen Kräfte wachsen, sogar rein materiell, aber auch immateriell. Also das, was die Leute heute vor allem dabei diskutieren, ist die Auswirkung auf die Umwelt, die Auswirkung auf die nicht unerschöpflichen materiellen Ressourcen, die Naturreichtümer usw. Dies führt dann dazu, daß z. B. bestimmte sozialistische Auffassungen von früher fast auf den Kopf gestellt werden. Der traditionelle Sozialismus hat einmal gesagt oder ist davon ausgegangen, man muß die Produktivkräfte freisetzen aus den Fesseln des kapitalistischen Eigentums. Die Vorstellung [war], sie seien dadurch gebändigt, sie müssen sich frei entfalten können, damit die Menschen genügend Güter bekommen. Heute stellt sich mehr und mehr heraus, es wird auf vielen Gebieten darum gehen, wie man einen ungehemmten materiellen Prozeß kontrolliert, wie man ihn bändigt, damit nicht seine zerstörerischen Wirkungen sich zu drastisch ergeben. Das ist, glaube ich, interessant. Es wird also aufgrund dieser und anderer Bewegungen mehr und mehr zu Fragestellungen kommen über den Zusammenhang zwischen materiellem Fortschritt und menschlichen Werten. Der Arthur Schlesinger jun[ior], der im Kennedy-Team war, hat neulich ein kleines Essay geschrieben, wo er sagt, andere haben ähnliches schon gesagt, daß dies übrigens eine Fragestellung ist, die sich in modernen Industriegesellschaften entwickelt unabhängig vom politischen Regime.[3] D.h., daß auch in den kommunistischen Staaten, dort wo sie Industriegesellschaften sind oder es werden, auch diese Problematik mit den ‹Limits of growth›[4] sich herausbildet. Das ist ein Element der Überlegungen.
[...]
[Terence Prittie:] Kann man nicht irgendwie eine neue Philosophie erzeugen, d. h. eine Philosophie, daß man besser und auch billiger leben kann, aber nicht besser und immer teurer? Das ist natürlich schwierig.

BK: Es ist darum so schwierig, weil man sich sofort dem Verdacht aussetzt, als wolle man die Marktgesellschaft damit angreifen. Deshalb bin ich auch so behutsam dabei. Objektiv ist es natürlich so, es werden durch die heutige Reklame ohne jeden Zweifel Konsumwünsche geweckt, die viele Menschen sonst gar nicht hätten. Das ist gar keine Frage. Immer noch ein bißchen gesteigert. Aber wenn man dagegen, zumal auf eine primitive Weise, anginge, würde man sich dem Vorwurf aussetzen, du willst durch irgendwelche staatliche Direktive etwas bestimmen, was sich jetzt ergibt aufgrund des berühmten Prozesses [von] Angebot und Nachfrage. Dies[er] hat sich trotz mancher Fehlentwicklungen insgesamt doch als besser erwiesen, als die Staatswirtschaft in den kommunistischen Staaten. Wir sehen ja geradezu, daß die aufgeklärten Geister in den kommunistischen Staaten selbst versuchen, ob sie sich nicht in marktwirtschaftlicher Entwicklung bewegen können. Das zeigt die Schwierigkeit an. Dieses ist sicher richtig. Und jedenfalls sollten nicht nur Politiker, sondern Einzelne und Gemeinschaften, die an der Gesellschaft und an menschlichen Werten interessiert sind, also z. B. die Kirchen und andere, die sollten diesem Problem mehr Aufmerksamkeit widmen. Da komme ich noch mal auf die Umweltfrage, die ich vorhin erwähnt habe, in Verbindung mit Limits of growth. Das ist ein besonders gutes Beispiel, weil man dort vielleicht am ehesten klar machen kann, auch dem einzelnen Bürger, daß man sich das einfach nicht alles frei entwickeln lassen kann, wenn immer mehr teuer aufgemachte Verpackungen auf den Markt kommen, deren Vernichtung manchmal mehr Geld kostet, als der Zuschlag, den diese Verpackung für die Ware bedeutet. In Amerika kostet heute das Vernichten der Bierflaschen mehr als die Herstellung dieser Bierflaschen. Und dies wird dazu führen müssen, daß man umweltfreundliche Produkte steuerlich günstiger behandelt als umweltfeindliche. Das ist natürlich dann ein gewisses Eingreifen in den Marktmechanismus aufgrund allgemeiner Erwägungen. [...]

Nur muß man natürlich aufpassen, finde ich, daß dies nicht einen Charakter bekommt, als wollten die Bessersituierten den in ihrem eigenen Verständnis noch immer Benachteiligten klar machen, sie müßten bescheiden leben. D.h., die Blickrichtung dessen, was Sie sagen, kann man nicht billiger und besser leben, das wird nur Erfolg haben und nur dann nicht zu schweren zusätzlichen Spannungen führen, wenn es verbunden ist mit einem weiteren Prozeß, möglichst viel soziale Gerechtigkeit und möglichst viel Demokratie zu entwickeln. [...]

Nr. 73
Erklärung des Bundeskanzlers, Brandt, im deutschen Fernsehen 5. September 1972[1]

Bulletin des Presse- und Informationsamtes der Bundesregierung, Nr. 122 vom 8. September 1972, S. 1524.

Liebe Gäste in München,
liebe Mitbürgerinnen und Mitbürger!
Sie wissen, die Olympischen Spiele mußten heute wegen tragischer Umstände unterbrochen werden.[2] Die Ereignisse dieses Tages sind ein böser Schlag gegen die olympische Idee, die eine Idee des friedlichen Wettstreits der Jugend der Welt ist. Mit dem Anschlag auf die Mannschaft von Israel wurde nicht nur Frevel an der Idee des olympischen Friedens begangen, auch der Bundesrepublik Deutschland, uns allen, wurde schwerer Schaden zugefügt. Bis heute nacht konnten die Spiele in München im olympischen Geist durchgeführt werden, bis dann in den frühen Morgenstunden – Sie haben das, die meisten von Ihnen, alle mitverfolgt im Laufe des Tages – arabische, palästinensische Freischärler in das Quartier der israelischen Mannschaft eindrangen. Dabei wurde ein Trainer umgebracht. Möglicherweise haben wir es schon seit heute früh mit einem zweiten Todesopfer zu tun.

Mit mir trauern alle Menschen in unserem Land.

Was sich über den ganzen Tag hinzog, waren dramatische Versuche zur Befreiung der gefangengehaltenen Geiseln, zur Erlösung aus den qualvollen Umständen, in denen sie sich befinden. Alle Anstrengungen wurden unternommen, um die weder den Mord noch den Selbstmord scheuenden Terroristen von ihrem Vorhaben abzubringen. Lösegeld und freier Abzug wurden angeboten. Führende deutsche Politiker stellten sich im Austausch als Geiseln zur Verfügung.[3] Aber die Terroristen ließen sich darauf nicht ein. Sie haben bereits in aller Welt viele schwere Gewalttaten begangen: Flugzeugentführungen, bewaffnete Überfälle und Bombenattentate. Auf diese Weise wollen sie die Welt in Unruhe halten und auf ihre Ziele aufmerksam machen.

Dies sind verabscheuungswürdige Methoden. Es gibt kein politisches Ziel, welches solche Methoden rechtfertigen kann. Aus Verbrechen dieser Art kann nirgendwo, auch nicht im Nahen Osten, ein Friede entstehen.

Die Bundesregierung und alle anderen beteiligten Stellen haben das in ihrer Macht Stehende zu tun versucht, um derartige Zwischenfälle zu verhindern und um kein Unglück geschehen zu lassen, nachdem das Verbrechen begangen wurde. Wir stehen in ständiger Verbindung mit der israelischen Regierung, mit anderen Regierungen. In dieser Stunde bemühe ich mich selbst noch um einen besonderen persönlichen Kontakt.[4] Wir halten natürlich den ganzen Tag über Kontakt mit dem Organisationskomitee und mit den für die Sicherheitsbelange der Olympischen Spiele verantwortlichen Stellen des Staates Bayern und der Stadt München.

Verständlicherweise ist die Frage aufgeworfen worden, ob die Sicherheitsmaßnahmen ausreichend waren und ob genügend Vorsorge getroffen worden ist. Selbstverständlich wird genau geprüft werden, ob Versäumnisse vorliegen. Aber gegen Desperados, die ihr eigenes Leben nicht achten, gibt es, wie die Erfahrung zeigt, leider keinen totalen Schutz.

Auf der anderen Seite, mit Beileid, mit Anteilnahme allein ist es jetzt nicht getan. Alle zivilisierten Staaten und ihre Regierungen müssen effektiver zusammenwirken, um dem Treiben von Terroristen ein Ende zu bereiten; nicht zuletzt die Staaten der arabischen Welt sind hier gefordert.

Verständlicherweise ist auch die Frage aufgetaucht, ob die Olympischen Spiele nicht überhaupt abgebrochen werden sollten. Ich darf dem dafür zuständigen IOC nicht vorgreifen, möchte aber mit meiner Meinung nicht hinter dem Berg halten. Ich meine, es darf nicht Schule machen, daß eine Gruppe rücksichtsloser Extremisten darüber bestimmen kann, ob große internationale Veranstaltungen stattfinden können oder nicht.

Die heiteren Spiele sind zu Ende. Was das bedeutet, werden viele von uns noch gar nicht ermessen können. In diesen Stunden und Tagen haben wir uns nun neu zu bewähren.

Nr. 74
Aus den Aufzeichnungen des Bundeskanzlers und Vorsitzenden der SPD, Brandt, für das „Tagebuch"
5./6. September 1972[1]

AdsD, WBA, A 1, 18/19.

5. September
Leider hat sich gezeigt, daß meine unguten Ahnungen nicht unbegründet waren. In den letzten beiden Tagen habe ich meinen Mitarbeitern und einigen Besuchern mehrfach gesagt: „Hoffentlich passiert in dieser Woche nicht noch eine Schweinerei."

7.30 Uhr unterrichtete mich Genscher über den Anschlag auf die israelische Mannschaft im Olympischen Dorf.[2] Nach zahlreichen Telefonaten informierte ich 11.30 Uhr das Kabinett. Den geplanten Besuch in Kiel hatte ich inzwischen abgesagt. 13.30 Uhr flog ich nach München. In Feldafing erwarteten mich mit einem detaillierten Tatsachenbericht der bayerische Staatssekretär Kiesl und der nordrhein-westfälische Innenminister Weyer.

Zu dieser Zeit – gegen 15.00 Uhr – rechnen wir damit, daß dem ab 13.00 Uhr verlängerten Ultimatum der Terroristen durch eine Polizeiaktion begegnet werden muß. Dann wird die Frist für das Ultimatum verlängert. Ich versuche – nachdem ich von Bonn schon an alle arabischen Regierungschefs appelliert hatte – mit Präsident Sadat telefonische Verbindung zu bekommen, nachdem bekannt ist, daß die Terroristen dorthin gebracht werden wollen und auch die gefangenen Israelis angeblich nichts dagegen haben, dorthin geflogen zu werden, wobei aber die israelische Regierung verständlicherweise darauf besteht, daß ihre Landsleute bei einer Zwischenlandung in Kairo unbehelligt bleiben müssen.
[...]

Die Telefonverbindung mit Kairo kommt endlich zustande, während ich mich mit Goppel und Vogel im Büro von Robert Lembke niedergelassen habe. Sadat ist nicht zu erreichen. Mein Gesprächspartner ist der Premierminister. Ich versuche darzulegen, daß wir es mit einem Problem zu tun haben, das uns beide angeht. Ob, wenn ein deutsches Flugzeug in der Nacht nach Kairo käme, die Palästinenser dort bleiben und wir für den Weitertransport der Geiseln sorgen könnten? Der Premierminister: „Wir haben nichts mit der Angelegenheit zu tun, wir möchten nicht in sie verwickelt werden."

Kurz danach – gegen 21.00 Uhr – teilt Genscher telefonisch mit, daß die Aktion nun anlaufe, und zwar mit Abtransport per Hubschrauber zum Flugplatz Fürstenfeldbruck. Von dort erhalten wir widersprüchliche Nachrichten. Die bayerische Grenzpolizei meint, alle Geiseln seien gerettet. Dann kommt die Nachricht des bayerischen Innenministers, daß vermutlich einige Geiseln umgekommen seien. In der Nacht, als wir wieder in Feldafing sind, ergibt sich immer noch kein klares Bild. Ich versuche, etwas zu schlafen. Gegen 3.00 Uhr weckt mich Schilling, um mir das erschütternde Ergebnis mitzuteilen: Alle neun Israelis umgekommen – zusätzlich zu den beiden, die bereits im Olympischen Dorf umgebracht worden waren. Fünf der Terroristen getötet, drei gefangengenommen. Ein deutscher Polizist erschossen, einige Verletzte.
[...]

6. September
Früh am Morgen ruft Genscher an und wirft die Frage auf, ob er nicht durch seinen Rücktritt die Lage der Regierung erleichtern sollte. Ich rate dringend ab. Wir sprechen später zusammen mit Scheel, würdigen Genschers Erwägung, freuen uns aber über seine Bereitschaft zur weiteren Mitarbeit.

10.00 Uhr Gedenkstunde im Olympiastadion. Der Bundespräsident hält eine eindrucksvolle Rede. Der IOC-Präsident gibt bekannt, daß die Wettkämpfe nicht abgebrochen werden.

Einzelne Gesprächspartner geben zu bedenken, ob das Münchner Drama sich wohl zu Lasten der Regierung auswirken werde. Dies kann man nicht ausschließen, obwohl für die Sicherheitsvorkehrungen nicht der Bund, sondern Bayern verantwortlich war. Einiges, was auf dem Sicherheitsgebiet geschah oder nicht geschah, ist mir schlechthin unverständlich. Vor allem aber interessiert mich natürlich, wie die außen- und gesamtpolitischen Tiefenwirkungen sein werden. Und da bin ich durchaus nicht optimistisch. Frau Meir gibt eine faire Erklärung ab. Waldheim und der belgische Premierminister telegrafieren: „Sie haben getan, was Sie tun konnten." Aber es kommen auch schon schlimme Hinweise auf die Nazizeit und Sätze wie die, daß München ein Vorort von Dachau sei. Dies ist ein Rückschlag, an dem wir wohl lange zu tragen haben werden.

Nach Bonn zur Kabinettssitzung. Wir werden eine Dokumentation vorbereiten und die Ausländer-Überwachung verschärfen. An die Generalversammlung der UN soll wegen energischen Vorgehens gegen Terroristen appelliert werden. Alle Staaten, nicht zuletzt solche der arabischen Welt, sollen an ihre Verpflichtungen erinnert werden. (Es ist unverkennbar, daß sich starke anti-arabische Stimmungen geltend machen und daß es notwendig sein wird, unerlaubten Verallgemeinerungen entgegenzutreten.)

Nach einer Unterbrechung faßt das Kabinett wichtige Haushaltsbeschlüsse. Eine schöne Leistung von Helmut Schmidt: Der Haushalt '72 kann mit guten Ziffern abgeschlossen werden. Der Rahmen für den Haushalt '73 ist solide. Das Kabinett ist kooperativ wie noch bei keiner früheren Haushaltsberatung.

Erste Seite der hs. Aufzeichnungen Willy Brandts vom 6. September 1972 für das „Tagebuch".

Anschließend Besprechung mit Wehner und Mischnick. Ich lege meine Gründe dafür vor, die Vertrauensfrage bei Zusammentritt des Bundestages am 20.9.[1972] zu stellen und die Arbeit des Bundestages in der gleichen Woche zu Ende zu bringen. Wenn der Bundespräsident am 23.9.[1972] auflöst, würde dies Wahlen am 19. November [1972] bedeuten. Dies schafft, für die FDP mehr als für die SPD, gewisse Probleme wegen der Aufstellung der Landeslisten. Ich hoffe trotzdem, daß wir die Termine einhalten können.
[...]

Nr. 75
Hintergrundgespräch des Bundeskanzlers, Brandt, für *Die Zeit* 19. September 1972[1]

AdsD, WBA, A 9, 26.

Frage: Herr Bundeskanzler, ein Rückblick nach drei Jahren. Ist das ein Blick zurück im Zorn für Sie?
Antwort: Nein, das ist es nicht, wenn ich auch zugebe, daß man heute schlauer ist. Aber dazu ist ja das Leben neben anderem da, daß man dazulernt. Wenn man die Erfahrung dieser drei Jahre schon 1969 gehabt hätte, wäre vermutlich das eine oder das andere besser gelungen.
Frage: Woran denken Sie da speziell?
Antwort: Es geht mehr um die Methodik als um den Inhalt der Politik, es geht auch um die Art, sich verständlich zu machen mit dem, was diese Regierung anders gemacht hat als frühere Regierungen. Es geht auch um die Teamarbeit, die noch nicht genügend stark entwickelt werden konnte, zumal in den ersten beiden Jahren. Insofern wird es die nächsten vier Jahre sehr viel leichter werden, weil man, gestützt auf die Erfahrungen der ersten Jahre, herangeht, sowohl bei der Regierungserklärung wie bei der praktischen Abwicklung.

Frage: Könnte man das so sagen, daß Sie mit gewissen Dämpfungen der Euphorie in die nächsten vier Jahre gehen würden? Könnte man so sagen, daß Ihre Methodik vielleicht systematischer oder planvoller, bedächtiger auch sein würde, daß man vielleicht den Berg, den man zu überschreiten hat, zunächst etwas gründlicher abtaxieren könnte, oder wie würden Sie diese Methodik, diese veränderte Methodik oder die Erfahrungen in der Methodik beschreiben?
Antwort: Da Sie euphorisch gesagt haben – ich glaube, daß ich selbst frei gewesen bin von Euphorie, denn wer will sich da selbst ganz genau kontrollieren können. Manches, was um einen vorgeht, wirkt dann auch auf einen selbst ein, man ist ja nicht völlig abgekapselt von dem, was einen umgibt. Trotzdem – worauf ich hinaus will, ist folgendes: Es hat bei Beginn dieser Regierung – und es hat weit hineingewirkt in diese Legislaturperiode – einen Riesenabstand gegeben zwischen dem, was die Regierung schwarz auf weiß festgehalten hatte über Ihre Absichten, und dem, was andere daraus gemacht haben. Hieran war die Regierung aber nicht unschuldig. Erstens haben Teile der Regierung das, was als Erklärung der gemeinsamen Politik niedergelegt war,[2] extensiv ausgelegt, was ich dem einzelnen subjektiv gar nicht ankreiden kann. Jeder will sich entfalten. Aber es ist also z.T. überstrapaziert worden, was in der Regierungserklärung stand. Wenn man sie sich heute noch einmal anschaut, dann rechtfertigt sie nicht die Kritiker, die sagen, man habe sich zuviel vorgenommen. Bitte, eine Ausnahme, daß in der Innenpolitik anders als in der Außenpolitik nicht für alle deutlich genug gemacht worden ist, was man in diesen vier Jahren wirklich glaubt vom Tisch kriegen zu können und wo man nur sich auf neue Gebiete zubewegt, wo man also vorbereitende Arbeit leistet. Da sind wir wieder bei der Methodik. Das hat man sich selbst nicht anzukreiden, aber daraus hat man zu lernen. Ich hatte eben gesagt, in der Außenpolitik sei das konkreter gemacht worden, schon 1969. Das ist so. Aber auch da zeigt die Erfahrung, daß es nicht nur darauf ankommt, ob man selbst weiß, wie man eine Geschichte zu machen hat, wie man sie auch solide genug, abgesichert genug machen muß. Wenn es nicht gelingt, dies einer genügenden Zahl von anderen zu vermitteln, dann hilft es

nicht, ob es wirklich gut genug durchdacht ist und abgesichert genug angefaßt wird. Und da haben wir auch gelernt, daß sich nun fast das ganze Interesse während langer Zeiten auf ganz bestimmte Aspekte der Außenpolitik konzentriert hat, anderes ist fast nicht beachtet worden. Und es ist also ein Eindruck häufig entstanden, als ob die Regierung improvisiere oder gar sich treiben lasse durch Dinge, die von außen auf sie zukämen. Das war in Wirklichkeit nicht so. Aber ich sage noch einmal: Dies muß man noch besser wissen, als wir es damals gewußt haben, daß solche Eindrücke aufkommen können, gerade dann, wenn man sich auf Neuland begibt, und daß man wohl noch systematischer und auch geduldiger sich mit den falschen Eindrücken auseinandersetzen muß.

Frage: Herr Bundeskanzler, sind es nicht im Grunde genommen zwei Dinge, die irgendwo miteinander kollidiert haben? Zum einen ist Ihrer Regierung ein hoher Erwartungsdruck zugedacht worden, und den würde ich durchaus als ein hohes Kompliment ansehen, denn wenn man von jemandem viel erwartet, heißt es, daß man ihm eigentlich auch sehr viel zutraut. Und zum anderen: Ist nicht dieser hohe Erwartungsgrad immer wieder kollidiert mit vielleicht einer ungenügenden psychologischen Vorbereitung der Öffentlichkeit auf das, was dann tatsächlich fällig geworden ist, sowohl in der Außenpolitik als auch in der Innenpolitik?

Antwort: Ja, das ist so. Die Formen, sich genügend verständlich zu machen, zu erklären, nicht nur das, was man tut, von einem Monat zum anderen, sondern das, was man sich auch für einen längeren Zeitraum vorgenommen hat, was möglich ist und nicht möglich ist – dies alles ist nicht genügend erklärt worden. Das hängt nun aber zusammen, glaube ich, mit der politischen Struktur in unserem Land. Jemand hat dieser Tage einmal davon gesprochen, daß wir 20 Jahre lang oder fast [so lange] in dieser Bundesrepublik glaubten oder daß man glaubte, einen Consensus leicht rechts von der Mitte gefunden zu haben. Und der, der dies entwickelte, sagte, nun sei man wohl dabei, einen Consensus leicht links von der Mitte zu finden. Beides ist dann gar nicht so schrecklich weit von der Mitte entfernt. Aber es schafft notwendigerweise starke Spannungen, oder ein solcher Übergang von der einen Seite der Mitte zur anderen schafft starke Abwehr, auch stark gefühlsmäßige Abwehr derer, die auf den alten Consensus festgelegt waren, und es schafft übertriebene, häufig auch nicht realistische Erwartungen derer, die nun zum erstenmal sozusagen sich voll am Consensus beteiligt fühlen.

Frage: Herr Bundeskanzler, hat es in den drei Jahren und konzentriert in den letzten Monaten Augenblicke der Resignation oder gar der Ermüdung, der Unlust gegeben, weil vielleicht zuviel auf Sie eingestürmt ist, das sie, subjektiv oder objektiv, nicht verdient hatten?

Antwort: Ich glaube nicht in den letzten Monaten, sonst hat es im Laufe der Zeit schon immer mal wieder Situationen gegeben, auf die ich mit erheblicher Unlust reagiert habe.

Frage: Was waren denn das für welche?

Antwort: Das waren dann überwiegend nicht Situationen, die mit dem innenpolitischen Gegner zu tun hatten, sondern mit Unzulänglichkeiten im eigenen Laden.

Frage: Herr Bundeskanzler, da Sie von Unzulänglichkeiten im eigenen Laden sprechen, um Ihre Worte zu verwenden, muß es Sie als den ersten sozialdemokratischen Kanzler seit 40 Jahren in besonderer Weise bedrücken, daß Sie die vorgenommene Distanz von vier Jahren nicht überbrücken und überstehen konnten? Könnte man daraus schließen, wie es oft der Fall ist, daß Sozialdemokraten eben gute Oppositionelle, aber weniger gute Machtausübende wären?

Antwort: Ich habe darüber eine ganze Menge gelesen in der letzten Zeit und doch ganz überwiegend Dinge gelesen, die zwar interessant waren, aber mit meiner eigenen Einstellung zu diesem Problem ‹überhaupt›[3] nichts zu tun hatten, bis hin zu dem an sich schönen Wort des von mir geschätzten Karl-Hermann Flach über das königliche Opfer. Das entspricht nicht meiner Einstellung zu diesem Vorgang. Ich habe dazu eine ganz nüchterne Einstellung. Sehen Sie einmal: In unserem Nachbarland Österreich hat mein Freund Bruno Kreisky ein gutes Jahr zunächst regiert und sich dann den Wählern gestellt, und er hat dann beim zweiten Ansatz eine sehr viel solidere Basis gefunden.[4] In Norwegen, wo ich lange gelebt habe, wie Sie wissen, hat die Arbeiterpartei das erste Mal 28 Tage regiert, und dann scheiterte sie an der Intervention der großen Banken.[5] Das war damals noch eine brutalere Form des Einwirkens auf politische Vorgänge. Dies ist nichts – die Prozedur, die wir jetzt wählen, von der bekannt ist, daß ich sie schon gerne im Frühjahr oder im Frühsommer in Gang gesetzt hätte –, was ich als ein persönliches Scheitern sehe. Wie gesagt, eine ganz andere Frage sind die selbstkritischen Betrachtungen, die ich anstelle über die letzten drei Jahre. Aber die haben nichts mit der verkürzten Legislaturperiode zu tun. Die hätte ich genauso angestellt, wenn das jetzt ein Jahr weitergegangen wäre. Es hat also nichts mit der akuten Frage zu tun, der wir jetzt gegenüberstehen. Und ich habe auch keine Minderwertigkeitsgefühle, die man haben müßte, wenn man sagt, die Sozialdemokraten seien also nicht in der Lage zu regieren. Das sind sie, das haben sie in einer Mehrzahl von Ländern gezeigt. Und wir werden erst einmal sehen. Ich gehe davon aus, daß dies hier der Übergang war, um nun, gestützt auf das Ergebnis der Wahlen, eine richtige Legislaturperiode zu regieren und möglichst viel, wie gesagt, von den Erfahrungen von vornherein einzubringen.

Frage: Herr Bundeskanzler, muß man nicht bei einem Vergleich mit anderen sozialdemokratischen Parteien diesen besonderen psychologischen und Geschichtskomplex berücksichtigen, unter dem doch die deutsche Sozialdemokratie, wenigstens bis 1933, immer wieder hat leiden müssen?

Antwort: Ja, natürlich, daran ist vieles richtig. Nur, auch das sollte man nicht übertreiben, denn darin stecken natürlich auch die Probleme, die mit nicht genügendem Selbstbewußtsein dieses Flügels der deutschen Politik zusammenhängen. Das sagt sich übrigens heute natürlich so leicht. Der Umbruch war ja ein gewaltiger, von der Bebelschen Partei in der Kaiserzeit bis zu der Partei, die den ersten Reichspräsidenten und den ersten Reichskanzler zu stellen hatte.[6] Aber es bleibt wahr, daß, bei allem Respekt vor Weimar, Weimar natürlich auch gelitten hat an einer gewissen, ich will nicht sagen zu starken Bescheidenheit, aber doch an einem nicht genügend ausgeprägten Machtbewußtsein der deutschen Sozialdemokraten.

Frage: Herr Bundeskanzler, wenn Sie die Situation der letzten drei Jahre analysieren, dann werden Sie sicherlich auch vor Ihrer eigenen

Person nicht haltmachen. Haben Sie Anlaß, haben Sie Indizien, daß Sie selbst Fehler gemacht hätten? Ein Fehler könnte vielleicht Langmut sein, ein Fehler könnte vielleicht sein, daß man im Regiment zu wenig entschieden scheint. Sehen Sie da bei sich selbst kritische Punkte?

Antwort: Ja, obwohl – ich meine, im einzelnen kann ich das leichter erkennen als im allgemeinen. Ich weiß mit mir selbst, dort und dort hast du das falsch gemacht, auch einmal eine Sache zu weit oder zu lange treiben lassen. Das sollte man eigentlich nicht tun. Natürlich hat man auch in dem, was man gesagt hat, Fehler gemacht. Wer soviel wie ein Bundeskanzler reden und schreiben muß, der kann nicht immer Richtiges sagen und schreiben.

Frage: Was würden Sie da als Fehler bezeichnen, Herr Bundeskanzler, was Sie gesagt haben?

Antwort: Ich kann mich im Moment gar nicht an so Gravierendes erinnern, was ich nennen müßte.

Frage: Schreibtischtäter?[7]

Antwort: Nein, das ist ja furchtbar hochgespielt worden. Ich bin selbst einer, denn ich tue also das meiste am Schreibtisch statt woanders. Aber das Allgemeine – wenn dort Fehler sind, dann müssen die, die mit mir zu tun haben, mit diesen Fehlern leben. Diesen Willy Brandt, so, wie er geworden ist, und so alt, wie er jetzt auch geworden ist, den funktioniert keiner mehr um. Ich sehe – das klingt auch in Ihrer Frage an – die Sorge vieler auch, die es gut mit mir meinen und die sagen, ist er nicht zu kollegial oder zu liberal.

Frage: Und auch zu loyal?

Antwort: Ich gebe zu, daß das manchmal mißverstanden worden ist, nicht immer belohnt worden ist. Aber im ganzen ist es nicht nur so, daß ich nicht aus meiner Haut heraus kann, sondern daß für diesen Stil auch auf Grund meiner Überzeugung mehr spricht als für einen autoritären.

Frage: Herr Bundeskanzler, Sie sagten, der Willy Brandt, wie er geworden ist. 1969 trat ein Willy Brandt vor die Fernsehkameras und vor die Öffentlichkeit, wie man ihn eigentlich nicht mehr oder nicht in Erinnerung gehabt hatte von 1965, von 1961.[8] Sie kennen diese

Dinge viel besser als ich. Was war das eigentlich, was zu diesem anderen Willy Brandt 1969 geführt hatte?
Antwort: Ich weiß nicht, ob man sich selbst so analysieren kann. Es war sicher 1969 eine stärkere Sicherheit da. 1965 war ich in einer besonders schlechten Form gewesen. 1969 hatte ich dann auch drei Jahre Außenministerzeit hinter mir, und ich hatte auf einem, jedenfalls für meine Begriffe, wichtigen Feld gezeigt, was man machen kann, selbst unter den nicht immer ganz einfachen Arbeitsbedingungen der Großen Koalition. Aber das andere gehört auch dazu. Sie müssen bedenken, meine Partei hatte ihren schwersten Rückschlag im Jahr vor 1969 erlebt, den schwersten Wahlrückschlag überhaupt wohl in der Geschichte der Bundesrepublik, nämlich den bei den baden-württembergischen Landtagswahlen.[9] Und von da an hatten meine Freunde und ich angesetzt, um nun den Bundestagswahlkampf so gut wie möglich zu führen.
Frage: Herr Bundeskanzler, Sie sagten 1969, wenn ich mich recht erinnere und wenn ich es richtig wiedergelesen habe, daß Sie es probieren würden, und sei es auch nur für ein Jahr.
Antwort: Ja.
Frage: Was war das, war das ein sichtbarer Wille zur Macht? Das ist ein, wie soll ich sagen, seltsames und seltsam entschiedenes Wort auch, wo schon Risiko sichtbar wird.
Antwort: Das waren zwei Dinge. Ich war fest davon überzeugt, daß wir die Große Koalition nicht weiter haben dürften. Jetzt verstehen Sie das bitte richtig. Ich gehöre nicht zu denen, die der Großen Koalition Steine nachwerfen. Es gab ja in meiner Partei sehr unterschiedliche Meinungen. Ich selbst war zunächst gar nicht so sicher 1966, aber dies war damals notwendig des Staates wegen, und die Große Koalition hat, zumal in ihrer ersten Zeit, eine ganze Reihe von Dingen in Ordnung gebracht. Sie hat sogar in der Außenpolitik – auch wenn es dann manche nicht mehr wahrhaben wollten – eigentlich, wenn auch noch etwas überbehutsam, die Politik eingeleitet, die dann diese Regierung entwickelt hat. Aber der Gesamtheit wegen, der Atmosphäre in diesem Staat wegen, des Verhältnisses zu den jungen Menschen wegen und zur Arbeiterschaft durfte dies nicht zu lange dauern. Das hätte starke

Flügelbildungen ergeben, rechts und links, den Radikalismus gefördert. Und das zweite war: Meine Partei – das sage ich jetzt nun einmal etwas ungeschützt und auf die Gefahr hin, daß dies sogar parteiegoistisch klingen könnte, es ist dies nicht – brauchte, wenn sie ihre Anhänger, ihre vielen Millionen Wähler nicht enttäuschen wollte, wenn die parlamentarische Basis dafür zu schaffen war – und sei es noch so schwach – dieses, eben nicht die zweite Geige zu spielen, sondern dann, wenn es ging, auch die erste.

Frage: Herr Bundeskanzler, alle, die Ihnen näher begegneten und näherstehen, rühmen an Ihnen Ihre Loyalität. Wünschten Sie sich nicht manchmal, daß Ihnen ein Schuß Rigorismus eigen wäre, der Ihre Loyalität vielleicht auch einmal begrenzen könnte?

Antwort: Ich habe schon gesagt, ich glaube nicht, daß man sich, wenn man 58 ist, selbst noch ändern kann im wesentlichen. Man kann zu tatsächlichen Dingen Erfahrungen sammeln und, wie gesagt, darf nie sich zu alt fühlen, um nicht noch etwas dazu lernen zu können. Aber was Verhaltensweisen angeht, müßte man sich Gewalt antun. Und außerdem ist es so, wenn es notwendig ist, dann wird auch entschieden. Es mag etwas daran sein. Nicht auf Kosten der Loyalität, das haben Sie sicher auch nicht gemeint. Ohne Loyalität kann ich mir ein vernünftiges Regieren nicht vorstellen, auch nicht die Führung einer großen Partei. Aber das würde ich auch schon zugeben, daß ich auf dem einen oder anderen Gebiet in manchen Fällen etwas früher hätte durchgreifen sollen. Das will ich gar nicht bestreiten. Das versuche ich dann zu bedenken. Aber ob ich dann wirklich daran denke, wenn es jeweils soweit ist, das kann ich nicht garantieren.

Frage: Haben Sie Ihre Loyalität mißbraucht gesehen?

Antwort: Ja.

Frage: Kann man den Fall Schiller[10] als einen solchen Loyalität ...?

Antwort: Nein, der fällt heraus aus dem Rahmen. Schiller ist Schiller.

Frage: Und Ihre Loyalität verbietet es Ihnen, diese Verletzung der Loyalität namhaft zu machen?

Antwort: Ja.

Frage: Herr Bundeskanzler, hat nicht manchmal die Diskussionslust in Ihrer eigenen Partei von der jüngeren Seite Ihr Amt erschwert?

Antwort: Natürlich wäre manches etwas bequemer gewesen. Das, was Sie Diskussionslust nennen, hat die Regierung hier und da ins Zwielicht gebracht, wie ich glaube, objektiv falsch, aber manche haben es so gesehen, und hat die Leute verschreckt. Aber was hilft es. Ich war mit dafür, daß die jungen Leute von der Straße ins politische Leben hineinkamen. Man kann nicht alles haben wollen. Man kann nicht haben wollen, daß wir möglichst nicht politische Krawalle in den Straßen haben und gleichzeitig in den etablierten Parteien Friede, Freude, Eierkuchen haben. Das ist nicht gut möglich. Nein, was ich dabei bedauere, ist etwas anderes, wissen Sie. Die verschiedenen legitimen Strömungen in meiner Partei sind nicht deutlich genug geworden. Die, die nun – ich sage jetzt nicht die Rechten – sehr viel mehr Erfahrungen auch mit den Auseinandersetzungen zwischen ideologischen Strömungen hinter sich haben, die haben sich nicht so oft zu Wort gemeldet. Weswegen nicht? Weil sie sehr viel anderes zu tun gehabt haben. Manche der jüngeren Freunde haben sehr viel mehr Zeit, sich zu melden, und die anderen stecken drin. Aber ich bedauere im ganzen nicht diese Diskussionsfreudigkeit, denn sie bewahrt einen davor, daß die Füße einschlafen. Und sie wird eben jetzt auch zunehmend dazu führen, daß denjenigen, die sich etwas wichtiger gemacht haben, als sie sind, deutlich gemacht wird, wo ihre Begrenzungen liegen. Wenn ich z. B. so lese, was mit dieser oder jener Äußerung verbunden wird, dann wird es häufig ganz übersteigert, als ob nun hier ein Beitrag zu einer Meinungsbildung schon eine vorweggenommene Entscheidung sei. So stellt es sich vielen dar. Das wird sich aber, glaube ich, einrenken.
Frage: Herr Bundeskanzler, Ihr Minister Ehmke hat Sie einmal als Typ Angler charakterisiert. Abgesehen davon, daß Sie auch Angler sind. Aber es besagt natürlich auch etwas über politische Verhaltensweisen. D.h., das ist das eher Nachdenkliche, das eher Beharrende, vielleicht auch Zögernde, Abwartende. Ist das eine in Ihrer Sicht richtige Charakterisierung?
Antwort: Ich weiß nicht, wieviel Ehmke vom Angeln versteht. Denn die Sache mit dem Typ Angler könnte auch interpretiert werden als etwas, was mit, sagen wir einmal, mehr List oder Listigkeit ver-

bunden wäre, als, ich glaube, mir eigen ist. Aber wenn damit jemand gemeint ist, der eigentlich bedächtig an die Dinge herangeht, wenn damit auch jemand gemeint ist, der nicht jede Stunde einen Erfolg braucht – ein Angler kann, was viele Nicht-Angler ja nicht wissen, sehr glücklich sein, auch wenn er den ganzen Tag nichts gefangen hat, weil er es schätzt, allein zu sein und mit der Natur verbunden zu sein und entweder nachzudenken oder, was über bestimmte Zeiträume hinweg ebenso wichtig ist, an überhaupt nichts zu denken, sondern nur so auszusehen, als ob man an etwas denke – wenn das damit gemeint ist, dann will ich gar nicht polemisieren.

Frage: Herr Bundeskanzler, Sie sprechen von Listigkeit und lenken schon fast damit, unfreiwillig vielleicht, auf Konrad Adenauer hin. Golo Mann und Leute, die weniger kompetent sind als Golo Mann, haben Sie gelegentlich mit Konrad Adenauer verglichen oder auf eine Stufe gestellt. Ist dies ein Vergleich, der Ihnen schmeichelt, den Sie schätzen?

Antwort: Da ist man zu befangen. Mir kommt der Vergleich eher konstruiert vor, ich glaube, abgesehen von den ganz verschiedenen Zeiten. Außerdem wenn wir daran denken: Adenauer wurde Bürgermeister in Köln, da war Kaiser Wilhelm noch Nummer eins in Berlin. Es ist ein riesiger Altersunterschied. Es ist eine ganz andere Gedankenwelt auch, aus der heraus der eine und der andere gekommen sind. Aber ich würde nicht sagen, daß nicht auch etwas Schmeichelhaftes in dem Vergleich liegt. Denn daß Adenauer ein Mann war, der gezeigt hat, wie man einen Staat regiert und wie man unter sehr schwierigen Verhältnissen ihn in einen größeren Zusammenhang hineinstellt – ganz abgesehen davon, daß er es verstanden hat, genügend Abstand zu schaffen von der Zeit, in der dieses Volk bei Kriegsende sich auch hätte zerfleischen können in Nazis und Nicht-Nazis –, das ist schon alles sehr beeindruckend. Aber, wie gesagt, ich bin zu befangen, um mich dazu äußern zu können. Die, die einen solchen Vergleich vorbringen, meinen damit aber sicher etwas für mich nicht Nachteiliges.

Frage: Halten Sie die Parallele für erlaubt, daß Sie im Grunde genommen die Versöhnungspolitik nach Osten betreiben, die Konrad

Adenauer nach Westen betrieb? Das ist im Grunde genommen diese Vergleichsgrundlage.

Antwort: Da ist eine ganze Menge daran. Wobei man eben hinzufügen muß, daß Adenauer dies in seinen späteren Jahren auch nach Osten gewollt hat. Das weiß ich nicht nur auf Grund der schriftlichen Dinge, die er dazu hinterlassen hat – die sind gar nicht so umfangreich –, sondern das weiß ich auf Grund von Gesprächen mit ihm darüber. Er hatte nicht mehr die Kraft, dieses durchzusetzen, was er dazu wollte. Ich bin nicht sicher, ob er es ebenso angegangen wäre wie ich. Das ist etwas anderes. Wir haben einmal sehr ausführlich in dem Jahr, als er abtrat, darüber gesprochen in Berlin, aber auch in Bonn noch, als er nicht mehr Bundeskanzler war und sich bitter beklagt hat über das, was er als Unzulänglichkeiten der deutschen Politik gegenüber der Sowjetunion empfand.

Frage: Herr Bundeskanzler, eine letzte Frage. Wenn die Mehrheit der Wähler, an die sich Ihre eigentliche Vertrauensfrage richtet,[11] Sie auf die Oppositionsbank verweisen würde, würden Sie der Oppositionsführer sein wollen?

Antwort: Die Frage ist ganz legitim. Nur ist es so. Wenn ich die Heide Rosendahl gefragt hätte – ich habe es nebenbei ihr gesagt am Abend vor dem großartigen Lauf am Sonntag –, ob sie mit der Silbernen Medaille zufrieden sein würde, dann hätte sie nein gesagt, ich will mich anstrengen, die Goldene zu bekommen.

Frage: Dies ist klar. Aber trotz aller Anstrengungen kann sie Ihnen verwehrt werden, weil ein anderer vielleicht in dem Moment besser in Form ist oder eine glücklichere Stunde hat?

Antwort: Nur, das ist so, wissen Sie, für den praktischen Politiker, jedenfalls für mich, daß, auf eine solche Sache bezogen, man, wenn man jetzt wie in diesem Augenblick in einen Wahlkampf hereingeht, ihn nicht führt alternativ a) mit dem Blick darauf, daß man das schafft, und b) darauf, daß man es nicht schafft.

Nr. 76
Aus dem Protokoll der Pressekonferenz mit dem Bundeskanzler, Brandt
25. September 1972[1]

AdsD, WBA, A 8, 69.

[...]

Frage: Sie hatten in Ihrem Interview mit dem „Spiegel" gesagt, Sie seien überzeugt, daß bei den übergelaufenen Abgeordneten Korruption im Spiele sei.[2] Welches sind Ihre Gründe dafür? Können Sie schon Namen und Summen nennen?
BK Brandt: Ich muß auf den Zusammenhang hinweisen. Als ich am Sonnabend abend, oder wann immer es war, Nachrichten hörte, hätte ich, wenn ich nicht selbst den Zusammenhang gekannt hätte, glauben können, ich hätte zu diesem Komplex eine Erklärung abgegeben. Davon kann überhaupt keine Rede sein. Ich habe ein Interview gegeben, und in diesem Interview wurde mir die Frage gestellt: „War Korruption im Spiel?" Darauf Brandt: „Daran kann für mich kein Zweifel sein". Frage: „Bei wem?" Brandt: „Das wird alles noch rauskommen".

Zur ersten Antwort „Daran kann für mich kein Zweifel sein." Sollte ich nein sagen, wenn meine subjektive Überzeugung eine andere war oder ist? Das konnte ich doch nicht. Ich konnte doch diese Frage nicht gegen meine subjektive Überzeugung beantworten. Das wäre doch unrecht gewesen. Also wiederhole ich: Meine subjektive Überzeugung war und ist, daß bei vollzogenem und versuchtem Fraktionswechsel auch finanzielle Dinge im Spiel gewesen sind. Soweit zur ersten Frage und zur Antwort darauf.

Mit der zweiten Antwort, „Das wird alles noch rauskommen", habe ich einer Hoffnung Ausdruck gegeben und mich z. B. auch darauf bezogen, daß in einem im vergangenen Jahr in der Presse ausgiebig erörterten Fall Gerichte sich gegenwärtig um eine Klärung bemühen.

[...]

Frage: Sehen Sie eine Chance dafür, Ihre subjektiven Vermutungen zu objektivieren in Sachen Korruption? Können Sie Roß und Reiter nennen, und warum haben Sie das, da Sie sich auf parlamentarische Vorgänge beziehen, nicht dem Parlament vorgetragen?
BK Brandt: Was heißt „Roß und Reiter"? Ich bin gefragt worden, und ich habe auf diese Frage nicht entgegen meiner Überzeugung geantwortet. Hier soll man die Dinge nicht umdrehen. Im Parlament gibt es mehr als genug Herren in allen Lagern, die wissen, wovon ich geredet habe. Ich habe dem hier nichts hinzuzufügen, und ich werde nicht zulassen, daß Leute versuchen, die Dinge auf den Kopf zu stellen und von den eigentlichen Themen abzulenken, über die zu reden ist.
Frage: Sind Sie möglicherweise nicht der Meinung, daß es sich bei diesem Vorwurf um eine Aussage handelt, die von großem öffentlichen Interesse ist, und daß es vielleicht doch angemessen wäre, es hier nicht bei allgemeinen Äußerungen zu belassen, sondern einen genaueren Hinweis zu geben?
BK Brandt: Ich bin nicht geneigt – weder heute noch in den nächsten acht Wochen –, mich auf irgendwelche Nebengleise schieben zu lassen, sondern ich rede von dem, worum im Wahlkampf gesprochen worden ist. Wenn ich zu anderen Dingen gefragt werde, antworte ich entsprechend meiner Überzeugung. Etwas anderes kann niemand von mir erwarten.
Frage: Ich darf noch einmal auf Ihr Interview mit dem „Spiegel" zurückkommen. Sie haben ja von Korruption gesprochen.
BK Brandt: Ich habe nicht von Korruption gesprochen, sondern ich bin nach Korruption gefragt worden! Ich bitte, doch die Dinge wirklich so zu lassen, wie sie hier stehen.
Frage: Sie haben gesagt, Sie hielten das für möglich, ohne Namen zu nennen. (BK Brandt: Genau.) Sie haben gerade am Wochenanfang in einem Kreis von Journalisten gesagt, daß Sie einen fairen Wahlkampf führen wollten. Halten Sie es nicht für fair, Anschuldigungen nur dann zu erheben, wenn Sie auch Namen nennen können.
BK Brandt: Ich halte es für richtig – das habe ich versucht zu sagen –, nicht entgegen meiner subjektiven Überzeugung zu antworten. Das

andere ist nicht meine Angelegenheit. Ich bin kein Staatsanwalt in der Bundesrepublik Deutschland.
Frage: Werden Sie mit Dr. Barzel im Fernsehen diskutieren?
BK Brandt: Das habe ich längst vorgeschlagen, aber leider ist von der CSU noch immer keine Antwort eingegangen. Ich habe vorgeschlagen, daß die vier Parteivorsitzenden Brandt und Scheel, Barzel und Strauss zu drei oder vier Fernsehaussprachen zusammenkommen und nach Vereinbarung schön der Ordnung nach einmal über Außenpolitik, einmal über Wirtschaftspolitik, über Währung und über die sonstige Innenpolitik diskutieren. Also keine Wald- und Wiesendiskussion: ein bißchen Außenpolitik, dann ein bißchen Währungspolitik, ein bißchen innere Sicherheit, und das alles durcheinander gerührt. Ich habe vorgeschlagen, daß die Termine bald vereinbart werden. Aber, wie gesagt, die Antwort des CSU-Vorsitzenden steht noch aus. Ich hoffe, daß sie bald kommen wird und daß die Termine bald vereinbart werden. So war es im Juli [1972] vorgeschlagen, und ich hoffe, daß die Sache dementsprechend auch durchgeführt wird.
Frage: Dr. Barzel hatte vorgeschlagen, außer diesen drei oder vier Diskussionen der vier Parteivorsitzenden noch direkt mit Ihnen im Fernsehen zu diskutieren.
BK Brandt: Ich kann mir sehr gut vorstellen, daß er das außerdem möchte. Ich möchte d i e s e Diskussion!
Frage: Als im Amt befindlicher Regierungschef, wie Sie das vorhin dargelegt haben, hat Ihr Wort besonderes Gewicht. Würden Sie angesichts dessen bereit sein, auch wenn Sie nur eine subjektive Überzeugung ausgesprochen haben, zu sagen, worauf sich diese subjektive Überzeugung gründet?
BK Brandt: Nein, ich wünsche dem heute nichts hinzuzufügen, was ich hier gesagt und erläutert habe.
Frage: Sie sagten vorhin auf eine Frage, Sie seien zum Thema Korruption gefragt worden, hätten also selbst nicht von Korruption gesprochen. Habe ich das richtig verstanden? In dem Interview heißt es: „Daran kann für mich kein Zweifel sein". Ist das eine Aussage, eine Vermutung?

BK Brandt: Nachdem vorhin irrtümlicherweise gesagt worden war, ich hätte das Thema Korruption zur Sprache gebracht, habe ich gesagt – und jeder kann sich an Hand des Textes davon überzeugen –, ich sei danach gefragt worden.

Jetzt wiederhole ich zum vierten oder fünften Male: Darauf habe ich meiner subjektiven Überzeugung gemäß geantwortet. Ich hätte doch nicht mit nein antworten können, wenn meine Überzeugung durch das Nein nicht gedeckt wird?

[...]

Nr. 77
Vermerk über das Gespräch des Bundeskanzlers, Brandt, mit dem Präsidenten des Deutschen Bundestages, von Hassel
1. Oktober 1972[1]

AdsD, WBA, A 8, 69.

Zu Beginn des Gesprächs wies der Bundestagspräsident auf seine Schreiben hin und wiederholte seine Forderung, der Bundeskanzler möge „handfeste Beweise" für seine Behauptungen, es sei Korruption im Spiel gewesen, vorlegen oder aber wenigstens diejenigen, die er nicht gemeint habe, aus diesem Vorwurf entlassen.[2] Er selbst habe, insbesondere auf den entsprechenden Passus im Schreiben von Minister Ehmke vom 27. September 1972 [hin], versucht, darüber nachzudenken, ob an dem Vorwurf etwas dran sein könne. Er sei aber zu der Überzeugung gekommen, dies sei nicht der Fall. So könne die von Dürr erwähnte Äußerung von Helms „Mein Hof!" aufgrund eines Telefongesprächs, das er damals schon mit Helms geführt habe, nur so zu verstehen sein, daß er damit sich auf die Drohungen gegenüber seinem Hof und seiner Familie bezogen habe.[3]

Der Bundeskanzler legte nach einer Darstellung seiner Äußerungen im Spiegel-Gespräch und in der Pressekonferenz die Gründe im einzelnen dar, die ihn zu seiner Überzeugung gebracht haben. Er wies darauf hin, daß er kein Staatsanwalt sei, daß einige Dinge aber durch Abgeordnete in den nächsten Tagen in eigener Verantwortung dargestellt werden würden. Es sei nicht seine Aufgabe, diesen Angaben nachzugehen, sie seien jedoch für seine Überzeugungsbildung wichtig gewesen.

Der Bundeskanzler begründete die Beantwortung des ersten Schreibens des Bundestagspräsidenten durch den Chef des Bundeskanzleramtes damit, daß der Brief bereits am nächsten Tag sinngemäß in der Bild-Zeitung gestanden habe, und wies ferner darauf hin, daß das zweite Schreiben des Bundestagspräsidenten in polemischer Weise der Öffentlichkeit präsentiert worden sei. Er gehe davon aus, daß er nunmehr mit dem Bundestagspräsidenten in beider amtlichen Eigenschaft spreche.

Der Bundeskanzler erklärte, er begegne sich mit dem Bundestagspräsidenten in der Sorge um das Ansehen des Parlaments. Aus diesem Grunde bedaure er, daß der Bundestagspräsident sich bisher nicht in der Lage gesehen oder nicht die Möglichkeit gehabt habe, die seit geraumer Zeit – innerhalb und außerhalb des Bundestages – diskutierten Vorwürfe aufzuklären. Er habe keinen pauschalen Vorwurf gegen den Deutschen Bundestag oder gegen eine bestimmte Gruppe erhoben. Er habe damit vielmehr seiner Sorge Ausdruck verliehen, daß die Würde des Parlaments und des demokratischen Staates Schaden leiden könnte. Hierzu wies er auf einen Passus in seiner Oberhausener Rede hin.[4]

Der Bundeskanzler erwähnte sodann den Fall Geldner. Er habe keinen Zweifel daran, daß Ende 1970 Geldner großzügige finanzielle Angebote gemacht worden seien und daß parallel dazu in einem von den Herren Strauß und Stücklen mitunterzeichneten Dokument ihm ein Bundestagsmandat der CSU nicht nur für 1973, sondern auch für 1977 angeboten wurde. Er zitierte hierzu den Artikel von Herbert Wehner im „Express" vom 28.9.1972.[5]

Der Bundeskanzler teilte ferner mit, daß sich der Abgeordnete Dr. Bardens in eigener Verantwortung über eine ihm gegebene Information äußern werde, die sich darauf beziehe, daß Ende 1970 mehrere Abgeordnete durch das Versprechen finanzieller Vorteile zum Fraktions-Wechsel veranlaßt werden sollten.[6] Es handele sich dabei um eine detaillierte Information, die er selbst sich nicht zueigen zu machen brauche, die seine Überzeugung jedoch bestärkt hätte. An dieser Aktion sei die CSU und die Rechte beteiligt gewesen.

Der Bundeskanzler wies darauf hin, daß sich deutlich gezeigt habe, daß mit dem Begriff der Korruption nicht nur finanzielle Zuwendungen gemeint seien (corrumpere bedeute auch verderben). Auch das Angebot sicherer Mandate, die Erhaltung politischen Einflusses und die Sicherung der persönlichen politischen Karriere könnten in die gleiche Richtung wirken. Besonders bei einigen Abgeordneten, deren politische Zukunft in ihrer Partei unsicher, wenn nicht sogar beendet ist, könne dies erfolgversprechender sein als direkte Geldangebote. In diesem Zusammenhang erwähnte der Bundeskanzler die Abgeordneten Hupka, [Günther] Müller und Helms.

Der Bundeskanzler wies dann darauf hin, sein Eindruck und seine Überzeugung entspreche dem, was hierzu seit Monaten in der deutschen Öffentlichkeit geäußert worden ist und in der deutschen und zum Teil auch in der ausländischen Presse berichtet worden ist. So habe Herr Vetter rund von „Abgeordnetenkauf" gesprochen, was er – der Bundeskanzler – sich jedoch nicht zueigen machen wolle. Bundesminister Scheel habe in der Bundestagsdebatte vom 27. April 1972 von „handfesten Dingen" gesprochen, und der Abgeordnete Dr. Dietrich Sperling habe am 26. April 1972 im Bundestag gesagt, jeder, der am nächsten Tag dort abstimme, stehe leider „unter dem Verdacht, einen honorierten Gang zur Urne zu tun".[7] Beide Äußerungen seien vom Bundestagspräsidenten nicht gerügt worden. Frau Lieselotte Funcke habe in einem Interview am 27. September 1972 davon gesprochen, daß, „da verschiedene Fälle von Zusagen bekannt geworden sind, im vornherein nichts ausgeschlossen werden" könne.[8] Der Abgeordnete Dürr habe ihm einige Vorkommnisse mitgeteilt, die dieser dann auch öffentlich bekannt gegeben habe, und bezüglich des Abgeordneten Dr. Günther Müller habe ihm der Abgeordnete Rechtsanwalt Günther Metzger eine zusätzliche Mitteilung gemacht über ein Gespräch Pfingsten 1972, in dem Müller die Frage, ob er zur

CSU gehen werde, verneint und hinzugefügt habe, es sei ihm aber eine sechsstellige Summe angeboten worden. Der Bundeskanzler wies darauf hin, daß der Wahlkampf der von Müller gegründeten Aktion „Soziale Demokraten 72" nach dem Urteil von Sachverständigen eine halbe Million [DM] gekostet habe. Er erwähnte die – bis heute unwidersprochene – Darstellung in der Fernsehsendung „Monitor" vom 12. Juni 1972 über die Mitwirkung von CSU-Mitgliedern bei der Gründung der Aktion und die Methoden der Unterschriftenwerbung. Der Bundeskanzler bekräftigte seine Ansicht, daß Dr. Müller seine Wähler im Kommunalwahlkampf in München irregeführt habe, indem er für die „Sozialen Demokraten 72" ein Mandat errungen habe und dann zur CSU übergetreten sei.[9] Er nenne dies einen korrupten Vorgang im Sinne der politischen Bedeutung des Begriffs „Korruption".

Was die von Dürr behaupteten Äußerungen des Abgeordneten Helms betreffe, so habe er – der Bundeskanzler – selbst bei seinem Gespräch mit Helms im April dieses Jahres den Eindruck gewonnen, daß dessen Existenz auf dem Spiel stand. Im übrigen könne ein Angestellter des Bundestages eine weitere Bemerkung von Helms bezeugen.[10]

Der Bundeskanzler erwähnte sodann den ihm von Herbert Wehner mitgeteilten und auch durch Interviews in die Öffentlichkeit gebrachten letzten Versuch, einen SPD-Abgeordneten zum Übertritt zu veranlassen.[11] Hierüber gebe es auch eine schriftliche Unterlage.

Zusammenfassend wies der Bundeskanzler noch einmal darauf hin, daß er sich aus Sorge um das Ansehen der Volksvertretung geäußert habe. Er habe keine Verdächtigung, zumal keine pauschale Verdächtigung der Abgeordneten vorgenommen, die in den letzten drei Jahren die Fraktion gewechselt haben. Es handele sich darum, dass in der Öffentlichkeit vorgebrachte Beanstandungen nicht ausgeräumt worden seien. Hierzu habe er eine politische Wertung vorgenommen, die abzuändern keine Veranlassung bestehe. Es genüge, was öffentlich bekannt ist, und es wäre absurd, wenn er – der Bundeskanzler – der einzige oder einer der wenigen in unserem Staate sein sollte, der sich zu diesen bedauerlichen Vorgängen keine Meinung gebildet habe. Einer Antwort auf die ihm gestellte Frage habe er nicht ausweichen können, sonst hätte er sich in Widerspruch zu seiner Überzeugung äußern müssen. Eine Zurücknahme der im Interview gegebenen Antwort sei nicht möglich, weil die durch Tatsachen erhärtete Überzeugung dem entgegenstehe. Politisch sehe er die Sache so: Die vorgezogenen Neuwahlen seien wegen der Mandatsübertragungen notwendig geworden. Er könne den Wählern nicht gegen seine Überzeugung sagen, daß dabei alles mit rechten Dingen zugegangen sei.

Der Bundeskanzler fügte hinzu, ihm sei nicht erkennbar, was der Präsident des aufgelösten Bundestages hierzu noch meine klären zu können. Wenn er dies jedoch meine, beziehe er – der B[undes-]K[anzler] – sich auf die ihm genannten Mitglieder des Parlaments.

Zum Abschluß drückte der Bundeskanzler die Überzeugung aus, daß er sicher mit Herrn von Hassel darin einig sei, man müsse im VII. Deutschen Bundestag alle erforderlichen Anstrengungen unternehmen, um die Würde und Integrität des Parlaments im Interesse der Demokratie der Bundesrepublik Deutschland zu sichern.

Der Bundeskanzler äußerte schließlich die Vermutung, es werde sich nicht vermeiden lassen, daß die öffentliche Erörterung über diesen Fragenkomplex sich ausweite.

Präsident von Hassel dankte dem Bundeskanzler für seine Darstellung und seine Offenheit.

Er sei sehr neugierig zu erfahren, wer noch am Schluß einen SPD-Abgeordneten habe gewinnen wollen. Es sei doch kein Zweifel darüber möglich gewesen, daß alle Fraktionen die Auflösung des Bundestages gewollt hätten. Dies sei auch dadurch deutlich geworden, daß man im Ältestenrat sich nicht etwa – wozu er persönlich geneigt habe – für eine Unterbrechung der Bundestagssitzung am 22.9.[1972] bis nach der Entscheidung des Bundespräsidenten über die Auflösung entschieden habe, sondern daß er die Sitzung mit einer – wenn auch konditionalen – Schlußbemerkung beendet habe.[12] Er wundere sich daher über die Angaben von Herrn Wehner.

Der Bundeskanzler entgegnete, man dürfe nicht nur vom Institutionellen ausgehen, wie das Herr von Hassel tue. Das sei nicht die ganze Welt, in der wir leben. Er habe selbst nie angenommen, daß die

Unionsführung etwas mit dem Vorgang zu tun gehabt habe. Aber das schließe doch nicht aus, daß es andere gegeben habe, die aus ihrer – möglicherweise verständlichen – Sicht versucht hätten, noch etwas zu drehen. Auch wenn jemand aus der CSU-Führung mit Herrn Zoglmann über die Abwerbung von Abgeordneten gesprochen habe, so brauche der CDU-Führung davon nichts bekannt geworden sein.

Der <u>Bundestagspräsident</u> ging dann auf die Frage ein, warum er in den Sitzungen vom 26. April und 27. April [1972] auf die vom Bundeskanzler genannten Äußerungen keinen Ordnungsruf erteilt habe. Er brachte vor, ihm sei es damals darum gegangen, die Ruhe im Parlament zu erhalten, sonst hätte er Sperling einen Ordnungsruf erteilt. Auf den Einwand des <u>Bundeskanzlers</u>, dann hätte er Sperling doch am nächsten Tag zu sich rufen können, entgegnete er, dies habe er in der Tat tun können, aber am nächsten Tag sei ja auch allerhand los gewesen. Außerdem sei die Äußerung des Abgeordneten Sperling nicht so wichtig wie eine solche des Bundeskanzlers. B[undes]M[inister] Scheel habe dagegen eine mehr philosophische Rede gehalten. Der Begriff der „Korruption" habe ja auch eine große Bandbreite und bezeichne nicht nur finanzielle Dinge.

Was die Äußerung des Abgeordneten Dr. Bardens anlange, so sei diese Angelegenheit ja doch schon zwei Jahre her, und damals hätte man, wenn man diese Aussage gekannt hätte, doch einen parlamentarischen Untersuchungsausschuß einsetzen können. Im übrigen habe er über Geldner eine eigene Meinung. Wie der Bundeskanzler sicher wisse, laufe gegen ihn ein Meineidsverfahren.

Er – von Hassel – habe sich gedacht, der Bundeskanzler solle sagen, daß er das Parlament und die Abgeordneten nicht pauschal habe verunglimpfen wollen. Er möge doch seinen Vorwurf auf die, die er meine, eingrenzen und die anderen aus ihm entlassen, sonst entstehe der Eindruck, auch draußen, alle seien in Bonn korrupt. In zwei Fällen sollte man die Angelegenheit klären, seine Kollegen würden sich äußern.

Der <u>Bundeskanzler</u> entgegnete, seine Äußerungen ließen sich nicht in dieser Weise einengen. Er wiederhole, daß er nicht den gesamten Bundestag, auch nicht alle Fraktionswechsler gemeint habe und daß er mit „Korruption" auch nicht nur finanzielle Zuwendungen gemeint habe. Er sei bereit, dies in einem Brief mitzuteilen, er sei jedoch nicht bereit, das Thema einzuengen. Wie der Fall Geldner zeige, gehe es nicht allein um die Frage, ob jemand aufgrund von Versprechungen übergetreten ist, sondern auch darum, ob dies versucht worden sei. Hätte er – der Bundeskanzler – das Manuskript des Spiegel-Gesprächs nicht am Freitag im Bundestag in Eile durchsehen müssen, hätte er als Antwort auf die Frage, ob Korruption im Spiel sei, vielleicht hineingeschrieben: „Dies ist leider nicht auszuschließen." Dies wäre nicht falscher gewesen, hätte aber die Gemüter nicht so erregt wie seine jetzige Äußerung. Trotzdem stehe er zu seiner Äußerung.

Der Bundeskanzler kündigte an, daß er Herrn von Hassel am Montag einen Brief schreiben werde, möglicherweise zusammen mit einem Vermerk. Er sei auch bereit, dies Abgeordneten wie Herrn Dr. Starke zugänglich zu machen.[13]

Herr von Hassel führte aus, alle hätten ein Interesse daran, daß der Wahlkampf nicht mit diesem Thema geführt werde. Alle Parteien seien gleichermassen „im Skat", und die NPD werde sagen, alle anderen seien korrupt, nur sie komme noch für den Wähler in Betracht. Er schlage dem Bundeskanzler vor, Abgeordneten, die er nicht gemeint habe, einen Brief zu schreiben etwa mit der Wendung „Sollten Sie sich gemeint fühlen, so bedaure ich das".

Als Parteimann wäre er – von Hassel – eher dafür, daß aus diesem Gespräch mit ihm nichts herauskomme. Als Bundestagspräsident wäre er jedoch über eine Klärung froh.

Der Bundeskanzler erwiderte, es wäre gut, wenn der Bundestagspräsident sein Verständnis dafür ausdrücken könnte, daß er – der Bundeskanzler – Gründe für seine Überzeugung gehabt habe.

Herr von Hassel erwiderte, daß er solches Verständnis nicht haben könne. Er könne sich gar nicht vorstellen, daß es Leute gebe, die Gelder zahlten, um Abgeordnete zum Übertritt zu bewegen. Andererseits sei es sehr schwierig gewesen, die Verhaltensregeln für Abgeordnete im Bundestag noch durchzubringen, da von allen Seiten Einwendungen gekommen seien. Nur der Zeitdruck habe dazu geführt, daß sie doch noch zustande gekommen sei[en]. Er selbst habe dabei vorgeschlagen, jeder Abgeordnete, der die Fraktion wechselt, solle das Recht haben, die Gründe für seinen Übertritt ohne Debatte im Bundestag zu begründen und dabei auch anzugeben, ob ihm Zusicherungen gegeben worden seien. Dieser Vorschlag sei leider abgelehnt worden (Dr. Scholz ergänzte hierzu: „Auf Vorschlag von Dürr"). Er – von Hassel – könne sich auch nicht vorstellen, daß von Dr. Bardens und Günther Metzger Handfestes komme.

Am Schluß des Gesprächs kam Herr von Hassel noch einmal auf die Bemerkung des Bundeskanzlers zurück, eine Ausweitung der öffentlichen Erörterung über den Fragenkomplex werde sich nicht vermeiden lassen. Er fragte, ob nicht doch eine Lösung gefunden werden könnte, eine solche öffentliche Diskussion zu vermeiden, die keinem nütze.

Der Bundeskanzler schlug daraufhin vor, daß ein erneutes Treffen am Dienstag, dem 3. Oktober [1972] stattfindet.[14]
‹Wilke›[15]

Nr. 78
Schreiben des Bundeskanzlers, Brandt, an den Präsidenten der Bundesvereinigung der Deutschen Arbeitgeberverbände, Friedrich
23. Oktober 1972

AdsD, WBA, A 1, 20.

Sehr geehrter Herr Dr. Friedrich,
ich möchte mein Erstaunen über Ihr Schreiben vom 17. Oktober 1972, das mir bereits am 18. Oktober [1972] aus der Presse bekannt wurde, zum Ausdruck bringen.[1]

Zunächst einmal muss ich dem Eindruck widersprechen, der durch Ihre Interventionen in der Öffentlichkeit erweckt wurde, als habe ich den Wahlkampf „in die Betriebe" getragen. Davon kann überhaupt keine Rede sein.

Zutreffend ist allein, dass ich in der Zeit des Vorwahlkampfes in einigen wenigen Fällen Einladungen angenommen habe, die von Unternehmensleitung und Betriebsrat gemeinsam ausgesprochen wurden.

Zutreffend ist weiter, dass ich mich in meinen gelegentlichen Ansprachen auf Betriebsversammlungen – auch ausserhalb von Wahlzeiten – zu wirtschafts- und sozialpolitischen Themen äussere, die zu erörtern das Betriebsverfassungsgesetz gerade nicht ausschliesst.

Sie werden es auch nicht als einen Verstoss gegen das Betriebsverfassungsgesetz werten wollen, wenn mich Unternehmensleitungen im Zusammenhang mit Betriebsbesuchen zu Aussprachen bitten, um mir z. B. Sorgen ihrer Branche darzulegen.

Jetzt liegt mir noch die Einladung eines grösseren Werks vor. Die Unternehmensleitung beruft sich dabei ausdrücklich auf meine früheren Besuche, einmal als Berliner Bürgermeister, das andere Mal als Aussenminister.[2] Es wäre nicht höflich, wenn ich eine solche Einladung aufgrund Ihrer Intervention absagte.

Der gemeinsame Wunsch von Unternehmensleitung und Arbeitnehmern, den Bundeskanzler zu hören, zeigt doch gerade, dass hierin von den Gastgebern weder eine Störung des Arbeitsablaufs noch eine Beeinträchtigung des Betriebsfriedens gesehen wird. Dies kann auch gar nicht der Fall sein, wenn ich in der Verantwortung des Regierungschefs zu aktuellen Fragen und insbesondere auch zu Problemen des Arbeitslebens spreche. Unerwünschte Auswirkungen treten vielmehr ein, wenn von Ihrer Seite parteiische Stellungnahmen auf den Markt gebracht werden.

Ich bin, wie Sie wissen, auf dem Gebiet der Betriebsbesuche nicht ganz unerfahren. Schon in meinen Berliner Jahren habe ich als Regierender Bürgermeister – unabhängig davon, ob Wahlen bevorstanden oder nicht – wiederholt auf Betriebsversammlungen gesprochen. Dem Betriebsfrieden hat dies nicht geschadet, und es hat auch keine Einwände des Arbeitgeberverbandes gegeben.

Und schliesslich: Mir liegt eine stattliche Dokumentation über Betriebsbesuche früherer Bundeskanzler vor, auch in Zeiten vor der Wahl. Wie soll ich es mir eigentlich erklären, dass die Vereinigung, für die Sie sprechen, damals nicht in Andeutungen beanstandet hat, was Sie jetzt meinen, öffentlich rügen zu müssen? Es ist nicht das Betriebsverfassungsgesetz, das sich insoweit geändert hat. Also hat sich die Haltung Ihrer Vereinigung geändert, weil es einen sozialdemokratischen Bundeskanzler gibt. Dass Sie – unter Berufung darauf, für die Arbeitgeber in ihrer Gesamtheit zu sprechen – sich mir gegenüber anders einstellen als gegenüber meinen Amtsvorgängern, halte ich im Interesse einer weiteren gedeihlichen Zusammenarbeit für bedauerlich.
Mit freundlichen Grüßen
‹Ihr Willy Brandt›[3]

Nr. 79
Aus dem Hintergrundgespräch des Bundeskanzlers, Brandt, mit Vertretern der katholischen Presse
25. Oktober 1972[1]

AdsD, WBA, A 3, 470.

[...]
[FRAGE]: Sie wissen, daß ein Teil der Katholiken ihre Entscheidung zur Wahl auch von solchen Dingen abhängig macht wie z.B. der Stellung einer Partei zur Reform des § 218 [StGB]. Nun ist bekannt, daß die Bundesregierung einen Gesetzentwurf, der die Indikationslösung vorsieht, vorgelegt hat. In der Zwischenzeit hat der SPD-Parteitag sich für die Fristenlösung ausgesprochen.[2] Wäre es nicht hilfreich, wenn die SPD expressis verbis erklären würde – ich habe gehört, daß so etwas in der Partei im Gespräch ist –, das sei eine Frage, über die jeder Abgeordneter nach seinem Gewissen entscheiden

kann, und daß sie dies entsprechend in der Öffentlichkeit bekannt gibt? Jetzt scheint, mindestens in der allgemeinen Öffentlichkeit, die Meinung zu bestehen, die SPD habe sich für die Fristenlösung entschieden. Das wird Ihnen nicht sehr hilfreich sein. Ich meine, man müßte, wenn es so ist, daß man den Abgeordneten völlige Freiheit in dieser Entscheidung läßt, dies auch in aller Deutlichkeit in der Öffentlichkeit erklären.

BUNDESKANZLER: Ich bin dankbar dafür, daß Sie diese Frage hier gestellt haben. Ich möchte vorschlagen, daß Sie das, was ich dazu sage, als etwas zu Ihrer Orientierung und nicht zum direkten Zitieren nehmen. Wenn ich das zum Zitieren freigeben würde, müßte ich meine Worte mehr wählen oder Hemmungen haben, ob das, was ich sage, nicht als Wahltaktik aufgefaßt wird. Ich will das aus meiner Sicht darzustellen versuchen und Ihnen auch ein paar Erörterungen mitteilen, die es in den Gremien meiner Partei gegeben hat.

Vorausschicken möchte ich folgendes: Ich stoße immer wieder auf das Mißverständnis, als ob der Staat, wenn er eine bestimmte Materie, die so schwierig ist wie diese, regelte, damit die Kirche oder die Kirchen daran hinderte, strengere Maßstäbe anzulegen. Davon kann keine Rede sein. Wir wissen genau, daß die Kirche von ihren Gläubigen mehr erwartet, als der Staat glaubt normieren zu können. Das gilt für weite Bereiche des sozialen Lebens.

Nur, wir standen vor folgender Frage: In der Programmkommission für den Dortmunder Parteitag fragte man sich, ob man eine weiche Formulierung wählen sollte, die die verschiedenen Meinungen zu dieser Frage wiedergibt. Dann haben wir gesagt: nein. Wehner hat dabei den Ausschlag gegeben. Dies würde, so schwierig die Situation sein wird, die Geschichte nicht leichter machen. Denn wir würden nicht glaubwürdig sein, wenn wir in unserer Wahlplattform nicht sagten, daß ein außerordentlicher Parteitag der SPD zu dieser Sache mit großer Mehrheit das und das festgestellt hat. Wehner und ich gehörten nicht zu dieser Mehrheit.[3] Aber uns jetzt herumzumogeln und zu tun, als gäbe es diesen Beschluß nicht, hätte als eine doppelzüngige Politik erscheinen müssen.

Deshalb haben wir sauber registriert: Hier geht es um eine Frage, die neu zu regeln ist. Hier geht es darum, menschlicher Not auf andere Weise beizukommen als mit diesem Paragraphen des Strafgesetzbuches, der so nicht bleiben kann. So war die Debatte in der Kommission. Wir mußten das deutlich machen. Es ist interessant, wie sehr es im Laufe der letzten Jahre durchgedrungen ist. Diese lautstarken Geschichten der ersten Jahre sind zurückgedrängt, und dieses Mißverständnis, als ob es zu den Kriterien einer modernen Gesellschaft gehöre, möglichst viele Abtreibungen zu haben, geht langsam weg. Man ist sich einig, daß man zu einer Lösung hinkommen und daß man dafür die Voraussetzungen schaffen muß, damit sich diese Frage überhaupt nicht in dem hohen Maße stellt wie bisher.

Nun registrieren wir einfach: Ein Parteitag der SPD hat dem zugestimmt, was man Fristenlösung nennt. – Absatz. Er hat aber auch festgestellt, daß dies für Sozialdemokraten eine Frage ist, die sie nach ihrem Gewissen zu entscheiden haben. Dies darf man nicht taktisch sehen; deshalb meine Bitte, dies als Hintergrundinformation zu betrachten. Dies würde für eine Zusammensetzung des Bundestags, die sich nicht sehr stark von der unterscheiden wird, wie sie im Herbst war, von Bedeutung sein.

Ich gehe noch etwas weiter. Ich habe der Programmkommission meiner Partei folgendes gesagt. Mal unabhängig von meinem Standpunkt – den habe ich genau von dieser Stelle aus im Kabinett vertreten, weil ich zu der Kabinettsmehrheit gehöre, die die andere Lösung eingebracht hat – habe ich meinen Parteifreunden gesagt: Was wollt ihr euch und anderen alles zumuten? Wir sind jetzt auf einem ganz anderen Gebiet, wo viel weniger Gewissensfragen berührt waren – ich meine die Außenpolitik –, wo die Mehrheit schwierig war, durchgekommen. Das hat sich rascher gesetzt, als wir geglaubt hatten. Vieles ist nicht mehr so umstritten. Aber in einer Frage wie dieser kann ich mir nicht vorstellen, daß man so etwas mit knapper Mehrheit durchsetzen kann.

Nun weiß ich weiter, daß einige Freunde aus meiner Partei und aus der Regierung in einem Gespräch sind mit Herren der CDU – da gibt es Gespräche mit Herrn Kohl, da gibt es Gespräche mit Herrn Mikat –, wie man, gestützt auf den Regierungsentwurf, zu etwas kommen könnte, was wohl auch aus kirchlicher Sicht immer noch – vorsichtig gesagt – mit größten Bedenken zur Kenntnis genommen werden würde, wozu aber eine breite Mehrheit „ja" sagen könnte. Es muß eine andere Mehrheit sein als die der Partei, denn dies ist eine Frage, die eine andere Dimension hat.

Jedenfalls wird dies mein Bestreben sein. Ich muß mich nicht nach dem Parteienschema richten, sondern hier muß man eine breite Zustimmung erhalten. Um es ganz offen zu sagen: Hier muß etwas gefunden werden, bei dem sich auch ein Teil des im Parlament vertretenen katholischen Bevölkerungsteils nicht einfach übergangen fühlt. Deshalb diese Gespräche, die für diesen Bundestag nichts mehr bringen konnten. Aber man hat das nächste Mal etwas mehr Zeit, wenn man früh mit dem Gespräch anfängt und wenn man vielleicht in der Mitte der Vierjahresperiode versucht, die Sache zu beraten.

[FRAGE]: Darf man dem, was Sie sagen, entnehmen, daß auch eine neue Regierung Brandt keinen Gesetzentwurf zur Fristenlösung einbringen wird?

BUNDESKANZLER: Ehrlich gesagt, ich habe mir selbst noch nicht klargemacht, wenn ich ein Kabinett hätte, das sich nach der Haltung der einzelnen Herren zu dieser Frage zusammensetzt, und wenn sich dann ergäbe, daß, anders als im jetzigen Kabinett, es keine Mehrheit für den Entwurf geben würde, den wir jetzt eingebracht hatten. Dann ist es eine Frage, ob der Bundeskanzler, obwohl es eine andere Mehrheit gibt, sagt: Ich bringe diesen Entwurf nicht ein. Das ist auch verfassungsmäßig in einer solchen Frage schwierig. Ich kann mir nicht gut vorstellen, daß wir einen anderen Entwurf haben werden.

[...]

[FRAGE]: Die Bundesregierung hat zugesagt, etwa 1 000 Asiaten aus Uganda aufzunehmen.[4] Nun ist zu hören, daß sich die Länder gegen die Aufnahme sperren würden. Wie kann die Bundesregierung ihr Versprechen wahr machen, diese 1 000 Leute aufzunehmen, wenn sich die Länder dagegen sperren?

BUNDESKANZLER: Wir werden uns durchsetzen. Ich habe im Kabinett eine ganz andere Vorlage gehabt. Die Kabinettsvorlage war, wir sollten Geld geben. Und ich habe gesagt: Das können wir nicht machen. Wenn sogar jedes von den skandinavischen Ländern, die vor dem Hintergrund der norwegischen EWG-Entscheidung[5] mehr darauf achten, ihre Identität zu wahren, ein Kontingent aufnimmt, können wir nicht sagen: wir geben da ein paar Millionen. Das müssen wir tun, aber wir müssen auch einige Menschen aufnehmen. Es kam das Argument: Sprache, Gewohnheiten, Beruf. Es sind überwiegend Händler, das macht die Sache schwierig. Wenn man einen Handwerker findet, ist man gut dran. Die Sprache ist Quatsch – die sprechen Englisch und haben es leichter als die Türken, die wir in größerer Zahl haben. Religion? Aber ein Land mit 60 Mill[ionen] Menschen muß auch 1 000 Muselmanen, oder was sie im einzelnen sein mögen, ertragen können. Das muß doch möglich sein. Wir werden uns in dieser Frage durchsetzen.

Wenn ich bei der Gelegenheit sagen darf: Wir brauchen, egal wer nach der Wahl regiert, wenn nicht einen Minister, so doch einen sehr hochgestellten Beamten, der sich mit den Fragen der in der Bundesrepublik tätigen Ausländer insgesamt befaßt. Das kann nicht einfach dem Zufall überlassen bleiben, daß die jeweils abgefordert werden, von dort 10 000, von dort 20 000, ohne ernsthaft zu sehen, wo liegt die kritische Grenze. Die liegt etwa da, wo sie jetzt ist. Man muß sehen, wo liegen die Probleme bei den Schulen, bei Wohnungen usw. Das kann nicht den Arbeitsverwaltungen der Länder und den großen Firmen allein überlassen bleiben. Das geht bis hin zu der Frage, daß diese Ausländer ihre Selbstvertretungskörperschaften bilden und die Gemeinderäte mit ihnen zusammen beraten. Ich bin gegen die Vertretung in den Kommunen, aber sie sollen ihre eigene Vertretung haben, um alles mit den kommunalen Stellen besprechen zu können.

Nach dem Wahlsieg am 19. November 1972 geben Willy Brandt und Walter Scheel (re.) eine Erklärung zur Fortsetzung der sozialliberalen Koalition ab; im Hintergrund der später als DDR-Agent enttarnte Referent im Kanzleramt Günter Guillaume (dritter von re.).

Nr. 80
Schreiben des Bundeskanzlers, Brandt, an den Vorsitzenden der CDU, Barzel
20. November 1972[1]

AdsD, WBA, A 8, 2.

Sehr geehrter Herr Dr. Barzel,
ich möchte mich für das Telegramm bedanken, das Sie mir gestern abend geschickt haben.[2]

Die Mehrheit der mündigen Bürger hat entschieden. Meiner Meinung nach stellt diese Entscheidung auch eine Absage an Methoden dar, die auch Sie im Grunde nicht billigen werden und über die im Interesse unserer Demokratie nicht einfach zur Tagesordnung übergegangen werden kann.[3]

Dieser Hinweis ändert nichts an meiner Bereitschaft zu sachlicher Zusammenarbeit mit der Opposition im neuen Bundestag. Ich möchte Ihnen vorschlagen, dass wir vor der Konstituierung des neuen Bundestages zu einem ausführlichen Gespräch zusammentreffen.[4]

Mit verbindlichen Empfehlungen
Ihr
⟨Br[andt]⟩[5]

Nr. 81
Hs. Schreiben des Vorsitzenden der SPD und Bundeskanzlers, Brandt, an die stellvertretenden Vorsitzenden der SPD, Wehner und Schmidt
27. November 1972

AdsD, WBA, A 8, ungeordnet.

Lieber Herbert,
lieber Helmut,
Ihr werdet schon wissen, dass sich meine Halsgeschichte etwas in die Länge zieht. Ich werde also an den Koalitionsgesprächen praktisch nicht teilnehmen können. Denn wenn ich am Freitag/Sonnabend [1./2. Dezember 1972] nach Hause komme, soll ich weitere knappe zwei Wochen noch nicht sprechen dürfen bzw. nur flüstern können.[1] Sicher ist, dass ich ab 12./13. [Dezember 1972] an den Sitzungen teilnehmen und – mit dem Arzt abgesprochen! – am 15. [Dezember 1972] die vorgesehene kurze Erklärung[2] abgeben kann.

Mir liegt sehr daran, dass die Koal[itions]gespräche nicht unter Hinweis auf meine Nichtteilnahme verzögert werden. Ich kann ja nach jeder Sitzung die Besprechungsergebnisse bekommen + mich dann schriftlich dazu äussern.

Ob Ihr an meiner Stelle jemand anders in die Delegation aufnehmen wollt, möchte ich Euch überlassen.[3]

Jedenfalls empfehle ich ab Dienstag[4] Ausgliederung von Einzelthemen, Beauftragung von „Experten" (auch, damit auf unserer Seite die Verantwortung verbreitert wird) und Berichterstattung an Gesamtkommission in der nächsten Woche.

Ausserdem empfehle ich, Horst Ehmke und das BKA um die Vorschläge und Formulierungshilfen zu bitten, die sie normalerweise für mich zur Verfügung gestellt hätten.

Über Walter Scheel schreibe ich noch ein paar Zeilen direkt für das Dienstag-Gespräch.[5] Vielleicht könnt Ihr darauf hinweisen – auch unter Bezug auf mich –, dass einiges, was über die Koal[itions]-

gespräche berichtet wird, wenig sachdienlich ist. Ich lese immer wieder, erst werde über Sach-, erst dann über Personenfragen beraten. Das ist nicht richtig. Nach den <u>Sach</u>fragen – oder im Zusammenhang mit diesen – wird über Fragen der Regierungs<u>struktur</u> gesprochen werden. Eigentliche <u>Personal</u>fragen gehören nicht in den grossen Kreis. Ausserdem kann niemand dem Bundeskanzler die Verantwortung abnehmen, die er nach dem GG zu tragen hat.

Für die Fraktionssitzung am Mittwoch [29. November 1972] werde ich morgen noch ein paar Grussworte schicken.

Nicht wahrnehmen kann ich den für 5.12.[1972] vorgesehenen Gewerkschaftsrat. Er sollte aber auf keinen Fall abgesagt werden.

Ebenso wäre ich dankbar, wenn das Gespräch mit dem Vorstand der Jungsozialisten in dieser oder der nächsten Sitzung stattfinden könnte – damit auch dies stattgefunden hat, wenn am 17.12.[1972] der Parteirat zusammentritt.

Beste Grüsse
Euer W[illy]

Und Dienstagfrüh, bitte, Alex [Möller], Georg [Leber], Heinz [Kühn] + Karl [Wienand] grüssen!

Nr. 82
Hs. Schreiben des Vorsitzenden der SPD und Bundeskanzlers, Brandt, an den Vorsitzenden der FDP und Vizekanzler, Scheel
28. November 1972

AdsD, WBA, A 8, 68.

Lieber Herr Scheel,
Ihren freundlichen Brief habe ich gestern abend noch bekommen.[1]

Es wäre doch gut, wenn in dieser und der nächsten Woche – über die Expertengespräche hinaus – Entscheidungen <u>vorbereitet</u>, also auch formuliert würden.

Dabei gebe ich zu erwägen, ob Sie nicht im kleineren Kreis – d. h. mit den beiden Fraktionsvorsitzenden und den Kollegen Schmidt und Genscher – einmal das 4. FDP-Ressort und den Bereich Wirtschaft/Finanzen durchsprechen wollen.[2]

Bei einigen meiner Parteifreunde hat es erstaunte Fragen wegen Ihres ZDF-Interviews am Sonntagabend gegeben. Der eine und andere meint, Ihr Hinweis auf die erst noch zu schaffende „Koalitionsmehrheit" könnte so aufgefasst werden, als wollte sich die FDP u. U. auch eine andere Koalitionsmöglichkeit offenhalten.[3] Ich halte diese Auslegung für absurd.

Wichtiger ist der andere Punkt: Im Sommer hatten wir erwogen, Wirtschaft und Finanzen wieder zu trennen – damals allerdings unter der Voraussetzung, dass nicht ein weiteres „klassisches" Ministerium an die FDP gehen, sondern dass diese das Innenministerium abgeben würde. Wir haben vereinbart, dass die FDP im Gesamtbereich Wirtschaft und Finanzen ministerielle Verantwortung übernehmen würde – ohne dass wir uns auf die Wiederherstellung der alten Grenzlinien festgelegt hätten.[4] Schon zu einem früheren Zeitpunkt waren wir miteinander davon ausgegangen, dass die FDP ein viertes Kabinettsmitglied stellen würde.

Wenn Helmut Schmidt seine Vorstellungen darlegt, werden Sie sehen, was alles im Wirtschaftsbereich bleibt. Ausserdem ist es eine alte Erfahrung, dass man die Landschaft verändern muss, wenn die Akteure meinen, sich in den alten ‹surroundings›[5] nicht mehr bewegen zu können. Mit anderen Worten: Es gibt noch eine Reihe interessanter Abgrenzungsprobleme. Ich habe nichts dagegen, dass die Fachleute darüber miteinander reden (miteinander erst, die Presse kommt dann immer noch) und Vorschläge machen.

Herzliche Grüsse
Ihr Willy Brandt

Nr. 83
Vermerk des Bundeskanzlers, Brandt, zur Regierungsbildung
28. November 1972[1]

AdsD, WBA, A 8, 68.

Überlegungen zur Regierungsbildung

1. „Kontinuität"
a) Festzustehen scheint, dass
    Schmidt (unabh[ängig] von Ressortabgrenzung),
    Leber,
    Arendt ihre Ressorts behalten
    Ebenso:
    Scheel
    Genscher
    Ertl
    Weiter, dass
    Ehmke und Eppler,
    vermutlich auch Dohnanyi und Franke
    im Kabinett bleiben werden
b) Im übrigen rechtfertigt ein Wahlerfolg (bei allem bitteren Nachgeschmack, den Voraufgegangenes hinterlassen haben mag), zu sagen, dass man im wesentlichen mit der „bewährten" Mannschaft weitermachen will und (Anregung H[elmut] S[chmidt]) ein Revirement in der Mitte der Legislaturperiode von vornherein in Aussicht nimmt
    Frage:
    Soll dieser Hinweis der Fraktion kurz vor oder ‹nach Wahl Bu[ndes]ka[nzler]›[2] gegeben werden?

2. Geringe Möglichkeiten zur Veränderung

a) Neue Gesichter werden sich u. U. beschränken auf
    Vogel,

Erste Seite von Willy Brandts 14seitigem Entwurf für den Vermerk vom 28. November 1972 zur Regierungsbildung.

neue Ministerin,
4. FDP-Minister
evtl. ein paar BM ohne Geschäftsbereich
sowie ein paar neue PStS

b) Innerparteiliche Erwägungen und sicher noch zunehmende regionale Interventionen wirken in Richtung auf weitgehende Bewahrung dessen, was ist

– z. B. bei H[elmut] S[chmidt] allgemeiner Wunsch nach Erneuerung, aber verständlicherweise konkreter Hinweis betr. E[gon] F[ranke]

– z. B. Erwartung in Schl[eswig]-Holstein, dass Lauritz [Lauritzen] sein Ressort behält (in Verbindung mit der Möglichkeit, dass er den nächsten Landtagswahlkampf führen soll)

Hinweis und Bitte um weitere Überlegung:

Es wäre vermutlich vernünftig, wenn die Schl[eswig]-Holsteiner einen jüngeren Kandidaten fänden. Tun sie das nicht, kann Lau[ritzen]s Position hier für dort kein zwingender Hinderungsgrund sein.

Vgl.: Vogel will den L[and-]T[ags]-Wahlkampf [in Bayern] auch aus einem Bonner Ministeramt führen. Dröscher bei uns, Köppler und Stoltenberg bei den andern haben ihn mit dem B[undes-]T[ags]-Mandat geführt.

Aber es ist wichtig, dass wir neben Schl[eswig]-Holstein und Bayern auch die anderen Länder sehen:

Unsere Saarländer haben ein ausserordentliches Ergebnis gebracht. Wenn irgend möglich, sollten sie sich mit einem der ihren als PStS in der Regierung wiederfinden.

Neben Schl[eswig]-Holstein bietet Rh[einland]-Pfalz die beste Chance, die Mehrheit im Bundesrat zu kippen.[3] Also muss auch dieses Land berücksichtigt werden (Dröscher wünschte, dass Dohn[anyi] und C[onrad] A[hlers] in ihren Ämtern blieben).

Bleibt das Sorgengebiet B[aden]-W[ürttemberg]: Soll Eppler nun Landesvorsitzender werden oder nicht? Ist das gleichbedeutend mit Führung des nächsten L[and-]T[ags]-

Wahlkampfes? Welche der in Betracht kommenden Bonner Aufgaben würde hierzu passen?

Bevor Bu[ndes]ka[nzler] endgültig über Kabinett entscheidet, müsste er eigentlich vom Präsidium (oder wem sonst) wissen, wie diese und damit zusammenhängende Interessen der Partei gesehen werden.

c) Nicht gut denkbar ist, dass aus der jetzigen Regierung allein <u>einer</u> (G[erhard] J[ahn]) ausgewechselt wird.
   <u>Frage:</u>
   Wenn nicht nur einer, wer dann noch?
   Anders herum: Welche andere Aufgabe (Fraktion?) kann G[erhard] J[ahn] in Aussicht gestellt werden, falls Justiz neu zu besetzen ist?

3. <u>Interdependenz: W[issenschaft]/F[orschung] – Bau – B[ildung]/ W[issenschaft] – Inneres</u>

a) Entscheidend ist Vorklärung der Frage, wie das Ressort Schmidt abgegrenzt werden soll (wobei ohnehin klar, dass es einen <u>Schatzkanzler</u> nach unserer Verfassung nicht geben kann.)[4]
Eindruck: FDP wird im wesentlichen alte Ressorttrennung beantragen (die auch Schiller für Zeit nach Wahlen angeregt hatte), aber hieraus keinen ernsten Konflikt werden lassen, sondern verbleibendes Wirtschaftsressort (Industrie und Gewerbe, Handel?) – von dem ja auch nach unseren Vorstellungen noch etwas getrennt werden müsste – als leichtgewichtig hinzustellen versuchen, um Innenressort ungeschmälert zu erhalten
und sich vielleicht sonst noch um eine Kompensation zu bemühen.
(Allerdings könnte dem Rest-Wirtschaftsressort auch einiges zugeführt werden: ‹Luftfahrt›[5], Kerntechnik?)
   <u>Fragen:</u>
   ‹Sollte Rest-Wirtschaft von FDP ausgeschlagen werden, käme von uns wohl an erster Stelle K[laus] D[ieter] A[rndt] in Betracht?›[6]

In diesem Fall könnte auch der H[elmut] S[chmidt]-Vorschlag ventiliert werden, Aussenhandel und Entwicklungshilfe zusammenzulegen (wobei davon auszugehen ist, dass das AA seinen Teil der Zuständigkeit nicht aufgeben wird)
b) Nächste wichtige Vorfrage:
  übernimmt Vogel Justiz (mit Bodenrecht)
    Verkehr
    oder Bau
- Bau hier zu verstehen einschl[ießlich] Bauverwaltung von Fin[anzministerium] und, wenn irgend möglich, Raumordnung von Inneres ‹Bauwi[rtschaft] von Wi[rtschaftsministerium]›[7]
- wenn Vogel Justiz oder Verkehr – Lauritzen wohl Bau, wie bisher?
- wenn Vogel Bau – Lauritzen oder Apel Verkehr?
- Lauritzen ev[entuell] Post bis zur Verselbständigung[8], danach wegen Schl[eswig]-Holstein ohne Geschäftsbereich?
c) Weitere wichtige Frage, ob B[ildung]/W[issenschaft] getrennt werden soll. Falls ja,
- soll dann Hochschule bei Bildung bleiben?
- muss Berufsbildung zu einem Schwerpunkt gemacht werden! D.h. Zusammenfassung der betr. Referate aus Arbeit und Wirtschaft
- möglichst politische Bildung von Inneres nach hier
- ev[entuell] „Jugend" aus dem Strobel-Ministerium hierher
- Personell spräche manches dafür, Eppler mit dieser innenpolitischen Aufgabe zu betrauen,
  gegen v[on] D[ohnanyi] ist ohnehin erheblicher Widerstand angekündigt
- für den Forschungs- und Technologiebereich wäre dann anzustreben, dass die Kommunikationsfragen, im wesentlichen von Inneres, dazu kommen – ev[entuell] auch Dienstaufsicht über Post, falls nicht separate Lösung (s. oben) opportun.
- Personell käme für diesen Bereich an 1. Stelle H[orst] E[hmke] in Betracht.

Aber was dann mit v[on] D[ohnanyi] (vgl. Dröschers starke Intervention und v[on] D[ohnanyi]s eigener Wahlerfolg)[9].
- Bei Nichttrennung von B[ildung]/W[issenschaft] ist H[orst] E[hmke], der nicht zur Justiz möchte, am Gesamtressort interessiert.

d) Aus Vorstehendem ergibt sich, dass – ohne auf weitergehende Vorstellungen einzugehen –
bei Inneres einige Abstriche zu machen wären: Raumordnung, Medienpolitik, poli[tische] Bildung. (Ausserdem weist Bu[ndes]ka[nzler] darauf hin, dass die Organisationsfragen der Regierung in Verbindung mit Abt. V BKA zu bearbeiten sind.)[10]
Ebenfalls müsste das gegebenenfalls von der FDP zu verantwortende Wirtschaftsressort – über die neue Grenzziehung hinaus – einige Abstriche machen: Berufsbildung, ev[entuell] Verbraucherpolitik (zu Familie?), ‹Kap[ital]hilfe›[11]
Dafür sind aber <u>Kompensationen</u> bei Inneres bzw. bei anderen FDP-Ressorts denkbar.
Bei Inneres: Teile des BMB, falls dieses nicht beibehalten wird, sowie Reaktorsicherheit.
Beim AA: Gesamtkoordinierung der Europapolitik, was Wirtschaft gar nicht leicht fallen wird. (Bu[ndes]ka[nzler] muss auf jeden Fall – so bereits mit Scheel abgesprochen – Möglichkeit des direkten Kontakts mit den Regierungschefs behalten).
Bei Industrie, wie erwähnt, Luftfahrt, Kerntechnik

4. <u>Weitere Ressortfragen</u>

a) Hier und da taucht der Gedanke auf, das <u>Strobel-Min[isterium]</u> wieder zu teilen (so W[erner] Figgen mit dem Hinweis, Heinz Westphal als möglichen BM für Jugend und Sport – letzteres jetzt im wesentlichen bei Inneres! – wenn nicht für das Gesamtressort vorzusehen.)
Käte Strobel hat nachdrücklich für Erhaltung und Ausbau ihres Ministeriums plädiert.

Bu[ndes]ka[nzler] neigt zu Beibehaltung. Allerdings Abgabe von Jugend an Bildung, wenn möglich. Und Hinzunahme von Verbraucherpolitik, also: Gesundheit, Familie, Verbraucher.

- Personelle Präferenz Bu[ndes]ka[nzler]: K[atharina] F[ocke], falls diese nicht zur [Bundestags-]Präsidentin gewählt oder nicht entschieden werden sollte, dass sie – etwa als Europa-Staatsministerin – ins AA geht.
- Falls K[atharina] F[ocke] ausfällt und A[nnemarie] R[enger] nicht inzwischen [Bundestags-]Präsident geworden ist, wird wohl vom Bu[ndes]ka[nzler] erwartet, dass er eine ihm im wesentlichen verweigerte Loyalität mit der Berufung ins Kabinett quittiert?
- Bu[ndes]ka[nzler] stimmt mit H[elmut] S[chmidt] überein, dass auch Hans Apel guter Europa-Staatsminister im AA wäre.

‹b) Falls Eppler Bildung macht, käme für Entwicklungshilfe ‹H[ans] J[ürgen] W[ischnewski]›¹² in Betracht.›¹³

‹c) E[gon] F[ranke] geht davon aus, dass BMB erhalten bleiben und „Leitstelle" für DDR und Berlin werden soll. Bu[ndes]ka[nzler] meint, diese Aufgaben gehören eher ins BKA. Ob der Rest noch ein Ministerium trägt? Allerdings kommen neue Aufgaben, wie die Besuche entlang der Grenze, hinzu.›¹⁴

5. BKA, BPA

a) Für BKA deutet sich eine starke Dreierlösung an mit einem parteilosen StS als Chef BKA,
E[gon] B[ahr] (mit noch zu bestimmendem Status) im BKA (wohl weiterhin auch Berlin-Bevollmächtigter), und Ehrenberg als PStS.
b) Bu[ndes]ka[nzler] kann nicht darauf verzichten, dass er – unter Berücksichtigung der Erfahrungen – eigene Planungsabteilung behält.
c) Betr. BPA steht wegen des Präferenzvorschlages des Bu[ndes]ka[nzlers] ein Gespräch mit Scheel aus, der persönliche Erkundigungen einziehen wollte.
Kommt es zur Betrauung von W[echmar], wird dies von der FDP

anerkannt werden. Die zweite Stelle wäre in diesem Fall mit Grünewald (H[erbert] W[ehner] und H[elmut] S[chmidt] wären beide einverstanden) oder mit Wolfgang Jansen zu besetzen.

6. PStS bzw. Staatsminister[15]

Als Ergebnis verschiedener Gespräche – so auch mit Genscher am Freitag – ist festzuhalten:
- keine Änderung des GG, denn wir wollen uns auch in dieser Frage nicht von der Opposition abhängig machen
- Ge[nscher] hat seine Punkte für Gesetz über Rechtsstellung: betr. Bundestagsbezüge wie Bundesminister – Berufsverbot und dafür gewisses Pensionsrecht
- davon ausgehen, dass jedes Kabinettsmitglied mit Ressort einen PStS haben wird, im Einzelfall aber auch mehr als einen haben kann
- Ohne materielle Sonderstellung des Betroffenen soll das Gesetz – und die Praxis im Vorgriff – die Möglichkeit geben, einem PStS die Amtsbezeichnung Staatsminister ⟨(o.ä.)⟩[16] zu geben.

7. Regionale Fragen

Während jeder BM im Prinzip seinen PStS auswählt, müssen wir diesmal mit einem Tableau kommen, durch das Partei und Fraktion sich insgesamt einigermassen wiederfinden.
- Werner Figgen erwartet für den stärksten Parteibezirk, dass W[alter] A[rendt] sein Ressort behält und Heinz W[estphal] nach Möglichkeit BM wird
- Vogel schlägt Porzner für ein Bundesratsministerium vor (oder auch für Jugend und Sport)
  Als PStS nennt er („insbesondere"):
  ⟨2 Bayerl, Fellermaier, 3 Haack, Herold, 1 Porzner, 4 de With.⟩[17]
- Dröscher weist, nachdem er Dohn[anyi] und Ahlers genannt hatte, in neuem Brief noch auf Bardens und Müller-Emmert hin[18]
- Bu[ndes]ka[nzler] bittet zu überlegen, ob – wegen Saar – Brück als PStS im BMZ in Betracht kommt (E[rhard] E[ppler] möchte am

liebsten seinen tüchtigen bisherigen PR berufen, aber genau das kann nicht der Sinn der Institution des PStS sein!)
- durch Ehrenberg käme erstmals ein Abg[eordneter] aus Weser-Ems in die vorderste Linie.

8. BM ohne Geschäftsbereich?

H[elmut] S[chmidt] hat im 1. Koalitionsgespräch darauf hingewiesen, dass es wahrscheinlich besser sei, einige BM ohne Ressort als mit Mini-Ressort zu haben. Scheel scheint ähnlich zu denken.

Wenn man hierauf eingeht (2 oder 3 von der SPD, einen von der FDP), bedeutet ohne besondere Aufgaben: ohne eigenen Geschäftsbereich – die Aufgaben würden ihnen für kürzere oder längere Zeit durch den Bu[ndes]ka[nzler] zugewiesen. Aber sie hätten nur persönliche Büros und müssten sich im übrigen der Apparatur vorhandener Ministerien bzw. des BKA bedienen.

a) Bu[ndes]ka[nzler] hat Politik betr. ausländ[ischer] Arbeitnehmer genannt, dabei allerdings zunächst an einen „Beauftragten" gedacht gehabt. (Genannt waren unter dieser Voraussetzung ‹Matthöfer›[19], Mattick und – durch Vetter – Walter Haas.)

‹b) Bu[ndes]ka[nzler] gibt zu erwägen, zwar nicht einen Energieminister zu bestellen, aber einen BM diesen Typs mit der Federführung für das anzukündigende energiepolitische Gesamtkonzept zu betrauen.›[20]

c) Scheel hat am 28.1.[1972] im Koalitionsgespräch genannt, man könne auch an eine herausgehobene Beauftragung betr. Vermögenspolitik denken. ‹Ph[ilipp] R[osenthal] ohne BM›[21]

d) Denkbar, dass ein BM (Porzner?) den Kontakt mit den Ländern übertragen bekommt, ohne daraus ein Ressort zu machen. ‹Verkehrssicherh[eit] ausw[ärtige] Kulturpol[itik]›[22]

e) Falls BMB aufgelöst: denkbar, dass E[gon] F[ranke] für Zonenrand-, Besucherfragen etc. „zuständig" wird. Demhingegen bei Scheel und Bu[ndes]ka[nzler] gewisse Bedenken, ob man dem Vertreter bei der DDR Status als BM geben soll.

f) Bu[ndes]ka[nzler] behält sich vor, E[gon] B[ahr] in eine solche Kategorie einzubeziehen.
g) Innerparteilich nicht ohne Belang: gerade wenn eine hier genannte Personalie so schonsam behandelt wird, wäre es dringend erwünscht, wenn auch andere sich im Kabinett wiedererkennen würden.

9. Weitere Möglichkeiten

Wenn es für sinnvoll bzw. zweckmässig gehalten wird, könnte versucht werden, für einige einen Status als Sonderbotschafter zu erlangen. (Für Carlo [Schmid] ist dies im Gange.)[23]
Einige StS-Fragen u. ä. werden ausserhalb dieses Vermerks behandelt.

Nr. 84
Vermerk des Bundeskanzlers, Brandt, über die Koalitionsverhandlungen von SPD und FDP
8. Dezember 1972[1]

AdsD, WBA, A 8, ungeordnet.

I. Beide Parteien gingen in der Besprechung am 23. November 1972 davon aus, dass ihre weitere Zusammenarbeit sich auf einen eindeutigen Wählerauftrag stützt und an die Regierungserklärung vom Oktober 1969[2] ebenso anknüpft wie an die seitdem gemeinsam geleistete Arbeit.

Sozialdemokraten und Freie Demokraten sind sich darin einig, dass ihr Regierungsbündnis im Bundestag keine Politik mit wechselnden Mehrheiten zulässt.

II. Man verständigte sich über Fragen der parlamentarischen Arbeit und über das Wiedereinbringen von Vorlagen, die im VI. Bundestag nicht abschliessend behandelt werden konnten.

Man war sich gleichfalls einig, dass es am Bemühen um das staatspolitisch erforderliche Zusammenwirken mit Ländern und Bundesrat nicht fehlen sollte.

III. In den Besprechungen am 23. und 28. November 1972 wurden für die Vorbereitung der Regierungserklärung folgende Punkte unstrittig geklärt:
1.) Aussen-, Europa- und Sicherheitspolitik
2.) Deutschland- und Berlin-Politik
3.) Verteidigungspolitik – hierbei zu Protokoll:
    a) Hinweis auf Dauer des Wehrdienstes im Zusammenhang mit Fragen der Wehrstruktur,
    b) dass Bundeswehrhochschulen ihren Platz schliesslich im Rahmen integrierter Gesamthochschulen finden sollen,
    c) Probleme des zivilen ‹Ersatzdienstes›[3]:
       Mehr Plätze – Zivildienstgesetz in ursprünglicher Fassung wieder einbringen – Prüfungsverfahren möglichst verbessern.
4.) Innere Sicherheit

IV. Zu den Grundlinien der Wirtschafts- und Finanzpolitik wurde für die Regierungserklärung festgehalten:
1.) Die stabilitätspolitischen Bemühungen sollen energisch weitergeführt werden, und zwar in enger Zusammenarbeit mit der Bundesbank, in Abstimmung mit den europäischen Partnern und durch geeignetes Einwirken auf die für Löhne und Preise maßgeblichen Kräfte, auf der Grundlage des 15-Punkte-Stabilitätsprogramms.
2.) Es wird davon ausgegangen, dass der Haushalt 1973 im Februar [1973] in Übereinstimmung mit den vorwegbeschlossenen Eckwerten eingebracht wird. Dabei wird über den Ausgleich zu entscheiden sein. Steuerliche Mehrbelastungen können, jedenfalls im weiteren Verlauf der Legislaturperiode, nicht ausgeschlossen werden.

3.) Nicht ausgeschlossen werden kann, dass aus konjunkturpolitischen Gründen Steuerzuschläge erhoben werden.
4.) Wettbewerbspolitik soll aktiviert, die Kartellrechtsnovelle (Regierungsvorlage) initiativ eingebracht werden
   – Verbesserungsvorschläge Junghans/Mertes sollen in den Ausschussberatungen aufgegriffen werden.
5.) Das „Instrumentarium" des Stabilitätsgesetzes soll überprüft und wirksamer gestaltet werden.
6.) Steuerreform
   a) Gesamtaufgabe dieser Legislaturperiode
   b) Unter Beachtung der Ausgewogenheit soll das Ziel verfolgt werden, das 2. und 3. Steuerreformgesetz gemeinsam in Kraft treten zu lassen, damit die Be- und Entlastungswirkungen insgesamt nicht zeitlich auseinanderfallen.
   c) Es wird von den beschlossenen Eckwerten ausgegangen, aber beide Partner behalten sich vor, einzelne Punkte wieder oder neu aufzugreifen:
      – jedenfalls Kindergeld aufgrund Einwendungen der Länderfinanzminister zu überprüfen
      – bisher vorgesehene Anrechenbarkeit Körperschaftssteuer auf Auswirkungen und Missbrauchsmöglichkeiten überprüfen
      – Spitzensatz davon abhängig, ob und welche vermögenspolitische Komponente kommt.
7.) Abbau von steuerlichen Vergünstigungen und von Subventionen: hier sind konkrete Entscheidungen unabhängig von der Steuerreform zu treffen.
8.) Vermögenspolitik und Sparförderung
   a) Allgemeiner Ausbau der Sparförderung aus Haushaltsgründen nicht möglich. Statt dessen durchgängig Begrenzungen auf bestimmte Einkommensgruppen ins Auge fassen.
   b) Die Regierung wird einen Gesetzentwurf vorlegen mit dem Ziel, breitere Bevölkerungsschichten am Zuwachs zum Produktivvermögen der Volkswirtschaft zu beteiligen. Unternehmen ab einer bestimmten Größe sollen, unabhängig von

ihrer Rechtsform, dazu verpflichtet werden, Beteiligungswerte unentgeltlich oder zu Vorzugspreisen den breiteren Schichten der Bevölkerung zur Verfügung zu stellen. Die Beteiligungen sollen unter Inanspruchnahme des bestehenden Bankenapparates durch dezentrale Fonds verwaltet werden.

9.) Energiepolitisches Gesamtkonzept soll bis Mitte 1973 vorgelegt werden (in Regierungserklärung ankündigen).[4] Dabei ist der Steinkohle im Verstromungsbereich im Interesse sicherer Elektrizitätsversorgung eine wesentliche Aufgabe zuzuweisen.

10.) Hervorhebung strukturpolitischer Probleme, u. a. im engen Zusammenhang mit der energiepolitischen Gesamtkonzeption, in
Bergbau,
Werften,
Tankerflotte.
Andererseits: Konzentration der sog. „Fördergebiete" und Überprüfung der Massnahmen in diesen Gebieten sowie des Investitionszulagengesetzes.

11.) Agrar-(preis-, struktur-, sozial)politik
Mit der Agrar- und Ernährungspolitik wird der begonnene Weg zur Verwirklichung einer vergleichbaren gesellschaftlichen Situation für die in der Land- und Forstwirtschaft Tätigen weiter verfolgt. Ihr Ziel im Rahmen einer umfassenden Politik für den ländlichen Raum bleibt die Verbesserung der Lebensverhältnisse auf dem Lande und die Entwicklung der Landwirtschaft zu einem gleichrangigen Teil unserer modernen Volkswirtschaft, der an der allgemeinen Einkommensentwicklung voll teilnimmt.

12.) Verbraucherpolitik soll intensiviert (das Lebensmittelrecht weiterentwickelt) werden.

13.) Tarifpolitik bei Bahn und Post soll ihren Spielraum stärker ausschöpfen.[5]

14.) Schwerpunkte der Verkehrspolitik
 – Ausbau und Modernisierung des Schienennetzes der Bahn
 – Verstärkter Ausbau des Nahschnellverkehrs
 – Ausweitung der Zweckbindung der Mineralölsteuer auf verkehrspolitische Zwecke im allgemeinen.

15.) Politik betr[effend] ausländischer Arbeitnehmer soll überprüft und systematisiert werden.[6]
16.) In der Entwicklungshilfe soll das Bemühen fortgesetzt werden, wie unsere europäischen Partner und in engem Kontakt mit ihnen, die öffentlichen und privaten Leistungen zu steigern.

V. Beide Partner stimmen in bezug auf die Notwendigkeit folgender innenpolitischen Vorhaben (Reformen) überein:
1.) Förderung der Bildungsreform im Rahmen der grundsätzlichen und finanziellen Möglichkeiten. Neuer Schwerpunkt: Berufsbildung.
   – Die Einheitlichkeit des Bildungswesens und seiner Reform muss gewährleistet werden. Hierzu wird der Bund Initiativen ergreifen.
   – Im übrigen müssen die bestehenden Kompetenzen ausgeschöpft werden.
   – Der Bildungsgesamtplan sollte sobald als möglich verabschiedet werden.
   – Es sollte mit den Ländern geprüft werden, als Teil der Vorstellung von der Gesamtschule die Schulzeit auf 12 Jahre zurückzuführen.
   – Ein Hochschulrahmengesetz ist zur Erneuerung der Hochschulen notwendig, es sollte sobald wie möglich erneut eingebracht werden. Bestehende Kompetenzen ausschöpfen, Studiendauer verkürzen, nach Möglichkeit Studienjahr einführen.
   – Beim Ausbildungsförderungsgesetz ist keine Ausweitung der Leistungen möglich, desgleichen nicht beim Arbeitsförderungsgesetz, wo auch Missbrauch verhindert werden muss (Novellierung).
   – In der beruflichen Bildung, die wie die allgemeine Bildung eine öffentliche Aufgabe ist, soll die Gleichrangigkeit und Gleichwertigkeit mit den anderen Bildungsbereichen gewährleistet werden. Sie soll in Schule und Betrieb integriert vermittelt werden durch
      – Ausbau der Bildungsberatung

- Bildungsgänge, die berufliche und allgemeine Bildung stärker verknüpfen
- Programm für den Ausbau und die innere Ordnung der überbetrieblichen Ausbildungsstätten
- Fortsetzung der Reform der Ausbildungsordnungen.
- Die Bundesregierung wird in der Bildungsgesamtplanung darauf drängen, die Investitionen und die Lehrerausbildung für die berufsbildenden Schulen zu verstärken (auch Ausbau der Modellversuche).
- Für Jugendliche ohne Ausbildungsverhältnis (Jungarbeiter) ist ein Programm aufzustellen, das sie zu beruflichen Bildungsmassnahmen führt.
- Bericht gemäss Arbeitsförderungsgesetz und Edding-Gutachten[7] sollen abgewartet und geprüft werden.

2.) Mitbestimmung, mehr Demokratie
- Dem B[etr]VG wird die Modernisierung des Bundespersonalvertretungsgesetzes folgen, das initiativ eingebracht wird.
- Im Sinne des Beschlusses der Pariser Gipfelkonferenz[8]: Eintreten für Mitbestimmung der Arbeitnehmer in den Unternehmen innerhalb der Gemeinschaft.
- Prüfung des Gedankens, im Kontakt mit den Beteiligten (und durch Novellierung des Stabilitäts- und Wachstumsgesetzes) zu einem gesamtwirtschaftlichen Konsultativorgan (statt Konzertierte Aktion und Sozialpolitische Gesprächsrunde beim BMA) zu kommen.
- Zum eigentlichen Thema: kein Ausklammern, sondern beide Partner sind entschlossen, einen Gesetzentwurf vorzulegen, durch den die Mitbestimmung erweitert wird. Beide Partner stimmen darin überein, dass der Ausbau der Mitbestimmung der Arbeitnehmer, der gemeinsam angestrebt wird, von der grundsätzlichen Gleichberechtigung und Gleichwertigkeit zwischen Anteilseignern und Arbeitnehmern auszugehen hat. Über die Form wird unter Berücksichtigung der verschiedenen Vorschläge der Koalitionspartner nach weiteren Untersuchungen entschieden werden.[9]

3.) Verwirklichung des Umweltprogramms
- U.a. GG-Änderung Wasserwirtschaft
- Naturschutz und Landschaftspflege (GG-Änderung), Bundeswaldgesetz
- Ein „Grundrecht auf saubere Umwelt" ausarbeiten
- Problematik: Qualität des Lebens.
4.) Raumordnung, Bodenrechtsreform und Wohnungspolitik
- Das Raumordnungsprogramm soll 1973 verabschiedet werden.
- Grundsatz der Eigentumsförderung für möglichst viele Bürger, ein Haus oder eine Wohnung erwerben zu können (Mieteigentumsgesetz erneut einbringen)
- Novellierung des Bundesbaugesetzes einleiten, um das Instrumentarium des Städtebauförderungsgesetzes (Planungsinstrumente, Planungswertausgleich) in das allgemeine Bauplanungsrecht zu übertragen.
- Bodenwertzuwachssteuer vorbereiten, die realisierten Bodenwertzuwachs besteuert und darüber hinaus vor allem bei nicht bebauten Grundstücken (mit Ausnahme der landwirtschaftlich genutzten Flächen) Bodenmobilität erhöht; die Frage der Grunderwerbssteuer muss in diesem Zusammenhang geprüft werden.
- Fortsetzung der langfristigen sozialen Wohnungspolitik.
- Überprüfung der Befristung des Kündigungsschutzes im sozialen Mietrecht.
5.) Ausbau der sozialen Sicherheit
- Die Arbeiten am Arbeitsgesetzbuch und am Sozialgesetzbuch sollen fortgeführt werden
- Die Verstärkung der Arbeitssicherheit soll gesetzlich verankert werden
- Die Rehabilitation Behinderter und Schwerbeschädigter ist diesmal Schwerpunkt der Sozialpolitik
- Notwendige Korrekturen der Rentenreform sollen baldmöglichst vorgenommen werden
- Hilfen für ältere Menschen
- Schutz gegen Drogen- und Rauschmittelmissbrauch

- Gesundheitsvorsorge.
6.) Politik für die Frauen
    - Auswertung und Weiterführung des Frauen-Reports
    - Zielstrebige Durchsetzung der Gleichberechtigung, u.a. durch schrittweise Gleichbehandlung der Frauen in der sozialen Altersversicherung. Darum wird die Bundesregierung – über die durch das Rentenreformgesetz erfolgte Verbesserung hinaus – Regelungen anstreben, die der nicht oder nur zeitweilig berufstätigen Hausfrau einen eigenen Rentenanspruch sichern und die Unterschiede in der Gewährung der Hinterbliebenenrente bei Witwe und Witwer beseitigen.
    - Änderung des § 218 [StGB] (Unhaltbarkeit des jetzigen Zustandes, in Regierungserklärung keine „Formel" anbieten und deutlich machen, dass Gewissensfragen involviert)
7.) Politik für die Jugend
    - Volljährigkeitsgrenze
    - Jugendhilferecht
    - Jugendarbeitsschutz
8.) Sportförderung
9.) Politik für die Familie
    - Ehe- und Familienrecht einschl[ießlich] Adoptions- und Kindschaftsrecht
    - Familienlastenausgleich, Kindergeld
    - Freizeitprobleme
10.) Presserecht und Medienpolitik
    - Presserechtsrahmengesetz
    - Fusionskontrolle für Presse- und Medienunternehmen
    - Zusammenhang Post mit Kommunikationstechnologie (Sicherung der öffentlich-rechtlichen Struktur des Rundfunks, Infrastrukturkonzept notwendig)
11.) Staat und Bürger
    - Konsequente Weiterführung der Reform von Strafrecht und Strafvollzug
    - Verbesserung der Verkehrssicherheit als besonderer Schwerpunkt

VI. Fragen der staatlichen Ordnung
- Mischfinanzierung soll nicht ausgedehnt werden – auch um Steuerverteilung Bund-Länder nicht weiter zu präjudizieren
- Enquête-Kommission Verfassungsreform des Bundestages soll erneut eingesetzt werden[10] – Umfassende Reform in dieser Legislaturperiode noch nicht spruchreif. Praxisorientierte Weiterentwicklung des Bund-Länder-Verhältnisses
- In Regierungserklärung auf baldige Vorlage des Gutachtens zur Neugliederung [der Bundesländer] verweisen. Vorschlag zur Neugliederung nach Veröffentlichung des Gutachtens prüfen
- Dienstrechtsreform (Abwarten des Gutachtens – Einigkeit über notwendige funktionale Differenzierung im öffentlichen Dienst; kein Streikrecht der Beamten, die enger, funktionaler definiert werden)
- Novelle zum Art. 10 GG[11]

VII. Gesellschaft und Staat
- Verhältnis zu den Kirchen
- Verhältnis zu den anderen pluralistischen Gruppen
- Gemeinwesen und Bürger.

Nr. 85
**Aus der Regierungserklärung des Bundeskanzlers, Brandt, vor dem Deutschen Bundestag
18. Januar 1973**[1]

Stenogr. Berichte 7. Deutscher Bundestag, 7. Sitzung, Bd. 81, S. 121–134.

Frau Präsidentin! Meine Damen und Herren! Das Regierungsprogramm, das ich heute darlege, ist die präzise Konsequenz dessen, was Sozialdemokraten und Freie Demokraten in der Regierungserklärung vom Oktober 1969 gemeinsam vertreten haben. Die politischen Ziele von damals gelten, und wir können auf das Geleistete bauen. Das

Willy Brandt und Walter Scheel Ende Dezember 1972 auf Fuerteventura bei der Vorbereitung der am 18. Januar 1973 abzugebenden Regierungserklärung der SPD/FDP-Koalition.

Programm, das wir uns setzten, haben wir trotz der Verkürzung der Legislaturperiode in seinen wesentlichen Punkten erfüllt.

Die neue Bundesregierung, die sich auf einen klaren Auftrag der Wähler stützen kann, hat ihre Arbeit mit der kurzen Erklärung aufgenommen, die ich hier am 15. Dezember 1972[2] abgegeben habe. Unser Programm für diese Legislaturperiode leite ich mit dem Satz ein, mit dem ich am 28. Oktober 1969 schloß:[3]

Wir wollen ein Volk der guten Nachbarn sein ... im Innern und nach außen.

Darin sammelt sich das Vertrauen, auf das wir uns stützen. Darin erkennen wir auch die Summe der Pflichten, die uns an die Verantwortung für das Ganze des Volkes binden.

Meine Damen und Herren, das Wort von der guten Nachbarschaft zeigt unseren Willen zur Kontinuität an, den ich heute unterstreiche. Diese Kontinuität hat ihre eigene, unverwechselbare Prägung gewonnen. Sie ist bestimmt durch den Inhalt unserer Politik der aktiven Friedenssicherung und der gesellschaftlichen Reformen. Wir wissen auch, daß der Wille zur Erneuerung den klaren Blick dafür verlangt, wie das Notwendige möglich gemacht werden kann. Reformen in den Dimensionen, die wir für die Entwicklung in unserem Lande geöffnet haben, brauchen einen langen Atem.

[...]

Meine Damen und Herren, der Staat, der den Menschen in den Verwaltungen der Städte und Gemeinden, der Länder und des Bundes begegnet, soll den Forderungen nach der guten Nachbarschaft und der Qualität des Lebens unterworfen sein; denn ihre Wirklichkeit ist entscheidend von ihm bestimmt. In unserer Geschichte stand jedoch, wie wir alle wissen, der Staat dem Volk allzulang wie eine fremde Macht gegenüber.

Seit der Zeit der Gewaltherrschaft hat sich ein gewandelter Bürgertypus gebildet, der seine Freiheit auch im Geflecht der sozialen und wirtschaftlichen Abhängigkeiten behaupten will. In diesem Prozeß, der in die Tiefen unserer sozialen Existenz reicht, sammelt sich, neben anderem, die produktive Unruhe aus den Reihen der Jungen und die Einsicht der Älteren. Ihr politischer Wille strömt ein in das, was sich uns als die neue Mitte darstellt: die soziale und die liberale Mitte.[4]

Wir brauchen Menschen, die kritisch mitdenken, mitentscheiden und mitverantworten; das sage ich heute wie 1969.[5] Manches, was sich uns verzerrt zuweilen als Polarisierung anzeigte, ist oft genug nur – richtig verstanden – eine Schärfung des politischen Bewußtseins, die man begrüßen kann. Es ist der unpolitische Bürger, der dazu neigt, sich der Obrigkeit zu beugen. Wir wollen den Bürger, nicht den Bourgeois. Wir sind dem angelsächsischen Citizen, dem französischen Citoyen geistig nähergerückt. Und vielleicht kann man sagen, die Bundesrepublik sei insofern „westlicher" geworden – sogar in einer Zeit, die unter dem Zeichen der sogenannten „Ostpolitik" stand. (Beifall bei den Regierungsparteien.)

Es geht uns darum, daß die vielen einzelnen ihre Heimat in dem Staat finden, den eine schmale Schicht von Mächtigen früher und lange wie ihren Besitz behandelt hat. Wir wollen den Staat zum Besitz aller machen.

Aus der neuen, demokratischen Identität zwischen Bürger und Staat ergeben sich Forderungen. Der Bürgerstaat ist nicht bequem. Demokratie – ich sage es in dieser Regierungserklärung zum wiederholten Male – braucht Leistung. Unsere Aufgaben sind ohne harte Arbeit nicht zu erfüllen. Auch nicht ohne den Mut, unangenehme, manchmal sogar erschreckende Wahrheit[en] zu akzeptieren. Dieser Mut hat sich in der Deutschlandpolitik bewiesen. Auch in anderen Bereichen unserer Existenz werden wir es lernen müssen, neue Realitäten zur Kenntnis zu nehmen und uns durch sie nicht beugen zu lassen.

Unser Staat kann dem einzelnen nicht wirklicher Besitz sein, wenn er seine Heimat nicht in der Geschichte wiedererkennt, die ihm durch die Katastrophen des Jahrhunderts ferngerückt ist. Denn in dieser Geschichte ist die Zusammengehörigkeit des deutschen Volkes verwurzelt. In ihr – wie in der unzerstörbaren Gemeinsamkeit der Sprache, der Kunst, der Kultur des Alltags und des geistigen Erbes – lebt die Nation fort, auch in der Trennung. Der Sinn einer leidvollen Geschichte mündete für viele von uns nach dem Krieg darin ein, daß wir die nationale Identität nicht preisgaben, aber den Willen zu einem Europa entwickelten, in dem es für die Menschen ein neues Zuhause gibt und zunehmend geben soll.

Der vitale Bürgergeist, der in dem Bereich zu Hause ist, den ich die neue Mitte nenne, verfügt über eine exakte Witterung für die Notwendigkeit der Bewahrung von Grundwerten des Lebens. Er ist sensibel genug, die neuen Schnittlinien progressiver und bewahrender Interessen zu erkennen. Er fordert, daß in unserer Gesellschaft die Aufmerksamkeit für die Not des Nächsten nicht verkümmert. Die moralische Kraft eines Volkes beweist sich nicht so sehr in einer hohen Programmatik von Parteien, einer politischen Führung, einer geistigen Elite oder dem, was sich dafür hält, sondern in seiner Bereitschaft zum Mitleiden[6] – in seiner Fähigkeit, denen zu helfen, die Hilfe brauchen – und in seiner Toleranz gegenüber dem anderen. Frieden ist, so verstanden, kein Zustand, sondern eine Lebenshaltung. (Beifall bei den Regierungsparteien.)

Das Gespräch mit den Kirchen, das in den vergangenen Jahren fruchtbar geführt wurde, ist gerade auf diesem Hintergrund sehr wichtig. Wir betrachten sie nicht als eine Gruppe unter den vielen der pluralistischen Gesellschaft und wollen ihren Repräsentanten darum auch nicht als Vertretern bloßer Gruppeninteressen begegnen. Wir meinen im Gegenteil, daß die Kirchen in ihrer notwendigen geistigen Wirkung um so stärker sind, je unabhängiger sie sich von überkommenen sozialen oder parteilichen Bindungen machen. (Beifall bei den Regierungsparteien.) Im Zeichen deutlicher Freiheit wünschen wir die Partnerschaft.

Unsere Bürger suchen trotz des Streits der Interessen eine Heimat in der Gesellschaft, die allerdings nie mehr ein Idyll sein wird – wenn sie es je war. Das Recht auf Geborgenheit und das Recht, frei atmen zu können, muß sich gegen die Maßlosigkeit der technischen Entwicklung behaupten, die unserer Kontrolle zu entgleiten droht.

Es geht – um das Wort aufzugreifen – um die Freiheit im Alltag. Dort fängt jene Selbstbestimmung des einzelnen an, die sich in der freien Existenz des Bürgers erfüllt und unter den Pflichten und den Rechten der Nachbarschaft steht. In ihr soll der Bürger seine soziale und seine geistige Heimat finden.

Der Wille zur guten Nachbarschaft muß in der Konkurrenz geistiger Kräfte und bei allen realen Konflikten spürbar bleiben. Er sollte auch in den Auseinandersetzungen und in der Koexistenz der großen gesellschaftlichen Gruppen wirksam sein, zumal in der Verantwortungsbereitschaft der Gewerkschaften und der Unternehmer. Die modernen deutschen Einheitsgewerkschaften sind eine Institution, um die uns die Welt beneidet. Die Bundesregierung bittet um ihre kritische und konstruktive Mitarbeit wie um die der Unternehmer, die am fairen Dialog interessiert sind.

Das gilt für die Organisationen, in denen sich politischer Wille ausdrückt. Es gilt vor allem für die Partner, mit denen wir die Verantwortung für den Staat teilen: für die Vertreter der Länder und für die Städte und Gemeinden. Die Zusammenarbeit mit dem Bundesrat muß jenseits aller parteipolitischen Differenzen durch Sachlichkeit und Sachverstand geprägt und von Vertrauen getragen sein.

Die Arbeit der Parteien aber mündet unmittelbar in dieses Haus. Hier soll sie fruchtbar werden. Das gilt für die Fraktionen der Koalition wie für die Opposition. Mein Angebot vom 15. Dezember 1972 gilt: „Ich will gern Brücken des Zueinander und des Miteinander betreten, wo immer dies sachlich möglich ist und im Interesse unseres Volkes Erfolg verspricht."[7]

Regierung und Opposition haben gegenüber dem Staat und seinen Bürgern eine gemeinsame Verantwortung. Ihr müssen wir gerecht werden, jeder auf seinem Platz. Machen wir uns an die Arbeit, tun wir unsere Pflicht. (Starker, langanhaltender Beifall bei den Regierungsparteien.)

Nr. 86
Interview des Bundeskanzlers, Brandt, für den *Vorwärts*
29. März 1973

Vorwärts, Nr. 13 vom 29. März 1973, S. 2.

„Radikalenerlaß muß präzisiert werden"

VORWÄRTS: Herr Bundeskanzler, auf dem Bundesparteitag in Hannover wird auch die Frage der Beschäftigung von Radikalen im öffentlichen Dienst eine Rolle spielen.[1] Wird die SPD ihre grundsätzliche Meinung zu diesem Thema ändern?
BRANDT: Sicher nicht! Man muß jedoch das Problem präzise formulieren. Nach dem geltenden Recht wird von einem Bewerber oder Beschäftigten im öffentlichen Dienst verlangt, daß er sich zur freiheitlich-demokratischen Grundordnung unseres Staates bekennt und für deren Erhaltung eintritt. Dieser Grundsatz ist in der SPD unbestritten.
VORWÄRTS: Dieser Grundsatz und der damit zusammenhängende Beschluß der Ministerpräsidenten zur Frage der Beschäftigung von Radikalen im öffentlichen Dienst wird aber doch von Kritikern in Ihrer Partei in Frage gestellt.
BRANDT: Keineswegs! Über den Grundsatz besteht in der SPD kein Streit. Lesen Sie beispielsweise nach, was Peter von Oertzen am 8. März [1973] zu diesem Thema im VORWÄRTS geschrieben hat.[2] Es gibt auch keinen einzigen Antrag für den Parteitag in Hannover, der diesen Grundsatz anzweifeln würde. Richtig ist, daß der Ministerpräsidenten-Beschluß kritisiert wird. Dabei sind gelegentlich auch Mißverständnisse aufgetreten. Dieser Beschluß sollte nicht etwa geltende Gesetze ändern oder neues Recht schaffen. Er war vielmehr der Versuch, eine einheitliche und rechtsstaatliche Anwendung des geltenden Rechts in Bund und Ländern sicherzustellen.
VORWÄRTS: Nun gibt es eine Reihe von Entscheidungen der letzten Zeit, die gerade deshalb kritisiert worden sind, weil in ihnen eine sehr unterschiedliche Handhabung des geltenden Rechts deutlich ge-

worden ist. Meinen Sie angesichts dieser Entscheidungen nicht, daß der Ministerpräsidenten-Beschluß sein Ziel verfehlt hat?
BRANDT: Es ist richtig, daß die Erwartungen, die man in Bund und Ländern an den Beschluß geknüpft hat, nicht voll erfüllt worden sind. Dies ist wohl auch die Ansicht der Ministerpräsidenten, die einen Erfahrungsbericht ihrer Innenminister über die Handhabung des Beschlusses angefordert haben.
VORWÄRTS: Worauf führen Sie es zurück, daß der Beschluß eher verwirrend als integrierend gewirkt hat?
BRANDT: Das liegt wohl in erster Linie daran, daß er in einem wesentlichen Punkt nicht genügend präzise war. Der Beschluß spricht zunächst davon, daß jeder Einzelfall für sich geprüft und entschieden werden muß. Er stellt jedoch dann eine Art Vermutung auf, daß die Mitgliedschaft in einer Organisation, die verfassungsfeindliche Ziele verfolgt, einen Zweifel an der Eignung des Bewerbers begründe und daß darüber hinaus dieser Zweifel „in der Regel" eine Ablehnung des Einstellungsantrages rechtfertige.[3]
VORWÄRTS: Entspricht das nicht genau dem auch von Ihnen unterstrichenen Grundsatz, daß Demokratiefeinde im öffentlichen Dienst der Bundesrepublik nichts zu suchen haben?
BRANDT: Dazu ist die Regelung zu unpräzise und gibt die Rechtslage nur unvollkommen wieder. Sie berücksichtigt zum Beispiel nicht, daß eine Partei wegen des Parteienprivilegs des Artikels 21 des Grundgesetzes[4] nur vom Bundesverfassungsgericht für verfassungswidrig erklärt werden kann und daher die bloße Mitgliedschaft in einer nicht verbotenen Partei – wie das Bundesverfassungsgericht in anderen Zusammenhängen entschieden hat – nicht zu Rechtsnachteilen für den einzelnen führen darf. Das schafft sonst Unrecht. Für meine politischen Freunde und mich hat in dieser Frage nie ein Zweifel bestanden. Außerdem erscheint der Begriff der „Verfassungsfeindlichkeit" konkretisierungsbedürftig. Er darf nicht etwa so ausgelegt werden, als sei eine theoretische Diskussion über eine Fortentwicklung des Grundgesetzes verboten.
VORWÄRTS: Wäre es dann nicht besser, den Ministerpräsidenten-Beschluß ganz aufzuheben?

BRANDT: Davon würde ich abraten. Damit wäre auch nichts gewonnen. Denn dann wäre eine einheitliche Handhabung der geltenden Gesetze erst recht nicht gewährleistet. Es gilt vielmehr, den Beschluß zu konkretisieren und zu präzisieren. Einen Ansatzpunkt gibt die richtige Feststellung des Beschlusses, jeder Einzelfall müsse für sich geprüft und entschieden werden. Das muß verdeutlicht werden. Ein Bewerber für den öffentlichen Dienst kann nur dann abgelehnt werden, wenn auf Grund seines konkreten Verhaltens in gerichtlich nachprüfbarer Weise festgestellt werden kann, daß er für seine Verfassungstreue keine Gewähr bietet. Seine Mitgliedschaft in einer nicht verbotenen Partei beispielsweise reicht dafür nicht, sie kann nur einen Anhaltspunkt für eine sorgfältige Prüfung seines individuellen Verhaltens bieten.

VORWÄRTS: Wann wird es zu einer Änderung des Beschlusses kommen?

BRANDT: Ich bin mit den Regierungschefs der Länder darüber einig, daß wir zunächst den Erfahrungsbericht der Länderinnenminister abwarten müssen. Wenn er vorliegt, werden wir gemeinsam zu prüfen haben, welche Konsequenzen sich für eine Neuformulierung des Beschlusses ergeben. Meine politischen Freunde und ich werden sich jedenfalls dafür einsetzen, daß der Beschluß in dem von mir dargelegten Sinne präzisiert wird, damit eine rechtsstaatliche und einheitliche Anwendung der bestehenden Gesetze hinreichend gesichert ist. Inzwischen sollte die Diskussion keine Zweifel an unserem Willen aufkommen lassen, erkannten Feinden der Demokratie den Weg in den öffentlichen Dienst zu verwehren.

Nr. 87
Schreiben des Bundeskanzlers, Brandt, an den Bundesminister für Arbeit und Sozialordnung, Arendt
29. Juni 1973[1]

AdsD, WBA, A 8, 34.

Lieber Walter!
Mit den Kollegen Walter Scheel, Helmut Schmidt und Hans Friderichs stimme ich überein, daß der Zuwachs des Bundeshaushalts 1974 (gegenüber dem Haushaltssoll 1973) aus stabilitätspolitischen Gründen 10,5 v. H. nicht überschreiten darf. Dies ist jedoch nur möglich, wenn ein Teil der Bundeszuschüsse an die Rentenversicherungen der Arbeiter und der Angestellten auch im Jahr 1974 zinslos gestundet wird.[2] Notwendig ist ein Betrag von 1,5 Mrd. DM.

Ich möchte Dich bereits jetzt hiervon unterrichten und Dich gleichzeitig um Deine Mithilfe bitten. Ich gehe dabei davon aus, daß alle Beteiligten bis zu den Haushaltsberatungen der Minister Ende August [1973] und des Kabinetts Anfang September [1973] das Pulver trocken halten, so daß vermieden wird, im Vorwege Pressionen zu erzeugen. Ich selbst habe in meinen öffentlichen Reden der letzten Woche mehrfach auf die unvermeidlichen Beschränkungen hingewiesen, die wir uns im kommenden Haushalt aus stabilitätspolitischen Gründen auferlegen müssen, ohne im einzelnen die Einzelpläne und Vorhaben zu nennen, die davon betroffen sein werden.[3]
Mit freundlichen Grüßen
‹Br[andt]›[4]

Nr. 88
Schreiben des Bundeskanzlers, Brandt, an den Vorsitzenden des Verkehrsausschusses des Deutschen Bundestages, Börner
3. August 1973[1]

AdsD, WBA, A 8, 35.

Sehr geehrter Herr Abgeordneter,
ich bestätige dankend den Eingang Ihres Briefes vom gestrigen Tage.[2]

Wie ich Ihnen bereits mündlich darlegen konnte, habe ich mich während meines Urlaubs täglich über den rechtswidrigen Bummelstreik der Fluglotsen[3] unterrichten lassen. Unmittelbar nach meiner vorzeitigen Rückkehr hat mir der Kollege Lauritzen im einzelnen berichtet.

Der Bundesverkehrsminister hat in 63 Fällen Disziplinarmaßnahmen eingeleitet, die mit Nachdruck verfolgt werden. Ferner laufen Ermittlungen der Staatsanwaltschaften und des Generalbundesanwalts wegen Transportgefährdung, Nötigung und anderer Delikte. Die zivilrechtlichen Auseinandersetzungen mit dem Verband der Flugleiter werden fortgesetzt. Von den eingeleiteten Maßnahmen kann jedoch – das liegt im Wesen rechtsstaatlicher Verfahren – keine sofortige und nachhaltige Verbesserung der Situation erwartet werden.

Es wird zunehmend deutlich, daß es nicht leicht ist, einer kleinen Spezialistengruppe in technischen Schlüsselfunktionen mit den überkommenen Mitteln schnell zu begegnen. Dies ist aber – über die unerträglichen Belastungen hinaus, die dem Publikum in den vergangenen Wochen zugemutet wurden – der prinzipielle Kern der gegenwärtigen Auseinandersetzung. Nicht aus Sturheit, sondern wegen der grundsätzlichen Bedeutung für das Staatsganze muß der Konflikt durchgestanden werden.[4] Es ist gut, daß dies von der Öffentlichkeit weithin verstanden wird. Demhingegen war es hinderlich, daß einzelne Gruppen durch ihre Appelle an mich den Eindruck erweckten, als könnte ich dazu verleitet werden, unverantwortliches Handeln zu belohnen.

Leider ist ja nicht zu verkennen, daß ein Teil der Fluglotsen rechtswidrig handelt und daß hier Beamtenpflichten grob verletzt werden. Dadurch wird ein ganzer Berufsstand in der öffentlichen Meinung diskreditiert. Durch Mangel an Gemeinsinn, Verantwortungsbewußtsein und Augenmaß sind auch die Gespräche verhindert worden, die an sich fällig waren.

Die interministeriellen Beratungen der Bundesregierung – auch zu den von den beiden Bundestagsausschüssen aufgeworfenen Fragen – werden demnächst abgeschlossen sein.[5] Über ihr Ergebnis wird der Bundesverkehrsminister umgehend dem Kabinett berichten.

Die Bundesregierung bleibt bereit, die vielschichtigen Probleme der Flugsicherung nach allen Seiten offen zu diskutieren. Sie wird insbesondere ihre Gespräche mit den Gewerkschaften fortsetzen und die Ausschüsse für Verkehr und für Inneres des Deutschen Bundestages nach der Sommerpause über die Entwicklung und die getroffenen Maßnahmen unterrichten.

Die Bundesregierung wird sich allerdings weiterhin nicht unter Druck setzen lassen. Sie erwartet, daß mit den Ungesetzlichkeiten endlich Schluß gemacht wird. Dann wird über manches leichter geredet werden können. Dafür müssen zunächst die Fluglotsen durch ihr Verhalten die Voraussetzungen schaffen.

Mit freundlichen Grüßen

‹W[illy]B[randt]›[6]

Nr. 89
Aus dem Hintergrundgespräch des Bundeskanzlers, Brandt, mit Journalisten
6. August 1973[1]

AdsD, WBA, A 9, 26.

[...][2]

Frage: Der Radikalenbeschluß scheint mir eines der dringendsten Probleme zu sein.

Bundeskanzler Brandt: Es wäre wohl nicht schlecht gewesen, wenn man hierüber schon hätte reden können. Aber es nimmt immer ein bißchen viel Zeit. Damals war es so, daß die Innenminister übereinstimmend eine Empfehlung gebracht haben. Der haben sich die Ministerpräsidenten angeschlossen und dann in gemeinsamer Sitzung diese und der Bundeskanzler.[3]

Ich will jetzt hier unter uns sagen, nicht zum Zitieren, sondern als Hintergrund: Eine kleine Panne war passiert auf dem Wege schon dahin. Denn einen Rechtsärger hätten wir uns ersparen können, wenn das nicht schon veröffentlicht worden wäre, bevor die Herren im Bundeskanzleramt damit erschienen sind. Aber das können wir jetzt beiseite lassen. Das war eine Panne. Aber das hätte nichts daran geändert, daß auch in der juristisch etwas abgesicherten Form, die wir dann gehabt hätten, wir heute gleichwohl, wie ich es einschätze, vor der Notwendigkeit stünden, uns das noch einmal anzugucken. Und das ist das Problem. Dies hat sich nun etwas verzögert, weil inzwischen die Ministerpräsidenten ihre Innenminister beauftragt haben – wann haben sie das? Im Mai oder im Juni [1973], jedenfalls einige Zeit vor der Sommerpause –, einen Erfahrungsbericht vorzulegen. Und gestützt auf diesen Erfahrungsbericht wollten und wollen – davon gehe ich aus – wir, sie und wir gemeinsam sehen, was ist zu präzisieren, nicht um neues Recht zu schaffen – das war ja nicht der Sinn dieses Beschlusses, der Beschluß sollte auf das bestehende Recht hinweisen und deutlich machen, daß man es möglichst einheitlich anwenden sollte und wollte. Dies ist nun leider nicht hinreichend gesichert. Das ist allein schon Grund genug, um hierüber neu zu sprechen, und wenn es geht, ohne neue Gesetze zu Rande zu kommen. Nun muß man natürlich, wenn man in Deutschland lebt und in der Bundesrepublik Deutschland, immer sich klarmachen, auch wenn man es eine Weile nicht gemacht hat, daß wir immer wieder geneigt sind, vom Absoluten aus an Geschichten heranzugehen wie diese und z.B. der Idee nachzugehen, auf die ich zunehmend stoße, als gäbe es ein Grundrecht in unserer Verfassung, Richter zu werden, und als würden Berufsverbote ergehen. Man kann sagen, daß jemand auch als Rechtsanwalt ganz gut leben könne, er muß ja nicht unbedingt Richter werden. Ich bin der Meinung – damit wäre ich aber schon, glaube ich, sogar bei der CDU in der Minderheit, wenn ich zu ihr gehörte –, daß es nicht einmal ein Recht auf Anstellung im öffentlichen Dienst gibt. Aber da gibt es all diese Leute, die meinen, das sind Berufsverbote. Erwachsene Kommunisten, die es auch in anderen Ländern gibt, aber ich nehme an, die weniger erwachsenen bei uns, die lachen sich krank, wenn sie verfolgen, was dazu bei uns geschieht. Die haben nicht im Traum geglaubt, daß diese mit etwas ‹veränderten Buchstaben hier auftretende KPD›[4] hier Richter stellen würde. Und da hilft es auch gar nichts, wenn man sagt, Nazis gibt es ja auch. Darauf sage ich, natürlich weiß ich das, sie sollten auch nicht da sein, bloß die geben nicht zu, daß sie welche sind. Darum ist das schwer, das eine in ein Verhältnis zum anderen zu setzen. Die Kommunisten würden sich totlachen oder damals gelacht haben und heute noch immer lachen. Breschnew würde gar nicht aus dem Lachen wieder herauskommen, wenn man ihm diesen Tatbestand klarmachte: das Problem sei, ob Kommunisten Richter werden können – dann würde er sagen, das ist wohl nicht die Möglichkeit in dieser FRG, daß es darum geht, ob Kommunisten Richter werden. Aber wie gesagt, das müssen wir miteinander noch einmal durchbuchstabieren, ob dies wirklich die Meinung ist. Ich bin da anderer Meinung. Und dann gibt es zusätzlichen Grund zum Gelächter, daß, weil einer KP-Mann ist, der nun meint oder irgendeine Dame, die ihn da geprüft hat, nun meint, er sei hervorragend geeignet für dieses Amt, nun deswegen die ganze Politik in einem deutschen Teilstaat von der Größe Nordrhein-Westfalens oder einer regionalen Organisation wie die der SPD durcheinander gebracht wird.[5] Dies ist, wenn es nicht traurig wäre, erheblicher Anlaß zum Amüsement. Das muß ich schon sagen.

<u>Frage:</u> Heißt das, daß der Bundesinnenminister kein DKP-Verbot ansteuern will?

<u>Bundeskanzler Brandt:</u> Also das ist genau die Geschichte, daß man auf Grund des Perfektionismus zur Frage der Anstellung und aus der Logik, an die Sie jetzt auch denken, dann beim Verbot landet. Das halte ich für genauso idiotisch, gleich in die Verbotsgeschichte hereinzulaufen, wie ich es für idiotisch halte, unter dem Gesichtspunkt der Perfektion zu sagen, da muß jeder KP-Mann in den öffentlichen Dienst hereinkommen können. Es ist eine Opportunitätsfrage nach unserem Grundgesetz, nach unserer Verfassung, ob die Regierung einen Antrag stellt. Ich bin dagegen, ihn zu stellen. Ich schließe nicht aus, daß bei radikalen Parteien Situationen kommen können, wo man ihn stellt. Ich bin dagegen, daß man ihn stellt, obwohl es CDU-Leute gibt, die sagen, daß sie dagegen sind, weil ein Verbot der SPD auf Sicht mehr Stimmen sichern würde, als ihr sonst zuständen. So ist die Argumentation einiger Kollegen der anderen Fakultät. Ich bin gegen das Verbot, selbst wenn die KP bei kommenden Wahlen einige Prozent Stimmen kriegen würde, von denen man meint, sie gingen dann auf Kosten meiner Partei. Ich bin also dafür, wenn es irgend geht, und das muß gehen, mit einer solchen Partei sich politisch auseinanderzusetzen, wie das in den meisten europäischen Staaten geschieht außer in Spanien, Portugal und Griechenland,[6] wenn ich es recht sehe, also in den westlichen Ländern ist das ja wohl durchweg so. Aber daraus ziehe ich eben nicht diese andere Konsequenz, daß da jeder hier nun auch in den Verfassungsschutz kommen muß aus der KPD. Er darf nicht in den Verfassungsschutz – das ist ja unerhört – oder in den BND. Was mögen diese Leute von diesem Institut schon halten? Ich halte viel von denen, aber manche trauen dem eh nicht viel zu.

<u>Frage:</u> Der Ministerpräsident von Hessen ist dafür, daß dieser Radikalenbeschluß ganz abgeschafft wird.[7]

Bundeskanzler Brandt: Das kann er in dem Sinne meinen – wir haben jetzt nach dem Urlaub nicht gesprochen –, daß er sagt, die Gesetze selbst reichen. Ich glaube nur, er wird auch, wenn wir das noch einmal durchsprechen, zu dem Ergebnis kommen, daß in einem föderativen Staat, einem Bundesstaat, es ja nicht sehr erfreulich ist, wenn auf einem wichtigen Gebiet die Praxis, die man aus Gesetzen ableitet, doch sehr unterschiedlich ist.
Frage: Sie sind nicht der Ansicht, daß man eine neue Rechtsbasis schaffen soll, sondern nur einen Beschluß wieder fassen soll, der ein gemeinsames praktisches Vorgehen schafft?
Bundeskanzler Brandt: Ja.
Frage: Ist nach Ihrer persönlichen Auffassung ein DKP-Richter eine Gefahr für die freiheitliche Grundordnung der Bundesrepublik?
Bundeskanzler Brandt: Nein, wenn da einer Familienrichter ist – bei den zunehmenden Scheidungen ist das für eine ganze Menge von KP-Leuten z. B. ein Betätigungsfeld, und andere gibt es auch –, dann wird also nicht die freiheitliche Grundordnung über Bord geworfen. Das kann man nicht sagen. Aber selbst wenn ich auch in anderen Branchen es für möglich hielte, daß da einer wirkt, der sagt, er ist so ein Kommunist wie solche in Italien, von denen ja einige nicht nur sagen, sie seien für das Mehrparteiensystem, sondern es gibt sogar welche, die es sind, auch dann würde ich sagen, ich bin doch nicht auf den Kopf gefallen, daß ich deswegen, um irgendein Prinzip, eine abstrakte Vorstellung auszuprobieren oder dem nachzugehen, um zu sehen, was daraus wird, mir alles durcheinanderbringen lasse. Wie gesagt, man kann doch alles mögliche sonst machen. Rechtsanwalt ist doch auch ein schöner Beruf.
Frage: Das von Ihnen so anschaulich beschriebene Problem des Perfektionismus ist kein juristisches, sondern ein innerparteiliches. Sie haben ständige Solidarisierungseffekte. Sie haben dauernd Konflikte mit der Partei und mit den Gruppen in der Partei, die diese Rechtsauslegung, wie gesagt, vorschieben, aber doch benützen, um eben bestimmte Positionen zu behaupten. Wie wollen Sie dagegen vorgehen? Würden Sie z. B. auch in der Öffentlichkeit sagen, daß es kein Grundrecht gibt auf Anstellung im öffentlichen Dienst?

Bundeskanzler Brandt: Das ist nicht ein Problem, bei weitem nicht nur ein Problem meiner Partei. Es ist erstens auch ein Problem der Freien Demokraten und ihrer Bundestagsfraktion, und es ist ein Problem, sobald man es grundsätzlich angeht, das auch von einem Teil der CDU anders gesehen wird als von mir. Denn es gibt auch einen ganzen Teil CDU-Leute, die im Grunde das bejahen, was ich etwas überspitzt als Grundrecht auf Anstellung im öffentlichen Dienst nenne, und von daher zu der Konsequenz, zu der Verbotsforderung kommen, die ich für falsch halte. Insofern ist es noch komplizierter, als wenn es nur ein innerparteiliches Problem wäre, aber ein solches ist es auch.

Frage: Sie haben jetzt sehr dezidiert Stellung bezogen, wie Sie diese ganze Sache sehen, aber glauben Sie nicht, daß innerhalb der Partei ein Wegweiser fehlt, der Sie wären als Vorsitzender, der ihnen sagt: ich sehe das einmal so, im Moment sieht es doch sehr nach Zerfleischung aus.

Bundeskanzler Brandt: Nein, wir haben einen Parteitag gehabt im April [1973], der hat gesagt, dieser Beschluß vom Anfang vorigen Jahres muß präzisiert werden.[8] Und das hat sich leider ein bißchen in die Länge gezogen. Aber ich werde nicht versäumen, meine Meinung zu sagen. Nur, auch der Bundeskanzler muß sich – und ich sehe das schon voraus – dann natürlich auch damit abfinden, durch höchste Gerichte widerlegt zu werden. Nordrhein-Westfalen scheint ja auch irgendwo auf höchstrichterliche Entscheidungen und Klärungen hin zu drängen, oder die Beteiligten suchen auch nach solchen Möglichkeiten. Ich kann da vorher meine Meinung mit geltend machen, aber wenn man auf diese Art der Beantwortung hinwirkt, dann habe ich mich der zu unterwerfen wie jeder andere auch.

Frage: Schließen Sie sich dem dringlichen Ruf nach einer Entscheidung des Bundesverfassungsgerichts an, den zwei Ministerpräsidenten erhoben haben?

Bundeskanzler Brandt: Da ist noch nicht ganz klar, wozu und auf welcher Grundlage sie die Entscheidung wollen. Einige wollen das Wieder-Einführen der gutachterlichen Äußerung.[9] Das bedarf einer Änderung des Bundesverfassungsgerichtsgesetzes. Darüber muß in

Ruhe geredet werden, wenn wir nach den Ferien wieder zusammen sind. Ich weiß nicht, es gibt auch noch einen anderen Weg, den habe ich vergessen.

Frage: Sie meinen, daß Breschnew es sich nicht vorstellen könnte, daß hier ein Kommunist Richter werden würde. Aber glauben Sie nicht doch, daß er es mit einigem Wohlwollen aufnehmen würde, wenn möglichst viele Kommunisten Volksschullehrer, Realschullehrer, Gymnasiallehrer oder auch Professoren an unseren Hochschulen würden? Dieses Problem ist offenbar viel komplizierter.

Bundeskanzler Brandt: Sehen Sie einmal, nicht daß ich Frankreich in jeder Hinsicht also für ein Vorbild halte, aber der General de Gaulle ist mit kommunistischen Volkschullehrern zu Rande gekommen, er hat sogar welche nach Nordafrika geschickt, ich meine nicht verbannt, sondern um dort an der Verbreitung der französischen Sprache mitzuwirken. Natürlich ist das ein Problem, aber ich würde immer noch einen gewissen Unterschied machen zwischen Schulmeistern und Richtern. Es gibt welche, die machen ihn auf ganz andere Weise, als sich das jetzt bei mir anhört. Es gibt welche, die sagen, der Schulmeister richtet also im Sinne der Demokratie mehr Unheil an, als der Richter es kann. Da bin ich anderer Meinung.

Frage: Gesetzt den Fall, Ministerpräsident Osswald würde sich mit seinem Vorschlag durchsetzen, daß man also von diesem Beschluß abrückt, wäre das nicht auch ein Politikum?

Bundeskanzler Brandt: Ich glaube, eine Feststellung, den Beschluß aufzugeben, würde nur ein zusätzliches Argument werden für das Anstreben einer Entscheidung auf anderem Wege, z. B. eine höchstrichterliche. Denn es würde ganz unabhängig von dem, was Regierungen täten, aus den Kreisen von Betroffenen über kurz oder lang eine Inanspruchnahme von Gerichten geben, deswegen weil in einem Land etwas anderes gemacht wird zum gleichen Tatbestand als in anderen.

Frage: Es scheint doch aber eine sehr unterschiedliche Beurteilung zu dieser Frage bis sehr hoch in Ihre Parteispitze zu geben, denn wenn ich das „Spiegel"-Interview mit Herrn Kühn richtig verstanden habe, dann hätte er ja an sich das gewollt, daß dieser DKP-Mann Richter wird.[10]

Bundeskanzler Brandt: Ich habe das Interview nicht gelesen.
Frage: Sie sagten: ich werde nicht versäumen, meine Meinung zu sagen. Haben Sie da schon ein bestimmtes Datum im Kopf, werden Sie auf das Gespräch mit den Ministerpräsidenten warten?
Bundeskanzler Brandt: Sicher werde ich erst das Gespräch mit den Ministerpräsidenten führen.
[...]
Frage: Ich will Herrn Osswald nicht zu nahetreten, aber ich habe den Eindruck, daß es ihm darauf ankommt, diesen Radikalenbeschluß restlos zu beseitigen, ersatzlos zu streichen. Würden Sie so etwas mitmachen?
Bundeskanzler Brandt: Nein, wir waren ja schon bei dem Thema. An der Rechtslage würde sich dadurch nichts ändern. Ich sage, es würde dann nur auf andere Weise deutlich werden, daß man dann erst recht vor der Frage steht, wie will man verhindern, daß die Anwendung bestehender Gesetze auseinanderläuft zwischen den verschiedenen Ländern oder zwischen Bund und verschiedenen Ländern.
FRAGE: Sowohl der Radikalenbeschluß als auch das Thema Fluglotsen stoßen sich an unserem etwas antiquierten Beamtenrecht. Ist da nicht eine Reform an Haupt und Gliedern notwendig?
ANTWORT: Das ist aber sicher eine langfristige Aufgabe. In meinem relativ langen Katalog der Gesetzesvorhaben, an denen gearbeitet wird, steht auch die Reform des öffentlichen Dienstrechts. Wie Sie wissen, hat eine Kommission dazu im späten Frühjahr [1973] ihren Bericht gegeben. Aber das ist ein ganz mühsames Geschäft.

Ich selbst bin der Meinung – aber ich höre inzwischen, die Ressorts – es gab ein paar, die derselben Meinung waren – haben das inzwischen revidiert –, ich bin der Meinung, dieser ganze Bereich Flugsicherung sollte herausgelöst werden aus dem, was eigentlich für eine andere Art von Verwaltung geschaffen worden ist. Aber das ist nichts, was man auf kurze Sicht hinkriegt, fürchte ich.

Ich habe das in meinem Brief an Börner zum Wochenende angedeutet.[11] Es gibt die prinzipielle Seite der Geschichte. Weil ich die für so prinzipiell halte, hilft es mir überhaupt nichts, wenn der Mann von den Chefpiloten oder von den Betriebsräten oder wer sagen: Wenn die

Regierung nicht bald etwas tut, dann wird das und das passieren. Dann wird halt das und das passieren. Die Regierung muß, wenn sie hier nachgibt, dann offen sagen: Liebe Leute, die ihr uns einredet – - es haben im Sommer [1973] viele den Lotsen zunächst nach dem Munde geredet – inzwischen ist es ein bißchen anders geworden –, und jedes Mal haben die Lotsen daraus Hoffnung geschöpft.

Wenn wir das müßten, dann müßte ich öffentlich sagen: Nun seid euch, liebe Leute, die ihr das gewollt habt, darüber im klaren, daß dies das Signal ist für den Prozeß, den Schweden vor 4 Jahren durchgemacht hat, aber mit einem anderen Ausgang, als wir ihn hier bekommen würden. Die sind ein bißchen weiter in der ökonomischen Entwicklung, und sie bekamen die ganze Serie der Spezialistenstreiks bis hin zu einem Streik der Offiziere. Ich weiß nicht, wie da bei uns die Kommentare wären. Sie haben das auch überlebt. Sie sind aber auch nicht in einer ganz so schwierigen Lage wie wir. Dann haben sie es eines Tages aufgefangen durch ein Gesetz und eine Vereinbarung zwischen den beiden Zentralorganisationen der Arbeitnehmer und der Arbeitgeber darüber, wie Konflikte mit dem Personal in Schlüsselberufen zu lösen sind, nämlich Berufen, die für Leben, Gesundheit und Sicherheit der Menschen von Bedeutung sind.[12]

Um hier offen zu reden: eine sehr viel kleinere Zahl von Bediensteten als die der Fluglotsen kann uns hier heute abend und für den Rest des Jahres die Elektrizität abschalten. Die Zahl der Ingenieure, die die Kraftwerke kontrollieren, ist kleiner. Es gibt Tendenzen. Die Lokomotivführer, soweit sie bei Krause sind[13] – es sind 30 %, aber immerhin –, haben schon gesagt, sie möchten sich dieses von den Fluglotsen als Beispiel nehmen. Wenn sie das machen, dann hat Seibert alle Mühe, die 70 %, die in der Gewerkschaft der Eisenbahner sind, zu halten. Dann kommen die berühmten Konkurrenzgeschichten mit den Organisationen, die Gefahr, daß die Mitglieder weglaufen. Dies ist so schwierig.

Damit sage ich überhaupt nichts darüber, ob nicht einige Dinge längst hätten ein bißchen anders gemacht werden müssen. Ich bin empört darüber, daß im Bundesamt für Flugsicherung kein Mann, der selbst Flieger oder Fluglotse war, in der Führung sitzt. Das sage ich hier einmal. Aber da sind wir wieder beim Beamtensystem. Da kann man nicht einfach Leute heraussetzen. Das sind Erbschaften von früheren Regierungen. Man macht das auch nicht in anderen Berufen. Man macht in der Stahlindustrie nicht jemanden zum Boß, oder die Aktionäre würden nicht jemanden hinsetzen, der früher Chefgärtner bei mir im Kanzleramt war. Umgekehrt wird der andere hier nicht die Rosen anständig beschneiden können.

Flugsicherung macht man aus der Beamtenkarriere heraus und nicht deswegen, weil man etwas vom Fliegen gelernt hat. Da gibt es viele Geschichten. Es geht auch nicht, daß derjenige, der irgendwo auf einem Flugplatz sitzt, wo am ganzen Vormittag drei Maschinen landen oder starten, genauso eingestuft wird, wie der in Frankfurt, wo es wirklich nicht ganz so ist wie in New York, aber es ist doch ein stark frequentierter Flugplatz. Das kommt bei dieser sturen unbeweglichen Geschichte heraus.

Jetzt müssen wir trotzdem sehen, wie wir mit dem vorhandenen Rahmen hinkommen. Es gibt auch nach dem Beamtenrecht Möglichkeiten der Aufgliederung und Nuancierung gegenüber dem etwas Sturen, was bisher war. Aber erst müssen die Vernunft annehmen. Einige gehörten dort längst herausgeschmissen. Das sage ich auch ungeschützt, denn sie würden auch bei den Richtern, auch wenn wir Kommunisten als Richter einstellten, Recht bekommen.

FRAGE: Weil Sie das Stichwort Kommunisten sagten. Wir haben so ausgezeichnete Erfahrungen mit rumänischen und polnischen Bautrupps gemacht. Könnte man auf dem Flughafen Hannover z. B. im Zuge der Kooperation nicht polnische Fluglotsen einsetzen?

ANTWORT: Ich würde mir doch zunächst angesehen haben, was machen Piloten, die in der Bundesrepublik arbeitslos sind, von denen mehrere so ausgebildet sind, daß sie nach einer kurzen Übergangszeit den Dienst als Fluglotsen machen können. Wir haben eine ganze Menge, nachdem eine Chartergesellschaft – den Namen brauche ich nicht zu nennen – ihren Betrieb eingestellt hat.[14]

[...]

FRAGE: Herr Vetter hat in den letzten 14 Tagen zweimal gesagt: Wenn die Preisentwicklung nicht gestoppt wird, dann müssen wir

unsere Forderungen zumindest ab 1974 – dann kommen die großen Lohnrunden – durchsetzen, dann können wir die Arbeiter nicht mehr bremsen. Wie sehen Sie die Lage?
ANTWORT: Herr Vetter hat zu denen gehört, mit denen ich in der vergangenen Woche die Lage schon besprochen habe, so wie ich in dieser Woche mit Herren der Wirtschaft sprechen werde. Ich verstehe die Sorgen der Gewerkschaftsführer. Ich habe vorhin schon anklingen lassen: Wir sind noch nicht in der Gefahr, uns europäisch und international zu isolieren, aber wir sind immer hart an der Kante, wegen unserer Stabilitätspolitik, uns auch mit Nachbarn und engen Freunden erhebliche Auseinandersetzungen einzuhandeln. Helmut Schmidt ist bei Besprechungen des Zwanzigerklubs[15] keinem begegnet, der über die Entwicklung bei uns fröhlich war, aber mehreren, die sagten, was ich z. B. durch direkte Kommunikation auch von London aus weiß, daß man dort meint, daß das letzte Heraufgehen des Diskonts durch unsere Geldpolitik ausgelöst worden ist. Wir lassen uns von unserer Politik nicht abbringen; damit das, was ich sage, nicht mißverstanden wird. Das muß man noch eine ganze Weile halten. Aber mich interessiert auf dem Wege dahin, wie sich das kreuzen wird zwischen denen, die noch rufen, nachdem sie vorher gerufen haben: „Regierung, mache Stabilitätspolitik!" und denen, die viel zu früh anfangen: „Aber bitte nicht so, daß es weh tut". Das wird in den nächsten Wochen und Monaten interessant sein.

Wir müssen also sehen, wie weit wir Ende des Jahres sind. Die Metallrunde ist auf Grund alter Erfahrungen immer eine besonders wichtige. Sie fällt fast immer mit dem Öffentlichen Dienst zusammen, diesmal in anderer Reihenfolge als sonst. Aber was es da an Vorstellungen gibt, ist zum Teil abenteuerlich. Es gibt Gewerkschaften, in denen nicht die führenden Leute, aber aktive Vertrauensleute sagen: „Unter 20 % ist nichts zu machen." Das ist der Druck, unter dem die Gewerkschaftsführer stehen und von dem aus sie sagen: „Wenn ihr in der Regierung glaubt, ihr kriegt uns auf eine einstellige Zahl heruntergedrückt, dann ist das weltfremd." Ich habe jetzt nicht Vetter zitiert, der auch nicht in dem Sinne ein unmittelbarer Tarifvertragspartner ist; das wird sehr schwierig.

Immerhin, wir schreiben jetzt August. Es kann sich doch schon Ende des Jahres das eine und das andere deutlicher abzeichnen als jetzt, was deutlich machen würde, daß das, was an Lohnsteigerung zwischen 10 und 20 % liegt, eben direkte Produktion von Arbeitslosigkeit bedeuten könnte. Das kann sein.

Frage: Sehen Sie in den Gewerkschaftsvorständen die Affinität zur SPD und zu Ihrer Regierung doch als größer an als den Druck von unten, den Sie eben beschrieben haben?

Antwort: Wir kommen durch. Aber es wird eine Auseinandersetzung geben. Das liegt in der Natur der Sache. Wenn ich Gewerkschaftsführer wäre, würde ich auch nicht nur der Regierung nach dem Munde reden.

Frage: Was sagen Sie zu Johano Strasser, der der Erwartung Ausdruck gegeben hat, die Jungsozialisten würden im Herbst [1973] wilde Streiks unterstützen?[16]

Antwort: Ich glaube nicht, daß er das so gesagt hat. Wenn er es so gesagt hätte, hielte ich die Auffassung für falsch.

Frage: Am Horizont der Innenpolitik steht auch die Präsidentenfrage. Ich kann nicht erwarten, daß Sie Konkretes dazu sagen, aber vielleicht etwas zur Prozedur der Lösung dieses Problems, das auch ein koalitionspolitisches ist.

Antwort: Es ist nicht eigentlich ein Problem der Koalition. Es liegt auf der Hand, daß, wenn man miteinander koaliert, diejenigen, die koalieren, zunächst darüber reden. Aber bei der Wahl des Präsidenten sprechen alle Parteien miteinander. Hier gebietet der Respekt vor dem amtierenden Bundespräsidenten und seinen Entscheidungen, daß ich selbst in einem Gespräch wie diesem wortkarger bin, als ich es normalerweise bin. Scheel und ich haben natürlich schon mal darüber gesprochen.

Frage: Aus dem Präsidialamt verlautet, nach diesem Gespräch mit dem Bundespräsidenten hätten Sie vereinbart, bis zum Februar [1974] Stillschweigen zu bewahren. Glauben Sie, daß das realistisch ist?

Antwort: Was andere angeht, sicher nicht. Ich könnte das zur Not durchhalten. Ich glaube nicht, daß ich es durchhalte.

Frage: Sie haben eine sehr interessante Bemerkung gemacht. Sie haben von der Entscheidung des Bundespräsidenten gesprochen. Sie warten ab, wie seine Entscheidung ausfällt. Das wäre sozusagen ein Punkt, nach dem man dann klüger ist?
Antwort: Es ist ein ganz wichtiges Element in dem Gesamtvorgang. Wir haben zwei Bundespräsidenten vor Gustav Heinemann gehabt und in beiden Fällen eine zweite Wahlperiode der ersten hinzugefügt.[17] Ich bin nicht sicher, ob der jetzige Präsident dies wünscht.
Frage: Würden Sie unabhängig von der Personalfrage bei dieser jungen Tradition bleiben, wonach für zwei Perioden die FDP, für zwei Perioden die CDU/CSU und für zwei Perioden die SPD zumindest das Vorschlagsrecht hätten?
Antwort: Nein. Ich bin dafür, daß wieder die FDP dran kommt. Aber so stur, daß da immer 10 Jahre so, so, so – das ist, glaube ich, nicht vernünftig.
Frage: Nun hat Herr Heinemann selbst immer gesagt, man müßte sich nicht an diesen 10-Jahres-Turnus halten.[18]
Antwort: Bei denen, die ich kenne, besteht keine Neigung, das Grundgesetz zu ändern.
Frage: Also, 7 Jahre nicht?
Antwort: Mir ist keine Initiative und keine Neigung zu einer solchen Initiative bekannt.
Frage: Sie haben eben gesagt, Sie wären dafür, daß die FDP mal dran käme, wenn das Amt des Bundespräsidenten neu besetzt wird. Glauben Sie, daß die ihren Außenminister ab Juli nächsten Jahres entbehren könnte?
Antwort: So früh nicht.
[...]

Nr. 90
Aus dem Gespräch des Bundeskanzlers, Brandt, mit dem französischen Historiker Rovan
22. August 1973[1]

AdsD, WBA, A 3, 507.

[...]

R[ovan:] Es sind mehr grundlegende Fragen, die ich [mir] erlaubte, Ihnen als Themen für unser Gespräch vorzuschlagen. Das ist in keiner Weise definitiv formuliert. Ich wollte Ihnen als erste Frage vorschlagen: Wie sehen Sie die Weiterentwicklung der deutschen Gesellschaft in den kommenden Jahrzehnten? Welche Chancen und Gefahren sehen Sie dabei als die wichtigsten, über das Alltägliche hinaus? Wie kann sich diese Gesellschaft in den nächsten Jahrzehnten entwickeln?

B[undeskanzler]: Man hat bei uns im ersten Jahrzehnt nach der Konstituierung der Bundesrepublik gesagt, es sei gar kein richtiger Staat, es sei mehr eine Wirtschaftsgesellschaft denn eine politisch organisierte Gesellschaft. Es war in dieser Form eine Überspitzung, aber es war etwas dran, was sich zum Teil erklärte aus der deutschen Teilung und zum anderen Teil daraus, daß die Konzentration auf den ökonomischen Wiederaufbau für unser Volk – in beiden Teilen, aber jetzt konkret in der Bundesrepublik – die Form des nationalen Behauptens war. Es war nicht nur eine Frage, daß man gerne wieder in heilen Häusern leben wollte, sondern es war auch die Form, in der man, nachdem alles futsch war, zeigen konnte, daß noch etwas übriggeblieben war, um auch anderen gegenüber zu zeigen, wie man es verstand, sich zu behaupten. Dies hat dann, wie mancher, der uns von draußen beobachtet, aber auch mancher bei uns zu Hause festgestellt hat, zu einer etwas einseitigen Konzentration auf materielle Fragen geführt. Auch dagegen hat es Opposition einer nachwachsenden Generation gegeben, so daß die Protestbewegung der Jungen bei uns noch diesen zusätzlichen Aspekt bekommen hat.

Bundeskanzler Willy Brandt im Gespräch.

Aber, ich denke, wir sind in einer Entwicklung drin, in der die gesellschaftlichen Probleme, mit denen wir es in den nächsten Jahrzehnten zu tun haben, sich kaum unterscheiden werden von den Problemen, mit denen andere westliche, zumal westeuropäische Gesellschaften zu tun haben werden. Da sehe ich für uns alle westeuropäischen Gesellschaften – um einen Punkt herauszugreifen – eine Krise unserer demokratischen Institutionen voraus, eine Krise, von der ich glaube, daß sie durchgestanden werden kann. Aber es zeichnet sich jetzt an mehr als einem Punkt ab, daß das überkommene Parteiensystem und auch manches an den verfassungsmäßigen Institutionen sich erst erneut wird stellen müssen der Herausforderung, wie man so schön sagt, und vermutlich nicht völlig unverändert durchkommen wird durch das, was ich als die Krise kommen sehe. Aber, wie gesagt, ich glaube nicht, daß die deutsche oder die bundesrepublikanische Gesellschaft, einschließlich des eben erwähnten Problems, grundsätzlich andere Probleme vor sich hat als andere moderne Industriegesellschaften des Westens.
R[ovan]: Ich würde sagen, es gibt eine ganze Reihe von Staatsmännern im Westen, denen ich eine solche Frage gar nicht stellen würde. Ihre Antwort ist diesbezüglich auch für andere Gesellschaften durchaus wichtig und interessant. Die Kritik, von der Sie sprechen, von den Jüngeren und Jüngsten geht natürlich zum großen Teil davon aus, daß die Erlebnisse, die Sie auch gehabt haben, unseren Kindern nicht überbringbar sind. Mein ältester Sohn ist 14, Ihr jüngster ist ein bißchen älter.
B[undeskanzler]: Nein, er ist noch jünger.[2]
R[ovan]: Die Schwierigkeit, diesen jungen Menschen etwas von den Erlebnissen des Nationalsozialismus, der Emigration, Widerstand, Wiederaufbau in den verschiedenen europäischen Ländern zu übermitteln, ist wie der 30jährige Krieg. Es liegt furchtbar fern. Wie werden diese jungen Menschen, wenn sie etwas älter sind, ihre ungeheuren Ansprüche an die Gesellschaft irgendwie umsetzen können? Das Gefühl, daß alles, was wir mehr oder minder erbaut haben, recht und schlecht ist, aber dem Perfektionsanspruch dieser jungen Menschen in keiner Weise genügt, ist das nicht eine der Problematiken,

die man in den nächsten Jahrzehnten ebenso gut in Frankreich wie bei Ihnen und in anderen Ländern erleben wird?

B[undeskanzler]: Ich würde einen Unterschied machen zwischen dem historischen Erlebnis, auf das ich gleich zurückkommen werde, von dem Sie zu Recht sagen, daß die Generationen – man muß es heute schon im Plural sagen – – nebenbei gesagt, Golo Mann hat unrecht, wenn er neulich sagte, es gebe da solche gar nicht, da in jeder Stunde Kinder geboren werden und es eine ganze Weile dauere, bis eine neue Generation beginne.[3] Das ist falsch. Denn Generationen werden geprägt durch beherrschende Einflüsse, denen sie ausgesetzt sind. Also, die, die durch den Nazismus und den Krieg geprägt wurden, sind unterschiedlich, nicht alle gleichermaßen, aber doch in einem hohen Maße. Klammer zu.

Ich mache einen Unterschied zwischen dieser jungen geschichtlichen Erfahrung, von der Sie sagen, sie sei für die, die nachwachsen, fast nicht nachzuvollziehen und vergleichbar mit viel früheren Geschichten. Ich mache einen Unterschied zwischen diesem und dem großen Abstand zwischen der ökonomischen Misere der ersten Nachkriegszeit und den heutigen ökonomisch-gesellschaflichen Problemen. Zum letzteren will ich folgendes sagen: Auch wenn es uns Älteren schwerfällt, müssen wir begreifen können, daß die Jüngeren nicht wie wir bis zu einem gewissen Grade stolz darauf sind, daß wir aus Trümmerwüsten – – das gilt für dieses Land noch viel stärker als für andere Gegenden, und das galt für mich in der Berliner Zeit ganz besonders. Als man da hinkam, war fast nichts mehr da. Sie empfinden nicht den Stolz, daß man daraus wieder etwas gemacht hat. Und dann doch mit der Gefahr auch, nicht immer klar genug gesehen zu haben, daß es beim Wiederaufbau auch Fehlentwicklungen gegeben hat, daß der Wiederaufbau viel bedeutet hat, aber auch nicht alles. Die Problematik hier ist – da haben wir Älteren mehr zu lernen als die Jüngeren. Wir messen häufig das, was heute ist, an dem, was 1945 war, und sagen dann: Das ist gar nicht so schlecht, was wir daraus gemacht haben. Aber andererseits steckt in unserer Bilanz doch auch eine ganze Menge an – ich will nicht sagen – Selbstgerechtigkeit drin, aber jedenfalls stecken manche gar nicht mehr ganz klargemachten Kompromisse mit drin. Wir nehmen das Ergebnis insgesamt.

Die Jungen messen das, was heute ist, nicht an dem, was gestern war, sondern an dem, was morgen sein könnte, und das schreiben sie manchmal sogar ein bißchen sehr groß. Trotzdem, dies ist nicht das Schlimmste. Da, würde ich eher sagen, müssen die Älteren versuchen, genau hinzuhören, ohne sich ihre berechtigte Portion Stolzes nehmen zu lassen. Sie brauchen nicht unnötige Verbeugungen zu machen. Ich bin nicht der Anhänger von einem Jugendkult, der, glaube ich, ganz gefährlich ist. Man muß einander ehrlich die Meinung sagen, die Älteren auch den Jungen.

Der andere Punkt, der geschichtliche Bezug, von dem Sie ausgehen, als Sie den Nazismus und den Krieg hineinbrachten, da ist es anders. Da können wir von den Jungen gar nichts übernehmen. Sie waren nicht da. Da müssen wir, auch wenn sie gar nicht richtig hinhören wollen, ihnen klarzumachen versuchen, daß keiner völlig neu beginnt, sondern daß, ob man nun den nationalen oder den europäischen Bezug nimmt, es bleibt sich insofern gleich – – bitte, man kann als einzelner aussteigen und kann irgendwo ein teilisoliertes Leben führen. Aber das ist kein Problem für die vielen, mit denen wir es zu tun haben.

Ohne daß man den Jüngeren etwas als Last aufbürdet, die sie verständlicherweise nicht tragen wollen, muß man ihnen klarmachen: In dem Volk, in dem sie leben, in den westeuropäischen Gesellschaften, zu denen sie gehören, lebt weiter, wirkt weiter nicht nur Kultur, sondern auch politische Geschichte. Das ist nicht leicht, aber, wenn man es richtig anfängt, auch nicht unmöglich. Sie sprachen von ganz jungen Menschen. Ich habe es schon vor 10 Jahren erlebt. Wenn man ganz jungen Menschen, sagen wir mal, eine Schallplatte mit einer Rede von Hitler vorspielt, gar noch die Umrahmung durch ekstatisches Publikum, dann lachen diese jungen Menschen und/ oder fragen einen erstaunt, erschrocken: Wie war das möglich? Wie konnte ein Mann, der sich so darstellte, von so vielen nicht nur Zustimmung, sondern jubelnde Zustimmung erfahren? Nebenbei gesagt, dies ist ein Gespräch, das viel zu selten in deutschen Familien geführt worden ist, weil viel zu oft Ältere, Väter zumal, Hemmungen hatten, dieses Gespräch zu führen.

R[ovan]: Dieselbe Schwierigkeit hat man in Frankreich, wenn man über Pétain spricht.

B[undeskanzler]: Aber, wenn man über eine solche doch mehr Äußerlichkeit hinwegkommt, dann ist dies nicht hoffnungslos und jedenfalls notwendig.

R[ovan]: Man hat oft das Gefühl, daß von gewissen Elementen der jüngeren Generation die Geschichte überhaupt als solche abgelehnt wird, weil die Menschheit heute an einem Grad angelangt ist, wo sie sozusagen die Lektion der Geschichte nicht mehr braucht. Sehen Sie die Gefahr, daß dieser Romantismus des absoluten Bruchs sich weiterentwickelt, das Gefühl, daß man die Lektion als nicht mehr anwendbar abtut und versucht, in einer Gesellschaft, in der die einzelnen verhältnismäßig keine zu großen Probleme haben, den Romantismus des absolut Neuen auf seine Fahnen zu schreiben?

B[undeskanzler]: Ich weiß nicht, ob das, was ich jetzt antworte, nicht subjektiv ist. Man muß da aufpassen. Ich bin dadurch vielleicht etwas beeinflußt, daß mein starkes Interesse an geschichtlichen Fragen voll übergegangen ist auf meinen ältesten Sohn[4], auf die anderen auch, aber gerade auf den Ältesten, der Historiker geworden ist und für den als einen ganz radikalen jüngeren Mann Geschichte ganz lebendig ist und es war von relativ frühen Schultagen an. Weil ich das bei ihm und anderen erlebt habe, bin ich eher beeinflußt aus meiner unmittelbaren Umgebung in einem Sinne, der vielleicht das, was in Ihrer Frage drinsteckt, zu leicht beiseite schieben könnte.

Ich glaube, auch wenn ich diese persönlichen Eindrücke nicht hätte, daß doch die neue Generation, auch wenn sie die Fürstengeschichte, die Geschichte der Dynastien und vieles andere als nicht besonders interessant empfindet, dann wird sich meiner Überzeugung nach immer wieder durchsetzen, daß es doch unglaublich spannend ist, was Menschen – einzelne Gruppen, kleinere und größere Gruppen von Menschen – gedacht und getan haben. Das ist aber nicht nur interessant, sondern das wird immer wieder zu dem Punkt hinführen – auch bei denen, die glauben, heute sei alles ganz anders –, daß zwar die materiellen Voraussetzungen menschlichen Seins sich kollossal verändert haben, daß sich auch die Teilhabe von Menschen der Zahl nach an geistigen Gütern ungeheuer verbreitet hat, aber im übrigen sich – das sage ich mal bewußt überspitzt – nichts daran geändert hat, daß der Mensch Mensch ist, nämlich daß, nicht wie die Optimisten des 19. Jahrhunderts glaubten und wie ich es noch als junger Mann gesungen habe, wenn ich mit einer Jugendgruppe durch die Lande zog, der Mensch sei gut – in den Jahren vor dem Nazismus. Hinterher war man geneigt zu meinen, der Mensch sei ein Schwein. Beides stimmt nicht. Aber die Erfahrung ist – und die lehrt nicht nur unsere jüngste Vergangenheit, sondern die lehrt der Weg geschriebener Geschichte –, daß die Grenze zwischen Gut und Böse im wesentlichen nicht zwischen verschiedenen Menschen verläuft. Das gibt es auch, aber das ist nicht das interessante Problem. Das interessante ist, daß der Schnitt durch den einzelnen Menschen hindurch geht, sehr unterschiedlich verlagert und wohl etwas beeinflußbar. Aber Grundfragestellungen menschlichen Verhaltens reproduzieren sich, wiederholen sich. Darum bleibt Geschichte wichtig.

R[ovan]: Aber in den Auseinandersetzungen um die Zielsetzungen eines demokratischen Sozialismus in der Gegenwart, aber speziell in unseren westeuropäischen Ländern, taucht bei den Jüngeren wieder sehr stark die Vorstellung auf, daß totale Veränderungen möglich und wünschbar wären, während die Lektion der Geschichte immer wieder zeigt, daß die Versuche der totalen Befreiung in neuen, höheren Formen der Knechtschaft enden und daß der langsame, dornenvolle Weg der Veränderungen auf die Dauer der einzige ist, der den Menschen befreit, etwas mehr Freiheit in die Geschichte bringt. Das Gefühl für diese Lektion scheint mir bei großen Teilen unserer jüngeren Gesprächspartner – wenn man das so nennen kann, denn das Gespräch wird oft abgelehnt – zu fehlen, und es scheint wieder die Illusion aufzutauchen, man könnte mit ein bißchen Gewalt, wenn es nötig ist, auf kurze Zeit Gewalt und dann ist der Mensch in sein rechtes Bewußtsein, in seine rechte Lage gebracht. Sehen Sie darin nur eine Randerscheinung, oder ist es ein zentrales Problem für die nächsten Jahre, das Wiederauftauchen dieser Haltungen?

B[undeskanzler]: Ich halte es für ein zentrales Problem, und ich halte es für sicher, daß die, die glauben, der alten Erfahrung ausweichen zu können, mit der Nase wieder auf sie gestoßen werden. Das dauert manchmal längere, manchmal kürzere Zeit. Ich kann nicht wissen, wer recht hat. Ich kann nur sagen: Meine Lebenserfahrung ist, daß der Mensch nicht verändert werden kann. Man kann die Bedingungen verändern, unter denen er lebt. Man kann bestimmte seiner Eigenschaften sich entfalten lassen, man kann andere zurückdrängen. Aber der Irrtum der Zukunftsgläubigen war unter anderem, daß sie meinten, man habe nur Naturgewalten zu bändigen und man habe den Menschen nur zu schützen gegen Sachen von außen. Man hat ihn auch zu schützen vor sich selbst. Ich meine, daß alles Herummachen, Manipulieren, wie es so schön heißt, gar nicht hilft. Es ist einmal das, wovon Sie sprechen, das sehr geduldige Bemühen um schrittweise Veränderungen. Aber es ist auch dieses Die-Grenzen-dessen-sehen, was machbar ist und was nicht.

R[ovan]: Es gibt doch viele junge Menschen auch in Ihrer Umgebung, in Ihrer Partei, in dieser Republik, die ungeduldig sind. Haben Sie im Gespräch oder wenn Sie als Parteichef oder als Regierungschef mit ihnen sprechen das Gefühl, daß Sie sie stellen können? Wir haben auch in der Universität sehr oft das Gefühl, daß keine Bereitschaft da ist, dieses Gespräch zu führen?

B[undeskanzler]: Meine Erfahrung ist nicht eine typische. Ich komme bei weitem nicht so häufig wie ein Hochschullehrer in Kontakt mit den jungen Menschen. – (R[ovan]: Aber mit jungen Politikern.) – Mein Gefühl ist, auch wenn das nicht überall sichtbar ist: Wir sind durch die schlimmste Zeit der Kontaktarmut schon heraus. Wir sind schon im Vorfeld der neuen Phase, die nicht nur durch mehr Bereitschaft zum Hinhören gekennzeichnet sein wird, sondern zum Teil auch mit einem Zurückschlagen. Also, es wird manches bei den jetzt Nachwachsenden, von den Schulen in die Universitäten Hineinkommenden ein bißchen mehr nach rechts gehen, wenn man diese alten Begriffe links und rechts nehmen kann. Wenn ich bei uns die Diskussionen über die Zukunft der Hochschulen beobachte, dann beginnt das auch bei einem Teil der jungen Akademiker etwas wirk-

lichkeitsbezogener zu werden, weniger absolut und weniger schwärmerisch, stärker bezogen auf das, was sich darstellt.
R[ovan]: Glauben Sie, daß das auch so in der Sozialdemokratischen Partei sein wird?
B[undeskanzler]: Auf die Politik bezogen? Ich hoffe, nicht zu sehr, denn dann würde es langweilig werden. Im Politischen ist es eine widerspruchsvolle Entwicklung. Einerseits sind manche der Jüngeren die, die neue Diskussionen in Gang bringen, nicht nur indem sie unbequem sind, sondern indem sie selbst schon mithelfen, auch richtige Antworten zu finden. Ob man die Umweltproblematik nimmt, ob man das stärkere Aufgeschlossensein gegenüber Problemen der Dritten Welt nimmt, eine Reihe anderer solcher Fragestellungen, unsere eigene Problematik mit Millionen ausländischer Arbeitnehmer. Da sind es häufig die Jüngeren, die nicht nur darauf bestanden haben, daß über die neuen Probleme diskutiert wird, sondern die auch selbst – ich hätte die Bodenrechtsproblematik mit zufügen können – schon an vernünftigen Modellen mitwirken.

Dann gibt es daneben etwas, was ich für weniger fruchtbar halte, nämlich ein Wiederanknüpfen an dogmatische, wie ich meine, Vorstellungen vom Sozialismus, Ganzheitsvorstellungen, um nicht „totalitär" zu sagen. Zum Beispiel diese meiner Überzeugung nach irrige Vorstellung, als ob die Vergesellschaftung, die dann letzten Endes eine Verstaatlichung der Produktionsmittel ist, die Lösung sei. Meine Lebenserfahrung sagt, daß die Konzentration von politischer und wirtschaftlicher Macht in einer Hand mit zu dem Gefährlichsten gehört; was noch gar nicht einschließt, daß ich die gegenwärtige ökonomische Struktur für bewahrenswert halte. Ich meine, sie muß weiter entwickelt werden. Ich halte es auch für sicher, daß der nicht privatwirtschaftlich organisierte Teil größer werden wird. Aber dieses schematische Vergesellschaftenwollen und im Grunde davon ausgehen, daß ein und dieselbe Gewalt Politik und Wirtschaft administriert, dies halte ich für einen Rückfall.

Wenn ich das sage und dieses ablehne, möchte ich gleich hinzufügen, daß dieses Wiederanknüpfen an alte und überholt geglaubte Vorstellungen natürlich nicht nur dieses zum Inhalt hat,

sondern auch zum Inhalt hat Dinge, die mehr auf Freiheit ausgerichtet sind. Also, was wir heute bei jungen Linken ganz häufig spüren, knüpft zum Teil nicht an Marx an, sondern knüpft an anarchosyndikalistische⁵ oder freisozialistische Vorstellungen an. Es sind übrigens mehr Franzosen darunter, als manchem in Deutschland bewußt ist. Das ist so schlecht nicht, wenn es zum Impuls wird, darüber neu nachzudenken: Wie kommt man statt zur bloß formalen Demokratie zur stärkeren Mitwirkung von Menschen in überschaubaren Bereichen, und wie kommt man hin zu einer Demokratie, bei der die einzelnen nicht nur das Gefühl haben, von ihnen wird nicht wesentlich mehr erwartet, als alle vier Jahre einen Stimmzettel auszufüllen.
R[ovan]: Das war schon der Übergang zum nächsten Thema. Ich habe vor 10 Jahren ein Büchlein geschrieben: „Die Demokratie liegt vor uns".⁶ Da waren diese Dinge drin. Heute spricht man in Frankreich viel von ‹„autogestion"›⁷. Hier wird ein anderes Wort gebraucht. Es handelt sich um mehr Selbstentscheidung des Menschen in allen Räumen, in denen er steht. Bringt das nicht mit sich einen gewissen Grad von Überbeanspruchung vieler Menschen, die gar nicht so darauf aus sind, so viel selbst zu entscheiden, und denen jene, die an den Fortschritt der Demokratie glauben, sagen: Dann müßt ihr erst zur Autonomie erzogen werden, und dazu braucht ihr einen gewissen Zwang usw. Ist da nicht ein Widerspruch zwischen dem, was viele glauben, nämlich der Notwendigkeit, die Demokratie in allen Lebensbereichen zu verwirklichen, und einer gewissen Überbelastung vieler Menschen dadurch?
B[undeskanzler]: Das ist sicher ein Problem. Aber die Demokratie zum tragenden Prinzip in den großen Bereichen zu machen – sinngemäß: Also nicht abstimmen zu lassen bei den 8jährigen darüber, welchen Lehrer sie haben wollen oder welche Zensur sie bekommen, und nicht abstimmen zu lassen darüber, welche wissenschaftliche Erkenntnis oder welches Forschungsergebnis richtig ist oder gewünscht wird. Das halte ich für unsinnige Übertreibungen demokratischer Prinzipien. Aber sonst meine ich, Ausbreitung des Prinzips der Demokratie vom Staatlichen in andere Bereiche heißt nicht, von allen überall gleiches oder auch nur ähnliches Engagement zu for-

dern, aber dem einzelnen die Chance zu geben, wer es will, mitwirken zu können.

Das fängt doch dann für viele damit an – und mancher wird nicht viel weitergehen wollen, aber dann soll er diese Chance haben –, daß er nicht mehr in seiner riesigen Stadt, oder was man noch Stadt nennen wird, dort nur den Stadtrat wählt, indem er für eine Partei stimmt, und im übrigen dort noch einmal vor einem Milliardenbudget steht, nachdem er schon das Milliardenbudget des Staates nicht verstehen kann, sondern daß er in seiner Siedlung mit darüber bestimmen kann, ob dort ein Kindergarten sein soll oder mit welchem benachbarten Stadtteil zusammen. Das ist ein sehr triviales Beispiel, aber es gibt andere.

In den Betrieben heißt Mitbestimmung – wie wir sagen, was bei französischen Sozialdemokraten bisher wenig populär ist – nicht nur Leute wählen, die in einem Aufsichtsrat sitzen – das ist auch schon wichtig, sie sollen nicht delegiert werden, sondern sie sollen gewählt werden. Es heißt auch, das Arbeitsleben mit beeinflussen zu können und, was häufig übersehen wird, es nicht nur mit zu bestimmen, sondern es auch mitverantworten zu können. Menschen wollen, viele wollen irgendwo ein Stück Verantwortung tragen. Das heißt in einem Betrieb nicht nur große Geschichten, sondern über humane Arbeitsbedingungen mitzubestimmen, nicht nur zu einem Anhängsel des Fließbandes zu werden, sondern zu einem, der mit darüber befindet, ob man manches nicht vernünftiger, würdiger organisieren kann. Oder, wo es nicht geht, die Arbeitszeit so zu begrenzen – es wird ein großer Teil notwendigerweise seelenloser Arbeit bleiben –, aber diese so zu begrenzen, daß sie ergänzt werden kann durch Aktivitäten, die den Menschen befriedigen.

R[ovan]: Liegt darin nicht ein neues großes Problem für unsere Gesellschaften, daß wir diese seelenlose Arbeit immer mehr auf Eingewanderte weiterschieben – Türken bei Ihnen, Algerier bei uns usw. – und daß damit die Problematik noch akuter wird, denn eines Tages geraten diese ihrerseits in einen durchaus verständlichen Aufstand?

B[undeskanzler]: Wir sind bei uns gerade am Beginn. Vielleicht irre ich mich. Möglicherweise werden Sie in den Wochen, die vor uns liegen, erleben, daß bei uns genau jetzt der Beginn von dem ist, was 1968/69 die Studentenbewegungen waren. Aus folgendem Grunde: In früheren Zeiten mußten Revolutionäre sich ein bißchen anstrengen, denn da stand ihnen das Fernsehen nicht zur Verfügung, das heißt sie mußten mühsam organisieren, sie mußten reisen, Briefe schreiben. Dazu kam, daß meist der Aufenthalt im Gefängnis recht erholsam war und in vielen Ländern dazu führte, daß die Herren Bücher lesen oder solche schreiben konnten. Das war aber in der vortotalitären Zeit.

Wenn ich an die Studentenbewegung 1968 bei uns denke – überhaupt nicht zentral organisiert, aber was vormittags irgendwo passierte, war abends über zwei Fernsehkanäle überall in den anderen Städten als Ereignis und mit den Parolen und lieferte die Vorlage für Ereignisse des kommenden Tages. Wenn jetzt in einer linksrheinischen Stadt – am Freitagabend habe ich es mir angesehen – sehr lebhafte Damen aus einem fremden Land die einfache Parole von sich geben „Eine Mark mehr!" – das ist sehr einprägsam.[8] Ich halte es nicht für ausgeschlossen, daß wir eine Wiederholung in diesem Bereich auch aus dem erwähnten publizistisch-technischen Grunde bekommen werden. Im übrigen kann ich nur bestätigen, dies ist ein ernstes Problem unserer Zivilisation, wir haben ein bißchen lange gewartet, uns damit zu befassen.

R[ovan]: Auch die xenophobischen Reaktionen, die es gegeben hat.
B[undeskanzler]: Keiner weiß genau, wo die Grenze ist. Bei den Schweizern hat man es gesehen.[9] Ich glaube, wir sind in der Bundesrepublik an einer kritischen Grenze. Deshalb müssen wir zwei Dinge versuchen. Wir müssen einmal es etwas schwerer machen, immer mehr Leute hereinzunehmen. Schwerer machen, indem zum Beispiel genauer darauf geachtet wird, ob es wirklich Wohnraum für die Betroffenen gibt. Aber das ist nur ein Kriterium. Wir müssen dieses etwas Schwerermachen damit koppeln, daß wir diejenigen, die wirtschaften, egal aus welcher Art von betrieblicher Verfassung heraus, ermuntern, mehr mit Produktionsstätten dorthin zu gehen, wo Arbeitskräfte sind, als Arbeitskräfte hereinzunehmen. Da wir mit einem erheblichen Prozentsatz solcher sicher für lange Zeit leben werden, müssen wir nun auch alles tun, damit daraus möglichst we-

nig ein europäisches Negerproblem wird. Das geschieht dann, wenn man nicht nur darauf achtet, daß möglichst wenig Ausbeutung vorkommt. Wobei ich mit Ausbeutung jetzt meine, möglichst wenig Schlechterstellung gegenüber den Arbeitskräften des eigenen Landes, daß man sie hereinnimmt, zumal diejenigen, die mehr als eine bestimmte Zeit da sind, in mehr als Produktionszusammenhänge.

Ich bin nicht der Meinung, wie es manche auch gefordert haben, sehr rasch Möglichkeiten der Einbürgerung zu geben und sehr rasch die Möglichkeit der Teilnahme an Wahlen zu geben. Aber ich bin dafür, wie es einige unserer Städte begonnen haben – spät, aber immerhin –, die Vertretungen der ausländischen Arbeitnehmer mit den gewählten Vertretern der Kommunalparlamente und der städtischen Verwaltungen über deren Probleme, vor allem Schulprobleme, Wohnungsprobleme und andere, beraten zu lassen. Ich sehe gerade, hier in Bonn in einer Stadtteilverwaltung ist ein junger Afrikaner zum Sprecher dieser Tage aus der Bevölkerung dieses Stadtteils heraus gewählt worden. Das wird nicht überall mit einem Afrikaner geschehen, aber sonst doch. Ich will noch einen Gesichtspunkt hinzufügen. Wir müssen auch aufpassen, daß uns auf diesem Gebiet europäische Entwicklungen nicht überrollen. Die Europäische Gemeinschaft hat mit der Türkei einen Assoziierungsvertrag. Wir haben heute schon in der Bundesrepublik, wenn ich alles mitrechne und die echten Zahlen nehme, auch die sogenannten Illegalen dazu, mit den Angehörigen eine Million Türken, 500 000 Arbeitnehmer. In der Türkei warten sicherlich 2 Millionen darauf, in die Länder der Gemeinschaft – das ist in diesem Fall in erster Linie Deutschland – reisen zu können, wenn der Assoziierungsprozeß weiter gediehen ist. Hiermit muß man sich frühzeitig auseinandersetzen. Wenn wir meinen, dies nicht einhalten zu können, dann muß die Türkei früh genug wissen, daß die Bedingungen, von denen man dort einmal ausgegangen ist, sich etwas geändert haben.
[...]
R[ovan]: [...] Ich möchte eine vorletzte Frage über den Konsensus in Ihrer politischen Gesellschaft stellen. Sie hatten erst die Große Koalition und jetzt haben Sie eine andere Koalition. Die Härte der poli-

tischen Kämpfe ist vielleicht nicht größer als in Zeiten der Auseinandersetzung zwischen Schumacher und Adenauer. Bleibt das im Rahmen des Minimums von Konsensus, der die normale Alternierung der politischen Kräfte erlaubt? Ist es vorstellbar, daß in ein paar Jahren die Opposition hier wieder an die Macht käme, ohne daß dadurch solche Enttäuschungen in einem Teil der Bevölkerung zustande kämen, daß das normale Spiel dadurch gelähmt würde?
B[undeskanzler]: Ich bin nicht der Richtige, der sich in voller Objektivität gar zum letzten Teil der Frage äußern kann. Ich bin dazu da, die [CDU/CSU] noch eine ganze Weile in der Opposition zu halten. Aber vom Prinzip her müssen sie auch mal wieder drankommen können.

Es ist so. In der vergangenen Legislaturperiode, die etwas abgekürzt wurde, hat es vor allem um die Außenpolitik furchtbar viel Geschrei gegeben. Was hat sich herausgestellt? Viel harte Auseinandersetzung, zunächst ganz knapp erscheinende, dann schwindende Mehrheiten – und dann die Unterstützung durch eine breite Mehrheit in der Bevölkerung und jetzt auch weithin, wenn auch noch verbal etwas verschleiert, durch die parlamentarische Opposition. Der Führer der Opposition hat mir dieser Tage gesagt, daß er, was die Folgeverträge des Grundlagenvertrages mit der DDR angeht, die Gemeinsamkeit zwischen Regierung und Opposition nicht ausschließt. In Klammern bemerkt: Dies könnte ich heute einer deutschen Zeitung nicht sagen, aber wenn Sie es verwenden, wird es schon notorisch sein.
R[ovan]: Es wird auch in keinem Fall in dieser Form verwendet werden.
B[undeskanzler]: So ist es gestern hier erörtert worden. – Nun ist bei dem Interesse, das unsere Außenpolitik oder bestimmte Aspekte unserer Außenpolitik gefunden haben, das, worum wir uns im Inneren bemühen, häufig übersehen worden, oder man meinte, was ist da schon groß passiert.

Wir haben in den 3 Jahren der verkürzten vorigen Periode einige Vorhaben vom Tisch gebracht, die lange Jahre umstritten waren. Z.B. ein Städtebauförderungsgesetz, das 3 Regierungen vor meiner ins Parlament gebracht und nicht verabschiedet bekommen konnten. Ein modernes Betriebsverfassungsgesetz. Schließlich wurde beides mit breiter Mehrheit, auch mit der der Opposition, verabschiedet. Schon im ersten halben Jahr dieser neuen Regierung eine Novellierung des Kartellrechts, also mehr Marktwirtschaft, wenn man so will, statt weniger; von Ludwig Erhard nicht durchgesetzt, obgleich er es gerne wollte, gegen die, die nicht zuviel Marktwirtschaft wollten; das ist jetzt mit breiter Mehrheit verabschiedet.

Und jetzt, wiederum trotz aller Polemik, die unsere Zeitungen auch erfüllt, und der Reden, die gehalten werden, wenn der Bundestag wieder zusammen ist: Es gibt 4 Bereiche, die uns in erster Linie beschäftigen, neben anderen Dingen, die man auch macht, in denen sich schon jetzt herausstellt, daß Regierungskoalition, also Sozialdemokraten und Freie Demokraten, auf der einen Seite und Christdemokraten auf der anderen Seite sagen: Hier muß man etwas tun.

Das ist neben der Steuerreform die damit in etwa verbundene Vermögenspolitik, also vermögenswirksame Maßnahmen. Das ist 2. die Mitbestimmung in Großunternehmen und die Humanisierung des Arbeitslebens. Das ist 3. die Modernisierung des Bodenrechts und der gemeindlichen Planungskompetenzen. Das ist 4. die Bildungsreform mit dem Schwergewicht bei der beruflichen Bildung. Zu allen 4 Gebieten würde, wenn Sie jetzt mit dem Führer der Opposition sprächen, er auch sagen – er wird sie nicht genau so umschreiben, aber aus meinen Begriffspaaren würde er jeweils eines nehmen und sagen: Dies ist wichtig.

Das heißt, wir streiten in dieser Legislaturperiode nicht darum, ob eine Aufgabe wichtig ist. Wir streiten nicht mehr um das Ob, sondern nur noch um das Wie. Ich wage vorauszusagen, daß wir auf fast allen der erwähnten Gebiete letztlich Gesetze zustande bringen, die im Parlament ganz breit angenommen werden. So wie es übrigens in Wirklichkeit auch früher, als die Sozialdemokraten in der Opposition waren, gewesen ist, daß trotz aller harten Auseinandersetzung fast alle großen Gesetze dieser Republik mit breiter Mehrheit verabschiedet wurden.

R[ovan]: Sie meinen, daß im Grunde der Konsensus, der unausgesprochene Rahmen, in dem überhaupt eine parlamentarische Demokratie möglich ist, durchaus weiterbesteht?

B[undeskanzler]: Dies ist mein Empfinden. Was nicht ausschließt, daß vielen in der Politik und manchen in der Wirtschaft immer noch schwerfällt, sich ganz mit dem Gedanken vertraut zu machen, daß sie eine Weile nicht regieren werden. Aber das ist menschlich verständlich. [...]

Nr. 91
Erklärung des Bundeskanzlers, Brandt, in Rundfunk und Fernsehen
28. August 1973[1]

Bulletin des Presse- und Informationsamtes der Bundesregierung, Nr. 101 vom 30. August 1973, S. 1009.

Nicht ohne Sorge beobachte ich Entwicklungen, Vorgänge in unserem Lande, bei denen erprobte Spielregeln nicht eingehalten werden.[2] Wir sehen es dieser Tage zum Beispiel in einigen Betrieben in der Metallindustrie. Die Tarifparteien redeten zunächst aneinander vorbei.

Ich habe mich bei beiden Seiten informiert; mir ist klar: beide Seiten sind bereit, miteinander zu reden.

Ich komme auf die Spielregeln zurück, auf die unser Staat und unsere Sozialordnung angewiesen sind. Niemand sollte übersehen, wie wichtig das für unsere Gesellschaft ist.

Es sollte allerdings kein Zweifel an folgendem sein: Die Bundesregierung hält mit Nachdruck an den stabilitätspolitischen Maßnahmen fest, bei denen wir bekanntlich die überwiegende Mehrheit der Arbeitnehmer von der Stabilitätsabgabe freigestellt haben.[3]

Die Bürger erwarten zu Recht, daß Bundesregierung und Bundesbank alles nur Mögliche und Vertretbare für mehr Preisstabilität tun, zumal es erste, wenn auch noch schwache Anzeichen für eine ruhigere Konjunkturentwicklung gibt. Uns hilft auch das kritischer werdende Verhalten der Verbraucher.

Jetzt ist also nicht die Stunde überzogener Forderungen, die das Stabilitätsziel außer acht lassen. Weder bei Löhnen noch bei Preisen.

Wer das Stabilitätsprogramm im Stich läßt, läßt sich selbst im Stich. Das mag hier und da schmerzhaft sein, aber ich kann niemanden aus seiner Verantwortung entlassen.

Nach meinem Eindruck hat man in den meisten Betrieben erkannt, wie gefährlich es wäre, die Position der Gewerkschaften zu gefährden.

Niemand anders sorgt auf lange Frist dafür, daß die Vorteile der wirtschaftlichen Entwicklung allen Arbeitnehmern zugute kommen. Deshalb ist man auch fast überall vor Unruhestiftern auf der Hut, die andere Ziele verfolgen.

Alle vernünftigen Kräfte können an nichts anderem als an einer sachlichen und ruhigen Entwicklung interessiert sein.

Nr. 92
**Aus der Rede des Bundeskanzlers, Brandt, in der Evangelischen Akademie in Bad Segeberg
1. September 1973**[1]

Vorstand der Evangelischen Akademie Schleswig-Holstein – Bad Segeberg (Hrsg.): Dokumentation: Der Besuch Willy Brandts 1.9.1973, Bad Segeberg 1973, S. 5–19.

Politik in Deutschland – Wertvorstellungen unter Ideologieverdacht

I. Über die Schwierigkeit, in Deutschland Politik zu machen
[...]
„Politik in Deutschland – Wertvorstellungen unter Ideologieverdacht" – das ist nicht als Titel einer akademischen Vorlesung gedacht. Im Gegenteil: Die Alltagsarbeit, die tägliche Erfahrung hat mich auf dieses Thema gebracht. Zu dieser Erfahrung gehört es, daß ver-

feinerte, mit dem Ideologievorwurf behaftete Verdächtigungen an die Stelle dessen treten, was uns aus zurückliegenden Jahren als grobschlächtige Polarisierung in Erinnerung geblieben ist.

Aber denken Sie nicht, ich sei hierhergekommen, um zu lamentieren. Ich will eher darüber sprechen, daß wir es uns in der deutschen Politik wieder einmal unnötig schwer machen. Zwei Beispiele:

Wenn die Bundesrepublik Deutschland – in Abstimmung mit der Atlantischen Allianz – an dem Versuch teilnimmt, die Truppenstärken in Europa beiderseitig und ausgewogen zu begrenzen, dann wird das auch von solchen, die es besser wissen sollten, mit dem Etikett „Neutralisierung" bedacht – einige fügen sogar noch „Finnlandisierung" hinzu und ahnen kaum, welches Unrecht sie damit einem Volk zufügen, das es wahrlich nicht verdient hat. Oder: Wenn einige Abgeordnete mit Vertretern afrikanischer Unabhängigkeitsbewegungen zusammentreffen,[2] dann deutet ein Fernseh-Moderator die von ihm vermutete sozialdemokratische Einseitigkeit als eine Befriedigung „ideologischer Lustgefühle".

Nun ist es eine bekannte – und gewiß nicht auf einen Flügel der deutschen Politik begrenzte – Methode, als Ideologie zu kennzeichnen, was einem am Gegner, an „dem anderen" besonders wenig gefällt. Damit müssen wir leben, daran hat man sich auch in anderen demokratischen Gemeinwesen gewöhnt.

Wir sehen uns einer Fülle von innen- und außenpolitischen Aufgaben gegenüber. Ich möchte es Ihnen und mir ersparen, im einzelnen darauf einzugehen. Die Diskussion darüber füllt täglich Zeitungsseiten: sei es nun das, was man die Deutschland- und Ostpolitik nennt, oder die engere Zusammenarbeit mit der Europäischen Gemeinschaft; seien es die stabilitätspolitischen Anstrengungen oder die Bemühungen um die reformpolitischen Schwerpunkte dieser Legislaturperiode, also: Mitbestimmung und humane Arbeitsbedingungen; Steuerreform und vermögenspolitische Maßnahmen; neues Bodenrecht und bessere Planungskompetenzen der Gemeinden; Klärung des Bildungsprogramms zwischen Ländern und Bund und – eine energische Förderung der beruflichen Ausbildung.

Auf eine Kurzformel gebracht: Nach außen sind wir bestrebt, gemeinsam mit anderen den Frieden in Europa sicherer zu machen und den Bürgern der Bundesrepublik Deutschland eine Existenz der guten Nachbarschaft mit allen Völkern unseres Kontinents zu ermöglichen. Nach innen muß es uns darum gehen, die sich von Tag zu Tag beschleunigende Entwicklung der Industriegesellschaft so zu steuern, daß sie dem Menschen dient und ihn nicht, wie es noch zu oft der Fall ist, überrollt. Was es anzustreben gilt, ist der möglichst gesicherte Frieden nach außen und der noch zielstrebiger angesteuerte Ausgleich im Innern.

Eine solche Politik orientiert sich an – durchweg überprüfbaren – Grundwerten und Wertvorstellungen, faßt erreichbare Ziele ins Auge und vollzieht sich überwiegend in mühsamen kleinen Schritten. Sie trifft auf Widerstände aus der Sache und lebt mit dem politischen Streit als einem ständigen Begleiter. Das alles gehört „zum Geschäft", und keiner, der in direkter politischer Verantwortung steht, sollte sich darüber beklagen. Allerdings sollten wir uns auch darüber im klaren sein, daß fast jeder Schritt wirklicher Reform im Innern und einer an den Realitäten ausgerichteten Verständigungspolitik nach außen unter einen beinahe uneingeschränkten Ideologieverdacht gestellt wird.

Die spezifische Schwierigkeit, bei uns in der Bundesrepublik Deutschland eine Politik des Friedens und der Reformen dauerhaft durchzusetzen, hängt mit einer Reihe besonderer Faktoren zusammen, die es in dieser Kombination in anderen westlichen Demokratien wohl nicht gibt:

Ich denke an die Versuchung, vor der nationalen Geschichte mit ihren Katastrophen, Fehlentwicklungen und bis auf den heutigen Tag nachwirkenden Folgen die Augen zu verschließen oder wegzulaufen. Ich denke an die Spaltung unseres Landes und daran, daß die Herrschaft „drüben" mit dem – wie ich meine: falschen – Stempel „sozialistisch" versehen wurde und bei Wahlkämpfen immer noch – zu Lasten der Partei, deren Vorsitzender ich bin – für herabsetzende Identifizierungen herhalten muß.

Ich erwähne weiter die fast bis zum Glaubensakt verinnerlichte Selbstgleichsetzung mancher Vertreter der Opposition mit einem imaginären Staat, weshalb sie sich mit dem Regierungswechsel (1969, bestätigt 1972) bis heute nicht haben abfinden können, sondern den Untergang aller Werte gekommen sehen. Es ist, in allem Ernst, eine böse Sache, wenn in einem demokratisch verfaßten Staat das eine Lager sich mit einem demokratischen Machtwechsel nicht abfinden will.

Und ich verweise schließlich auf die Demagogisierung der wirtschaftspolitischen Debatte, die hinter allem Möglichen und Unmöglichen einen Kollektivismus östlicher Prägung, einen die Menschen bedrückenden „Sozialismus", ja den heraufziehenden Kommunismus wittert. Hier geht es um die alte und wieder modisch gewordene Methode der Auseinandersetzung: ideologisch zu verdächtigen und die Mitbürger durch das Schüren von Angstgefühlen unsicher zu machen.

Solche Verdächtigungen sind sachlich kaum faßbar, aber sie tun ihre Wirkung. Die Summe der Angstparolen besteht darin, daß man sich mit einem Programm realer, wenn auch nur schrittweiser Reformen, daß man sich mit den Zielen und Methoden der sozialliberalen Koalition nicht sachlich und sachgerecht auseinandersetzt, sondern alles erst einmal mit dem Etikett „ideologisch" versieht, weil es dann um so einfacher abqualifiziert werden kann.

Ich übersehe hierbei nicht, daß in den vergangenen Jahren in unserem Land ein Prozeß der Reideologisierung in manchen Bereichen stattgefunden hat – und zwar rechts wie links auf der politischen Skala. Ich weiß auch, daß Gruppen in oder am Rande der Partei, deren Vorsitzender ich bin, davon nicht ausgenommen sind.

Wir beobachten mit großer Genauigkeit, ob, wie und von wem Grundwerte unserer Demokratie in Frage gestellt werden. Wir nehmen auch die zynische Kritik an der sogenannten formalen Demokratie nicht als Mittel hin, die durch dubiose, in Wahrheit anti-demokratische Ziele geheiligt werden könnten. Schwächen des demokratischen Formalismus entschuldigen keinen Flirt mit totalitären Versuchungen. Es ist mir ganz gleichgültig, ob dabei links oder rechts an einer der kommunistischen Parteien vorbei argumentiert wird – oder durch sie hindurch.

Feinde der parlamentarischen, der freiheitlichen Demokratie sind Feinde der Sozialdemokratischen Partei Deutschlands. Sie haben bei uns nichts zu suchen.

Aber genau an dieser Stelle – und da von der Schwierigkeit, in Deutschland vernünftige Politik zu machen, die Rede ist – muß ich mit gebotener Eindeutigkeit einiges zurechtrücken:

E r s t e n s : Wer beinahe zwanzig Jahre lang einen verzerrten und übersteigerten Pragmatismus als oberstes Prinzip der Politik vergötzt hat, darf sich eigentlich nicht wundern, daß Leerräume entstanden sind, in die „Ideologien" einströmen können. Wer nicht mehr zu bieten hatte, ist im Gegenteil mit verantwortlich dafür, daß ein mitunter hirnloser Pragmatismus in das andere Extrem umschlägt.

Z w e i t e n s : Je heftiger dagegen polemisiert wird, die praktische Politik theoretisch – also grundsätzlich – zu durchdringen, desto schwieriger wird es sein, prinzipiell motivierte Ausuferungen an den Rändern einzudämmen. Ständiger Ideologieverdacht gegen jede Form politischer Theorie erzeugt schließlich Ideologie. (Ein ironisches Beispiel dafür lieferte ein Blatt des Hamburger Konzerns[3], das der CDU zurief, sie werde wohl „nicht ganz ohne Ideologie auskommen".)

D r i t t e n s : Wer den Versuch, die Grundwerte Freiheit, Gerechtigkeit und Solidarität in der Politik zu verwirklichen, als verwerfliche Ideologie abwertet, muß sich gefallen lassen, nach seinen eigenen Wertvorstellungen gefragt zu werden.

Es scheint so zu sein, daß man sich um so eher dem Ideologieverdacht und Ideologievorwurf aussetzt, je offener man sich zu seinen Grundwerten bekennt. Und ich fürchte: man kann sich vielfach um so weniger gegen diese Vorwürfe zur Wehr setzen, je rätselhafter und dumpfer sie formuliert sind.

II. Ideologieverdacht als polemischer Knüppel

[...]

Der Ideologievorwurf kann bei uns in der Regel nur auf Einzelaussagen oder Einzelwertungen zutreffen, nicht auf die Programme der Parteien. Darum meine ich: Wenn einer Partei insgesamt der Vorwurf gemacht wird, sie orientiere sich an einer Ideologie oder ordne sich ihr unter, so dient das als Mittel, sachlicher politischer Auseinandersetzung auszuweichen und an ihrer Ste!le den polemischen Knüppel zu schwingen. Das gelingt manchmal um so eher, je komplexer und unüberschaubarer die Sachprobleme sind, die in einer hochtechnisierten Gesellschaft wie der unseren erörtert und gelöst werden müssen – wie etwa bei der Steuerreform oder beim Bodenrecht.

Kennzeichnend ist dabei, daß jene, die den Ideologievorwurf besonders lautstark erheben, selbst ideologisch bestimmte Wertungen vornehmen, und das doch wohl oft wider besseres Wissen. Die Zahl der Beispiele, mit denen wir es seit geraumer Zeit zu tun haben, ist Legion. Da konnte man lesen, die Bundesregierung wolle den „Kollektivismus". Ein anderer sah am Horizont der Politik den „Funktionärsstaat" aufsteigen, in dem eine „Volksfront" herrsche und „Gleichmacherei" das oberste Prinzip sei. Ohne Scham konnte behauptet werden, die Regierung und die sie tragenden Parteien sagten ja zur „Inflation als Mittel zum Sozialismus".

Ein pfälzischer, jetzt auch mit Bundesverantwortung beladener Politiker faßte das in der für meine Begriffe unguten Formel zusammen, die gegenwärtige, von uns zu verantwortende Politik degeneriere in einen Vollzug vorgegebener Wahrheiten; eine Partei begreife sich als eine Inkarnation des Fortschritts, dem jeder Einsichtige und Gutwillige zustimmen müsse; die freiheitliche Demokratie pervertiere in eine Gesinnungs- und Stimmungsdemokratie; die bloße Frage nach den tatsächlichen Konsequenzen einer Politik schon werde wirksam tabuisiert.[4] Dabei macht mindestens dreierlei stutzig:

– Der Ideologievorwurf – Politik degeneriere in einen Vollzug vorgegebener politischer Wahrheiten – wird vorgetragen ohne den Versuch einer sachlichen Beweisführung.

– Im gleichen Zusammenhang und an gleicher Stelle räumt dieser Politiker ein, seine Partei – also die Union – habe bisher „ihren eigenen Pragmatismus zu einer höheren politischen Tugend stilisiert" – was doch wohl heißt, daß sie auf eine grundsätzliche und theoretische Begründung ihrer politischen Ziele bis in die Gegenwart verzichtet hat.

– Und er sagt freimütig, seine Partei habe es nötig, „ihre politischen Ziele theoretisch und überzeugend zu begründen" – was doch bedeutet, daß sie diese Aufgabe noch vor sich hat.

Man darf darum fragen: Von welcher geistigen und theoretischen Position aus wird hier eigentlich der Ideologievorwurf erhoben? Der Verdacht liegt nahe, daß man sich als Politiker oder als politische Partei immer dann mit diesem Vorwurf auseinanderzusetzen hat,

– wenn auf der Seite der politischen Gegner die irrige Vorstellung einer wert-freien und insoweit pragmatischen Politik vorherrscht;

– wenn sie sich nicht zu jeder Zeit und in jedem Bereich nach dem rein pragmatischen Prinzip der Maximierung von Wählerstimmen richten, sondern im Gegenteil die von ihnen vertretenen Grundwerte deutlich zu erkennen geben;

– oder wenn sie sich nicht den vielfältigen Macht- und Sonderinteressen in der Gesellschaft beugen; diese geben sich selbst in ihrer Summe gern als objektive Realität aus, um dann auf der Basis dieser kühnen These zu behaupten, die Ideologen vergewaltigen die Wirklichkeit, damit sie in ihr utopisches Modell passe.

[...]

III. Das Risiko, sich offen zu Werten zu bekennen

Niemals zuvor in der Geschichte war die Dimension der Zukunft so sehr eine reale Kategorie der Politik wie in der Gegenwart. Überspitzt: Der Politiker muß unter Umständen schon heute Antworten auf Fragen finden, die erst morgen gestellt werden. In der Außen- wie in der Innenpolitik haben wir alle bitter feststellen oder sogar schon dafür bitter bezahlen müssen, daß zu lange zu vieles als unabänderlich galt: daß sich Politik oft in der kurzsichtigen Reaktion auf Tagesereignisse erschöpfte oder sich häufig als pragmatische Flickschusterei begriff, welche die internationalen und gesellschaftlichen Geschehensabläufe weitgehend unbeeinflußt ließ und nur hier und da etwas korrigierte. Wer sich mit der vordergründig vorhandenen

Wirklichkeit nicht zufriedengab und modellhaft über die unmittelbare Gegenwart hinausgriff, wurde als Phantast verspottet oder sogar der staatspolitischen Unzuverlässigkeit bezichtigt und – wie es dann gern geschieht – als Ideologe verketzert. Als ich im Bundestagswahlkampf 1961 auf die anwachsenden Umweltgefahren hinwies und dabei die Problematik auf das Ruhrgebiet zuzuspitzen bemüht war, witterte man dahinter so etwas wie einen sozialistischen Sturmangriff auf Bastionen der Marktwirtschaft und des freien Unternehmertums. Ein bayerisches Wochenblatt zeterte, wenn das Programm meiner Partei Wirklichkeit würde, gäbe es über dem Ruhrgebiet deswegen einen blauen Himmel, weil die Schornsteine nicht mehr rauchten.[5] Scheinbare Sachzwänge wurden ins Feld geführt, um das erkennbar Notwendige an die Seite zu schieben.

Wir haben manchmal geglaubt, diese Denkmuster seien überwunden, und stellten dann fest, daß sie sich erneut zu etablieren trachten. Ja, sie summieren sich in der einen Ecke unserer Gesellschaft zu der schrecklichen „Ideologie der Ideologielosigkeit". Sie ist so schrecklich, weil sie stets von einem fast pathologisch guten Gewissen begleitet ist.

Diese Ideologie verschreibt sich auch heute noch ganz ungeniert der Zementierung längst überfälliger und zum Teil ärgerniserregender gesellschaftlicher Verhältnisse. Oder sie dient der Überhöhung massiver wirtschaftlicher Interessen weniger auf Kosten der Vielen.

[...]

Das große Gespräch der Gesellschaft ist das Essentiale der Demokratie. Dieses Gespräch schließt den politischen Streit und die Sachauseinandersetzung nicht aus. Es setzt sie sogar voraus, damit in einer möglichst breiten Diskussion ein Höchstmaß an Übereinstimmung erzielt werden kann. Und die breite Diskussion wird um so fruchtbarer sein, je mehr Bürger sich daran beteiligen, je mehr mitwirken und mitentscheiden.

Gerade das aber wollen manche auf jeden Fall verhindern. In der letzten Zeit registriere ich zahlreiche Sturmläufe gegen die fortschreitende Demokratisierung der Gesellschaft. Neue Fronten werden aufgebaut, mit dem Ziel, Freiheit und Demokratie in einen Gegensatz zu bringen. Das kann zu einem besonders gefährlichen Angriff auf die freiheitlich-demokratische Grundordnung werden.

Mir ist nicht verborgen geblieben, daß manche unter Demokratisierung etwas verstehen, was ich für einen Trugschluß halte: nämlich die Prinzipien der Demokratie schematisch und ohne Rücksicht auf die unterschiedlichen Sachgebiete in die verschiedensten Bereiche der Gesellschaft zu übertragen. Ein nicht minder lebensgefährlicher Trugschluß liegt jedoch in dem Versuch, Demokratie auf das bloße Prinzip der Mehrheitsentscheidung einzuengen und dann als Element der Bedrohung gegen die Freiheit auszuspielen.

Demokratie bedeutet doch nicht einfach nur Mehrheitsentscheidung, sondern umfaßt mehr: den Minderheitenschutz; die Ausklammerung von Bereichen, die unabstimmbar sind und bleiben müssen; die Freiheit der Diskussion und die Chance des Arguments; die klare Beschreibung von Verantwortlichkeiten.

Sicher: Demokratisierung, wie ich sie verstanden wissen möchte, engt möglicherweise den Entscheidungsraum einiger ein, die bisher allein zu entscheiden hatten. Aber: sie vergrößert den Entscheidungsraum der Vielen, die bislang wenig oder gar nichts entscheiden konnten. Zur Freiheit, ohne die Demokratie nicht denkbar ist, gehört unabdingbar, daß der freie Bürger die Chance erhält, nicht nur Objekt von Weisungen, sondern mehr und mehr Subjekt von Entscheidungen zu sein.

Wer Demokratie gegen Freiheit ausspielt, zielt auf ein Kernstück unserer Verfassung: sie will Freiheit durch Demokratie.

Das große Gespräch der Gesellschaft verkommt zum Gezänk, wenn Angst und Verdächtigungen es überwuchern. Und es endet auch leicht dort, wo ideologischer Dogmatismus oder opportunistisches Nach-dem-Mund-reden beginnen. Der Bürger hat Anspruch darauf zu wissen, was Politiker in der Sache wollen, aufgrund welcher Wertvorstellungen sie es wollen, und wie sie meinen, es realisieren zu können.

IV. Politik heute: Nicht Ideologie, sondern notwendiger Realismus

Die deutsche Geschichte ist randvoll mit Beispielen ideologischer Hörigkeit. Und im Blick über längere Zeiträume wage ich festzustellen: Sie wachsen eher aus dem Nährboden unverdauter und mißverstandener konservativer Anschauungen als auf dem Boden gegenläufiger Denkrichtungen. Welcher Wahn verbarg sich allein hinter dem übersteigerten Nationalismus, wieviel Leid hat er über die Menschen nicht nur unseres Volkes gebracht! Er ist wohl das sinnfälligste Beispiel dafür, wohin ideologisch motivierte Verblendung führen kann. In der Außenpolitik wird ideologischer Dogmatismus zu einer schrecklichen Plage. Selbst wenn die Ideologie gemäßigt sein sollte, ist sie als außenpolitischer Ratgeber ungeeignet. Ich erinnere an die Zeit, in der man der Auffassung war, es sei im Prinzip schlecht und nahezu unmoralisch, mit kommunistisch regierten Ländern Verträge zu schließen. Und das, obwohl es keinen einzigen Fall gibt, in dem die Beziehungen zu d e n Staaten abgebrochen wurden, deren autoritäre Ordnung unserem Staats- und Demokratieverständnis ebenfalls widerspricht.[6]

Die Ergebnisse kennen wir alle. Sie trugen mit dazu bei, daß wir eine Situation der Verkrustung vorfanden, als meine Regierung ihre Arbeit begann: in unserem Verhältnis zum zweiten deutschen Staat und im Ost-West-Verhältnis insgesamt.

Ideologische Barrieren, die ja nicht nur auf der anderen Seite der Grenzlinie aufgerichtet worden waren, mußten mühsam überwunden werden. Die Ideologie trat hinter die Interessenlage zurück. Kreuzzüge finden nicht mehr statt, und wer sie will, muß durch die Vernunft in seine Schranken gewiesen werden. Sie ist die entscheidende Voraussetzung des Friedens.

Ist die Außenpolitik damit frei von Wertvorstellungen? Sollte sie es sein? Ist sie, orientiert an Machiavelli, auf reine Zweckmäßigkeit gegründet? Die Antwort muß meiner Meinung nach lauten: Nein. Und wir dürfen nie vergessen, wohin Prinzipienlosigkeit führen kann.

In der Außenpolitik wie anderswo gilt, daß eine an Grundwerten ausgerichtete Zielvorstellung durchgehalten werden muß und nicht aus den Augen verloren werden darf. Grundüberzeugungen sind nicht Verhandlungsgegenstand. Und es hat noch nie geschadet, wenn Grundwerte wie die der Gerechtigkeit und der Solidarität im notwendig pragmatischen Handeln der Außenpolitik deutlich werden: diese Überzeugung gilt – ich sage dies gern auch am Vorabend unseres UNO-Beitritts[7] – gegenüber allen Völkern, gleichgültig, welcher Rasse sie angehören, welcher Staat sie auch immer für sich beansprucht.

Die Innenpolitik muß ihre Zielrichtung und ihr Handeln auf Wertsetzungen gründen, will sie mehr sein als der Spielball eines ungezügelten Wachstums oder mächtiger Einzelinteressen. Wozu taugen denn Grundwerte wie Freiheit, Gerechtigkeit und Solidarität, wenn man sie nicht als konkreten Maßstab an die Zustände unserer Gesellschaft anlegen darf? Heute Politik zu machen, heißt zu fragen, was künftig realisiert werden muß, damit die Grundwerte unserer Gesellschaft nicht nur gedacht, sondern auch gelebt werden können.

Freiheit ist nach vieler Verständnis in unserer Gesellschaft zum Beispiel so lange nicht verwirklicht, solange Hunderttausende von Kindern in unseren Großstädten und Ballungsgebieten sich nicht entfalten können, sondern in Häuserschluchten verkümmern. Und Gerechtigkeit ist nicht durchgesetzt, solange wir ein Steuersystem praktizieren, das die Stärkeren begünstigt. Und Solidarität wird leicht zur Farce, wenn wir sie nicht europäisch und – wo es geht – weltweit anzuwenden lernen.

Nicht um ein ideologisches Mütchen zu kühlen, sondern weil wir Grundwerten verpflichtet sind, wollen meine Freunde und ich die Reform des Bodenrechts oder des Steuersystems, wollen wir den Ausbau der Mitbestimmung und die schrittweise Humanisierung der Arbeitswelt.

Bleiben wir einmal kurz beim letzten Stichwort. In der Humanisierung der Arbeitswelt treten Konflikte auf, die der einzelne Arbeitnehmer n i c h t bewältigen kann, wenn er nicht schon als

Kind und Jugendlicher sachgerecht darauf vorbereitet worden ist. Hier liegt auch ein zentrales Problem der Bildungsreform.

Die Frage ist, was in der Schule gelernt werden soll. Manche befürchten, mit neuen Unterrichtsplänen solle jetzt eine radikale Politisierung angestrebt und die Lösung des einzelnen aus seinen traditionellen Bindungen an Staat, Geschichte, Kultur, an Familie und an Sprache herbeigeführt werden. Ich kann im einzelnen nicht wissen, ob nicht hier und da auch Unrichtiges ins Auge gefaßt würde. Aber auch auf diesem Gebiet hier kommt es ganz gewiß darauf an, Vorurteile abzubauen.

Der Versuch, Chancenungleichheit im Bildungswesen abzubauen, konzentrierte sich zunächst auf quantitative Verbesserungen. Das entsprach dem Interesse der Bürger, die mehr Lehrer und Erzieher, mehr Klassenräume und Kindergartenplätze, mehr Schulbücher und Spielmaterial wünschten. Ernsthafte Kulturpolitiker wissen jedoch, daß neue Strukturen und der quantitative Ausbau unseres Bildungswesens allein nicht ausreichen. Genauso dringlich müssen Lerninhalte überprüft und gegebenenfalls neu bestimmt werden, wenn die Bildungsreform dazu führen soll, daß die nach uns kommenden Generationen sich in der Welt, wie sie dann aussehen wird, zurechtfinden. Die Beschreibung sozialer und politischer Wirklichkeit führt notwendig auch dazu, gesellschaftliche Zielkonflikte offenzulegen, widersprüchliche Interessen und Bedürfnisse zu erkennen. Allzu leichtfertig heißt es dann bei Kritikern solcher Lernziele, nun würden die Ideologisierung und Politisierung in der Schule Einzug halten. – Marx statt Rechtschreibung.

Von atypischen Fällen abgesehen wird – so will mir scheinen – das genaue Gegenteil angestrebt. Eine rationale Beurteilung gesellschaftlicher Verhältnisse und die offene Diskussion darüber macht die jungen Menschen fähig, sich durch angemessenes Handeln für den Ausbau unserer Demokratie in den verschiedenen Bereichen einzusetzen. Sie werden fähig zur Teilnahme am gesellschaftlichen Leben und damit zur Selbst- und Mitbestimmung.

Ich halte es für unredlich, angesichts solcher Bemühungen beim Bürger Angst hervorzurufen, um sachliche Konflikte zu verschleiern.

Der Ideologievorwurf erweist sich selbst als ideologieverdächtig; als Versuch, davon abzulenken, daß nur das Aufarbeiten von sozialen Konflikten in der Erziehung zu mehr realer Freiheit des einzelnen führt, zu sozialer Gerechtigkeit und zu mehr Solidarität.

Es zeigt sich eben in vielen Aufgabenbereichen: Praktische Politik kommt ohne Wertvorstellungen nicht aus. Die Zukunft muß nüchtern vorausgedacht werden, weil sonst Schäden entstehen – nicht zuletzt bei den Menschen –, die nicht mehr zu beheben sind. Wir werden und müssen darum unseren Weg der Reformen zielstrebig fortsetzen. Wir dürfen nicht gering schätzen, was von der Auseinandersetzung mit kritischen Meinungen übrig bleibt. Unbeirrt durch Schlagworte gilt es, reale Fortschritte und Absicherungen zu erzielen.

Der als Reichsaußenminister von Nationalisten ermordete Walther Rathenau hatte notiert: „An sich ist jeder Kampf gegen Schlagworte aussichtslos, denn sie bilden in verdichteter Form den Ausdruck überstandener Denkprozesse. Sie sind gleichsam unlösbar gewordene Destillationsrückstände, die zwar allmählich bis zur Vergessenheit austrocknen, jedoch durch neue Denkformen sich nicht angreifen lassen."[8]

Das ist keine resignierende Schlußbemerkung, sondern eine Unterstreichung dessen, daß Politik heute nicht überflüssige Ideologie bedeuten kann, sondern notwendigen Realismus zum Inhalt haben muß.

Nr. 93
Aus dem Interview des Vorsitzenden der SPD, Brandt, für das *Deutsche Allgemeine Sonntagsblatt*
30. September 1973[1]

Deutsches Allgemeines Sonntagsblatt, Nr. 39 vom 30. September 1973, S. 1 f.

Brandt zur Reform des § 218

Deutsches Allgemeines Sonntagsblatt: In den katholischen Gemeinden der Bundesrepublik wird zum Sternmarsch auf Bonn geblasen. Ziel der dort von höchsten Würdenträgern bestrittenen Großversammlung ist ein unüberhörbarer Protest gegen den Schwangerschaftsabbruch in den ersten drei Monaten. Das Motto der Demonstration: „Für das Leben – gegen den Tod". Frage an den Parteivorsitzenden Willy Brandt: Wofür ist die SPD?

Brandt: Meine Antwort ist knapp und eindeutig: selbstverständlich für das Leben, gegen den Tod. [...] Meiner Meinung nach ist die Diskussion um die Reform des Paragraphen 218 [StGB] in letzter Zeit leider aus dem Gleis geraten. Ich kann es nur tief bedauern, wenn man – nach allem, was geschehen ist – ausgerechnet meiner Partei unterstellt, sie sei für Mord. Vielleicht darf ich wiederholen, was ich im April auf dem Parteitag in Hannover gesagt habe: Laßt uns um der Sache und um unseres Volkes willen ein schwieriges Thema angemessen und würdig erörtern und entscheiden.[2]
[...]
Wenn ich mich jetzt außerhalb der parlamentarischen Beratung äußere, und zwar als Vorsitzender der SPD, so hat das nicht den Grund, daß dieser Tage sensationell und mißverständlich über meine Erwägungen geschrieben worden ist. Nein, ich habe mir von Anfang an vorbehalten, zu gegebener Zeit Stellung zu nehmen. In den letzten Wochen und Monaten nun hat die Diskussion um den § 218, abgesehen von der Demagogie, eine eigenartige Entwicklung genommen. So werden zum Beispiel Aktionsprogramme zum Schutz werdenden Lebens gefordert, die den Anschein erwecken, als habe die SPD nie-

mals Vorschläge für sozial- und gesellschaftspolitische Maßnahmen im Zusammenhang mit der Reform des § 218 vorgelegt. Es entspricht aber einfach nicht der Wahrheit, wenn solche Behauptungen aufgestellt werden.

DS: Mit „sensationell" und „mißverständlich" spielen Sie wohl auf die Schlagzeile der Bild-Zeitung an: „Brandt will Abtreibung freigeben".[3] Haben Sie sich also für die Fristenlösung entschieden?

Brandt: Die Schlagzeile ist schon deshalb abwegig, weil über die Reform des § 218 der Bundestag entscheidet und nicht der Bundeskanzler. Im übrigen gibt der Artikel, auf den sich die Bild-Zeitung bezog, meine Auffassung nicht authentisch wieder. Ich will mich sehr bewußt nicht auf das eine oder andere Reformmodell zu diesem Zeitpunkt öffentlich festlegen. Davon könnte eine Signalwirkung ausgehen, die ich nicht wünsche. Ich habe stets gesagt, daß die Reform des § 218 Sache der Gewissensentscheidung der einzelnen Abgeordneten ist und bleiben muß. An dieser Auffassung hat sich nichts geändert.

DS: In den Koalitionsfraktionen des Bundestages stehen sich im wesentlichen zwei Gruppen gegenüber. Die größere tritt für die sogenannte Fristenlösung ein. Eine kleine Gruppe unterstützt die sogenannte erweiterte Indikationenlösung, also die Straffreiheit für Schwangerschaftsabbruch in bestimmten medizinischen, ethischen, eugenischen und sozialen Notlagen. Die große Mehrheit der Opposition setzt sich für eine eng begrenzte Indikationenlösung ein. Die Aussicht, daß ein so wichtiges Thema mit knappen, eher zufälligen Mehrheiten entschieden wird, ist unbefriedigend. Was haben Sie unternommen, um einen tragbaren Kompromiß zwischen den Fronten herbeizuführen?

Brandt: Ich bin dankbar für diese Frage. Festzuhalten ist hierbei zunächst, daß alle im Bundestag vertretenen Parteien eine Änderung des gegenwärtigen § 218 für notwendig halten. Bei allen Parteien – auch bei der Opposition – ist also die Bereitschaft vorhanden, die gegenwärtige Gesetzeslage zu verändern. Das wird von manchen Polemikern gern übersehen. Was nun die Sozialdemokraten angeht, so gilt gerade hier, daß niemandem seine Gewissensentscheidung abgenommen werden kann. Die Mehrheit hat sich für die sogenannte

Fristenregelung ausgesprochen, weil man von ihr am ehesten erwartet, daß sie nicht zu Ausuferungen führen wird und auch die Chance bietet, eine überaus ungleiche Behandlung der betroffenen Frauen in Zukunft zu vermeiden.

Wie ist denn heute die Lage? Das fast ausnahmslose Verbot des Schwangerschaftsabbruchs hat dazu geführt, daß viele Frauen in die Kriminalität getrieben werden. Bei der Erörterung dieses Themas wird einem immer wieder dargelegt, wer es sich finanziell leisten könne, gehe illegal zu einem Arzt oder reise ins Ausland. Die Mehrheit der wirtschaftlich Schwächeren landet vielfach bei fragwürdigen Praktiken oder gerät in die Hände von Kurpfuschern.

Zu wünschen wäre eine von Instanzen und Paragraphen möglichst unbeeinflußte Beratung. Die harte Strafandrohung geht aber, so darf man vermuten, auf Kosten eines offenen und vertrauensvollen Gesprächs mit dem verantwortungsbewußten Arzt. Es spricht vieles für eine Regelung, die eine von Strafandrohung freie Ausgangssituation schafft. Die betroffenen Frauen sollten ohne Druck und ohne Angst das Für und Wider einer möglichen Entscheidung bedenken können.

Sie fragen nach meinem eigenen Engagement. Dazu muß ich auf folgendes hinweisen dürfen: Beim vorliegenden Gesetzgebungsverfahren kann ich nicht gewissermaßen als Schlichter von Konflikten auftreten, die jeder Abgeordnete des Deutschen Bundestages in seinem Gewissen selbst austragen muß. Aber ich will mit Nachdruck hinzufügen, daß ich es nicht für gut hielte, wenn über ein solches Thema mit knapper Mehrheit entschieden würde. Diese Meinung habe ich bisher schon, auch nichtöffentlich, vertreten.

DS: Vor der Bundestagswahl 1972 haben sich die Parteitage der SPD wie der FDP für die Fristenlösung ausgesprochen. Lähmt nicht auch dies – neben den inhaltlichen Bedenken – die Suche nach einem Kompromiß?

Brandt: Die SPD hat ihre mehrheitliche Vorentscheidung und Empfehlung auf dem Parteitag in Bonn 1971 festgelegt. Dieser Parteitag war bei uns in der Bundesrepublik der erste nach dem Krieg, der einen Beschluß über die Reform des § 218 gefaßt hat.[4] Es entspricht – unabhängig vom Inhalt der Reform des Strafgesetzes – einer langen

Tradition sozialdemokratischer Politik, daß Frauen gerade aus Familien der unteren Einkommensschichten möglichst nicht in eine Lage gebracht werden sollen, die sie in die Illegalität und in den sozialen Abstieg drängt.

Es scheint mir doch viel dafür zu sprechen, dieses heikle Gebiet zu entkriminalisieren und zugleich dafür zu sorgen, daß sich die Frage des Schwangerschaftsabbruchs in möglichst wenigen Fällen stellt. Auf dem erwähnten Parteitag in Bonn habe ich seinerzeit gesagt, mir komme es darauf an, unsere Antennen auf die Not vieler einzelner Menschen einzustellen.[5] Das ist für mich die Hauptsache. Noch einmal: Mir geht es um menschliche Not und wie man sie lindern kann. Darüber setzen sich manche in schöner Grundsätzlichkeit oft zu schnell hinweg.

[...]

Aus sozialdemokratischer Sicht ist der Ausbau sozialer Hilfen, der in einem Gesetzentwurf unserer Bundestagsfraktion vorgesehen ist, besonders wichtig. Ein solcher Ausbau soll in Zukunft das zu erreichen helfen, was der bloßen Strafandrohung bisher versagt blieb. Außerdem sind der Ausbau und die qualitative Verbesserung der Familienberatung erforderlich. Beraten ist immer besser als bestrafen.

Ich höre in diesem Zusammenhang nicht so gern das Wort von den „flankierenden" Maßnahmen, weil es einen falschen Eindruck von dem vermittelt, was im Mittelpunkt politischer Bemühungen zu stehen hat. Es gilt, nicht nur einen Paragraphen zu ändern. Wir müssen mehr wollen, nämlich die Einstellung vieler zum werdenden Leben ändern. Aus der Unsicherheit dem werdenden Leben gegenüber muß mit Hilfe der Gemeinschaft ein gesichertes Ja für das Leben werden. Und ich füge hinzu: Dieses Ja muß frei von Not verwirklicht werden können. So vermeidet man auch Scheinheiligkeit.

[...]

DS: Einig sind sich alle – Parteien, Kirchen, Verbände –, daß zum Schutz des werdenden Lebens umfangreiche sozial- und gesellschaftspolitische Maßnahmen notwendig sind. Doch dazu fehlt offenbar das Geld. Müssen Sie sich nicht selbst den Vorwurf machen, den Ihnen andere entgegenhalten, Sie bewältigten ein großes Problem mit der kleinen, billigsten Lösung?

Brandt: Die sozialen Maßnahmen sind bei einer Änderung des § 218 von entscheidender Bedeutung. Deshalb haben die Fraktionen von SPD und FDP im März dieses Jahres den Entwurf eines Gesetzes über begleitende Maßnahmen eingebracht. Auch dieses wird von einigen Gegnern gern übersehen. Und die Kampagne gegen die Reformvorschläge hat leider bewirkt, daß die sozialen Maßnahmen in der Diskussion untergegangen sind. Daß ich Bedenken gegen den Ausdruck „flankierend" habe, sagte ich schon.

Wer für das Leben ist und gegen die Abtreibung als Mittel der Geburtenregelung, muß jene Ursachen beseitigen, die der Frau das Ja zum Kind erschweren oder unmöglich machen. Deshalb sieht der erwähnte Gesetzentwurf über ergänzende Maßnahmen zum 5. Strafrechtsreformgesetz unter anderem die kostenlose ärztliche Beratung für die Empfängnisregelung vor. Dies sehe ich als ein Mittel wirksamer Geburtenregelung an. Für den Bereich des Bundessozialhilfegesetzes ist im angeführten Gesetzentwurf der beiden Regierungsfraktionen neben der kostenlosen ärztlichen Beratung auch die kostenfreie Abgabe empfängnisregelnder Mittel vorgesehen.

Verantwortliche Familienplanung muß weiter durch umgreifende gesellschaftspolitische Maßnahmen erweitert werden. Dazu gehören kindgerechte Lebensbedingungen und eine kinderfreundliche Umwelt. Die Bundesregierung wird sich mit Nachdruck der Frage zuwenden, wie die Schwierigkeiten im familiären Bereich für Frau und Familie weiter abgebaut werden können.

DS: Alleinstehende Mütter zum Beispiel werden auch steuerlich diskriminiert. Wie lange noch?
Brandt: Gerade für Alleinstehende, Mütter und Väter, strebt die Bundesregierung im Rahmen der Steuerreform erhebliche Verbesserungen an. Dies gilt für das Kindergeld. Es gilt auch dafür, daß bisherige wesentliche Steuerbenachteiligungen durch die Steuerreform beseitigt werden sollen, und zwar schon ab Anfang 1975.
DS: Angenommen, die Fristenlösung findet im Bundestag zunächst eine knappe Mehrheit, wird aber vom Bundesrat abgelehnt, gibt es dann nicht beim zweiten Durchgang, für den eine qualifizierte Mehrheit erforderlich ist, ein großes Dilemma? Tut man der komplizierten Sache, um die es geht,

wirklich einen Dienst, wenn man sie erneut in das Kreuzfeuer weltanschaulicher Gegensätze bringt, ehe eine ausreichende Basis wenigstens im Bundestag gesichert ist?
Brandt: Ich möchte auf eine so hypothetische Frage jetzt nicht eingehen. Formal gilt für das Gesetzgebungsverfahren hier natürlich nichts anderes als sonst. Ich vertraue im übrigen darauf, daß die Abgeordneten bei voller Wahrung der Gewissensfreiheit eine in der Sache weiterführende Entscheidung treffen werden. Ein überflüssiger Weltanschauungsstreit führt uns nicht weiter.

Nr. 94
Aus dem Protokoll der Pressekonferenz mit dem Bundeskanzler, Brandt
16. November 1973[1]

AdsD, WBA, A 3, 538.

[...]
BK Brandt: Herr Vorsitzender, meine Damen und Herren! Das Energiesicherungsgesetz wurde in der vorigen Woche von Bundestag und Bundesrat beschleunigt verabschiedet; ich habe mich, wie Sie wissen, mit Nachdruck dafür eingesetzt.[2] Dieses Gesetz gibt uns die Möglichkeit, Verordnungen zur Sicherung unserer Mineralölversorgung zu erlassen.

Die Entwicklung auf dem Mineralölmarkt macht es nötig, nun an solche Verordnungen zu denken. Ich habe deshalb den Bundesminister für Wirtschaft gebeten, die Voraussetzungen zum Erlass der für diese Situation erforderlichen Verordnungen, vor allem zur Einsparung von Benzin, unverzüglich zu schaffen. Ich meine, daß wir z. B. die Verordnung über ein Sonntagsfahrverbot zum 25. 11. 1973 in Kraft setzen sollten.[3]
[...]

Frage: Herr Bundeskanzler, ist schon geklärt, ob es zunächst nur bei einem Sonntagsfahrverbot für den Totensonntag bleiben wird oder ob auch gleich alle Sonntage im Dezember [1973] davon betroffen werden ohne Rücksicht darauf, daß dadurch der Urlaubsverkehr beeinträchtigt werden könnte?
BK Brandt: Die Verordnung wird erst am Montag voll ausgearbeitet sein oder abgesegnet werden, wie immer Sie wollen. Sie können davon ausgehen, daß sie sich nicht auf einen Sonntag bezieht. Sie brauchen nicht daraus zu schließen, daß sie sich notwendigerweise auf jeden Sonn- oder Feiertag im Monat Dezember bezieht.
Frage: Was hat eigentlich den abrupten Stimmungswechsel bewirkt? Genau vor einer Woche dachte man wohl noch nicht an diese Verordnung.
BK Brandt: Im Laufe der Woche hat sich, was die objektive Situation angeht, einiges geklärt. Wir waren, zumal auch der Wirtschaftsminister war sehr bestrebt, was ich verstanden habe, keine Nervosität aufkommen zu lassen oder selbst zu zeigen. Dabei soll es auch bleiben. Aber das Erkennen der objektiven Situation, zumal Zufuhrsituation, mit der wir es für eine Weile zu tun haben werden, ist im Laufe dieser Woche klarer geworden.
Frage: Herr Bundeskanzler, ist mit Sicherheit auszuschließen, daß schon am kommenden Bußtag ein Fahrverbot erlassen wird, und ist ferner daran gedacht, eventuell auch die Samstage mit einzubeziehen?
BK Brandt: Ich bitte, die Verordnung abzuwarten. Was den Tag in der Mitte der nächsten Woche angeht, so spricht die Vermutung dagegen, daß das eintritt, was einige Zeitungen berichten, weil der Bußtag nicht überall in der Bundesrepublik ein arbeitsfreier Tag ist.
Frage: Herr Bundeskanzler, könnten Sie uns denn bitte sagen, ob das am Montag [19. November 1973] im Rahmen des Kabinetts geklärt wird, wenn die Frage eingeschlossen sein soll, ob auch die Samstage oder nicht oder in welchem Rahmen das eigentlich entschieden wird?
BK Brandt: Das wird durch die Verordnung entschieden.
Frage: Herr Bundeskanzler, Sie haben z. B. das Sonntagsfahrverbot erwähnt. Hat die Bundesregierung außer Geschwindigkeitsbe-

schränkungen und einem möglichen Wochenendfahrverbot schon andere Maßnahmen ins Auge gefaßt?

BK Brandt: Diskutiert, ja. Wir müssen unabhängig von dem, was durch die Verordnung jetzt zu regeln ist, ja überhaupt, meine Damen und Herren, uns darüber im klaren sein, daß es auf diesem ganzen Gebiet sich nicht nur um das Autofahren handelt, sondern es handelt sich zumal um wirtschaftliche Tätigkeit und um die Sicherung der wirtschaftlichen Tätigkeit, um ihre Absicherung gegen unerwünschte Einbrüche. Und im übrigen denke ich: wir stoßen, nach dem, was ich ablesen kann aus vielen Reaktionen der letzten Tage, auf sehr viel Verständnis unserer Bevölkerung, so daß ich glaube, auch wenn die eine oder andere unangenehme Entscheidung getroffen werden muß, daß wir doch eine gute Erprobung des Gemeinschaftsgeistes erleben werden. Das ist das Gefühl, das ich im Kontakt mit unseren Mitbürgern gewonnen habe.

Frage: Herr Bundeskanzler, würden Sie es ausschließen, daß wir schon im Januar [1974] die Ausgabe von Benzingutscheinen bekommen?

BK Brandt: Dieses halte ich für ganz unwahrscheinlich.

Frage: Herr Bundeskanzler, Sie haben gesagt, im Laufe der Woche habe sich einiges geklärt. Bedeutet das, daß man ursprünglich, was die Zufuhr bzw. die Lagerung von Reserven angegangen ist, nicht ganz realistische Vorstellungen hatte, oder bedeutet das, daß man vielleicht übertriebene Erwartungen in die Selbstbeschränkung der Bevölkerung gesetzt hatte?

BK Brandt: Nein, der erste von Ihnen genannte Faktor ist der, an den ich gedacht habe, als ich sagte, die Dinge haben sich geklärt, so daß man eine bessere Übersicht hat. Ich will nicht etwas abschieben jetzt auf das Verhalten der Bevölkerung. Es sind bestimmte Wünsche geäußert worden, bestimmte Hinweise gegeben worden. Und es wäre ganz falsch, wenn die Regierung jetzt sagen würde, weil das nicht so und so funktioniert hat, wird jetzt gewissermaßen als Strafe eine Verordnung eingeführt. Das wäre ja Unsinn, sondern die Verordnung muß eingeführt werden, damit wir haushalten, damit wir etwas Öl, etwas Benzin sparen. Aber wie gesagt, der andere Faktor ist der wesentliche. Man hat im Laufe der Jahre schon manche Entwicklungen in den und durch die ölproduzierenden Länder gesehen und hat daraus nicht immer die gleichen Schlußfolgerungen abgeleitet. Man glaubt also, heute einen besseren Überblick zu haben – ich sage Ihnen noch einmal –, als man ihn vor einer guten Woche hatte.

Frage: Ist vielleicht daran gedacht, dieses Verbot aufzuspalten etwa so, daß an einem Sonntag die Wagen mit gerader Nummer –

BK Brandt: Ich habe von dem Vorschlag auch schon gehört. Und irgendein Witzbold hat gefragt, ob die zweite Nummer, die der Bundeskanzler hinten im Wagen liegen habe, eine ungerade sei. Scherz beiseite – ich bitte wirklich um Verständnis, heute ist Freitag, und bis wir ausgeschlafen haben werden vom Presseball, ist dann bald Montag, und dann wird dem Informationsbedürfnis aller Beteiligten voll Rechnung getragen werden können.

[...]

Frage: Herr Bundeskanzler, welche Chancen bestehen überhaupt, auf mittlere Sicht generell aus der Energieklemme herauszukommen?

BK Brandt: Wenn ich das wüßte. Aber es ist ja auch schon angeklungen. Es wird sicher bei allen Beteiligten eine Forcierung des Bemühens geben, Energieträger, von denen man meint, sie würden sich erst langsam neu mit nach vorn schieben, stärker zu entwickeln, wesentlich stärker zu entwickeln. Und dann wird es, was das Öl angeht – wird es nicht erst geben, sondern gibt es bereits eine eifrige Tätigkeit, zu suchen, wo es noch etwas gibt. Und dann gibt es schließlich die Hoffnung, mit den ölproduzierenden arabischen Ländern zu einem Verhältnis zu kommen, das nicht zu mehr Boykottmaßnahmen hin, sondern von diesen wegführt.

Frage: Herr Bundeskanzler, zieht die Bundesregierung auf lange Sicht eventuell auch Sparmaßnahmen im Flugverkehr in Betracht?

BK Brandt: Man wird sicher nicht ausschließen können, daß auch sich Auswirkungen auf den Flugverkehr ergeben. Wenn Sie allein daran denken, daß in Amerika eine 40-%ige Drosselung des Inlandsverkehrs vorgesehen ist, oder wenn Sie daran denken, daß unsere Flugzeuge in jenem Land, das ich eben erwähnte, und in einigen anderen nur noch tanken können, wenn eine entsprechende Regelung

Bundeskanzler Willy Brandt bei einem Pressegespräch im Jahr 1973.

für die Gesellschaften dieser Länder auch bei uns sichergestellt ist, dann sieht man schon: der Flugverkehr wird sicher mit betroffen sein.
[...]

Nr. 95
**Erklärung des Bundeskanzlers, Brandt, im deutschen Fernsehen
24. November 1973**[1]

*Bulletin des Presse- und Informationsamtes der Bundesregierung, Nr. 151
vom 27. November 1973, S. 151 f.*

Zum ersten Mal seit dem Ende des Krieges wird sich morgen und an den folgenden Sonntagen vor Weihnachten unser Land in eine Fußgängerzone verwandeln.

Die Energiekrise trifft auf die eine oder andere Weise alle Industrieländer der westlichen Welt. Die Krise, an deren Anfang wir erst stehen, ist nicht zu verharmlosen. Die überwältigende Mehrheit unserer Bürger hat dies verstanden. Allen, die schon von sich aus den Verbrauch eingeschränkt und die es abgelehnt haben, die Lage auszunutzen, möchte ich danken.

Die junge Generation erlebt zum ersten Mal, was ein gewisser Mangel bedeuten kann. Aber ich bin überzeugt: Die Jungen und die Älteren werden miteinander zeigen, was Solidarität ist und was Erfindungsgeist bewirken kann.

Man kann uns dann nicht erpressen, wenn wir der Not begegnen, ehe sie uns wirklich auf den Nägeln brennt.

Das ist das Konzept der Regierung: Wir sparen dort, wo wir es uns leisten können zu sparen: im privaten Bereich, der 40 Prozent des Energieverbrauchs ausmacht. Vernünftige Einschränkung und gerechte Einteilung werden dafür sorgen, daß wir ein friedliches Weihnachten feiern können.

Die Wirtschaft benötigt 60 Prozent der Energie. Dort wird entschieden, daß wir gut über den Winter kommen. Dort geht es um die Arbeitsplätze. Sie müssen gesichert werden.

Damit das Ganze nicht leidet, muß der Einzelne sich in seiner privaten Bequemlichkeit etwas einschränken. Größere Opfer werden nicht verlangt, jedenfalls jetzt nicht im Augenblick.

Wir bereiten uns auch vor für den Fall, daß der Wind härter wehen sollte. Ich habe in meinem politischen Leben gelernt, mit Krisen umzugehen. Dies geschieht so ruhig wie bei dem Energiesicherungsgesetz[2], das wir in vier Tagen durchsetzen konnten, oder bei den Bemühungen um neue Energiequellen.

Die zuständigen Minister haben konkrete Aufträge erhalten.

E r s t e n s , zum Beispiel: Der Verkehrsminister soll die Verlagerung von der Straße auf die Schiene und zum öffentlichen Nahverkehr schneller voranbringen.

Z w e i t e n s : Die zuständigen Minister prüfen, wo soziale Schwierigkeiten entstehen und wie unbillige Härten vermieden werden können.

D r i t t e n s : Der Wirtschaftsminister wird darauf achten, daß es möglichst nicht zu Bereicherungen auf Grund der Krise kommt, daß wir aber gleichzeitig nicht durch voreilige Festsetzung von Höchstpreisen einen wesentlichen Teil des Ölzuflusses von draußen verlieren.

V i e r t e n s : Die Regierung wird das im Sommer [1973] beschlossene Energieprogramm überprüfen und beschleunigen. Das bedeutet: intensive Forschung und Einsatz aller heimischen Energiequellen.[3]

Die Energiekrise kann auch zu einer Chance werden.

Wir lernen in diesen Wochen, was in Vergessenheit zu geraten drohte: daß Egoismus nicht einmal den Egoisten hilft, daß wir vielmehr auf gegenseitige Hilfe angewiesen sind. Wenn wir diese Erfahrung nutzen, dann hat jeder von uns Grund, dem Winter mit Zuversicht zu begegnen.

Nr. 96
Schreiben des Bundeskanzlers, Brandt, an den Bundesminister des Auswärtigen, Scheel
21. Dezember 1973

AdsD, WBA, A 8, 45.

Sehr geehrter Herr Kollege,
ich schreibe Ihnen heute in einer Angelegenheit, auf die ich Ihre Aufmerksamkeit lenken möchte.

Wie Sie sicher wissen, ist Professor Joseph Beuys 1972 mit einigem Hin und Her aus der Arbeit an der Düsseldorfer Kunstakademie entlassen worden.[1] Schon damals waren sich einige seiner Freunde, aber auch eine Reihe von Personen, die für das geistige, künstlerische Leben in unserem Lande Mitverantwortung fühlen, darin einig, daß es in Deutschland auch für unruhige und schwierige, aber schöpferische Menschen wie Beuys Wirkungsmöglichkeiten geben sollte, für die die staatliche Seite in sinnvoller Weise einstehen und sorgen kann. So wurde Anfang 1973 der Verein „Freie internationale Hochschule für Kreativität und interdisziplinäre Forschung e.V." gegründet, dem vor allem Professor Georg Meistermann und Heinrich Böll als Promotoren angehören. Ich wurde gebeten, mich für die Gründung einer freien, internationalen Akademie für künstlerisch-bildnerische Kreativität einzusetzen.

Ich habe daher Professor Jochimsen beauftragt, in dieser Sache Gespräche zu führen. Dabei hatte er naturgemäß jene Bedingungen zu beachten, die für eine eventuelle Förderung aus staatlichen Mitteln auf jeden Fall zu beachten waren. Die Konzeption für eine solche Initiative liegt jetzt vor. Die Gründer wollen durch den schrittweisen Aufbau einer Freien Akademie eine mit Mitteln des Kultusministers zur Kulturpflege bzw. zur Förderung der Bildenden Kunst zu unterstützende freie Bildungseinrichtung schaffen. Diese sollte einen Beitrag dazu leisten, das (künstlerisch, gestalterisch, erfinderisch) menschliche Kreativitätspotential zu entdecken, zu erforschen und zu entwickeln und dabei besonders Fragen des sozialen Verhaltens einzubeziehen.

Eine solche Initiative läßt sich nur durch einen freien Träger verwirklichen. Die Form einer staatlichen oder staatlich anerkannten Hochschuleinrichtung oder einer sonstigen staatlich anerkannten Ausbildungsstätte würde die Ausformung der Gründungsidee zu sehr einengen, weil es sie den gesetzlichen und administrativen Erfordernissen und Abhängigkeiten unterwerfen würde.

Die näheren Einzelheiten des jetzt erreichten Sachstandes der Initiative sind von Herrn Jochimsen in einer Aufzeichnung (siehe Anlage 1) niedergelegt.[2]

Es ist ferner zu beachten, daß noch das arbeitsgerichtliche Verfahren wegen der fristlosen Kündigung Beuys' in der Revisionsinstanz anhängig ist. Sobald dies endgültig entschieden ist, dürfte der „Fall Beuys" erneut die Öffentlichkeit beschäftigen. Eine Anstellung von Joseph Beuys im Landesdienst Nordrhein-Westfalen als Hochschullehrer wird dabei wohl nicht mehr in Frage kommen. Es ist aber zu erwarten, daß dann die internationale Dimension der Gründungsinitiative, vor allem auch nachdem jetzt Heinrich Böll hinzugetreten ist, bundesweite Aufmerksamkeit erlangt. Hierzu erscheint mir eine vorwärtsweisende, dem Gründungsanliegen und seiner Berechtigung entsprechende Behandlung in Bonn und Düsseldorf wünschenswert.

Ich wäre Ihnen dankbar, sehr geehrter Herr Kollege Scheel, wenn Sie diesen Sachstand einmal prüfen sowie mit Ihren Herren Kollegen in Düsseldorf und auch in Bonn erörtern könnten, wie hier geholfen werden kann. Ich erlaube mir, Herrn Kollegen Kühn, mit dem ich in dieser Angelegenheit seit längerem in Kontakt stehe, von meinem Schreiben Kenntnis zu geben.[3]

Mit freundlichem Gruß

〈Br[andt]〉[4]

Nr. 97
Aus den Notizen des Bundeskanzlers, Brandt, für die Sitzung des Parteivorstandes der SPD
18. Januar 1974[1]

AdsD, WBA, A 3, 545.

[...]

III. Regierungsarbeit

A. Wirtschaftliche Entwicklung
Trotz Energiekrise und wirtschaftlicher Unsicherheit schätzen die Menschen ihre Lage noch gut und sehr gut ein.
(Infratest: Einschätzung der eigenen und allgemeinen wirtschaftlichen Lage / gut und sehr gut.

	Sept[ember]	Dez[ember]
Eigene Lage	74 %	73 %
Allgem[eine] Lage	47 %	32 %.)

Haben Vorsorge getroffen:
Investitionsprogramme in Vorbereitung.
Fest steht: Tiefer Einschnitt.
Langfristige Sicherung unverzichtbarer Ressourcen ist dringliches Problem (nicht nur Erdöl).
Steuersenkungen jetzt kein geeignetes Mittel. SPD hat in ähnlicher Situation mitten im Wahlkampf – erfolgreich – Ausdehnung des Staatsanteils gefordert.
Geld wird benötigt:
– Sicherung der Ressourcen
– Finanzierung erforderlicher Investitionsprogramme
– Kommunen, schon für normale Investitionsvorhaben.
[...]

IV. Zur Presse

Nichts vormachen: Haltung zahlreicher 1972 noch als nahestehend oder aufgeschlossen eingestufter Presseorgane zunehmend kritisch oder sogar ablehnend.² Gründe, von eigenem Fehlverhalten abgesehen, außerhalb unserer Einflußmöglichkeiten:
- Ostpolitik fand Unterstützung, Reformpolitik stößt auf Bedenken.
- Journalisten verstehen sich als „Nonkonformisten".
- Stärkere Nuancierung dessen, was Verleger für richtig halten ‹und durchsetzen›³.

Kein Grund zur Resignation. Dreifache Art des Verhaltens:
1. Auf gutwillige, wenn auch kritische Journalisten zugehen. (z.B. Redaktionsgespräche.)
2. Eigene Kommunikationsträger gezielt nutzen.
3. Glaubwürdigkeit betroffener Blätter auf richtiges Maß zurückführen. (Unseren Freunden erklären, daß nicht alles stimmt, was in Blättern steht.)

V. Aufforderung an die Partei

1. Die gestellten Aufgaben 1974 selbstbewußt angehen. Können uns mit unserer Arbeit sehenlassen. Aber: Harte gemeinsame Anstrengung.
2. Angriffe der Opposition zielen auf Emotionen, sind sachlich nicht begründet: Offensiv entgegentreten.
3. Präsidentenwahl: Verdienste Gustav Heinemanns hervorheben. Scheels Kandidatur zeugt von guter Zusammenarbeit zwischen SPD und FDP.⁴
4. Koalition: Programm auf längere Zeit der Zusammenarbeit angelegt. Versuch, daraus zu flüchten, würde nicht honoriert werden.
5. Kabinettsumbildung: Öffentliche Personaldiskussionen verfrüht und überflüssig.
6. Wirtschaftliche Lage keinesfalls dramatisch. Aber: Energiesituation bringt strukturelle Probleme. Kein Kleinmut. Sicherung der Ressourcen und industrielle Wandlung meistern! Dies ist die eigentliche Bewährung.

Nr. 98
Aus dem Interview des Bundeskanzlers, Brandt, für die
Frankfurter Rundschau
18. Januar 1974[1]

Frankfurter Rundschau, Nr. 15 vom 18. Januar 1974, S. 4f.

[...]

Herr Bundeskanzler, Sie haben dieser Tage gesagt, daß die Partnerschaft zwischen SPD und FDP weiterentwickelt werden müsse. Werden Sie Ihre Koalitionspolitik grundsätzlich darauf ausrichten, daß es der FDP erleichtert wird, ihrerseits die Koalition über 1976 hinaus zu planen?

Ich halte es, wenn ich mich umschaue und die politischen Kräfte in diesem Lande betrachte, für wünschenswert, daß diese Konstellation für dieses Jahrzehnt bestehen bleibt, das heißt jedenfalls eine weitere Legislaturperiode wirkt. Wenn das so ist, dann bemüht man sich, dafür die Voraussetzungen zu schaffen. Das bedeutet aber nicht nur, daß man dem Partner gut zuredet oder auf ihn Rücksicht nimmt – das muß man auch tun –, sondern man muß auch aufpassen, daß man der eigenen Partei nicht zuviel zumutet. Aber im ganzen bejahe ich die Frage. Da ich das Weiterwirken dieser Regierungskonstellation über die Wahlen von 1976 hinaus für staatspolitisch, auch gesellschaftspolitisch – das sage ich bewußt als Sozialdemokrat – für wünschenswert halte, wird sich daraus dann das ableiten, was man dem Koalitionspartner und was man den Eigenen empfiehlt.

Kann man davon ausgehen, Herr Bundeskanzler, daß die wichtigen Reformbereiche – also Mitbestimmung und Vermögensbildung – einer Lösung nähergekommen sind? Und kann man auch davon ausgehen, daß es im Bodenrecht Fortschritte innerhalb der Koalition gibt?

Erstens denke ich, Ihre Einschätzung ist richtig. Allerdings sollte man diese meine Bejahung des ersten Teils Ihrer Frage nicht so auffassen, als ob ich hätte sagen wollen: In den allernächsten Tagen wird notwendigerweise auf allen drei Gebieten, von denen Sie sprechen, schon eine abschließende Verständigung erfolgen. Das kann auch noch ein paar Wochen dauern. Ich will das sagen, denn Sie haben in Ihrer Frage das Bodenrecht etwas abgehoben von den beiden anderen. Mitbestimmung und Vermögensbildung werden in einem Zusammenhang miteinander erörtert, Bodenrecht getrennt davon.

Man ist, wie Sie zu Recht vermuten, auf allen drei Gebieten bei den Gesprächen zwischen den Koalitionsparteien vorangekommen. Man muß nun allerdings zum Abschluß kommen, denn eine Faustregel ist ja: Was nicht bis zur Sommerpause 1974 in der Gesetzgebung ist, hat keine oder nur eine geringe Chance, diesen Bundestag und diesen Bundesrat zu passieren.

Wenn man jetzt so die Diskussion manchmal hört, dann wird man folgenden Eindruck nicht los: Wenn man diese Reformbereiche, also Mitbestimmung, Vermögensbildung und vielleicht auch Bodenreform, wird durchsetzen können, dann wird es in der SPD eine ganze Menge Argumente geben, die darauf hinauslaufen, damit sei gewissermaßen die Menge an Koalitionsgemeinsamkeit in der Innenpolitik erledigt. Darüber hinaus wird es nicht viel geben. Das würde natürlich dem Ziel, das Sie angesprochen haben, mindestens stückweise im Wege stehen. Meine Frage: Wird dann, wenn Sie eine solche Politik, wie Sie sie eben dargelegt haben, verfolgen, die größte Überzeugungsarbeit nach innen, also innerhalb der Sozialdemokratischen Partei, zu leisten sein?

Also die Formel, auf die man ja auch manchmal stößt, daß der Fundus des Gemeinsamen aufgezehrt werde, ist mir zu statisch. Das geht eigentlich von der Vorstellung aus, daß man es hier mit unveränderlichen Größen im gesellschaftlichen Bereich zu tun hat. Das ist nicht richtig. Es gilt höchstens für einen begrenzten Bereich. Denn für eine Legislaturperiode oder zwei wird das, was man sich zunächst vorgenommen hat, langsam aufgezehrt oder, wie ich als Bürokrat sage, abgehakt. Das ist gut so, denn zwischen zwei Koalitionspartnern trifft man ja Vereinbarungen über ein Regierungsprogramm, um dieses zu erledigen. Aber: es stellen sich doch rasch wieder neue Aufgaben. Ich habe jedenfalls nicht die Sorge, daß Sozialdemokraten und Freie Demokraten nicht noch geraume Zeit miteinander wichtige Aufgaben in diesem Lande lösen müssen und können.

Herr Bundeskanzler, Sie haben immer wieder darauf hingewiesen, daß der Respekt vor dem Präsidentenamt und dem Kandidaten Spekulationen über alle Fragen, die damit zusammenhängen, auch die Neubesetzung des Kabinetts, vorzeitig verbietet. Auf der anderen Seite ist diese Diskussion in der Öffentlichkeit unvermeidlich, und es scheint auch so, daß sie das Klima in der Koalition sicher nicht verbessert.² Sie haben kürzlich gesagt, der größere Partner dürfe dem kleineren nicht den Eindruck vermitteln, er würde gerade noch so mitgenommen, während der kleinere Partner dem größeren gegenüber nicht sein Konto überziehen dürfe. Was heißt das nun in der Praxis für die Koalition, vor allem im Hinblick auf die Neubesetzung oder Umbesetzung der Regierungsämter?

Erstens, was meine Betrachtung betrifft, von der Sie ausgingen: Respekt, habe ich gesagt, vor der Bundesversammlung, denn da sind über 1 000 Mitglieder. Von denen wird es eine ganze Menge geben, die aufmucken würden, wenn man ihnen den Eindruck vermittelte, sie sollten nur noch kommen und die Brandenburgische Streusandbüchse bedienen.³

Zweitens, Respekt vor dem amtierenden Bundespräsidenten. Und drittens Loyalität gegenüber dem Kandidaten für das Amt des Bundespräsidenten. Das sind die Ausgangsfaktoren. Ich habe kein Rezept und insofern sicher keine Sie befriedigende Antwort auf die eigentliche Frage. Denn hier ist ein Dilemma. Es ist klar: Wenn die Menschen hören, da soll einer, der jetzt Außenminister und Vizekanzler ist, Präsident werden, dann wollen sie, daß man ihnen auch schon sagt, wer denn wohl sein Nachfolger wird oder ob es sonst Veränderungen gibt. Dies kann ich eben nicht. Ich kann mir darüber Gedanken machen. Ich kann auch, wenn ich will, mir hier und da Rat holen. Ich darf aber nicht darüber in die Gespräche eintreten, in die man natürlich zu solchen wichtigen Dingen mit beiden Koalitionspartnern eintreten muß, wenn es um die Zusammensetzung der Regierung geht. Das kann erst nach dem 15. Mai [1974]⁴ geschehen.

Wird das Kabinett vom Sommer 1974, das also anschließend gebildet wird, wenn es soweit ist, das gleiche Kabinett sein, mit dem Sie 1976 in den Wahlkampf ziehen werden?

Dies ist nicht sicher. Ich habe bei der Bildung der Regierung gesagt, ich würde mir eine Rekonstruktion vorbehalten. Da habe ich also immer gedacht, das Frühjahr 1975 wäre ein guter Zeitpunkt. Dann ist es ein gutes Jahr bis zu dem Wahlkampf, um dann nicht notwendigerweise große Veränderungen, aber vielleicht doch die eine oder andere Veränderung mit dem Blick auf die Wahlen vorzunehmen.

Würden Sie es vorziehen, ein größeres Revirement in diesem Falle vorzunehmen? Oder würden Sie sich begnügen mit einem Minimum der Änderungen, wenn es soweit ist?

Da es in Deutschland leicht als Schimpf betrachtet wird, einer Regierung nicht mehr anzugehören, während diese noch amtiert, und da meine Hochachtung vor meinen Kollegen über die Bank stark entwickelt ist, darf ich nicht antworten, daß mir ein großes Revirement sympathisch wäre. Ich bin da offen, das muß man prüfen, wenn es soweit ist.

Herr Bundeskanzler, Sie hatten eben Besuch aus der arabischen Welt von den Herren Abdessalam und Jamani. Die Energiekrise, Erdöl ist doch das, worüber die Leute am meisten jetzt reden. Welche Konsequenzen gedenkt die Bundesregierung aus den Energieschwierigkeiten zu ziehen, und zwar über die Notwendigkeit hinaus, einen nationalen Erdölkonzern[5] zu bilden? Hat der Besuch der beiden Minister Ihnen neue Anhaltspunkte gegeben? Gibt es zusätzliche Schwierigkeiten, etwa politischer Art?

Die beiden Minister haben mir gesagt, sie und die anderen arabischen Erdölförderländer meinten es nicht schlecht, sondern gut mit Europa. Sie hätten auch nicht die Absicht, einen Druck auszuüben, sondern sie hätten die Aufmerksamkeit lenken wollen auf ein Problem, das sie stark beschäftigt. Und ich habe ihnen mitgeteilt, daß es ihnen gelungen sei, die Aufmerksamkeit auf ihre Probleme zu richten. Allerdings müßten sie auch zur Kenntnis nehmen, daß wir durch die Entwicklung der letzten Monate, die ja keineswegs nur Lieferschwierigkeiten brachten, sondern auch eine Revolution auf dem Preisgebiet – das wird sich ja bei anderen Rohstoffen fortsetzen –, daß dies für uns noch eine andere Signalwirkung gehabt hat. Nämlich: uns rascher, als wir es sonst getan hätten, darauf einzustellen, darauf, daß dieser Rohstoff nicht unbegrenzt fließt, daß wir uns überhaupt stärker auf Grenzen des Wachstums einstellen müssen. Insofern wird sich einmal dieser Herbst 1973 als ein tiefer Einschnitt darstellen. Nun, die Herren haben verstanden, als ich erklärte: Wir diskutieren Öl, und wir diskutieren in aller Bescheidenheit, weil wir doch nicht selbst betroffen sind, die Krise im Nahen Osten,[6] aber wir diskutieren die beiden Dinge als nicht miteinander zusammenhängende Fragen. Das mögen andere anders sehen. Das ist nicht unsere Sicht der Dinge. Und wir diskutieren drittens die künftige Zusammenarbeit zwischen Europa und den arabischen Ländern. Ich glaube, da gibt es eine große Zukunft.

Und was machen wir nun konkret?

Solange Europa noch nicht effektiver ist auf diesem Gebiet, als es ist, muß die Bundesregierung für diesen unseren Staat bilateral nach außen hin jede Möglichkeit nutzen, um für uns Energiequellen zu erschließen. Das heißt, wir sind in einer Vielzahl von Kontakten, auch mit denen, die wir eben sprachen. Natürlich auch zum Beispiel mit Persien, auch mit osteuropäischen Staaten. Manches, was in diesen Tagen mit der Sowjetunion, auch mit der Volksrepublik Polen zu tun hat, hat eben auch zu tun mit künftiger Sicherung unserer Energie- und Rohstoffquellen. Und wir sind dabei, die Energieforschung voranzutreiben. Wir geben der Kohle wieder einen etwas anderen Rang, denn manche Preiskalkulationen sehen heute, verglichen mit dem neuen Ölpreis, ganz anders aus als vor ein paar Jahren.[7]

Es wird sich auch die Kohleverflüssigung lohnen. Ich sage noch einmal – da Sie nach den politischen Zusammenhängen fragten –, wir verstehen, daß die Araber interessiert sind an einer Lösung des Konflikts. Wir bemühen uns um eine ausgewogene Haltung. Wir wünschen, das nicht mit dem Öl zu vermengen. Nebenbei gesagt, sind wir mit unserer offenen Haltung gegenüber den verschiedenen Parteien im Konflikt so schlecht nicht gefahren. Um unsere Ölversorgung steht es nicht schlechter, sondern besser als bei einigen, die etwas voreilig waren mit sehr einseitigen Bekundungen und Stellungnahmen.

War also alles nur ein blinder Alarm?

Nein, es war kein blinder Alarm. Wir haben Sprit, aber wir haben wenig Naphtha[8] – einen entscheidenden Grundstoff unserer Industrie –, und unsere chemische Industrie wird Sorgen haben, wenn wir das nicht noch etwas ausgleichen können. Es hat eben weniger Anlieferungen gegeben, aber es gab andererseits eine ganz rasche, für mich erstaunlich rasche Reaktion des Auto fahrenden Publikums, die weit über die Wirkungen der Geschwindigkeitsbegrenzung und der paar Sonntagsfahrverbote dazu geführt hat, daß insgesamt viel weniger Benzin im November/Dezember [1973] verbraucht worden ist als sonst. Nein, es war kein blinder Alarm, und ich sage Ihnen: Wenn Sie gefragt hätten, wann werden wir denn über den Berg sein, so würde ich gesagt haben, leider handelt es sich um einen Tafelberg, und auf dem bleiben wir drauf. Von diesem Tafelgebirge sehen wir in eine kommende Generation hinein, in der es insgesamt weniger Öl geben wird. Vielleicht war es gar nicht so schlecht, daß das jetzt kam. Vielleicht lernen wir insgesamt, mit den Energiequellen noch etwas vernünftiger umzugehen, als es jetzt der Fall war.

Wie lange ist es eigentlich akzeptabel, daß eine Regierung von Informationen der Erdölgesellschaften abhängig ist?

Wir werden nun bald über einen nationalen Konzern verfügen, der einen wesentlichen Teil, über ein Viertel, der deutschen Mineralölwirtschaft repräsentiert. Und das reicht, dann weiß man auch besser Bescheid.

[...]

Nr. 99
Schreiben des Bundeskanzlers, Brandt, an den Bundesminister des Innern, Genscher, den Bundesminister der Finanzen, Schmidt, und den Bundesminister für Verkehr, Lauritzen
1. Februar 1974[1]

AdsD, WBA, A 8, 27.

Sehr geehrter Herr Kollege!
Holger Börner weist mich in einem Schreiben vom 29. Januar 1974 auf die sich wieder zuspitzende Situation bei den Fluglotsen hin. Er schreibt u. a.:

„Das Urteil des Landgerichts Hannover von der vergangenen Woche hat die Schwäche der Position der Bundesregierung schonungslos bloßgelegt und damit weitere Aktionen der Fluglotsen im kommenden Frühjahr geradezu provoziert.[2]
Was mir aber noch grössere Sorge bereitet, ist, dass der Bundesverkehrsminister ein Wiederaufflammen des Streiks politisch keine Woche mehr durchhalten kann und die öffentliche Meinung sich auch, wenn in naher Zukunft nichts Entscheidendes geschieht, gegen den Kanzler und die gesamte Regierung wenden könnte; denn nur durch das Kanzlerwort zu Beginn der Ölkrise ist ja ein Abrücken von den verhärteten Positionen des vergangenen Herbstes überhaupt möglich gewesen.[3]
Es gibt zwar Kontakte zwischen den Koalitionsfraktionen unter Federführung von Karl Liedtke, die aber meines Erachtens daran scheitern werden, dass sowohl der Finanz- als auch der Innenminister nicht erkannt haben, dass es hier nicht mehr um Besoldungsgruppen, sondern um die Bereinigung einer hochpolitischen Frage geht, die die Regierungskoalition zusätzlich stark belasten, wenn nicht sogar zu einer echten Regierungskrise sich ausweiten kann.
Auf Grund mir vorliegender Informationen rechne ich damit, dass die Flugleiter innerhalb der nächsten vier Wochen ihren Streik neu

beginnen werden, und empfehle der Bundesregierung, ein deutliches Zeichen der Verhandlungsbereitschaft dadurch zu setzen, dass sie nicht die überzogenen Forderungen des Herrn Kassebohm bewilligt, sondern die durch die wissenschaftlichen Gutachten und auch durch die Anregungen des ehemaligen Präsidenten des Bundesrechnungshofes, Dr. Hopf, unstrittigen Fragen sofort regelt."[4]
Wie ich höre, haben in der Zwischenzeit schon Gespräche mit den zuständigen Gewerkschaften ÖTV und DAG stattgefunden, ohne dass über wichtige Fragen zwischen den Ressorts Übereinstimmung erzielt werden konnte. Ich wäre dankbar, wenn diese Beratung zügig vorangebracht und abgeschlossen werden könnte, damit möglichst eine Kabinettsentscheidung herbeigeführt werden kann.
Mit freundlichen Grüßen
‹Br[andt]›[5]

Nr. 100
Aus der Rede des Bundeskanzlers, Brandt, anlässlich der Verleihung des Theodor-Heuss-Preises in München
2. Februar 1974[1]

Bulletin des Presse- und Informationsamtes der Bundesregierung, Nr. 14 vom 5. Februar 1974, S. 125–129.

Perspektiven der Neuen Mitte

[...]
Meine Damen und Herren, als Frau Hamm-Brücher mich fragen ließ, worüber ich hier heute sprechen möchte, da habe ich – mancher mag meinen, leichtsinnig – geantwortet, ich wolle gern versuchen, meine Meinung zu den Perspektiven der Neuen Mitte zu äußern. Im zweiten Regierungsprogramm der sozialliberalen Koalition, also in der Regierungserklärung vom Januar 1973, sprach ich von dem, was ich einen gewandelten Bürgertypus nannte.[2] Und ich fügte hinzu,

dieser gewandelte Bürgertypus wolle seine Freiheit auch im Geflecht der sozialen und wirtschaftlichen Abhängigkeiten behaupten.

Nun, hier scheinen zwei Begriffe aufeinander zu prallen, die überständige Weltanschauungen und ausgeleierte Ideologien noch immer als unversöhnliche Gegensätze begreifen wollen. Die Wahrheit – wie ich sie zu sehen vermag – ist anders, und sie läßt sich durch keine Augenwischerei verdrängen: Wir leben in einer Welt der Abhängigkeiten; solche Abhängigkeiten nehmen noch zu und werden gewiß nicht beseitigt, wenn man ihnen ein paar Schaumkronen nur deklamatorischer Freiheitlichkeit aufsetzt.

Die Freiheit, die wir meinen – um die sich maßgebende Kräfte aller demokratischen Parteien bemühen, die aber vor allem der Wesensinhalt des sozialliberalen Bündnisses ist –, kann für die große Mehrheit unserer Bürger nur eine reale und dauerhafte Erfahrung werden, wenn wir bestehende Interdependenzen als gegenseitige Verantwortung und wenn wir die sozialen Bindungen, in die wir gestellt sind, als Pflicht zur Gerechtigkeit verstehen.

Demokratie, so unvollkommen sie sein mag, ist die einzige Lebensform, in der nach meiner Einsicht der Wille zu einer gerechten sozialen Ordnung ohne Beschädigung der Menschenwürde in die Wirklichkeit übersetzt werden kann. Wir lassen uns darum, so meine und hoffe ich, nicht von einer Mode gewordenen, neo-konservativen Philosophie beirren, die den gefährlichen Irrtum verbreitet, die Expansion der Demokratie in der Gesellschaft müsse zwangsläufig den Raum der individuellen Freiheit verengen.

Wer dies für unabwendbar hält, kann zur Freiheit wohl nur ein tief pessimistisches Grundverhältnis haben. Er gerät dann leicht in Gefahr – wenn er ihr nicht schon erlegen ist –, sie für den Privilegien-Spielraum der Wenigen zu halten, aber nicht für ein Recht der Vielen, nämlich der vielen einzelnen Bürger.

Der eine und andere mag dann versuchen, das Wort „liberal" mit verbalen Kraftakten zu beschlagnahmen. Er mag auch den Anspruch „sozial" besetzen – gewissermaßen in einer Ersten Klasse. Doch wenn wir die Geschichte der Bundesrepublik Deutschland nach dem Grundgesetz ausmessen – in diesem 25. Jubiläumsjahr unserer Verfassung haben wir dazu guten Anlaß –, wenn wir dies tun, dann wird sehr rasch deutlich, was es mit dem Auftrag zur Liberalität in der sozialen Verantwortlichkeit auf sich hat und wer diesen Auftrag als Weisung deutscher Politik erkannte und ernst nimmt.

Wir nehmen die Liberalität, die sich aus dem Grundgesetz herleitet, ernst und verstehen sie vital, nicht museal – expansiv, nicht restriktiv. Wir wissen, daß sich die Liberalität der Gesellschaft vor allem auch an jener sozialen Gerechtigkeit erweisen muß, die der Existenz der Bürger ein sicheres Fundament gibt. Liberalität in diesem Sinne ist – wenn ich das so sagen darf – eines der ursprünglichen Anliegen meiner eigenen Partei. Aus dieser Sicht und Überzeugung gibt es jedenfalls nichts, das moderne Sozialdemokraten und die Erben des deutschen Liberalismus davon abhalten könnte, auch über den Tag hinaus gemeinsam zu wirken.

Meine Damen und Herren, die Begründung des freiheitlichen Rechtsstaates in einer späten Anerkennung der Grundwerte von 1848 mag man als eigentlichen Beginn einer in die Tiefe gehenden Liberalisierung der Gesellschaft betrachten. Ihre revolutionär zu nennende Befreiung vollzog sich, von Katastrophen und reaktionär verkrampften Vorurteilen aufgehalten, im Ringen um soziale Rechte, die man im vorigen Jahrhundert, ja, noch vor wenigen Jahrzehnten, als staatsfeindliches und bürgerfeindliches Teufelswerk aus der Schreckenskammer des Sozialismus fürchten und zu bekämpfen müssen glaubte.

Kinderarbeit: Seinerzeit hieß es, ihre Abschaffung werde den Ertrag der Wirtschaft schmälern und die Freiheit des Wirtschaftens gefährden. Heute würde – bei uns, in unserem Teil der Welt – wohl niemand mehr so argumentieren wollen.

Achtstunden-Tag: Seinerzeit Utopie, heute für viele Wirklichkeit, für manche überholte Wirklichkeit.

Koalitionsfreiheit und Eigenverantwortung der Sozialpartner: beides gehört heute zur unantastbaren Substanz der Rechtsstaatlichkeit. Und ich sage dies mit besonderer Entschiedenheit, gerade weil wir uns in diesen Tagen an der Tariffront in schwierigen Auseinandersetzungen befinden.[3]

Die Sozialversicherung: Vor hundert Jahren eine Grundforderung von Sozialdemokraten und fortschrittlichen Liberalen, eine Grundforderung, die Bismarck mit dem mißverstandenen Etikett „Staatssozialismus"[4] versehen wollte – heute der Kern eines ganzen Systems humaner Sicherungen, die für viele mehr Freiheit bedeuten.

Meine Damen und Herren, eine sozial verpflichtete Liberalität – dies ist meine Sicht der Dinge, denn ich kann nur aus meiner Sicht der Dinge sprechen – hätte sehr viel früher das Leben unseres Volkes prägen können, hätten sich die damalige deutsche Arbeiterbewegung, der deutsche Liberalismus und die Menschen im Dienst der erneuerten christlichen Soziallehren einander nicht so lange und so oft tragisch verfehlt.

Das Revolutionsjahr 1848 hatte auch unserem Volk den großen Aufbruch versprochen, der den Idealen der Freiheit, der staatsbürgerlichen Gleichheit und der Brüderlichkeit (oder, wie viele von uns heute sagen: der Solidarität) in Deutschland eine Heimat geben sollte. Die Law-and-Order-Disziplin der Heiligen Allianz zwang nach jenem stürmischen politischen Frühling das Bürgertum wieder in den faulen Kompromiß mit den herrschenden Mächten.[5] Der demokratische Wille kapitulierte auf Raten.

August Bebel hat die enge Beziehung zwischen vorwärtsdrängenden Liberalen und den aufstrebenden Kräften der Arbeiterschaft auf eine Weise beschrieben, die heute noch interessieren kann. Den liberalen Demokraten, vielfach zur Selbstentmündigung verleitet, fiel es bekanntlich nicht leicht, die soziale Verpflichtung des Bürgergeistes zu erkennen. Einer der bedeutendsten unter den Männern mit sozialem Weitblick war Friedrich Naumann, dessen Lebensbild Theodor Heuss eindrucksvoll nachgezeichnet hat, ohne übrigens seine Verengung im Nationalen zu verschweigen. Er gehört ohne Zweifel mit Bebel in eine Art Ahnenreihe des Werkes, das über kürzere oder längere Wegstrecken hinweg liberale und soziale Demokraten zusammenführt; ich selbst habe die beiden mehr als einmal zusammen genannt.[6]

Wer bei Heuss nachliest und für den, der die Seite wissen will, es ist Seite 196 in der Naumann-Biographie, der findet dort übrigens, daß Friedrich Naumann schon von einer „Demokratisierung der Betriebe" und von einem „Fabrik-Parlamentarismus" gesprochen hat. Ja, er scheute nicht zu formulieren: Sozialismus sei derselbe oder ein ähnlicher Vorgang im Kapitalismus wie Liberalismus im Staat. Oder: Kapitalismus sei die aristokratische Auffassung des Wirtschaftslebens, deren demokratische Auffassung man Sozialismus nennen könne.[7] Er sagt „nennen", ich habe eben etwas vorsichtiger formuliert, ohne zuviel zurückzunehmen.

Man mag dies, meine Damen und Herren, als Fußnoten der Geschichte betrachten. Ich will aus solchen Formulierungen auch nicht zu viel Honig saugen. Ich wende mich, wie ich es in mehr als einem Wahlkampf getan habe, gegen die Diskreditierung der Arbeiterbewegung mit ihren demokratisch sozialistischen Wurzeln. Doch ist es mir wichtig, Gemeinsames zu sehen, wo es Wirklichkeit war und ist.

So will ich – ohne ein Mißverständnis zu fürchten – auch hier noch einmal sagen, wie wenig wir miteinander die Kräfte unterbewerten dürfen, die sich im Kaiserreich dem Kulturkampf[8] stellten und von denen von dort aus manches weitergewirkt hat. Im Umkreis von Männern damals, wie Bischof Ketteler von Mainz, regte sich, auf die gewandelte christliche Sozialethik gestützt, eine politische Kraft, die mit der Sozialdemokratie und dem liberalen Fortschritt das Deutsche Reich als freiheitlichen Staat hätte formen können. Dort, wo dieses Erbe lebendig blieb, hat der deutsche Katholizismus immer wieder seine Fähigkeit zum sozialen Fortschritt bewiesen – und so der deutsche Protestantismus, wo er aus der sozialethischen Verpflichtung der reformatorischen Lehre eine neue Verantwortlichkeit für die Aufgaben unseres Jahrhunderts gewann.

Bei der Begründung der Weimarer Republik standen Sozialdemokraten und Liberale und Männer des Zentrums zusammen.[9] Gemeinsam bildeten sie die ersten demokratischen Regierungen. Wäre sie stärker gewesen, diese Gruppierung hätte der deutschen und europäischen Entwicklung der letzten Jahrzehnte einen besseren Verlauf geben können – vor allem, wenn auch das sogenannte Bildungsbürgertum jene – ich zitiere – „verächtliche Haltung der deutschen Intellektuellen gegenüber der Realität" überwunden hätte, von der Thomas Mann damals gesprochen hat.[10]

Die ersten Legislaturperioden in der Bundesrepublik Deutschland sind durch Mehrheitsbildungen rechts von der Mitte gekennzeichnet gewesen. Inzwischen formte sich, was ich 1972 die „Neue Mitte" der deutschen Politik zu nennen versucht habe.[11] Dieser Begriff beschreibt nicht den Standort einer Partei, sondern den Standort eines Regierungsbündnisses und seiner möglichen geschichtlichen Funktion.

Die Neue Mitte ist auch kein taktisches Mittel, sondern sie beschreibt die Substanz eines Bündnisses, in dem sich eine veränderte politische und soziale Wirklichkeit ausdrücken sollte. Sie kann die Entwicklung in der Bundesrepublik Deutschland über einen längeren Zeitraum hinweg bestimmen, wenn sich die Kräfte, von denen sie getragen wird, von dieser Realität nicht entfernen.

Ich denke, niemand hier verkennt die Rolle, die ich – nicht nur von Amts wegen – meiner Partei zuschreibe. Sie ist in meinem Verständnis in der politischen Geographie die große „linke Volkspartei", die nach Möglichkeit jene Strömungen der sozialen Demokratie, des demokratischen Sozialismus, in sich verarbeiten muß, die in anderen Ländern nicht zu deren Vorteil, nicht nur aufgefächert, sondern aufgespalten in Erscheinung treten. Bindendes Element ist die Überzeugung – und muß es sein –, daß soziale Fortschritte und Veränderungen nur in Freiheit und in strikter Treue zum demokratischen Rechtsstaat vollzogen werden können. Ich bin kein Hysteriker, ich rede auch nicht im falschen Saal, aber ich stelle ganz schlicht fest, wer gegen diese Grundüberzeugung angeht, daß soziale Fortschritte und Veränderungen nur in Freiheit und in strikter Treue zum demokratischen Rechtsstaat vollzogen werden können, hat in der deutschen Sozialdemokratie jedenfalls nichts zu suchen.

Gleichzeitig will ich meinen freidemokratischen Freunden in allem Freimut sagen, daß ich ihnen die politische Mitte natürlich nicht allein überlassen kann. Wir werden uns in ehrlichem Wettbewerb jeder auf seine Weise um sie zu bemühen haben.

Die Neue Mitte hat – nicht in meinem Verständnis allein – den Auftrag, den freiheitlichen Rechts- und Sozialstaat weiter auszuformen. Sie baut neue Sozialrechte auf die überkommenen Grundrechte. Ich glaube, das war nur leicht abgewandelt Maihofer,[12] aber das schadet ja nichts.

Wichtiges Ziel der Neuen Mitte muß es sein, mehr Freiheit und Gerechtigkeit für bisher benachteiligte und zurückgesetzte Bürger zu schaffen. Die ausgebaute Sozialordnung, die wir anstreben, will ein Höchstmaß an individueller Freiheit – für alle, und das heißt: nicht zum Schaden anderer. Zwischen Sozialstaat und freiheitlichem Rechtsstaat besteht kein Gegensatz; sie müssen sich vielmehr ergänzen.

Wir wollen Mitverantwortung und Mitbestimmung der Bürger in allen Lebensbereichen stärken: Unsere Bonner Koalition hat für diese zentrale Aufgabe der Reform eine Antwort gefunden, die, so meine ich, unsere soziale Wirklichkeit weit in die Zukunft prägen wird. Hier – im Reformwerk der Mitbestimmung und der Vermögensbeteiligung – machen wir deutlich: Demokratie kann nicht nur ein Strukturprinzip des Staates sein. Sie muß freilich sinngemäß auch in der Gesellschaft praktiziert werden.[13] Wenn das vernünftig geschieht, besteht für mich kein Zweifel daran, daß Mitbestimmung und Mitverantwortung mehr Freiheit schaffen. Ich sage mit gleicher Bestimmtheit, daß sie nicht in Gegensatz stehen und stehen dürfen zu den Freiheitsrechten des einzelnen und zur Demokratie selbstverständlich der Schutz von Minderheiten gehört.

Es ist nicht uninteressant – wenn ich diese Bemerkung hinzufügen darf –, beide Bonner Koalitionsparteien sind in diesen Tagen in der Frage der Mitbestimmung einem nicht unerheblichen Druck ausgesetzt. Ich rechne damit, daß sich die freidemokratischen Kollegen dem Drängen solcher zu erwehren wissen, die gelegentlich mehr kapitalkräftig als weitsichtig zu nennen sind. Meine sozialdemokratischen Freunde werden sich durch blinden Eifer nicht zur Impotenz verleiten lassen. Alles oder nichts paßt zur modernen Demokratie wie die Faust aufs Auge.

Meine Damen und Herren, für die Neue Mitte sind Toleranz und geistige Freiheit – also Liberalität – unerläßliche Vorbedingung der sozialen Freiheit. Diese doppelt und dreifach motivierte Freiheit dürfen wir weder durch die Macht des Staates oder die Macht der Wirtschaft noch durch die Macht von Gruppen oder Verbänden aushöhlen lassen. Geistige Freiheit gehört allen.

Der freiheitliche, soziale und demokratische Auftrag hat sich noch lange nicht erfüllt. Wir haben die Freiheit des einzelnen, so meine ich, nicht nur dort zu sichern, wo sie schon Wirklichkeit sein kann – wir müssen sie für viele einzelne in Wahrheit erst schaffen. Zur realen Freiheit gehört eben immer auch Freiheit von vermeidbarer materieller Existenzangst. Der Mehrheit unserer Bürger öffnet erst der moderne demokratische Staat – durch Planung und Gestaltung der sozialen Ordnung – die Chance für eine freie individuelle Existenz.

Und ganz gewiß: Die Väter unseres Grundgesetzes haben über einen „Nachtwächterstaat"[14] hinausgedacht. Sie berieten – und wir wissen es alle – unter dem Schatten der Tyrannei, die sich des Staates bemächtigt und ihn schrecklich mißbraucht hatte. Aber die meisten von ihnen wußten auch: Ein Minimum an Staat bedeutet noch keineswegs ein Maximum an Freiheit.

Der Staat darf keiner unkontrollierbaren Herrschaft von Bürokraten oder Managern ausgeliefert sein; er ist mehr als die Summe von Gruppen und ihrer Interessen. Er darf auch keinem unartikulierten Drang nach Gleichmacherei überlassen werden; ein nüchtern artikuliertes Programm sozialer Gerechtigkeit wird die schöpferische Fülle menschlicher Individualität nicht einebnen, sondern freisetzen.

Für die deutschen Sozialdemokraten – wenn ich als einer von denen noch einmal sprechen darf – war der Mensch niemals „Sache" oder „Objekt"; er interessiert uns und hat uns zu interessieren in seiner Individualität. Ich sage nicht, daß diese Abgrenzung allein einer Partei oder einer Gruppierung von Parteien zuzuordnen sei. Nein: im Kampf gegen die Obrigkeit, im Kampf gegen partikulare Interessen, im Kampf gegen das erdrückende Gewicht wirtschaftlicher Übermacht bemühten sich Sozialdemokraten und sozial gesinnte Liberale um die Menschlichkeit des Menschen. Anders: um die geduldige Verwirklichung der Menschenrechte im Dickicht der

Abhängigkeiten und der Sorgen um die Sicherheit der materiellen Existenz.

Wir können in diesem Kampf heute das Feld nicht vor wirtschaftlichen Großorganisationen räumen, die nach ihrer eigenen Gesetzmäßigkeit administrative und bürokratische Macht sammeln, vor der jeder einzelne rasch verloren ist. Einer möglichen Vergesellschaftung des Menschen werden, dürfen wir die Tür nicht öffnen.

Gerade hier gilt es – und auch dies sage ich nicht zufällig an diesem Tage, an dem ich selbst Partei auf eine andere Weise bin –, in den Gewerkschaften Partner zu erkennen, ohne die der demokratische Wille kaum lebensfähig wäre. Dies darf man ja sagen, ohne jemandem nach dem Munde zu reden, dies muß man ja gerade sagen in Achtung voreinander, wenn es um unterschiedliche Interessen geht. Man mag sich trotzdem wundern, daß ich dies heute sage – es ist wohlüberlegt: Wenn ich mir manche Stimmen anhöre und Kommentare anschaue, dann sehe ich die Gefahr einer gewerkschaftsfeindlichen Welle. Einige Vertrauensleute dort sollten sich wohl fragen, ob sie nicht einige Monate lang an der sich rasch wandelnden Wirklichkeit vorbeigedacht haben. Aber niemand darf ihnen übelnehmen, daß sie für ihre Mitglieder möglichst viel herausholen möchten. Nur darf man sich auch nicht wundern, daß wir als Bundesregierung sagen, wo in einer gegebenen Situation unserer Meinung nach und unserer Verantwortung nach die Grenzen sind, die wir meinen nicht überschreiten zu können.

Davon abgesehen: Unser Widerstand gegen unkontrollierte Macht sammelt sich in der Kraft zum menschlichen Staat, der aus der Gemeinschaft der Bürger immer wieder neu geschaffen werden muß. Er ist ohne Spontaneität und ohne Toleranz nicht denkbar: der gewandelte Bürgergeist, von dem ich sprach, läßt sich nicht bloß „verwalten" – er will gestalten; er will über das bestimmen, was verwaltet werden muß. Er macht sich nicht zum Sklaven, sondern zum Herren seines sozialen Schicksals.

Diese Art freiheitlichen Denkens stammt aus starken geschichtlichen Wurzeln. Diese Liberalität widerspricht einem wertfreien und im eigentlichen Begriff des Wortes geistlosen Spiel mit den Chancen bloßer Taktik. Sie widerspricht ebenso jeder totalitär-ideologischen Erstarrung, die den Geist erstickt. Sie ist in einem ursprünglichen und unverbrauchten Sinn des Wortes radikal; und wenn ich dies sage, denke ich respektvoll an Karl Hermann Flach, den nicht nur seine engeren politischen Freunde schmerzhaft vermissen.

Darf ich hier eine Bemerkung einfügen, meine Damen und Herren, die an das anknüpft, was hier Frau Hamm-Brücher namens des Vorstandes und Kuratoriums der Stiftung über Alexander Solschenizyn gesagt hat.

Wir sind – da kann es doch wohl keinen Zweifel geben – für die Freiheit der Meinungsäußerung und die Freiheit des Künstlers, sich mit den ihm gemäßen Mitteln zu äußern. Solschenizyn würde bei uns in der Bundesrepublik Deutschland frei leben und unbehindert arbeiten können.

Hierauf hinzuweisen, bedeutet natürlich keine Einmischung. Man weiß, daß wir auf gute Beziehungen zur Sowjetunion Wert legen. Die Unterschiede dessen, was man Ideologien und Systeme nennt, bestehen fort.

Bei uns im Westen können viele nicht die Schwierigkeiten verstehen, denen ein weltbekannter Schriftsteller in seinem eigenen Land begegnet. Dort, so fürchte ich, scheinen manche Behörden nicht zu erkennen, wie gut es dem internationalen Ansehen ihres Staates bekommen wäre, wenn sie eine schonungslose Beschreibung der Auswüchse staatlicher Macht akzeptiert hätten.[15]

Bindungsloser Egoismus hat vor wohlverstandener Liberalität keinen Bestand. Diese ist im höchsten Maße verbindlich. Sie will Freiheit in den uns gegebenen und von uns bejahten Bindungen schaffen. Sie will Freiheit durch Gerechtigkeit mehren. Sie will, daß sich Toleranz in der Pflicht für den Nächsten bewähre. Sie will die Menschlichkeit des Menschen in der sich ausdehnenden Demokratie behaupten. Sie will das soziale Schicksal durch den Dienst für die Aufgaben der Gemeinschaft gestalten, statt sich ihm zu unterwerfen. Freiheit, die dem Menschen dient, muß auch soziale Freiheit sein.

Und nun, meine Damen und Herren, auch noch dies in aller Offenheit und mit Nachdruck: Ich rechte nicht mit solchen, die uns den guten Willen abstreiten. Ich halte mich auch nicht bei denen auf, die unsere zähe und unverdrossene Kraft zur Reform ignorieren. Oder bei denen, die aus Gruppen- oder Parteiegoismus nicht einräumen wollen, daß es trotz allem bei uns in der Bundesrepublik Deutschland nicht schlechter, sondern – wenn wir ehrlich sind – besser geht, als in den vergleichbaren Nachbarstaaten. Was mir in diesem Augenblick wirkliche Sorge bereitet, das ist die nicht nur gelegentlich anzutreffende Neigung zum Selbstmitleid und zur groben Unsachlichkeit.

Damit kommen wir nicht voran. Menschlichkeit und Gerechtigkeit gehen vor die Hunde, wenn die Vernunft auf Urlaub geschickt wird. Und da wir alle das staatliche Ganze bilden, wissen wir als gute Demokraten, daß man dem Staat zu geben hat, was vernünftigerweise des Staates ist.

Nr. 101
**Aus dem Hintergrundgespräch des Bundeskanzlers, Brandt, mit den Redakteuren von *Die Zeit*
22. Februar 1974**[1]

AdsD, WBA, A 3, 552.

[Sommer:] Herr Bundeskanzler, ist das Regieren heute schwerer als vor drei oder vier Jahren?
BK Brandt: Ganz sicher, und zwar nicht nur in der Bundesrepublik, sondern wohl in den Industriestaaten insgesamt. Die Faktoren, auf die wir nur einen sehr bedingten oder nur auf sehr lange Sicht wirkenden Einfluß haben, haben an Zahl sehr zugenommen. Denken Sie allein an die Entwicklung seit dem letzten Herbst, an das, was als Energiekrise begann und zur Ölpreiskrise wurde, und was so stark auf die Währungen einwirkt, mit Konsequenzen, die jetzt kaum zu überblicken sind.

Es ist also nicht leichter geworden.

Frage: Ist es, unabhängig von diesen äußeren Einflüssen, in Bonn schwerer geworden?

BK Brandt: In Bonn ist es immer schwer. Man ist dort irgendwie nicht richtig unter Menschen. Obwohl sich seit 25 Jahren dort die Bundesregierung befindet, lebt Bonn weiter in einer Dreiteilung, nämlich das alte Bonn, die Universität und das Bonn der Politik, der Bürokratie und der Diplomaten. Es gibt weiterhin wenig Kontakte zwischen diesen dreien. In Berlin wäre es mir nie passiert, nicht zu wissen, wie die Rektoren der beiden Universitäten heißen, aber in Bonn kann lange Zeit vergehen, ohne daß ich weiß, wer dort neu gewählt worden ist.

In den letzten Wochen z. B., als es zwar nicht so schwierig war, wie manche meinten, es aber immerhin doch Probleme gab, wäre ich gerne hinausgegangen, nach Dortmund oder sonst irgendwo in einen Betrieb oder in eine Versammlung, aber in Bonn kommt man nicht dazu. Lassen Sie mich ein Beispiel aus meiner Berliner Zeit bringen: An dem Tag, an dem Chruschtschow sein bekanntes Ultimatum stellte, mußte ich darauf reagieren.[2] Ich bin aber erst nach Reinickendorf in einen Betrieb gegangen und habe dort gesprochen. Dann sah ich nämlich, wie die Menschen, die ich kenne und die mich kennen, reagieren, und dann wußte ich, ob das trägt, was ich sagen wollte. In Bonn habe ich zwar eine Partei, aber die besteht aus den vorerwähnten Bürokraten und sonstigen. Ich habe dort keine Gewerkschaften – obwohl die einem auch einige Sorgen machen. Das alles ist etwas künstlich.

Nun kommen die verehrten Kollegen, die aus Bonn berichten und die sich im Laufe der Jahre zu sehr daran gewöhnt haben, Politik, von Bonn aus gesehen und von Bonn aus berichtet, in erster Linie als Außenpolitik aufzufassen; denn die verstehen wir alle, da sind wir alle Experten. Zweitens gibt es dann noch Knatsch oder Gosse.

Schwer ist es auch deshalb geworden – das kommt noch hinzu –, weil meine Mehrheit bequemer ist – bequemer zu sein schien. Solange es nur einige Mandate mehr waren – hinterher war das dann allerdings ein bißchen wenig –, war ein größeres Verständnis für das vorhanden, was machbar und was nicht machbar ist. Nach dem Ergebnis vom 19. November [1972] glaubten die Meinigen, die eine ganze Menge Stimmen bekommen hatten, sie könnten sich nun noch breiter machen, als es das Ergebnis erlaubte, und die anderen glaubten manchmal, 8 oder 9 Prozent seien 50 oder mehr Prozent. Beide waren wohl geneigt, das Ergebnis zu überschätzen.

Frage: Hat die Öffentlichkeit zuviel von Ihrer zweiten Regierung erwartet?

BK Brandt: Ja – wobei wir es wohl selbst sehr schwer haben, zu einer vernünftigen Organisation unserer Arbeit zu kommen. Ich benutze nicht das abgegriffene Wort vom „Verkaufen der Politik", das ich immer wieder zu hören bekomme. Damals sagte man, Ahlers könne dies nicht verkaufen, und hinterher sagt man, der hätte das besonders gut gekonnt, aber andere könnten es nicht so gut.

Aber lassen wir das einmal außen vor. Schauen Sie sich bitte an, was wir am letzten Mittwoch in Bonn getan haben: Wir haben im Bundestag den NV-Vertrag verabschiedet (ich wußte schon gar nicht mehr, was „NV" bedeutet)[3], es hat große Debatten und Abstimmungen gegeben; im Kabinett haben wir das Gesetz über die Mitbestimmung auf den Weg gebracht, die Grundlinien zur Vermögensbildung gutgeheißen und den Mieter-Kündigungsschutz verabschiedet, und schließlich haben wir gesagt, was wir tun wollen, wenn die jetzige Geschwindigkeitsbegrenzung aufgrund der Energiesituation ausläuft. In der gestrigen Ausgabe der „Washington Post" konnte man lesen, der Sprecher der Bundesregierung habe dies bekanntgegeben, als riefe er in der Bundesrepublik nationale Trauer aus. Der Berichterstatter dieses Blattes erklärte das mit dem pathologischen Verhältnis der Deutschen zum Auto.[4] Ich gebe das aber nur wieder und mache es mir nicht zu eigen. – Dies alles also und einiges andere noch an einem Tag! Wir sind verrückt! Wir erledigen in Wochen Dinge, die früher Monate in Anspruch genommen haben. In Wirklichkeit geschieht also etwas mehr, als die Leute meinen. Aber das ändert wohl nichts daran, daß manche doch erheblich mehr erwartet haben, als man geben kann, überhaupt oder in dieser Situation, und daß sich daraus wohl manche Enttäuschung erklärt.

Frage: Gab es vielleicht auch Erwartungen, die von der Regierung selbst zu hochgesteckt waren, so daß die Öffentlichkeit zu Recht soviel erwartet hat?
BK Brandt: Ich höre das auch manchmal. Wenn ich mir dann aber unsere Regierungserklärung anschaue, dann kann ich höchstens sagen, daß sie an der einen oder anderen Stelle etwas präziser hätte sein können. Wenn ich so etwas noch einmal zu tun haben sollte, dann würde ich wohl noch sehr viel stärker zwischen dem, was man in den vier Jahren tun kann, und dem unterscheiden, was man vorbereitet, damit es in der kommenden oder darauf folgenden Legislaturperiode angepackt werden kann. Aber das, was als Aufgabe dieser Legislaturperiode gezielt ist, wird abgehakt werden können.
Frage: Unbestritten ist eine ganze Reihe von Dingen auf den Weg gebracht worden. Aber andererseits ist durch einige Dinge, z. B. durch den ÖTV-Streik, ein Stück Staatsautorität, auch Regierungsautorität, in Gefahr geraten, was mit keinerlei Einzelreform wiedergutgemacht werden kann.
BK Brandt: Ich verstehe das. Nur, was die ÖTV angeht, wenn ich nicht relativ hart gegengehalten hätte, dann wäre der Abschluß weit über das hinausgegangen, was wir jetzt ohnehin bekommen haben.[5] Das ist allenfalls noch zu akzeptieren, liegt aber sehr hart an der Grenze und reißt ein Loch in den Haushalt, das nur durch Kreditaufnahme gestopft werden kann.

Wenn ich nun höre, die Staatsautorität habe Schaden gelitten und der Kanzler werde sich davon nicht erholen können, dann mag das sein, aber das würde nur beweisen, daß wir doch sehr viel empfindlicher sind als andere Länder. Es gibt Länder, die mit wesentlicheren Arbeitskonflikten, auch im öffentlichen Dienst, fertig werden und nicht gleich meinen, der Staat gehe unter.

Was wir nach diesem Abschluß relativ rasch unternehmen sollten, sind einige strukturelle Änderungen, was die Art solcher Verhandlungen angeht. Ich sage hier ganz offen: Es ist grotesk, daß fast überall in der gewerblichen Wirtschaft Vereinbarungen bestehen, die ein Schlichtungsverfahren vorsehen, bevor gestreikt wird. Im öffentlichen Dienst hat man eine solche Vereinbarung gar nicht erst aufgeschrieben, weil man das für selbstverständlich gehalten hat. Für mich war es eine Enttäuschung, daß an jenem Sonntag, ohne dies zwischenzuschalten, die sogenannten Kampfmaßnahmen eingeleitet wurden. Das werden wir also hineinschreiben müssen, was in bestimmten Situationen einen Arbeitskonflikt vielleicht nicht verhindert, aber wir müssen diese zusätzliche Pause zum Nachdenken einschieben.

Den zweiten Punkt sage ich sehr brutal: Man muß den Gemeinden das Recht nehmen, Tarifverträge abzuschließen. Das heißt, Bund und Länder müssen sich über eine Gesetzgebung verständigen, wonach sie, Bund und Länder, die Tarifverträge abschließen. Ich habe das jetzt erlebt, als ich mit den Ministerpräsidenten zusammensaß, um zu versuchen, bei einem der noch strittigen Faktoren etwas gegenzuhalten. Da kam in die Sitzung der Druck einiger Städte hinein, die sagten, wenn wir nicht nachgäben, würden sie noch am gleichen Abend mit 12 Prozent, 185 DM Mindestzulage und 300 DM Urlaubsgeld abschließen. Zum Teil ist das ein Ergebnis des Umstandes, daß dort die Freunde ein und derselben Gewerkschaft auf der Seite der Fordernden und auf der Seite der Gebenden sitzen, woran ich nichts ändern kann, jedenfalls nicht auf kürzere Sicht. Es ist aber auch ein Ergebnis der Tatsache, daß die Gemeindeverwaltungen empfindlicher sind. Wenn die Müllkutscher usw. streiken, mit all den unangenehmen Folgen, dann haben sie es zu verantworten. Man muß ihnen also diese Last abnehmen und das durch Bund und Länder machen lassen. Nach meiner Überzeugung muß man auch von dem Termin am Anfang oder am Ende des Jahres wegkommen. Dafür finde ich aber noch keine Gegenliebe bei den Gewerkschaften. Wenn es wahr ist, daß der öffentliche Dienst im Durchschnitt von jeweils zwei oder drei Jahren der allgemeinen Einkommensentwicklung folgen soll – und dieser Meinung bin ich –, dann ergibt es keinen Sinn, ihn am Anfang oder ganz am Ende des Jahres in eine Schrittmacherfunktion zu bringen. Vielmehr ergäbe es einen Sinn, Tarifverträge im öffentlichen Dienst in aller Regel vom 1. Oktober bis 30. September laufen zu lassen, d. h. jeweils nach der Sommerpause, wenn man die wirtschaftliche Entwicklung des Jahres in etwa überblicken kann. Bei den Verhandlungen sollte vielleicht sogar eine Sachverständigenkommission eingeschaltet werden – nicht nur die vorhin erwähnte Schlichtung –, die dem öffentlichen Arbeitgeber dabei hilft, die Ziffer zu finden, die fair ist, gemessen an der allgemeinen Einkommensentwicklung in der gewerblichen Wirtschaft.

Frage: Immerhin entnehme ich Ihren Worten, daß auch Sie sich die Frage stellen, ob die Tarifautonomie im Bereich des öffentlichen Dienstes überhaupt noch funktionabel ist, ob noch ein Gleichgewicht der beiden Partner gegeben ist. Sie deuteten schon eine Reihe von Maßnahmen an. Stellt sich nicht die Frage, ob die Tarifautonomie in diesem Bereich überhaupt noch funktionieren kann?

BK Brandt: Die Tarifautonomie als Prinzip einer freiheitlichen Ordnung ist nicht für den öffentlichen Dienst, sondern für andere Bereiche entwickelt worden. Daraus leite ich aber nicht ab, daß sie für den öffentlichen Dienst abgeschafft werden müßte. Dies kann ich aus meiner Sicht schon deshalb nicht tun, weil ich glaube, daß in den kommenden Jahrzehnten im öffentlichen Dienst der frühere Beamtenstatus in den meisten Bereichen durch einen Angestellten- (civil service) Status abgelöst werden sollte; der Beamtenstatus sollte nur für einen relativ kleinen Bereich beibehalten werden. Also nicht Abschaffung der Tarifautonomie, aber ihre sinngemäßere Anwendung; d. h. ihre Anwendung im öffentlichen Dienst unter Berücksichtigung der Gegebenheiten dieses Dienstes. Die Elemente, die ich genannt habe und zu denen noch einige hinzukommen könnten, schließen ja den Streik nicht aus. Heute nachmittag war ich mit Vorstand und Betriebsrat der Lufthansa zusammen. Nicht nur mit dem Blick auf die Fluglotsen, sondern auch mit Blick auf einige andere Gruppen haben wir darüber gesprochen, was man tun könne, wenn Berufsgruppen, denen jeweils nur wenige hundert Spezialisten angehören, durch ihr Verhalten über große Bereiche mit Hunderttausenden, ja Millionen an Beschäftigten entscheiden. Mir schwebt da nicht etwas vor, was den Streik verbietet, sondern ihn durch das Vorschalten von mindestens drei Hürden an Verhandlungszwängen und einer Sachverständigen-Etage dazwischen ganz schwer macht. Ich möchte mich nicht in eine Position bringen, die den Anschein erwecken könnte, als sei ich für das Verbot von Streiks. Aber man muß über eine solche Weiterentwicklung unserer Gesetzgebung und unseres Tarifsystems für den öffentlichen Dienst nachdenken.

Frage: Ist es nicht so, daß die Arbeitnehmer im öffentlichen Dienst bei Streiks nicht ein Risiko tragen wie die Arbeitnehmer in der freien Wirtschaft etwa? Sie haben nur die Vorteile. Wird damit nicht das Prinzip unterhöhlt, das Risiko beiden Seiten gleichermaßen anzulasten? Im öffentlichen Dienst gibt es ja keine Aussperrung.

BK Brandt: Normalerweise nicht. Obgleich ich gesagt habe – man hatte sich in meinem engeren Bereich ja das Presseamt ausgesucht –, ich hätte ohne das eine ganze Weile leben können. (Große Heiterkeit.)

Sommer: Unter der Voraussetzung, daß die Zeitungen weiter erscheinen.

Frage: Haben Sie die Hoffnung, daß die Lohn-Preis-Spirale irgendwann einmal unterbrochen werden könnte?

BK Brandt: Wenn ich diese Hoffnung nicht hätte, dann hätte ich noch mehr Sorgenfalten im Gesicht. Aber wer will das heute so genau sagen? [...] Vielleicht stecken wir in einer Art Gesundungskrise. Gemäßigter Optimist bleibe ich bei allem doch noch. Vielleicht gibt uns dies etwas mehr Sicherheit, und vielleicht kommen wir durch die Vereinbarungen in Washington dazu, daß wir die Öl- und Rohstoffpreise wieder etwas nach unten drücken.[6] Wenn es durch die Vereinbarungen dort und durch das, was wir in Brüssel tun, gelänge, einige stabilisierende Balken einzuziehen, dann kommen wir vielleicht von den hohen Preissteigerungen wieder herunter. Aber wir müssen auch im eigenen Land, selbst auf die Gefahr hin, daß mir das Ärger bei denen bereitet, die da sagen, ohne sie wäre ich gar nicht gewählt worden, von dem Gedanken wegkommen, als könnten wir in dieser Zeit immer nur noch drauflegen.

Frage: Kann man davon ausgehen, daß Sie nicht daran denken, einen Preisstop als letzten Ausweg einzuführen?

BK Brandt: Ja, und zwar nicht etwa, weil ich moralische Bedenken dagegen hätte, sondern weil bisher alle Erfahrungen, die man damit gemacht hat, so entmutigend sind. Der Preisstop funktioniert nicht, weil er zu dem bekannten Preisstau führt.

Wir müssen allerdings sehen, ob wir nicht mit der Kartellgesetzgebung etwas mehr tun können, als wir zur Zeit tun. Dann müssen wir uns fragen – um beim Öl zu bleiben –, ob wir nicht, wie es die Kommission vorgeschlagen hatte, im europäischen Rahmen zu einer gewissen Preisbegrenzung – was etwas anderes als ein Preisstop ist – kommen könnten.

Von Preis- und Lohnkontrolle in dem Sinne, wie das anderswo praktiziert worden ist, verspreche ich mir nichts.

Frage: Kann es nicht geschehen, daß der Druck im nächsten Jahr auf die Preise und demzufolge auf Lohnerhöhungen noch viel stärker ist? Was kann man dann tun? Wenn die Bevölkerung in Umfragen gefragt wird, ob sie lieber sichere Arbeitsplätze und stabile Preise oder mehr Lohn haben wolle, dann sprechen sich alle für ersteres aus, aber wenn es dann in die Urabstimmung geht, sind sie plötzlich nicht mehr dafür.

BK Brandt: Es ist die Frage, ob wir nicht in eine Situation kommen, wo man die vielen statt die wenigen darüber entscheiden läßt. Am Sonntag vor der Einigung im öffentlichen Dienst bin ich völlig aufgelaufen. Ich hatte in der Ministerrunde am Sonntag[7] gesagt, man solle einmal alles beiseite lassen und erklären, in diesem Jahr gäbe es für jeden nur 185 DM. Dies sei nicht ein Jahr, in dem wir für den öffentlichen Dienst eine eigentliche lineare Anhebung vornehmen könnten. Das kommt später wieder dran. Diesmal bekommt jeder 185 DM. Die Schwäche an diesem Vorschlag ist, daß die Übertragung auf die gewerbliche Wirtschaft nicht vorteilhaft gewesen wäre. Schon bei den 170 DM können manche der anderen Gewerkschaften nicht mithalten, weil die Tariflöhne in deren Bereich so niedrig sind, daß 170 DM weit mehr als 12 oder 13 Prozent ausmachen, bei manchen sogar 20 Prozent ausmachen. Mir wurde jedoch von Bund, Ländern und Gemeinden entgegengehalten, mein Vorschlag sei nicht angängig, denn der mache nur 7 Prozent aus. Für die Betroffenen am unteren Ende der Lohnskala hätte das eine ganze Menge bedeutet. Aber es gibt noch den Einwand, daß die Abstände durch solche Mindestbeträge immer mehr zusammenschrumpfen, was auch nicht unbedenklich ist. Das hätte man also machen können. Aber in Stuttgart ist das gar nicht ernsthaft erörtert worden. Ich weiß nicht, wie es in der Verhandlungskommission der Post war, aber Post und Eisenbahn führen ohnehin nur Scheinverhandlungen. Die eigentlichen Verhandlungen führt Genscher mit denen, die nicht zur Post oder zur Eisenbahn gehören, was auch eine groteske Konstruktion ist. Dort, wo der Bund wirklich viele Beschäftigte hat, ist er gar nicht vertreten, ist er nur mit einem Zipfel vertreten.

Wie gesagt, in Stuttgart ist das am Verhandlungstisch gar nicht ernsthaft vorgebracht worden. Mir ist nur berichtet worden, daß die Gehaltsstufen der dort Vertretenen nicht dafür gesprochen hätten, dies zu akzeptieren oder auch nur den Kappungsvorschlag zu akzeptieren und zu sagen, in diesem Jahr bekommt jeder mindestens 170 DM, aber niemand bekommt mehr als 350, 400 oder meinetwegen auch 500 DM.

Ich erzähle das nur deshalb, weil gefragt wurde, was man denn künftig tun könne. Wenn man wirklich den Eindruck hat, daß sehr vieles durcheinander gerät, dann kann man nämlich damit durchkommen! Ich hätte an dem Wochenende, bevor mit der ÖTV abgeschlossen wurde, mit der Postgewerkschaft, d. h. Ehmke hätte mit der Postgewerkschaft auf 9,7 Prozent und 160 DM abschließen können. Er durfte nur nicht, weil es ein eingefahrenes System ist, daß erst der andere Stuttgarter Verein durch sein muß und dann Post und Bahn nachziehen.

[...]

Nr. 102
Interview des Bundeskanzlers und Vorsitzenden der SPD, Brandt, für das Erste Deutsche Fernsehen
25. März 1974[1]

WDR (Archiv).

Casdorff: „Mitleid mit Willy Brandt", unter dieser vorgeblich von Sympathie getragenen Schlagzeile hat eine große deutsche Illustrierte in ihrer jüngsten Ausgabe viele bitterböse Bemerkungen über eine angebliche Entscheidungsschwäche des Bundeskanzlers abgedruckt.[2] Für Willy Brandt sind solche Anwürfe schon seit Wochen nicht mehr neu. Sie kommen nicht nur von politischen Gegnern, sondern auch von Männern, die sich als seine Freunde fühlen oder so aufspielen. Der Appell, der Bundeskanzler und Parteivorsitzende solle sichtbar und fühlbar handeln, ist seit gestern noch dringender geworden, seit der neuerlichen Wahlniederlage der SPD, diesmal in Schleswig-Holstein. Doch wie sieht Willy Brandt sich selbst? Das wollen Rudolf Rohlinger und ich heute von ihm erfahren. Der Bundeskanzler ist in unser Bonner Studio gekommen, um sich dem Kreuzfeuer der Fragen zu stellen.
Rohlinger: Da war Hamburg davor und Rheinland-Pfalz,[3] und nun kann man doch sicher nicht mehr von Fehlleistungen einzelner Parteiverbände sprechen, sondern hat jetzt nicht die Bundespartei geradezustehen und damit Sie, Willy Brandt?
Brandt: Gar keine Frage, Herr Rohlinger. Es tut mir leid um die vielen meiner Freunde, die in den Städten und Gemeinden in der Verantwortung stehen und deren Arbeit nicht gut genug gewürdigt worden ist, weil sie ihren Buckel mit hinhalten müssen für das, was die SPD bundespolitisch nicht hergibt in diesem Augenblick. Damit meine ich nicht notwendigerweise die Regierungspolitik, jedenfalls nicht durchweg. Aber die SPD weist Konditionsschwächen auf, und diejenigen, auf deren Vertrauen sie angewiesen ist, lasten ihr außerdem objektive Schwierigkeiten an, auf die diejenigen, die jetzt regieren,

keinen oder nur einen geringen Einfluß haben. Es kommen andere Faktoren hinzu. Aber die Antwort auf Ihre Frage ist: Es gibt zwar auch hier und da deutlich werdende lokale Schwächen, aber insgesamt wäre es ganz falsch, von Bonn aus oder vom Vorsitzenden der SPD aus an seine Freunde im Land etwas abzugeben, an sie weiterzugeben, wofür er mit seinen Freunden in der Parteiführung den Buckel hinzuhalten hat.

Casdorff: Herr Bundeskanzler, aber solche Situationen, von denen Sie selbst sprechen, erfordern ja nun Konsequenzen, Entscheidungen. Sind der Parteivorstand und Sie selbst dazu in der Lage, oder kann es zum Beispiel tatsächlich passieren, daß ein so Glückloser wie Minister Lauritz Lauritzen der Spitzenkandidat der SPD bei den Landtagswahlen in Schleswig-Holstein sein wird?

Brandt: Es sagt sich so leicht, dieser oder jener ist glücklos. Ich neige eher dazu, nicht nach Sündenböcken zu suchen, das Publikum zu befriedigen, indem ich hinwegrede über eine objektiv schwierige Situation. Nehmen wir mal die Geschwindigkeitsbegrenzung, um die es so viel Wirbel gegeben hat, und bei der es hieß, erst schlägt Lauritzen dies vor, dann jenes.[4] Wie war es denn in Wirklichkeit? In Wirklichkeit war es so, daß hier viele Sachinteressen aufeinanderstießen: unterschiedliche Beurteilungen, Interessen unserer Wirtschaft, nicht nur der Manager in der Wirtschaft, auch derer, die in der Autoindustrie beschäftigt sind, dann aber auch wirklich handfeste parteipolitische Interessen, die im Bundesrat zu einem Sich-querlegen führten. Und ...

Rohlinger: Bedeutet das also, daß Sie Lauritz Lauritzen als Kandidaten ...

Brandt: Ich bin nicht bereit, jetzt hier über einen Kabinettskollegen oder auch über andere auf die Weise zu sprechen. Wenn ich dem einzelnen etwas zu sagen habe, womit ich nicht zufrieden bin, dann hört er es von mir direkt. Was ich jetzt sagen will, ist allein, ich halte nichts von jener Art autoritären Verhaltens, die Menschen an den Pranger stellt und die das Publikum auf sie zeigen läßt, anstatt – auch wenn man da durch eine schwierige Zeit hindurch muß – die Menschen teilhaben zu lassen an schwierigen sachlichen Entscheidungs-

prozessen. Es ist ohnehin in dieser Zeit leichter zu opponieren als zu regieren. Das weiß ich, und ich bin trotzdem bereit, nicht nur verpflichtet, sondern gerne bereit, dies durchzustehen und zu sehen, was hinterher unterm Strich stehen wird nach einer Reihe von Enttäuschungen, die man auf dem Wege erlebt.
Casdorff: Nun, Sie haben Lauritz Lauritzen verteidigt. Sie haben gesagt, wenn Sie ihm was sagen müßten, würden Sie das sicher unter vier Augen tun. Gilt diese Verteidigung auch für andere Mitglieder Ihrer Bundesregierung, gilt sie auch zum Beispiel für den Minister von Dohnanyi, der doch sehr scharfe Kritik geübt hat und gesagt hat, vielmehr einen Vorschlag gemacht hat, Sie sollten doch so eine Art Nebenkanzler für die inneren Reformen im Kabinett haben?[5] Ist dieser Vorschlag wirklich so schlecht, wie viele gesagt haben und wohl auch Sie?
Brandt: Wenn es ein guter Vorschlag ist, was ich jetzt gar nicht näher untersuchen will, dann hat er also keine Kritik geübt, sondern dann hat er mir helfen wollen. Subjektiv hat er dies ganz gewiß so gewollt. Ich habe nie etwas anderes unterstellt. Es gibt auch natürlich eine ganze Reihe Routinekram, den man dem Bundeskanzler abnehmen könnte. Aber der Bundeskanzler muß – so ist unsere Verfassung – die entscheidenden Dinge selbst in der Hand behalten. Was Dohnanyi gemeint hat und was ein bißchen schief rauskam, war, daß man Instrumente wie das Wirtschaftskabinett und das Finanzkabinett, er hat insbesondere an das Finanzkabinett gedacht, noch etwas stärker einschalten könnte, um die Entscheidung im Gesamtkabinett vorzubereiten und zu entlasten. Das kam nicht gerade zum geeigneten Zeitpunkt, aber, Herr Casdorff, dann hat man ja außerdem dabei natürlich auch erlebt, daß wir in einer Zeit leben, in der eine massive Propaganda im Gange ist, die darauf abzielt – auch das muß man durchstehen –, Unsicherheit zu verbreiten, sogar wo es um die wirtschaftlichen Zusammenhänge geht, Angst zu verbreiten und vergessen zu machen, daß es uns in der Bundesrepublik Deutschland nicht schlechter, sondern besser geht als in den vergleichbaren Ländern. Dies alles spielt mit, wenn man bestimmte Vorgänge hochgespielt serviert bekommt.

Rohlinger: Bekommt man sie nicht manchmal aus der Sozialdemokratischen Partei Deutschlands hochgespielt, ist es nur die Opposition, die dafür sorgt, daß Helmut Schmidt als Kronprinz oder sogar als Putschist beschrieben wird, und gibt es wirklich nur Kleinigkeiten, die man dem Kanzler abnehmen kann, oder hat Helmut Schmidt nicht ganz unrecht, wenn er sagt, die Partei, die muß der Willy in Ordnung bringen? Und dann frage ich mich, haben Sie als Bundeskanzler dafür überhaupt die Zeit und die Kraft?
Brandt: Also ich weiß natürlich, daß die Sozialdemokratische Partei ihrer ganzen Geschichte nach, ihrer geistigen Lebendigkeit wegen und weil sie ein großer lebendiger Organismus von fast einer Million Mitgliedern ist, mehr Ansprüche stellt an den Vorsitzenden als etwa die Union. Aber jeder, der das kontrolliert, wird auch feststellen, daß ich mich in anderem Maße als frühere Bundeskanzler, die gleichzeitig Unionsvorsitzende waren, um die Partei kümmere. Das könnte noch mehr sein. Ich muß meinen Tag vernünftig einteilen oder die Stunden der Woche. Aber Sie gingen ja aus davon, ob es nicht auch kritische Fragen an mich gäbe aus meiner eigenen Partei. Das wäre ja noch schöner, wenn es die nicht gäbe. Es wäre übrigens auch noch schöner, wenn es in meiner Partei nicht solche gäbe, die meinen Platz einnehmen könnten. Ich könnte ja auch heute abend gegen den Baum fahren, was ich hoffentlich nicht tue. So ist es ja doch nun nicht, daß auch jemand, der sich auf das Vertrauen seiner Freunde stützen kann, das kann ich, wie ich weiß, auch nach den Rückschlägen dieser lokalen und regionalen Wahlen, der braucht natürlich eine Reihe von Freunden nicht nur im erweiterten Vorstand, auch in der engeren Führung. Nebenbei gesagt ...
Rohlinger: Herr Bundeskanzler, darf ich eine Zwischenfrage stellen? Für diesen Fall, von dem ich mir als Staatsbürger erlauben darf zu sagen, daß ich ihn eben auch nicht wünsche: Gibt es da ein Regulativ?
Brandt: Ich habe zwei stellvertretende Parteivorsitzende.[6]
Rohlinger: Und wer würde der Nachfolger des Bundeskanzlers?
Brandt: Einer von beiden würde mit der Führung der Geschäfte beauftragt werden, bis alsbald ein außerordentlicher Parteitag einen neuen Vorsitzenden gewählt haben würde.

Casdorff: Herr Bundeskanzler, Sie haben nun sehr viel Verständnis gezeigt für all die Kritiker auch in Ihrer eigenen Partei, und Sie haben sie eigentlich alle indirekt verteidigt. Wundert es Sie eigentlich nicht, daß es doch eben so viele Kritiker gibt? Wir haben Namen genannt: Dohnanyi, Schmidt ja in seiner Form auch, und Herbert Wehner gehört sicher auch dazu. Hat auch die Kritik, die Herbert Wehner aus Moskau an Ihnen geübt hat, hat die nicht zu einem Bruch geführt?[7] Ist der gekittet? Und haben Sie jetzt wieder volles Verständnis für Ihren Kampfgefährten?

Brandt: Wissen Sie, ich fände es richtiger, man würde die Herren, die Sie nennen, selbst hier fragen und nicht mich für sie antworten lassen; denn sie sind in Anspruch genommen worden in Zeitungen und auf andere Weise nicht nur für tatsächliche kritische Anmerkungen, die sie gemacht haben, sondern auch für Äußerungen, die man aufgebauscht hat. Nein, was ich sagen will, ist doch nur folgendes, daß ich genau weiß, ich kann nur mit meinen Freunden zusammen die Sache machen, die mir aufgetragen ist. Dies geschieht aber auch. Außerdem sind wir alle nur Menschen, ich fahre manchmal aus der Haut, aber ich halte dies noch nicht für einen Beweis von Führungskraft. Manche scheinen zu meinen, das Auf-den-Tisch-Hauen sei schon Beweis für Führung. Ich bin für eine vernünftige Autorität, aber für eine solche, die nicht unvernünftigerweise ins Autoritäre ausweicht.

Rohlinger: Wenn wir die Minister und die Parteifreunde nun für einen Moment beiseite lassen, dann gibt es Sorgen mit dem Koalitionspartner, auch wenn seit diesem Wochenende die Treuebekundungen dicht auf dicht folgen. Wann, Herr Bundeskanzler, rechnen Sie mit einem neuen stimmungsbeeinflußten Monitum à la Riemer?[8]

Brandt: Ich habe keinen Grund, das Koalitionsklima zu beklagen. Ich habe mit dem Vorsitzenden der FDP, der nun Bundespräsident werden wird, immer eine vertrauensvolle Zusammenarbeit aufrechterhalten können, so auch mit den anderen FDP-Kollegen im Kabinett. Mit denen habe ich natürlich mehr zu tun als mit den Herren, die regional dort, aber auch in meiner Partei, aber vor allen Dingen dort tätig sind. Und ich wage vorauszusagen, Herr Rohlinger, diese Koalition, die wird ihre Arbeit leisten, sie wird ihr Programm bis 1976 durchführen. Dann wird man sehen, daß es dafür mehr Verständnis gibt draußen bei den Wählern als heute. Ich wage außerdem zu sagen, schon sehr viel früher, schon in Niedersachsen im Juni [1974][9] wird sich zeigen, nicht daß das, was man einen neuen Trend nennt, völlig gewendet werden konnte, aber ich bin ganz sicher, schon in Niedersachsen wird sich zeigen, daß SPD und FDP unterm Strich mehr sind als CDU.

Casdorff: Herr Bundeskanzler, ich möchte versuchen, Sie mal bitte etwas aus Ihrer Reserve hervorzulocken. Ist es nicht doch so, daß Äußerungen wie von Riemer oder von Willy Weyer Sie einfach ärgern, vielleicht kränken müssen? Es gibt eine andere Bemerkung, die heißt einfach, der Willy Brandt, der hat so einen Widerwillen gegen Klüngel und Interessengruppen, daß er am liebsten den Kopf in den Sand stecken möchte, um zu sehen, ob sich so etwas nicht von selbst regeln könnte, alle diese Schwierigkeiten. Ist dieser Eindruck so ganz falsch?

Brandt: Also das mit dem Kopf-in-den-Sand-Stecken würde ich nicht akzeptieren, aber eine menschliche, eine alte menschliche Erfahrung ist in der Tat, daß es nicht sich lohnt, über jeden Stunk gleich, auch wegen jeden Stunks gleich aufzubrausen; denn manches erledigt sich tatsächlich von selbst. Zumal man immer wieder feststellt, daß manches, wovon behauptet wird, daß es gesagt worden sei, dann gar nicht gesagt worden ist oder im anderen Fall nicht gesagt werden sollte.

Rohlinger: Aber es ist ja nicht erfunden, daß Sie versucht haben, die Gewerkschaften – Sie, ein sozialdemokratischer Regierungschef – mit für die Idee einer stabilisierenden Wirtschaftspolitik zu gewinnen. Sie haben an vielen Fronten Ärger und Kummer. Und wenn es nicht nur Feinde, sondern auch Freunde sind, die Mitleid für Willy Brandt fordern, dann frage ich Sie direkt: Empfinden Sie auch manchmal Selbstmitleid?

Brandt: Das hoffe ich wirklich nicht, das hoffe ich wirklich nicht; denn mich hat ja niemand gezwungen, das zu machen, was ich jetzt mache. Gewerkschaften – das ist doch ganz klar: Ich habe meinen

Auftrag, die Gewerkschaftsführer haben ihren. Meiner ist kein geringerer, ich habe den von Millionen von Wählern und Steuerzahlern; die haben ihn von ihren Mitgliedern. Das muß gegeneinander ausbalanciert werden, und auch wenn meine Vorstellungen nicht einfach zur Richtlinie gemacht werden können – das wäre ja auch noch schöner! –, dann ist doch festzustellen, daß so viele vergessen in diesen Wochen und Monaten, daß das Zusammenspiel bei uns immerhin so funktioniert, daß die Preissteigerungsraten – ärgerlich, wie sie sind – die niedrigsten in Europa und in der westlichen Welt sind. Und das muß man immer wieder betonen und darauf hinweisen, wie sehr uns weiterhin noch das ärgern wird, was von außen bei uns hineinfunkt und was uns trotzdem nicht davon abhalten darf, die Dinge bei uns in Ordnung zu halten und wieder in Ordnung zu bringen, dort, wo sie gelegentlich aus den Fugen geraten.
<u>Rohlinger:</u> Vielen Dank, Herr Bundeskanzler.

Nr. 103
Erklärung des Bundeskanzlers, Brandt, vor dem Deutschen Bundestag
26. April 1974[1]

Stenogr. Berichte 7. Deutscher Bundestag, 96. Sitzung, Bd. 88, S. 6469.

Frau Präsidentin! Meine Damen und Herren! Es gibt Zeitabschnitte, da möchte man meinen, daß einem nichts erspart bleibe.

Ich habe mich so zu äußern, daß ich die Ermittlungen[2] nicht störe. Ich habe das Gefühl, daß hier ganz überwiegend auch verstanden wird, daß falsche Emotionen in der Öffentlichkeit nicht geweckt werden sollten, weil auch diese ein Störungsfaktor wären. (Beifall bei den Regierungsparteien.) Ich will es mir nicht leichtmachen, indem ich sage: Ich bin nicht zuständig, kein Bundeskanzler ist zuständig gewesen für die Sicherheitsüberprüfung von Mit-

Erste Seite der Redenotizen Willy Brandts für die Bundestagserklärung am 26. April 1974 nach der Verhaftung des DDR-Agenten Guillaume.

arbeitern. (Zurufe von der CDU/CSU.) Der Bundeskanzler geht wie andere Behördenchefs davon aus, daß diese Sicherheitsüberprüfungen von den zuständigen Stellen im Rahmen des Möglichen durchgeführt werden. (Abg. Wehner: Sehr wahr!) Daß man einen besonders geschickten und durchtriebenen Agenten auf mich ansetzte, sollte im Grunde, wenn man es sich genau überlegt, nicht überraschen. (Abg. Wehner: Sehr wahr! – Zurufe von der CDU/CSU.) Das ändert nichts an meiner tiefen menschlichen Enttäuschung, und ich habe natürlich auch zur Kenntnis genommen, daß der SED-Staat seine Feindschaft zum SPD-Vorsitzenden – und der war hier das eigentliche Ziel der Agententätigkeit – auch auf diese Weise hervorgehoben hat. (Beifall bei den Regierungsparteien.)

Der Agent war von mir nicht mit Geheimakten befaßt, weil dies nicht zu seinen Aufgaben gehörte. Sonst wäre bis zum Zeitpunkt der Enttarnung oder des begründeten Verdachts dies möglich gewesen. Aber es gehörte nicht zu dem Aufgabengebiet, für das er eingeteilt war. (Abg. Stücklen: Das ist noch nicht geklärt.) Es trifft zu, daß ich vor längerer Zeit von den dafür Zuständigen über den Verdacht informiert worden bin und daß ich auf ausdrückliches Anraten der Sicherheitsorgane – einem fachlichen Rat, dem ich gefolgt bin – damit einverstanden war, den Agenten weiter zu beschäftigen.[3] Auch – für die, die dazwischen so hämisch riefen – bin ich dem ausdrücklichen fachlichen Rat gefolgt, ihn mit mir in den Urlaub fahren zu lassen[4], damit eine möglichst komplette Aufklärung und Aufrollung erfolgen könne. (Lebhafter Beifall bei den Regierungsparteien.)

Nr. 104
Hs. Aufzeichnungen des Vorsitzenden der SPD, Brandt, über den „Fall Guillaume"
24. April – 6. Mai 1974[1]

AdsD, WBA, A 9, 42.

Notizen zum Fall G[uillaume]
24.4. – 6.5.1974

Mi[ttwoch] 24.4.[1974]:
Mittags Rückkehr aus Kairo. Grabert, mit Genscher am Flugzeug, berichtet: G[uillaume] wurde am frühen Morgen verhaftet.

Er habe sich als „Offizier der N[ationalen] V[olks-]A[rmee]" zu erkennen gegeben (bzw. entlarvt – denn ohne dieses Geständnis hätte man vielleicht nicht einmal genügend Material gehabt, um ihn in U[ntersuchungs]-Haft halten zu können).

Gleich nach Ankunft im Amt Gespräch mit Grabert und Bahr (der nicht unterrichtet war, aber – wie ich erst jetzt erfuhr – schriftlich gegen die Beschäftigung von G[uillaume] geltend gemacht hatte, als er zum erstenmal von der Möglichkeit eines Sicherheitsrisikos erfuhr).

14.30 [Uhr] Fraktion, 17.00 [Uhr]: Börner
Im Bungalow Koalition: Verständigung über Bodenrecht. Danach, ab ca. 21.00 [Uhr], Gespräch im Amt mit Wehner. (Von ihm kein Hinweis auf besondere Meinungen oder Intentionen.)

Abends beginnen Meldungen zu laufen.

Do[nnerstag] 25.4.[1974]
Vormittags zur Eröffnung der Messe in Hannover

13.30 [Uhr] Fraktion, vor der ich mich nicht äussere: Mir wird berichtet, Fraktion habe völlig verstört gewirkt, als am Vormittag die Nachrichten über G[uillaume] bekannt wurden

(Ich verbringe Nachmittag im Bundeshaus und bereite nächsttägige Intervention in Debatte zu [§] 218 [StGB] vor)

Frei[tag] 26.4.[1974]

Protokoll B[undes-]T[ag] heranziehen!

9.00 [Uhr]: „Aktuelle Stunde"

a) ich erwähne – in einem improvis[ierten] Beitrag – wahrheitsgemäss, dass die Bearbeitung von Geheimsachen nicht zu G[uillaume]s Arbeitsgebiet gehörte.[2]

Dass im Sommer [1973] in Norwegen Geheimtelegr[amme] durch seine Hände gegangen sind, ist meiner Erinnerung nicht parat. Wird mir erst in den nächsten Tagen (im Laufe des Tages? – Grabert fragen) wieder bewusst.

Welchen Sinn hätte es ergeben sollen, dem Parlament nicht die Wahrheit zu sagen?

b) zwei meiner Sätze werden missverständlich durcheinander gebracht: Ich spreche einmal von der betonten Feindseligkeit des SED-Staates, zum anderen von der menschlichen Enttäuschung: Diese ergibt sich nicht, wie man hier und da unterstellen will, aus Illusionen über „den Osten", sondern daraus, dass mir dieses Ausmass an Verstellung und Vertrauensmissbrauch ungeheuerlich vorkommt.

(Hinzu kommt die Überlegung: Wenn auch die Spionage in der Zeit der Entspannung andauert, ist es doch wohl unwahrscheinlich, dass sich die führenden Männer in W[ashington] und Moskau gegenseitig Agenten in die Vorzimmer setzen?! Oder schaffen sie es nur nicht, + haben wir es hier mit einer der famosen innerdeutschen Besonderheiten zu tun?)

c) So bedrückend dies alles ist, ich ahne nicht, dass dies in wenigen Tagen zu meinem Rücktritt führen wird. Darauf wird zurückzukommen sein: Ich habe die Sache von Anfang an nicht ernst (genug) genommen und unterbewerte (unbewusst?) jetzt ihre Auswirkungen.

Dafür, dass ich das Ausmass des Eingetroffenen jedenfalls vor mir herschob, spricht auch, dass ich im Laufe des Freitagvormittag im B[undes-]T[ag] eine längere Rede zur Reform des Par[agraphen] 218 [StGB] hielt (der ich in der Nacht zuvor den letzten Schliff gegeben hatte).

nachmi[ttags], nach Plenum:

Gespräch mit den soz[ial]dem[okratischen] Kab[inetts-] Kollegen im Bungalow

a) Hinweis auf Notwendigkeiten im Zusammenhang mit einem Kab[inetts]-Revirement,

b) Aussprache über Fall G[uillaume]. Äusserungen von Ehmke über Einstellung und von Leber, der G[uillaume] stark empfohlen hatte.[3]

Im anschliess[enden] Gespräch mit H[elmut] S[chmidt] sage ich – mehr instinktiv – wir würden es hier vielleicht mit einem „Naturereignis" zu tun bekommen.

Wir scherzen darüber, dass die Ermittlungsbehörden, wie wir hören, hinter Frauenbekanntschaften G[uillaume]s her sind (2. Sekretärin Bahrs, dann Gaus', Frau des Parteireferenten von H[elmut] S[chmidt])

Abends bei Backlunds (mit Eyvind Johnson und Anders Thunborg)

S[onna]b[en]d 27/S[onn]t[a]g 28 – 4 [1974]
Ich lege mich Freitagabend ins Bett mit Nachwirkungen meiner Nahost-Reise.

Sonnabendnachmittag ist Bahr bei mir, Sonntagvormittag Lauritzen, beide im Zusammenhang mit einem Kabinetts-Revirement. Von einer Gefährdung der Regierung durch den Fall ist weiterhin keine Rede.

Am Sonntag redigiere ich meine Redetexte für Hamburg und Helgoland am 1.5.[1974] sowie für Ostfriesland etc. am 2.5.[1974]

‹Am 28. 4. [1974] höre ich: G[uillaume] habe gesagt, es habe nicht zu seinen Aufgaben gehört, über das Privatleben – wohl aber über den Gesundheitszustand – W[illy] B[randt]s zu berichten.

Ausserdem habe er über die Beziehungen zwischen Brandt und Wehner zu berichten gehabt.›[4]

M[on]t[a]g 29 – 4 [1974]
Morgens – nach Zahnarzt (am nächsten Morgen: dicke Backe, Extraktion. K[laus] H[arpprecht] nach dem 6.5.[1974]: Wie sich wohl alles entwickelt hätte ohne Zahnweh und bei Sonnenschein?) – „Lage", Gespräch mit Bahr, besondere Besprechung (BPA) zum Fall G[uil-

Niederschrift bei BPA

laume] im kl[einen] Kabinettssaal, Gespräch mit Börner, Mittagessen mit Bahr und Gaus, Gespräch mit Wehner und Grabert und danach Bahr, Landespressekonferenz Rheinland-Pfalz, Gespräche mit Wilke, Wechmar, Börner, Bahr.

Am frühen Abend (unter welchem Einfluss? BILD-Schlagzeilen betr. Kanzlerspion?) rufe ich Horst Ehmke in Stuttgart an und bitte ihn – wozu auch H[erbert] W[ehner] geraten hatte –, trotz dort vorliegender Verpflichtungen, nach Bonn zu kommen. Wir sprechen ab etwa 22.30 [Uhr] auf dem Venusberg, ab 24.00 bis ca. 2.00 [Uhr] gemeinsam mit Grabert.

Ich überrasche meinen (meine) Gesprächspartner damit, dass ich unter Zurückweisung jeden Widerspruchs sage,

a) ich hätte meine eigene Verantwortung für die Einstellung G[uillaume]s, insbesondere in meinem engeren Bereich, zu übernehmen – auch wenn H[orst] E[hmke] als Chef BK zuständig gewesen sei und seinerseits durch den Verfassungsschutz „grünes Licht" erhalten habe.

Meine Erinnerung, die durch H[orst] E[hmke] nicht bestätigt, der durch ihn aber auch nicht widersprochen wird:
Irgendwann 1970 oder [19]71 hatte ich erfahren, dass es Fragen wegen des von Ehrenberg hereingebrachten und von Leber empfohlenen G[uillaume] gegeben habe. Mir war sinngemäss in Erinnerung geblieben, dass man H[orst] E[hmke]? – mir gesagt hatte: So sei es häufig. Es würden gegen Flüchtlinge aus der DDR Ver-

dachtsmomente vorgebracht, von denen dann meist nichts übrig bleibe.

Als Reuschenbach ausschied (Sommer [19]72) und G[uillaume] als seinen Nachfolger empfahl – mit starker mündlicher und schriftl[icher] Empfehlung von H[olger] Bö[rner] –, habe ich zu einem mir nicht genau erinnerlichen Zeitpunkt nachgefragt, ob denn da nicht etwas gewesen sei, + mir ist (durch wen?) gesagt worden: Alles sei in Ordnung, aber es komme ja immer wieder vor, dass gegenüber Landsleuten aus der DDR unhaltbare Vorwürfe vorgebracht würden. G[uillaume] habe sich in Frankfurt sehr bewährt.

29/5

b) ich fühle mich insbesondere verantwortlich dafür, dass G[uillaume] ab Frühsommer [19]73 in seiner Funktion belassen wurde.

‹[›⁵ Zwar sieht das heute alles wesentlich anders aus, als es sich mir damals darstellte, aber immerhin:

Im Frühsommer [19]73 (Anfang Juni, wie ich gemeint haben würde, Ende Mai, wie man mich inzwischen belehrt hat) kam erst Genscher zu mir, um nach Person und Aufgabe von G[uillaume] zu fragen, denn gegen ihn könne möglicherweise etwas vorliegen; kurz danach kam er ‹mit Nollau›⁶, der nicht etwa erklärte, G[uillaume] sei ein Agent oder es gebe einen konkreten Verdacht – der aber unter Hinweis auf einen möglichen, jahrelang zu-

(aufgeschnappter Funkspruch mit Anfangsbuchstaben von Namen)

(Ich Rindvieh hätte mich auf diesen Rat eines anderen Rindviehs nie einlassen dürfen!)
Man hätte G[uillaume] an eine andere „noch wichtigere" Stelle setzen können, ohne ihn damit zu warnen. Die „Fachleute" kamen nicht auf diese Idee. Auch meine engen Mitarbeiter (s. u.) gaben keinen entsprechenden Rat. Ich hätte selbst darauf kommen und bestehen müssen!

rückliegenden Anhaltspunkt meinte, nicht ausschliessen zu können, dass G[uillaume] in den Kreis der Suspekten gerate. Deshalb bitte man mich um zweierlei

– einmal, mit einer gewissen Überwachung G[uillaume]s einverstanden zu sein; ich stimmte zu.

– zum anderen, am Aufgabenbereich G[uillaume]s und meinem Verhältnis zu ihm nichts zu ändern.[7]

Als ich darauf hinwies, dass G[uillaume] (plus Frau und Sohn) vorgesehen sei, mich im Sommerurlaub in Norwegen zu begleiten (Wilke wollte verständlicherweise Ferien mit seiner Familie machen, Schilling sollte das Büro hüten), wurde von N[ollau] betont, auch an diesen Dispositionen dürfe nichts geändert werden.[8]

Ich habe damals, Ende Mai [19]73 ‹(29/5)›[9], Grabert und Wilke von dem „Verdacht" unterrichtet und machte damit mehr als einen zusätzlichen Fehler: Ich hätte N[ollau] bzw. Ge[nscher] bitten sollen, alle sich aus ihrem Hinweis ergebenden Fragen direkt mit Grabert als Behördenchef zu besprechen. Dann wäre vielleicht auch jemand darauf gekommen, den Sicherheitsbeauftragten des Kanzleramts mit einzuschalten.

Hätte ich Egon Bahr von der „Warnung" erzählt, würde dieser sich daran erinnert und mir mitgeteilt haben, dass er – wie ein Zettel in der Sicherheitsakte ausweist – seinerzeit Ehmke vorgeschlagen hatte, wegen der gegebenen Hinweise (betr. 1954?) von der Einstellung G[uillaume]s abzusehen; dies war al-

(Ihr Rindvieh hätte
mich auf diesen Rat
eines anderen Rindviehs
nie einlassen dürfen!)

Man hätte G. an eine
andere „noch wichtigere"
Stelle setzen können, ohne
ihn damit zu warnen.
Die „Fachleute" kamen
nicht auf diese Idee.
Auch meine engen
Mitarbeiter (s.u.) gaben
keinen entsprechenden
Rat. Ich hätte
darauf kommen und
bestehen müssen!

Zu ihm nichts zu ändern.

Als ich darauf hinwies, dass G.
(plus Frau und Sohn) vorgesehen sei,
mich im Sommerurlaub in
Norwegen zu begleiten (Wilke
wollte verständlicherweise Ferien mit
seiner Familie machen, Schilling
sollte das Büro hüten), wurde
von N. betont, an diesen Dispositionen dürfe nichts geändert
werden.

(29/5)

Ich habe damals, Ende Mai 73,
Grabert und Wilke von dem
„Verdacht" unterrichtet und
machte damit mehr als einen
zusätzlichen Fehler: Ich hätte
N. bzw. G. bitten sollen, alle
sich aus ihrem Hinweis ergebenden
Fragen direkt mit Grabert
als Behördenchef zu besprechen.
Dann wäre vielleicht auch jemand
darauf gekommen, den Sicherheitsbeauftragten des Kanzleramts
mit einzuschalten.

Hätte ich Egon Bahr von der
„Warnung" erzählt, würde dieser
sich daran erinnert und mir
mitgeteilt haben, dass es
– wie ein Zettel in der
Sicherheitsakte ausweist – seinerzeit

Auszug aus den 43seitigen Notizen Willy Brandts zum „Fall Guillaume".

lerdings vor der durch das BfV gegebenen Unbedenklichkeitserklärung.

Keineswegs sicher ist, dass sich am weiteren Ablauf etwas geändert haben würde, wenn Schilling zusätzlich zu Wilke unterrichtet worden wäre. Möglich ist immerhin, dass Schi[lling] dann die Frage der Übermittlung vertraulicher bzw. geheimer Telegramme aufgeworfen hätte. Ebenso möglich ist aber, dass er wie ich (mit den anderen) darauf vertraut hätte, die für die Sicherheit zuständigen Behörden würden schon das Erforderliche veranlassen.

(Vom Aufenthalt in La Croix[10] wird aus S[icherungs-]G[ruppe] berichtet, G[uillaume] habe in angetrunkenem Zustand gesagt: „Ihr Schweine kriegt mich doch nicht.")

Inzwischen muss ich annehmen, dass sie mich haben mit G[uillaume] in Urlaub fahren und selbst auch Urlaub gemacht haben. Zu einer Observation hätte ja wohl gehört, dass man zur Sicherungsgruppe und zu den Nachrichtentechnikern des BND je einen Mitarbeiter getan hätte, die G[uillaume] in Norwegen unter die Lupe genommen hätten. Nichts dergleichen scheint geschehen zu sein. N[ollau]s angebliche Einlassung, er habe gedacht, G[uillaume] kümmere sich nur um meine Parteikontakte und Ge[nscher]s gelegentliche Bemerkung, uns[ere] Nichtunterrichtung Schillings sei ein Fehler gewesen, sind Flausen – wenig mannhafte Ausflüchte.

Wie ist nun psychologisch zu erklären, dass ich nicht selbst anders reagiert habe? Wohl vor allem dadurch, dass ich an die Seriosität der „Warnung" wohl nicht geglaubt habe – vielleicht nicht habe glauben wollen. G[uillaume] war mir nicht besonders sympathisch (obwohl er die technisch-organis[atorischen]

Aufgaben in Verbindung mit Inf[ormations]reisen u. ä. gut wahrnahm) – und deshalb sträubte ich mich auch im Herbst [19]72 zunächst dagegen, dass er Reuschenbachs Nachfolger würde –, aber nicht, weil ich ihn für agentenverdächtig hielt, sondern weil er mir geistig zu eng war und mir auch mit seiner Mischung von Servilität und Kumpelhaftigkeit gelegentlich auf die Nerven ging.[11] Ausserdem habe ich mich vermutlich mit dem Gedanken beruhigt: Wenn etwas an dem „Verdacht" sein sollte, werden die für die Sicherheit zuständigen Stellen schon das Erforderliche veranlassen.

‹Gra[bert]: mindestens 3mal, zuerst im September [1973]›[12]

Im Herbst und Winter [1973] habe ich Grabert mindestens zweimal gebeten, Genscher zu fragen, ob sich etwas ergeben habe. Die Antwort war: Nein, es habe sich nichts bzw. noch nichts ergeben. Dies hat mich wohl verstärkt vermuten lassen, an der Sache sei nichts dran. Aber selbst, nachdem mir Anfang März [1974] durch Nollau in Gegenwart von Ge[nscher] mitgeteilt worden war, es gebe jetzt konkrete Anhaltspunkte, die Sache werde der B[undes]anwaltschaft übergeben, und in 2–3 Wochen werde die Verhaftung erfolgen, habe ich hieran wohl noch nicht recht geglaubt. Als nämlich die 2–3 Wochen vergangen waren, machten Wilke und ich einen Spaziergang im Park, und einer von uns sagte: Es ist nichts erfolgt, vielleicht (hoffentlich) ist an der Geschichte doch nichts dran.

‹Gra[bert]: War nicht anwesend, auch nicht beim Gespräch Ende Mai [19]73›[13]

Nur: wem will man dies nachträglich verständlich machen, zumal auf dem Hintergrund demagogischer Behauptungen und Insinuationen! Viele werden fragen, wie ich es Kempski gegenüber formulierte, ob der Bundeskanzler alle Tassen im Schrank gehabt hat!‹]›[14]

Zurück zum Abend des 29.4.[1974]: Aus der Liste der in Norwegen durch die Hände von G[uillaume] gegangenen Dokumente (er hat natürlich auch sonst Vertrauliches erfahren, wenn auch nicht Einsicht in klassifizierte Unterlagen gehabt. Bei dem Kurzurlaub in Südfrankreich Ende Okt[ober 1973] sind Fernschreiben nicht durch ihn, sondern durch Schilling wahrgenommen worden, auch wohnte G[uillaume] nicht mit im Haus Galimard.), in der Registratur einwandfrei erhalten, lässt sich eine böse Kampagne ableiten. Auch habe ich in dieser nächtlichen Diskussion schon den Gedanken anklingen lassen, dass ich gewisse Gespräche in östlicher Richtung (vor allem: ein von Moskau und Ostberlin selbst (?) angepeiltes Treffen mit ‹Honecker›[15]) nicht mehr unbefangen genug werde führen können.

Ehmke stellte zur Diskussion, ob nicht ein Rücktritt gegenüber der zu erwartenden Erosion vorzuziehen sei. Grabert widersprach lebhaft und plädierte für ein ‹muddle-through›[16]; in einigen Tagen werde man klarer sehen. Ich war zu diesem Zeitpunkt noch entschieden gegen Rücktritt. Hatte allerdings H[erbert] W[ehner] am Nachmittag gefragt, ob er meine, dass ich durchkommen werde (ohne eine Antwort darauf zu bekommen). Bemerkenswert: von der sog[enannten] „Privatsphäre" war in diesen Erörterungen und Überlegungen noch nirgends die Rede.

BPA

Die[nstag] 30–4 [1974]
Morgens Kabinett mit einer Äusserung von mir zum Fall.

Nach dem Koal[itions]essen (13.15 [Uhr]) Gespräch mit H[elmut] S[chmidt], H[erbert] W[ehner] sowie Sche[el], Ge[nscher], Mi[schnick]: Ich müsse mich (vgl. Gespräch am Vorabend) wegen meiner eigenen Verantwortung prüfen, sowohl betr. Einstellung G[uillaume]s bei mir als Nachfolger Reuschenbachs als auch betr. dessen unveränderter Weiterverwendung ab Frühsommer [19]73.

Es stellte sich jetzt heraus, dass unter den in Norwegen durch G[uillaume]s Hände gegangenen Papieren u. a. ein Briefwechsel mit Nixon sei, ebenso Berichte Scheels und Lebers aus Washington, in denen auch Sicherheitsprobleme behandelt wurden.

Im Kanzleramt war Per Fischer mit der Analyse des Stoffes beauftragt worden. Ich bat Scheel, einen Beamten des AA zu benennen (van Well wurde benannt), der gemeinsam mit Fischer feststellen könnte, inwieweit es sich noch um heikle Themen handle und in welcher Form welche Alliierten, besonders die Amerikaner, zu unterrichten sein würden. Gleichzeitig komme es darauf an, öffentliche Äusserungen möglichst nicht so abzufassen, dass G[uillaume]s Auftraggeber hieraus Schlüsse auf die Echtheit einzelner Informationen ziehen könnten.

Grabert gab dem Staatsanwalt im Laufe der Woche Verzeichnis und Inhaltsangabe der „Norwegen-Telegramme".

G[uillaume] soll ausgesagt haben, er habe aus N[orwegen] nichts übermittelt. Dies sei ihm zu riskant gewesen.

Interessant, dass Strauss im Fernsehen am Abend des 7.5.[1974] mitteilen konnte, G[uillaume]s Paraphe befinde sich auf den Norw[egen]-Telegrammen.

Eine Formulierung, die nach dem 6.5.[1974] in Zeitungen auftauchte, z. B. im Stern.

Spiegel schon am 6.[5.1974] eine versteckte Andeutung? Wer hat dies lanciert bzw. gesteuert.

Bevor ich 15.45 [Uhr] nach Saarbrücken flog, kam Jahn besorgt zu einem kurzen Gespräch: Er habe aus der B[undes]anwaltschaft andeutungsweise gehört, G[uillaume] könne mir „Mädchen zugeführt" haben. Ich sagte Jahn, dies sei lächerlich. Er könne dem betr. Bundesanwalt sagen, wegen dieser „Vermutung" liesse ich mir zusätzlich keine grauen Haare wachsen. (Was ich versäumte, unabhängig davon, ob es genutzt hätte: dem Justizminister zu sagen, er möge diesen Unfug schleunigst stoppen.)

Von Saarbrücken nach Hamburg. Abendessen im [Hotel] Atlantic mit meinen Verwandten.

Mi[ttwoch] 1–5 [1974]
Beim Frühstück im Atlantic: Anruf von Genscher. Sein PR komme mit Hubschrauber + bringe mir ein Schriftstück, dessen Inhalt unverzüglich zu erwägen er mir rate. Wir vereinbaren, miteinander zu telefonieren.

Nach meiner Mairede ging ich mit Ge[nscher]s PR und Wilke in ein mir zur Verfügung gestelltes Büro im Gew[erkschafts]haus. Ich nahm Kenntnis und liess Wi[lke] Kenntnis nehmen von dem Schriftstück, das der PR verschlossen brachte und verschlossen wieder mit nach Bonn zurücknahm.

Es handelte sich um einen Brief (Vermerk) des BKA-Präsidenten Herold an den Innenminister. (Wie ich später erfuhr: angefordert vom Innenminister, der – über Verf[assungs]schutz oder Si[cherungs]gruppe? – vermutlich Ähnliches wie der Justizminister <u>am Tage zuvor</u> erfahren hatte.)

‹schon sonntags?›[17]

Zum Inhalt: Aus Befragungen (von Angehörigen der Si[cherungs]gruppe) habe sich ergeben,

dass ich mit einer namentlich erwähnten Journalistin ein Verhältnis habe bzw. mich wiederholt mit ihr während polit[ischer] Reisen getroffen hätte,

Die in Frage stehende Journalistin, die mich einige Tage später im Amt für das schwed[ische] Fernsehen interviewte, hat öffentlich zutreffend gegen das, was ihr nachgesagt wurde, protestiert.

dass ich zuletzt bei meiner Nieders[ach]senreise Anfang April [1974] im Sonderzug den Besuch einer Schwedin gehabt hätte,

dass es auch bei anderen Gelegenheiten bzw. an anderen Orten Frauengeschichten gegeben habe (wobei ich mir Kopenhagen als Beispiel merkte,

Auch merkte ich mir, dass in Verbindung mit Berlin ein mir völlig unbekannter slawischer Name genannt wurde.

a) für eine Reise, an der G[uillaume] überhaupt nicht beteiligt war,

(Bauhaus beim Abschiedsdrink am 14.5.[1974]: Er sei nach einem ihm völlig unbekannten p[o]ln[ischen] oder jugoslaw[ischen] Namen gefragt worden.)

b) dafür, dass auch hier ein Journalistenkontakt in eine „Affäre" umgedeutet wurde.

Wi[lke] meinte sich zu erinnern, in dem Schriftstück sei die Möglichkeit der „Erpressbarkeit" angedeutet worden.

Telefonat mit Ge[nscher], der sich bei Scheel aufhielt. Ich erwähnte kurz, dass es im Vermerk tatsächlich Richtiges neben Quatsch gebe, aber dass auch nicht andeutungsweise strafbare Handlungen vorlägen + auch keine Rede davon sein könne, G[uillaume] habe über ein mich belastendes Wissen verfügt. Rat an mich, ich solle beim Gen[eral]bundesanwalt anrufen + ihm dabei helfen, die Dinge „richtig einzuordnen". Meine Antwort: Ich wolle lieber mit Jahn sprechen.

Als ich den Justizminister in Marburg erreichte, stellte sich heraus, dass Buback ohnehin auf dem Weg zu ihm war. Mein Vorschlag, mit Buback einen Termin auszumachen – am liebsten am Montag, falls erforderlich aber auch Freitagnachmittag oder Samstagvormittag.

Dies zeigt

1.) dass ich diese Seite der Sache weiterhin nicht für besonders wichtig hielt und deshalb einen späten Termin statt eines frühen mit dem G[eneral]bundesanwalt anregte

und 2.) dass ich insgesamt nicht (schon nicht mehr) kämpferisch eingestellt war, denn sonst hätte ich sowohl den Innen- wie den Justizminister zu einem anderen Verhalten zu veranlassen gesucht.

Mittags mit Hubschrauber nach Cuxhaven (Versammlung). Von dort mit der Fregatte Köln nach Helgoland. Sehr freundliche Aufnahme und ausgelassene (norddeutsch-fröhliche) Stimmung abends im Kreis der Parteifreunde. Davor und danach düstere Gedanken, die ich auch in einem dann aber in Bonn vernichteten Brief festhielt:

Zusätzlich zur Verantwortung, wie ich sie am Montag/Dienstag definiert hatte: Empfinden, dass ich mich nach den vielen Pannen, Versäumnissen und Anfeindungen seit dem

Nov[ember 19]72 nicht mehr auf solidem Grund befände. Ahnung, dass die BILD-Kampagne mit dem „Kanzlerspion" nur der Auftakt einer neuen grossen Hetze sein würde.

Do[nnerstag] 2–5 [1974]
Von Helgoland mit der „Köln" zurück. An Bord u. a. Einzelgespräch mit Hermann Schreiber und Wibke Bruhns über mein Empfinden von dem sich zusammenbrauenden Druck – aus meiner Sicht: der sich für mich ergebenden Verantwortlichkeit (Schreiber hat davon im „Spiegel" einiges festgehalten oder gedeutet).[18]

Eine Vielzahl von guten Veranstaltungen von Wilhelmshaven bis Nordhorn. Besonders starke Zustimmung, wenn ich sage, ich lasse mich dadurch, dass man mir eine Laus in den Pelz setzte, nicht von einer insgesamt richtigen, weil notwendigen, Politik abbringen.

Auf der Rückfahrt nach Bonn steigt Grabert abends in Hamm zu. Er berichtet aus dem Vertrauensmännergremium[19]: Es ist zunächst über die Fakten in Zusammenhang mit der Einstellung von G[uillaume] berichtet worden. Ausserdem wurde aufgrund der Registratur-Unterlagen festgestellt, dass nur zwei („läppische") vertrauliche Vorgänge über G[uillaume] gegangen sind. Der Komplex „Norwegen" ist hierbei noch aussen vor geblieben.

Ich unterrichtete G[rabert] über das, was ich aus den Mitteilungen Jahns vom Dienstag und Genschers vom Mittwoch entnommen habe.

Wir erörtern – einen Ansatzpunkt hierfür hatte es am Montag schon im Gespräch mit Wehner gegeben – die Möglichkeit, ein unabhängiges Gutachtergremium einzusetzen, das die sicherheitsmässig beachtlichen, wenn auch strafrechtlich nicht oder weniger relevanten Aspekte des Falles G[uillaume] zu beurteilen haben würde.

<u>Fr[ei]t[a]g 3 – 5 [1974]</u>
Vormittags: H[elmut] S[chmidt] unterrichtet mich in Gegenwart von PStS Haehser + Chef BK über die Schwierigkeiten, die er bei Aufstellung des Haushaltes [19]75 erwartet. Anschliessend Alleingespräch mit H[elmut] S[chmidt], der überrascht ist, als ich ihm sage, dass die Kanzlerschaft möglicherweise rasch auf ihn zukommen könnte.
Danach:
– Gespräch mit Börner
– das wöchentliche (Presse-)Arbeitsessen
– 14.30 [Uhr] Jahn, der bestätigt, dass Buback am 1.5.[1974] bei ihm war + am Montag gemeinsam mit ihm zu mir kommen wird
– Gespräch mit Soares (letzter ausländ[ischer] Gespr[ächs]partner)
– Gespräch mit R[echnungs]hof-Präsident Schäfer
– Gespräch mit Lahnstein
– Spaziergang mit C[onny] Ahlers im Park (er sieht nicht den Ernst, mit dem ich die Frage der Verantwortlichkeit stelle)
– abends Bahr und Gaus auf dem Berg
(Ich war offensichtlich noch nicht zum Rücktritt entschlossen, denn ich erörterte u. a. Fragen des geplanten Kabinetts-Revirements, einschl[iesslich] dessen Auswirkung auf meine Besucher.

E[gon] B[ahr] erinnert sich, dass ich – unter Berufung auf Jahns und Genschers Hinweise – empört gefragt habe, was in diesem Staat alles möglich sei.)

S[onna]b[en]d 4–5 [1974]
Vormittags auf dem Berg langes Gespräch mit K[laus] H[arpprecht]. Dieser schiebt meine Sorgen wegen einer neuen Dreckkampagne beiseite, hält meine Auffassung von der Verantwortlichkeit in Sachen G[uillaume] für übertrieben und beschäftigt sich stark mit meiner/uns[erer] Pflicht gegenüber Europa.[20]

Mittags, bevor ich nach Münstereifel fahre, Anruf von Jahn: H[olger] Bö[rner] habe ihm auf der hessischen Landesdel[egierten]konferenz gesagt, H[erbert] W[ehner] habe ihn gestern zu sich nach Bonn gebeten wegen eines Berichts, von dem ihm Nollau (gestern, also am Freitag) Kenntnis gegeben habe und der private Vorgänge zum Inhalt habe. H[erbert] W[ehner] wolle mich hierauf in Münstereifel ansprechen.

Nachmittags (Fortsetzung abends und Sonntagvormittag) Sachgespräche mit Vetter, Loderer, Hauenschild, Ad[olf] Schmidt, Sperner, Hesselbach, Vietor – von Parteiseite H[elmut] S[chmidt], H[olger] B[örner], A[lfred] N[au], Ravens (H[erbert] W[ehner] + H[olger] B[örner] später am Samstagnachmittag, Lahnstein + Albr[echt] Müller (?) zusätzlich am Sonntagvormittag (Wirtsch[afts]fragen).[21]

Nach Abendessen mein Einzelgespräch mit H[erbert] W[ehner]. Ich lege meine Sicht der von mir zu übernehmenden Verantwortlichkeiten dar, einschl[iesslich] der durch Jahn bzw. Genscher (Herold) angedeuteten Vorgänge. H[erbert] W[ehner] bezog selbst nicht Stellung, sondern sprach von einer „besonders schmerzlichen Nachricht", die er mir zu überbringen gehabt haben würde, wäre ich nicht selbst auf die diversen Aspekte eingegangen. Er deutete aber an, Nollau würde meinen Rücktritt empfehlen.

1) bleibt unklar, ob sich „besonders schmerzliche" Nachricht auf Nollaus Empfehlung bezieht, oder auf das Teilthema

2) Frage nach der staatl[ichen] Ordnung, in der auf diese Weise Empfehlungen lanciert (und manipuliert?) werden

3) Am Rande and[erer] Informationen hat sich in den verg[angenen] Tagen ergeben, dass H[erbert] W[ehner] ‹Ende Mai (oder früher?)›[22] von Nollau über den möglichen Verdacht unterrichtet wurde ‹(kurz bevor H[erbert] W[ehner] zu seinem Treffen mit Honecker nach Ostberlin fuhr)›[23] – ‹H[olger] B[örner] + Heinz Castrup wurden dienstlich betr. Konkretisierung des Verdachts Anfang März [1974] unterrichtet›[24]

H[erbert] W[ehner] spricht von einem ca. 10-seitigen Bericht über „Damenbekanntschaften", der mindestens 11 Personen bekannt sei, einschl[iesslich] Gui[llaume]. Laut Nollau sei die Möglichkeit von Erpressung auch nach einem späteren Austausch Gui[l-laume]s gegeben.

(H[erbert] W[ehner] sagte, er habe sich keine Einzelheiten gemerkt bzw. wolle sie nicht erwähnen. Er sprach dann doch etwas von einem irgendwo „liegen gebliebenen Collier". Dies machte mich deshalb stutzig, weil mir Horst Ehmke (mit Walter Henkels als Quelle) im Okt[ober 19]73 von Berichten erzählte, ich sei mit Wibke Bruhns in einem Hotel gewesen, und sie habe dort ein Halsband vergessen, das vom Hotelpersonal gefunden worden sei.)

Am späten Abend führe ich das Gespräch mit H[erbert] W[ehner] nicht fort, sondern spreche stattdessen eingehend + offen mit Holger B[örner] + Karl R[avens]. Mein Entschluss zum Rücktritt wird in diesem Gespräch deutlich. H[olger] B[örner] + K[arl] R[avens] sind bemüht, mich umzustimmen. H[olger] B[örner] will am nächsten Tag Ehmke, Grabert und, wenn möglich, Nollau bedeuten, dass sie zurücktreten müssen.

Rückschauend wird man sagen können, dass meine Neigung, mehr Verantwortung zu übernehmen, als eigentlich von mir zu tragen war, durch die seit Anfang [19]73 zunehmenden Schwierigkeiten vorbestimmt worden war. Vermutlich hätte ich mich auf einem anderen Hintergrund entschlossen, die Sache durchzustehen. Aber sicher ist dies nicht.

Wenn man ins Jahr [19]72 zurückgeht, wird man zu dem Ergebnis kommen, dass einige meiner Partei„freunde" mir den Wahlsieg vom

19. November [1972] nicht verziehen haben. Sie waren auf Niederlage programmiert.

Ich warnte den Parteirat im Dez[ember 19]72 vor selbstzerstörerischen Tendenzen.[25] Der Hannoversche Parteitag im April [19]73 schien eine geeignete Arbeitsgrundlage zu schaffen, aber auseinanderstrebende Kräfte beherrschten weiterhin das Bild.

– Partei: Jusos immer mehr Partei in Partei seit Nov[ember 19]73 stark fallende Kurve bei Befragungen

PV nach H[am]b[ur]g, H[elmut] S[chmidt] vorher im Fernsehen u. a.

Hamburger Wahlergebnis Anfang März [1974] wirkt auf viele wie ein Schock (danach: S[chleswig-]H[olstein], Nordhessen, R[heinland-]Pfalz, Saarland)[26]

Münstereifel 30–31/3 [1974] Klausur mit H[elmut] S[chmidt], H[einz] K[ühn], H[erbert] W[ehner] – 1/4: PV billigt meine 10 Punkte – 2/4: 10 Punkte werden veröffentlicht[27]

– Parteiführung:
Zus[ammen]stösse mit H[elmut] S[chmidt], u. a. im Bungalow (Präsid[ium]) unmittelbar nach Sommerpause [19]73

z. B. Fluglotsen

Mangelnder Zusammenhalt der Sozialdemokraten im Kabinett.

H[elmut] S[chmidt] in unausgesetzten disz[iplin]losen Redereien (vgl. Berichte vieler Zeitungsleute) und bei schwankendem Verhalten in persönlichen Gesprächen (als Beispiele: a) am Morgen des Terroristenanschlages in München, Sept[ember 19]72, b) Besuch bei H[elmut] S[chmidt] Ende Febr[uar 19]74, acht Tage vor Bürg[erschafts]wahl, Besprechung von Fragen der Kab[i-

netts]umbildung und der Frakt[ions]führung)
Von zentraler Bedeutung: die Rolle H[erbert] W[ehner]s, vor allem seit dessen SU-Reise, Sept[ember 19]73

Gibt es Zusammenhang mit Hon[ecker]-Kontakten? ‹Jedenfalls gibt es Briefe, die mir vorenthalten wurden.›[28]
Hat „die andere Seite" mit vergiftenden Berichten gespielt?
Betr. SU-Reise: H[erbert] W[ehner] versuchte, seine z.T. unflätigen Bemerkungen herunterzuspielen – Journalisten korrigierten ihn
Mein Fehler, dass ich dies durchgehen liess. Als ich H[erbert] W[ehner] – erst gegen Ende Okt[ober 1973] – schrieb, dass eine Klärung erforderlich sei, bat er sofort um ein Gespräch + beendete es mit der absonderlichen Frage, „ob ich es noch einmal mit ihm versuchen wolle".[29]

– (Nov[ember]/Dez[ember] 1972], als ich im Kr[anken]haus: Vermerk über Reg[ierungs]bildung blieb tagelang in W[ehner]s Aktentasche)[30]
– Jan[uar 19]73: H[erbert] W[ehner] polemisierte gegen Reg[ierungs]erklärung, und zwar in der Form, dass er – auch noch [19]74 – mein Schlusswort lobte
– vor P[artei-]T[ag] Hannover, Frühjahr [19]73: H[erbert] W[ehner] erklärt, ohne Voran-

kündigung, in Münstereifel mir + H[elmut] S[chmidt], er werde nicht wieder als stellv[ertretender] Vors[itzender] kandidieren.
— März [19]74: was ich von ihm erwarte; er habe gehört, dass ich ihn als F[raktions-]V[orsitzenden) loswerden wolle

Leute, die sich an H[erbert] W[ehner] anhängen, ohne immer zu wissen, was sie taten
— Spiegel + Stern!
— (sowieso: Springer, Quick, B[ayern]-Kurier, [Gerhard] Löwenthal)
— Günter Grass: „Denkmal" + andere Klugscheissereien[31]

Unbefried[igendes] Verhältnis zu einem Teil der Gewerkschaften
— Anfang [19]74 vor allem unmögliche Haltung Klunckers und Grothegut[s] (DAG) betr. Besoldung –
ernsthaft überlegt, ob Demission[32]
— auch unangemess[ene] Opposition gegen Mitbest[immungs]kompromiss

Unbefried[igende] Leistungsfähigkeit von + schlechtes Arbeitsklima im B[undes-]K[anzler]amt + BPA.

Eig[ene] Konditionsschwächen (war es richtig, im Nov[ember 19]72 mit dem Rauchen aufzuhören?) Schwierigkeiten, mich zu konzentrieren/ depressive Tage und Perioden

Merkwürdige Verschreiber (z. B. „Dabei müssen wir insbes[ondere] auch auf die Entw[icklung] in China achten")

S[onn]t[a]g 5–5 [1974]
vormittags: Fortsetzung des Gesprächs mit Gew[erkschafts]führern in Münstereifel

Nachmittags: Gespräch H[elmut] S[chmidt], H[erbert] W[ehner], H[olger] Bö[rner], A[lfred] N[au] (H[einz] K[ühn] ist noch nicht aus Afrika zurück)
- ich gebe Gründe für Rücktritt
- H[elmut] S[chmidt] widerspricht, H[erbert] W[ehner] nicht
- H[elmut] S[chmidt]: „Wenn doch, musst Du Vorsitzender bleiben. Du kannst die Partei zus[ammen]halten, ich nicht."
- auf Befragen von H[elmut] S[chmidt] teile ich mit, welche Überlegungen ich für Kab[inetts]umbildung angestellt habe + dass Vorentwurf für Reg[ierungs]erklärung vorhanden
- es wird vereinbart, dass wir am kommenden Tag allein + mit der FDP weiterberaten

Abends auf Venusberg schreibe ich meinen Brief an Bu[ndes]prä[sidenten] (den ich am nächsten Tag auch nicht mehr ändere)[33]

Ich zeige den Brief Grabert, dann Scheel. Dieser rät stark ab, engagiert sich aber weniger als am nächsten Tag (sagt, dass er gleich – spätabends – noch mit Ge[nscher] sprechen werde)

Anschliessend noch – ausser Gra[bert] – mit Bahr + Börner

[Bahr] rät, endg[ültige] Entscheidung von Gespräch mit H[erbert] W[ehner] + H[elmut] S[chmidt] abh[ängig] zu machen + auch H[erbert] W[ehner] zu klarer Äusserung zu veranlassen

Spät abends: Gespräch mit Lars [Brandt]

M[on]t[a]g 6 – 5 [1974]
Morgens (Fortsetzung am frühen Nachmittag)
Koal[itions]kreis, d. h. H[elmut] S[chmidt]/ H[erbert] W[ehner] sowie Sche[el]/Ge[nscher]/ Mi[schnick] (Kühn kommt mittags – ich unterrichte ihn 17.00 [Uhr], insbes[ondere] über Haltung H[erbert] W[ehners] – abends ist er bei Besprechungen dabei)

Ich gebe meine Gründe für Rücktritt

H[elmut] S[chmidt] + Sche[el] sprechen am Rande: für den Fall, dass ich bei meiner Meinung bleibe

FDP rät stark ab
H[elmut] S[chmidt] ebenfalls
H[erbert] W[ehner] sagt morgens: Beschränkung auf Vorsitz könnte Sinn ergeben, wenn nicht „resignativ" begründet werde – abends, als Bespr[echungen] zuende gingen: er habe den Tag über an and[erer] Stelle im Sinne des Weitermachens gesprochen (?)

[Herbert Wehner] bestätigt in Gegenwart der Genannten Story mit dem Bericht, über den Nollau ihn unterrichtet habe
Sagt wieder, er habe Namen + Einzelheiten bewusst vergessen, nennt dann aber Namen von Frau H!

Im Koal[itions]kreis wurde noch gesprochen über
– Weiterarbeit im Parl[amentarischen] Vertrau[ensmänner]gremium
– grundsätzl[iche] Verständigung über Benennung unabh[ängiger] Persönlichkeiten:

Reg[ierung] berief: Prof[essor] Eschenburg, StS a.D. Birckholtz, StS a.D. Mercker, StS a.D. Maassen

Eschenburg, Gebh(ard) Müller, Weichmann (der ablehnte, sodass Birckholtz an seiner Stelle benannt wurde)[34]

Sche[el] unterrichtete abends die F[raktions-]V[orsitzenden], von Union: Carstens, Stücklen

An diesem Montag ergab sich ferner
1) es hatte mir gegenüber verheimlichte Kontakte mit Ostberlin gegeben (+ gab sie auch an folgenden Tagen)
2) eine Kampagne setzte ein, war also seit Tagen vorbereitet worden
3) es gab Hinweise auf Unkontrollierbares in Nicht-Rechtsblättern

zu 1:
E[gon] B[ahr] brachte am 6.5.[1974] in Erfahrung: in den voraufgeg[angenen] Tagen (bis 5.5.) habe es zwischen H[erbert] W[ehner] + Hon[ecker] mehrere (vier) Kommunikationen gegeben.

Später (14/5 [1974]): am 2.5.[1974] sei ein Brief (u. a. wegen Umtausch³⁵) von Hon[ecker] an Bu[ndes]ka[nzler] über H[erbert] W[ehner] geleitet worden (ich habe ihn nicht erhalten!) – am 6.5.[1974] ein Brief mit Einladung für H[elmut] S[chmidt] (also vor meinem offiz[iellen] Rücktritt!) – am 13.5.[1974] habe es Bescheid W[ehner]s an Hon[ecker] gegeben
↓
Ostberlin gab Moskau Deutung, derzufolge ich wegen innerpolit[ischer] Gegensätze + Konflikt mit Gewerkschaften zurückgetreten sei
↓
Ähnlich danach: ‹Ost-Kohl›³⁶ im Gespräch mit „Stern"

Vgl. früheren Hinweis auf Mai [19]73
Sept[ember 19]73: Brief Hon[eckers] vor Moskaureise /Treffen mit Abgesandten Hon[eckers]

in Moskau / Danach Ausbrüche (von Hon[ekker] gefüttert: mit Berichten Gui[llaume]s?)

zu 2 :

M[on]t[a]g 6.5.[1974] beginnt Kremp mit Serie in „Welt", um aus Berichten der US-Botschaft St[ock]holm 1944 Kapital zu schlagen

Serie wird dann nach Rücktritt abgebrochen bzw. unterbrochen

„Quick", datiert 9.5.[1974], plumper: Macht aus US-Gesandten Herschel V. Johnson Geheimdienstchef, will mich zum US-Agenten machen[37]

— Insinuation: Frau Sievers sei durch mich (in Wirklichkeit durch Strauss bzw. dessen Freunde) in BND gekommen + mit 300 000 DM Schweigegeld ausgestattet worden

Quick: „6-stellig"

Aufmacher in Bild, leider auch Express

— Gui[llaume] habe gedroht, er könne mich erpressen (vgl. Wehner: Nollau)

zu 3:

Spiegel vom 6.5.[1974]![38]

Gra[bert]: „Zeit" habe am Freitag diskutiert, ob sie Frage nach (auch) meinem Rücktritt öffentlich stellen sollte. Nicht Sommer (wegen H[elmut] S[chmidt]-Nähe, sondern Zundel solle dann schreiben). Montags dann beschlossen, vorsichtiger zu operieren.

Im Laufe des Tages mehrere Einzelgespräche

K[laus] H[arpprecht] spricht sich, auch in kurzen Vermerken, beschwörend für Durchstehen aus

E[gon] B[ahr] sagt hinterher auf Befragen: Es hätte keinen Sinn mehr gehabt, mich umstimmen zu wollen – ich hätte mich entweder vorentschieden gehabt oder nicht die Kraft gehabt, den Konflikt auszutragen

18.00 [Uhr], Buback, mit Jahn

Ego: Verwunderung über Interesse der ermittelnden Behörden an privaten Vorgängen – nichts Strafbares – Ermittelnde fügten aber offensichtlich auch ganz Unsinniges zusammen – keiner der befragten Beamten (oder auch Gui[llaume]) können anderes als Tatsache von Besuchen angeben

H[ans] J[ochen] Vogel am 27.5.[1974] in Hannover: Er habe Bu[back] gesagt, dass man diese Ermittlungen einstellen + die Konstruktion des Geheimnisverrats aufgeben solle

Bu[back]: Feststellungen aus dem privaten Bereich seien nur insofern von Bedeutung, als zu klären sei, ob sich G[uillaume]s Vertrauensbruch bzw. Verrat auch auf diesen Bereich bezogen habe.

„Stern" erwähnt den Kommissar Mader, vom Verf[assungs]schutz zur S[icherungs-]G[ruppe] gekommen?, der Gewissensgründe geltend gemacht habe

Bu[back]: gab zu erkennen, man stütze sich besonders auf Befragungen der Beamten Bauhaus + Küpper (möglicherweise schon in Bericht Herold erwähnt?)

betr. Bauhaus: wurde am 2.5.[1974] von Helgoland direkt zurückbeordert (Gespräch mit Wi[lke]) – Vorbereitung des Gesprächs Bub[ack] mit mir?

Am Abend des 6.5.[1974], als ich auf den Berg kam, bat B[auhaus] um kurzes Gespräch, mit Tränen in den Augen: er habe sich bei Vernehmung unter Druck gefühlt, man habe geg[ebenen]falls richterliche Vernehmung angekündigt. Er sei erstaunt gewesen, wieviel bereits „gesammelt" war. Man habe ihm gesagt, alles, wozu er sich äussere, werde „streng geheim" behandelt.

Bu[back]: gibt Hinweis auf „Liaison" und auf Geschichten mit der Schwedin
Nennt einige andere Möglichkeiten einschl[iesslich] Mystifikationen sowie einen feucht-fröhlichen Barbesuch im Hamburger Plaza-Hotel
Ich weise darauf hin, dass es unsinnig (und illoyal) wäre, die weithin dubiosen Hinweise im einzelnen zu verifizieren[39]
Bu[back]: Er werde veranlassen, dass die Befragung der Beamten eingestellt würde – vielleicht hätte er noch einmal eine Rückfrage bei mir oder bei Wilke/Schilling

19.00 [Uhr]: Abschliess[endes] Parteigespräch mit H[elmut] S[chmidt], H[erbert] W[ehner], H[einz] K[ühn] (H[olger] B[örner]?)
– ich bestätige meinen Entschluss, mache aber, ebenso wie in den nachfolgenden Gesprächen mit Scheel + Koal[itions]kreis klar, dass mich hierzu nicht die Unterhaltung mit Bub[ack] veranlasst hätte

- ich gebe H[elmut] S[chmidt] den freundschaftl[ichen] Rat, sich in der Folge nicht so zu äussern, als ob er von mir einen „Scheissladen" übernommen hätte
- ich weise auf die Möglichkeit hin (Quelle: Gra[bert]), dass es in diesem Zus[ammen]hang noch einen zweiten Agenten geben könnte

20.00 [Uhr]: Scheel
Danach: Koal[itions]kreis
Danach: Grabert zum Bu[ndes]prä[sidenten] nach Hamburg
(Anlage offiz[ieller] Brief + persönl[icher] Brief)[40]
(+ Anlage Brief an Scheel betr. nicht nur polit[ischer,] sondern auch persönl[icher] Verantwortung[41]
+ Scheels Reaktion am 7.5.[1974] im Kabinett)
z[u] H[ause]: mit Rut [Brandt] + Lars [Brandt]
Anruf von Gra[bert] aus Hamburg
nachts einige freundlich-laute Demonstranten auf d[em] Venusberg

Nr. 105
Hs. Schreiben des Bundeskanzlers, Brandt, an den Bundespräsidenten, Heinemann
6. Mai 1974[1]

AdsD, WBA, B 25, 172.

Sehr geehrter Herr Bundespräsident!
Ich übernehme die politische Verantwortung für Fahrlässigkeiten im Zusammenhang mit der Agentenaffaire Guillaume und erkläre meinen Rücktritt vom Amt des Bundeskanzlers.

Gleichzeitig bitte ich darum, diesen Rücktritt unmittelbar wirksam werden zu lassen und meinen Stellvertreter, Bundesminister Scheel, mit der Wahrnehmung der Geschäfte des Bundeskanzlers zu beauftragen, bis ein Nachfolger gewählt ist.
Mit ergebenen Grüssen
Ihr
Willy Brandt

Nr. 106
Erklärung des Vorsitzenden der SPD, Brandt, für das Erste Deutsche Fernsehen
8. Mai 1974[1]

SPD Pressemitteilungen und Informationen, Nr. 215/74 vom 8. Mai 1974.

Nachdem ich dem Vorstand meiner Partei berichtet habe, spreche ich heute abend zu Ihnen zum ersten Mal gelöst von der Pflicht des Staatsamtes. Am Abend des 6. Mai [1974] habe ich dem Bundespräsidenten meinen Rücktritt erklärt und damit die politische und persönliche Verantwortung für Fahrlässigkeiten im Zusammenhang

Nach seinem Rücktritt vom Amt des Bundeskanzlers verabschiedet sich Willy Brandt am 7. Mai 1974 im Bundespräsidialamt vom Kabinett: Walter Scheel, Hans-Dietrich Genscher, Gerhard Jahn, dahinter Helmut Schmidt, Walter Arendt, Georg Leber, Katharina Focke, Lauritz Lauritzen, Egon Franke, Klaus von Dohnanyi (von li.).

mit der Agentenaffäre übernommen.² Diese Entscheidung konnte mir niemand abnehmen. Mein Rücktritt geschah aus Respekt vor ungeschriebenen Regeln der Demokratie und auch, um meine politische und persönliche Integrität nicht zerstören zu lassen. Dazu bedarf es eines erklärenden Wortes. Ich habe mich lange geprüft und kam zu dem Ergebnis:

1. Was immer mir an Ratschlägen gegeben worden war, ich hätte nicht zulassen dürfen, daß während meines Urlaubs in Norwegen im Sommer vergangenen Jahres auch geheime Papiere durch die Hände des Agenten gegangen sind. Mehr darüber zu sagen verbietet das Sicherheitsinteresse unseres Staates. Doch ich warne davor, durch Indiskretionen und Spekulationen den Schaden zu vergrößern.

2. Als ich mich zum Rücktritt entschloß, war mit entscheidend, daß ich mich für einen Teil der Politik – hier meine ich unser Verhältnis zur DDR und zum Warschauer Pakt – zeitweilig nicht mehr unbefangen genug fühlte.

3. Es gab Anhaltspunkte, daß mein Privatleben in Spekulationen über den Spionagefall gezerrt werden sollte.

Was immer noch darüber geschrieben werden mag, es ist und bleibt grotesk, einen deutschen Bundeskanzler für erpressbar zu halten.³ Ich bin es jedenfalls nicht. Ich bleibe Vorsitzender meiner Partei und werde weiter mit aller Kraft für eine Politik arbeiten, die den Menschen und dem Frieden dient.

Nr. 107
**Aus den Ausführungen des Vorsitzenden der SPD, Brandt, vor der SPD-Fraktion in der Bundesversammlung
14. Mai 1974**

SPD Pressemitteilungen und Informationen, Nr. 235/74 vom 14. Mai 1974.

Die Wahl des Bundespräsidenten ist weit mehr als eine Parteiangelegenheit, aber sie muss eine eindrucksvolle Demonstration für die unverbrauchte Substanz und für den Zusammenhalt des sozial-liberalen Regierungsbündnisses werden. Wir sind uns das selber schuldig, aber auch unserem Partner und vor allem der Politik, die für diesen Staat erforderlich ist. Lassen Sie mich in völliger Offenheit sagen: Die Opposition wartet auf nichts anderes als auf die Chance, uns auseinanderzudividieren – uns untereinander und uns im Verhältnis zu den Freien Demokraten. Wer der Union, zumal ihrem rechten Flügel, einen Gefallen tun will, der schlägt meine Mahnung in den Wind. Der zeigt übrigens auch, dass er die Doppelstrategie der publizistischen Großmanager und der parteipolitischen Überpropagandisten nicht durchschaut hat.

Eine Sache bleibt klar: Der gewählte Präsident steht über den Parteien. Den Präsidenten zu wählen – das ist und bleibt zum anderen ein entscheidender Akt jener Politik, die nach dem Grundgesetz durch die Parteien maßgebend zu bestimmen ist. So versteht es unser Volk. So verstehen es auch die kritischen Beobachter ausserhalb unserer Grenzen. Es ist gut und wichtig, wenn das sozial-liberale Regierungsbündnis gerade bei der Wahl des Bundespräsidenten bestätigt wird.

Keine Koalition in dieser Welt funktioniert problemlos. Wer das nicht begreifen will, hat nicht verstanden, dass der Kompromiss das Wesen der Demokratie ist, aber mehr noch: dass jedes Zusammenleben ohne einigende Zugeständnisse zum Scheitern verurteilt wäre. Eine politische Koalition hat ihre Begrenzungen. Keiner der Partner kann darauf verzichten, seine eigenen Interessen zu verfolgen, seinen eigenen Zielsetzungen nachzugehen. Aber darum gingen wir das

Bündnis ein: weil in ihm die eigenen Interessen am besten aufgehoben sind, weil sie dort die grössten Chancen haben, wirksam zu werden. Wenn es darauf ankommt, muss auf den anderen Verlass sein. Ohne diese Sicherheit ist keine Zusammenarbeit möglich.

In diesem Bündnis und mit ihm ist schon eine Menge geleistet worden. Helmut Schmidt wird dazu einiges zu sagen haben – auch was die Bedingungen angeht, aus denen heraus er die Regierungsverantwortung übernimmt. Er wird sicherlich deutlich machen, was noch miteinander zu leisten ist: Es sind lebenswichtige Aufgaben, die das Bündnis bis 1976 und – wie ich erwarte darüber hinaus - notwendig und möglich machen.

Der eine oder andere mag die Koalition für sich selbst als eine Vernunftehe betrachten. Dies hat dann einiges mit dem Programm der deutschen Vernunft zu tun, zu dem ich mich in Berlin am vergangenen Sonnabend geäussert habe.[1] Es ist gewiss kein Zufall, der uns mit den Freien Demokraten zusammengeführt hat. Dieses Bündnis hat eine historische Dimension. Sozialdemokratie, der deutsche Liberalismus und jene Strömungen, die aus der christlichen Sozialethik schöpfen: sie waren die vitalen Kräfte deutscher Demokratie. Doch seit 1848 haben sich – über Kaiserreich, Weimar und das Dritte Reich hinaus – Sozialdemokratie und Liberalismus meist verfehlt, oft auf tragische Weise. 1969 fanden sie endlich zusammen. Man mag sagen, was man will: der frische Bürgergeist, der dieses Bündnis mitformte, hat demokratisches Bewusstsein weit ins Volk getragen.

Wir haben uns um die Mitte zu kümmern – die geistige Mitte und die der Stimmen. Wir haben sie seit 1969 zusammen mit den Freien Demokraten besetzt. Es gibt keinen Zweifel, dass der Gegner sie von rechts her zurückerobern möchte. Das dürfen wir nicht zulassen: Es könnte ein lebensgefährliches Experiment für unsere Demokratie sein. In der Mitte darf kein Leerraum entstehen. Wer die Mitte preisgibt, verliert die Mehrheit. Wir müssen sie – mit den Freien Demokraten und auch konkurrierend – mit aller Entschlossenheit verteidigen. Und wo sonst, von wem sonst sollte die deutsche Freiheit kraftvoll und erfolgreich verteidigt werden! Eine Volkspartei wie die moderne Sozialdemokratie braucht die Mitte. Sie muss sich darum immer auch als Partei der Mitte begreifen. Die Fronten sind klar, müssen klar sein.

Im übrigen übergebe ich dieses Land an meinen Nachfolger nicht in Unordnung. Das Land kann sich in der Welt sehen lassen. Sein Ansehen hat in diesen Jahren zugenommen. Wahr bleibt weiter, auch wenn andere es leugnen: Die Bundesrepublik Deutschland ist gegenwärtig nicht nur die grösste Handelsnation der Welt, sondern auch einer der wirtschaftlich gesündesten Industriestaaten. Unsere Mark ist eine der härtesten Währungen der Welt. Die Preissteigerungen liegen bei uns niedriger als in den vergleichbaren Ländern. Die Sicherheit der Arbeitsplätze ist bei uns grösser als in anderen Ländern.

Ich wäre auf manchen Gebieten gern rascher vorangekommen. Aber die Ergebnisse unserer Regierungsarbeit können sich sehen lassen. Darum scheue ich mich nicht, es wieder und wieder zu sagen: Zieht die Köpfe nicht ein vor den Angstmachern. Lasst euch diese Bundesrepublik, die nun ein Vierteljahrhundert alt wird, von apokalyptischen Reitern der Reaktion nicht zuschanden machen.

Unser Selbstbewußtsein soll nicht in grosse Worte, sondern in Arbeit umgesetzt werden, Arbeit, die im Zeichen des Miteinander und nicht des Gegeneinander zu stehen hat.

Morgen in der Bundesversammlung geht es um jede Stimme, kommt es auf ein einheitliches sozial-liberales Votum an.[2] Auch Stimmenthaltungen wären Stimmen für den Gegenkandidaten. Und niemand wird mir den Tort antun, meinen Namen für ein Störvotum in Anspruch zu nehmen.

Sie können sicher sein, dass ich meinen Beitrag leisten werde. Ich verspreche hier kämpferischen Dienst für die deutsche Sozialdemokratie, und ich werde nicht nur um den Ausgleich bemüht bleiben, sondern wo es nottut, auch mit Härte dienen.

Wir allesamt stehen im Dienst des Staates, für den wir ein hohes Maß an Verantwortung tragen. Aus dieser Verantwortung, vor der es keine Ausrede gibt, bitte ich morgen geschlossen für unseren Kandidaten zu stimmen: Walter Scheel.

Anmerkungen

Einleitung

1 *Grass, Günter*: Aus dem Tagebuch einer Schnecke, Werke Bd. IV, Darmstadt-Neuwied 1987, S. 268. Der Roman erschien erstmals 1972.

2 Regierungserklärung vom 28. Oktober 1969; vgl. Nr. 36.

3 Von der Schnecke heißt es bei Grass: „Sie siegt nur knapp und selten. Sie kriecht, verkriecht sich, kriecht mit ihrem Muskelfuß weiter und zeichnet in geschichtliche Landschaft, über Urkunden und Grenzen, zwischen Baustellen und Ruinen, durch zugige Lehrgebäude, abseits schöngelegener Theorien, seitlich Rückzügen und vorbei an versandeten Revolutionen ihre rasch trocknende Gleitspur" (*Grass* 1987, S. 268).

4 Für nahezu die Hälfte der Bundesbürger, so erklärte Erhard in seiner Regierungserklärung am 10. November 1965, seien „die Jahre 1933 bis 1945 geschichtliche Vergangenheit ohne persönliche Erinnerung". Zwar trügen alle Generationen an den Folgen der im deutschen Namen geübten Politik, doch die Bezugspunkte der Arbeit des Bundestags dürften „nicht mehr der Krieg und die Nachkriegszeit sein. Sie liegen nicht hinter uns, sondern vor uns. Die Nachkriegszeit ist zu Ende" (Verhandlungen des Deutschen Bundestages, Stenographische Berichte, 5. Wahlperiode, Bd. 60, S. 17).

5 *Schildt, Axel*: Nachkriegszeit. Möglichkeiten und Probleme einer Periodisierung der westdeutschen Geschichte nach dem 2. Weltkrieg und ihrer Einordnung in die deutsche Geschichte des 20. Jahrhunderts, in: Geschichte in Wissenschaft und Unterricht 44 (1993), S. 567–584, 572.

6 Die Erneuerung oder – wie es manche eher verstanden – Entrümpelung der deutschen Demokratie war dabei stark von den westlichen Gesellschaften beeinflusst. In den 50er Jahren bildete sich eine Mischung von traditionellen deutschen Elementen und westlichen; dieser Prozess der allmählichen „Westernisierung" setzte sich auf vielen Gebieten fort. Vgl. zu dieser These *Doering-Manteuffel, Anselm*: Westernisierung, in: *Schildt, Axel* u. a. (Hrsg.): Dynamische Zeiten, Hamburg 2000, S. 311–341, für die historische Einordnung dieser Entwicklung *Winkler, Heinrich August*: Der lange Weg nach Westen, Bd. 2: Deutsche Geschichte vom „Dritten Reich" bis zur Wiedervereinigung, München 2000. Dass die Massenmedien die Wahrnehmung und Funktionsweisen der Politik stark veränderten, registrierte Brandt sehr aufmerksam. Nachdenklich stimmte ihn, dass das Fernsehen mühelos als Verstärker auch kleinster Aktionen diente und dadurch individuelle Erfahrungsmuster kollektivierte. Vgl. Nr. 90.

7 Zum Beispiel durch neue „Erwerbsklassen" und Konsumorientierungen. Vgl. *Lepsius, M. Rainer*: Soziale Ungleichheit und Klassenstrukturen in der Bundesrepublik Deutschland, in: *Wehler, Hans-Ulrich* (Hrsg.): Klassen in der europäischen Sozialgeschichte, Göttingen 1979, S. 166–209.

8 *Doering-Manteuffel, Anselm*: Eine neue Stufe der Verwestlichung? Kultur und Öffentlichkeit in den 60er Jahren, in: *Schildt, Axel* u. a. (Hrsg.): Dynamische Zeiten, Hamburg 2000, S. 661–672, 669.

9 Seit Einführung des „Starfighters" in der Bundesrepublik im Juli 1960 waren bis August 1966 bei 61 Flugzeugabstürzen 35 Piloten ums Leben gekommen – die Hälfte davon allein in den Jahren 1965 und 1966. Aus unterschiedlichen Motiven hatten im Sommer 1966 der Generalinspekteur der Bundeswehr und zwei weitere Generäle Verteidigungsminister von Hassel um ihre Entlassung gebeten. Zum Teil waren die

Öffnung und behutsame Demokratisierung der Bundeswehr Anlass der Auseinandersetzung. So protestierte einer der Generäle gegen die Möglichkeit der ÖTV, innerhalb der Kasernen für sich zu werben.

10 *Stern, Carola*: Willy Brandt, Gütersloh 1990, S. 94. Die Neuorientierung der Innenpolitik seit den frühen 60er Jahren war ein Schwerpunkt der politischen Arbeit und stand regelmäßig im Zentrum, ob in Brandts Rede im November 1960 bei der Wahl zum Kanzlerkandidaten oder im Regierungsprogramm der SPD im April 1961. Vgl. Berliner Ausgabe, Bd. 4, S. 39 ff.

11 Vgl. Berliner Ausgabe, Bd. 4, Einleitung passim.

12 So hatte die SPD beispielsweise vorgeschlagen, nach dem Bau der Berliner Mauer 1961 eine „Regierung der nationalen Konzentration" zu bilden; 1962 hatte Wehner zusammen mit dem CSU-Politiker von Guttenberg Möglichkeiten einer Großen Koalition ausgelotet.

13 Vgl. Nr. 3.

14 Vgl. Nr. 4, 5, 7. In einem Offenen Brief an Brandt protestierte Grass gegen die Verbindung mit der CDU und polemisierte insbesondere gegen die Kanzlerschaft Kiesingers wegen dessen nationalsozialistischer Vergangenheit. Brandt verteidigte die Entscheidung für die Große Koalition sowohl gegenüber Grass wie auch in einem Brief an alle Parteimitglieder. Vgl. Berliner Ausgabe, Bd. 4, Nr. 69–71. Zur Bildung der Großen Koalition vgl. *Schönhoven, Klaus*: Entscheidung für die Große Koalition, in: *Pyta, Wolfram/Richter, Ludwig* (Hrsg.): Gestaltungskraft des Politischen, Berlin 1998, S. 379–397; *Schneider, Andrea H.*: Die Kunst des Kompromisses: Helmut Schmidt und die Große Koalition 1966–1969, Paderborn 1999, S. 27–43; *Möller, Alex*: Genosse Generaldirektor, München/Zürich 1978, S. 304–312.

15 In der FDP hatte eine intensive Auseinandersetzung über die Notwendigkeit einer neuen Deutschlandpolitik begonnen. Diese Debatte ging mit einer Neuorientierung der Partei auf gesellschaftspolitischen Feldern einher und bereitete den Wechsel auch in der Parteiführung vor. Vgl. *Siekmeier, Mathias*: Restauration oder Reform?, Köln 1998, S. 289 ff.; *Koerfer, Daniel*: Die FDP in der Identitätskrise, Stuttgart 1981, S. 39–62.

16 Vgl. Nr. 5.

17 Vgl. Nr. 1, 2.

18 So warb Brandt beim FDP-Vorsitzenden Mende um Verständnis für seine gegenwärtige Entscheidung und ließ auch weiterhin die Kontakte zur FDP bewusst nicht abreißen, um sich die Möglichkeiten für eine andere Koalitionsentscheidung nach der nächsten Wahl zu erhalten. Vgl. Nr. 6 und den Briefwechsel mit dem FDP-Politiker Borm, den Brandt in seiner Berliner Zeit schätzen gelernt hatte (in: AdsD, WBA, A 7, 2).

19 Brandt hatte dabei – wie alle seine Vorgänger und Nachfolger im Amt des Außenministers – Mühe, seine Ressortzuständigkeit gegen den Kanzler durchzusetzen, der an der Außenpolitik großes Interesse hatte. Im Laufe der Großen Koalition verschärfte sich die Konkurrenz zwischen beiden und beeinträchtigte das persönliche Verhältnis weiter. Vgl. *Kroegel, Dirk*: Einen Anfang finden!, München 1997, S. 169–198; vgl. Nr. 28.

20 Die Protokolle der verschiedenen Koalitionsrunden belegen die relative Schweigsamkeit von Brandt in diesem Kreis. Nur bei wenigen innenpolitischen Fragen beteiligte er sich führend an der Debatte. Vgl. BKA, 14200 Ko 1, Protokolle; AdsD, Dep. Helmut Schmidt, M 1971; zur Funktionsweise des „Kreßbronner Kreises" *Schneider* 1999, S. 92–103.

21 Vgl. die Liste der Kabinettsmitglieder und ihre Kurzbiographien im Anhang.

22 Zur „Internationalen Gruppe demokratischer Sozialisten" im Stockholmer Exil vgl. u. a. Berliner Ausgabe, Bd. 2, S. 23 f.

23 Zuletzt hatte die SPD diese Forderung programmatisch im „Acht-Punkte-Programm" vom 8. November 1966 erhoben. Für die Durchsetzung des Wachstumsgesetzes warb Brandt mehrfach in den Parteigremien (vgl. Nr. 8, 9).

24 Vgl. zur „Halbzeitbilanz" der Großen Koalition vom Juni 1968 Nr. 17.

25 Vgl. die Liste der unerledigten Vorhaben vom Dezember 1968 in Nr. 20. Das Publizitätsgesetz war für die SPD eines der Instrumente, um dem unkontrollierten wirtschaftlichen Handeln der Konzerne durch die rechtliche Festschreibung einer Informationspflicht entgegenzuwirken. Analog zu den Aktiengesellschaften sollten auch die in anderer Eigentümerschaft befindlichen Unternehmen zur Offenlegung von Bilanzen, Gewinn- und Verlustrechnungen gezwungen werden.

26 Exemplarisch für Brandts Auffassung von den geschichtlichen Wirkungskräften war sein Argument, mit dem er bei der Debatte über die Notstandsgesetze Ende Mai 1968 die Gewissheit bezweifelte, durch die Gesetze ließe sich das politische System gegen jede Unruhe schützen: „Elementare politische Vorgänge im Leben der Völker – gleichgültig, wie man zu ihnen steht – sind nicht durch Paragraphen zu reglementieren. Hier macht sich vermutlich niemand Illusionen, falsche Hoffnungen oder unbegründete Sorgen, je nach dem Standort: Wenn einmal das Volk aufsteht, gelten ungeschriebene Gesetze" (Verhandlungen, 30. Mai 1968, Bd. 67, S. 9630). Vgl. Nr. 16.

27 Die USA führten den Kampf in Vietnam zunehmend unter dem Einsatz fast aller Mittel: Mit Flächenbombardements, Napalm-Brandbomben und Entlaubungsmitteln wurde der Krieg ausgeweitet und praktisch gegen die Zivilbevölkerung geführt. Für die Entwicklung der Auseinandersetzung in Indochina und die Beteiligung der USA vgl. *Schöllgen, Gregor:* Geschichte der Weltpolitik von Hitler bis Gorbatschow 1941–1991, München 1996, S. 234–238.

28 Vgl. Nr. 15 und Brandts Ausführungen vor dem Parteirat am 13. Februar 1969, in: Berliner Ausgabe, Bd. 4, Nr. 82.

29 Im Falle einer Gefährdung ihrer Streitkräfte in Deutschland konnten die Alliierten zu ihrem Schutz tätig werden. In Art. 5, Abs. 2 des Deutschlandvertrags vom 26. Mai 1952 hieß es, dass diese Rechte erst „erlöschen, sobald die zuständigen deutschen Behörden entsprechende Vollmachten durch die deutsche Gesetzgebung erhalten haben und dadurch in Stand gesetzt sind, [...] einer ernstlichen Störung der öffentlichen Sicherheit und Ordnung zu begegnen" (Bundesgesetzblatt 1955, II, S. 306 f.).

30 Vgl. Nr. 16. Brandt hatte sich mit der Ausarbeitung der Regelungen im Detail nur wenig befasst. Anders als etwa Helmut Schmidt, der für die SPD die Sache engagiert und federführend vorantrieb, maß Brandt der Rolle der Notstandsregelung für den Krisenfall längst nicht die Bedeutung bei, die ihr in der öffentlichen Debatte gegeben wurde. Die ganze Sache schien ihm überschätzt. Für ihn war weniger der Glaube ausschlaggebend, die Demokratie werde gegen Unbill gesichert, als vielmehr der unhaltbare Zustand, dass die alliierten Mächte in die inneren Belange des souveränen Deutschland eingreifen konnten – und dies nur, weil die Deutschen nicht selbst bereit waren, ihre Angelegenheiten zu regeln.

31 Zur Debatte über die Notstandsgesetze vgl. zusammenfassend *Görtemaker, Manfred:* Geschichte der Bundesrepublik Deutsch-

land, München 1999, S. 453–457; zu den Motiven des Protests der Gewerkschaften vgl. *Schneider, Michael:* Demokratie in Gefahr? Der Konflikt um die Notstandsgesetze: Sozialdemokratie, Gewerkschaften und intellektueller Protest (1958–1968), Bonn 1986, S. 239–267.

32 Vgl. die Wahlstatistik im Anhang.

33 Vgl. Nr. 18. Brandt betonte mehrfach die Notwendigkeit, allein schon wegen der Gefahr eines außenpolitischen Flurschadens, etwas gegen die NPD zu unternehmen. Diese sei, so äußerte sich Brandt am 11. Dezember 1968 im Koalitionskreis, ein spezifisch deutsches Problem, während die radikalisierte Studentenbewegung international verbreitet sei (BKA, 14200 Ko 1, Protokolle).

34 Vgl. Nr. 13, 22. Das für die Gegenposition charakteristische Argument vertrat etwa Kanzleramtschef von Guttenberg, der ein vehementer Befürworter der Reform war: Ein Zweiparteiensystem sei das „wirksamste Mittel", um der „noch etwas gebrechlichen Republik die seiner Überzeugung nach noch fehlenden Elemente für eine dauerhafte Stabilität einzupflanzen" (*Wirz, Ulrich:* Karl Theodor von und zu Guttenberg und das Zustandekommen der Großen Koalition, Grub am Forst 1997, S. 467).

35 Wie schon in früheren Wahlkämpfen wurden auch 1969 einige Sozialdemokraten wegen ihrer Vergangenheit verleumdet. Dies betraf insbesondere Wehner wegen seiner Zeit als KPD-Funktionär in Moskau und Brandt wegen seiner Widerstandszeit im norwegischen und schwedischen Exil, wo ihm Kontakte zu Geheimdiensten nachgesagt wurden. Brandt wiederum warf der CSU im Frühjahr 1969 vor, sich nicht deutlich genug von rechtsextremen Organisationen und Aktionen zu distanzieren, und beschwor die Erinnerung an die Zerstörung der Weimarer Republik herauf. Mit zunehmender Polarisierung im Wahlkampf machte Brandt auch deutlich, dass er kein Interesse daran hatte, die Koalition in dieser Konstellation fortzusetzen. Vgl. Nr. 26–28.

36 Vgl. Nr. 28, 29.

37 Dies betraf im August 1967 den Anspruch der SPD, den nächsten Bundespräsidenten zu stellen, genauso wie die Verteilung von Führungspositionen bei den verschiedenen Bundesanstalten und den öffentlich-rechtlichen Medien. Vgl. Nr. 10, 12.

38 Vgl. Nr. 14.

39 Diese Mitteilung, die der Vorsitzende der nordrhein-westfälischen FDP, Willi Weyer, seinen Parteifreunden am Vorabend der Bundesversammlung überbrachte, führte den notwendigen Stimmungsumschwung zugunsten Heinemanns herbei. Vgl. für den Verlauf der FDP-Beratung *Baring, Arnulf:* Machtwechsel. Die Ära Brandt-Scheel, Stuttgart 1982, S. 113–119.

40 So hatte er es in einem Interview für die *Stuttgarter Zeitung* am 8. März 1969 formuliert.

41 Vgl. das stenographische Protokoll der ZDF-Sendung „Journalisten fragen – Politiker antworten" vom 25. September 1969, in: AdsD, WBA, A 3, 324. Seine Unlust an der Fortsetzung der Großen Koalition und seinen Anspruch auf die Regierungsführung hatte Brandt mehrfach zum Ausdruck gebracht, sehr unmissverständlich Mitte September 1969 in einem Gespräch mit *Der Spiegel*. Vgl. Nr. 28.

42 Vgl. die Wahlstatistik im Anhang. Wie wenig selbstverständlich die sozialliberale Regierungsbildung zumindest für Außenstehende war, zeigte ein Telefonanruf des amerikanischen Präsidenten Richard Nixon am Wahlabend bei Kiesinger, um ihm zur Wiederwahl zu gratulieren.

43 Vgl. Nr. 30.

44 In den meisten anderen Fragen gab es Übereinstimmung, etwa in der Herabsetzung

des Wahlalters oder der Ausdehnung der Kompetenzen des Bundes bei der Bildungsplanung. Einen formalen Koalitionsvertrag gab es 1969 nicht. Als Vereinbarung galt eine nur geringfügig veränderte Aufzeichnung des Bundesgeschäftsführers der SPD, Wischnewski, über das „Ergebnis der Koalitionsverhandlungen am 30.9.1969" (in: AdsD, WBA, A 8, 61; eine Variante abgedruckt in: *Wischnewski, Hans-Jürgen:* Mit Leidenschaft und Augenmaß. In Mogadischu und anderswo, München 1989, S. 395–397).

45 Der Politikwissenschaftler Eschenburg warnte Brandt, einen Präzedenzfall zu schaffen, dessen Folgen nicht abzusehen wären. Vgl. Nr. 33.

46 Ebd. Die genaue Festlegung der Kompetenzen Ehmkes erwies sich in den Augen Schmidts als wenig wirksam. Nachdem es schon in den ersten Monaten zu einer Reihe von Konflikten zwischen beiden über die Zuständigkeiten gekommen war (vgl. etwa Nr. 38), konstatierte Schmidt schließlich am 29. März 1971 gegenüber Heinemann, dass – anders als vereinbart – die „laufende Unterrichtung der stellvertretenden Parteivorsitzenden" durch Ehmke nicht stattfinde (Archiv Helmut Schmidt, Innenpolitik A-Z, 3 [1971]).

47 Vgl. Nr. 37, 38.

48 Zur SWI vgl. *Münkel, Daniela:* Intellektuelle für die SPD. Die sozialdemokratische Wählerinitiative, in: *Hertfelder, Thomas/Hübinger, Gangolf* (Hrsg.): Kritik und Mandat, Stuttgart 2000, S. 222–238. Die Entwicklung und Problematik der SPD als „Volkspartei" analysieren *Lösche, Peter/Walter, Franz:* Die SPD: Klassenpartei – Volkspartei – Quotenpartei, Darmstadt 1992, S. 77 ff., bes. S. 150–162; für die 60er Jahre vgl. *Rudolph, Karsten:* Die 60er Jahre – das Jahrzehnt der Volksparteien?, in: *Schildt, Axel* u. a. (Hrsg.): Dynamische Zeiten, Hamburg 2000, S. 471–491.

49 Vgl. Nr. 57 sowie den Briefwechsel insbesondere zwischen Grass, Böll und Brandt, in: AdsD, WBA, A 8, 6.

50 Auf dem Parteitag im Oktober 1971 in Freiburg vollzog die FDP den sozialliberalen Kurswechsel auch programmatisch und verschrieb sich mit den „Freiburger Thesen" der „Demokratisierung der Gesellschaft" und dem „Fortschritt durch Vernunft". Vgl. *Flach, Karl-Hermann* u. a.: Die Freiburger Thesen der Liberalen, Reinbek 1972.

51 So Wolfgang Jäger in: *Bracher, Karl Dietrich* u. a.: Republik im Wandel 1969–1974: Die Ära Brandt, Stuttgart 1986, S. 24; vgl. Nr. 36.

52 Vgl. Nr. 52.

53 Noch 30 Jahre später empfand der damalige Oppositionsführer Barzel die Ausführungen Brandts als „mißglückt": „Diese Union nun zum Nichts herabzuwürdigen... Nie habe Adenauer, so erzürnten sich viele, so selbstherrlich gesprochen!" Vgl. *Barzel, Rainer:* „Mehr Demokratie"?, in: Auftakt zur Ära Brandt. Gedanken zur Regierungserklärung Willy Brandts vom 28. Oktober 1969 (Schriftenreihe der Bundeskanzler Willy-Brandt-Stiftung, 5), Berlin 1999, S. 26–29, 28.

54 Die „formierte Gesellschaft", so Erhard in seiner Regierungserklärung am 10. November 1965, ist „nicht frei von Interessengegensätzen. Aber diese sind nicht mehr Elemente des Zerfalls ihrer Einheit, sondern werden immer mehr Motor eines permanenten Interessenausgleichs unter dem Gesichtspunkt des allgemeinen Wohls." „Sie ist auch nicht ständestaatlich gegliedert; vielmehr beruht sie auf der Überzeugung, daß die Menschen nicht nur durch Gesetze, sondern aus Einsicht das ihrem eigenen Wohle Dienende zu tun bereit sind" (Verhandlungen, Bd. 60, S. 19).

55 *Brandt, Willy:* Die Alternative, in: NG 16 (1969), S. 4. Das „Wagnis der Demokratie ist eine Herausforderung der Freiheit des

einzelnen in der sozialen Vernunft, und zwar als ein Impuls zur Gerechtigkeit und als ein Appell an die Solidarität" (*Brandt, Willy:* Über den Tag hinaus. Eine Zwischenbilanz, Hamburg 1974, S. 263).

56   Ebd.

57   Stattdessen wollte er die „Demokratie" auf die Strukturgebung des Staates und des politischen Systems beschränkt wissen. Vgl. *Heck, Bruno:* Demokraten oder Demokratisierte? Eine notwendige Auseinandersetzung, in: Die politische Meinung 14 (1969), 128, S. 11–18; zum Hintergrund vgl. *Bracher u. a.* 1986, S. 316 f.

58   „Demokratie soll, wenn nicht schematisch, so doch funktional für alle wesentlichen Bereiche des Lebens gelten" (*Brandt* 1974, S. 267).

59   Brandt im Interview mit Günter Gaus am 25. September 1964, zit. nach Berliner Ausgabe, Bd. 4, Nr. 54, S. 315 f.

60   Rede Brandts auf dem Parteitag der Berliner SPD am 8. Mai 1949, zit. nach ebd., Nr. 5, S. 129. Zur Bedeutung des „demokratischen Sozialismus" für Brandt vgl. die Ausführungen von Münkel in: ebd., S. 28–32, sowie *Grebing, Helga:* Willy Brandt – Ein Leben für Freiheit und Sozialismus (Schriftenreihe der Bundeskanzler Willy-Brandt-Stiftung, 4), Berlin 1999.

61   Interview Brandts für den *Südwestfunk* am 30. Dezember 1969, in: AdsD, WBA, A 3, 330.

62   „Nicht steigende Preise, kein übles Erbe gefährden die sozialliberale Koalition, es sind die Sozialdemokraten selbst, die sich in Berlin wie in Bonn kraftmeierisch und ressortbewußt im Wege stehen" (Schreiben von Grass an Brandt, 9. März 1970, in: AdsD, WBA, A 8, 6; zur Antwort Brandts vgl. Nr. 40).

63   Brandt am 4. November 1970. Mit dem Vorwurf hat sich Brandt in zahlreichen Interviews und Reden auseinandergesetzt; vgl. Nr. 40, 45, 72, 75. Am 14. August 1970 betonte Brandt gegenüber Schmidt: „Du hast Recht, dass ich mich nun viel stärker um die innenpol[itischen] Aufgaben kümmern muss. Du kannst mir sehr dabei helfen – nicht zuletzt – wenn es darum geht, einige der Kollegen verstehen zu lehren, dass ihnen nichts genommen wird, wenn sich der Bundeskanzler und [das] Kabinett ihrer Sorgen annehmen. Ich möchte wirklich, dass jeder einzelne der Kollegen zu seinem Erfolg kommt, denn das kommt dann auch dem ganzen Verein zugute" (Archiv Helmut Schmidt, Innenpolitik A-Z, 2 [1970]).

64   Zur Kritik von Gaus vgl. Nr. 46 Anm. 3, zur Antwort Brandts vgl. Nr. 46. Zu den Äußerungen von Grass und der „Empfehlung" von Dohnanyis für einen Nebenkanzler vgl. ausführlich *Baring* 1982, S. 702 ff.

65   Übereinstimmend in diesem Punkt die Gesamtdarstellungen zur Bundesrepublik von *Görtemaker* 1999, S. 474–525; *Bracher u. a.* 1986; *Winkler* 2000, S. 267–324.

66   Ähnlich auch später das Urteil von Ehmke selbst; vgl. *Ehmke, Horst:* Mittendrin. Von der Großen Koalition zur Deutschen Einheit, Berlin 1994, S. 109–117.

67   Z. B. das „Reformschwerpunkteprogramm" im Oktober 1970 oder die „Übersicht über das Arbeitsprogramm zu den inneren Reformen" im März 1971.

68   Die stärkste Wirkung erzielte Georg Picht mit einer zunächst als Artikelserie in *Christ und Welt* im Februar 1964 publizierten Analyse der „deutschen Bildungskatastrophe" (*Picht, Georg:* Die deutsche Bildungskatastrophe. Analyse und Dokumentation, Freiburg 1964).

69   Für Dahrendorf gehörte Bildung zu den sozialen Grundrechten, woraus er die Pflicht des Staates zu einer umfassenden Bildungspolitik mit dem Ziel der Chancengleichheit ableitete. Vgl. *Dahrendorf, Ralf:*

Bildung ist Bürgerrecht. Plädoyer für eine alternative Bildungspolitik, Hamburg 1965.

70 Seit Juni 1970 tagte die „Bund-Länder-Kommission für Bildungsplanung", um einen gemeinsamen Bildungsgesamtplan zu beraten, der im Juni 1973 vorgelegt wurde. Das Hochschulrahmengesetz wurde zwar 1971 in den Bundestag eingebracht, während der Kanzlerschaft Brandts aber nicht mehr rechtskräftig verabschiedet. So gab es Reformen vor allem in quantitativer und sozialer Hinsicht (Hochschulbauförderungsgesetz 1970, BAFöG 1971).

71 Auf die Kritik des Hamburger Bürgermeisters Weichmann an der geplanten Amnestie antwortete Brandt, er sehe die Rechtfertigung für das Vorhaben im „wachsenden Vertrauen in die Politik der neuen Bundesregierung auch in der Jugend". Er meine auch, dass es die „Autorität des Staates und der Organe der Rechtsprechung sowie der Polizei eher stärken als schwächen könnte. Nach einer solchen Amnestie sollte allerdings für bewußte Provokationen und Gewalthandlungen weder Schwäche noch Gnade erwartet werden dürfen. Gerade aber, um dann entschieden vorgehen zu können, muß erst einmal ein Strich unter eine Vergangenheit gezogen werden, in der diejenigen, die gegen die Gesetze verstießen, oft – nicht immer – subjektiv aus verständlichen Motiven heraus handelten" (Schreiben Brandts an Weichmann, 9. Dezember 1969, in: AdsD, WBA, A 8, 48). Mit diesem Gesetz und insbesondere auch mit dem ebenfalls im Mai 1970 verabschiedeten „Dritten Strafrechtsreformgesetz" sollten Elemente des StGB, die aus vordemokratischer Zeit stammten, dem Grundgesetz und den politischen Verhältnissen der Bundesrepublik angepasst werden. Die Novellierung betraf u.a. die für die Versammlungsfreiheit bedeutsamen Straftatbestände wie Landfriedensbruch und Widerstand gegen die Staatsgewalt.

72 Der 1976 vorgelegte Bericht empfahl u.a. die Verstärkung der Gesetzgebung des Bundes im Umweltschutz und die Möglichkeit einer Selbstauflösung des Bundestags mit Zwei-Drittel-Mehrheit seiner Mitglieder. Die Rechtsveränderungen griffen auch den Wandel der Geschlechterverhältnisse und der Sexualität auf. Homosexuelle Verbindungen sollten künftig nicht mehr bestraft werden.

73 Protokoll der Verhandlungen des Parteitages der Sozialdemokratischen Partei Deutschlands vom 10. bis 14. April 1973 in Hannover, Hannover-Bonn o.J., S. 80; vgl. Nr. 79, 93.

74 Dies ging bereits aus der Koalitionsvereinbarung hervor und wurde von Brandt noch in einem Gespräch für den *Spiegel* öffentlich wiederholt. Vgl. Anm. 44 und Nr. 35.

75 Vgl. Nr. 59. Vor allem mit dem Rücktritt von Schillers Staatssekretär Haller Ende Februar 1972 geriet die Reform ins Stocken.

76 Es umfasste Maßnahmen, die der „ständigen Verbesserung der Arbeits- und Lebensbedingungen der Menschen und ihrer räumlichen Umwelt sowie der Schaffung vergleichbarer Lebensverhältnisse im ganzen Bundesgebiet dienen" sollten.

77 Dies ging wesentlich auf das Engagement Genschers zurück. Eine Reihe von Maßnahmen folgte dem Sofortprogramm in den nächsten Jahren, vom Fluglärm über die Benzin-Blei-Mischungen, die Abfallbeseitigung bis zum Bundesimmissions- und dem Umweltstatistikgesetz.

78 Vgl. Nr. 86, 89.

79 Verschärft wurde die öffentliche Auseinandersetzung über den Charakter der Baader-Meinhof-Gruppe und die Unterstützung der RAF durch einen im Dezember 1971 im Spiegel erschienenen Artikel von Heinrich Böll „Will Ulrike

Gnade oder freies Geleit?". Vgl. hierzu Nr. 57, 58.

80 Die rechtliche Grundlage dafür wurde im Juli 1972 mit der Änderung einiger Artikel des Grundgesetzes geschaffen, die u. a. die Zusammenarbeit von Bund und Ländern sowie den Einsatz des Bundesgrenzschutzes im Rahmen der wechselseitigen Amts- und Katastrophenhilfe betrafen (Art. 35 Abs. 2, 73 Nr. 10 und 87 Abs. 1 GG).

81 Die überlebenden drei in der Bundesrepublik inhaftierten Terroristen wurden durch eine Flugzeugentführung am 29. Oktober 1972 freigepresst. In der gekaperten Lufthansa-Maschine auf dem Flug von Damaskus über Beirut nach Frankfurt befanden sich neben sieben Besatzungsmitgliedern und drei Entführern zehn Passagiere, darunter ein Deutscher. Die Bundesregierung gab den Forderungen der Terroristen sehr zügig nach. Dies gab Anlass zur Vermutung, die Bundesregierung habe aus Sorge vor angedrohten Anschlägen und kurz vor der Wahl am 19. November 1972 durchaus Gründe gehabt, die inhaftierten Attentäter von München möglichst schnell, jedenfalls noch vor Beginn ihres Prozesses, aus der Bundesrepublik abzuschieben. Vgl. *Reeve, Simon:* One Day in September, London 2000; vgl. Nr. 74.

82 Vgl. Nr. 42, 43, 48.

83 Vgl. *Möller* 1978, S. 476–487. Nach Möllers Rücktritt bemühte sich Brandt, die Diskrepanz zwischen der finanziellen Realität und den Reformansprüchen in Partei und Öffentlichkeit stärker zu vermitteln. Vgl. Nr. 49–51, 55.

84 Für das vergebliche und gegenüber Brandt provokant vorgetragene Bemühen Schillers um einen ausgeglichenen Haushalt vgl. Nr. 63, 65; für den Rücktritt vgl. Nr. 68, 69.

85 Vgl. Nr. 78.

86 Vgl. Nr. 91.

87 Dies betraf – mit unterschiedlichen Auswirkungen – eine Reihe von Beschlüssen der Koalition, etwa den § 218 StGB, das Reformgesetz zur Wehrdienstverweigerung, den Extremistenbeschluss, die Drittelparität der Gruppenuniversität, den Grundlagenvertrag zwischen beiden deutschen Staaten.

88 Zur Auseinandersetzung mit den Jungsozialisten vgl. Brandts Rede auf dem Bundeskongress der Jusos im Dezember 1970, in: Berliner Ausgabe, Bd. 4, Nr. 86.

89 Seume wie auch der kurz zuvor aus der SPD in die CDU übergetretene Klaus-Peter Schulz besaßen als Berliner Abgeordnete kein volles Stimmrecht. Für die Koalitionsmehrheit machte sich dies also nur eingeschränkt bemerkbar.

90 Vgl. Nr. 62.

91 Für die fragwürdigen Methoden beim Fraktionswechsel der Abgeordneten vgl. Nr. 77. Zur Steiner-Wienand-Affäre vgl. ausführlich *Baring* 1982, S. 580–589. Dass Steiner Geld erhalten hatte, gab Wehner in einem Interview mit dem NDR am 5. Januar 1980 indirekt zu. Ende 2000 erschienen Presseberichte, die sich auf Ermittlungen der Bundesanwaltschaft stützten. Demnach hatte Wagner von 1976–1983 für den DDR-Staatssicherheitsdienst als Inoffizieller Mitarbeiter „Löwe" gearbeitet und Informationen über die CDU/CSU beschafft. Er habe die zweite, vom MfS organisierte Stimme für Brandt abgegeben. Vgl. *SZ*, Nr. 273 vom 27. November 2000; *Der Spiegel*, Nr. 48 vom 27. November 2000, S. 17.

92 Die Aufregung um den Vorwurf und die Kritik an Brandt waren groß, zumal der Kanzler die Beweise, die er für seine Behauptungen hatte, öffentlich nicht vorlegen wollte. Vgl. Nr. 76, 77.

93 Das Patt war zustande gekommen, weil Kühlmann-Stumm sich enthalten und

Kienbaum an der Abstimmung nicht teilgenommen hatte; Helms hatte gegen die Koalition votiert.

94 Der Bundespräsident kann gemäß Artikel 68 GG den Bundestag auf Vorschlag des Bundeskanzlers auflösen, wenn ein Antrag des Bundeskanzlers, ihm das Vertrauen auszusprechen, nicht die Zustimmung der Mehrheit der Mitglieder des Bundestags gefunden hat.

95 Die Bedeutung der innen- und gesellschaftspolitischen Themen für die Wahlentscheidung wird auch durch die Strategie und Methoden der erfolgreichen Wahlkampagne der SPD gestützt. Vgl. *Müller, Albrecht:* Willy wählen '72. Siege kann man machen, Annweiler 1997, und die Planungsunterlagen in AdsD, WBA, A 18, 15–19.

96 Vgl. die Wahlstatistik im Anhang.

97 Vgl. Nr. 81. Ehmke notierte diese Haltung später unter dem Titel „Der vertane Wahlsieg"; vgl. *Ehmke* 1994, S. 218–226.

98 Vgl. Nr. 81–84. Die durch die Krankheit Brandts behinderte Regierungsbildung schildert ausführlich *Baring* 1982, S. 509–541.

99 Als in der Öffentlichkeit kolportiert wurde, Schmidt habe Brandt Bedingungen für seinen Eintritt in die Regierung „diktiert", erklärte Schmidt seinen Vermerk vom 19. November 1972 als Anregung für Brandt. Gleichwohl wurde das Schreiben zur Grundlage der Verhandlungen Schmidts mit Genscher und Scheel über den Zuschnitt des Bereichs Wirtschaft/Finanzen. Brandt insistierte demgegenüber darauf, keinen „Schatzkanzler" in seinem Kabinett haben zu wollen. Vgl. Nr. 83 Anm. 4; sowie die Schreiben in AdsD, WBA, A 8, 68.

100 Für den Vermerk vgl. Nr. 83 und *Ehmke* 1994, S. 223.

101 Vgl. Nr. 82.

102 Vgl. Nr. 85 (auch für die folgenden Zitate). Der Begriff des Mit-Leidens, *compassion*, war von Kennedy entlehnt. Brandt verstand darunter „die Bereitschaft, mitzuleiden; die Fähigkeit, barmherzig zu sein, ein Herz für den anderen zu haben. [...] Dieses Mitleiden, das ich als ‚Mit-Leidenschaft' deutlicher zu machen versuchte, ist das Gegenteil des nur sentimentalen und im Grunde unverbindlichen, des so genannten ‚falschen' Mitleids. Mit-Leidenschaft ist im höchsten Maße verbindlich; sie beweist sich nur im Engagement" (*Brandt* 1974, S. 438). Die Regierungserklärung von 1973 ließ in ihren Formulierungen und Leitbegriffen (darunter „compassion" und „neue Mitte") Veränderungen des Berater- und Redenschreiberkreises von Brandt erkennen, insbesondere die Mitwirkung von Klaus Harpprecht. Zur Entstehung der Erklärung vgl. *Harpprecht, Klaus:* Im Kanzleramt. Tagebuch der Jahre mit Willy Brandt, Reinbek 2000, S. 19–40.

103 Der Begriff „neue Mitte" wurde von Brandt auf dem Wahlparteitag der SPD im Oktober 1972 in Dortmund annonciert. Ausführlich äußert sich der SPD-Chef zu diesem Begriff in *Brandt* 1974, S. 57–81 (Zitate S. 59, 65). Vgl. auch Nr. 85, 100.

104 Vgl. Nr. 85.

105 Der Appell am 10. Dezember 1972 vor dem Parteirat war Brandts erste Ansprache nach seiner Krankheit. Nach einem kurzen Überblick über die Koalitionsverhandlungen und dem Hinweis, dass „Regierungen sich vorteilhaft häufig im Laufe einer Legislaturperiode, in der Mitte einer Legislaturperiode [...], umbilden, sich erneuern", warnte der Parteivorsitzende vor jeder Aktion und Flügelbildung, die zur Spaltung führe. Dann redete der Kanzler seiner Partei ins Gewissen: „Wir dürfen unser Konto nicht überziehen. Von der historischen Notwendigkeit des Bündnisses, da kann

man im Grunde die deutschen Fehlentwicklungen dann eben doch noch mal nachempfinden bis zu Bebel und Naumann hin, [...] zu sprechen, das wird zu einer Farce, wenn man nicht über ein paar Jahre hinauszudenken vermag. Wer jetzt davon spricht, wie man den Partner, mit dem man in diesem Augenblick eine Koalition eingehen will und muß, [19]76 erledigt, der trägt zu einer Entwicklung und einer Konstellation bei, die [19]76 zu einer ganz anderen als der jetzt vermuteten Lösung und damit zu einem Rückfall führen wird" (AdsD, SPD-Parteivorstand, PV-Protokolle).

106 Vgl. zusammenfassend *Baring* 1982, S. 589–592.

107 Vgl. Nr. 88, 89, 99.

108 Am 24. Januar 1974 hatte Brandt im Bundestag erklärt, 1974 könne „kein Jahr wesentlicher realer Einkommensverbesserungen sein. [...] Ich rechne auf Ihre Vernunft; wir brauchen die Kraft der Vernunft. Zweistellige Ziffern bei den Tarifen beschleunigen die Gefahr einer entsprechenden Entwicklung bei den Preisen" (Verhandlungen, Bd. 86, S. 4777). Dies erklärte er am nächsten Tag auch dem DGB-Vorsitzenden Vetter. Allerdings besaß der Kanzler nicht mehr genug Autorität, um diese harte Linie auch bei den Verhandlungsführern auf der öffentlichen Arbeitgeberseite, den Kommunen und Ländern, durchzusetzen; diese scherten später unter dem Druck der drohenden Streiks aus und desavouierten dadurch Brandt.

109 Die Rücktrittsüberlegungen notierte Brandt in seinen „Aufzeichnungen zum Fall Guillaume"; vgl. Nr. 104.

110 Schreiben Brandts an Wehner, 23. Oktober 1973, in: AdsD, WBA, A 8, 75. Wehner hatte in Moskau u. a. geäußert, der Kanzler sei „entrückt" und „abgeschlafft", bade „gern lau – so in einem Schaumbad". Besondere Aufmerksamkeit erhielt in der Presse ein Satz, den Wehner allerdings nicht auf Brandt, sondern auf die Situation allgemein bezogen hatte: „Was der Regierung fehlt, ist ein Kopf." Für Brandt blieb es „schwer erklärlich, welche besondere oder akute Veranlassung es während der Russlandreise oder danach gegeben hat, eine Reihe von Gesprächspartnern an einer extrem negativen Deskription Deiner Einstellung zu mir teilhaben zu lassen" (ebd.). Vgl. auch Nr. 104 Anm. 29.

111 Später hielt Brandt es für einen Fehler, auf die Ablösung Wehners als Fraktionsvorsitzenden verzichtet zu haben. Vgl. *Brandt, Willy:* Erinnerungen. Mit den „Notizen zum Fall G.", erw. Aufl., Berlin-Frankfurt/Main 1994, S. 262; zu Wehners Moskaureise vgl. *Baring* 1982, S. 616–620.

112 Vgl. Anm. 64.

113 Vgl. Nr. 67, 72, 90, 92.

114 Vgl. Nr. 94, 95 (Zitat). Öl wurde durch das Fahrverbot kaum gespart. Was auf den Autobahnen weniger verbraucht wurde, ging wieder verloren für den an diesen Sonntagen erhöhten Energiebedarf im privaten und Freizeitbereich. Vgl. *Hohensee, Jens:* „Und sonntags wieder laufen..." Die erste „Ölkrise" 1973/74 und ihre Perzeption in der Bundesrepublik Deutschland, in: *Salewski, Michael/Stölken-Fitschen, Ilona* (Hrsg.): Moderne Zeiten, Stuttgart 1994, S. 175–196.

115 Guillaume hatte in Frankfurt eine Weile für Georg Leber gearbeitet, der auch auf eine Einstellung seines Mitarbeiters ins Kanzleramt drängte. Vgl. für die Einstellung Guillaumes und die Auswirkungen auf den Rücktritt Brandts *Ehmke* 1994, S. 232–244.

116 Vgl. *Harpprecht* 2000, S. 383–393.

117 Vgl. zur Tätigkeit Guillaumes und zu den Ermittlungen *Ehmke* 1994, S. 232–244; *Genscher, Hans-Dietrich:* Erinnerungen, Berlin 1995, S. 197–202; *Nollau, Günther:* Das Amt, München 1978, S. 254–285; sowie den Bericht des 2. Untersuchungsausschusses

des Deutschen Bundestages der 7. Legislaturperiode 1975 und den Bericht der Kommission „Vorbeugender Geheimschutz" (Drucksache 7/3083 Dt. Bundestag).

118 Vgl. Nr. 104 sowie die Schilderung der Vorgänge bei Baring 1982, S. 748–755. Zu denjenigen, die Brandt eindringlich beschworen, den Umständen nicht nachzugeben, sondern durchzuhalten, gehörten Harpprecht (vgl. *Harpprecht* 2000, S. 540–560, insbesondere sein Schreiben an Brandt vom 14. Mai 1974 [ebd., S. 559]), aber auch Börner, der Brandt schon seit dem schwierigen Start nach dem Wahlsieg 1972 regelmäßig ermahnt hatte, durchzugreifen. Typisch etwa ein Schreiben vom 6. Dezember 1972 an Brandt mit der Aufforderung: „Landgraf, werde hart!" (AdsD, WBA, A 8, 68).

119 Vgl. Nr. 105.

120 *Stern* 1990, S. 106.

121 *Ash, Timothy Garton:* Im Namen Europas. Deutschland und der geteilte Kontinent, München 1993, S. 549.

122 *Grebing, Helga:* Statement zu: Die Reformpolitik als Strategie der Modernisierung?, in: *Marßolek, Inge/Potthoff, Heinrich* (Hrsg.): Durchbruch zum modernen Deutschland? Die Sozialdemokratie in der Regierungsverantwortung 1966–1982, Essen 1995, S. 79–82, 80.

123 *Die Zeit*, Nr. 46 vom 17. November 1972.

124 *Lehnert, Detlef:* Die sozial-liberale Koalition: Vom „historischen Bündnis" zum wahltaktischen Bruch, in: *Glaeßner, Gert-Joachim* u. a.. (Hrsg.): Die Bundesrepublik in den siebziger Jahren, Opladen 1984, S. 16–31, 23.

125 So hielt etwa der ZEIT-Redakteur Zundel, der 1972 zeitweilig den Kanzler beraten hatte, im Herbst 1973 den Begriff der „Reform" für überholt. Ähnlich wiederholten das zahlreiche andere sozialliberal eingestellte Zeitungen. Vgl. *Zons, Achim:* Das Denkmal. Bundeskanzler Willy Brandt und die linksliberale Presse, München 1984, S. 111–135.

126 Vgl. *Dahrendorf, Ralf:* Gesellschaft und Demokratie in Deutschland, München 1965; *Winkler* 2000, S. 245; *Allemann, Fritz René:* Bonn ist nicht Weimar, Köln u. a. 1956.

Nr. 1

1 Vgl. die Rede Brandts auf dem Wahlkongress der SPD am 14. August 1965 (Berliner Ausgabe, Bd. 4, Nr. 57). Im „Aufruf 1965" (vom 8. Januar 1965) legte das „Schattenkabinett" der SPD Grundzüge der Regierungspolitik im Fall eines Wahlsieges fest.

2 Die von der SPD so genannten „Gemeinschaftsaufgaben" wurden seit Ende der 50er Jahre von Brandt, Erler und Wehner entwickelt und fanden Eingang ins „Regierungsprogramm der SPD" für die Bundestagswahl 1961. Sie bezeichneten innen- und außenpolitische Probleme, die von Bund und Ländern gemeinsam und parteiübergreifend gelöst werden sollten (vgl. Protokoll der Verhandlungen und Anträge vom Parteitag der Sozialdemokratischen Partei Deutschlands in Hannover vom 21. bis 25. November 1960, Bonn 1961, S. 665 ff.). In diesem Zusammenhang hat der Begriff „Gemeinschaftsaufgaben" eine andere Bedeutung als im Grundgesetz (Art. 91a, b); zum Unterschied vgl. Einleitung und Nr. 17 Anm. 2.

3 Der Wähleranteil der SPD bei Bundestagswahlen wuchs seit 1957 kontinuierlich, blieb aber bis 1972 hinter dem der CDU/CSU zurück. Vgl. Wahlergebnisse im Anhang.

4 Brandt spielt hier auf Diffamierungskampagnen in den Wahlkämpfen gegen die SPD, besonders aber gegen seine Person, an (vgl. Berliner Ausgabe, Bd. 4, S. 43 ff.).

5   Im Oktober 1964 gewann in Großbritannien die Labour Party erstmals wieder seit 1950 die Mehrheit der Mandate und bildete unter Premierminister Wilson die Regierung.
6   Dies bezieht sich auf Erhards Vision der „formierten Gesellschaft", die er ab 1965 als deutsches Zukunftsmodell propagierte. Ziel war eine Gesellschaft, die sich nicht in Gruppenegoismen und sozialen Kämpfen aufreibt, wie es nach Erhards Auffassung die Bundesrepublik damals charakterisierte, sondern in der sich alle Gruppen mit Blick auf das Gesamtwohl kooperativ und an der Leistung orientiert formieren. Vgl. dazu Einleitung.
7   Auf die Krisenerscheinungen in Fragen der Finanz- und Wirtschaftsverfassung reagierte die Regierung Erhard/Mende u. a. mit der Beauftragung von „Expertenkommissionen" wie im Februar 1966 mit der Sachverständigenkommission für die Finanzreform (Troeger-Gutachten).
8   Brandt bezieht sich hier auf Art. 20 Abs. 1 GG: „Die Bundesrepublik Deutschland ist ein demokratischer und sozialer Bundesstaat."
9   Mit diesem Grundsatzprogramm, das im November 1959 auf dem außerordentlichen Parteitag in Bad Godesberg verabschiedet wurde, akzeptierte die SPD die in den 50er Jahren geschaffenen politischen und wirtschaftlichen Rahmenbedingungen der Bundesrepublik und vollzog den Schritt von einer Klassenpartei zur Volkspartei.
10   Am 19. April 1965 wurde Brandt die Ehrendoktorwürde der „New School for Social Research" in New York verliehen. In seiner Rede („Das heutige Deutschland verdient Vertrauen") betonte er, dass die Bundesrepublik seit dem Zweiten Weltkrieg eine stabile Demokratie entwickelt habe, der die anderen Staaten ohne Misstrauen beggenen könnten (abgedruckt in: Tatsachen – Argumente Nr. 132, 5/65).

Nr. 2
1   Die Erklärung wurde von Brandt hs. entworfen und für das Fernsehen abgegeben (AdsD, WBA, A 3, 237). Abgedruckt auch in: Jahrbuch der Sozialdemokratischen Partei Deutschlands 1966/67, Bonn/Bad Godesberg o. J., S. 352.
2   Zu den Krisenerscheinungen der Regierung Erhard vgl. die Einleitung. Zu den wirtschaftlichen Problemen kamen noch Auseinandersetzungen um die Leistungsfähigkeit und Führung der Bundeswehr hinzu.
3   Auf dieser Sitzung forderte Brandt Neuwahlen; die „Frage der Gr[ossen] Koalition oder nat[ionalen] Konzentration ist nicht aktuell", eine Regierungsbildung mit der FDP „scheidet schon aus rechnerischen Gründen aus" (so Brandt in seinen hs. Notizen für die Sitzung, in: AdsD, WBA, A 3, 238). Eine Regierung der „nationalen Konzentration" hatte die SPD nach dem Bau der Berliner Mauer 1961 ins Spiel gebracht.
4   Der Streit um Verteidigungsminister von Hassel, dessen Rücktritt die SPD schließlich forderte, hatte vor allem zwei Ursachen: Zum einen wurden die seit Jahren anhaltenden Schwächen und – im Vergleich zu anderen Armeen – ungewöhnlich häufigen Abstürze des Kampfflugzeuges *Starfighter* auf Missmanagement und Desorganisation in der Verwaltung zurückgeführt. Zum anderen waren im August 1966 mehrere Generäle, darunter der Generalinspekteur der Bundeswehr, zurückgetreten, weil sie mit der politischen Führung des Ministeriums nicht übereinstimmten.

Nr. 3
1   Brandt hatte am 13. September 1966 vorgeschlagen, Art. 68 GG – dieser gab dem Bundespräsidenten die Möglichkeit, den

Bundestag aufzulösen und Neuwahlen auszuschreiben, wenn eine Vertrauensfrage des Kanzlers ohne Mehrheit bliebe – zu ergänzen: Der Bundestag, so Brandt, müsse sich auch selbst mit einer Zweidrittel-Mehrheit auflösen können. Vgl. SPD Pressemitteilungen und Informationen, Nr. 467/66 vom 13. September 1966.

2 *Der Spiegel* hat hier als Fußnote angefügt: „Der Bundestag kann den Bundespräsidenten um Entlassung des Kanzlers nur dann bitten, wenn er mit Mehrheit einen Nachfolger gewählt hat." Dies bezieht sich auf Art. 67 GG; der Bundespräsident muss in einem derartigen Fall dem Ersuchen nachkommen und den neu Gewählten zum Bundeskanzler ernennen.

3 Zur Kritik an Verteidigungsminister von Hassel vgl. Nr. 2 Anm. 4.

4 Der Antrag der SPD-Fraktion wurde am 21. September 1966 im Bundestag abgelehnt. Im Fall Strauß zog die SPD den Antrag auf Entlassung, den sie wegen seines Verhaltens in der „Spiegel-Affäre" gestellt hatte, zurück, da Strauß zuvor am 11. Dezember 1962 sein Amt niedergelegt hatte (vgl. Nr. 5 Anm. 12 und Berliner Ausgabe, Bd. 4, S. 534 f.).

5 Die mit der Stabilitätspolitik und Reform der Finanzverfassung intendierten „Gemeinschaftsaufgaben" beinhalteten eine neue Verteilung der Kompetenzen zwischen Bund, Ländern und Gemeinden. Dies erforderte u. a. die Änderung der Art. 106, 109, 113 GG über den Finanzausgleich und die Verteilung des Steueraufkommens.

Nr. 4

1 Das Protokoll gibt die Beiträge der Redner in indirekter Rede wieder.

2 In der Bundestagssitzung am 8. November 1966 hatte die SPD den Antrag gestellt, der Bundeskanzler möge im Bundestag die Vertrauensfrage stellen. Der Antrag wurde mit den Stimmen von SPD und FDP angenommen. Am 10. November vollzog auch die CDU/CSU-Fraktion die Ablösung von Erhard, indem sie Kiesinger in einer Kampfabstimmung – im dritten Wahlgang siegte er gegen Barzel und Schröder – zum neuen Kanzlerkandidaten wählte.

3 Der Anschuldigung, Kiesinger sei nicht nur einfaches NSDAP-Mitglied gewesen, sondern habe zudem seit 1943 mit seiner Arbeit in der rundfunkpolitischen Abteilung des Außenministeriums das Hitler-Regime propagandistisch unterstützt, bemühte er sich entgegenzuwirken: Am 9. November 1966 legte er der Öffentlichkeit ein Dokument aus dem Jahr 1944 vor. In dieser Anzeige beschuldigte ihn ein Mitarbeiter der Abteilung, antijüdische Sendungen zu sabotieren. Vgl. dazu *Kroegel* 1997, S. 24 – 31.

4 Im *Acht-Punkte-Programm* formulierte die SPD am 8. November 1966 Sachfragen, um deren Behandlung sich die künftige Bundesregierung vordringlich zu kümmern habe. Dazu gehörten in der Innenpolitik vor allem wirtschaftspolitische Probleme: Maßnahmen gegen die Stagnation, Ordnung der Staatsfinanzen und der Finanzverfassung zwischen Bund, Ländern und Gemeinden.

5 In diesem Schreiben vom 11. November 1966 (abgedruckt in: Berliner Ausgabe, Bd. 4, Nr. 68) benannte Brandt auch die Mitglieder der Verhandlungskommission: Brandt, Wehner, Möller, Schiller und Schmidt.

6 Alle Parteien führten untereinander Gespräche zur Bildung einer neuen Regierung – wenn auch mit unterschiedlichen Aussichten auf Erfolg: SPD und CDU/CSU kamen zu entscheidenden Runden am 15., 18. und 24. November zusammen, SPD und FDP am 22. und 25. November 1966, und selbst die alten Koalitionspartner CDU/CSU und FDP unternahmen einen neuen Anlauf

am 23. und 24. November 1966. Zum Verlauf vgl. *Schönhoven* 1998, S. 389–396; *Siekmeier* 1998, S. 294–306.

7 Am 12. November 1966 bekräftigte dagegen ein Sprecher der amerikanischen Botschaft die Vorbehalte der Alliierten hinsichtlich einer Einbeziehung der Berliner Abgeordneten. Brandt widersprach dieser Einmischung „in die Entscheidungen der deutschen Volksvertretung" (Pressemitteilung vom 14. November 1966). Nachdem das US-Außenministerium die unveränderte Haltung der westlichen Alliierten am 15. November nochmals bestätigt hatte (vgl. Dokumentation zur Deutschlandfrage, Bd. IV, Bonn u. a. 1970, S. 417), plädierte Brandt nun seinerseits für Vorsicht: In der Frage der Regierungsbildung solle nicht auf das Stimmrecht der Berliner gesetzt werden.

8 Am 20. September 1961 hatte Ollenhauer im Auftrag des SPD-Vorstandes die anderen Parteien aufgefordert, aufgrund der Berlin-Krise und im Interesse der deutschen Frage gemeinsam Verantwortung für die notwendigen politischen Vorhaben zu übernehmen.

Nr. 5

1 In der fast zehnstündigen Sitzung, die um vier Uhr früh endete, wurde um das Votum für die Große Koalition heftig gerungen. Die Rede Brandts spiegelt den mitunter spontanen, von nicht protokollierten Einwürfen unterbrochenen Rededuktus wider.

2 Am 27. März 1930 war das Kabinett der Großen Koalition (SPD, Zentrum, DDP, DVP) unter Reichskanzler Müller (SPD) gescheitert.

3 Korrigiert aus: „die".

4 In Art. 65 GG heißt es über die Befugnisse der Bundesregierung u. a.: „Der Bundeskanzler bestimmt die Richtlinien der Politik und trägt dafür die Verantwortung. Innerhalb dieser Richtlinien leitet jeder Bundesminister seinen Geschäftsbereich selbständig und unter eigener Verantwortung. Über Meinungsverschiedenheiten zwischen den Bundesministern entscheidet die Bundesregierung."

5 Vgl. Nr. 4 Anm. 2.

6 Brandt hatte gehofft, Weyer würde ein Zeichen setzen und die FDP in NRW aus der – mit knappster Mehrheit regierenden – Koalition mit der CDU lösen und in eine stabilere mit der SPD führen. Dies gelang aber erst am 8. Dezember 1966.

7 Vier Abgeordnete der FDP hatten zunächst geäußert, einem Bundeskanzler Brandt die Stimme verweigern zu wollen, u. a. Ertl (der dem später widersprach), und Staratzke, der für die Textilindustrie Lobbyarbeit betrieb.

8 Vgl. Nr. 4 Anm. 4.

9 In Österreich bestand bereits seit 1945 eine Große Koalition von SPÖ und ÖVP. Minister und Staatssekretäre gehörten in den einzelnen Ressorts jeweils unterschiedlichen Parteien an, wurden also „überkreuz" besetzt.

10 Im 1948 gebildeten Wirtschaftsrat der britischen und amerikanischen Besatzungszone hatte die SPD darauf verzichtet, Vertreter zu stellen, nachdem ihr der Posten eines Direktors versagt worden war. Dieser Rückzug ermöglichte FDP und CDU Absprachen und wies voraus auf die Regierungsbildung 1949.

11 Brandt war zusammen mit Kiesinger im Auswärtigen Ausschuss des Bundestags von 1954 bis 1957, im Kreis der Ministerpräsidenten von 1958 bis 1966.

12 Gemeint ist die „Spiegel-Affäre", die durch einen Bericht des Magazins 1962 über ein NATO-Manöver („Bedingt abwehrbereit") ausgelöst wurde. Unter dem Vorwurf des Landesverrates wurden u. a. Chefredakteur Ahlers und Herausgeber Augstein ver-

haftet. Das fragwürdige Agieren insbesondere von Verteidigungsminister Strauß, der über sein rechtswidriges Vorgehen bei der Verhaftung von Ahlers auch das Parlament belog, und die Eingriffe in die Pressefreiheit lösten Proteste aus, in deren Folge die FDP die Regierung verließ und Strauß zur Aufgabe seines Amtes zwang. Vgl. Nr. 3 Anm. 4.

Nr. 6
1   Hs. vermerkt: „ab 9/12."
2   Brandt suchte am 26. November 1966 Mende in dessen Godesberger Haus auf, um ihm zu erläutern, warum die SPD nicht – wie Mende nach den Koalitionsverhandlungen gehofft hatte – mit der FDP, sondern mit der CDU/CSU koaliere. Vgl. *Mende, Erich:* Von Wende zu Wende. 1962–1982, München-Berlin 1986, S. 312.
3   Wehner hatte – wie andere Befürworter einer Großen Koalition in der SPD auch – sich mehrfach kritisch über die „Zuverlässigkeit" der FDP als potenzieller Koalitionspartner geäußert. Sie könne nicht einmal für das Stimmverhalten ihrer wenigen Abgeordneten bürgen. In der Sitzung des Parteirates am 28. November 1966 äußerte sich Wehner zudem abschätzig über Parteichef Mende, der ihm daraufhin vorwarf, die Verhandlungen mit der FDP nur zum Schein geführt zu haben.
4   Stempel.

Nr. 7
1   Mit Stempel: „Durchschlag als Konzept". Hs. vermerkt „ab 12/12. Ln".
2   In diesem vertraulichen Schreiben vom 8. Dezember 1966 an Schmidt erklärte Möller, das ihm angebotene Amt des stellvertretenden Vorsitzenden der SPD-Bundestagsfraktion nicht übernehmen zu wollen. Auf den Einwand von Schmidt im folgenden Gespräch, dies sei eine „Mißtrauenserklärung" gegen die Regierung, entgegnete Möller: „Irgendwann muß man einmal Farbe bekennen." Ihm blieben nur die undankbaren Aufgaben. Brandt habe ihn schlecht behandelt, „nach wochenlanger Bitte 1/2 Stunde Gespräch". Man könne „doch nicht im Ernst annehmen, daß ich Eunuch bin" (AdsD, WBA, A 7, 7; Notizen von Schmidt, in: Archiv Helmut Schmidt, Innenpolitik A-Z, 1 [1960–1969]).
3   Möller hatte geschrieben (ebd.): „Bei den Koalitionsverhandlungen war ich ohne mein Verschulden nur Mitläufer. Trotzdem habe ich mich außerhalb dieser Verhandlungen so eingesetzt, wie ich es vor meinem Gewissen verantworten muß. Diese Tatsache bleibt ein Abfallprodukt. Was nunmehr zur Lösung der personellen Fragen getan worden ist oder getan werden soll, will und kann ich nicht mit verantworten."
4   Gemeint ist die Entscheidung für die Große Koalition. Wegen Nebels konnte Brandt von Berlin nicht fliegen und traf erst gegen Ende der Verhandlungen in Bonn ein.
5   Ms. eingefügt.
6   Hs. paraphiert.

Nr. 8
1   Bei der Vorlage handelt es sich um das auf einem hs. Entwurf von Brandt beruhende Redemanuskript. Vgl. das Protokoll der Sitzung in: AdsD, SPD-Parteivorstand, PV-Protokolle.
2   Im ersten Teil erinnert Brandt an die Verhandlungsrunden bei der Regierungsbildung 1966.
3   Vgl. Nr. 4 Anm. 4. Alle weiteren Erwähnungen aus dem Programm ebd. Das *Acht-Punkte-Programm* ging in die Regierungserklärung Kiesingers vom 13. Dezember 1966 ein, die als Grundlage der Koalitionsarbeit diente. Vgl. Verhandlungen, Bd. 63, S. 3656–3665.

4 Am 23. Februar 1967 verabschiedete der Bundestag den Haushalt 1967 mit erheblichen Ausgabenkürzungen, um die Deckungslücke von 3,7 Mrd. DM zu schließen. Zudem wurde ein durch Kredite finanziertes konjunkturpolitisches Investitionsprogramm von 2,5 Mrd. aufgelegt, das vor allem für die Modernisierung der Infrastruktur gedacht war.

5 Am 14. Februar 1967 hatten sich zum ersten Mal Vertreter des Staates, der Gewerkschaften und Arbeitgeberverbände sowie der Wissenschaft getroffen, um in der *Konzertierten Aktion* gemeinsame Grundlagen für die Arbeitsmarktpolitik zu beraten. Vgl. Einleitung.

6 Vgl. Verhandlungen, Bd. 63, S. 3661.

7 Hs. eingefügt.

8 Am 10. März 1967 wurde der Regierungsentwurf der Notstandsgesetzgebung vorgelegt. Vgl. Nr. 16 und Einleitung.

9 Auf der Sitzung schloss Brandt seine Ausführungen: „Schon jetzt ist für meine Begriffe klar, daß die Lebendigkeit der demokratischen Auseinandersetzung wegen der Großen Koalition – wenn man sie nicht für alle Ewigkeit sich vorstellt und das tun wir ja nicht – [...] ganz und gar nicht Schaden nimmt. [...] Der Rechtsextremismus in der Bundesrepublik, der wird jedenfalls meiner Überzeugung nach auf diese Weise nicht an Boden gewinnen, sondern der wird zurückgedrängt werden, wenn sich durchsetzt, daß regiert wird und daß es wirtschaftlich vorangeht in der Bundesrepublik" (AdsD, SPD-Parteivorstand, PV-Protokolle, S. 17 f.).

Nr. 9

1 In der Sitzung am 30. Juni 1967 schwor Brandt den Parteirat auf die zu bestehende „Bewährungsprobe" ein: die Verabschiedung der ersten mittelfristigen Finanzplanung von 1968 bis 1971 und das Konjunkturprogramm.

2 Statt der vorgesehenen zwei Tage benötigte das Kabinett drei volle Tage (4.-6. Juli 1967), um das Programm zu verabschieden. Dadurch wurden die Koalitionsfraktionen unter Druck gesetzt, die nun nur noch einen Tag zur Verfügung hatten. Mitte Juli folgten dann die Gespräche in der *Konzertierten Aktion*, die mit einem erfolgreichen Abschluss ihre stabilisierende Funktion bewies.

3 Diese Wirtschafts- und Finanzpolitik zielte darauf, den Staat in die Lage zu versetzen, den Konjunkturverlauf und das gesamtwirtschaftliche Gleichgewicht zu steuern. Das zweite Konjunkturprogramm ergänzte dabei das im Mai 1967 auf den Weg gebrachte „Gesetz zur Förderung der Stabilität und des Wachstums in der Wirtschaft". Es sah Investitionen von über 5 Mrd. DM u. a. in Wissenschaft und Forschung, Infrastruktur und strukturschwachen Wirtschaftsregionen vor.

4 Vgl. Nr. 4 Anm. 4.

Nr. 10

1 Mit Stempel: „Durchschlag als Konzept". Hs. vermerkt: „ab 10/8." Inhaltlich gleichlautende Schreiben gingen an den CSU-Vorsitzenden Strauß und – nachdem der FDP-Vorsitzende sich über mangelnde Information beschwert hatte – auch an Mende.

2 Das Präsidium der SPD fasste diesen Beschluss in der Sitzung vom 1./2. August 1967. Bei regulärer Beendigung der Amtszeit von Lübke war die Wahl des nächsten Bundespräsidenten 1969 vorgesehen.

3 Hs. paraphiert.

Nr. 11

1 Hs. vermerkt: „ab 29/8." Am Textende ms. vermerkt: „Im Durchdruck[:] Herrn Bundesminister Wehner, Herrn Staats-

sekretär Prof. Dr. Ehmke, Herrn Parl[amentarischen] Staatssekretär Jahn, Herrn MdB Helmut Schmidt, Herrn MdB Hirsch, Herrn MdB Schmitt-Vockenhausen, Herrn MdB Dr. Friedrich Schäfer"; hs. vermerkt: W[ieder]v[orlage] bei nächster Pressekonf[erenz].
2   Art. 12 GG betrifft das Grundrecht der Berufsfreiheit sowie das Verbot der Zwangsarbeit. Die Entwürfe zur Notstandsgesetzgebung sahen eine Änderung der Wehr- und Dienstpflicht im Verteidigungsfall vor. Vgl. Nr. 16 und Einleitung.
3   Kiesinger antwortete mit Schreiben vom 8. September 1967, er stimme zwar grundsätzlich mit Brandt überein, halte aber eine Vorlage der Gesetzentwürfe bis Oktober 1967 kaum für möglich. Brandt betonte daraufhin nochmals die Dringlichkeit, die „Lücke in der Notstandsgesetzgebung" zu schließen (Schreiben vom 10. Oktober 1967, in: AdsD, WBA, A 7, 13). Bis zur Verabschiedung einer deutschen Gesetzgebung wären in einer Notsituation alliierte Regelungen zum Zuge gekommen. Vgl. Nr. 16.

Nr. 12
1   Hs. vermerkt: „ab 9/11." Ms. vermerkt: „Doppel an BM Wehner/PSt.S. Jahn".
2   Jahn hatte im Gespräch mit Heck die Forderungen erhoben, die sich in Brandts Schreiben finden: Bundesanstalt für Arbeit sowie eine der überregionalen Rundfunkanstalten für die SPD (vgl. Vermerk für Brandt vom 7. November 1967). Bereits am 10. August 1967 hatte Brandt den Kanzler über den Anspruch der SPD auf die Besetzung der Führungsposition bei der Bundesanstalt informiert. Beides in: AdsD, WBA, A 7, 13.
3   Die SPD setzte sich nur teilweise durch: Zwar wurde 1967 der Sozialdemokrat Steigner zum Intendanten der Deutschen Welle gewählt, Präsident der Bundesanstalt wurde jedoch das CDU-Mitglied Stingl. In einem Gespräch des SPD-Präsidiums mit der IG Metall am 9. November 1967 hatte Brandt deren Erwartungen auch vorsichtshalber schon gebremst: Man werde sich „in dem einen oder anderen Fall nicht durchsetzen können". Vgl. Protokoll, in: AdsD, SPD-Parteivorstand, PV-Protokolle.
4   Stempel.

Nr. 13
1   Bei der Vorlage handelt es sich um die Abschrift der Tonbandaufnahme der Sitzung.
2   Zuvor berichtete Brandt in der Sitzung über Themen und Probleme, die er bei Konferenzen und Gesprächen mit den regionalen Gliederungen der SPD erörtert hatte.
3   Ein neues Wahlrecht solle, so heißt es in der Regierungserklärung von Bundeskanzler Kiesinger am 13. Dezember 1966, „für künftige Wahlen zum Deutschen Bundestag nach 1969 klare Mehrheiten ermöglich[en]. Dadurch wird ein institutioneller Zwang zur Beendigung der Großen Koalition und eine institutionelle Abwehr der Notwendigkeit zur Bildung von Koalitionen überhaupt geschaffen. Die Möglichkeit für ein Übergangswahlrecht für die Bundestagswahl 1969 wird von der Regierung geprüft" (Verhandlungen, Bd. 63, S. 3657).
4   Gemeint: „jedem".
5   Die im Januar 1967 eingesetzte SPD-Wahlrechtskommission lieferte ihren Bericht am 8. März 1968, kurz vor dem Nürnberger Parteitag vom 17.-21. März. Sie hielt eine Änderung des Wahlrechts für dringend erforderlich, machte aber noch keinen endgültigen Vorschlag. Auf dem Parteitag wurde der Vorstandsantrag angenommen,

die Entscheidung in der Frage des Wahlrechts auf den nächsten ordentlichen Parteitag zu vertagen, d. h. bis in die nächste Legislaturperiode.

Nr. 14

1   Diese Redepassagen sind in den nächsten Wochen noch mehrfach in inhaltlich ähnlicher Form im baden-württembergischen Landtagswahlkampf verwendet worden.

2   Auf dem 19. Bundesparteitag der FDP vom 29.-31. Januar 1968 wurde Walter Scheel als Nachfolger des nicht wieder kandidierenden Erich Mende zum Parteivorsitzenden gewählt.

3   Brandt spielt darauf an, dass an der Spitze derjenigen, die die FDP durch neue Ansätze in der Bildungs-, Deutschland- und Außenpolitik reformieren und für die SPD als Koalitionspartner attraktiv machen wollten, der Hochschullehrer Ralf Dahrendorf stand. Dieser hatte während des Parteitags größtes Aufsehen erregt, als er mit Rudi Dutschke – vor dem Tagungsgebäude auf einem Lautsprecherwagen stehend – ein Streitgespräch über die Reformbedürftigkeit der Demokratie in der Bundesrepublik austrug.

Nr. 15

1   Den Entwurf hat Brandt intensiv hs. bearbeitet und redigiert. Der Text wurde stark gekürzt erst am 8. Mai 1968 in der *Quick* abgedruckt (Nr. 19, S. 20 ff.); Anlass war die Berichterstattung über die politischen Ansichten von Brandts Sohn Peter und dessen Aktivitäten in der APO.

2   Am 11. April 1968 wurde der SDS-Führer Dutschke bei einem Attentat schwer verletzt. In den folgenden „Osterunruhen" kam es in zahlreichen Städten zu Protesten und Ausschreitungen, bei denen in München ein Fotoreporter und ein Student tödlich verletzt wurden. Demonstrierende Studenten versuchten, die Auslieferung von Zeitungen des Axel-Springer-Verlags, der wegen seiner hetzerischen und desinformierenden Berichte über Dutschke und den SDS für das Attentat mitverantwortlich gemacht worden war, zu verhindern. Brandanschläge auf zwei Frankfurter Kaufhäuser am 2./3. April 1968 – als Täter wurden u. a. Baader und Ensslin verhaftet – hatten zuvor die Wegscheide von APO und Terrorismus markiert. In einer Fernsehansprache am 14. April 1968 mahnte schließlich Bundesjustizminister Heinemann die Bürger zur Besonnenheit: „Wer mit dem Zeigefinger allgemeiner Vorwürfe auf den oder die vermeintlichen Anstifter oder Drahtzieher zeigt, sollte daran denken, daß in der Hand mit dem ausgestreckten Zeigefinger zugleich drei andere Finger auf ihn selbst zurückweisen. Damit will ich sagen, daß wir alle uns zu fragen haben, was wir selber in der Vergangenheit dazu beigetragen haben könnten, daß ein Antikommunismus sich bis zum Mordanschlag steigerte, und daß Demonstranten sich in Gewalttaten der Verwüstung bis zur Brandstiftung verloren haben. Sowohl der Attentäter, der Rudi Dutschke nach dem Leben trachtete, als auch die 11 000 Studenten, die sich an den Demonstrationen vor Zeitungshäusern beteiligten, sind junge Menschen. Heißt das nicht, daß wir Älteren den Kontakt mit Teilen der Jugend verloren haben oder ihnen unglaubwürdig wurden? Heißt das nicht, daß wir Kritik ernst nehmen müssen, auch wenn sie aus der jungen Generation laut wird?" (*Heinemann, Gustav:* Reden und Schriften, Bd. III: Es gibt schwierige Vaterländer... Reden und Aufsätze 1919-1969, hrsg. von Helmut Lindemann, Frankfurt/Main 1977, S. 334 f.).

3   Albertz hatte, von seinen Beamten falsch informiert, die Schuld für den Tod Benno Ohnesorgs, der bei den Protesten gegen das Regime des Schah am 2. Juni 1967 von einem Polizisten in Berlin erschossen worden war, zunächst den Demonstranten gegeben. Später versuchte Albertz in vielen Gesprächen und Versammlungen, die Konfrontation zwischen den Seiten abzubauen. Auf dem Höhepunkt der Auseinandersetzungen am 15. April 1968 warb Albertz auf einer von ihm mitorganisierten Großkundgebung darum, „Brücken zu schlagen [...] zwischen den Festungen, dem Rathaus und dem Hauptquartier der außerparlamentarischen Opposition"; das „erstemal in der Geschichte dieses Jahrhunderts" gebe es eine Jugend, „die politisch engagiert ist, die moralische Maßstäbe hat, die Opfer zu bringen bereit ist" (*Schuster, Jacques:* Heinrich Albertz – der Mann, der mehrere Leben lebte. Eine Biographie, Berlin 1997, S. 263).

4   Der Vorstoß des CDU/CSU-Fraktionsvorsitzenden Barzel, im Koalitionskreis die Sprachregelung durchzusetzen, künftig nur noch von der *anti*parlamentarischen statt der *außer*parlamentarischen Bewegung zu sprechen, blieb bei Brandt ohne Resonanz (vgl. Protokoll des Koalitionstreffens vom 16. April 1968, in: BKA, 14200 Ko 1).

5   Gemeint ist Peter Brandt, der 1968 nach den Osterunruhen wegen zweier Demonstrationsdelikte („Auflauf") verurteilt wurde. Vgl. *Brandt, Peter:* Willy Brandt und die Jugendradikalisierung der späten sechziger Jahre – Anmerkungen eines Historikers und Zeitzeugen, in: *Lorenz, Einhart* (Hrsg.): Perspektiven aus den Exiljahren, Berlin 2000, S. 85.

Nr. 16

1   Es handelt sich um die dritte Lesung der „Vorsorgegesetzgebung für den Notfall".

Die Rede ist von Brandt intensiv vorbereitet und hs. bearbeitet worden (AdsD, WBA, A 3, 278, und A 8, ungeordnet).

2   In dem 1955 in Kraft getretenen Deutschlandvertrag hatten sich die Alliierten Maßnahmen vorbehalten, um im Notfall ihre Streitkräfte und die öffentliche Ordnung sichern zu können. Das Vorbehaltsrecht erlosch erst nach Inkrafttreten eigener Vorsorgegesetze der Bundesrepublik (Art. 5 Abs. 2).

3   Aufgrund alliierter Ermächtigung waren inzwischen – ohne Kontrolle des Parlaments oder der Öffentlichkeit – Verordnungen entstanden, die im Notfall aus den „Schubladen" geholt worden wären.

4   Art. 104 GG begrenzt die Eingriffsrechte der Polizei bei Freiheitsentziehung und begründet die Notwendigkeit einer richterlichen Anordnung dafür.

5   Diese Artikel waren noch in der zweiten Lesung hinzugefügt worden und bedeuteten zusätzlichen Schutz gegen eine missbräuchliche Anwendung der Notstandsgewalt. So sicherte z. B. Art. 9 Abs. 3 Arbeitskämpfe auch im Fall eines Notstands vor Eingriffen, woran den Gewerkschaften gelegen war.

6   Brandt zitiert hier Böll; am 23. Mai 1968 hatte dieser in großer Sorge um den Bestand der Demokratie – falls die Notstandsgesetze verabschiedet würden – an Brandt geschrieben (AdsD, WBA, A 7, 2).

7   Die Gewerkschaften gehörten zu den zentralen Trägern des Protests gegen die Gesetzgebung. Sie befürchteten in besonderem Maße die Rücknahme von – schwer erkämpften – Rechten der Arbeitnehmer. Am Sternmarsch des „Kuratoriums Notstand der Demokratie", an dem am 11. Mai 1968 der SDS, Wissenschaftler, auch einzelne Gewerkschafter mitwirkten, hatte der DGB als Verband zwar nicht teilgenommen, erklärte aber am 19. Mai 1968 seine

„schwerwiegenden Bedenken" gegen die Notstandsverfassung.

Nr. 17

1   Der im SPD-Präsidium umfassend beratene Katalog innenpolitischer Vorhaben entstand im Mai unter dem Schock der dramatischen Verluste bei der baden-württembergischen Landtagswahl am 28. April 1968. Diese „arbeitstechnische Bilanz auch im Sinne von Prioritäten" (Brandt im Parteirat am 22. Juni 1968, in: AdsD, SPD-Parteivorstand, PV-Protokolle) wurde von der Koalition im „Kreßbronner Kreis" am 29. Juni 1968 detailliert behandelt und in ein Arbeitsprogramm für das letzte Jahr umgesetzt. Vgl. Einleitung und Wahlstatistik im Anhang.

2   Mit den „Gemeinschaftsaufgaben" war die im Grundgesetz verankerte Mitwirkung des Bundes zur „Erfüllung von Aufgaben der Länder" gemeint (vgl. die im Dezember 1968 im Bundestag beschlossene Änderung des GG mit der Hinzufügung der Art. 91 a, 91 b und 104 a). Diese Aufgaben bezogen sich auf den Aus- und Neubau von Hochschulen, die Verbesserung der regionalen Wirtschaftsstruktur und insbesondere auf die Bildungsplanung im weitesten Sinne (vgl. Einleitung). Gestärkt wurden die Kompetenzen des Bundes zudem durch die Erweiterung der „konkurrierenden Gesetzgebung", also des Bereiches, in dem der Bund unter Vorliegen bestimmter Voraussetzungen das Gesetzgebungsrecht vor den Ländern besitzt (Art. 72–74 GG). Aufnahme fanden u. a. die Förderung der wissenschaftlichen Forschung, die Regelung von Ausbildungsbeihilfen, die wirtschaftliche Sicherung der Krankenhäuser oder der Bau von Fernstraßen.

3   Beim „Swing" handelte es sich um einen zinslosen Überziehungskredit, den die Bundesrepublik der DDR zur Bezahlung der Importe im innerdeutschen Handel gewährte. Die Vereinbarung lief aus und wurde im Dezember 1968 bis 1975 verlängert.

4   Gemeint ist damit – ähnlich der Förderung der Kohleindustrie sowie eines behutsamen und sozial verträglichen Strukturwandels für Ruhr und Saar – die Stützung der wirtschaftsschwachen grenznahen Bereiche mit staatlichen Investitionszulagen und einem Strukturplan zur „Neuindustrialisierung".

5   Die Kommission zur Untersuchung der Pressekonzentration, der neben Günther 16 Verleger, Journalisten u. a. angehörten, stellte in ihrem Gutachten fest, dass die Pressefreiheit in der Bundesrepublik durch Medienkonzerne bedroht sei. Mit dem Verkauf einiger Zeitschriften erfüllte der Axel-Springer-Verlag 1968 die Mindestforderungen der Kommission. Deren Vorschlag, den Marktanteil einzelner Verleger zu begrenzen, lehnte die Koalition im Frühjahr 1969 ab.

6   Hs. unterzeichnet.

Nr. 18

1   Hs. vermerkt: „ab 23/7." Am Textende ms. vermerkt: „Durchdruck[:] Minister Wehner, Minister Wischnewski, MdB H[elmut] Schmidt, PSt.S. Jahn".

2   In einem Aide-mémoire der SU vom 5. Juli 1968 wurde die Große Koalition für die Zunahme rechtsradikaler Tendenzen verantwortlich gemacht. Die SU leitete hieraus und aus der Verabschiedung der Notstandsgesetze am 30. Mai 1968 Zweifel an der Ernsthaftigkeit der Gewaltverzichtsabsichten der Bundesregierung her und betonte die Möglichkeit von alliierten Zwangsmaßnahmen in Deutschland. Während der NATO-Ministerratstagung in Reykjavik am

25. Juni 1968 hatten auch westliche Politiker das Anwachsen der NPD bei Wahlen angesprochen.
3 Innenminister Lücke hatte am 11. November 1967 erklärt, die NPD werde genauestens überwacht, für einen Verbotsantrag aber liege noch nicht genügend beweiskräftiges Material vor. Vgl. Nr. 20 Anm. 3.
4 Die von der Großen Koalition anfangs beabsichtigte Einführung eines Mehrheitswahlrechts statt des Verhältniswahlrechts hätte neben der FDP auch der NPD den Einzug in den Bundestag erschwert.
5 Hs. paraphiert.

Nr. 19
1 Mit Stempel: „Durchschlag als Konzept". Hs. vermerkt: „ab 13/11." Am Textende ms. vermerkt: „Durchdruck für Herrn Bundesminister Wehner, für Herrn [Helmut] Schmidt, MdB, für Herrn PStS Jahn".
2 Seit Mitte 1968 häuften sich im Briefwechsel zwischen Brandt und Kiesinger die Vorwürfe, den Fortgang der Wahlrechtsänderung zu verzögern. Dazu gehört auch das Schreiben vom 19. Oktober, in dem der Kanzler auf entsprechende Mahnungen Brandts vom 1. Oktober 1968 reagierte (AdsD, WBA, A 7, 13).
3 Vgl. Nr. 13 Anm. 3.
4 Am 11. Januar 1968 hatte der Koalitionskreis den Bericht des BMJ und das im Dezember 1967 vorgelegte Gutachten der Wahlrechtskommission des BMI diskutiert. Es wurde beschlossen, noch vor Ostern 1968 einen Gesetzentwurf zur Wahlrechtsänderung einzubringen, aber auf ein Übergangswahlrecht für 1969 zu verzichten. Vgl. Protokoll des Koalitionstreffens, in: BKA, 14200 Ko 1.
5 Am 23. August 1968 war das BMI vom Koalitionskreis aufgefordert worden, über die Empfehlungen der SPD-Wahlrechtskommission – Dreier-Wahlkreise – ein Gutachten vorzulegen. Das BMJ kam in dieser Zeit zu der Einschätzung, dass Dreier-Wahlkreise mit „Ach und Krach" (so Kiesinger im Koalitionskreis am 15. Oktober 1968, in: ebd.) verfassungsgemäß seien. Zum Wahlrecht vgl. Nr. 22.
6 Hs. paraphiert.

Nr. 20
1 Hs. vermerkt: „Konzept", „ab 5/12." Am Textende ms. vermerkt: „Durchdruck[:] BM Wehner, MdB [Helmut] Schmidt, H[ans]-J[ürgen] Wischnewski, PSt.S. Jahn".
2 Vgl. Protokoll, in: BKA, 14200 Ko 1.
3 Gemeint ist die von Gerhard Frey herausgegebene und der NPD nahestehende *Deutsche National-Zeitung*. Für ein Verbot der Zeitung trat Brandt auch im Parteivorstand am 13. Dezember 1968 ein, da sich die NPD selbst wohl bis zur Wahl 1969 nicht mehr untersagen lasse (AdsD, SPD-Parteivorstand, PV-Protokolle). Ein vom BMI angestrengter Versuch, die Zeitung verbieten zu lassen, blieb ohne Erfolg.
4 Hs. paraphiert.

Nr. 21
1 Beim Koalitionstreffen am 11. Dezember 1968 hatten Innenminister Benda, Kiesinger und Wehner für die Einleitung eines Verfahrens nach Art. 21 GG (Feststellung der Verfassungswidrigkeit durch das BVerfG) plädiert. Brandt betonte die negativen außenpolitischen Wirkungen der NPD, befürwortete aber nicht explizit ein Verbot, Stücklen wollte das Problem durch das Wahlrecht lösen. Zu einer gemeinsamen Linie kam es nicht. Vgl. Protokoll, in: BKA, 14200 Ko 1. Am 23. April 1969 entschied das Kabinett, vor einem Verbotsantrag erst die Bundestagswahlen abzuwarten.

2   Auf dem Parteitag der SPD vom 17.-21. März 1968 in Nürnberg sagte Brandt: „Nazismus, alter Nazismus, aufgewärmter Nazismus, Neonazismus ist Verrat an Land und Volk" (Protokoll der Verhandlungen des Parteitages der Sozialdemokratischen Partei Deutschlands vom 17. bis 21. März 1968 in Nürnberg, Hannover-Bonn o.J., S. 101). Auf der SPD-Parteiratssitzung am 13. Februar 1969 hatte Brandt seine Ansicht bekräftigt, dass der zunehmende Rechtsradikalismus nicht nur ein „Problem NPD" sei: Der „Nazismus" stehe „teils in der NPD und teils außerhalb ihr" (AdsD, SPD-Parteivorstand, PV-Protokolle; vgl. Berliner Ausgabe, Bd. 4, Nr. 82).

3   Gemeint sind die mittelfristige Finanzplanung, kreditfinanzierte Wachstumsförderung und Investitionslenkung sowie die *Konzertierte Aktion*.

4   Der von Ahlers geprägte Ausdruck spielte auf Kiesingers Selbsteinschätzung an, „durch Vermittlung zu führen", bei einer „großen Koalition [...] liegt nach meiner Meinung die Führungskunst des Regierungschefs darin, dass er durch Überzeugung vermittelt [...]" (Kiesinger am 11. August 1967, zit. nach Kroegel 1997, S. 183). Zu diesen Mitteln gehörte etwa der „Kreßbronner Kreis". Vgl. Einleitung.

5   Als Regierender Bürgermeister von Berlin führte Brandt von 1957 bis 1963 eine Koalition mit der CDU, von 1963 bis 1966 eine mit der FDP.

6   Mit der Nennung Kiesingers als Kanzlerkandidaten wollte der CDU-Generalsekretär Heck insbesondere die Ambitionen von Franz Josef Strauß zurückweisen. Dieser hatte nach seiner eindrucksvollen Bestätigung als CSU-Parteivorsitzender im Dezember 1968 auf Spekulationen, er wolle 1969 Kiesinger als Kanzler ablösen, so reagiert: „Wir wollen das Fell des Löwen nicht verteilen, ehe wir nicht die Wahlen gewonnen haben. Ich persönlich würde lieber Ananas in Alaska pflanzen als Bundeskanzler werden" (Interview mit der Londoner *Times*, Nr. 57437 vom 18. Dezember 1968).

7   Konrad Adenauer wurde in der Mitte der Legislaturperiode 1963 durch Ludwig Erhard abgelöst. Dieser wiederum musste ein Jahr nach seiner Wiederwahl Kiesinger 1966 das Feld räumen.

Nr. 22

1   Das Schreiben ist von Brandt selbst hs. entworfen worden. Am Textende ms. vermerkt: „D[urchschlag]/ H[erbert] W[ehner], H[elmut] Sch[midt], A[lfred] N[au], H[ans]-J[ürgen] W[ischnewski]"; hs. vermerkt: „H[orst] E[hmke]".

2   In seinen Briefen vom 21. Februar und 23. August 1968 setzte sich Rosenthal mit der Wahlrechtsreform auseinander. In dieser Entscheidung, so schrieb er am 23. August 1968 an Brandt, liege „nicht nur die Frage des Ab- oder Aufschwungs der SPD, sondern auch die eines nochmaligen Verfalls der deutschen Demokratie" (AdsD, WBA, A 11.1, 6).

3   Auf dem außerordentlichen Parteitag vom 16.-18. April 1969 in Bad Godesberg sollte neben der Koalitionsbilanz und der Wahlkampfplattform auch das Wahlrecht diskutiert werden.

4   Vgl. im Anhang die Landtagswahlen in Baden-Württemberg am 28. April 1968.

5   Vgl. Nr. 21 Anm. 1 und Einleitung.

6   Vgl. Nr. 21 Anm. 2.

7   Bis 1918 gaben die Wähler bei den Preußischen Abgeordnetenhauswahlen ihre Stimme in drei – nach dem Steueraufkommen gestuften – Klassen ab, die eine jeweils gleich große Zahl von Wahlmännern stellten. Dies benachteiligte vor allem Parteien wie die SPD, die eine wachsende Anhängerschaft mit eher geringem

Steueraufkommen besaßen. Im Deutschen Reich hatte das bis 1918 gültige absolute Mehrheitswahlrecht ebenfalls für die SPD Nachteile, da sich häufig die anderen Parteien auf einen Kandidaten gegen die SPD einigten und zudem die Größe der Wahlkreise so stark variierte, dass sich die zahlenmäßige Stärke der SPD zunächst nicht angemessen in Mandaten niederschlug. Anfang der 1890er Jahre trat die Sozialdemokratie deshalb im Grundsatz für ein Verhältniswahlrecht ein.

8 Rosenthal plädierte in seinem Schreiben für Dreier-Wahlkreise. Ebenfalls für dieses System hatte sich die SPD-Wahlrechtskommission ausgesprochen: Der Vorschlag sah vor, in jedem Wahlkreis drei Abgeordnete zu wählen, wobei jeder Wähler über eine Stimme verfügte. Das würde, so die Kommission, regierungsfähige Mehrheiten schaffen und gleichzeitig der Opposition eine Sperrminorität bei Verfassungsänderungen belassen. Vgl. Jahrbuch 1968/1969, S. 453–456.

9 Brecht notierte in seiner kritischen Würdigung der Weimarer Reichsverfassung die typischen Argumente gegen das Verhältniswahlrecht: Es halte extremistische Parteien nicht fern und verlege „die Entscheidung darüber, welche von den beiden großen Parteien die Regierung bilden soll, von den Stimmzetteln der Wähler in die Hände der Abgeordneten der dritten Partei." Der Wähler gebe sein „wichtigstes Recht" aus der Hand und „entmannt dadurch die Demokratie" (*Brecht, Arnold*: Aus nächster Nähe. Lebenserinnerungen 1884–1927, Stuttgart 1966, S. 258–267, 417–421, hier 421). Zur Weimarer Verfassung vgl. *Winkler, Heinrich August*: Weimar 1918–1933, München 1993, S. 105–108.

10 Gemeint ist die Neigung der SPD, auf eine Wahlrechtsänderung, welche die parlamentarische Existenz der FDP gefährden könnte, zu verzichten, sofern diese den SPD-Kandidaten für die Wahl zum Bundespräsidenten am 5. März 1969, Heinemann, unterstütze.

11 Im Schreiben von Rosenthal vom 23. August 1968 heißt es: „Zwischen einer kleinen Manipulation und einer Gefahr für den Staat sollte auch die moralische Wahl für den Politiker klar sein. Ein jetzt durchgepauktes Wahlrecht ist bei nachfolgendem Funktionieren der Demokratie schnell vergessen" (wie Anm. 2).

12 Bei den US-Präsidentschaftswahlen am 5. November 1968 erlangte George Wallace mit der für die Rassentrennung eintretenden „American Independent Party" 13 % der Stimmen.

13 Zum Reichspräsidenten war vom Volk gewählt, wer mindestens die Hälfte der gültigen Stimmen auf sich vereinigte. Brandt spielt hier auf die im zweiten Urnengang erfolgte Wahl Hindenburgs 1925 zum Reichspräsidenten an – eine für die Weimarer Republik verhängnisvolle Entscheidung. Vgl. *Winkler* 1993, S. 281 f.

14 Ms. eingefügt.

Nr. 23

1 Hs. am 3. Februar 1969 vermerkt: „D[urchschlag] erhielt H[ans]-J[ürgen] Wischnewski". Brandt verfasste dieses Schreiben auf der Bühlerhöhe, wo er sich zur Genesung nach einer Krankheit befand.

2 Gerstenmaier war am 23. Januar 1969 von seinem Amt als Bundestagspräsident zurückgetreten (mit Wirkung ab 31. Januar). Hintergrund war die Kritik an Wiedergutmachungszahlungen, die er 1968 erhalten hatte: Er machte Versorgungsbezüge für eine ihm versagt gebliebene Universitätsprofessur geltend, da er aus politischen Gründen das Habilitationsverfahren 1938 nicht habe abschließen können. Die recht-

liche Grundlage für diesen Anspruch war erst durch eine von Gerstenmaier selbst angeregte Novellierung der Bestimmungen des Wiedergutmachungsgesetzes 1964 geschaffen worden. Eine von der SPD eingesetzte Untersuchungskommission fand das Verhalten zwar politisch fragwürdig, rechtlich jedoch nicht zu beanstanden.

3 Zu seiner Verteidigung hatte Gerstenmaier vor der Presse auf die Besserstellung der „131er" gegenüber den durch NS-Unrecht Geschädigten verwiesen: „Nazi hätte ich sein müssen, dann brauchte ich mich heute nicht zu verteidigen... Wenn ich, wie so mancher, Trommelbube Hitlers gewesen wäre, dann wäre ich 1938 Professor geworden, wäre 1945 vielleicht für kurze Zeit aus dem Verkehr gezogen worden, hätte... schon bald wieder mein Ordinariat ausgeübt" (zit. nach AdG, 31. Januar 1969, S. 4723). Das auf Art. 131 GG beruhende Gesetz von 1951 regelte die Versorgung bzw. Wiederverwendung derjenigen, die bis zum 8. Mai 1945 im öffentlichen Dienst gestanden hatten und danach aus „anderen als beamten- oder tarifrechtlichen Gründen" ausgeschieden waren; dies schloss auch die bei der Entnazifizierung Entlassenen ein.

4 Gerstenmaier war im Widerstand gegen Hitler aktiv gewesen; nach dem fehlgeschlagenen Attentat am 20. Juli 1944 wurde er festgenommen und vom Volksgerichtshof zu sieben Jahren Haft verurteilt.

Nr. 24

1 Geringfügig geändert abgedruckt in: Sozialdemokratischer Pressedienst vom 21. Februar 1969. Den Artikel hat Brandt – bei intensiver Umarbeitung einer Skizze seines Referenten Peter Röhrig – selbst verfasst (hs. Entwurf in: AdsD, WBA, A 3, 297).

2 Vgl. Resolution von Parteivorstand, Parteirat und Kontrollkommission, in: Jahrbuch 1968/1969, S. 465 f. (auszugsweise abgedruckt in: Berliner Ausgabe, Bd. 4, S. 582).

3 Dies war einer der Wahlslogans der CDU im Wahlkampf 1961.

4 Vgl. Anm. 2.

5 Am 11./12. Januar 1969 widmete sich der „Kongress der SPD mit der Jugend" in Bad Godesberg u. a. diesen Fragen (vgl. *Brandt* 2000, S. 83 ff.).

6 Im Januar 1969 legten der Bildungspolitische Ausschuss der SPD-Fraktion und der Vorstand das „Modell für ein demokratisches Bildungswesen" vor sowie den Entwurf von „Vorschläge[n] zur Reform der Hochschulen", auf denen der Artikel Brandts basiert. Vgl. Jahrbuch 1968/1969, S. 125 f., 404 ff.

Nr. 25

1 Am Textende ms. vermerkt: „D[urchschlag]/ H[erbert] W[ehner]", hs. vermerkt: „G[erhard] Jahn 29/5.69".

2 Brandt spielt hier – neben dem koalitionspolitischen Streit, ob die Bundesrepublik mit einem Abbruch der diplomatischen Beziehungen zu Kambodscha auf dessen Annäherung zur DDR reagieren solle – vor allem auf ein Thema an: die Entscheidung Kiesingers vom 9. Mai 1969, die D-Mark – entgegen dem Rat von Wirtschaftsminister Schiller, der um 6,25 % erhöhen wollte – nicht aufzuwerten. Im Rahmen der Auseinandersetzung um konjunkturdämpfende Maßnahmen und die Sicherung der Preisstabilität war bereits seit April 1969 über die Aufwertung der D-Mark spekuliert worden, was enorme zusätzliche Devisenzuflüsse in die Bundesrepublik auslöste. Über den Beschluss hatte es im Kabinett keine Abstimmung gegeben. In der Folge führte dies zu erheblicher Verstimmung in der Koalition.

3   Dass der Umgang zwischen den Koalitionären rauher wurde, hatte u. a. mit dem sich ankündigenden Wahlkampf 1969 zu tun; es machte sich aber auch bemerkbar, dass der „Kreßbronner Kreis" seit Ende 1968 nicht mehr getagt hatte. Vgl. Nr. 26 Anm. 3.

Nr. 26
1   Ms. vermerkt: „Durch Wagen". Am Textende ms. vermerkt: „D[urchschlag]/ H[erbert] W[ehner], H[elmut] Sch[midt], G[erhard] Jahn, H[ans]-J[ürgen] W[ischnewski], Bu[ndes-]Ka[nzler]".
2   In diesem Schreiben warf Barzel der SPD vor, das Klima zwischen den Koalitionsparteien zu verschärfen und gegen das Wahlkampfabkommen der Parteien vom 24. April 1969, das zur fairen Auseinandersetzung verpflichtete, zu verstoßen.
3   Der „Kreßbronner Kreis" war ein informelles Beratungsgremium führender Politiker der Großen Koalition, die erstmals am 29. Juli 1967 am Urlaubsort von Bundeskanzler Kiesinger in Kreßbronn zusammentraten. Bis Ende 1968 traf man sich in der Regel wöchentlich. Vgl. Einleitung.
4   Der im Oktober 1931 von den Deutschnationalen, der NSDAP und rechten Verbänden in Harzburg gebildete Zusammenschluss der „nationalen Opposition" – die *Harzburger Front* – zielte als Kampfbündnis von rechts auf die Beseitigung der Republik. Auf dieses Bündnis mit rechtsextremen Parteien hatte sich Brandt auf dem außerordentlichen Parteitag in Bad Godesberg am 18. April 1969 bezogen: „Ich muß offen und verantwortlich zum Thema CSU sprechen. Es wäre gut, wenn führende Politiker dieser Partei ihre provinziellen Gleise endlich verlassen würden. Die Weitsicht von Kirchtürmen mag hübsch sein, doch ist sie zu beschränkt. Die gegenwärtige Politik – nicht nur die Außenpolitik – wird unablässig angefeindet durch die Mini-Ausgabe einer neuen Harzburger Front. In München macht sie sich zunehmend bemerkbar durch den zweistimmigen Haßgesang des ,Bayern-Kurier' und der ,NS-Zeitung'. Und der Vorsitzende der CSU, der gegenwärtige Bundesfinanzminister, [...] kommt auf die Dauer nicht damit durch, daß er zwar Herausgeber des ,Bayern-Kurier' ist, aber keine Verantwortung dafür tragen will. Unsere Demokratie kann sich schon wieder einiges leisten, die Kombination von Regierungsverantwortung und Demagogie kann sie sich nicht leisten" (zit. nach AdG, 13. Mai 1969, S. 4790).
5   In einem Interview mit der NBC hatte Grass heftige Kritik insbesondere an der Haltung Kiesingers im „Dritten Reich" geübt. Brandt verteidigte Grass auf dem Parteitag der bayerischen SPD am 22. Juni 1969 zwar, distanzierte sich aber von der Stoßrichtung der Kritik Grass': „Ich meinte und meine, wir dürfen im Streit um die Vergangenheit nicht in Gefahr geraten, die Zukunft zu verlieren. Ich meinte und meine, daß wir die innere Aussöhnung in unserem Volke nicht vernachlässigen dürfen" (SPD Pressemitteilungen und Informationen, Nr. 188/69 vom 23. Juni 1969).
6   Aufgrund der Stimmenverhältnisse hätte der Kandidat der CDU/CSU, Gerhard Schröder, für die Wahl zum Bundespräsidenten Stimmen auch von der NPD benötigt.
7   Frederik veröffentlichte 1969 ein Pamphlet über Wehners Mitgliedschaft in der KP und dessen Zeit in Moskau (Titel: „Gezeichnet vom Zwielicht seiner Zeit"), das bis 1972 in rund 50 000 Exemplaren vertrieben wurde. Generell waren die Koalitionsgespräche am 3. und 10. Juni 1969 von wechselseitigen Vorwürfen über Hetze und Be-

leidigungen in parteinaher Presse und Reden bestimmt.

Nr. 27
1 Bei der Vorlage handelt es sich um die unkorrigierte Tonbandabschrift der Sitzung. Vgl. den intensiv von Brandt bearbeiteten Entwurf der Rede in: AdsD, WBA, A 3, 313.
2 Die DRP und – bis zu ihrem Verbot 1952 – die SRP erreichten nur in einigen Regionen mehr als 5 %. In den ersten Bundestagswahlen blieben die verschiedenen rechtsextremen Parteien weit darunter.
3 Vgl. Nr. 22 Anm. 12.
4 Die „Aktion Demokratischer Fortschritt" war ein für die Bundestagswahlen 1969 gegründetes Bündnis verschiedener linksextremer Gruppen unter Führung der DKP, die als Ersatz für die 1956 verbotene KPD gerade neu erstanden war.
5 Korrigiert aus: „dekoriert".
6 Der umgangssprachliche Ausdruck steht für einen Menschen, der sich viel gefallen lässt, so geduldig ist, dass es ihm zum Nachteil gereicht.
7 Korrigiert aus: „denen, die auf, mit denen".

Nr. 28
1 *Der Spiegel* widmete – knapp zwei Wochen vor der Wahl – Brandt die Titelgeschichte. Das Interview streifte alle politischen Bereiche, der Schwerpunkt lag auf der Außen- und Deutschlandpolitik sowie der SPD. Brandt hat die Antworten intensiv hs. bearbeitet (AdsD, WBA, A 3, 322).
2 So lautete einer der Wahlslogans der CDU für die Bundestagswahl 1969.
3 Bundeskanzler Adenauer hatte von 1951 bis 1955 zugleich die Aufgaben des Bundesministers des Auswärtigen mit übernommen.
4 Einer der Werbesprüche der SPD für 1969 hieß: „Wir haben die richtigen Männer."
5 Von Brandt hs. korrigiert. Die ursprünglich im Interview gegebene Antwort lautete: „Von den Sozialdemokraten würde alles für ihn sprechen. Ich wollte ja nach den baden-württembergischen Wahlen aus dem Kabinett ausscheiden und habe damals schon Helmut Schmidt im Führungskreis vorgeschlagen" (AdsD, WBA, A 3, 322).

Nr. 29
1 Mit Vermerk: „Durch Boten".
2 Am 24. September 1969 hatte die Bundesbank aufgrund der internationalen Währungskrise und des spekulativen Geldzuflusses dafür plädiert, die Devisenbörsen bis zur Wahl zu schließen, um von der Pflicht des Dollarankaufs entbunden zu sein. In seinem Schreiben verknüpfte Kiesinger dies mit dem Vorwurf an die SPD, die Spekulation durch die ständige Forderung nach einer Aufwertung der DM mitverursacht zu haben (AdsD, WBA, A 7, ungeordnet, 52).
3 Im Frühsommer 1969 hatte Schiller ein Stabilitätsprogramm zur Nachfragedämpfung vorgelegt, das u. a. die Aufwertung sowie binnenwirtschaftliche Maßnahmen vorsah. Dies war im Kabinett abgelehnt worden. Vgl. Nr. 25 Anm. 2.
4 Kiesinger antwortete sogleich, er sei bereit, ein „währungspolitisches Stillhalteabkommen" zu schließen, zumal „jetzt auch Ihre Partei erkennt, welch schwerer Schaden unserem Land durch die ständige öffentliche Ankündigung einer Aufwertung zugefügt wird" (AdsD, WBA, A 7, ungeordnet, 52). Brandt widersprach diesem Vorwurf sogleich (ebd.). In der Sache einigte man sich auf die Schließung der Devisenbörsen. Eine Aufwertung der DM erfolgte

erst unter der neuen Regierung im Oktober 1969; allerdings war der Wechselkurs der D-Mark schon am Tag nach der Bundestagswahl von der alten Regierung freigegeben worden, was praktisch einer De-facto-Aufwertung entsprochen hatte.

Nr. 30

1   Bei der Vorlage handelt es sich um ein stenographisches Protokoll des BPA. Diese erste Stellungnahme von Brandt nach der Wahl wurde – laut Protokoll – um 23.30 Uhr direkt von ARD und ZDF übertragen. Die hs. Notizen für die Erklärung sind wiedergegeben bei *Hofmann, Daniel*: „Verdächtige Eile". Der Weg zur Koalition aus SPD und F.D.P. nach der Bundestagswahl vom 28. September 1969, in: Vierteljahrshefte für Zeitgeschichte 48 (2000), S. 515–564, 541.

2   Zum Wahlergebnis vgl. Anhang.

3   Nach dem Zweitstimmenergebnis reduzierte sich der Abstand zwischen CDU/CSU und SPD von 8,3 % bei den Wahlen 1965 auf nunmehr 3,4 %.

4   Scheel hatte mehrfach in den Tagen vor der Wahl seine Präferenz für die Koalition mit der SPD kundgetan, am deutlichsten am 25. September 1969 in einer Diskussionsrunde des ZDF mit den Parteivorsitzenden.

5   Der Zweitstimmenanteil der SPD wuchs von 1957 bis 1969 von 31,8 auf 42,7 %.

6   Brandt hatte Scheel gegen 22.30 Uhr angerufen, um dessen Zustimmung dafür zu erhalten, im bevorstehenden Fernsehauftritt die Absicht zum sozialliberalen Bündnis zu verkünden. Vgl. Einleitung und *Baring* 1982, S. 166–170.

7   Kiesinger hatte in seiner ersten Stellungnahme erklärt, er „glaube nicht, daß diese Koalition politisch wirklich möglich ist" (gegen 23.15 Uhr im Fernsehen, stenographisches Protokoll des BPA).

8   Zu diesem Zeitpunkt befand sich Kühn mit Wischnewski und Mischnick sowie weiteren FDP-Politikern in der Wohnung von Alex Möller und sondierte, wie das sozialliberale Bündnis auf Bundesebene zu bewerkstelligen sei. Vgl. *Hofmann* 2000, S. 531 f.

Nr. 31

1   Am Textanfang hs. von Brandt vermerkt: „Scheel 29.9.69, 19–20.00 [Uhr] B[er]-l[i]n-Haus". Das Gespräch fand in der Vertretung des Landes Berlin in Bonn statt. Anwesend war neben Brandt und Scheel noch der Berliner Senator Hoppe. Das Dokument ist in teilweise anderer Lesart umgesetzt bei *Hofmann* 2000, S. 543.

2   In der Sitzung des FDP-Landesvorstands von NRW am Montag Vormittag, 29. September 1969, stimmte lediglich Zoglmann gegen die Empfehlung, zunächst Verhandlungen mit der SPD aufzunehmen. Dies bedeutete eine Vorentscheidung zugunsten der Koalition mit der SPD. Mende hatte die Sitzung vorzeitig verlassen.

3   Die Vorstände folgten einstimmig dem Beschluss des zuvor zusammengetretenen Präsidiums, sofort mit der FDP Verhandlungen aufzunehmen. Der Kommission gehörten an: Brandt, Schmidt, Wehner, Möller, Schiller, Kühn und Leber (vgl. AdsD, SPD-Parteivorstand, PV-Protokolle).

4   Die Aussicht auf weitere Regierungsbeteiligungen in den Bundesländern, wie beispielsweise in Hessen, das mit einer absoluten SPD-Mehrheit regiert wurde, sollte Scheel bei der Durchsetzung des sozialliberalen Kurses in der FDP helfen.

Nr. 32
1   Brandt verfasste dieses Schreiben in Münstereifel, wo er sich zu einer Klausurtagung der SPD-Führungsgruppen befand.
2   Kiesinger hatte in dieser letzten Kabinettssitzung der Großen Koalition am 8. Oktober 1969 Bilanz gezogen und den Regierungsmitgliedern seinen Dank ausgesprochen.

Nr. 33
1   Mit Stempel: „Abgesandt am 20. Okt[ober] 1969".
2   Eschenburg hatte vorgeschlagen, Ehmke statt zum Bundesminister zum PStS mit der Bezeichnung „Staatsminister" zu machen (AdsD, WBA, A 7, 3). Brandt und Ehmke intendierten, die Funktion des Kanzleramtes als Koordinierungsstelle der Regierungspolitik aufzuwerten; zudem wäre alles andere als der Ministerrang für den bisherigen Justizminister Ehmke einer Rückstufung gleichgekommen.
3   Art. 65 GG bestimmt, dass jeder Bundesminister „seinen Geschäftsbereich selbständig und unter eigener Verantwortung" führt. Daraus konnte sich ein Konflikt ergeben, denn als Minister wäre Ehmke nicht seinem Chef, dem Bundeskanzler, unterstellt, wohl aber als Kanzleramts-Behördenleiter.
4   Erhard hatte 1964 den StS Westrick als Chef des BKA zum Minister gemacht. Dieser hatte die für Beamte gültige Altersgrenze von 70 Jahren erreicht und wäre sonst ausgeschieden. In seinem Schreiben (wie Anm. 2) hatte Eschenburg gemahnt, dass eine Wiederholung des Falles das „Präjudiz außerordentlich verstärken" würde. Der Vorgänger Westricks, Globke, stand im Rang eines StS.

5   Auf die Kritik von Kabinettskollegen hin musste Brandt schriftlich die Kompetenzen Ehmkes festlegen: Insbesondere Schmidt und Schiller, die einen neuen Vizekanzler und Kronprinzen befürchteten, bestanden darauf, dass Ehmke zwar das Kanzleramt im Parlament vertreten könne, er aber als Kanzleramtsminister weder gegenüber dem Kabinett noch in der Partei eine hervorgehobene Rolle besitze.
6   Stempel.
7   Hs. paraphiert.

Nr. 34
1   Gemäß Art. 56 GG kann der Eid auch ohne „religiöse Beteuerung" geleistet werden. In den Kabinetten von Brandt haben nur Walter Arendt (1969 und 1972) sowie Werner Maihofer (1972) auf die Schlussformel „So wahr mir Gott helfe" verzichtet.

Nr. 35
1   Das Interview wurde am 22. Oktober 1969 um 20 Uhr geführt, am Tag nach der Wahl Brandts zum Bundeskanzler.
2   Adenauer war 1949 mit 202:142 Stimmen (bei 44 Enthaltungen) zum Bundeskanzler gewählt worden; da der Bundestag insgesamt aus 402 Abgeordnete bestand, entsprach dies exakt der im ersten Wahlgang erforderlichen absoluten Mehrheit.
3   In den Wochen vor der Bundestagswahl hatten in einigen Unternehmen und Dienstleistungsbetrieben (z. B. bei der Müllabfuhr) die Arbeiter „wilde" Streiks organisiert, um höheren Lohn und eine gerechtere Einstufung in den Tarifverträgen durchzusetzen. Die Gewerkschaften dagegen fürchteten unkontrollierbare Verhältnisse, welche die Vereinbarungen mit den Unternehmen hätten erschweren und eine ungünstige politische Wirkung auf die bevorstehenden Wahlen ausüben können.

4   Unter dem Titel „Wohlstand für alle?" wurden die Konzepte von Parteien und Experten zur Vermögensbildung analysiert. Vgl. *Der Spiegel*, Nr. 31 vom 28. Juli 1969, S. 38–51.

5   Ende 1968 hatte die SPD-Fraktion intensiv über die verschiedenen Konzeptionen der Mitbestimmung, des BetrVG und der „Unternehmensverfassung in Großunternehmen und Großkonzernen" beraten und Gesetzesvorhaben verabschiedet.

6   Scheel schlug für die Großbetriebe vor, die Aufsichtsräte zu je einem Drittel von Vertretern der Kapitalseite, der Arbeitnehmer und der leitenden Angestellten zu besetzen. Vgl. *Der Spiegel*, Nr. 39 vom 22. September 1969, S. 32.

7   Ende 1967 hatte die japanische Regierung ein neues Staatsministerium gebildet, das die Zuständigkeiten für Wissenschaft, Technologie und Atomfragen bündelte. 1968 wurde mit einem umfassenden Reformprogramm, u. a. der staatlichen Verwaltung und des Städtebaus, begonnen, das die Grundlage für ein „modernes Japan" legen sollte.

8   Die Abteilung Soziales wechselte zum Bundesministerium für Arbeit und Sozialordnung, die Kulturabteilung (ohne das Presserecht) zum Forschungsministerium. Neu erhielt das BMI die Aufgaben des aufgelösten Ministeriums für Vertriebene sowie Kompetenzen des vorher in verschiedenen Ressorts angesiedelten Umweltschutzes.

9   Zur beamteten StS wurde Hamm-Brücher, zum PStS v. Dohnanyi ernannt.

10 Gegen die Wahl Leussinks gab es viele Proteste aus den Ortsverbänden, aber auch aus der Fraktion. Mit ihm sei – so schrieben 40 Bundestagsabgeordnete – keine sozialdemokratische Bildungspolitik möglich, er stehe nicht für die Forderung nach mehr Demokratie auf allen Ebenen und für grundlegende Reformen (Schreiben vom 20. Oktober 1969, AdsD, WBA, A 8, 63).

11 Mit diesem Tor entschied die deutsche Mannschaft nicht nur das Spiel für sich, sondern qualifizierte sich noch anstelle der Schotten für die Fußball-Weltmeisterschaft 1970 in Mexiko.

12 Die Regierung Brandt/Scheel hatte fünf Ministerien weniger als das Kabinett der Großen Koalition: Die Ressorts Familie, Vertriebene, Schatz, Bundesrat und Post waren auf die übrigen Ministerien verteilt worden.

13 Vgl. Nr. 28.

Nr. 36

1   Zur Entstehung der Regierungserklärung vgl. Einleitung.

2   Die Aufwertung der D-Mark war einer der Streitpunkte im Vorfeld der Wahl zwischen CDU und SPD gewesen. Vgl. dazu Nr. 29.

3   Im Folgenden zählt Brandt die Planungen und Gesetzgebungsvorhaben der einzelnen Ressorts auf.

4   Die von der Großen Koalition 1968 und 1969 verabschiedeten Zusätze zur Verfassung modifizierten die Gesetzgebungskompetenzen zwischen Bund und Ländern. Sie erlaubten dem Bund die Mitwirkung bei „Gemeinschaftsaufgaben" (Art. 91 a, 91 b GG), insbesondere bei der wissenschaftlichen Forschung und der Bildungsplanung im weitesten Sinne. Vgl. Einleitung und Nr. 17 Anm. 2.

5   Brandt spielt hier auf das Schlagwort vom Militär als der „Schule der Nation" an. Der Ausdruck geht zurück auf das Gesetz über die preußische Heeresreform 1814, mit dem die allgemeine Wehrpflicht verankert wurde: Das Heer sei die „Haupt-Bildungsschule der ganzen Nation für den Krieg". Im Sommer 1969 löste dieses Wort eine Aus-

einandersetzung über die Prinzipien der Inneren Führung in der Bundeswehr aus, nachdem Regierungschef Kiesinger vor dem Bundeswehrverband am 18. Juni 1969 erklärt hatte, die Armee solle „eine große Schule der Nation für unseren jungen Leute" werden (vgl. hierzu seine Rechtfertigung in der Wehrdebatte des Parlaments am 27. Juni 1969, in: Verhandlungen, Bd. 70, S. 13618, und *Der Spiegel*, Nr. 26 vom 23. Juni 1969, S. 31).

6   Gemeint ist hier die Befürchtung, die Bundesrepublik könne – wie die Weimarer Demokratie – zwischen links- und rechtsextremen Gegnern der parlamentarischen Demokratie zerrieben werden.

Nr. 37

1   Ms. vermerkt: „Abschrift von handschriftl[ichem] Brief"; hs. vermerkt: „ab 22/12." Schreiben mit ähnlicher Intention – der Bitte um Zusammenarbeit und dem Appell an die gemeinsame Verantwortung –, aber unterschiedlicher Form richtete Brandt am selben Tag an alle sozialdemokratischen Kabinettsmitglieder (vgl. Nr. 38).

2   Brandt hatte sich nach der Bundestagswahl 1965 enttäuscht nach Berlin verabschiedet und musste zudem einen lebensgefährlichen Krankheitsanfall überstehen.

Nr. 38

1   Anstelle des vorgesehenen Gesprächs am 17. Dezember 1969 gab Brandt in einem Schreiben vom 22. Dezember Wehner, Schmidt, Wischnewski und Nau einen Überblick über Organisationsfragen und Arbeitsvorhaben (vgl. Berliner Ausgabe, Bd. 4, Nr. 85).

2   An diese drei Punkte – 1) Verständnis, 2) Geduld, 3) freundschaftliche Kooperation – knüpfte Schmidt in seiner Antwort an:

„Was Ziffer 2) angeht: Mein ganzes Leben habe ich den ernsten Willen dazu immer wieder aufs Neue gefaßt, aber oft genug spielt mir Ungeduld einen Streich. Was jedoch 1) und 3) angeht: darauf kannst Du Dich verlassen. Das konntest Du immer – trotz manchen Geredes und Geschreibsels durch Dritte. Dies kommt mir aus dem Herzen, Dir zu sagen. Laß' mich ein Wort hinzufügen: je mehr man informiert und ins Vertrauen gezogen wird, je mehr ist Kooperation möglich; oder mit anderen Worten: Bitte, laß' wichtige politische Entscheidungen nicht im Küchenkabinett zustandekommen" (10. Januar 1970, Archiv Helmut Schmidt, Innenpolitik A-Z, 2 [1970]).

3   Mit der Aufgabe des drei Jahre ausgeübten Ministeramtes und dem Wechsel in die Fraktion verschlechterte sich Wehners finanzielle Versorgung. Schmidt beabsichtigte, Wehner einen Ausgleich zukommen zu lassen. Ein ähnlicher Wechsel vom Ministeramt in die Fraktionsführung lag bei Barzel 1963 vor.

Nr. 39

1   Brandt verfasste das Schreiben während einer Reise nach Tunesien auf der Insel Dscherba. Hs. vermerkt: „ab 2/1."

2   Der frühere FDP-Vorsitzende Mende hatte im Dezember 1969 Scheel vorgeworfen, mit dem sozialliberalen Kurs die Existenz der Partei zu gefährden. Scheel solle „eindeutig die Position der Mitte" (*Die Welt* vom 2. Januar 1970) vertreten. Auf dem Dreikönigstreffen der FDP in Stuttgart am 6. Januar 1970 verurteilte der FDP-Vorstand Mendes Verhalten als parteischädigend.

3   Zu den Landtagswahlen, vor allem in NRW und Hessen, vgl. Anhang.

Nr. 40

1 Hs. vermerkt: „Konzept", „ab 12. III."
Am Textende ms. vermerkt: „Durchdruck an Herrn Herbert Wehner, Herrn Bundesminister Ehmke, Herrn Staatssekretär von Dohnanyi zur Kenntnis (mit Ablichtung des Briefes G[ünter] G[rass] vom 9.3.[19]70)."

2 Gemeint: privates Treffen von Personen aus dem Umfeld von Brandt, die selbst aus Danzig stammten (Grass) oder sich „Danzigern" verbunden fühlten.

3 Grass forderte im Schreiben vom 25. Februar 1970 Brandt u. a. auf, die Abgrenzung zu Gegnern der parlamentarischen Demokratie in der eigenen Partei schärfer zu ziehen. Am 9. März 1970 beklagte er die mangelnde innenpolitische Schwerpunktsetzung von Brandt. Vgl. ausführlich Einleitung sowie die Schreiben in: AdsD, WBA, A 8, 6.

4 1970 konzentrierte sich Brandt auf die Aushandlung des Moskauer und Warschauer Vertrages sowie auf die Gesprächskontakte mit der DDR, die zu den Begegnungen mit Stoph in Erfurt und Kassel führten.

5 Schulsenator Evers hatte am 4. März 1970 in Berlin sein Amt aus Protest gegen die Kürzung der Bildungsausgaben niedergelegt.

Nr. 41

1 Das Interview wurde am 11. Mai 1970 um 20.15 Uhr im Fernsehmagazin *Report* ausgestrahlt. Anlass war die Eröffnung des SPD-Parteitages in Saarbrücken. Als Vorlage diente das stenographische Protokoll des BPA. Ms. vermerkt: „Sperrfrist: Montag, 11. Mai 1970 20.15 Uhr".

2 Im Godesberger Grundsatzprogramm von 1959 heißt es: „Gemeineigentum ist eine legitime Form der öffentlichen Kontrolle, auf die kein moderner Staat verzichtet. [...] Das zentrale Problem heißt heute: Wirtschaftliche Macht. Wo mit anderen Mitteln eine gesunde Ordnung der wirtschaftlichen Machtverhältnisse nicht gewährleistet werden kann, ist Gemeineigentum zweckmäßig und notwendig."

3 Die „schwedische" oder „Stockholmer Schule" entwickelte das Konzept einer „Neuen Wirtschaftspolitik", die aufgrund einer Analyse der zurückliegenden Entwicklungstrends und Annahmen über künftige Zusammenhänge eine staatliche Rahmenplanung und Eingriffe in das Wirtschaftsleben postulierte. Eine antizyklische Finanzpolitik und kreditfinanzierte öffentliche Arbeitsprogramme sollten zur Grundlage eines – das kapitalistische System transformierenden – Wohlfahrtsstaates werden.

Nr. 42

1 Ms. vermerkt: „Herbert Wehner (nimmt L[eo] B[auer] am 2.8.[19]70 mit nach Schweden), Helmut Schmidt (per Eilboten zum Brahmsee)". Am Textende ms. vermerkt: „D[urchschla]g zur gef[äl]l[ligen] Kenntnisnahme: 1.) A[lfred] N[au]/H[ans]-J[ürgen] W[ischnewski], 2.) BM Ehmke".

2 Es handelte sich um Gespräche mit den Vorsitzenden von DGB, IG Metall, ÖTV und der Postgewerkschaft.

3 Die Sitzung des Gewerkschaftsrates – ein vom SPD-Parteivorstand im März 1968 ins Leben gerufenes Gremium, das in „wichtigen gesellschaftspolitischen Fragen" beraten sollte – kam erst im Mai 1971 zustande. Vgl. Nr. 50.

4 Gemeint ist der von der Bundesregierung am 7. Juli 1970 beschlossene Zuschlag von 10 % auf die Einkommensteuer zwischen August 1970 und Juli 1971. Diese Kaufkraftabschöpfung sollte die Konjunktur dämpfen. Das Geld wurde von der Bun-

desbank angelegt und musste bis spätestens 31. März 1973 wieder zurückgezahlt werden. Vgl. auch Nr. 51.
5 Gemeint ist die in England verbreitete Neigung zu wilden Streiks und Einzelabsprachen zwischen Arbeitervertretern und Unternehmern.
6 Stempel.
7 In der im Juni 1970 gegründeten National-Liberalen Aktion – einer „Fraktionsbildung von rechts" – sammelten sich Gegner des sozialliberalen Kurses der FDP, die auch ihrem NRW-Landesvorsitzenden Weyer die Gefolgschaft verweigerten. Ein Teil von ihnen wechselte im Herbst 1971 zur CDU/CSU. Zur Wahl in NRW im Juni 1970 vgl. Anhang.

Nr. 43
1 Zuvor berichtete Brandt über die Außenpolitik und Angelegenheiten der SPD.
2 Einbußen der SPD in der Popularität führte Brandt auch auf die Auseinandersetzungen um sein Treffen mit Willi Stoph im Mai 1970 in Kassel zurück.
3 Gemeint sind die in der FDP anhaltenden Auseinandersetzungen um die sozialliberale Koalition, die durch die schwachen Wahlergebnisse in den Landtagswahlen bis Sommer 1970 und Gerüchte um den Wechsel einiger Bundestagsabgeordneter zur CDU/CSU noch zunahmen.
4 Vgl. Nr. 42 Anm. 4.

Nr. 44
1 Die Rede auf dem Schriftstellerkongress in Stuttgart stand unter der Frage „Braucht die Politik den Schriftsteller". Sie ist von Brandt hs. vorbereitet worden; abgedruckt auch in: NG 18 (1971), 1, S. 51 ff.
2 *Bebel, August:* Aus meinem Leben, 3 Bde., Berlin 1910–1914.

3 Brandt spielt hier auf die Inhaftierungen und zahlreichen Menschenrechtsverletzungen unter dem seit 1967 bestehenden Militärregime in Griechenland an.

Nr. 45
1 An diesem Gespräch, das von 21.30 bis 0.30 Uhr im Kanzler-Bungalow stattfand, nahmen Intellektuelle, Wissenschaftler und SPD-Politiker teil, u. a. Bahr, Bauer, Böll, Ehrenberg, Gaus, Grass, Habermas, Jochimsen, Mitscherlich und Rosenthal. Bei der Vorlage handelt es sich um das vom BPA gefertigte stenographische Protokoll.
2 Im vorhergehenden Teil des Gesprächs debattierten die Anwesenden zahlreiche Aspekte der „Fetischisierung des Eigentums" speziell in Deutschland. Brandt äußerte sich dazu kaum.
3 Gemeint ist u. a. die auf dem Sektor der Rüstungs- und Luftfahrtindustrie tätige Firma Messerschmidt-Bölkow-Blohm GmbH, die 1969 aus der Fusion zahlreicher kleinerer Unternehmen entstanden war.
4 Die gemeinsam mit Großbritannien und Italien geplante Entwicklung des Kampfflugzeuges „MRCA-70" („Tornado") sollte ab Mitte der 70er Jahre den „Starfighter" ablösen.
5 Dies bezieht sich auf Art. 14 Abs. 2 GG: „Eigentum verpflichtet. Sein Gebrauch soll zugleich dem Wohle der Allgemeinheit dienen."
6 Im Januar 1971 brachte die Regierung den Gesetzentwurf dann im Bundestag ein, ein Jahr später konnte das BetrVG in Kraft treten. Es stellte einen Kompromiss zwischen den politischen Parteien dar, erweiterte die Mitsprache der Arbeitnehmer, zeigte aber auch die Grenzen des gewerkschaftlichen Einflusses auf. Vgl. Einleitung.
7 In der Montanindustrie (Betriebe mit mind. 50 % Umsatz in Bergbau, Eisen- oder

Stahlproduktion) galt seit 1951 eine qualifizierte, paritätische Mitbestimmung: Der Aufsichtsrat des Unternehmens setzte sich aus einer gleichen Anzahl von Vertretern der Anteilseigner und der Arbeitnehmer sowie aus einem weiteren, neutralen Mitglied zusammen. In den Aufsichtsräten der übrigen Branchen hatten die Vertreter der Arbeitnehmer auf Grund des BetrVG von 1952 ein Drittel der Sitze inne. Die im November 1967 von der Großen Koalition eingesetzte Sachverständigenkommission unter Leitung von Biedenkopf hatte in ihrem Bericht vom Januar 1970 für ein stärkeres Gewicht der Arbeitnehmervertreter plädiert. Zu einer Neuregelung kam es aufgrund der heftigen Interessengegensätze zwischen Unternehmern und Gewerkschaften, Regierung und Opposition, aber auch innerhalb der Koalition, erst 1976.

8 Die Reform des Erbschaftssteuerrechts wollte die SPD als Mittel der Umverteilung nutzen, indem sie große Vermögen höher belastete und bei mittleren sowie kleineren die Steuerlast reduzierte. Zu einem Gesetz kam es erst im Dezember 1973.

9 Regierungserklärung vom 28. Oktober 1969, vgl. Nr. 36.

10 Im Folgenden debattierten die Anwesenden u. a. die Art der Presseberichterstattung über die Regierung.

11 Brandt unterschätzte die öffentliche Meinung diesmal: Sowohl der Hochschulpolitik wie der Verabschiedung des BetrVG im Kabinett wurde in der Presse am 4. Dezember 1970 mehr Aufmerksamkeit zuteil als dem Gewaltverzichtsabkommen mit Polen (vgl. *FAZ*, *SZ* und *FR* vom 4./5. Dezember 1970).

Nr. 46

1 Am Textende ms. vermerkt: „Doppel: BM Ehmke"; hs. vermerkt: „ab 15/2."

2 In diesem Schreiben warb Gaus um Verständnis für seinen Kommentar in *Der Spiegel* (Nr. 6 vom 1. Februar 1971, S. 27). Unter dem Titel „Warten auf einen Kanzler" hatte Gaus die mangelnde innenpolitische Profilierung Brandts kritisiert.

3 Es fehle, so hatte Gaus in *Der Spiegel* formuliert, „der Mann fürs Innere, für die Konjunkturpolitik samt Steuerplanung [...]. Der Mann müßte her, denn vom Teil-Kanzler Brandt ist die Hinwendung zur Innenpolitik wohl nicht mehr zu erwarten" (ebd.). In seiner Antwort vom 17. Februar 1971 betonte Gaus, ein „hartes Wort" müsse auch „öffentlich gesagt" werden können, wenn man „im Notfall" wisse, „wo man hingehört und wie man gegebenenfalls helfen kann".

4 Stempel.

5 Hs. paraphiert.

Nr. 47

1 Das Gespräch ging auf ein Schreiben Vetters vom 24. März 1971 zurück (AdsD, WBA, A 3, 394), in dem dieser die „sich verstärkenden Angriffe" von Wirtschaftsminister Schiller und der Bundesbank auf die gewerkschaftliche Tarifpolitik beklagt hatte. Hielte die Kritik an, wäre der DGB gezwungen, „mit einer großen Kampagne" zu beweisen, wer für die derzeitigen Preissteigerungen verantwortlich sei. Zudem stockten in der Innenpolitik mit dem Betriebsverfassungs- und Mitbestimmungsgesetz gerade die Reformen, die die Arbeitnehmer unmittelbar beträfen. In einer öffentlichen Erklärung solle sich der Kanzler, so forderte Vetter, von der Kritik an den Gewerkschaften distanzieren.

2 Verhandlungen, 24. März 1971, Bd. 75, S. 6396. In dieser Erklärung zum innenpolitischen Arbeitsprogramm betonte Brandt, dass beide Ziele – Geldwertstabilität und

hoher Beschäftigungsstand – gleich wichtig seien; zugleich forderte er von allen Gruppen Solidarität gegenüber der Stabilitätspolitik der Bundesregierung.
3   Hs. unterzeichnet.

Nr. 48
1   Gleichlautende Schreiben richtete Brandt an alle Kabinettsmitglieder.
2   Als Anfang 1971 deutlich wurde, dass die Steuereinnahmen des Bundes sehr viel weniger steigen würden als erwartet, ermahnte Finanzminister Möller am 25. Februar die Ressorts, den angemeldeten Ausgabebedarf für die mittelfristige Finanzplanung (1971–1975) zu reduzieren. Dies wiederholte sich am 25. März, nachdem Möllers Appell zum Sparen gerade bei den ausgabefreudigen Ministerien – vor allem Verteidigung, Verkehr und Arbeit – wirkungslos verpufft war und sich auch Brandt nicht weiter darum gekümmert hatte.
3   Einer der ersten, die ihre Wünsche schriftlich anmeldeten, war am 6. April 1971 Außenminister Scheel. In seiner Antwort (12. April 1971) schrieb Brandt – fast entschuldigend –, eine Durchführung „aller Pläne und Programme" sei „nicht sofort und nicht auf einmal möglich". „Der Spielraum für neue Vorhaben wird dabei entscheidend bestimmt durch die Auffindung von Möglichkeiten zur Einschränkung überkommener Ausgaben" (AdsD, WBA, A 8, 45).
4   Hs. unterzeichnet.

Nr. 49
1   Am Textanfang ms. vermerkt: „Persönlich!"
2   In diesem mehrseitigen Schreiben vom 12. Mai 1971 über die finanzpolitische Situation erklärte Möller seinen Rücktritt: „Es trifft mich sehr schwer, daß ich Ihnen mit diesem Schreiben und meiner Entscheidung Kummer bereiten muß. Nun ist aber der Zeitpunkt gekommen, an dem feststeht, daß eine Hinausschiebung niemandem mehr nutzt und Schaden für das Gemeinwohl eintritt." Als Gründe nannte er die unaufhörlichen Ausgabenwünsche seiner Kabinettskollegen, die selbst nach Brandts Mahnung (vgl. Nr. 48) noch gestiegen seien. Vom Kanzler selbst habe er keinerlei Unterstützung erhalten. „Grundsätzlich möchte ich am Schluß noch festhalten, daß sich leider sehr häufig die Auseinandersetzungen über Mittelbewilligungen so vollziehen, daß man meint, bei mir läge böser Wille oder mangelnde Bereitschaft vor, die Notwendigkeit der Realisierung bestimmter Anliegen anzuerkennen – ich kämpfe da seit langem gegen eine Wand von Mißbehagen. Sie wissen, sehr geehrter Herr Bundeskanzler, daß ich kein Mann wechselnder Entschlüsse bin, und gerade die Vorgänge in den ersten Julitagen 1970 [vgl. für die Auseinandersetzung um die Haushaltslage Nr. 42, 43] haben mich besonders zu verantwortlichem Nachdenken verpflichtet. Ich sehe aber keine Möglichkeit mehr, meine Arbeitskraft der Bundesregierung und der Koalition zur Verfügung zu stellen." Vgl. *Möller*, 1978, S. 476–487.
3   Stempel.

Nr. 50
1   Das Kommuniqué der Sitzung ist auszugsweise abgedruckt in: SPD Pressemitteilungen und Informationen, Nr. 210 vom 17. Mai 1971.
2   Anfang Mai 1971 lösten massive US-Dollar-Zuflüsse in mehreren europäischen Staaten eine Währungskrise aus. Das Kabinett beschloss am 9. Mai 1971 der verstärkten Inflationsgefahr entgegenzuwirken, u. a. durch eine Freigabe der Wechselkurse und durch eine Haushaltssperre, bei

der alle – eine bestimmte Grenze übersteigenden – Ausgaben von der Zustimmung des Finanzministers abhängig wurden.
3   Vgl. Nr. 36 und Nr. 47 Anm. 2.
4   Vgl. Nr. 49. In einem Interview für *Die Welt* am 14. Mai 1971 betonte Möller, dass er die Kabinettsbeschlüsse unterstütze, Schwierigkeiten aber darin sehe, die Ressorts zur entsprechenden sparsamen Haushaltsführung zu veranlassen.
5   Gemeint ist der Anhang von Möllers Rücktrittsschreiben vom 12. Mai 1971 (vgl. Nr. 49 Anm. 2). Dieser enthielt nicht nur eine Darlegung der Haushaltssituation, sondern auch eine Klage über die mangelnde Solidarität der SPD-Bundestagsfraktion.
6   In seiner Rede am 11. Mai 1971 forderte Brandt die Tarifpartner auf, die Lohn-Preis-Spirale zu beenden: Man komme zu keiner gemeinsamen Basis, wenn „am Arbeitsplatz höhere Löhne, am Familientisch niedrigere Preise und am Stammtisch niedrigere Steuern" gefordert würden (Verhandlungen, Bd. 76, S. 7000).
7   Gemeint ist Donnerstag, der 12. Mai 1971, an dem Brandt sich nach dem Rücktritt Möllers für Schiller als Nachfolger entschied sowie die Ressorts Wirtschaft und Finanzen in dessen Hand vereinigte.
8   Reischl, PStS bei Möller, war nach dessen Ausscheiden ebenfalls zurückgetreten. Brandt dankte ihm mit Schreiben vom 15. Mai 1971: „Deine Haltung in diesen Tagen war für die Stilbildung auf einem für uns noch ungewohnten Gebiet von grosser Bedeutung" (AdsD, WBA, A 8, 16).
9   In seiner Rede zur Eröffnung des Bundeskongresses des DGB am 14. Mai 1971 hatte Vetter zugesagt, die Stabilitätspolitik der Regierung zu unterstützen. Zugleich übte er heftige Kritik an den „überhöhten Gewinnen" und der „Preistreiberei" der Unternehmer (vgl. *FAZ*, Nr. 112 vom 15. Mai 1971).

Nr. 51
1   Vgl. Nr. 49.
2   Gemeint ist die Ernennung Schillers zum Minister für Wirtschaft und Finanzen.
3   Gemeint ist die Aufwertung der DM nach der Bundestagswahl 1969.
4   Vgl. Nr. 42 Anm. 4.
5   Vgl. Nr. 48.
6   In der Regierungserklärung vom 28. Oktober 1969 hieß es: „Die Bundesregierung wird im Laufe der Legislaturperiode den schrittweisen Abbau der festen Altersgrenze prüfen und sich bemühen, sie durch ein Gesetz über die flexible Altersgrenze zu ersetzen" (Verhandlungen, Bd. 71, S. 30).

Nr. 52
1   Die Rede wurde vor dem Politischen Club der Evangelischen Akademie gehalten. Die Entwürfe von Bauer, Eppler, Grass u. a. hat Brandt intensiv bearbeitet (AdsD, WBA, A 3, 404).
2   Für Marx kennzeichnet der Begriff die „Entwirklichung", die der Mensch unter kapitalistischen Produktionsverhältnissen erfahren habe und die einem System, das auf Privateigentum beruhe, inhärent sei. Da der Mensch in der Regel keinen Anteil an den Produktionsmitteln besitze, sei er dem Produkt seiner Arbeit entfremdet.
3   Nach Auffassung des Reformators werde die Sündhaftigkeit des Menschen nicht durch die Taufe getilgt, sondern sei in jedem Menschen als Hang zur Sünde weiter wirksam. Die Schuld sei unausweichlich; sie resultiere aber nicht aus einem bestimmten moralischen Zustand des Menschen. Gnade werde im Sterben Jesu dem Menschen allein durch den Glauben („sola fide") zuteil.
4   „Lebensstandard" und „Lebensqualität". Dieses Begriffspaar hat Brandt aus dem Amerikanischen entlehnt: 1956 hatte der

demokratische Bewerber um die Präsidentschaft, Stevenson, mit dem Motto „quality of life" auf die Erweiterung der Bürgerrechte und die Harmonisierung von moderner Lebensform und Umwelt gezielt.

5 Es folgen Ausführungen zu den Vorsorgegesetzen in der Gesundheitspolitik sowie zur internationalen Friedenspolitik.

6 In These 24 der „Denkschrift zu Fragen der Sexualethik", mit der die EKD auf den „allgemeinen Wandel in den zwischenmenschlichen Beziehungen" zu reagieren suchte, heißt es: „Eine Ehe kann soweit zerstört werden, daß keine Aussicht auf Wiederherstellung ehemäßiger Beziehungen besteht. [...] Voraussetzung für eine Ehescheidung ist aber die tatsächliche Zerstörung der Ehe. Sie darf nicht willkürlich durch einseitige Verstoßung des Partners oder durch bloßes Übereinkommen beider Partner beendet werden" (Die Denkschriften der Evangelischen Kirche in Deutschland, hrsg. von der Kirchenkanzlei der Evangelischen Kirche in Deutschland, Bd. 3.1, Gütersloh 1988, S. 150).

7 In These 50 der „Denkschrift" (ebd., S. 158 f.) widersprach die EKD entschieden einer grundsätzlichen Freigabe des Schwangerschaftsabbruchs, insbesondere einer sozialen Indikation, führte aber in den Thesen 51–54 Gründe auf, die zur Abweichung von diesem Grundsatz führen *könnten*: bei Vergewaltigung, Fragen der Erbgesundheit und der Schädigung des Kindes.

8 In der Eröffnungsrede zur „Woche der Brüderlichkeit" in Köln am 21. März 1971 hielt Brandt ein Plädoyer für den Abbau von Rassenschranken und die Unteilbarkeit der Menschenrechte. Vgl. Bulletin des Presse- und Informationsamtes der Bundesregierung, Nr. 43 vom 23. März 1971.

9 Die Vierte Synode der EKD, die vom 18. bis 21. Februar 1971 in Berlin-Spandau tagte, hatte u. a. eine Rechtfertigung gewaltsamen Widerstands in der Gesellschaft abgelehnt und die Notwendigkeit einer Anti-Diskriminierungs- und Anti-Rassismus-Resolution betont. Vgl. Bericht über die Tagung der vierten Synode der Evangelischen Kirche in Berlin-Spandau, Hannover 1972.

10 In diesem Kommentar zieht Stammler folgendes Resümee: „So drohend die Lawinen des technischen und wissenschaftlichen Fortschritts auf uns zurollen, so wenig scheinen wir bis jetzt in der Lage zu sein, den darin enthaltenen Herausforderungen gerecht zu werden und auf die ständig bedrängenderen Fragen vertretbare Antworten zu finden. Vermutlich stehen wir im Bruch zwischen zwei Zeitaltern [...]" (*Stammler, Eberhard*: Angst vor der Zukunft, in: Evangelische Kommentare 4 (1971), 1, S. 2).

11 Reichs Buch „The Greening of America" führte 1970 monatelang die amerikanischen Sachbuch-Bestseller-Listen an (dt.: *Reich, Charles*: Die Welt wird jung. The Greening of America. Der gewaltlose Aufstand der neuen Generation, Wien u. a. 1971). Für Reich ist die „Revolution der jungen Generation" ein Aufstand gegen die „schlimmste aller Welten", in welcher der Mensch als „rechtloser Lohnsklave" schrankenlosem Konsumterror und unkontrollierbarer Technik unterworfen sei. Er unterscheidet drei Phasen des „Bewußtseins": *1.* die Befreiung des Individuums aus den Zwängen der alten Klassenordnung und die Entfaltung der eigenen Kräfte durch die industriekapitalistische Gesellschaft im 19. Jh.; *2.* die Mentalität des gegenwärtig vorherrschenden „Institutionenmenschen": Dieser binde seine Individualität in die öffentlich-staatlichen Interessen ein und ordne sich damit der organisierten Leistungsgesellschaft unter. Fortschritt glaube er durch staatliches Handeln, mate-

rielle und soziale Wohlfahrt, neuen Städtebau u. Ä. zu erreichen, übersehe aber dabei die „Verarmung" des Lebens in dieser „ständigen Tretmühle" des Institutionenstaats; 3. das neue Bewusstsein der Befreiung, das sich seit Sommer 1967 verbreite: Es weise den Weg zu schöpferischem Individualismus, der Mensch komme zu sich selbst und werde fähig zur herrschaftsfreien Gesellschaft ohne aufgezwungene Verhaltensweisen oder Systeme.

1971 hatte Brandt die Kabinettsmitglieder förmlich an die Pflicht zur Verschwiegenheit über die Beratungen erinnert und hinzugefügt: „Die Unterrichtung der Presse über andere Gegenstände als die zur Veröffentlichung freigegebenen Beschlüsse oder Stellungnahmen des Kabinetts erfolgt in Zukunft in Abstimmung mit dem Bundeskanzler" (hs. Notiz von Brandt für die Sitzung, in: AdsD, WBA, A 8, 92).
3   Hs. paraphiert.

Nr. 53
1   Am Textanfang ms. vermerkt: „VERTRAULICH". Von Brandt hs. abgezeichnet: „15/".
2   Am gleichen Tag richtete Scheel ein offizielles und in der Presse veröffentlichtes Schreiben an Brandt, in dem er eine positive Halbzeitbilanz der Koalitionsarbeit zog.
3   Vgl. Nr. 49.
4   Leber hatte in einem Interview die Beamten im Wirtschaftsministerium massiv kritisiert und ihnen „unnützes und unnötiges Geschwätz" vorgeworfen (FAZ, Nr. 142 vom 30. Juni 1971). Hintergrund war der Wunsch Lebers, zusätzliche Gelder für den Bau von Autobahnen zu erhalten (etwa aus einer Erhöhung der Mineralölsteuer), während Schiller ihn zu Einsparungen zwingen wollte. In den folgenden Kabinettssitzungen am 30. Juni und 7. Juli 1971 hielt der Streit an – trotz der Ermahnungen durch Brandt.
5   Hs. unterzeichnet.

Nr. 54
1   Vgl. Nr. 53.
2   Über die internen Auseinandersetzungen zwischen den sozialdemokratischen Ministern Schiller und Leber konnte man jeweils postwendend in der Presse lesen (vgl. Nr. 53 Anm. 4). In der Sitzung am 7. Juli

Nr. 55
1   Bei der Vorlage handelt es sich um das vom BPA gefertigte stenographische Protokoll. Das Hintergrundgespräch – die Äußerungen Brandts durften nicht zitiert werden – begann um 20.00 Uhr in Stuttgart.
2   Der Haushaltsplan 1972 sowie die MifriFi bis 1975 wurden vom Kabinett am 10. September 1971 beschlossen. Dazu gehörte die Einnahmenverbesserung durch eine Erhöhung der Steuern auf Mineralöl, Tabak und Branntwein.
3   Im Januar 1972 wurde der Anteil der Länder am Umsatzsteueraufkommen von 30 auf 35 % erhöht.
4   Vgl. Nr. 49 Anm. 2.
5   Vgl. Nr. 50 Anm. 2. Mit der Festsetzung neuer Währungsparitäten im Dezember 1971 – insbesondere der erheblichen Abwertung des Dollars gegenüber der D-Mark – wurde schließlich versucht, der internationalen Währungskrise beizukommen.
6   Am 12. August 1971 hatte der Generalinspekteur der Bundeswehr den Bericht der Personalstruktur-Kommission vorgelegt. Darin wurde u.a. die strikte Einführung und Anwendung des Leistungsprinzips in der Personalordnung vorgeschlagen. Die Bundeswehr stand insgesamt vor einer umfassenden Reform. Im Februar 1971

hatte bereits die Wehrstruktur-Kommission die Herabsetzung des Grundwehrdienstes von 18 auf 15 Monate gefordert, um größere Wehrgerechtigkeit zu erreichen. Das Weißbuch '70 über die Situation der Streitkräfte hatte erhebliche Schwächen der Bundeswehr konstatiert und eine Reihe von Reformkommissionen angekündigt. Dazu gehörte auch die Kommission zur „Neuordnung der Bildung und Ausbildung", die in ihrem Bericht Anfang 1971 Maßnahmen vorschlug, die länger dienenden Soldaten den Abschluss einer Berufs- oder Hochschulbildung ermöglichen sollten.

7   Am 3. März 1971 beschloss der Bundestag – mittels Änderung des GG (Art. 74 a) –, dem Bund die Gesetzgebungskompetenz für die Besoldung und Versorgung der Beamten im gesamten öffentlichen Dienst zu übertragen (bei Zustimmungspflicht des Bundesrates). Dies verführte auch zum Bestreben, die unterschiedlichen Gehälter der auf gleicher Ebene Beschäftigten in Bund, Ländern und Gemeinden auf das Niveau des Bundes nach oben anzugleichen.

Nr. 56
1   Am Textanfang ms. vermerkt: „Persönlich!"; hs. vermerkt: „ab 4/10." Am Textende ms. vermerkt: „Kopie – streng persönlich – Herrn Chef BKA mit der Bitte um Äusserung".
2   Gespräch am Mittwoch, 30. September 1971. Ähnliche Ermahnungen wegen unautorisierter und vorauseilender Äußerungen von Ahlers hatte es seit Regierungsbeginn mehrfach gegeben. Vgl. die Schreiben in AdsD, WBA, A 8, 1.
3   Ahlers' Interview für den *Süddeutschen Rundfunk* am 2. Oktober 1971 und Brandts Kritik daran führten in der Öffentlichkeit zu einer Debatte über die Informationspolitik der Regierung. Der Regierungssprecher hatte für den Fall einer Abstimmungsniederlage bei den Ostverträgen öffentlich vermutet, Brandt werde dann die Vertrauensfrage stellen und Neuwahlen anstreben.
4   Im Interview (ebd.) hatte Ahlers die Aufnahme diplomatischer Beziehungen zu China für eine Zeit spätestens nach dem regulären Ende der Legislaturperiode 1973 für möglich erachtet.
5   In seinem Antwortschreiben vom 4. Oktober 1971 führte Ahlers dazu aus: „Es war nun aber immer so, daß der Bundeskanzler seine Begleitung bestimmt hat. Nachdem ich in der letzten Zeit festgestellt hatte, daß ich auf dieser Liste nicht mehr zu finden war, habe ich mich darin gefügt, ohne viel Aufhebens zu machen. [...] Dies alles kann, wie alles andere auch, ganz leicht geändert werden. Ihr Einverständnis voraussetzend werde ich von jetzt an also auch ohne Einladung einfach immer da und dabei sein, wobei es dann nur eines zarten Winkes bedarf, um mir zu verstehen zu geben, wenn es einmal nicht passend ist" (AdsD, WBA, A 8, 1).
6   Stempel.
7   Hs. paraphiert.

Nr. 57
1   Hs. vermerkt: „ab: 1.2.72".
2   Unter dem Titel „Will Ulrike Gnade oder freies Geleit?" hatte *Der Spiegel* am 10. Januar 1972 einen zornigen Artikel von Böll veröffentlicht (Nr. 3, S. 54–58). Darin forderte Böll Verständnis für die Mitglieder der Baader-Meinhof-Gruppe, ihre Motive seien trotz ihrer „Kriegserklärung [...] gegen das System" zu „würdigen". Sie seien „Verfolgte und Denunzierte, die sich in die Enge begeben haben, in die Enge getrieben worden sind und deren Theorien weitaus gewalttätiger klingen, als ihre Praxis ist". Bölls

Wut richtete sich gegen Zeitungen des Axel-Springer-Verlags, denen er „nackten Faschismus" vorwarf; für Springer selbst wünschte er einen Prozess wegen „Volksverhetzung". Possers Ausführungen versuchten die stürmischen Wogen zu glätten, die Bölls Appell in der Öffentlichkeit hervorgerufen hatte. Er rückte einige Behauptungen Bölls zurecht und schloss: „[Böll] wollte zur Besinnung rufen und schrieb selbst unbesonnen" (ebd., Nr. 5 vom 24. Januar 1972, S. 40–46). In seiner Replik gab Böll den Argumenten Possers „im großen ganzen" recht (ebd., Nr. 6 vom 31. Januar 1972, S. 60–64). An Brandt schrieb er am 25. Januar 1972: „Manche meiner Reaktionen, die Sie verwundern mag, mögen Sie meiner Nervosität zuschreiben" (AdsD, WBA, A 8, 3).

3   Harpprecht hatte im Spätkommentar des ZDF am 27. Januar 1972 Böll gegen die häufig hasserfüllten Pressekommentare in Schutz genommen. Zur öffentlichen Debatte vgl. *Grützbach, Frank* (Hrsg.): Heinrich Böll: Freies Geleit für Ulrike Meinhof. Ein Artikel und seine Folgen, Köln 1972.

4   Brandt spielt darauf an, dass er trotz aller Diffamierungen und Anfeindungen, die er wegen seines Exils und des Widerstands gegen Hitler in der Bundesrepublik erleiden musste, seine politische Arbeit fortgesetzt hatte.

5   Stempel.
6   Hs. paraphiert.

Nr. 58

1   Hs. Entwurf von Brandt in: AdsD, WBA, A 3, 421.

2   Von Brandt wurde gefordert, nicht nur gegen die zunehmende Gewaltbereitschaft linksextremer Gruppen mit aller Härte vorzugehen, sondern auch gegen so genannte „Sympathisanten". Mit seinem Appell wollte er einer derartigen Politik der Eskalation entgegenwirken. Zur Entstehung des Textes, der noch eine Erklärung des Bundespräsidenten zum gleichen Thema vorausging, die auf Brandts Wunsch hin nicht veröffentlicht wurde, vgl. *Baring* 1982, S. 385–389.

3   Dies bezieht sich auf die aufgeregte öffentliche, durch Hass und Diffamierung bestimmte Auseinandersetzung um den *Spiegel*-Artikel von Böll „Will Ulrike Gnade oder freies Geleit?" vom 10. Januar 1972.Vgl. Nr. 57 Anm. 2.

Nr. 59

1   Thema dieser Sondersitzung der Fraktion war die „bisher schwerste Krise" der Koalition (*Die Zeit*, Nr. 10 vom 10. März 1972). Nach der Bildungsreform (aufgrund des Rücktritts von Minister Leussink im Januar 1972) drohte nun auch das zweite große Projekt der Regierung, die Steuerreform, zu scheitern: In der Kabinettssitzung am 1. März 1972 nach dem Ausscheiden seines damit befassten StS Haller warfen insbesondere Scheel und Schmidt Schiller vor, untätig gewesen zu sein und die Reform verzögern zu wollen. Schiller wiederum deutete Rücktrittsabsichten an.

2   Brandt war am 29. Februar 1972 die Ehrenbürgerwürde von Lübeck verliehen worden.

3   Das Steuerrecht sollte in drei Abschnitten grundlegend reformiert werden: 1. die Abgabenordnung und das Verfahrensrecht; 2. die von einem Einheitswert abhängigen Steuern wie Vermögens- oder Erbschaftssteuer; 3. Einkommen- und Körperschaftsteuer mit der Sparförderung. Auf einen genauen Zeitpunkt für den gerade auch von der FDP für entscheidend gehaltenen dritten Bereich wollte sich Schiller in der Kabinettssitzung am 1. März 1972 –

trotz Unmuts und Widerspruchs seiner Kollegen – nicht festlegen lassen.

4 Die Lage der Koalition wurde noch durch weitere Faktoren verschärft: Die erste Lesung der Ostverträge Ende Februar 1972 hatte die Konflikte um deren Durchsetzung verdeutlicht; Hupka trat Anfang März zur CDU über, nachdem er von der SPD-Fraktion zusammen mit seinem Kollegen Seume aus dem Auswärtigen Ausschuss des Bundestages abberufen worden war, weil sie die Ostpolitik nicht befürworteten. Damit bröckelte die Mehrheit der Koalition; Diskussionen über einen Kanzlerrücktritt und über Neuwahlen begannen.

5 Der Passus ist ms. eingefügt.

Nr. 60

1 Hs. vermerkt: „ab 4/3.".

2 Im Schreiben vom 31. Januar 1972 warnte Steinbuch – der im Übrigen die Reformpolitik verteidigte – davor, die derzeitige „psychosoziale Vergiftung" der Gesellschaft zu übersehen: Diffamiert würden „erprobte Verhaltensformen: das Leistungsprinzip, Verantwortungsbewußtsein, Rauschgiftabstinenz und funktionierende politische Strukturen" (Lubkoll, Klaus/Naumann, Kurt (Hrsg.): Die humane Gesellschaft. Jenseits von Kapitalismus und Kommunismus, Stuttgart 1972, S. 13). Der Briefwechsel – es gab weitere Schreiben am 10. und 23. Mai 1972 – führte in der Presse und in Leserbriefen zu einer intensiven Debatte.

3 Steinbuch hatte geschrieben (ebd., S. 12): „Meine Sorge ist: Unser politisches System – so wie es vom Grundgesetz bestimmt ist – hat zwar vordergründig eine sichere parlamentarische Mehrheit, es wird aber hintergründig ideologisch so ausgehöhlt, daß es wahrscheinlich in einer Krisensituation wie ein Kartenhaus zusammenbricht."

4 Ein großer Teil der Jugend, glaubte Steinbuch, folge den Revolutionsphrasen: „Es ist eine Armee fanatisierter Revolutionäre, die wartet, solange unser politisches System noch funktioniert, in der Krise aber zuschlägt" (ebd.).

5 Vgl. Nr. 58.

6 Eben dies befürchtete Steinbuch, denn auch in der SPD gebe es Gruppen, „denen das Bekenntnis zum Grundgesetz wohl nur Tarnung ist und für welche die Zugehörigkeit zu demokratischen Parteien ein Stück ihres langen Marsches zur Macht ist" (Lubkoll/Naumann 1972, S. 16).

7 Gemeint ist der Ministerpräsidentenbeschluss vom 28. Januar 1972, der bekräftigte, dass jeder Bewerber für den öffentlichen Dienst die Gewähr bieten müsse, jederzeit für die freiheitlich-demokratische Grundordnung einzutreten. Vgl. Nr. 86 und Einleitung.

8 Hs. paraphiert.

Nr. 61

1 Hs. vermerkt: „ab 27/3."

2 Gemeint sind die Ostverträge, über die am 10. Mai 1972 im Bundestag abgestimmt werden sollte. Vgl. Berliner Ausgabe, Bd. 6.

3 Durch Übertritte von Abgeordneten der SPD und FDP zur CDU/CSU hatte Brandt die Parlamentsmehrheit verloren. Am 24. April 1972 stellte die CDU/CSU-Bundestagsfraktion schließlich den Misstrauensantrag gegen den Kanzler.

4 Bei den Landtagswahlen in Baden-Württemberg am 23. April 1972 hatte die NPD am 19. März 1972 zugunsten der CDU/CSU ihre Beteiligung zurückgezogen.

5 Englisch für „Gelähmte Regierung" (wörtlich: „Lahme-Ente", Versager): Die Regierung drohte mangels parlamentarischer Mehrheit handlungsunfähig zu werden.

Nr. 62

1 Die Rede ist weitgehend von Brandt selbst entworfen und noch kurz vor der Sitzung vielfach geändert worden (AdsD, WBA, A3, 438).
2 Zu Art. 67 GG vgl. Nr. 3 Anm. 2.
3 Die 2. Lesung des Haushaltsgesetzes am 26. April 1972 wurde von den Abgeordneten bereits zur Aussprache über den Misstrauensantrag genutzt.
4 Nellen war im November 1960 wenige Stunden nach seinem Austritt aus der CDU von der SPD-Fraktion aufgenommen worden. Stammberger wechselte im Juni 1964 von der FDP zur SPD und erhielt – ebenso wie Nellen – einen sicheren Listenplatz bei der nächsten Bundestagswahl.
5 Am 25. September 1969 hatten Scheel und Brandt in der ZDF-Sendung *Journalisten fragen – Politiker antworten* für eine Anerkennung der Realitäten in der Ost- und Deutschlandpolitik plädiert. Vgl. Protokoll des BPA, in: AdsD, WBA, A 3, 324.
6 In seiner Rede zur Lesung des Haushaltsgesetzes hatte Brandt auch über die Innenpolitik gesprochen (vgl. Verhandlungen, Bd. 79, S. 10639–10652).
7 Adenauer hatte am 29. Oktober 1966 an Barzel geschrieben: „Ich würde es sehr begrüßen, wenn Sie Bundeskanzler würden und wenn die bisherige Koalition [gemeint: CDU/CSU/FDP] fortgesetzt würde" (vgl. *Barzel, Rainer:* Im Streit und umstritten. Anmerkungen zu Konrad Adenauer, Ludwig Erhard und den Ostverträgen, Frankfurt/Main u. a. 1986, S. 111).
8 Brandt meint hier die Sorge, dass die Bundesrepublik bei einer Ablehnung der Ostverträge und damit der Entspannungspolitik sowohl die Vertragspartner im Osten gegen sich aufbringen als auch die Verbündeten im Westen irritieren würde. Vgl. ausführlich dazu Berliner Ausgabe, Bd. 6.

Nr. 63

1 Hs. vermerkt: „ab 19/5. m[it] Sonderboten". Am Textende ms. vermerkt: „Doppel Herrn Chef BKA".
2 In der Vorlage vom 18. Mai 1972, die er an alle Kabinettsmitglieder geschickt hatte, wies Schiller auf die erhebliche Unterdeckung des Haushalts in der Finanzplanung bis 1976 hin. Im Begleitschreiben an Brandt forderte er die sofortige Behandlung der Vorlage und beklagte außerdem, dass er, „wie in der Kabinettsitzung am 16. Mai [1972] geschehen, aus Anlaß der schwierigen finanzpolitischen Probleme von einem anderen Kabinettsmitglied [gemeint: Schmidt] in unqualifizierter Weise angegriffen [wurde]. Dabei blieben diese Äußerungen ungerügt" (vgl. AdsD, WBA, A 8, 67).
3 Vgl. Nr. 65.
4 Gemeint ist die gemeinsame Erklärung von Brandt und Scheel vom 19. Mai 1972. Anlässlich der erfolgreichen Ratifizierung der Ostverträge unterstrich die Regierung ihre Handlungsfähigkeit und appellierte an die Opposition, in der Innenpolitik zu kooperieren. Vgl. Bulletin, Nr. 74 vom 20. Mai 1972, S. 1057–1059.
5 Stempel.

Nr. 64

1 Hs. vermerkt: „ab 20/5.".
2 Am 18. Mai 1972 hatte Franke in einem persönlichen Schreiben Brandt für seine „große Geduld [...] in der wahrlich nicht leichten Zeit, die hinter uns liegt" gedankt und ihm größtmögliche Unterstützung zugesichert (AdsD, WBA, A 8, 5).
3 Vgl. Nr. 63.

Nr. 65

1 Bei der Vorlage handelt es sich um eine ms. Abschrift der hs. Notizen von Brandt (AdsD, WBA, A 8, 67).

585 Anmerkungen S. 307 bis 316

2 Vgl. Verhandlungen, Bd. 79, S. 10639 f.
3 In seiner Vorlage errechnete Schiller Finanzierungslücken in der mittelfristigen Finanzplanung von jährlich rund 10 Mrd. DM bis 1976. Diese seien nur zu schließen bei einer weiteren Einsparung von 2,5 Mrd. DM im Jahr 1972 und der radikalen Abweisung der Wünsche der einzelnen Ressorts in den nächsten Jahren. Für die unabwendbaren Mehrausgaben seien Steuererhöhungen nötig. Vgl. Nr. 63, insbes. Anm. 2.
4 Durch hs. Anstreichung von Brandt hervorgehoben.
5 Hs. von Brandt am linken Rand vermerkt: „?". Am 28. April 1972 hatten die Partei- und Fraktionsvorsitzenden von Koalition und Opposition in einem Treffen die Möglichkeit erwogen, erforderliche Gesetze – wie den Haushaltsplan 1972 – gemeinsam zu beschließen, um eine wechselseitige Blockade durch das parlamentarische Patt zu vermeiden.
6 Gemeint sind: „Steuermehreinnahmen", so auch der hs. Entwurf von Brandt.

Nr. 66
1 Hs. mit unleserlicher Paraphe vermerkt: „ab 13/6.72". Dieses Schreiben wie auch der vorhergehende Brief Barzels vom selben Tage wurden in der Presse veröffentlicht.
2 In diesem Schreiben lehnte Barzel eine Parteienabsprache, um Neuwahlen zum Bundestag zu erreichen, ab und forderte stattdessen den Rücktritt von Brandt. Nach Art. 68 GG konnte der Bundespräsident den Bundestag nur dann auflösen, wenn ein Vertrauensantrag des Bundeskanzlers im Parlament abgelehnt und innerhalb von 21 Tagen kein Nachfolger gewählt worden war. Ohne eine – verfassungsrechtlich problematische – Absprache mit der Opposition befürchtete die Koalition, bei diesem Weg könne es angesichts der unsicheren Mehrheitsverhältnisse zu einer Neuwahl eines Kanzlers aus den Reihen der CDU/CSU kommen. Vgl. auch Nr. 3.
3 Vgl. Verhandlungen, Bd. 79, S. 10759.
4 Die CDU/CSU-Bundestagsfraktion war über das Stimmverhalten zum Moskauer und Warschauer Vertrag zerstritten und enthielt sich deshalb am 17. Mai 1972 mehrheitlich der Stimme. Vgl. ausführlich Berliner Ausgabe, Bd. 6.
5 Am 9. Juni 1972 hatte das Kabinett beschlossen, gegenüber den von den Ressorts veranschlagten Ausgaben im Haushalt 2,5 Mrd. DM einzusparen.

Nr. 67
1 Brandt hat die Rede als Vortrag zur Eröffnung der 22. Tagung der Nobelpreisträger gehalten und intensiv vorbereitet (Entwürfe in: AdsD, WBA, A 3, 449). Bei der Vorlage handelt es sich um den Tonbandmitschnitt der Rede, für dessen Überlassung Bearbeiter und Herausgeber dem Schallarchiv von Radio Bremen zu Dank verpflichtet sind. Der Text wurde abgedruckt in: Bulletin, Nr. 96 vom 28. Juni 1972, S. 1285–1289, und – zusammen mit anderen Tagungsbeiträgen – in: *Schlemmer, Johannes* (Hrsg.): Neue Ziele für das Wachstum, München 1973. Inhaltlich bedeutsame Abweichungen des im Bulletin gedruckten Textes von der mündlichen Rede sind im Folgenden vermerkt.
2 Als Kanzlerkandidat hatte Brandt 1961 mit dem Slogan „Der Himmel über dem Ruhrgebiet muß wieder blau werden" die Sorge um die zunehmend ökologisch geschädigte Lebenswelt zum Ausdruck gebracht und war weithin auf Unverständnis gestoßen. Vgl. Berliner Ausgabe, Bd. 4, Nr. 36.

3 So auch in den Redeentwürfen und in *Schlemmer* 1973; dagegen steht im Bulletin (wie Anm. 1) irrtümlich: „Stadtgrenzen".
4 Diese erste UN-Regierungskonferenz für Umweltfragen, bei der 114 Staaten vom 5. bis 16. Juni 1972 in Stockholm tagten, verabschiedete u. a. einen „Welt-Aktionsplan", mit dem das Verursacherprinzip völkerrechtlich verbindlich durchgesetzt werden sollte.
5 Die Gefahren beschleunigten Wachstums und die Gefährdung des natürlichen Gleichgewichts wurden im „Bericht des Club of Rome zur Lage der Menschheit", einem Forschungsprojekt des M.I.T., dargelegt (*Meadows, Dennis* u. a.: Die Grenzen des Wachstums. Bericht des Club of Rome zur Lage der Menschheit, Stuttgart 1972). Beim „Club of Rome" handelte es sich um einen 1968 in Rom entstandenen informellen Zusammenschluss von ca. 70 Wissenschaftlern unterschiedlicher Nationen. Ziel war es, die inneren Zusammenhänge der „kritischen Menschheitsprobleme" zu ergründen und „die Entscheidungsträger in aller Welt zur Reflexion über die globale Problematik der Menschheit" anzuregen (ebd., S. 9).
6 Im Bulletin (wie Anm. 1) und in den Redeentwürfen heißt es: „Umweltforscher".
7 Diese Textpassage ist weder im Bulletin (wie Anm. 1) noch in den Redeentwürfen enthalten. Brandt war nach seinem Abitur im Mai 1932 bis zur Flucht aus Deutschland im April 1933 Volontär in einer Lübecker Schiffsmaklerfirma gewesen.
8 Rede am 29. November 1970 beim „Deutschen Naturschutzring", abgedruckt in: Bulletin, Nr. 167 vom 1. Dezember 1970, S. 1777–1779, 1778.
9 *Meadows* 1972, S. 16 f.
10 Diese Textpassage ist weder im Bulletin (wie Anm. 1) noch in den Redeentwürfen enthalten.
11 Am 29. September 1971 hatte die Bundesregierung ein Umweltprogramm verabschiedet, wozu auch Ende Dezember 1971 die Einrichtung eines „Sachverständigenrats für Umweltfragen" gehörte. Die Vorhaben bezogen sich auf Umweltplanung und -koordination, die Durchsetzung des Verursacherprinzips und eines Umweltbewusstseins in der Bevölkerung sowie wirksame internationale Zusammenarbeit. Zu den Ergebnissen vgl. *Genscher* 1995, S. 125–138.

Nr. 68

1 Von Brandt hs. abgezeichnet: „23.00 [Uhr]". Vermerkt: „Persönlich". Am selben Tag schrieb Schiller an den *Parteivorsitzenden* Brandt, ihm sei für die Bundestagswahlen in NRW ein Listenplatz zugesagt worden: „Du wirst verstehen, daß ich unter den gegebenen Umständen Dich bitte, mir einen solchen führenden Listenplatz zu bestätigen" (AdsD, WBA, A 8, 67).
2 In der Sitzung vom 28./29. Juni 1972 beschloss das Kabinett nach erbitterten Debatten zwischen Bundesbankpräsident Klasen und Schiller Beschränkungen des freien Kapitalverkehrs gemäß § 23 AWG Abs. 1 Ziff. 4 (Genehmigungspflicht des Verkaufs von Wertpapieren ins Ausland), um den Zufluss von Devisen in die Bundesrepublik zu reduzieren und das europäische Währungsgeflecht zu stützen. Schiller hatte derartigen Eingriffen widersprochen und das Problem u. a. durch eine Verringerung des Bardepots (zinslose Hinterlegung von Auslandskrediten) lösen wollen.
3 Im Folgenden führt Schiller Details der Außenwirtschafts- und Währungspolitik aus.
4 Vgl. Nr. 63.
5 Am 25. Juni 1972 hatte die Regierung erklärt, sie strebe Neuwahlen für November 1972 an. Die zur Auflösung des Bundestages

notwendige Vertrauensfrage wollte Brandt am 20. September stellen.

6 In seinem „streng vertraulichen" Schreiben an Brandt vom 29. Februar 1972 drang Schiller darauf, das Superministerium Finanzen und Wirtschaft „zum augenblicklichen Zeitpunkt und für die kommenden anderthalb Jahre" – entgegen anders lautenden Wünschen des Koalitionspartners – nicht wieder aufzugliedern. Zudem forderte er für die bevorstehenden steuer- und haushaltspolitischen Entscheidungen mehrfach nachdrücklich die „vorbehaltlose" und „unbedingte Unterstützung durch den Bundeskanzler" sowie ein „Minimum an Kooperationswilligkeit seitens der Kabinettskollegen" (AdsD, WBA, A 8. 17). Dem Schreiben des Kanzlers vom 19. Mai 1972 an seinen „Superminister" (vgl. Nr. 63) folgte eine – von Brandts Seite zunehmend verärgert geführte – Auseinandersetzung über die Handlungsweise Schillers und die in der Presse zirkulierenden Informationen über die Differenzen (AdsD, WBA, A 8, 67).

7 Hs. unterzeichnet.

Nr. 69
1 Das Schreiben hat Brandt selbst hs. konzipiert.
2 Vgl. Nr. 68.
3 Die deutsch-französischen Konsultationen am 3. und 4. Juli 1972 hatten deutlich gemacht, dass das Ziel der Europäischen Wirtschafts- und Währungsunion und fester Währungsparitäten weiterverfolgt werden sollte.
4 Vgl. Nr. 68 Anm. 2.
5 Vgl. Nr. 63.
6 Vgl. Nr. 68 Anm. 1.
7 Im hs. Entwurf schloss sich folgender Satz an, den Brandt in der Vorlage wieder gestrichen hat: „Es wäre wohl auch nicht notwendig gewesen, aber wer weiß eigentlich, wo die Grenze zwischen Notwendigem und Unvermeidbarem verläuft?".

8 Stempel.
9 Hs. paraphiert.

Nr. 70
1 Bei der Vorlage handelt es sich um die unveränderte ms. Abschrift einer hs. Notiz von Brandt. Hintergrund war die Absicht Brandts, für die Wahlen eine Bilanz zur Umweltpolitik erstellen zu lassen.
2 In der Regierungserklärung vom 28. Oktober 1969 hieß es zum Umweltschutz: „Zum ausreichenden Schutz vor Luft- und Wasserverunreinigung und vor Lärmbelästigung werden entsprechende Gesetze vorgelegt" (Verhandlungen, Bd. 71, S. 29).
3 Im Juli 1972 begannen die Arbeiten am Wahlprogramm der SPD, in dem auch unter dem Abschnitt „Die Qualität des Lebens" die umweltpolitischen Maßnahmen der Bundesregierung bilanziert wurden (vgl. Jahrbuch 1970–72, S. 525–527).
4 Am 14. Juni 1972 sprach Brandt auf der Mitgliederversammlung des BDI in Köln über seine Grundsätze in der Außen- und Wirtschaftspolitik.
5 Gemeint: Außerordentlicher Parteitag vom 12. bis 13. Oktober 1972 in Dortmund.

Nr. 71
1 Das Schreiben wurde von Brandt intensiv vorbereitet und hs. entworfen. Als Brief abgedruckt in *Quick*, Nr. 36 vom 30. August 1972 mit einem begleitenden Kommentar des Redaktionsleiters unter der Überschrift: „Unsere Weste ist sauber, Herr Bundeskanzler!".
2 In diesem Schreiben vom 14. August 1972 (AdsD, WBA, A 8, 16; abgedruckt in *Quick*, Nr. 35 vom 23. August 1972) beschuldigte Nouhuys die Regierung Brandt,

aus politischen Gründen – die *Quick* gehöre nicht zur „Linkspresse" – die Durchsuchung von Redaktionsräumen der *Quick* und deren Verleger, dem Heinrich-Bauer-Verlag, veranlasst zu haben. Grund der am 9. August 1972 von der Bonner Staatsanwaltschaft geleiteten Aktion war der Verdacht auf Steuerhinterziehung und Verwahrungsbruch gegen einen Journalisten der *Quick*. U. a. wurden Honorarabrechnungen für die Beschaffung von Dokumenten, z. B. des Rücktrittsbriefs von Schiller (vgl. Nr. 68), sichergestellt. Außerdem fanden sich Beraterverträge der PStS Dorn und Raffert mit dem Bauer-Verlag. Ende August 1972 mussten dann beide – auf Veranlassung Brandts – zurücktreten.

3 Nouhuys hatte geschrieben: „Woher nimmt eigentlich ein so kleiner Bonner Staatsanwalt den Mut zu einer derart großen Verantwortung?" (vgl. Anm. 2). Auch in hs. Aufzeichnungen für ein Hintergrundgespräch mit Journalisten am 11. August 1972 betonte Brandt, die Regierung habe die Aktion der Staatsanwälte nicht in Auftrag gegeben, und notierte: „Allerdings Zweifel, ob Ergebnis der Durchs[uchung] in angemess[enem] Verhältnis zum Aufwand stehen wird" (AdsD, WBA, A 8, 93).

4 Vgl. Art. 5 GG.

5 Brandt zitiert hier aus dem Urteil des BVerfG vom 5. August 1966 (Entscheidungen des Bundesverfassungsgerichts, Bd. 20, Tübingen 1967, S. 222), mit dem die Verfassungsbeschwerde des *Spiegel*, die dieser wegen der Durchsuchung seiner Redaktionsräume 1962 angestrengt hatte, zurückgewiesen wurde.

6 Als Journalist müsste Brandt, so Nouhuys, vertraut sein „mit dem Wort: ‚Schmiergelder'. Sie wären als Journalist natürlich seit langer Zeit daran gewöhnt gewesen, Informationshonorare zu zahlen, weil das nun einmal zum täglichen Handwerk eines jeden Journalisten gehört" (vgl. Anm. 2).

7 Ebd.

8 Es folgen weitere Beispiele für die von Brandt ausgemachte Methode der „Andeutungen und Unterstellungen" seitens der *Quick*.

Nr. 72

1 Bei der Vorlage handelt es sich um eine unkorrigierte Bandabschrift. Das Gespräch war Teil einer Recherche für eine Brandt-Biographie (*Prittie, Terence:* Willy Brandt. Biographie, Frankfurt/Main 1973).

2 „Mann-beißt-Hund-Geschichte"; gemeint ist der auf Sensationen fixierte Journalismus.

3 Der „unkontrollierte und beschleunigte technologische Wandel", befürchtete Schlesinger, würde „alle industrialisierten Nationen, unabhängig von ihrem ideologischen System oder den Eigentumsverhältnissen, in eine unruhige und noch zu ergründende Zukunft katapultieren". Politische Instabilität sei die Folge, alle Gesellschaften stünden zwischen „Armageddon und Millennium", solange die Regierungen den Wandel nicht steuerten. Vgl. *Schlesinger, Arthur:* American Politics, in: Vogue 128 (1971), S. 72 f., hier 73.

4 „Grenzen des Wachstums" (vgl. Nr. 67 Anm. 4).

Nr. 73

1 Gesendet zuerst in der „Tagesschau" (ARD) um 20.00 Uhr.

2 Vom 26. August bis zum 11. September 1972 fanden in München und Kiel die XX. Olympischen Spiele statt. Am frühen Morgen des 5. September hatte die palästinensische Terrorgruppe „Schwarzer September" das Quartier der israelischen Mannschaft im Olympischen Dorf in München überfallen, zwei Sportler erschossen und die übrigen neun als Geiseln genommen. Sie forderten

die Freilassung von 200 palästinensischen Freischärlern aus israelischen Gefängnissen. Der Präsident des IOC, Brundage, unterbrach die Spiele daraufhin für 24 Stunden.

3 Gemeint sind der Münchner Oberbürgermeister Vogel und Bundesinnenminister Genscher. Auch Brandts Sohn Peter stellte sich als Geisel zur Verfügung.

4 Gemeint ist der – fehlgeschlagene – Versuch, mit dem ägyptischen Staatspräsidenten Sadat Kontakt aufzunehmen. Vgl. Nr. 74.

Nr. 74

1 Dieses so genannte „Tagebuch" über den Wahlkampf und die Regierungsbildung vom 5. August bis 15. Dezember 1972 hat Brandt mit Blick auf eine spätere Veröffentlichung angefertigt. Der Zeitpunkt der einzelnen Notate ist unbekannt, und die Aufzeichnungen sind von Brandt teilweise mehrfach umgearbeitet worden. Überarbeitete Auszüge sind veröffentlicht in: *Brandt 1974*, S. 41–50. Vgl. auch Berliner Ausgabe, Bd. 4, Nr. 94, 96–100, 102.

2 Vgl. Nr. 73.

Nr. 75

1 Das Hintergrundgespräch bildete die Grundlage für den Artikel Eduard Neumaiers „Blick zurück ohne Zorn. Reflexionen nach einem ZEIT-Gespräch mit Brandt" (*Die Zeit*, Nr. 38 vom 22. September 1972, S. 2), in dem Brandt – laut Absprache – nicht direkt zitiert werden sollte. Dennoch enthält der Artikel eine Reihe von wörtlichen Zitaten aus dem Gespräch.

2 Vgl. für Auszüge aus der Regierungserklärung Nr. 36.

3 Korrigiert aus: „überaus".

4 Im April 1970 hatte Kreisky eine SPÖ-Minderheitsregierung gebildet und konnte dann nach vorzeitigen Neuwahlen im Oktober 1971 die absolute Mehrheit erringen.

5 Die Arbeiterpartei gelangte Anfang 1928 vorübergehend, für länger erst 1935 an die Macht.

6 Am 9. November 1918 übergab Prinz Max von Baden die Reichskanzlerschaft an Friedrich Ebert; nur wenige Stunden später rief Philipp Scheidemann, der drei Monate später Reichsministerpräsident werden sollte, vom Reichstag die „Deutsche Republik" aus. Am 11. Februar 1919 schließlich wählte die in Weimar tagende Nationalversammlung Ebert zum Reichspräsidenten.

7 Bezogen auf die Diffamierungen seiner Person und besonders der Motive der sozialliberalen Ostpolitik hatte Brandt 1971 von den „Schreibtischtätern" in Redaktionen und Verlagshäusern gesprochen. Dies empörte Journalisten und Redakteure nicht nur des Axel-Springer-Konzerns.

8 Gemeint ist die Entschiedenheit, mit der Brandt am Wahlabend 1969 seine Absicht, mit der FDP zu koalieren, durchsetzte. Vgl. Nr. 30.

9 Vgl. Einleitung und die Wahlstatistik im Anhang.

10 Vgl. Nr. 68, 69. Dem Rücktritt als Minister im Juli 1972 war im August Schillers Verzicht auf seine Parteiämter gefolgt. Am 24. September 1972 trat er, die Wirtschaftspolitik der Regierung heftig kritisierend, aus der SPD aus.

11 Am 20. September 1972 stellte Brandt im Bundestag den Antrag, ihm das Vertrauen auszusprechen. Ziel war es, durch die Ablehnung des Antrags Neuwahlen zu erreichen.

Nr. 76

1 Bei der Vorlage handelt es sich um das vom BPA gefertigte stenographische Protokoll der Antworten Brandts auf Fragen von Mitgliedern der Bundespressekonfe-

renz. Die Pressekonferenz, bei der sich neben dem Bundeskanzler noch Außenminister Scheel den Fragen der Journalisten stellte, dauerte von 15.00 bis 16.10 Uhr.

2 Im besagten Interview antwortete Brandt auf die Frage, wie er sich den Verlust der Mehrheit, der das Misstrauensvotum im Bundestag ermöglicht hatte, erkläre: „Das kann man nur richtig beantworten, wenn man den einzelnen Fällen nachgeht. Das ist gar nicht so einfach, da wird schon ein kleiner Roman daraus. Aber wenn man es auf einen kurzen Nenner bringt, dann sind es erst mal diejenigen, die von Anfang an nicht für diese Koalition waren. Das sind einige. Ob man sich um die nicht auch ein bißchen besser noch hätte kümmern sollen, das ist eine andere Frage. Das ist das eine Problem. Dann gibt es andere, die im Laufe der Zeit bei sich Gewissenskonflikte entdeckten. Ich denke etwa an einen, der Gewissensgründe geltend macht, der aber ganz genau weiß, daß seinem Gewissen gar nichts zugemutet worden ist. Wir haben in der Außenpolitik 1969 nichts anderes den Wählern gesagt, als wir später getan haben. SPIEGEL: Sie meinen Hupka. *Brandt:* Und so könnte man dann das einzeln durchgehen. Das wird dann in dem einen oder anderen Fall unappetitlich. SPIEGEL: War Korruption im Spiel? *Brandt:* Daran kann für mich kein Zweifel sein. SPIEGEL: Bei wem? *Brandt:* Das wird alles noch rauskommen" (*Der Spiegel,* Nr. 40 vom 25. September 1972, S. 27 f.).

Nr. 77

1 Am Textende vermerkt: „Während des Gesprächs waren anwesend: PR/BK Dr. Wilke und der Leiter des Präsidialbüros Min[isterial-]Dirig[ent] Dr. Peter Scholz." Das Protokoll des Gesprächs, das von 11.45 bis 12.45 Uhr dauerte, wurde von Wilke angefertigt und von ihm am 2. Oktober 1972 unterzeichnet.

2 Vgl. Nr. 76. Von Hassel hatte Brandt am 25. September 1972 aufgefordert, die Korruptionsvorwürfe zu konkretisieren. Brandt ließ daraufhin Ehmke antworten, er sei zu einem klärenden Treffen bereit (AdsD, WBA, A 8, 69).

3 Vgl. Anm. 10.

4 In der Rede vor SPD-Funktionären mahnte Brandt: „Es gibt Leute, die offensichtlich alles für käuflich und auch für verkäuflich halten. Ihnen muß deutlich gemacht werden: Bundestagsmandate dürfen weder käuflich noch verkäuflich sein. Pressefreiheit ist unverzichtbar, Bestechung aber unentschuldbar. Ökonomische Macht darf nicht politisch mißbraucht werden" (SPD Pressemitteilungen und Informationen, Nr. 371/72 vom 15. September 1972).

5 Geldner hatte selbst über die Angebote, zu denen auch ein hoch dotierter Beratervertrag gehörte, falls er aus der FDP ausgetreten wäre, Ende 1970 berichtet (vgl. *Der Fall Geldner – ein Fall Strauß!,* hrsg. vom Vorstand der SPD, Bonn o. J. [1971]). Im *Express* vom 28. September 1972 beklagte Wehner, dass gerade diejenigen sich über Brandts *Spiegel-*Äußerung erregten, die Geldner Geld und Mandat offeriert hätten.

6 Von Bardens hatte Brandt die Aufzeichnung eines Informanten (Gerhard Held) erhalten, der im Oktober 1970 auf einer Jagdgesellschaft einem Gespräch zwischen Strauß und Zoglmann beiwohnte, in dem es um die Abwerbung der FDP-Abgeordneten Kienbaum, Helms, Kühlmann-Stumm und Geldner ging.

7 Scheel hatte in der Rede gesagt: „Hüten wir uns davor, große Worte zu strapazieren, wenn es um ganz handfeste Dinge geht. Die Sicherung der persönlichen politischen Zukunft ist keine Gewissensfrage.

Man sollte die Wähler in einer solchen Situation nicht verhöhnen und mit unser aller Ruf als Volksvertreter nicht Schindluder treiben; das wäre gewissenlos" (Verhandlungen, Bd. 79, S. 10704). Sperlings Äußerung stand im Zusammenhang mit der Entscheidung der SPD-Fraktion, aus Sorge vor Überläufern bei der geheimen Wahl nicht an der Abstimmung teilzunehmen (vgl. ebd. S. 10603).

8 *Die Welt*, Nr. 225 vom 27. September 1972.

9 Müller hatte noch am 26. April 1972 von der SPD einen sicheren Wahlkreis zugesagt bekommen, damit er bei der Stange blieb (vgl. *Baring* 1982, S. 415). Mit den „Sozialen Demokraten 72" trat er im Juni 1972 bei der Münchner Kommunalwahl an, wechselte danach zur CSU. In *Monitor* hieß es, die nötigen Unterschriften für die Liste seien in Notunterkünften gegen Gewährung einer „Brotzeit" geworben worden.

10 Helms habe – unter Hinweis auf seinen Bauernhof – geäußert: „Ich kann doch nicht anders" (hs. Vermerk von Brandt am 1. Oktober 1972 für das Gespräch mit Hassel, in: AdsD, WBA, A 8, 69). Am 28. April 1972 hatte Brandt ein „persönliches Gespräch" mit Helms. Vgl. *Brandt* 1994, S. 289.

11 Wehner hatte dies – ohne Namen zu nennen – in der *SZ* vom 25. September 1972 und in der *International Herald Tribune* vom 26. September 1972 behauptet.

12 Von Hassel hatte die Bundestagssitzung mit dem Hinweis geschlossen, das Recht des Bundespräsidenten, über die Auflösung des Bundestags zu entscheiden, sei unbenommen. Vgl. Verhandlungen, Bd. 80, S. 11816.

13 Einige Betroffene, u. a. Starke und Kühlmann-Stumm, hatten bei Brandt gegen den Vorwurf der Bestechlichkeit schriftlich protestiert. Starke tat dies am 29. September 1972 mit der Begründung, er habe Brandt seine Stimme schon bei der Wahl zum Bundeskanzler verweigert (AdsD, WBA, A 8, 19). Am 2. Oktober 1972 gab Brandt eine – mit juristischem Beistand formulierte – schriftliche Zusammenfassung des Gesprächs an Hassel.

14 In diesem zweiten Gespräch, das am 3. Oktober 1972 um 12.00 Uhr im Beisein der Büroleiter Wilke und Scholz stattfand, erörterten Brandt und von Hassel erneut die bereits beim ersten Treffen genannten Korruptionsvorwürfe (von Wilke angefertigter Gesprächsvermerk in: AdsD, WBA, A 8, 69).

15 Hs. unterzeichnet.

Nr. 78

1 Im Schreiben vom 17. Oktober 1972 hatte Friedrich Brandts Besuche in Betrieben während des Wahlkampfzeit als „unzulässige Wahlbeeinflussung" kritisiert (AdsD, WBA, A 18, 18). Brandt hatte in einer Vielzahl von Unternehmen vor der Belegschaft gesprochen, so u. a. bei Krupp, Henschel und Witt.

2 Gemeint ist die Einladung zu Mannesmann. Der Besuch wurde von Brandt wie geplant Anfang November 1972 wahrgenommen.

3 Hs. unterzeichnet.

Nr. 79

1 Vorlage ist das vom BPA gefertigte ms. Protokoll. Am Hintergrundgespräch, das von 12.00 bis 12.45 Uhr im Bundeskanzleramt stattfand, nahmen 27 Chefredakteure, Redakteure und Verleger der katholischen Presse teil. Brandt wurde u. a. begleitet von Ahlers und Wilke.

2 Der außerordentliche Parteitag der SPD in Dortmund vom 12. bis 13. Oktober 1972 hatte den Beschluss des SPD-Parteitags in Bad Godesberg vom Dezember 1971 bekräftigt und die Straffreiheit des Abbruchs der

Schwangerschaft in den ersten drei Monaten gefordert (vgl. Jahrbuch 1970–1972, S. 537). Zur Reform des § 218 StGB vgl. Einleitung.

3 Auf dem außerordentlichen Parteitag der SPD in Bad Godesberg im Dezember 1971 hatten sich u. a. Brandt und Wehner bei der Entscheidung über die Fristenlösung der Stimme enthalten (vgl. Protokoll der Verhandlungen des Außerordentlichen Parteitages der Sozialdemokratischen Partei Deutschlands vom 18. bis 20. November 1971 in Bonn, Bonn o. J., S. 641).

4 Im August 1972 hatte Ugandas Staatschef Idi Amin beschlossen, alle asiatischen (später auch afrikanischen) Ausländer aus dem Land zu weisen.

5 Am 25./26. September 1972 hatte die Bevölkerung Norwegens mehrheitlich gegen eine Mitgliedschaft in der EG votiert.

Nr. 80

1 Hs. von Ehmke vermerkt und paraphiert: „PR/BK: a) Original durch Boten an Dr. Barzel 16.15 [Uhr], b) Fotokopie an StS. Ahlers zur Veröffentl[ichung]. E[hmke] 20/11".

2 Barzel hatte Brandt mit folgendem Telegramm vom 19. November 1972, 21.35 Uhr, zum Wahlsieg gratuliert: „Sie haben gewonnen. Ich gratuliere Ihnen. Ich wünsche Ihnen eine glückliche Hand für unser Land. Ihr Rainer Barzel" (AdsD, WBA, A 8, 2).

3 Brandt hielt die Methoden der Unionsparteien im Wahlkampf für rüde und diffamierend (vgl. Berliner Ausgabe, Bd. 4, Nr. 99 und 100). In seiner Antwort am 12. Dezember 1972 wies Barzel dies zurück und bezichtigte umgekehrt die SPD derartiger Methoden (AdsD, WBA, A 8, 2).

4 Das Gespräch, an dem neben Brandt und Barzel noch Stücklen und Genscher teilnahmen, fand am 15. Januar 1973 statt. Gegenstand waren vor allem die zurückliegenden Wahlkampfauseinandersetzungen und Fragen der auswärtigen Politik (Protokoll des Gesprächs in: AdsD, WBA, A 8, 2).

5 Hs. paraphiert.

Nr. 81

1 Brandt hatte sich nach den Wahlen vom 19. November 1972 zur Behandlung einer Stimmbanderkrankung ins Krankenhaus begeben müssen. Aufgrund des Sprechverbots konnte er die Koalitionsverhandlungen zeitweise nur schriftlich führen, indem er Schreiben oder Vermerke über seinen PR Wilke oder Ehmke weiterleitete (vgl. Einleitung).

2 Am 15. Dezember 1972 gab Brandt nach der Vereidigung im Bundestag eine kurze Erklärung zu den politischen Vorhaben ab (Verhandlungen, Bd. 81, S. 27–30).

3 Ehmke notierte zur Frage, ob Schmidt und Wehner „jemand anders" aufnehmen wollten, später lakonisch: „Sie wollten nicht. Ich auch nicht" (*Ehmke* 1994, S. 222). Brandt hatte das Heft aus der Hand gegeben.

4 Am Dienstag, 28. November 1972, fand die zweite Sitzung der Verhandlungsrunde statt; zur ersten Sitzung vgl. Berliner Ausgabe, Bd. 5.

5 In diesem Schreiben vom 27. November 1972 bedauerte Brandt gegenüber dem Koalitionsfreund, bei allen Fortschritten in der Genesung an den gemeinsamen Sitzungen noch nicht teilnehmen zu können, und empfahl dann, zunächst die Einzelthemen auszugliedern, „um sie von Fachleuten der beiden Parteien kurz skizzieren zu lassen und in der nächsten Woche in die Verhandlungen wieder einzuführen" (AdsD, WBA, A 8, ungeordnet).

Nr. 82

1 Im Schreiben vom 27. November 1972 hatte Scheel vorgeschlagen, während der Abwesenheit Brandts zunächst Fragen insbe-

sondere der Wirtschafts- und Finanzpolitik unter Hinzuziehung „sachverständiger Kollegen" zu behandeln (AdsD, WBA, A 8, 68).
2 In der „kleinen Runde" mit Wehner, Schmidt, Genscher, Mischnick und Scheel – Brandt konnte wegen seiner Erkrankung nicht teilnehmen – wurden dann die entscheidenden Absprachen während der Verhandlungen getroffen (vgl. Nr. 83 Anm. 1).
3 Im Interview für die Sendereihe *Bonner Perspektiven* des ZDF hatte Scheel am 26. November 1972 um 19.55 Uhr auf die Frage nach der Verantwortlichkeit im Bereich Wirtschaft/Finanzen geantwortet: Im Sommer habe sich die Koalition darauf geeinigt, dass „die FDP in diesem Bereich auch durch einen Minister vertreten sein soll. Und wir waren uns klar darüber, daß wir nach der Wahl die beiden Ministerien wieder trennen [bei diesem Satz markierte Brandt auf seinem Protokollauszug am Rand: „?"]. Ich nehme an, daß wir das auch bei einer der nächsten Beratungen, die zu einer Koalitionsmehrheit führen sollen, beschliessen werden" (Auszug aus dem Sendeprotokoll, in: AdsD, WBA, A 8, ungeordnet).
4 Am 7. Juli 1972 hatte Brandt – anlässlich der Kabinettsumbildung infolge des Rücktritts von Schiller – in einer gemeinsamen Pressekonferenz mit Scheel erklärt, nach der Wahl „die Verantwortung beider Koalitionspartner in diesem Gesamtbereich Wirtschaft und Finanzen noch deutlicher zum Ausdruck" zu bringen: „Wir sind uns schon heute darüber einig, daß die beiden Ministerien nicht zusammenbleiben sollen. Die zweite Frage ist dann, ob die beiden Ministerien dann automatisch wieder die Form haben sollen, die sie vorher hatten, oder wie es heute in bezug auf die ja organisatorisch noch voneinander getrennten, wenn auch unter einer Führung stehenden Häuser der Fall ist" (Protokoll der Pressekonferenz, in: AdsD, WBA, A 3, 452).

5 Englisch für „Umgebung".

Nr. 83
1 Am Textanfang vermerkt: „Streng vertraulich". Bei der Vorlage handelt es sich um die vom Bundeskanzler nochmals bearbeitete Abschrift seines hs. Entwurfs, den er nach der zweiten Koalitionsrunde angefertigt hatte (AdsD, WBA, A 8, 68). Brandt gab genaue Anweisung an Ehmke, was mit diesem „längeren – ungezeichneten – Personalvermerk" zu geschehen habe: „1) noch am Mittwoch [29.11.1972] Übergabe eines Ex[emplars] an H[erbert] W[ehner] (als ob es eigens für ihn geschrieben wäre, was nicht weit von der Wahrheit ist) 2) ein weiteres Ex[emplar] könnte H[erbert] W[ehner] H[elmut] S[chmidt] geben oder – noch besser – mit ihm durchsprechen". An Ehmke selbst erging der Auftrag: „Nichts hätte ich dagegen, wenn Du durch sondierende, konfidentielle Gespräche – in meinem Auftrag, d. h. als Chef BKA – mit Genscher oder auch mit Scheel einige der Punkte meines Vermerks etwas weiter klären könntest. Aber grosse Behutsamkeit wegen der Kommission. Und keine Vermischung mit subjektiven Interessen" (hs. Schreiben an Ehmke vom 28. November 1972, in: AdsD, WBA, A 8, ungeordnet). Brandts Versuch, das Personaltableau seiner Regierung vom Krankenbett aus zu beeinflussen, schlug fehl. Ehmke resümierte das Geschehen später so: Brandt „fragte mich, was denn aus diesem Vermerk geworden sei. Ich gab die Frage an Wehner weiter. In meinem Beisein kramte er den Vermerk samt Kopie für Schmidt aus einer mit ‚Eingaben' prall gefüllten Aktentasche. Er hatte ihn ‚einfach vergessen'" (*Ehmke* 1994, S. 223).
2 Von Brandt hs. unterstrichen.
3 Seit den baden-württembergischen Landtagswahlen im April 1972 besaß die

Koalition im Bundesrat keine Mehrheit mehr und war deshalb in vielen Fragen auf Kompromisse mit der CDU/CSU-Opposition angewiesen.

4 Schmidt, der sich ebenso gerne aus dem Finanz- und Wirtschaftsressort ein „Schatzkanzleramt" zurechtgeschneidert hätte, wie Brandt einen Nebenkanzler verhindern wollte, hatte seine Vorstellungen in einem 17 Seiten langen – am 19. November 1972, dem Wahltag, formulierten – Schreiben an Brandt und Wehner dargelegt (AdsD, WBA, A 8, 68): In das von ihm zu besetzende Finanzministerium wollte er u. a. die Abteilungen Geld und Kredit sowie Konjunktur und Wachstum aus dem Wirtschaftsministerium integrieren. Damit hätte er die umfassende Zuständigkeit für den Haushalt und die Konjunkturpolitik erhalten.

5 Hs. von Brandt verbessert aus: „Raumfahrt".

6 Hs. von Brandt am Rand vermerkt: „v[on] D[ohnanyi]".

7 Hs. von Brandt ergänzt.

8 Bereits vorgesehen war die Privatisierung der Bundespost und damit die Auflösung des alten Postministeriums.

9 Dohnanyi hatte seinen Wahlkreis Landau zwar nicht gegen die CDU gewonnen, konnte das Ergebnis für die SPD aber von 33,9 auf 41 % steigern.

10 Abt. V BKA umfaßte den Bereich „Planung" (Politische Planung, Aufgabenplanung, Grundsätze des Regierungssystems). Leiter war bis Ende 1972 Jochimsen, danach Albrecht Müller.

11 Hs. von Brandt ergänzt.

12 Hs. von Brandt unterstrichen.

13 Hs. von Brandt am Rand vermerkt: „Kap[ital]hilfe multilateral".

14 Hs. von Brandt am Rand vermerkt: „E[gon] F[ranke]: Min[ister]geh[alt], H[erbert] W[ehner]: Rest + PStS".

15 Die Frage der Rechtsstellung der PStS hatte bereits die Große Koalition beschäftigt, als sie dieses Amt 1967 einführte. Dieses Thema war noch dringlicher geworden seit der ungeklärten Frage, ob die honorierten Beraterverträge der PStS Dorn und Raffert rechtlich zulässig gewesen waren. Vgl. Nr. 71 Anm. 2.

16 Von Brandt hs. unterstrichen.

17 Brandt hat die Zahlen vor den Namen hs. ergänzt sowie am Rand hs. vermerkt: „N[ieder-]B[ayern]/O[ber]pfalz".

18 Nach seinem Wahlsieg erhielt Brandt eine ganze Reihe von Personalvorschlägen und Empfehlungen aus Parteikreisen. Vgl. Schreiben Vogels vom 24. November 1972 sowie Dröschers vom gleichen Tag (AdsD, WBA, A 8, ungeordnet).

19 Hs. von Brandt unterstrichen und am Rand angestrichen.

20 Hs. von Brandt am Rand vermerkt: „v[on] D[ohnanyi]".

21 Hs. von Brandt ergänzt.

22 Hs. von Brandt ergänzt.

23 Schmid blieb Koordinator der deutsch-französischen Beziehungen und wurde von Brandt als Vorsitzender des neugegründeten Seniorenrates der SPD vorgeschlagen (vgl. *Weber, Petra:* Carlo Schmid 1896–1979. Eine Biographie, München 1996, S. 756 ff.).

Nr. 84

1 Das Dokument trägt die Überschrift: „Vermerk über Gespräche am 23.11., 28.11., 5.12., 6.12., 8.12.1972". Es handelt sich um die ms. Abschrift einer hs. Vorlage von Brandt und liegt als Anlage I dem Protokoll der 5. Sitzung der Delegationen der SPD und FDP am 8. Dezember 1972 bei. In dieser Sitzung wurde der Vermerk mit kleinen Änderungen als Verhandlungsergebnis gebilligt. Delegationsmitglieder waren von der SPD: Schmidt,

Leber, Wehner, Möller, Kühn, Wienand, Börner; von der FDP: Scheel, Genscher, Ertl, Mischnick, Flach, Funcke, Mertes.
2 Vgl. Nr. 36.
3 Korrigiert aus: „Einsatzdienstes"; im hs. Entwurf von Brandt richtig bezeichnet.
4 Vgl. Nr. 85.
5 In den Koalitionsverhandlungen wurde hierzu am 8. Dezember 1972 zu Protokoll gegeben: „Tariferhöhungen bei der Bahn kommen für 1973, für die Post ab 1. 4. 1974 infrage".
6 Es sei eine Konzeption zu entwickeln, die „eine Rückführung der Zahl der Ausländer mit sich bringen" werde (Protokoll der Koalitionsverhandlungen vom 8. Dezember 1972).
7 Das Gutachten der Kommission „Kosten und Finanzierung der beruflichen Bildung", deren Leiter Edding war, entwickelte Konzepte für einen handlungsbezogenen Bildungserwerb neben dem Beruf, ein in die beruflichen Phasen eingebettetes „Intervall-Lernen".
8 Auf der Konferenz von neun europäischen Staaten – der erweiterten EG – wurden in Paris am 19./20. Oktober 1972 Grundsätze einer europäischen Wirtschafts- und Gesellschaftspolitik beschlossen.
9 Im Protokoll der Koalitionsverhandlungen vom 8. Dezember 1972 heißt es hierzu, dass „wegen der 1975 in einigen Unternehmen auslaufenden Montanmitbestimmung eine Neuregelung gefunden werden muß, wobei eine einfache weitere Fristverlängerung ausscheidet".
10 Die Enquete-Kommission Verfassungsreform, die seit März 1971 tagte, sollte Vorschläge für eine „Stärkung der politischen Mitwirkungsrechte der Bürger" unterbreiten. Der Abschlussbericht lag im Dezember 1976 vor.
11 Dies betraf Überlegungen, wegen der inneren Sicherheit die Möglichkeiten zur Einschränkung des Brief-, Post- und Fernmeldegeheimnisses (Art. 10 GG) zu präzisieren. Eine Novellierung erfolgte während der Kanzlerschaft Brandts nicht.

Nr. 85
1 Die Regierungserklärung, deren Grundlinien gemeinsam von Brandt und Scheel auf den Kanarischen Inseln ausgearbeitet wurden, ist hier in den grundsätzlichen Passagen abgedruckt, die von Brandt selbst umgearbeitet wurden.
2 Vgl. Nr. 81 Anm. 2.
3 Vgl. Nr. 36.
4 Die „neue Mitte" wurde zu einem der zentralen Begriffe der gesellschaftspolitischen Vorstellungen Brandts nach 1972. Vgl. Einleitung.
5 Gemeint ist die Regierungserklärung vom 28. Oktober 1969; vgl. Nr. 36.
6 Aus dem Amerikanischen übernommen: „Mitleiden" (*compassion*) meint die Fähigkeit zu einem handlungsorientierten, aktiven Einfühlen – zu Mit-Leidenschaft. Vgl. Einleitung.
7 Vgl. Verhandlungen, Bd. 81, S. 27.

Nr. 86
1 Das Interview erschien kurz vor dem SPD-Parteitag, der vom 10. bis 14. April 1973 in Hannover stattfand und sich auch mit dem Ministerpräsidenten-Beschluss vom 28. Januar 1972 befasste. Vgl. Einleitung und Nr. 89 Anm. 8.
2 Oertzen schrieb u. a.: „Wer die freiheitliche demokratische Grundordnung ablehnt und bekämpft, kann nicht verlangen, dafür auch noch aus öffentlichen Mitteln bezahlt zu werden. Das ist kein ‚Berufsverbot für Demokraten und Sozialisten', wie eine unredliche Propaganda behauptet, sondern ein legitimer Selbstschutz vor Kräften, die weder demokratisch noch so-

zialistisch sind" (*Vorwärts*, Nr. 10 vom 8. März 1973).
3 Art. 2 des Beschlusses, der hier gemeint ist, spricht nicht von „Zweifeln an der Eignung des Bewerbers", sondern von Zweifeln, ob dieser „jederzeit für die freiheitlich-demokratische Grundordnung eintreten wird". Dann der entscheidende Satz: „Diese Zweifel rechtfertigen in der Regel eine Ablehnung des Einstellungsantrags" (vgl. *Koschnick, Hans* (Hrsg.): Der Abschied vom Extremistenbeschluß, Bonn 1979, S. 84).
4 Art. 21 GG besagt, dass die Parteien bei der „politischen Willensbildung des Volkes" mitwirken. Die Frage der Verfassungswidrigkeit einer Partei kann nur durch das BVerfG entschieden werden.

Nr. 87
1 Ms. vermerkt: „Persönlich".
2 Einer der Schwerpunkte des finanziellen Mehrbedarfs war die Rentenversicherung mit 3,6 Mrd. DM. Die Währungskrisen des Dollars, die im März 1973 zum „Block-Floating" – der Freigabe der übrigen Währungen gegenüber dem Dollar bei Beibehaltung fester Wechselkurse innerhalb der EG – geführt hatten, erschwerten die Bemühungen, die Aufstockung des Haushalts in Grenzen zu halten, und nährten die Sorge vor einer inflationären Entwicklung.
3 Mehrfach hatte die Bundesregierung in der ersten Jahreshälfte 1973 versucht, die Währungsprobleme und konjunkturellen Schwierigkeiten in den Griff zu bekommen: Die drohende beschleunigte Kosten- und Preisentwicklung sollte durch zwei Stabilitätsprogramme vom 17. Februar und 9. Mai 1973 gebremst werden. Vorgesehen waren u. a. eine Abgabe für höhere Einkommen, Einsparungen, eine restriktive Kreditpolitik und eine Investitionssteuer.
4 Hs. paraphiert.

Nr. 88
1 Hs. vermerkt: „ab 3/8. (Sonderb[ote])".
Am Textende ms. vermerkt: „2) Kopie Herrn Chef BK" und „Kopie Herrn AL III (2x)"; hs. von Wilke ergänzt: „Herrn StS v. Wechmar" und „3) über Herrn Chef BK, Herrn AL III wegen d[es] V[organ]gs d[es] Herrn BK v[om] 2/8." In einem begleitenden Vermerk vom 2. August 1973 hatte der Kanzler Ehmke beauftragt, den Brief an Börner mit Verkehrsminister Lauritzen und Innenminister Genscher abzustimmen („+ zwar so, dass er mittags bekanntgemacht werden kann") sowie eine Antwort an Lufthansa, Betriebsräte und DAG abzufassen (AdsD, WBA, A 8, 35).
2 Börner hatte in seiner Eigenschaft als Vorsitzender des Verkehrsausschusses den Bundeskanzler am 2. August 1972 über die von der Regierung beabsichtigten Maßnahmen gegen den Streik der Fluglotsen befragt (ebd.).
3 Der Bummelstreik („Dienst nach Vorschrift") der verbeamteten Flugleiter hatte bereits am 31. Mai 1973 begonnen und wurde erst ein halbes Jahr später, am 23. November 1973, aufgrund der „Ölkrise" eingestellt. Gefordert wurden neben Besoldungsverbesserungen (insbesondere Höhergruppierungen und Erschwerniszulagen) vor allem die Erneuerung der technischen Ausstattung und mehr Planstellen.
4 Schon in den Jahren zuvor hatte es Proteste der Flugleiter gegeben; geplante Verbesserungen der Arbeits- und Lohnbedingungen scheiterten 1971 etwa daran, dass der Bundesinnenminister einen Präzedenzfall für andere Spezialistenberufe – und somit eine Kostenexplosion – befürchtete.
5 Beteiligt waren – unter Federführung von Lauritzen – mindestens drei, wenn nicht vier Ressorts, was die Reaktionen innerhalb der Bundesregierung verzögerte und die Einigung über Gegenmaßnahmen erheblich erschwerte: Der Verkehrsminister

war Dienstherr der Flugleiter, der Finanzminister entschied über deren Besoldungswünsche, der Innenminister war für den öffentlichen Dienst insgesamt zuständig, und das BMJ hatte die Rechtmäßigkeit der Streikaktionen zu begutachten.
6   Hs. von Wilke ergänzt.

Nr. 89
1   Bei der Vorlage handelt es sich um das vom BPA gefertigte stenographische Protokoll. Ms. vermerkt: „Themen: Arbeitsprogramm von Regierung und Koalition, Radikalenbeschluß, Bummelstreik der Fluglotsen, Nachfolge von Bundespräsident Heinemann, Europapolitik". Am Gespräch, das von 16.00 bis 17.50 Uhr im Kanzler-Bungalow stattfand, nahmen „etwa 50" Journalisten aller Medien sowie die StS Grabert und von Wechmar teil. Brandt durfte nicht direkt zitiert werden.
2   Im einleitenden Statement berichtete Brandt über den zeitlichen „Fahrplan" der Regierung in vier Bereichen der Innenpolitik: Steuerreform, Mitbestimmung, Bodenrecht und berufliche Bildung.
3   Gemeint ist der Ministerpräsidenten-Beschluss vom 28. Januar 1972. Vgl. Einleitung und Nr. 86.
4   Brandt spielt hier auf die 1968 gegründete DKP an - faktisch eine Neugründung der KPD, die 1956 vom BVerfG als verfassungswidrig eingestuft und verboten worden war.
5   Hintergrund ist der Fall des aktiven DKP-Mitglieds Volker Götz: Als der Justizminister von NRW, Posser, diesen im Juli 1973 zum Richter auf Probe ernennen wollte, stellte Innenminister Weyer die Koalitionsfrage. Ministerpräsident Kühn gab Weyer nach, obwohl er inhaltlich Posser zustimmte: „Wegen des Falles Götz riskiere ich nicht Brandts Fall. Wer das nicht begreift, hat keinen Sinn für Größenordnung. Koalitionspreisgabe in Düsseldorf könnte Koalitionsverfall in Bonn bedeuten" (Interview für *Der Spiegel*, Nr. 32 vom 6. August 1973, S. 22).
6   In den genannten drei Staaten gab es zu diesem Zeitpunkt keine aus demokratischen Wahlen hervorgegangenen Regierungen; vielmehr prägten jeweils Militärregime das politische System.
7   Ministerpräsident Osswald forderte im Juli 1973, die „Vereinbarung - die sowieso kein neues Recht geschaffen hat - aufzuheben" (ebd.).
8   Der SPD-Parteitag im April 1973 betonte, dass die Mitgliedschaft in einer „nicht verbotenen politischen Partei" einer Mitarbeit im öffentlichen Dienst nicht entgegenstehe. Gefordert wurde die verfassungskonforme und rechtsstaatliche Präzisierung des Ministerpräsidenten-Beschlusses vom 28. Januar 1972: „Jeder einzelne Zweifelsfall ist genau zu überprüfen" (vgl. Protokoll 1973, S. 1128 f.).
9   NRW und Hessen erwogen wegen des Extremistenbeschlusses ein Normenkontrollverfahren beim BVerfG. Bis 1956 war das BVerfG bei der Überprüfung der Verfassungstreue gutachterlich tätig gewesen.
10 Gemeint ist Volker Götz; vgl. Anm. 5.
11 Vgl. Nr. 88.
12 1970 hatten die Gewerkschaften der öffentlichen Angestellten in Schweden eine Lohnerhöhung von 23 % durchsetzen wollen, indem sie mit einem Streik von wenigen Bahnangestellten den öffentlichen Verkehr lahmlegten. Die Regierung Palme reagierte mit der Aussperrung weiterer Bahner und 1971 mit einem Sondergesetz, wodurch sie die Wiederaufnahme der Arbeit erzwingen konnte. Die Eskalation wurde schließlich durch eine spezielle Vereinbarung für Expertenberufe zwischen den Gewerkschaften und den Arbeitgebern beendet.

13 Gemeint: Chef des DBB, Alfred Krause.
14 Im Sommer 1972 war die – nach Condor – größte deutsche Charterfluggesellschaft, die auf Urlaubs- und Fernflüge spezialisierte Frankfurter Firma „Atlantis", in finanzielle Schwierigkeiten geraten und ging, nachdem die Bemühungen um staatliche Hilfe ohne Erfolg blieben, 1973 in Konkurs.
15 Auf der IMF-Tagung des „Ausschusses der 20" zur Reform des Währungssystems am 30./31. Juli 1973 hatten die Finanzminister und Notenbankchefs über mögliche Indikatoren beraten, die einen Mitgliedsstaat veranlassen müssten, die Wechselkurse neu festzusetzen.
16 Sehr scharf kritisierte Brandt auf der Sitzung des Parteivorstandes am 10. September 1973 eine Erklärung des Bundesausschusses der Jungsozialisten, in der spontane Arbeitsniederlegungen als legitime Maßnahmen der Arbeiter bezeichnet wurden (AdsD, WBA, SPD-Parteivorstand, PV-Protokolle).
17 Die bisherigen Präsidenten waren: Theodor Heuss (FDP) von 1949 bis 1959 und Heinrich Lübke (CDU) von 1959 bis 1969.
18 Heinemann selbst hätte eine Änderung des GG zugunsten einer Periode von sieben Jahren bevorzugt. Anfang September 1973 erklärte er sich gegenüber Wehner bereit, für eine zweite volle Amtszeit zur Verfügung zu stehen, widerrief dies aber später u. a. aus gesundheitlichen Gründen. Vgl. *Baring* 1982, S. 626–630.

Nr. 90
1 Bei der Vorlage handelt es sich um das stenographische Protokoll. Anlass des Hintergrundgespräches, das von 15.30 bis 17 Uhr im Bundeskanzleramt stattfand, waren Recherchen Rovans für ein Buch. 1978 erschien eine Studie über die SPD (*Rovan, Joseph:* Histoire de la Social-Démocratie Allemande, Paris 1978).
2 Brandts jüngster Sohn, Matthias, war zum Zeitpunkt des Gespräches zwölf Jahre alt.
3 In dem Essay „Zum Konflikt der Generationen" wendete sich Mann gegen die These, die politischen Auseinandersetzungen zwischen Jüngeren und Älteren deuteten auf einen unüberbrückbaren Konflikt zwischen zwei Generationen. Es gebe keinen „Generationen-Dualismus", die Wirklichkeit sei vielmehr, „was Alters- und Erfahrungsunterschiede betrifft, ungleich feiner schattiert" (*Mann, Golo:* Zum Konflikt der Generationen, in: Neue Rundschau 84 (1973), 3, S. 385–391, 387).
4 Peter Brandt.
5 Anarchosyndikalistische Bestrebungen zielen darauf, dass die Arbeiter selbst durch eine Vielzahl von Aktionen in kleineren gewerkschaftlichen Einheiten die bestehende Herrschaftsordnung stürzen und sie durch eine klassen- wie herrschaftslose Gemeinschaft ersetzen.
6 *Rovan, Joseph:* Une Idée neuve: la démocratie, Paris 1961.
7 Französisch für: „Selbstverwaltung". Der Begriff hat eine scharfe politische Konnotation. Auf dem Parteikonvent der SFIO unter Mitterrand im März 1972 war die betriebliche Selbstverwaltung in nationalisierten Industrien und Banken als Ziel anerkannt worden: Das Recht auf Selbstverwaltung kehre die Pyramide der Macht um, indem es die Entscheidungsfindung an die Basis verlege. Am 14. August 1973 räumte die Polizei in Besançon eine Uhrenfabrik und beendete damit eine vier Monate währende Besetzung und Selbstverwaltung durch die Arbeiter der Fabrik.
8 Am 14./15. August 1973 waren mehrere hundert ausländische Arbeitskräfte – vor allem Frauen – in einem Zulieferbetrieb

der Autoindustrie in Neuss in einen wilden Streik getreten. Gefordert wurde neben der finanziellen Gleichstellung mit deutschen Arbeitern auch ein Ende der persönlichen Diskriminierung der Frauen durch das mittlere – deutsche – Management des Betriebes.

9   Die Schweizer „Nationale Aktion für Volk und Heimat" war 1970 mit einer „Überfremdungsinitiative" nur knapp gescheitert, mit der der Anteil der Ausländer im Land begrenzt werden sollte. Erfolg hatte dagegen im Dezember 1972 eine Initiative gegen den „Ausverkauf" des Schweizer Bodens – u. a. im Tessin – an Ausländer.

Nr. 91
1   Der Appell wurde am 28. August 1973 über alle Fernseh- und Rundfunkstationen verbreitet (von Brandt bearbeitete Entwürfe in: AdsD, WBA, A 3, 508). In der Vorlage wurde die Überschrift hinzugefügt: „Verantwortung aller für das Stabilitätsprogramm".
2   Gemeint war eine Welle von „wilden Streiks" in Industriebetrieben an Rhein und Ruhr, bei denen die Arbeiter Teuerungszulagen als Ausgleich für die gestiegenen Preise forderten. In Frage standen damit die Autorität der Gewerkschaften und das Funktionieren der Tarifautonomie.
3   Das am 9. Mai 1973 im Kabinett beschlossene und am 1. Juli in Kraft getretene zweite Stabilitätsprogramm sollte die Konjunktur dämpfen und den Preisauftrieb bremsen. Es sah u. a. die Erhebung einer Investitionssteuer von 11 % für zwei Jahre und einen nicht rückzahlbaren Stabilitätszuschlag von 10 % für *höhere* Einkommen vor. Das Geld aus diesem Konjunkturausgleich wurde bei der Bundesbank „geparkt".

Nr. 92
1   Die Rede ist intensiv von Brandt vorbereitet worden (AdsD, WBA, A 8, 79); abgedruckt in: Bulletin, Nr. 102 vom 4. September 1973, auszugsweise auch in: *Vorwärts*, Nr. 36 vom 6. September 1973.
2   Anfang August 1973 waren Abgeordnete der SPD mit Vertretern der Befreiungsfront von Moçambique (FRELIMO) zusammengetroffen und hatten deren Forderungen nach einem Ende des portugiesischen Kolonialismus unterstützt.
3   Gemeint ist der Axel-Springer-Verlag.
4   Gemeint ist der Nachfolger Barzels im Parteivorsitz der CDU, Helmut Kohl. In seiner Antrittsrede auf dem Parteitag am 12. Juni 1973 in Bonn charakterisierte dieser die Politik der SPD als eine „Politik des ideologischen Absolutismus im Dienste einseitiger Interessen". Die CDU orientiere sich dagegen, so Kohl, an Wertvorstellungen, müsse aber „fortlaufend die theoretischen Grundlagen ihrer Politik durcharbeit[en] und [diese] der Diskussion stell[en]" (Bundesparteitag der CDU am 12. Juni 1973 in Bonn, Bonn 1973, S. 90, 103).
5   Vgl. Nr. 67 Anm. 2. Gemeint ist der von der CSU herausgegebene *Bayernkurier*.
6   Dies ist u. a. eine Anspielung auf die 1955 begründete Hallstein-Doktrin, derzufolge die Bundesrepublik aufgrund des Alleinvertretungsanspruchs die diplomatischen Beziehungen mit Staaten abbrach, die die DDR anerkannten. 1969 zeigte sich beim Fall Kambodscha, wie sehr die Doktrin den Handlungsspielraum inzwischen eingeengt hatte. Vgl. Nr. 25 Anm. 2.
7   Auf der Vollversammlung der UNO vom 18. bis 26. September 1973 wurden die beiden deutschen Staaten in die Weltorganisation aufgenommen.
8   Zitat nicht ermittelt. Vgl. aber inhaltlich: Der neue Staat, in: *Rathenau, Walther: Gesammelte Schriften: Wirtschaft, Staat*

und Gesellschaft, Berlin[8] 1929, S. 263–309, insb. S. 289 ff.

Nr. 93
1   Das Interview wurde von Brandt intensiv hs. bearbeitet (AdsD, WBA, A 3, 526). Es erschien am Tag einer Großdemonstration, zu der die katholischen Gemeinden und das Zentralkomitee der Katholiken in Deutschland aufgerufen hatten, um gegen die Fristenlösung beim § 218 StGB zu protestieren.
2   Brandt hatte u. a. gesagt: „Ich bitte [...] eindringlich darum, daß wir uns nicht zu Gefangenen übersteigerter Ansprüche oder Vorwürfe machen lassen, sondern ein schwieriges Thema angemessen und würdig erörtern und entscheiden" (vgl. Protokoll 1973, S. 80).
3   Vgl. BILD-Zeitung, Nr. 220 vom 20. September 1973.
4   Vgl. Nr. 79 Anm. 3.
5   Mit diesem Appell plädierte Brandt für Kompromissbereitschaft bei der Neuregelung, da er für eine „bloße Fristenlösung" keine Mehrheit im Bundestag sah, den § 218 StGB in der bestehenden Form aber für untragbar hielt (Protokoll 1971, S. 642).

Nr. 94
1   Bei der Vorlage handelt es sich um ein unkorrigiertes Protokoll der Antworten Brandts auf Fragen von Mitgliedern der Bundespressekonferenz, die von 11.30 bis 12.40 Uhr dauerte. Neben dem Bundeskanzler stellten sich u. a. auch v. Dohnanyi und Grabert den Fragen der Journalisten.
2   Am 9. November 1973 verabschiedete der Bundestag ein Energiesicherungsgesetz, das die Regierung ermächtigte, für sechs Monate Energie zu rationieren und Höchstpreise sowie Verteilung von Öl und Erdgas festzulegen. Im Oktober 1973 hatten die Erdöl exportierenden Staaten die Ölproduktion gedrosselt und verteuert. Auslöser war die Hilfe westlicher Staaten für Israel im Nahost-Krieg Anfang Oktober. Vgl. Einleitung.
3   Vgl. Nr. 95.

Nr. 95
1   Anlass der Erklärung war das Inkrafttreten der Verordnung über das Sonntagsfahrverbot am 25. November 1973 und an den folgenden drei Sonntagen. Die Anregung zu diesem – im Beraterkreis Brandts umstrittenen – „Wort zum Sonntag" erhielt Brandt von Klaus von Dohnanyi (vgl. dessen Schreiben an Brandt vom 23. November 1973, in: AdsD, WBA, A 3, 538).
2   Vgl. Nr. 94 Anm. 2.
3   Am 29. August 1973 legte die Bundesregierung ein Energiekonzept vor, das auf die rationellere Nutzung der Ressourcen zielte und den Erdölverbrauch zugunsten des schnellen Ausbaus der Kernenergie und der Förderung der heimischen Steinkohle reduzieren sollte.

Nr. 96
1   Der nordrhein-westfälische Wissenschaftsminister Rau hatte Beuys im Oktober 1972 fristlos gekündigt, weil dieser mit abgewiesenen Studienbewerbern das Sekretariat der Hochschule besetzt hatte, um die Aufhebung des Numerus clausus durchzusetzen. Die Entlassung löste eine Flut von internationalen Protesten vor allem von Künstlern und Intellektuellen aus, die die Lehr- und künstlerische Freiheit in der Bundesrepublik bedroht sahen. Der von Beuys angestrengte Arbeitsgerichtsprozess endete schließlich nach mehreren Instanzen 1978 mit einem Vergleich: Beuys durfte – allerdings ohne formale Anstellung – seine Tätigkeit an der Kunstakademie Düsseldorf fortsetzen.

2 Zwei Probleme standen im Zentrum der Bemühungen von Jochimsen: Zum einen ging es um die Frage der Gleichberechtigung der „Freien Hochschule" mit staatlichen Akademien und ihrer Anerkennung als zweitem Ausbildungsweg mit entsprechenden Abschlüssen – und damit der Chancengleichheit für künftige Studenten. Hier musste der designierte „Gründungsrektor" Beuys nachgeben, gewann dafür aber größere Freiheit in der inhaltlichen Gestaltung des neuen Instituts. Zum anderen handelte es sich um Verhandlungen mit städtischen und Landesbehörden über die Anmietung von Räumen in Düsseldorf und die Zusage finanzieller Zuschüsse. In diesem Zusammenhang sollte auch Scheel seinen Einfluss geltend machen.
3 Der Kontakt zu Kühn in dieser Angelegenheit bestand seit Juli 1973 (vgl. die Schreiben in: AdsD, WBA, A 8, 41). Das Ziel des Vereins, Beuys und seinen Ideen eine Wirkungsstätte zu geben, wurde 1974 mit der Gründung der „Freien internationalen Hochschule für Kreativität und interdisziplinäre Forschung" erreicht.
4 Hs. paraphiert.

Nr. 97
1 Ms. Vorlage. Das Kurzprotokoll der Sitzung ist überliefert in: AdsD, SPD-Parteivorstand, PV-Protokolle.
2 Gemeint sind vor allem *Der Spiegel*, *Stern*, *Die Zeit*, *FR* und *SZ*, die sich seit Mitte 1973 häufig kritisch mit dem Regierungsstil Brandts auseinandersetzten. Vgl. Zons 1984, S. 111–156.
3 Hs. von Brandt eingefügt.
4 Gemeint ist die Wahl des Bundespräsidenten am 15. Mai 1974. Der SPD-Parteivorstand beschloss auf dieser Sitzung, die von Brandt favorisierte Kandidatur Scheels zu unterstützen; vgl. auch Nr. 107.

Nr. 98
1 Das Interview wurde mit einer Zusammenfassung seiner wesentlichen Aussagen als Aufmacher auf der ersten Seite mit dem Titel: „Brandt will langfristige Koalition mit FDP" angekündigt. Bearbeitung des Interviews durch Brandt in: AdsD, WBA, A 3, 545.
2 Am gleichen Tag hatte der SPD-Parteivorstand beschlossen, die Kandidatur von Scheel für das Bundespräsidentamt zu unterstützen (vgl. Nr. 97). Brandt hatte sich dabei – trotz Drängens aus der eigenen Partei in den vorhergehenden Wochen – geweigert, die notwendige Kabinettsumbildung vor der Wahl Scheels durchzuführen. Dies verstärkte in den nächsten Wochen die Kritik am Führungsstil des Kanzlers, dem Zauderlichkeit angekreidet wurde.
3 Scherzhaft-spöttisch wurde die sandige Mark Brandenburg als „Streusandbüchse" des Heiligen Römischen Reiches bezeichnet. Brandt warnt hier u. a. davor, den Abgeordneten der Bundesversammlung das Gefühl zu geben, sie würden nur noch zum Nachvollzug des vorher Ausgehandelten gebraucht (Ablöschen der Tinte auf Dokumenten durch Sand aus der Streusandbüchse).
4 Der 15. Mai 1974 war der Tag der Bundespräsidentenwahl.
5 Mit der Übernahme des Gelsenberg-Unternehmens bündelte die Bundesregierung die Bereiche Beschaffung und Verarbeitung in der Energiewirtschaft. Dieser – aufgrund der Bundesbeteiligung gleichsam „nationale" – Mineralölkonzern sollte ein entsprechender Kooperationspartner für die Staatsgesellschaften in den arabischen Ländern sein.
6 Gemeint sind die Folgen des Nahost-Krieges zwischen Israel und den arabischen Staaten im Oktober 1973.

7 Am Vortag hatte die Regierung ein 17-Punkte-Programm zur Bewältigung der Energiekrise verkündet: Dazu gehörten die Nutzung der eigenen Kohle, der Bezug von Energie aus anderen Ländern, internationale Abkommen zur Suche und Förderung von Rohstoffen. Der Besuch der beiden Minister führte u. a. zur Kooperation mit Algerien, weitere Verträge mit Ägypten und Norwegen schlossen sich in den nächsten Wochen an.
8 Rohstoff, der bei der Erdöl-Destillation anfällt.

Nr. 99
1 Hs. vermerkt: „Montag, 4. II. zugestellt".
2 Am 25. Januar 1974 hatte die Bundesregierung einen vor dem Landgericht Hannover angestrengten Musterprozess gegen den „Verband der Flugleiter" verloren. Den Flugleitern sei nicht nachzuweisen, dass sie zu rechtswidrigen Aktionen angestiftet hätten, sie seien deshalb für die Verspätungen im Flugverkehr nicht schadensersatzpflichtig. Die spätere Revision des Urteils war ein Erfolg der Bundesregierung, nützte aber Brandt nichts mehr: Erst 1978 wurde der Verband zur Zahlung in Millionenhöhe verurteilt.
3 Am 25. November 1973 hatten die Fluglotsen ihren Streik vorläufig eingestellt. Angesichts der von der Regierung wegen der Energiekrise verkündeten Maßnahmen hätte ein Streik wenig Sinn gemacht und überdies die letzten – ohnehin nicht großen – Sympathien gekostet. Vgl. Nr. 95.
4 Dies Gutachten bezog sich auf die Reform des Dienstrechts im öffentlichen Dienst.
5 Hs. paraphiert.

Nr. 100
1 Die Rede ist intensiv vorbereitet worden (AdsD, WBA, A 3, 547/548). Der Theodor-Heuss-Preis, der beispielhaftes bürgerschaftliches Engagement ehrt, wurde 1974 zwei Bürgerinitiativen zuerkannt, die sich um die Integration ausländischer Kinder und Familien verdient gemacht hatten.
2 Vgl. Nr. 85.
3 Zu diesem Zeitpunkt liefen noch Tarifverhandlungen. Als diese scheiterten, kam es ab 9. Februar 1974 zu einem Massenstreik im öffentlichen Dienst, der praktisch den gesamten Verkehr, die Müllabfuhr und viele weitere Dienstleistungen in den Kommunen stilllegte.
4 Ein „Stück Staatssozialismus" nannte Bismarck die Sozialversicherung und wollte damit die soziale Verantwortlichkeit des monarchischen Staates betonen. Geradezu prophetisch ahnte er: „Es ist möglich, daß unsere Politik einmal zugrunde geht, wenn ich tot bin, aber der Staatssozialismus paukt sich durch" (am 23. Oktober 1881 zu Moritz Busch). Für die Linksliberalen klang dieser Begriff zunächst sehr nach Obrigkeitsstaat und Einschränkung der Freiheitsrechte, bis sie dann seit Ende der 1880er Jahre Selbstverantwortung und staatliche Rahmensetzung in ein neues, sozialliberales Konzept integrierten (vgl. *Kieseritzky, Wolther v.: Liberalismus und Sozialstaat. Liberale Politik in Deutschland zwischen Machtstaat und Arbeiterbewegung (1878–1893)*, Köln-Weimar 2001, S. 88 ff.).
5 In der „Heiligen Allianz", im Bündnis der europäischen Mächte von 1815, an der Spitze Preußen, Österreich und Russland, versuchten die Monarchien, auf der Basis des dynastischen Grundkonsenses – und gegen die aufstrebenden Kräfte liberaler Freiheit und nationaler Einheit gerichtet – den Frieden der Staaten zu sichern. Brandt überträgt den Begriff hier auf das zunächst

erfolgreiche Bestreben der Fürsten, in Reaktion auf die 1848er Revolution im Kern die alte Ordnung zu stabilisieren, allerdings unter konstitutionellen Zugeständnissen.

6   Vgl. Berliner Ausgabe, Bd. 4, Nr. 49 und 95.

7   Der Liberale Naumann versuchte, aus der Institution der Arbeiterausschüsse des 19. Jhs. eine für die Großunternehmen der industrialisierten Zeit angemessene Mitbestimmung zu entwickeln, „Industrieuntertanen" zu „Industriebürgern" zu machen. Heuss zitiert Naumann so: „Sozialismus ist derselbe Vorgang im Kapitalismus wie Liberalismus im Staat. [...] Kapitalismus ist die aristokratische Auffassung des Wirtschaftslebens, dessen demokratische Auffassung Sozialismus heißt" (*Heuss, Theodor:* Friedrich Naumann. Der Mann, das Werk, die Zeit, Stuttgart/Berlin 1937, S. 262; die in der Rede genannte Seitenzahl beruht auf einer anderen Ausgabe der Biographie).

8   Mit dem „Kulturkampf" hatte der preußisch-deutsche Staat in den 1870er Jahren versucht, den Einfluss der römisch-katholischen Kirche zurückzudrängen. Über die Schul- und Kultusgesetze hinaus weitete sich die Auseinandersetzung zu einem Kampf gegen die als „Reichsfeinde" gebrandmarkten Katholiken insgesamt und gegen ihre politische Vertretung, die Zentrumspartei, aus.

9   Gemeint sind SPD, DDP und Zentrum, die 1919 in der Nationalversammlung die Regierung bildeten und als „Weimarer Koalition" eine der wesentlichsten Stützen der ersten deutschen Demokratie bildeten. Vgl. *Winkler 1993,* S. 70 ff.

10   Vgl. für die Trennung von geistiger und politischer Sphäre: *Mann, Thomas:* Kultur und Politik, in: Gesammelte Werke, Bd. 12, Frankfurt/Main 1960, S. 853-861.

11   Vgl. die Rede Brandts zur Vertrauensfrage im Deutschen Bundestag am 22. September 1972 (Verhandlungen, Bd. 80, S. 11763-11773).

12   Anspielung auf eine wesentliche Aussage der von Flach und Maihofer entwickelten „Freiburger Thesen", mit denen eine „Demokratisierung der Gesellschaft" aus liberaler Perspektive stimuliert werden sollte. Vgl. das Eingangsreferat von Maihofer auf dem Parteitag der FDP am 25. Oktober 1971, in: *Flach u. a. 1972,* S. 27-54.

13   Brandt wendet sich hier gegen einen Begriff der Demokratie, den er schon 1969 öffentlich kritisiert hatte. Der Generalsekretär der CDU, Heck, hatte damals in mehreren Interviews und Artikeln betont, dass die Demokratie in der Bundesrepublik Strukturelement des Staates, aber nicht der Gesellschaft sei. Heck wendete sich damit gegen die von Brandt vorgetragene Position, dass Demokratie grundsätzlich nicht vollendet, sondern ein dynamisches Prinzip sei, man also eher von fortdauernder „Demokratisierung" sprechen solle. Zudem bezog Brandt dies über den Staat hinaus auf die gesellschaftliche Struktur. Vgl. *Heck 1969* und *Brandt 1969.*

14   Gemeint ist mit dem Begriff, dass dem Staat nicht gesellschaftsgestaltende Aufgaben zukämen, sondern er sich lediglich auf Ordnungsaufgaben zu beschränken habe, welche die Bürger nicht allein wahrnehmen könnten.

15   Solschenizyn wurde kurz nach seiner Verhaftung in der UdSSR in die Bundesrepublik abgeschoben und fand am 13. Februar 1974 Aufnahme bei Böll.

Nr. 101

1   Bei der Vorlage handelt es sich um das vom BPA gefertigte stenographische Protokoll. Ms. vermerkt: „Verwendung: Vertrauliches Hintergrundgespräch." Brandt führte das Gespräch im Rahmen einer Re-

daktionskonferenz von *Die Zeit* in Hamburg.
2   Am 10. November 1958 hatte Chruschtschow ultimativ ein Ende des Vier-Mächte-Status von Berlin innerhalb von sechs Monaten gefordert und damit eine ernste Berlin-Krise ausgelöst.
3   Am 20. Februar 1974 hatte der Bundestag den Vertrag über die Nichtverbreitung von Kernwaffen verabschiedet, der bereits zu Beginn der ersten Regierung Brandt 1969 unterzeichnet worden war.
4   Als eine „nationale Katastrophe" habe Wechmar den Kabinettsbeschluss annonciert, dass zwar die – aufgrund der „Ölkrise" erlassene – Geschwindigkeitsbegrenzung auf 100 km/h auf deutschen Autobahnen aufgehoben, stattdessen aber möglicherweise eine andere Form der Begrenzung eingeführt werden solle, etwa die Richtgeschwindigkeit von 130 km/h (vgl. *Washington Post*, Nr. 78 vom 21. Februar 1972, S. A 16).
5   Am 13. Februar 1974 hatten sich die Tarifpartner – öffentliche Hand und Gewerkschaften – nach mehreren Streiktagen im öffentlichen Dienst auf eine Lohnerhöhung von 11 % geeinigt. Zuvor hatte Brandt mehrfach, zuletzt am 24. Januar 1974 im Bundestag, eine Erhöhung im zweistelligen Bereich als schädlich für die Stabilität und die Preisentwicklung bezeichnet.
6   Auf der Washingtoner Energiekonferenz von 13 Industriestaaten vom 11. bis 13. Februar 1974 wurde u. a. beschlossen, in der Energiekrise zu einem gemeinsamen Vorgehen auch mit den ölfördernden Staaten zu kommen.
7   Dies war am 10. Februar 1974, nachdem die Beschäftigten in der Urabstimmung für einen Streik votiert hatten. Dieser begann am nächsten Tag, am Montag.

Nr. 102
1   Das Interview wurde in der Reihe „Im Kreuzfeuer" des Magazins *Monitor* am 25. März 1974 um 20.15 Uhr gesendet (bei dieser Reihe nahmen die Journalisten Rohlinger und Casdorff jeweils einen Politiker ins Kreuzverhör). Bearbeiter und Herausgeber danken dem Westdeutschen Rundfunk für die Überlassung eines Mitschnitts des Interviews, der als Vorlage diente. Das im BPA gefertigte stenographische Protokoll des Interviews, das jedoch einige Fehler und Lücken aufweist, ist überliefert in: AdsD, WBA, A 3, 556.
2   Vgl. *Quick*, Nr. 13 vom 13. März 1974. Unter dem Titel „Mitleid mit Willy Brandt" wurden kritische Äußerungen von Politikern und anderen Zeitgenossen zur „Kanzlerkrise", speziell zu Brandts Führungsstil, zusammengestellt.
3   Bei den Kommunalwahlen in Rheinland-Pfalz und Schleswig-Holstein hatte die SPD ebenso wie in Hamburg erhebliche Einbußen erlitten (vgl. Anhang).
4   Lauritzen hatte seit Anfang 1974 unterschiedliche Haltungen im Kabinett hinsichtlich einer Geschwindigkeitsbegrenzung vertreten: Während er noch im Januar eine verbindliche Begrenzung befürwortete, legte er – von den vielen Widerständen mürbe geworden – am 13. März 1974 eine Vorlage über die Richtgeschwindigkeit von 130 km/h vor.
5   In einem Interview mit dem SFB hatte v. Dohnanyi am 9. März 1974 gefordert, Schmidt solle „innenpolitischer Stellvertreter" des Bundeskanzlers werden und Brandt damit entlasten. Bereits am 6. März 1974 hatte Schmidt selbst bei einem Fernsehinterview – nach der dramatischen Wahlniederlage der SPD in Hamburg drei Tage zuvor – eine umgehende Neuorganisation der Bundesregierung verlangt und erhebliche Kritik am Zustand der SPD geübt.

In der Sitzung des Parteivorstandes am 8. März 1974 führten diese Vorwürfe und Forderungen an die Adresse Brandts zu erheblichen Auseinandersetzungen. Vgl. AdsD, SPD-Parteivorstand, PV-Protokolle; *Die Zeit*, Nr. 12 vom 15. März 1974.

6 Gemeint sind Helmut Schmidt und Heinz Kühn.

7 Wehner hatte während einer Reise nach Moskau Anfang Oktober 1973 dort öffentlich Kritik am Regierungsstil des Kanzlers geübt („Der Regierung fehlt ein Kopf..."). Dies führte zu nachhaltiger Verstimmung zwischen Brandt und Wehner. Vgl. die Schreiben in: AdsD, WBA, A 8, 73 und Berliner Ausgabe, Bd. 5.

8 Der FDP-Vorsitzende in NRW, Riemer, hatte auf dem Freiburger Parteitag der FDP im Oktober 1972 einen Elf-Punkte-Katalog vorgetragen unter dem Motto „Was uns nicht paßt an der SPD". Gemeint waren damit vor allem die sozial- und wirtschaftspolitischen Vorstellungen in Teilen der Sozialdemokratie. Diese kritisierte er auch in der Folgezeit mehrfach, ebenso wie – besonders seit Mitte 1973 – die Tarifpolitik der Gewerkschaften.

9 Im Juni 1974 wurde der Landtag in Niedersachsen gewählt. Vgl. Anhang.

Nr. 103

1 Brandt machte diese Ausführungen, für die er hs. Notizen angefertigt hatte (AdsD, WBA, A 8, ungeordnet), am Ende der „Aktuellen Stunde" im Bundestag.

2 Gemeint sind die Ermittlungen gegen den am 24. April 1974 unter dem Verdacht der Spionage für die DDR verhafteten Günter Guillaume. Vgl. Nr. 104 und Einleitung.

3 Ende Mai 1973 war Brandt von Nollau und Genscher über den Verdacht gegen Guillaume unterrichtet worden und hatte auf deren Rat hin eingewilligt, bei den Arbeitsbereichen von Guillaume im Kanzleramt keine Veränderungen vorzunehmen. Solange die Ermittlungen noch liefen, sollte Guillaume keinen Verdacht schöpfen.

4 Im Sommer 1973 hatte Guillaume die Familie Brandt in den Urlaub nach Norwegen begleitet und erhielt dort auch Zugang zu als „geheim" eingestuften Papieren. Vgl. Nr. 104.

Nr. 104

1 Die „Notizen zum Fall G." wurden größtenteils zwischen Mai und September 1974 angefertigt, wobei der genaue Zeitpunkt der einzelnen Notate unbekannt ist. Die Aufzeichnungen sind von Brandt in knappen Auszügen verwendet worden in: Brandt 1974, S. 168–181. Haupttext und Kommentar sind im Wesentlichen zeitnah entstanden. Der Kommentar stellt keine Überarbeitung des Textes dar, sondern gibt Überlegungen und Fragen Brandts sowie weitere Informationen wieder, für deren Eintrag sich Brandt von vornherein mittels einer zweispaltigen Textanordnung – Haupttext auf der rechten Seitenhälfte, Kommentar auf der linken – oder durch teilweises Freilassen der Seite Raum ließ. Im vorliegenden Abdruck ist dies durch die unterschiedliche Textverteilung und Schriftgröße wiedergegeben. Brandt hat die Aufzeichnungen zu einem späteren Zeitpunkt nur geringfügig bearbeitet; die wenigen hinzugefügten oder veränderten Passagen sind im Folgenden vermerkt. Das hs. Dokument, insgesamt 43 Seiten, wurde in einem versiegelten Umschlag verwahrt, der laut notariellem Vermerk „erstmals" am 24. Januar 1994 geöffnet worden ist. Zwei Tage später veröffentlichte die *FAZ* (Nr. 21 vom 26. Januar 1994) den Text unter dem Titel „Von zentraler Bedeutung: die Rolle Herbert Wehners"; in dieser Form sind die „Noti-

zen" auch Brandts „Erinnerungen" als Anhang angefügt (vgl. *Brandt 1994*, S 519–538). Die dortige Umsetzung des Dokuments weist jedoch zahlreiche Irrtümer auf.

2   Vgl. Nr. 103.

3   Guillaume wurde 1970 als Referent für Kontakte zur SPD und zu den Verbänden im Bundeskanzleramt eingestellt. Er hatte vorher bei der SPD in Frankfurt gearbeitet und den Frankfurter Wahlkreis von Leber, der sich für Guillaumes Beschäftigung im BKA einsetzte, betreut. Bei der Einstellung Guillaumes ergaben sich zwei Probleme: zum einen Sicherheitsbedenken, die zu einer Überprüfung führten, zum anderen Zweifel des Personalrates an den nötigen Qualifikationen Guillaumes. Vgl. dazu ausführlich Einleitung; *Baring 1982*, S. 723–729; *Ehmke 1994*, S. 232–236.

4   Hs. von Brandt mit grünem Stift am Rand ergänzt; die Worte „höre ich" sind nachträglich mit schwarzem Stift hinzugefügt.

5   Eckige Klammer in der Vorlage (vgl. Anm. 14).

6   Hs. von Brandt mit grünem Stift unterstrichen; in der gleichen Weise hat Brandt am Rand vermerkt: „wohl ein Irrtum, Verwechslung mit März [19]74 (14/9.!)".

7   Genscher berichtet, er sei vom Präsidenten des BfV am 29. Mai 1973 vom Verdacht gegen Guillaume unterrichtet worden. Am selben Tag habe er Brandt informiert und ihm auf Befragen auch geraten, an der Tätigkeit Guillaumes nichts zu ändern (vgl. *Genscher 1995*, S. 197–202).

8   Von Ende Juni bis Anfang August 1973 machte Brandt Urlaub in Hamar, Norwegen. Genscher und Nollau plädierten ausdrücklich dafür, an der geplanten – wie von Brandt beschriebenen – Regelung nichts zu ändern.

9   Hs. von Brandt hinzugefügt.

10 Vom 25. Oktober bis zum 5. November 1973 befand sich Brandt mit einigen Mitarbeitern in La Croix Valmer. Vgl. zu diesem Aufenthalt, bei dem Brandt vor allem – zusammen mit Harpprecht – an einer Darstellung seiner Vorstellungen zur Gesellschaftspolitik arbeitete (veröffentlicht als *Brandt 1974*), *Harpprecht 2000*, S. 383 ff. Während des Aufenthalts hatte Guillaume auch teilweise Zugang zu eingestuften Dokumenten (vgl. die Zusammenstellung, o. D. [Anfang Mai 1974], in: AdsD, WBA, A 8, ungeordnet).

11 Guillaume hatte als Referent ab 1973 vor allem zwei Aufgaben: die Kontakte zu regionalen Verbänden der SPD zu pflegen und den entsprechenden Schriftverkehr abzuwickeln sowie die so genannten Informationsreisen zu organisieren und durchzuführen. Diese Reisen, die mehrfach über zwei bis drei Tage stattfanden, führten Brandt quer durch die Republik: Er besichtigte Betriebe und soziale Einrichtungen, sprach zu und mit den Menschen.

12 Hs. von Brandt mit grünem Stift ergänzt.

13 Hs. von Brandt mit grünem Stift ergänzt.

14 Eckige Klammer in der Vorlage (vgl. Anm. 5). Das Gespräch zwischen Brandt und Kempski fand am 9. Mai 1974 nach dem Rücktritt statt und wurde unter dem Titel „Mir kommt das Ganze wie im Kino vor" in der *SZ* (Nr. 109 vom 11./12. Mai 1974) veröffentlicht (Auszüge daraus in: *Kempski, Hans Ulrich: Um die Macht. Sternstunden und sonstige Abenteuer mit den Bonner Bundeskanzlern 1949 bis 1999*, Berlin 1999, S. 222–225).

15 Korrigiert aus: „Honnecker". Diese Schreibweise („Honn." oder „Honnecker") behielt Brandt in den gesamten Aufzeichnungen bei; im Folgenden stillschweigend verbessert.

16 Englisch für: „sich durchwursteln".

17 Hs. von Brandt mit grünem Stift ergänzt.
18 Unter der Überschrift „Geballte Fäuste gegen die Versuchung" schrieb Hermann Schreiber u. a.: „Was ihm [Brandt] zu schaffen macht, das ist, die Möglichkeit nicht erkannt, sondern eher verdrängt zu haben, dieser Guillaume könnte ein Mann mit zwei Identitäten sein – ein Diener zweier Herren [...]. Willy Brandts Sinn für Solidarität, sein Verständnis für Zugehörigkeit verträgt solches Doppeldenken nicht. Er kann es nicht nachvollziehen. Er sieht sich ganz einfach getäuscht – und daß er selber sich so hat täuschen können, ‚das gehört zu meinen neuen deprimierenden Erfahrungen in puncto Menschenkenntnis'. Manchmal erwächst dem Kanzler Brandt aus dieser Depression wohl auch die vertraute Versuchung zu resignieren – sich zu verlieren an die selbstmitleidige Erkenntnis, es bleibe ihm wahrhaftig nichts erspart" (*Der Spiegel*, Nr. 19 vom 6. Mai 1974, S. 20).
19 Das Parlamentarische Vertrauensmännergremium, dem zehn Abgeordnete aus allen Fraktionen angehörten, diente der Kontrolle der Geheimdienste.
20 Einen Eindruck von den Bemühungen Harpprechts, den Kanzler von der Notwendigkeit zu überzeugen, ja zu beschwören, im Interesse Europas durchzuhalten, vermitteln seine Tagebuchaufzeichnungen (vgl. *Harpprecht* 2000, S. 542 ff.).
21 Für den 4./5. Mai 1974 war seit längerem im Haus der Friedrich-Ebert-Stiftung in Bad Münstereifel ein Gesprächstermin zwischen den Gewerkschaften und der engeren Parteiführung vereinbart.
22 Hs. von Brandt mit grünem Stift am Rand vermerkt: „Anf[ang] Juni [1973]?".
23 Hs. von Brandt mit grünem Stift am Rand vermerkt: „am 30/5 erwähnt? (Hinweis 13/9)". Am 30./31. Mai 1973 war Wehner in die DDR gereist. Nachdem er am 30.

Mai in Ost-Berlin mit Vertretern der DDR-Volkskammer zusammengetroffen war, wurde er am 31. Mai in Wandlitz von Honecker empfangen. Später am Tag stieß noch der FDP-Fraktionsvorsitzende, Mischnick, dazu.
24 Hs. von Brandt mit grünem Stift am Rand vermerkt: „Januar [1974]?".
25 Vgl. Einleitung Anm. 105.
26 Vgl. Nr. 102 Anm. 5.
27 Ende März 1974 hatte Brandt nach Gesprächen mit Schmidt, Wehner und Kühn mit den „April-Thesen", einem am 1. April vom Parteivorstand gebilligten 10-Punkte-Programm, wieder die Initiative zur Führung der Partei ergriffen. Zentral für diese Thesen war die eindringliche Mahnung Brandts, dass die SPD die „Mitte" nicht preisgeben dürfe, wolle sie nicht die Regierungsfähigkeit verlieren (vgl. AdsD, SPD-Parteivorstand, PV-Protokolle).
28 Hs. von Brandt mit grünem Stift am Rand vermerkt: „von H[elmut] S[chmidt] bestätigt."
29 Vgl. Nr. 102 Anm. 7 und Einleitung. Im Oktober 1973 versuchte Wehner in zahlreichen Schreiben an Brandt, die negativen Äußerungen, die er in Moskau über den Führungsstil von Brandt gemacht hatte, als Entstellungen seitens der berichtenden Journalisten zu erklären. Auf Brandts schriftlichen Einwand vom 23. Oktober 1973, er verstehe diese Ausflüchte nicht, bat Wehner schließlich den Kanzler, es mit ihm noch einmal zu versuchen (Schreiben vom 23. und 24. Oktober 1973, in: AdsD, WBA, A 8, 75).
30 Vgl. Nr. 83 und Nr. 83 Anm. 1.
31 Mit dieser Aufzählung meint Brandt die seit 1973 selbst im linksliberalen Pressespektrum zunehmend kritische Berichterstattung über ihn. Kritik wurde vor allem an der Führungsfähigkeit geübt, an der mangelnden Entschlossenheit Brandts, die innenpolitischen Probleme anzugehen. Am

26. November 1973 hatte Grass in der ARD-Sendung *Panorama* den Kanzler scharf kritisiert, ihm zum wiederholten Mal vorgeworfen, die Innenpolitik zu vernachlässigen. Die vielen Ehrungen aufgrund seiner Außenpolitik hätten Brandt „entrückt", er strahle „Lustlosigkeit" aus (veröffentlicht als Artikel in: *Vorwärts*, Nr. 48 vom 29. November 1973). *Der Spiegel* (Nr. 49 vom 10. Dezember 1973) brachte anlässlich des 60. Geburtstags von Brandt eine Titelgeschichte unter der Überschrift: „Willy Brandt 60: Das Monument bröckelt".

32 In der Auseinandersetzung um die Tariferhöhungen im öffentlichen Dienst fühlte sich Brandt durch die Machtprobe zwischen Bundesregierung und Gewerkschaften desavouiert. Zudem musste er den Tarifabschluss auch als persönliche Niederlage sehen, hatte er sich zuvor doch – öffentlich und auch im persönlichen Gespräch mit Kluncker – auf eine niedrigere Lohnerhöhung festgelegt. Vgl. Nr. 101 Anm. 5 und Einleitung. Im Abdruck der *FAZ* (wie Anm. 1) und in *Brandt* 1994, S. 533, heißt es hier sinnentstellend: „ernsthaft überlegen, ob Pensionen".

33 Vgl. Nr. 105.

34 Diese von der Bundesregierung am 6. Mai 1974 eingesetzte, aber unabhängige Untersuchungskommission sollte insbesondere den Verantwortlichkeiten bei der Einstellung Guillaumes nachgehen und die Tätigkeitsfelder des Agenten, einschließlich der Frage, wie weit er mit vertraulichen Papieren zu tun hatte, analysieren.

35 Gemeint ist der Zwangsumtausch für Reisende in die DDR.

36 Gemeint ist Michael Kohl, der Verhandlungsführer der DDR-Regierung in den Vertragsgesprächen mit der Bundesrepublik.

37 Am 7., 9. und 10. Mai 1974 hatte *Die Welt*, Nr. 105–108, in drei Teilen über Brandts Konzeptionen für das Nachkriegsdeutschland berichtet (vgl. Berliner Ausgabe, Bd. 2, Nr. 7 und 8). Die *Quick* vom 9. Mai 1974 griff dies auf, um Brandt mit falschen Andeutungen und Zusammenstellungen zu diffamieren. So wurde etwa suggestiv behauptet, Herschel Johnson habe Brandt als Geheimagenten geworben.

38 *Der Spiegel* (Nr. 19 vom 6. Mai 1974) befasste sich in seiner Titelgeschichte zur „Affäre Guillaume" mit der „Suche nach dem Schuldigen" und mit der Frage, ob – wie Rudolf Augstein formulierte – „einer vom Schlitten" müsse. Erlaube sich Brandt eine weitere Niederlage, sei zu fragen, „ob er noch länger Kanzler bleiben soll – Helmut Schmidts Stunde wäre gekommen" (ebd., S. 31).

39 Am 11. Mai 1974 hatte Brandt auf einer Veranstaltung in Berlin im Beisein seiner Frau Rut zu den in der Öffentlichkeit breit diskutierten Gerüchten um seine privaten Beziehungen gesagt: „Ich bin kein Säulenheiliger und habe nie behauptet, frei von menschlichen Schwächen zu sein" (Berliner Ausgabe, Bd. 5). Vgl. dazu auch Brandt, Rut: Freundesland. Erinnerungen, Hamburg 1992, S. 268–271.

40 Vgl. Nr. 105 und Nr. 105 Anm. 1.

41 Das Schreiben an Scheel vom 6. Mai 1974 ist veröffentlicht in: Baring 1982, S. 760. Brandt teilte Scheel mit, dass er die „politische (übrigens auch die persönliche) Verantwortung für Fahrlässigkeiten im Zusammenhang mit der Agentenaffäre Guillaume übernehme" und zurücktrete.

Nr. 105

1 Den Brief schrieb Brandt bereits am Abend zuvor, dem 5. Mai 1974 (vgl. Nr. 104). Der Chef des BKA, Grabert, flog am Abend des 6. Mai 1974 zur Übergabe zum Bundespräsidenten nach Hamburg. Heinemann

besichtigte dort nach einem Empfang beim Hamburger Senat gerade das Verlagshaus des *Spiegel*, als ihn die Nachricht vom Rücktritt des Kanzlers erreichte. Zugleich mit dem offiziellen Schreiben verfasste Brandt noch einen persönlichen Brief an Heinemann, in dem er um Verständnis bat: „Ich bleibe in der Politik, aber die jetzige Last muss ich loswerden" (AdsD, WBA, B 25, 172; vgl. Berliner Ausgabe, Bd. 5).

Nr. 106
1   Mit Vermerk: „Sperrfrist: 8.5.[19]74, 20.15 Uhr".
2   Vgl. Nr. 105.
3   Brandt spielt hier auf die Untersuchungen des Bundeskriminalamtes über sein Privatleben an; vgl. hierzu auch Nr. 104.

Nr. 107
1   Am 11. Mai 1974 führte Brandt vor einer Konferenz von Parteifunktionären in Berlin die Grundsätze seiner Innen- und Außenpolitik aus und bezeichnete diese als „Programm der deutschen Vernunft". Zu den Programmzielen gehörten u.a. wirtschaftliche Dynamik, soziale Sicherheit und Gerechtigkeit, Schutz der Freiheit, Qualität des Lebens und gute Nachbarschaft. Vgl. SPD Pressemitteilungen und Informationen, Nr. 230/74 vom 11. Mai 1974.
2   Am 15. Mai 1974 wurde Walter Scheel im ersten Wahlgang gegen den Kandidaten der CDU/CSU, Richard von Weizsäcker, zum Bundespräsidenten gewählt (vgl. Anhang). Die Bundesversammlung besteht aus den Mitgliedern des Bundestages und einer gleichen Zahl Vertreter, die von den Länderparlamenten gewählt werden.

Anhang

Übersicht über Wahlergebnisse

Ergebnisse der Bundestagswahlen 1965-1976 – Zweitstimmen

	19. September 1965			28. September 1969			19. November 1972			3. Oktober 1976		
	%	Anzahl[1]	Mandate[2]	%	Anzahl	Mandate	%	Anzahl	Mandate	%	Anzahl	Mandate
CDU/CSU	47,6	15.524.068	245 (+ 6)	46,1	15.195.187	242 (+ 8)	44,9	16.806.020	225 (+ 9)	48,6	18.394.801	243 (+ 11)
SPD	39,3	12.813.186	202 (+ 15)	42,7	14.065.716	224 (+ 13)	45,8	17.175.169	230 (+ 12)	42,6	16.099.019	214 (+ 10)
FDP	9,5	3.096.739	49 (+ 1)	5,8	1.903.422	30 (+ 1)	8,4	3.129.982	41 (+ 1)	7,9	2.995.085	39 (+ 1)
NPD	2,0	664.193	-	4,3	1.422.010	-	0,6	207.465	-	0,3	122.661	-
Sonst.	1,6	522.256	-	1,1	379.689	-	0,3	141.114	-	0,6	210.934	-
Ges.	100,0	32.620.442	496 (+ 22)	100,0	32.966.024	496 (+ 22)	100,0	37.459.750	496 (+ 22)	100,0	37.822.500	496 (+ 22)
Wahlbeteil.	*86,8 %*			*86,7 %*			*91,1 %*			*90,7 %*		

[1] Gültige Stimmen. [2] Berliner Abgeordnete in Klammern.

Zusammensetzung der Bundesversammlungen und Ergebnis der Bundespräsidentenwahlen 1969 und 1974

	Ergebnis der Bundespräsidentenwahl vom 5. März 1969				Ergebnis der Bundespräsidentenwahl vom 15. Mai 1974			
	Gustav W. Heinemann (SPD)	Gerhard Schröder (CDU)	Enthaltungen	ungültige Stimmen	Walter Scheel (FDP)	Richard v. Weizsäcker (CDU)	Enthaltungen	ungültige Stimmen
1. Wahlgang	514	501	5	3	530	498	5	–
2. Wahlgang	511	507	5	0	–	–	–	–
3. Wahlgang	512	506	5	0	–	–	–	–
	Zusammensetzung der Bundesversammlung				Zusammensetzung der Bundesversammlung			
CDU/CSU	482				501			
SPD	449				470			
FDP	83				65			
NPD	22				–			
Abgegebene Stimmen insgesamt	1023				1033			
Mitglieder insgesamt	1036				1036			

Ergebnisse der Landtagswahlen zwischen 1961 und 1976 in Prozent der gültigen Stimmen

Baden-Württemberg

	26. April 1964	28. April 1968	23. April 1972	4. April 1976
CDU	46,2	44,2	52,9	56,7
SPD	37,3	29,0	37,6	33,3
FDP	13,1	14,4	8,9	7,8
NPD	–	9,8	–	0,9
Sonstige	3,5[1]	2,6[2]	0,6[3]	1,3[4]
Wahlbeteiligung	67,7	70,7	80,0	75,5

[1] Davon GDP: 1,8 %, DFU: 1,4 %. [2] Davon Demokratische Linke: 2,3 %.
[3] Davon DKP: 0,5 %. [4] Davon DKP: 0,5.

Bayern

	25. Nov. 1962	20. Nov. 1966	22. Nov. 1970	27. Okt. 1974
CSU	47,9	48,6	56,7	62,5
SPD	35,0	35,2	32,7	30,0
FDP	6,0	5,4	5,9	5,2
NPD	–	7,3	2,8	1,0
Sonstige	11,1[1]	3,5[2]	1,8[3]	1,3
Wahlbeteiligung	76,6	80,7	79,5	77,7

[1] Davon GDP: 5,0 %, BP: 4,6 %. [2] Davon BP: 3,3 %. [3] Davon BP: 1,2 %.

Berlin

	17. Dez. 1963	12. März 1967	14. März 1971	2. März 1975
CDU	28,8	32,9	38,2	43,9
SPD	61,9	56,9	50,4	42,6
FDP	7,9	7,1	8,4	7,1
NPD	–	–	–	–
Sonstige	1,3[1]	3,2[2]	3,0[3]	6,4[4]
Wahlbeteiligung	89,9	86,2	88,9	87,8

[1] SED-W [2] Davon SED-W: 1,3 %, Aktionsgemeinschaft Unabhängiger Deutscher: 1,1 %. [3] Davon SEW: 2,3 %. [4] Davon BFD: 3,4 %, SED/SEW: 1,8 %.

Bremen

	29. Sept. 1963	1. Okt 1967	10. Okt. 1971	28. Sept. 1975
CDU	28,9	29,5	31,6	33,8
SPD	54,7	46,0	55,3	48,7
FDP	8,4	10,5	7,1	13,0
NPD	–	8,8	2,8	1,1
Sonstige	8,1[1]	5,2[2]	3,2[3]	3,4[4]
Wahlbeteiligung	76,1	77,0	80,0	82,2

[1] Davon DP: 5,2 %, DFU 2,7 %. [2] Davon DFU: 4,2 %. [3] Davon DKP: 3,1 %. [4] Davon DKP: 2,1 %.

Hamburg

	12. Nov. 1961	27. März 1966	22. März 1970	3. März 1974
CDU	29,1	30,0	32,8	40,6
SPD	57,4	59,0	55,3	45,0
FDP	9,6	6,8	7,1	10,9
NPD	–	3,9	2,7	0,8
Sonstige	3,9[1]	0,3	2,2[2]	2,8[3]
Wahlbeteiligung	72,3	69,8	73,4	80,4

[1] Davon DFU: 2,9 %. [2] Davon DKP: 1,7 %;. [3] Davon DKP: 2,2 %.

Hessen

	11. Nov. 1962	6. Nov. 1966	8. Nov. 1970	27. Okt. 1974
CDU	28,8	26,4	39,7	47,3
SPD	50,8	51,0	45,9	43,2
FDP	11,4	10,4	10,1	7,4
NPD	–	7,9	3,0	1,0
Sonstige	8,9[1]	4,3[2]	1,3[3]	1,1[4]
Wahlbeteiligung	77,7	81,0	82,8	84,8

[1] Davon GDP: 6,3 %, DFU: 2,5 %. [2] GDP. [3] Davon DKP: 1,2 %. [4] Davon DKP: 0,9 %.

Niedersachsen

	19. Mai 1963	4. Juni 1967	14. Juni 1970	9. Juni 1974
CDU	37,7	41,7	45,7	48,8
SPD	44,9	43,1	46,3	43,1
FDP	8,8	6,9	4,4	7,0
NPD	–	7,0	3,2	0,6
Sonstige	8,5[1]	1,3	0,5	0,4
Wahlbeteiligung	76,9	75,8	76,7	84,4

[1] Davon GDP: 3,7 %, DP 2,7 %, DRP: 1,5 %.

Nordrhein-Westfalen

	8. Juli 1962	10. Juli 1966	14. Juni 1970	4. Mai 1975
CDU	46,4	42,8	46,3	47,1
SPD	43,3	49,5	46,1	45,1
FDP	6,8	7,4	5,5	6,7
NPD	–	–	1,1	0,4
Sonstige	3,5[1]	0,3	1,0[2]	0,7
Wahlbeteiligung	73,4	76,5	73,5	86,1

[1] Davon DFU: 2,0 %. [2] Davon DKP: 0,9 %.

Rheinland-Pfalz

	31. März 1963	23. April 1967	21. März 1971	9. März 1975
CDU	44,4	46,7	50,0	53,9
SPD	40,7	36,8	40,5	38,5
FDP	10,1	8,3	5,9	5,6
NPD	–	6,9	2,7	1,1
Sonstige	4,8[1]	1,3[2]	0,9[3]	0,8[4]
Wahlbeteiligung	75,5	78,5	79,4	80,8

[1] Davon DRP: 3,2 %, DFU: 1,3 %. [2] Davon DFU: 1,2 %. [3] DKP. [4] Davon DKP: 0,5 %.

Saarland

	27. Juni 1965	14. Juni 1970	4. Mai 1975
CDU	42,7	47,8	49,1
SPD	40,7	40,8	41,8
FDP	8,3	4,4	7,4
NPD	–	3,4	0,7
Sonstige	8,3[1]	3,6[2]	1,0[3]
Wahlbeteiligung	81,8	83,1	88,8

[1] Davon SVP/CVP: 5,2 %, DDU: 3,1 %. [2] Davon: DKP: 2,7. [3] DKP.

Schleswig-Holstein

	23. Sept. 1962	23. April 1967	25. April 1971	13. April 1975
CDU	45,0	46,0	51,9	50,4
SPD	39,2	39,4	41,0	40,1
FDP	7,9	5,9	3,8	7,1
NPD	–	5,8	1,3	0,5
Sonstige	7,9[1]	2,9[2]	2,0[3]	1,9[4]
Wahlbeteiligung	70,1	74,1	79,2	82,3

[1] Davon GDP: 4,2 %, SSW 2,3 %, DFU: 1,3 %. [2] Davon SSW: 1,9 %.
[3] Davon SSW: 1,4 %. [4] Davon SSW: 1,4 %.

Mitglieder der Bundesregierungen 1966-1974

	Kabinett Kiesinger/Brandt 1966-1969	Kabinett Brandt/Scheel I 1969-1972	Kabinett Brandt/Scheel II 1972-1974
Kanzler	Kurt Georg Kiesinger (CDU)	Willy Brandt (SPD)	Willy Brandt (SPD)
Auswärtiges	Willy Brandt (SPD)	Walter Scheel (FDP)	Walter Scheel (FDP)
Inneres	Paul Lücke (CDU) ab April 1968: Ernst Benda (CDU)	Hans-Dietrich Genscher (FDP)	Hans-Dietrich Genscher (FDP)
Justiz	Gustav Heinemann (SPD) ab März 1969: Horst Ehmke (SPD)	Gerhard Jahn (SPD)	Gerhard Jahn (SPD)
Verteidigung	Gerhard Schröder (CDU)	Helmut Schmidt (SPD) ab Juli 1972: Georg Leber (SPD)	Georg Leber (SPD)
Finanzen	Franz-Josef Strauß (CSU)	Alex Möller (SPD) ab Mai 1971: Karl Schiller (SPD)[1] ab Juli 1972: Helmut Schmidt (SPD)[2]	Helmut Schmidt (SPD)
Wirtschaft	Karl Schiller (SPD)	Karl Schiller (SPD)[1] ab Juli 1972: Helmut Schmidt (SPD)[2]	Hans Friderichs (FDP)
Arbeit und Sozialordnung	Hans Katzer (CDU)	Walter Arendt (SPD)	Walter Arendt (SPD)
Ernährung, Landwirtschaft u. Forsten	Hermann Höcherl (CSU)	Josef Ertl (FDP)	Josef Ertl (FDP)
Post- u. Fernmeldewesen[3]	Werner Dollinger (CSU)	Georg Leber (SPD) ab Juli 1972: Lauritz Lauritzen (SPD)	Horst Ehmke (SPD)
Verkehr[3]	Georg Leber (SPD)	Georg Leber (SPD) ab Juli 1972: Lauritz Lauritzen (SPD)	Lauritz Lauritzen (SPD)
Gesundheitswesen[4]	Käte Strobel (SPD)	—	—

---

1 BM für Finanzen und Wirtschaft von Mai 1971 bis Juli 1972.
2 BM für Finanzen und Wirtschaft von Juli 1972 bis Nov. 1972.
3 Zusammenlegung der Ministerien für Verkehr sowie Post- und Fernmeldewesen von Okt. 1969 bis Nov. 1972.
4 Zusammenlegung der Ministerien für Familie und Jugend sowie Gesundheitswesen.

	Kabinett Kiesinger/Brandt 1966-1969	Kabinett Brandt/Scheel I 1969-1972	Kabinett Brandt/Scheel II 1972-1974
Familie u. Jugend[4]	Bruno Heck (CDU) ab Okt. 1968: Aenne Brauksiepe (CDU)	Käte Strobel (SPD)	Katharina Focke (SPD)
Wohnungswesen u. Städtebau[5]	Lauritz Lauritzen (SPD)	Lauritz Lauritzen (SPD)	Hans-Jochen Vogel (SPD)
Wissenschaftliche Forschung[6]	Gerhard Stoltenberg (CDU)	Hans Leussink (parteilos) ab März 1972: Klaus v. Dohnanyi (SPD)	Klaus v. Dohnanyi (SPD)
Forschung u. Technologie	—	—	Horst Ehmke (SPD)
Wirtschaftliche Zusammenarbeit	Hans-Jürgen Wischnewski (SPD) ab Okt. 1968: Erhard Eppler (SPD)	Erhard Eppler (SPD)	Erhard Eppler (SPD)
Gesamtdeutsche Fragen[7]	Herbert Wehner (SPD)	Egon Franke (SPD)	Egon Franke (SPD)
Vertriebene, Flüchtlinge u. Kriegsgeschädigte	Kai-Uwe v. Hassel (CDU) ab Feb. 1969: Heinrich Windelen (CDU)	—	—
Bundesrat	Carlo Schmid (SPD)	—	—
Bundesschatz	Kurt Schmücker (CDU)	—	—
Besondere Aufgaben	—	Horst Ehmke (SPD)	Egon Bahr (SPD) und Werner Maihofer (FDP)

4 Zusammenlegung der Ministerien für Familie und Jugend sowie Gesundheitswesen.
5 Ab Okt. 1969: Städtebau u. Wohnungswesen, seit Dez. 1972: Raumordnung, Bauwesen u. Städtebau.
6 Seit Okt. 1969: Bildung u. Wissenschaft; Bereich Forschung im Dez. 1972 dem BM für Forschung u. Technologie übertragen.
7 Seit Okt. 1969: Innerdeutsche Beziehungen.

Quellen- und Literaturverzeichnis

Archivalische Quellen

Willy-Brandt-Archiv im Archiv der sozialen Demokratie der Friedrich-Ebert-Stiftung, Bonn
Persönliche Unterlagen/biographische Materialien (A 1)
Publizistische Äußerungen Willy Brandts 1933 – 1992 (A 3)
Allgemeine Korrespondenz (A 4)
Bundesminister des Auswärtigen und Vizekanzler in der Regierung der Großen Koalition 1966 – 1969 (A 7)
Bundeskanzler und Bundesregierung 1969 – 1974 (A 8)
Schriftwechsel/Aufzeichnungen geheim/vertraulich (A 9)
Sozialdemokratische Partei Deutschlands: Parteivorsitzender/Parteipräsidium/Parteivorstand 1964 – 1987 (A 11)
Persönliche Korrespondenz A-Z 1968 – 1980 (A 11.1)
Verbindungen mit Mitgliedern des Präsidiums, sozialdemokratischen Bundesministern und Staatssekretären in obersten Behörden A-Z (A 11.3)
Verbindungen mit Referaten, Abteilungen, Büros des Erich-Ollenhauer-Hauses, Gremien beim Parteivorstand sowie Arbeitsgemeinschaften und Verbänden in der SPD (Bundesebene) (A 11.4)
Verbindungen mit regionalen Parteigliederungen, Landesverbände und Bezirke (A 11.5)
Verbindungen mit regionalen Parteiorganisationen (außer Landesverbände und Bezirke) (A 11.6)
Verbindungen mit Gruppierungen in der SPD sowie mit SPD-nahen Vereinigungen, Organisationen und Stiftungen (A 11.7)
Mitgliedschaften Willy Brandts in Gremien beim Parteivorstand (A 11.8)
Allgemeine Korrespondenz
Wahlen (A 18)
Fotoarchiv (A 23)

Leo Bauer
Handschriftliche Aufzeichnungen
Verbindungen des SPD-Parteivorsitzenden zur Bundestagsfraktion 1965–1982
Akten aus dem Privathaus Willy Brandts in Unkel/Rhein (B 25)
Fotoarchiv (B 27)
Archiv der sozialen Demokratie der Friedrich-Ebert-Stiftung, Bonn
Depositum Horst Ehmke
Depositum Helmut Schmidt
SPD-Bundestagsfraktion
SPD-Parteivorstand
Bundesarchiv Koblenz
Depositum Rainer Barzel N 1371
Knut Freiherr von Kühlmann-Stumm N 1257
Lauritz Lauritzen N 1282
Bundeskanzleramt B 136
Bundeskanzleramt, Berlin
Aktenbestandsgruppen 12 und 13
Archiv Helmut Schmidt, Hamburg
Radio Bremen, Schallarchiv, Bremen
Westdeutscher Rundfunk, Archiv, Köln

Veröffentlichte Quellen

I. Veröffentlichungen Willy Brandts

Brandt, Willy: Reden und Interviews 1968/69, Bonn o. J.
Brandt, Willy: Die Alternative, in: NG 16 (1969), Sonderheft Mai 1969, S. 3 f.
Brandt, Willy: Reden und Interviews 1969–1973, 2 Bde., Hamburg 1971–1973.
Brandt, Willy: Über den Tag hinaus. Eine Zwischenbilanz, Hamburg 1974.
Brandt, Willy: Begegnungen und Einsichten. Die Jahre 1960 bis 1975, Hamburg 1976.

Brandt, Willy: Erinnerungen. Mit den „Notizen zum Fall G.", erw. Auflage, Berlin-Frankfurt/Main 1994 (orig. 1989).

Brandt, Willy: Zwei Vaterländer. Deutsch-Norweger im schwedischen Exil – Rückkehr nach Deutschland 1940–1947, bearb. von Einhart Lorenz, Bonn 2000 (Berliner Ausgabe Bd. 2).

Brandt, Willy: Auf dem Weg nach vorn. Willy Brandt und die SPD 1947–1972, bearb. von Daniela Münkel, Bonn 2000 (Berliner Ausgabe Bd. 4).

II. Editionen, zeitgenössische Dokumente, Erinnerungen

Bahr, Egon: Zu meiner Zeit, München 1996.

Barzel, Rainer: Im Streit und umstritten. Anmerkungen zu Konrad Adenauer, Ludwig Erhard und den Ostverträgen, Frankfurt/Main u. a. 1986.

Barzel, Rainer: „Mehr Demokratie"?, in: Auftakt zur Ära Brandt. Gedanken zur Regierungserklärung Willy Brandts vom 28. Oktober 1969 (Schriftenreihe der Bundeskanzler-Willy-Brandt-Stiftung, 5), Berlin 1999, S. 26–29.

Bebel, August: Aus meinem Leben, 3 Bde., Berlin 1910–1914.

Bericht über die Tagung der vierten Synode der Evangelischen Kirche in Berlin-Spandau, Hannover 1972.

Bestandsaufnahme 1966. Eine Dokumentation, hrsg. v. Vorstand der SPD, Bonn 1966.

Brandt, Rut: Freundesland. Erinnerungen, Hamburg 1992.

Brecht, Arnold: Aus nächster Nähe. Lebenserinnerungen 1884–1927, Stuttgart 1966.

Bundesgesetzblatt 1955.

Bundesparteitag der CDU am 12. Juni 1973 in Bonn, Bonn 1973.

Dahrendorf, Ralf: Bildung ist Bürgerrecht. Plädoyer für eine alternative Bildungspolitik, Hamburg 1965.

Die Denkschriften der Evangelischen Kirche in Deutschland, hrsg. von der Kirchenkanzlei der Evangelischen Kirche in Deutschland, Bd. 3.1, Gütersloh 1988.

Dokumentation zur Deutschlandfrage, Bd. IV, Bonn u. a. 1970.

Ehmke, Horst: Mittendrin. Von der Großen Koalition zur Deutschen Einheit, Berlin 1994.

Entscheidungen des Bundesverfassungsgerichts, Bd. 20, Tübingen 1967.

Der Fall Geldner – ein Fall Strauß!, hrsg. vom Vorstand der SPD, Bonn o. J. [1971].

FDP-Bundesvorstand. Die Liberalen unter dem Vorsitz von Erich Mende. Sitzungsprotokolle 1960–1967, Düsseldorf 1993.

Flach, Karl-Hermann/Maihofer, Werner/Scheel, Walter: Die Freiburger Thesen der Liberalen, Reinbek 1972.

Frederik, Hans: Gezeichnet vom Zwielicht seiner Zeit, München 1969.

Genscher, Hans-Dietrich: Erinnerungen, Berlin 1995.

Grass, Günter: Aus dem Tagebuch einer Schnecke, in: Werke Bd. IV, Darmstadt-Neuwied 1987.

Grützbach, Frank (Hrsg.): Heinrich Böll: Freies Geleit für Ulrike Meinhof. Ein Artikel und seine Folgen, Köln 1972.

Grundgesetz für die Bundesrepublik Deutschland. Textausgabe, Bonn 1989.

Grundsatzprogramm der Sozialdemokratischen Partei Deutschlands. Beschlossen vom Außerordentlichen Parteitag der SPD in Bad Godesberg vom 13. bis 15. November 1959, Bonn 1959.

Harpprecht, Klaus: Im Kanzleramt. Tagebuch der Jahre mit Willy Brandt, Reinbek 2000.

Heck, Bruno: Demokraten oder Demokratisierte? Eine notwendige Auseinandersetzung, in: Die politische Meinung 14 (1969), 128, S. 11–18.

Heinemann, Gustav: Reden und Schriften, Band III: Es gibt schwierige Vaterländer... Reden und Aufsätze 1919–1969, hrsg. von Helmut Lindemann, Frankfurt/Main 1977.

Jahrbuch der Sozialdemokratischen Partei Deutschlands 1966/67, Bonn/Bad Godesberg o. J.

Jahrbuch der Sozialdemokratischen Partei Deutschlands 1968/69, Bonn/Bad Godesberg o. J.

Jahrbuch der Sozialdemokratischen Partei Deutschlands 1970–72, Bonn/Bad Godesberg o. J.

Jahrbuch der Sozialdemokratischen Partei Deutschlands 1973–75, Bonn/Bad Godesberg o. J.

Kempski, Hans Ulrich: Um die Macht. Sternstunden und sonstige Abenteuer mit den Bonner Bundeskanzlern 1949 bis 1999, Berlin 1999.

Lubkoll, Klaus/Naumann, Kurt (Hrsg.): Die humane Gesellschaft. Jenseits von Kapitalismus und Kommunismus, Stuttgart 1972.

Mann, Golo: Zum Konflikt der Generationen, in: Neue Rundschau 84 (1973), 3, S. 385–391.

Mann, Thomas: Kultur und Politik, in: Gesammelte Werke, Bd. 12, Frankfurt/Main 1960, S. 853–861.

Meadows, Dennis u. a.: Die Grenzen des Wachstums. Bericht des Club of Rome zur Lage der Menschheit, Stuttgart 1972.

Mende, Erich: Von Wende zu Wende. 1962–1982, München-Berlin 1986.

Möller, Alex: Genosse Generaldirektor, München-Zürich 1978.

Nollau, Günther: Das Amt. 50 Jahre Zeuge der Geschichte, München 1978.

Picht, Georg: Die deutsche Bildungskatastrophe. Analyse und Dokumentation, Freiburg 1964.

Potthoff, Heinrich (Bearb.): Die SPD-Fraktion im Deutschen Bundestag. Sitzungsprotokolle 1961–1966, Zweiter Halbband: 73.-167. Sitzung 1964–1966 (Quellen zur Geschichte des Parlamentarismus und der politischen Parteien, Vierte Reihe, Bd. 8/III), Düsseldorf 1993.

Protokoll der Verhandlungen des Außerordentlichen Parteitages der Sozialdemokratischen Partei Deutschlands vom 13.-15. November 1959 in Bad Godesberg, Hannover-Bonn o. J.

Protokoll der Verhandlungen und Anträge vom Parteitag der Sozialdemokratischen Partei Deutschlands in Hannover vom 21. bis 25. November 1960, Bonn 1961.

Protokoll der Verhandlungen des Parteitages der Sozialdemokratischen Partei Deutschlands vom 1. bis 5. Juni 1966 in Dortmund, Hannover-Bonn 1967.

Protokoll der Verhandlungen des Parteitages der Sozialdemokratischen Partei Deutschlands vom 17. bis 21. März 1968 in Nürnberg, Hannover-Bonn o. J.

Protokoll der Verhandlungen des Parteitages der Sozialdemokratischen Partei Deutschlands vom 11. bis 14. Mai 1970 in Saarbrücken, Hannover-Bonn o. J.

Protokoll der Verhandlungen des Außerordentlichen Parteitages der Sozialdemokratischen Partei Deutschlands vom 18. bis 20. November 1971 in Bonn, Bonn o. J.

Protokoll der Verhandlungen des Parteitages der Sozialdemokratischen Partei Deutschlands vom 10. bis 14. April 1973 in Hannover, Hannover-Bonn o. J.

Rathenau, Walther: Gesammelte Schriften: Wirtschaft, Staat und Gesellschaft, Berlin,[8]1929.

Reich, Charles: Die Welt wird jung. The Greening of America. Der gewaltlose Aufstand der neuen Generation, Wien u. a. 1971.

Schlemmer, Johannes (Hrsg.): Neue Ziele für das Wachstum. 12 Beiträge nach einer Sendereihe des „Studios Heidelberg", München 1973.

Schlesinger, Arthur: American Politics, in: Vogue 128 (1971), S. 72 f.

Schmidt, Helmut: Weggefährten. Erinnerungen und Reflexionen, Berlin 1996.

Stammler, Eberhard: Angst vor der Zukunft, in: Evangelische Kommentare 4 (1971), 1, S. 1–2.

Verhandlungen des Deutschen Bundestages, Stenographische Berichte, 5.-7. Wahlperiode, Bd. 60–88, 1969–1974.

Wechmar, Rüdiger von: Akteur in der Loge. Weltläufige Erinnerungen, Berlin 2000.

Wischnewski, Hans-Jürgen: Mit Leidenschaft und Augenmaß. In Mogadischu und anderswo, München 1989.

III. Pressedienste, Zeitungen, Zeitschriften

Archiv der Gegenwart, Königswinter
bildung und politik, Dortmund
Bild-Zeitung, Hamburg
Bulletin des Presse- und Informationsamtes der Bundesregierung, Bonn
Deutsches Allgemeines Sonntagsblatt, Hamburg
Express, Köln

Frankfurter Allgemeine Zeitung, Frankfurt/Main
Frankfurter Rundschau, Frankfurt/Main
International Herald Tribune, Paris
Die Neue Gesellschaft, Bonn-Bad Godesberg
Quick, München
Sozialdemokratischer Pressedienst, Bonn
SPD Pressemitteilungen und Informationen, Bonn
Der Spiegel, Hamburg
Stern, Hamburg
Süddeutsche Zeitung, München
Tatsachen – Argumente, Bonn-Bad Godesberg
The Times, London
Vorwärts, Bonn
Washington Post, Washington (D.C.)
Die Welt, Berlin
Die Zeit, Hamburg

Darstellungen

Ash, Timothy Garton: Im Namen Europas. Deutschland und der geteilte Kontinent, München 1993.

Auftakt zur Ära Brandt. Gedanken zur Regierungserklärung Willy Brandts vom 28. Oktober 1969 (Schriftenreihe der Bundeskanzler-Willy-Brandt-Stiftung, 5), Berlin 1999.

Allemann, Fritz René: Bonn ist nicht Weimar, Köln u. a. 1956.

Baring, Arnulf, in Zusammenarbeit mit Manfred Görtemaker: Machtwechsel. Die Ära Brandt-Scheel, Stuttgart 1982.

Bickerich, Wolfram (Hrsg.): Die 13 Jahre. Bilanz der sozialliberalen Koalition, Reinbek 1982.

Bracher, Karl Dietrich/Jäger, Wolfgang/Link, Werner: Republik im Wandel 1969–1974: Die Ära Brandt, Stuttgart 1986.

Brandt, Peter: Willy Brandt und die Jugendradikalisierung der späten sechziger Jahre – Anmerkungen eines Historikers und Zeitzeugen, in: *Lorenz, Einhart* (Hrsg.): Perspektiven aus den Exiljahren (Schriftenreihe der Bundeskanzler-Willy-Brandt-Stiftung, 7), Berlin 2000, S. 79–97.

Dahrendorf, Ralf: Gesellschaft und Demokratie in Deutschland, München 1965.

Deutscher Bundestag (Hrsg.): 30 Jahre Deutscher Bundestag. Dokumentation, Statistik, Daten. Bearbeitet von Peter Schindler, Bonn 1979.

Doering-Manteuffel, Anselm: Westernisierung. Politisch-ideeller und gesellschaftlicher Wandel in der Bundesrepublik bis zum Ende der 60er Jahre, in: *Schildt, Axel* u. a. (Hrsg.): Dynamische Zeiten, Hamburg 2000 [a], S. 311–341.

Doering-Manteuffel, Anselm: Eine neue Stufe der Verwestlichung? Kultur und Öffentlichkeit in den 60er Jahren, in: *Schildt, Axel* u. a. (Hrsg.): Dynamische Zeiten, Hamburg 2000 [b], S. 661–672.

Ebert, Sabine: Die Sozialdemokraten und der „Radikalenerlaß". Die innerparteiliche Debatte der SPD über den Ministerpräsidentenerlaß von 1972, unveröff. Ms., Erlangen 1999.

Ellwein, Thomas: Krisen und Reformen. Die Bundesrepublik seit den sechziger Jahren, München 1989.

Fenner, Christian u. a. (Hrsg.): Unfähig zur Reform? Eine Bilanz der inneren Reformen seit 1969, Köln-Frankfurt/Main 1978.

Frisch, Peter: Extremistenbeschluß. Zur Frage der Beschäftigung von Extremisten im öffentlichen Dienst mit grundsätzlichen Erläuterungen, Argumentationskatalog, Darstellung extremistischer Gruppen und einer Sammlung einschlägiger Vorschriften, Urteile und Stellungnahmen, Leverkusen 1976.

Glaeßner, Gert-Joachim u. a. (Hrsg.): Die Bundesrepublik in den siebziger Jahren. Versuch einer Bilanz, Opladen 1984.

Görtemaker, Manfred: Geschichte der Bundesrepublik Deutschland. Von der Gründung bis zur Gegenwart, München 1999.

Grebing, Helga: Statement zu: Die Reformpolitik als Strategie der Modernisierung?, in: *Marßolek, Inge/Potthoff, Heinrich* (Hrsg.): Durchbruch zum modernen Deutschland? Die Sozialdemokratie in der Regierungsverantwortung 1966–1982, Essen 1995, S. 79–82.

Grebing, Helga: Willy Brandt – Ein Leben für Freiheit und Sozialismus (Schriftenreihe der Bundeskanzler-Willy-Brandt-Stiftung, 4), Berlin 1999.

Grebing, Helga: Ideengeschichte des Sozialismus in Deutschland. Teil II, in: dies. (Hrsg.): Geschichte der sozialen Ideen in Deutschland, Essen 2000, S. 355–595.

Hanswillemenke, Monika/Rahmann, Bernd: Zwischen Reformen und Verantwortung für Vollbeschäftigung. Die Finanz- und Haushaltspolitik der sozial-liberalen Koalition von 1969–1982, Frankfurt/Main 1997.

Heimann, Siegfried: Die SPD, in: *Stöss, Richard* (Hrsg.): Parteien-Handbuch. Die Parteien der Bundesrepublik Deutschland 1945–1980, Bd. 2, Opladen 1984, S. 2025–2216.

Heuss, Theodor: Friedrich Naumann. Der Mann, das Werk, die Zeit, Stuttgart/Berlin 1937.

Hildebrand, Klaus: Von Erhard zur Großen Koalition, Stuttgart 1984.

Hofmann, Daniel: „Verdächtige Eile". Der Weg zur Koalition aus SPD und F.D.P. nach der Bundestagswahl vom 28. September 1969, in: Vierteljahrshefte für Zeitgeschichte 48 (2000), S. 515–564.

Hohensee, Jens: „Und sonntags wieder laufen..." Die erste „Ölkrise" 1973/74 und ihre Perzeption in der Bundesrepublik Deutschland, in: *Salewski, Michael/Stölken-Fitschen, Ilona* (Hrsg.): Moderne Zeiten. Technik und Zeitgeist im 19. und 20. Jahrhundert, Stuttgart 1994, S. 175–196.

Kieseritzky, Wolther von: Liberalismus und Sozialstaat. Liberale Politik in Deutschland zwischen Machtstaat und Arbeiterbewegung (1878–1893), Köln-Weimar 2001.

Koch, Peter: Willy Brandt. Eine politische Biographie, Bergisch-Gladbach ²1992.

Koerfer, Daniel: Die FDP in der Identitätskrise. Die Jahre 1966–1969 im Spiegel der Zeitschrift „liberal", Stuttgart 1981.

Koschnick, Hans (Hrsg.): Der Abschied vom Extremistenbeschluß. Bearbeitet von Klaus-Henning Rosen, Bonn 1979.

Kroegel, Dirk: Einen Anfang finden! Kurt Georg Kiesinger in der Außen- und Deutschlandpolitik der Großen Koalition, München 1997.

Lehnert, Detlef: Die sozial-liberale Koalition: Vom „historischen Bündnis" zum wahltaktischen Bruch, in: *Glaeßner, Gert-Joachim* u. a. (Hrsg.): Die Bundesrepublik in den siebziger Jahren. Versuch einer Bilanz, Opladen 1984, S. 16–31.

Lepsius, M. Rainer: Soziale Ungleichheit und Klassenstrukturen in der Bundesrepublik Deutschland, in: *Wehler, Hans-Ulrich* (Hrsg.): Klassen in der europäischen Sozialgeschichte, Göttingen 1979, S. 166–209.

Lösche, Peter/Walter, Franz: Die SPD: Klassenpartei – Volkspartei – Quotenpartei, Darmstadt 1992.

Müller, Albrecht: Willy wählen '72. Siege kann man machen, Annweiler 1997.

Münkel, Daniela: Intellektuelle für die SPD. Die sozialdemokratische Wählerinitiative, in: *Hertfelder, Thomas/Hübinger, Gangolf* (Hrsg.): Kritik und Mandat. Intellektuelle in der deutschen Politik, Stuttgart 2000, S. 222–238.

Noelle, Elisabeth/Neumann, Erich Peter (Hrsg.): Jahrbuch der öffentlichen Meinung 1968–1973. Institut für Demoskopie, Allensbach-Bonn 1974.

Prittie, Terence: Willy Brandt. Biographie, Frankfurt/Main 1973.

Reeve, Simon: One Day in September. The story of the 1972 Munich Olympics massacre, a government cover up and a covert revenge mission, London 2000.

Rovan, Joseph: Une Idée neuve: la démocratie, Paris 1961.

Rovan, Joseph: Histoire de la Social-Démocratie Allemande, Paris 1978 (dt.: Geschichte der deutschen Sozialdemokratie, Frankfurt/Main 1980).

Rudolph, Hermann: Mehr Stagnation als Revolte. Zur politischen Kultur der sechziger Jahre, in: *Broszat, Martin* (Hrsg.): Zäsuren nach 1945, München 1990, S. 141–152.

Rudolph, Karsten: Die 60er Jahre – das Jahrzehnt der Volksparteien?, in: *Schildt, Axel* u. a. (Hrsg.): Dynamische Zeiten, Hamburg 2000, S. 471–491.

Schildt, Axel: Nachkriegszeit. Möglichkeiten und Probleme einer Periodisierung der westdeutschen Geschichte nach dem 2. Weltkrieg und ihrer Einordnung in die deutsche Geschichte des 20. Jahrhunderts, in: Geschichte in Wissenschaft und Unterricht 44 (1993), S. 567–584.

Schildt, Axel u. a. (Hrsg.): Dynamische Zeiten. Die 60er Jahre in den beiden deutschen Gesellschaften, Hamburg 2000.

Schmoeckel, Reinhard/Kaiser, Bruno: Die vergessene Regierung. Die große Koalition 1966 bis 1969 und ihre langfristigen Wirkungen, Bonn 1991.

Schneider, Andrea H.: Die Kunst des Kompromisses: Helmut Schmidt und die Große Koalition 1966 – 1969, Paderborn 1999.

Schneider, Michael: Demokratie in Gefahr? Der Konflikt um die Notstandsgesetze: Sozialdemokratie, Gewerkschaften und intellektueller Protest (1958–1968), Bonn 1986.

Schöllgen, Gregor: Geschichte der Weltpolitik von Hitler bis Gorbatschow 1941–1991, München 1996.

Schönhoven, Klaus: Entscheidung für die Große Koalition, in: *Pyta, Wolfram/Richter, Ludwig* (Hrsg.): Gestaltungskraft des Politischen, Berlin 1998, S. 379–397.

Schönhoven, Klaus: Aufbruch in die sozialliberale Ära. Zur Bedeutung der 60er Jahre in der Geschichte der Bundesrepublik, in: Geschichte und Gesellschaft 25 (1999), S. 123–145.

Schuster, Jacques: Heinrich Albertz – der Mann, der mehrere Leben lebte. Eine Biographie, Berlin 1997.

Siekmeier, Mathias: Restauration oder Reform? Die FDP in den sechziger Jahren – Deutschland- und Ostpolitik zwischen Wiedervereinigung und Entspannung, Köln 1998.

Stern, Carola: Willy Brandt, erw. Neuausgabe, Gütersloh 1990 (orig. 1975).

Weber, Petra: Carlo Schmid 1896–1979. Eine Biographie, München 1996.

Winkler, Heinrich August: Weimar 1918–1933. Die Geschichte der ersten deutschen Demokratie, München 1993.

Winkler, Heinrich August: Der lange Weg nach Westen. Band 2: Deutsche Geschichte vom „Dritten Reich" bis zur Wiedervereinigung, München 2000.

Wirz, Ulrich: Karl Theodor von und zu Guttenberg und das Zustandekommen der Großen Koalition, Grub am Forst 1997.

Zons, Achim: Das Denkmal. Bundeskanzler Willy Brandt und die linksliberale Presse, München 1984.

Abkürzungsverzeichnis

AA	Auswärtiges Amt
ADF	Aktion Demokratischer Fortschritt
AdG	Archiv der Gegenwart
AdsD	Archiv der sozialen Demokratie
AG	Aktiengesellschaft
AL	Abteilungsleiter
a. o.	außerordentlich
APO	Außerparlamentarische Opposition
ARD	Arbeitsgemeinschaft der öffentlich-rechtlichen Rundfunkanstalten der Bundesrepublik Deutschland
AWG	Außenwirtschaftsgesetz
BAFöG	Bundesausbildungsförderungsgesetz
BArch	Bundesarchiv
BASF	Badische Anilin- und Soda-Fabriken
BDI	Bundesverband der deutschen Industrie
betr.	betreffend
BetrVG	Betriebsverfassungsgesetz
BFD	Bund Freies Deutschland
BfV	Bundesamt für Verfassungsschutz
BK	Bundeskanzler
BK, BKA	Bundeskanzleramt
BM	Bundesminister, Bundesministerium
BMA	Bundesministerium für Arbeit und Sozialordnung
BMB	Bundesministerium für innerdeutsche Beziehungen
BMI	Bundesministerium des Innern
BMJ	Bundesministerium der Jusitz
BML	Bundesministerium für Ernährung, Landwirtschaft und Forsten
BMZ	Bundesministerium für wirtschaftliche Zusammenarbeit
BND	Bundesnachrichtendienst
BP	Bayernpartei

BPA	Presse- und Informationsamt der Bundesregierung (Bundespresseamt)
BRD	Bundesrepublik Deutschland
BVerfG	Bundesverfassungsgericht
CDU	Christlich-Demokratische Union
CSU	Christlich-Soziale Union
DAG	Deutsche Angestellten-Gewerkschaft
DBB	Deutscher Beamtenbund
DDP	Deutsche Demokratische Partei
DDR	Deutsche Demokratische Republik
DDT	Dichlor-diphenyl-trichloräthan
DDU	Deutsche Demokratische Union
DFU	Deutsche Friedens-Union
DGB	Deutscher Gewerkschaftsbund
DKP	Deutsche Kommunistische Partei
DM	Deutsche Mark
DNVP	Deutschnationale Volkspartei
DP	Deutsche Partei
DRP	Deutsche Rechtspartei/Deutsche Reichspartei
DS	Deutsches Allgemeines Sonntagsblatt
DVP	Deutsche Volkspartei
EG	Europäische Gemeinschaft(en)
EKD	Evangelische Kirche in Deutschland
EWG	Europäische Wirtschaftsgemeinschaft
FAZ	Frankfurter Allgemeine Zeitung
FDP/F.D.P.	Freie Demokratische Partei
FR	Frankfurter Rundschau
FRELIMO	Frente de Libertação de Moçambique (Befreiungsfront von Moçambique)
FRG	Federal Republic of Germany (Bundesrepublik Deutschland)
GDP	Gesamtdeutsche Partei
GG	Grundgesetz
GVP	Gesamtdeutsche Volkspartei
Hs./hs.	Handschriftlich, handschriftlich

IG	Industriegewerkschaft
IMF	International Monetary Fund (Internationaler Währungsfonds)
IOC	International Olympic Committee (Internationales Olympisches Komitee)
Jh	Jahrhundert
KG	Kommanditgesellschaft
km/h	Kilometer pro Stunde
KP	Kommunistische Partei
KPD	Kommunistische Partei Deutschlands
KPdSU	Kommunistische Partei der Sowjetunion
MdA	Mitglied des Abgeordnetenhauses
MdB	Mitglied des Bundestages
MdEP	Mitglied des Europäischen Parlaments
MdL	Mitglied des Landtags
MdNR	Mitglied des Norddeutschen Reichstags
MdR	Mitglied des Reichstags
MfS	Ministerium für Staatssicherheit
Mifrifi	Mittelfristige Finanzplanung
Mio.	Million(en)
M.I.T.	Massachusetts Institute of Technology
MRCA	Multi-role-Combat-Aircraft (Mehrzweck-Kampfflugzeug)
Mrd.	Milliarde(n)
Ms., ms.	Maschinenschriftlich, maschinenschriftlich
NATO, Nato	North Atlantic Treaty Organization (Organisation des Nordatlantikpakts)
NBC	National Broadcasting Company
NDR	Norddeutscher Rundfunk
NG	Die Neue Gesellschaft
NLA	National-Liberale Aktion
NPD	Nationaldemokratische Partei Deutschlands
NRW	Nordrhein-Westfalen
NS	Nationalsozialismus
NSDAP	Nationalsozialistische Deutsche Arbeiterpartei

NV	Nichtverbreitung (Vertrag über die Nichtverbreitung von Kernwaffen)
OAPEC	Organization of Arab Petroleum Exporting Countries (Organisation der Arabischen Erdölexportierenden Staaten)
OB	Oberbürgermeister
ÖTV	Gewerkschaft Öffentliche Dienste, Transport und Verkehr
ÖVP	Österreichische Volkspartei
P.E.N.	poets/playwrighters – essayists/editors – novelists (Lyriker/Dramatiker – Essayisten/Herausgeber – Romanschriftsteller)
PR	Persönlicher Referent
PStS	Parlamentarische(r) Staatssekretär(in)
PV	Parteivorstand
RAF	Rote Armee Fraktion
RIAS	Rundfunk im amerikanischen Sektor
SDR	Süddeutscher Rundfunk
SDS	Sozialistischer Deutscher Studentenbund
SED	Sozialistische Einheitspartei Deutschlands
SED-W	Sozialistische Einheitspartei Deutschlands – Westberlin
SEW	Sozialistische Einheitspartei Westberlins
SFB	Sender Freies Berlin
SFIO	Parti Socialiste (Section Française de l' Internationale Ouvrière) (Sozialistische Partei [Französische Sektion der Arbeiterinternationale])
SHB	Sozialdemokratischer Hochschulbund
SJD	Sozialistische Jugend Deutschlands
SPD	Sozialdemokratische Partei Deutschlands
SPÖ	Sozialistische Partei Österreichs (seit 1991 Sozialdemokratische)
SRP	Sozialistische Reichspartei
SSW	Südschleswigscher Wählerverband
Stenogr.	Stenographisch

StGB	Strafgesetzbuch
StS	Staatssekretär(in)
SU	Sowjetunion
SVP/CVP	Saarländische Volkspartei/Christliche Volkspartei des Saarlandes
SWF	Südwestfunk
SWI	Sozialdemokratische Wählerinitiative
SZ	Süddeutsche Zeitung
UdSSR	Union der Sozialistischen Sowjetrepubliken
UN, UNO	United Nations Organization (Organisation der Vereinten Nationen)
US, USA	United States of America (Vereinigte Staaten von Amerika)
VDS	Verband Deutscher Studentenschaften
Verh.	Verhandlungen
v. H.	von Hundert
WBA	Willy-Brandt-Archiv
WDR	Westdeutscher Rundfunk
WRV	Weimarer Reichsverfassung
WWU	Wirtschafts- und Währungsunion
ZDF	Zweites Deutsches Fernsehen
ZK	Zentralkomitee

Editionsgrundsätze

Die Berliner Ausgabe zeichnet anhand von Quellen, die nach wissenschaftlichen Kriterien ausgewählt werden, das politische Wirken Willy Brandts nach. Dabei werden die unterschiedlichen Funktionen und Ämter Brandts und thematisch abgrenzbare Tätigkeitsfelder jeweils gesondert behandelt. Die vorliegenden Dokumentenbände stützen sich vorwiegend auf Materialien aus dem Willy-Brandt-Archiv (WBA) im Archiv der sozialen Demokratie der Friedrich-Ebert-Stiftung. Veröffentlichte Dokumente und Schriftstücke aus anderen Archiven werden übernommen, wenn sie ursprünglicher oder vollständiger sind als Schriftstücke aus dem WBA, wenn sie Lücken im Brandt-Nachlass schließen oder ihr Inhalt eine Aufnahme in die Edition nahe legt.

In beschränktem Umfang werden in die Edition auch Quellen aufgenommen, deren Verfasser nicht Willy Brandt selbst ist, die aber in unmittelbarem Bezug zu seinem politischen Denken und Tun stehen. So finden sich in den Bänden sowohl Briefe oder sonstige Mitteilungen an Willy Brandt als auch Vorlagen seiner Mitarbeiter.

Die Edition richtet sich in Übereinstimmung mit dem gesetzlich festgelegten politischen Bildungsauftrag der Bundeskanzler-Willy-Brandt-Stiftung (BWBS) an eine breite historisch-politisch interessierte Öffentlichkeit. Dies war sowohl bei der Auswahl der zu publizierenden Dokumente als auch bei ihrer Aufbereitung und Kommentierung zu beachten. Deshalb finden vereinzelt auch Materialien Berücksichtigung, die z. B. Einblick in den Alltag eines Spitzenpolitikers und Staatsmannes gewähren. Sämtliche fremdsprachigen Texte wurden ins Deutsche übertragen und sind als Übersetzungen kenntlich gemacht.

Die durchnummerierten Dokumente sind grundsätzlich chronologisch angeordnet. Ausschlaggebend dafür ist das Datum des betreffenden Ereignisses, bei zeitgenössischen Veröffentlichungen das Datum der Publikation. Einzelne Bände der Berliner Ausgabe verbinden aus inhaltlichen Gründen eine themenbezogene systematische Gliederung mit dem chronologischen Ordnungsprinzip. Ein Dokument, das als Anlage kenntlich gemacht oder aus dem Textzusammenhang als Anlage erkennbar ist, gilt mit Blick auf die Reihenfolge und die Nummerierung nicht als eigenständig, wenn das Hauptdokument, dem es beigegeben ist, ebenfalls abgedruckt wird. In diesem Fall trägt es die Nummer des Hauptdokuments zuzüglich eines Großbuchstabens (in alphabetischer Reihenfolge) und wird im Dokumentenkopf ausdrücklich als Anlage ausgewiesen. Das Datum der Anlage ist für die Einordnung unerheblich.

Der Dokumentenkopf umfasst Dokumentennummer, Dokumentenüberschrift und Quellenangabe. Die Dokumentenüberschrift vermittelt auf einen Blick Informationen zum Datum, zur Art des Dokuments und zu den jeweils unmittelbar angesprochenen handelnden Personen. Die Quellenangaben weisen in der Regel nur den Fundort des Originals nach, nach dem das Dokument abgedruckt wird. Fremdsprachige Archivnamen und Bestandsbezeichnungen sind in den Angaben des Dokumentenkopfes ins Deutsche übersetzt.

Wird das Dokument unvollständig wiedergegeben, wird es in der Dokumentenüberschrift als Auszug bezeichnet.

Zum Dokument gehören sämtliche im Originaltext enthaltenen Angaben. Dazu zählen im einzelnen: Datum und Uhrzeiten, Klassifizierung, Anrede, Anwesenheits- oder Teilnehmerlisten, Überschriften und Zwischenüberschriften, Schlussformeln, Unterschriften, Namenskürzel, hand- oder maschinenschriftliche Zusätze, Kommentare und Korrekturen, sofern sie nicht einen deutlich späteren Zeitbezug haben. Auf eine Reihe dieser Angaben wird beim Abdruck verzichtet, wenn sie inhaltlich unerheblich oder schon im Dokumentenkopf enthalten sind. Dies gilt insbesondere für Datumsangaben, Absenderanschriften, Adressen und ebenso für Überschriften, sofern diese dem Dokumentenkopf weitestgehend entsprechen. Hand- bzw. maschinenschriftliche Vermerke oder Kommentare, die sich auf das Dokument insgesamt beziehen, werden unabhängig von ihrer Aussagekraft immer in der Anmerkung wiedergegeben, wenn sie von Brandt selbst stammen; dies gilt ebenso für die Paraphe oder andere Kürzel Brandts sowie Stempel bzw. Vermerke, mit denen bestätigt wird, dass Brandt Kenntnis von dem Schriftstück genommen hat. Übrige Vermerke, Paraphen oder Stempel werden nur dann in eine Anmerkung aufgenommen, wenn dies aus Sicht des jeweiligen Bearbeiters aus inhaltlichen Gründen geboten ist.

Streichungen im Original erscheinen nicht im Dokumententext, alle hand- bzw. maschinenschriftlichen Zusätze oder Korrekturen werden in der Regel *unkommentiert* in den Dokumententext übernommen, da sie allesamt als vom jeweiligen Verfasser genehmigt gelten können. Wird solchen Ergänzungen, Verbesserungen oder Streichungen jedoch eine wichtige inhaltliche Aussagekraft zugeschrieben, wird dies insoweit in textkritischen Anmerkungen erläutert. Im Text selbst werden solche Passagen in spitze Klammern „‹ ›" gesetzt. Unterschriften und Paraphen des Verfassers eines Dokuments werden in der Regel kommentiert, Unterstreichungen, Bemerkungen und Notizen am Rand nur dann, wenn dies inhaltlich geboten erscheint.

Bei der Wiedergabe der Dokumente wird ein Höchstmaß an Authentizität angestrebt. Die im jeweiligen Original gebräuchliche Schreibweise sowie Hervorhebungen werden unverändert übernommen. Dies gilt ebenso für die Wiedergabe von Eigennamen aus slawischen Sprachen, die im übrigen Text grundsätzlich in der transkribierten Form erscheinen. Das Layout folgt weitgehend dem Original, sofern Absätze, Zeilenausrichtung und Aufzählungen betroffen sind. Offensichtliche „Verschreibfehler" werden hingegen ohne weiteren Hinweis verbessert, es sei denn, sie besitzen inhaltliche Aussagekraft. Sinnentstellende Passagen und Zusätze werden im Dokumententext belassen, Streichungen solcher Art nicht rückgängig gemacht und in textkritischen Anmerkungen mit der gebotenen Zurückhaltung erläutert. Ebenso wird mit schwer verständlichen oder heute nicht mehr gebräuchlichen Ausdrücken verfahren. Sachlich falsche Angaben in der Vorlage werden im Anmerkungsapparat korrigiert. Tarnnamen und -bezeichnungen sowie sonstige „Codes" oder schwer zu deutende Formulierungen werden in eckigen Klammern im Dokumententext aufgeschlüsselt. Abkürzungen im Originaltext werden in der Regel im Abkürzungsverzeichnis aufgelöst. Im

Dokumententext selbst werden sie – in eckigen Klammern – nur dann entschlüsselt, wenn es sich um ungewöhnliche Kurzschreibformen handelt.

Die Berliner Ausgabe enthält einen bewusst knapp gehaltenen Anmerkungsteil, der als separater Abschnitt dem Dokumententeil angehängt ist. Die Zählung der Anmerkungen erfolgt durchgehend für die Einleitung und für jedes einzelne Dokument. Der Kommentar soll in erster Linie Hilfe für die Leserin und den Leser sein. Er ergänzt die im Dokumentenkopf enthaltenen formalen Informationen, gibt textkritische Hinweise, erläutert knapp Ereignisse oder Sachverhalte, die aus dem Textzusammenhang heraus nicht verständlich werden oder der heutigen Erfahrungswelt fremd sind, weist in den Dokumenten erwähntes veröffentlichtes Schriftgut nach und liefert Querverweise auf andere Quellentexte innerhalb der Edition, sofern sie in einem engeren Bezug zueinander stehen. Es ist nicht Aufgabe des Kommentars, Ereignisse oder Sachverhalte, die in den edierten Schriftstücken angesprochen sind, *detailliert* zu rekonstruieren. Ebenso wenig sollen weitere nicht abgedruckte Aktenstücke oder anderes Schriftgut mit dem Ziel nachgewiesen werden, den geschichtlichen Kontext der abgedruckten Quellentexte in ihrer chronologischen und inhaltlichen Abfolge sichtbar zu machen und damit Entscheidungsprozesse näher zu beleuchten.

Es bleibt der Einführung zu den einzelnen Bänden vorbehalten, das edierte Material in den historischen Zusammenhang einzuordnen, die einzelnen Dokumente in Bezug zueinander zu setzen sowie zentrale Begriffe ausführlich zu klären. Darüber hinaus unterzieht sie das politische Wirken Brandts und die jeweiligen historischen Rahmenbedingungen seiner Politik einer kritischen Bewertung. Aufgabe der Einführung ist es auch, die Auswahl der Dokumente zu begründen, in der gebotenen Kürze den Forschungsstand zu referieren und auf einschlägige Sekundärliteratur hinzuweisen.

Eine erste Orientierung in jedem Band bietet dem Leser das durchnummerierte Dokumentenverzeichnis mit Angabe der Seitenzahlen, über das sich jedes Dokument nach Datum, Bezeichnung des Vorgangs und der daran beteiligten Personen erschließen lässt.

Das Personenregister listet die Namen aller in der Einführung, im Dokumententeil einschließlich Dokumentenverzeichnis und im Anmerkungsapparat genannten Personen mit Ausnahme des Namens von Willy Brandt auf, sofern sie nicht im Rahmen selbständiger bibliographischer Angaben ausgewiesen sind; es enthält zusätzlich biographische Angaben, insbesondere zu den maßgeblichen Funktionen, die die angesprochenen Personen während der vom jeweiligen Band erfassten Zeitspanne ausübten. Die alphanumerisch geordneten Schlagwörter des Sachregisters, denen weitere Unterbegriffe zugeordnet sein können, ermöglichen einen gezielten, thematisch differenzierten Zugriff. Das Quellen- und Literaturverzeichnis vermittelt – mit Ausnahme von Artikeln in Tages-, Wochen- oder monatlich erscheinenden Zeitungen bzw. Pressediensten – einen Überblick über die im Rahmen der Bearbeitung des jeweiligen Bandes der Berliner Ausgabe eingesehenen Archivbestände und die benutzte Literatur.

Carsten Tessmer

Personenregister

Abdessalam, Belaïd (geb. 1928), 1966–1979 algerischer Minister für Industrie und Energie, 1974 Vorsitzender des Rats der OAPEC   476

Adenauer, Konrad (1876–1967), 1950–1966 CDU-Bundesvorsitzender 1949–1963 Bundeskanzler, 1951–1955 zugleich Bundesaußenminister, 1949–1967 MdB   16, 18, 24, 41, 72, 193 f., 209, 218, 244, 311 f., 344, 363 f., 441, 549, 566, 570, 572, 585

Ahlers, Conrad (1922–1980), 1962–1966 stellv. Chefredakteur des Nachrichtenmagazins *Der Spiegel*, 1966–1968 stellv. Leiter, 1969–1972 Leiter des BPA und StS, 1972–1980 MdB (SPD)   88, 292–295, 389, 394, 492, 524, 558 f., 566, 582, 592 f.

Aigner, Heinrich (1924–1988), 1957–1980 MdB (CSU)   188

Albertz, Heinrich (1915–1993), Pfarrer, 1963–1970 MdA Berlin (SPD), 1961–1963 und 1965–1966 Innensenator in Berlin, 1963–1966 Bürgermeister von Berlin, 1963–1965 Chef der Senatskanzlei und Senator für Sicherheit und Ordnung, 1966–1967 Regierender Bürgermeister von Berlin   143, 563

Amin, Idi (geb. 1928), ugandischer Militär und Politiker, 1967–1979 Oberbefehlshaber der ugandischen Streitkräfte, nach gewaltsamem Putsch 1971–1979 Staatschef   593

Apel, Hans (geb. 1932), 1965–1990 MdB (SPD), 1969–1972 stellv. Vorsitzender der SPD-Bundestagsfraktion, 1969–1972 Vorsitzender des Ausschusses für Verkehr, Post- und Fernmeldewesen, 1970–1988 Mitglied des SPD-Parteivorstandes, 1972–1974 PStS im Auswärtigen Amt, 1974–1978 Bundesminister der Finanzen, 1978–1982 Bundesminister der Verteidigung   391, 393

Arendt, Walter (geb. 1915), 1961–1980 MdB (SPD), 1964–1969 Vorsitzender der IG Bergbau und Energie, 1968–1979 Mitglied des SPD-Parteivorstandes, 1969–1976 Bundesminister für Arbeit und Sozialordnung, 1973–1979 Mitglied des SPD-Präsidiums   87, 91, 211, 253 f., 387, 394, 413, 572

Arndt, Klaus Dieter (1927–1974), 1963–1965 MdA (SPD) in Berlin, 1965–1974 MdB (SPD), 1967–1970 PStS im Bundesministerium für Wirtschaft, 1968–1974 Präsident des Deutschen Instituts für Wirtschaftsforschung, 1972–1974 stellv. Vorsitzender der SPD-Bundestagsfraktion   390

Augstein, Rudolf (geb. 1923), Journalist, 1947 Gründer und seither Herausgeber des Nachrichtenmagazins *Der Spiegel*, 1972–1973 MdB (FDP)   558, 609

Baader, Andreas (1944–1977), Mitglied der Baader-Meinhof-Gruppe und Mitbegründer der RAF, 1968 Beteiligung an Brandanschlag auf ein Frankfurter Kaufhaus, 1968–1970 Haft, 1970 gewaltsame Befreiung und Aufenthalt bei palästinensischen Guerillas in Jordanien, 1972 Beteiligung an terroristischen Anschlägen, 1972 Festnahme, 1977 Verurteilung zu lebenslanger Freiheitsstrafe, 1977 Selbstmord in der

Haftanstalt Stuttgart-Stammheim 29, 54, 311, 551, 562, 582

Bachmann, Josef (1944–1970), gelernter Maler, 1968 Attentat auf Studentenführer Rudi Dutschke, 1969 Verurteilung zu Haftstrafe wegen Mordversuchs, 1970 Selbstmord 29

Backlund, Sven Einar (1917–1998), schwedischer Diplomat, 1964–1966 Konsul in Berlin, 1968–1972 schwedischer Botschafter bei der EG, 1972–1983 Botschafter in Bonn 511

Bahr, Egon (geb. 1922), Journalist, seit 1956 Mitglied der SPD, 1960–1966 Leiter des Presse- und Informationsamts des Landes Berlin, 1966–1967 Sonderbotschafter im Auswärtigen Amt, 1967–1969 Leiter dessen Planungsstabs, 1969–1972 StS im Bundeskanzleramt und Bundesbevollmächtigter für Berlin, 1972–1974 Bundesminister für besondere Aufgaben, 1974–1976 Bundesminister für wirtschaftliche Zusammenarbeit, 1972–1990 MdB (SPD) 245, 247, 393, 396, 508, 511–514, 524 f., 531, 533, 535, 576

Bardens, Hans (geb. 1927), Arzt, seit 1946 Mitglied der SPD, 1965–1983 MdB (SPD) 369, 373, 375, 394, 591

Barzel, Rainer (geb. 1924), 1957–1987 MdB (CDU), 1960–1973 Mitglied des CDU-Parteivorstandes, 1962–1963 Bundesminister für gesamtdeutsche Fragen, 1963–1964 kommissarischer Vorsitzender, dann bis 1973 Vorsitzender der CDU/CSU-Bundestagsfraktion, 1971–1973 CDU-Bundesvorsitzender, 1972 Kanzlerkandidat der CDU/CSU, 1982–1983 Bundesminister für innerdeutsche Beziehungen, 1983–1984 Bundestagspräsident 23, 59–61, 79, 85, 89 f., 186 ff., 200, 219, 224, 227, 258, 306, 309–311, 318 f., 367, 383, 549, 557, 563, 569, 574, 585 f., 593, 600

Bauer, Leo (1912–1972), Journalist, 1950 Bruch mit der SED und Verhaftung, 1952–1955 Haft in sowjetischen Arbeitslagern, 1955 Entlassung in die Bundesrepublik, 1959–1961 freier Mitarbeiter der Illustrierten *Quick*, 1961–1968 politischer Redakteur der Illustrierten *Stern*, 1968–1972 Chefredakteur der Zeitschrift *Die Neue Gesellschaft* 575 f., 579

Bauhaus, Ulrich (1922–1996), Kriminalbeamter, Leibwächter von Bundeskanzler Brandt 521, 535 f.

Bayerl, Alfons (geb. 1923), 1965–1969 Mitglied des Bayerischen Verfassungsgerichtshofs, 1967–1980 MdB (SPD), 1969–1974 PStS im Bundesministerium der Justiz, 1974–1979 MdEP 394

Bebel, August (1840–1913), 1869 Mitbegründer der Sozialdemokratischen Arbeiterpartei, 1875 Mitbegründer der Sozialistischen Arbeiterpartei, 1867–1881 und 1883–1913 MdNR bzw. MdR, 1892–1913 SPD-Vorsitzender 240, 358, 483, 554

Benda, Ernst (geb. 1925), 1957–1971 MdB (CDU), 1965–1967 und 1969–1971 Mitglied des Vorstandes der CDU/CSU-Bundestagsfraktion, 1967–1968 PStS im Bundesministerium des Innern, 1968–1969 Bundesminister des Innern, 1971–1983 Präsident des Bundesverfassungsgerichts 163 f., 565

Berkhan, Karl Wilhelm (1915–1994), 1945 Eintritt in die SPD, 1957–1975 MdB (SPD), 1967–1969 Vorsitzender des Arbeitskreises Sicherheitsfragen der SPD-Bundestagsfraktion, 1969–

1975 PStS im Bundesministerium der Verteidigung, 1975–1985 Wehrbeauftragter des Bundestags 226

Beuys, Josef (1921–1986), Maler und Bildhauer, 1953 erste Ausstellung, 1961–1974 Professor an der Düsseldorfer Kunstakademie, 1972 zeitweilige Entlassung aus dieser Funktion aufgrund seiner Beteiligung an der Besetzung der Akademie, 1978–1980 wechselnde Professuren 469f., 601f.

Biedenkopf, Kurt (geb. 1930), 1964–1970 Professor für Handels-, Wirtschafts- und Arbeitsrecht an der Universität Bochum, seit 1965 Mitglied der CDU, 1968–1970 Vorsitzender der Mitbestimmungskommission der Bundesregierung, 1973–1977 CDU-Generalsekretär, 1976–1980 MdB (CDU), seit 1990 sächsischer Ministerpräsident 246, 249, 577

Birckholtz, Johannes (1903–1994), Mitglied der SPD, 1969–1971 StS im Bundesministerium der Verteidigung 532

Bismarck, Otto Fürst von (1815–1898), 1862–1890 preußischer Ministerpräsident, 1871–1890 Reichskanzler 312, 483, 603

Böll, Heinrich (1917–1985), Schriftsteller, seit 1947 zahlreiche literarische Werke, 1970–1972 Präsident des P.E.N.-Zentrums der Bundesrepublik Deutschland, 1971–1974 Präsident des Internationalen P.E.N.-Clubs, 1972 aktiver Einsatz für die SWI, 1972 Literaturnobelpreis 88, 247, 297, 469f., 549, 552, 563, 576, 582f., 604

Börner, Holger (geb. 1931), 1957–1976 MdB (SPD), 1965–1967 und 1972–1976 Vorsitzender des Bundestagsausschusses für Verkehr, 1967–1972 PStS im Bundesministerium für Verkehr (ab 1969 auch für Post- und Fernmeldewesen), 1972–1976 SPD-Bundesgeschäftsführer, 1976–1987 hessischer Ministerpräsident, seit 1987 Vorsitzender der Friedrich-Ebert-Stiftung 91, 414f., 422, 479f., 508, 512f., 524–527, 531, 536, 555, 596f.

Borm, William (1895–1987), Unternehmer, 1945 Eintritt in die Liberaldemokratische Partei, 1950–1959 politische Haft in der DDR, 1960–1969 FDP-Landesvorsitzender in Berlin, 1960–1982 Mitglied des FDP-Bundesvorstandes, 1963–1967 MdA Berlin, 1965–1972 MdB (FDP) 546

Brandt, Lars (geb. 1951), Sohn von → Rut und Willy Brandt, Bildender Künstler 531, 537

Brandt, Matthias (geb. 1961), Sohn von → Rut und Willy Brandt, Schauspieler 430, 599

Brandt, Peter (geb. 1948), Sohn von → Rut und Willy Brandt, seit 1990 Professor für Neuere Geschichte an der Fernuniversität Hagen 433, 562f., 590, 599

Brandt, Rut (geb. 1920), geb. Hansen, ab 1947 freie Journalistin für skandinavische Zeitungen, 1948–1980 verheiratet mit Willy Brandt 225, 255, 537, 609

Brecht, Arnold (1884–1977), Jurist, 1921–1927 Ministerialdirektor im Reichsministerium des Innern, 1927–1933 Hauptbevollmächtigter Preußens im Reichsrat, 1933 Auswanderung in die USA, 1933–1953 Professor für Staatswissenschaften, Jura und Finanzwissenschaften an der New School for Social Research in New York, 1948–1949 Beratertätigkeit bei der Abfassung des Grundgesetzes 172, 567

Brecht, Bertolt (1898–1956), Schriftsteller, 1933–1948 Exil in mehreren europäischen Ländern und zuletzt in den USA, 1947–1949 Rückkehr über die Schweiz nach Deutschland, 1949 Gründung des Theaters *Berliner Ensemble* in Berlin (Ost) 241

Brenner, Otto (1907–1972), seit 1952 gleichberechtigter und 1956–1972 alleiniger Vorsitzender der IG Metall, 1971–1972 Präsident des Europäischen Gewerkschaftsbundes 235 f., 259

Breschnew, Leonid Iljitsch (1906–1982), sowjetischer Politiker, 1957–1982 Mitglied des Präsidiums bzw. Politbüros der KPdSU, 1964–1982 Erster Sekretär bzw. Generalsekretär des ZK der KPdSU 293, 417, 421

Brück, Alwin (geb. 1931), seit 1952 Mitglied der SPD, 1965–1990 MdB (SPD), 1969–1974 Vorsitzender des Bundestagsausschusses für wirtschaftliche Zusammenarbeit, 1974–1982 PStS im Bundesministerium für wirtschaftliche Zusammenarbeit 394

Bruhns, Wibke (geb. 1938), Journalistin, 1971–1974 ZDF-Nachrichtensprecherin, 1972 Mitarbeit in der SWI, 1974–1988 Journalistin bei der Illustrierten *Stern* 523

Brundage, Avery (1887–1975), 1952–1972 Präsident des IOC 352, 590

Buback, Siegfried (1920–1977), 1963–1971 Oberstaatsanwalt und 1971–1974 Bundesanwalt beim Bundesgerichtshof, Fahndungsleiter nach der Baader-Meinhof-Gruppe, 1974–1977 Generalbundesanwalt, 1977 von der RAF ermordet 522, 524, 535 f.

Busch, (Julius Hermann) Moritz (1821–1899), Publizist 603

Carstens, Karl (1914–1992), 1955 Eintritt in die CDU, 1960–1966 StS im Auswärtigen Amt, 1966–1967 StS im Bundesministerium der Verteidigung, 1968–1969 StS im Bundeskanzleramt, 1972–1979 MdB (CDU), 1973–1976 Vorsitzender der CDU/CSU-Bundestagsfraktion, 1976–1979 Bundestagspräsident, 1979–1984 Bundespräsident 72, 533

Casdorff, Claus Hinrich (geb. 1925), Journalist und Fernsehmoderator, 1965–1973 und 1975–1981 Redaktionsleiter des WDR-Magazins *Monitor* 499–505, 605

Castrup, Heinz (1927–1988), 1966–1974 Direktor des Büros des SPD-Präsidiums 526

Chruschtschow, Nikita Sergejewitsch (1894–1971), sowjetischer Politiker, 1939–1964 Mitglied des Politbüros bzw. Präsidiums der KPdSU, 1953–1964 Erster Sekretär des ZK der KPdSU, 1958–1964 Vorsitzender des Ministerrats der UdSSR 491, 605

Dahrendorf, Ralf (geb. 1929), Professor für Soziologie, 1947 Beitritt zur SPD, 1967 Wechsel zur FDP, 1968–1969 MdL (FDP) von Baden-Württemberg, 1968–1974 Mitglied des FDP-Bundesvorstandes, 1969–1970 MdB (FDP), 1969–1970 PStS im Auswärtigen Amt, 1970–1974 Mitglied der Europäischen Kommission in verschiedenen Ressorts, 1974–1984 Rektor der London School of Economics 49, 550, 562

Dohnanyi, Klaus von (geb. 1928), seit 1957 Mitglied der SPD, 1968–1969 StS im Bundesministerium für Wirtschaft, 1969–1981 MdB (SPD), 1969–1972 PStS im Bundesministerium für Bildung und Wissenschaft, 1972–1974

Bundesminister für Bildung und Wissenschaft, 1976–1981 PStS (Staatsminister) im Auswärtigen Amt, 1981–1988 Erster Bürgermeister Hamburgs 387, 389, 391 f., 394, 501, 503, 550, 573, 575, 595, 601, 605

Dorn, Wolfram (geb. 1924), seit 1948 Mitglied der FDP, 1961–1972 MdB (FDP), 1962–1968 Vorsitzender des Arbeitskreises Innenpolitik der FDP-Bundestagsfraktion, 1968–1969 stellv. Vorsitzender der FDP-Bundestagsfraktion, 1969–1972 PStS im Bundesministerium des Innern, Rücktritt wegen eines Beratervertrags mit einem Verlag 589, 595

Dröscher, Wilhelm (1920–1977), 1955–1957 und 1971–1977 MdL (SPD) in Rheinland-Pfalz, 1957–1971 MdB (SPD), 1973 Mitglied des SPD-Parteivorstandes und des Parteipräsidiums, 1975 SPD-Schatzmeister 389, 392, 394, 595

Dürr, Hermann (geb. 1925), 1957–1965 MdB (FDP), 1961–1964 Parlament. Geschäftsführer der FDP-Bundestagsfraktion, 1966 Übertritt in die SPD, 1969–1980 MdB (SPD), 1972–1980 Vorsitzender des Arbeitskreises für Rechtswesen der SPD-Bundestagsfraktion 368, 370 f., 375

Dutschke, Rudi (1940–1979), 1961–1969 Soziologiestudium an der Freien Universität Berlin, seit 1964 Mitglied im SDS, Studentenführer und Sprecher der APO, 1968 bei Attentat lebensgefährlich verletzt, 1969–1971 Studium in England, 1971 nach Ausweisung aus Großbritannien Übersiedlung nach Dänemark, 1979 Tod durch Spätfolgen des Attentats 27, 29, 562

Ebert, Friedrich (1871–1925), 1912–1918 MdR (SPD), 1913–1919 SPD-Vorsitzender, 1918 Vorsitzender des Rats der Volksbeauftragten und Reichskanzler, 1919–1925 Reichspräsident 35, 590

Edding, Friedrich (geb. 1909), 1959–1963 Professor für Bildungsökonomie in Frankfurt/Main, 1964–1977 Direktor des Max-Planck-Instituts für Bildungsforschung in Berlin, 1966–1972 Mitglied der Bildungskommission des Deutschen Bildungsrates, 1971–1974 Vorsitzender der Sachverständigenkommission Kosten und Finanzierung der beruflichen Bildung 401, 596

Ehmke, Horst (geb. 1927), Professor für Öffentliches Recht, 1967–1969 StS im Bundesministerium der Justiz, 1969 Bundesminister der Justiz, 1969–1972 Bundesminister für besondere Aufgaben und Chef des Bundeskanzleramtes, 1972–1974 Bundesminister für Forschung, Technologie und für das Post- und Fernmeldewesen, 1969–1994 MdB (SPD) 38, 48, 63 f., 72 f., 79, 203 f., 226, 230, 334, 362, 368, 384, 387, 391 f., 498, 510, 512, 514, 518, 524, 527, 549 f., 553, 561, 566, 572, 575, 577, 582, 585, 591, 593 f., 597

Ehrenberg, Herbert (geb. 1926), 1964–1968 Mitarbeiter → Georg Lebers beim Hauptvorstand der IG Bau-Steine-Erden, danach Mitglied im Ausschuss für Wirtschaftspolitik des SPD-Parteivorstandes, 1968–1969 Leiter der Unterabteilung Strukturpolitik im Bundesministerium für Wirtschaft, 1969–1971 Ministerialdirektor im Bundeskanzleramt, 1971–1972 StS im Bundesministerium für Arbeit und Sozialordnung, 1972–1990 MdB (SPD),

1976–1982 Bundesminister für Arbeit und Sozialordnung 393, 395, 512, 576

Ensslin, Gudrun (1940–1977), führendes Mitglied der Baader-Meinhof-Gruppe und Mitbegründerin der RAF, 1968 Beteiligung an einem Brandanschlag auf ein Frankfurter Kaufhaus, 1968–1969 Haft, 1970 Aufenthalt bei palästinensischen Guerillas in Jordanien, 1972 Beteiligung an terroristischen Anschlägen, 1972 erneute Festnahme, 1977 Verurteilung zu lebenslanger Freiheitsstrafe, 1977 Selbstmord in der Haftanstalt Stuttgart-Stammheim 562

Eppler, Erhard (geb. 1926), seit 1956 Mitglied der SPD, 1961–1976 MdB (SPD), 1967–1968 außenpolitischer Sprecher der SPD-Bundestagsfraktion, 1968–1974 Bundesminister für wirtschaftliche Zusammenarbeit, 1970–1991 Mitglied des SPD-Parteivorstandes 387, 389, 391, 393 f., 579

Erhard, Ludwig (1897–1977), 1949–1977 MdB (CDU), 1949–1963 Bundesminister für Wirtschaft, 1957–1963 Vizekanzler, 1963–1966 Bundeskanzler, 1966–1967 CDU-Bundesvorsitzender, 1967–1977 CDU-Ehrenvorsitzender 15–18, 20, 31, 43 f., 72, 107, 110–113, 118, 133, 442, 545, 549, 556 f., 566, 572

Erler, Fritz (1913–1967), 1949–1967 MdB (SPD), 1956–1967 Mitglied des SPD-Parteivorstandes, 1957–1964 stellv. Vorsitzender, 1964–1967 Vorsitzender der SPD-Bundestagsfraktion und stellv. SPD-Parteivorsitzender 110, 555

Ertl, Josef (1925–2000), 1961–1987 MdB (FDP), 1968–1969 stellv. Vorsitzender der FDP-Bundestagsfraktion, 1969–1983 Bundesminister für Ernährung, Landwirtschaft und Forsten, 1971–1983 bayerischer FDP-Landesvorsitzender 38 f., 202, 387, 558, 596

Eschenburg, Theodor (1904–1998), 1952–1973 Professor für Politikwissenschaft an der Universität Tübingen, 1961–1963 zugleich Rektor 86, 203–205, 532, 549, 572

Evers, Carl-Heinz (geb. 1922), 1949–1993 Mitglied der SPD, 1963–1970 Senator für Schulwesen in Berlin, 1969 Präsident der Kultusministerkonferenz, 1967–1970 MdA (SPD) in Berlin, 1970–1974 Mitglied des SPD-Parteivorstandes 230, 575

Federer, Georg (1905–1984), 1966–1968 deutscher Botschafter in Brüssel, 1968–1970 Ministerialdirektor der Personal- und Verwaltungsabteilung des Auswärtigen Amtes 175

Fellermaier, Ludwig (1930–1996), 1947 Eintritt in die SPD, 1965–1980 MdB (SPD) 394

Figgen, Werner (1921–1991), 1946 Eintritt in die SPD, 1961–1966 MdB (SPD), 1965–1973 stellv. SPD-Landesvorsitzender in Nordrhein-Westfalen, 1973–1977 Landesvorsitzender, 1966–1975 nordrhein-westfälischer Minister für Arbeit und Soziales (ab 1970 für Arbeit, Gesundheit und Soziales), 1970–1980 MdL (SPD) in Nordrhein-Westfalen 337, 392, 394

Fischer, Per (1923–1999), Diplomat, 1965–1968 deutscher Botschafter im Tschad, 1968–1969 Tätigkeit im Planungsstab des Auswärtigen Amts, 1969–1974 Mitarbeiter im Bundeskanzleramt, 1974–1977 deutscher Botschafter in Israel 519

Flach, Karl-Hermann (1929–1973), 1949 Eintritt in die FDP, 1964–1971 stellv.

Chefredakteur der *Frankfurter Rundschau*, 1971–1973 FDP-Generalsekretär, 1972–1973 MdB (FDP) und stellv. Vorsitzender der FDP-Bundestagsfraktion 357, 489, 596, 604

Focke, Katharina (geb. 1922), seit 1964 Mitglied der SPD, 1966–1969 MdL (SPD) in Nordrhein-Westfalen, 1969–1980 MdB (SPD), 1969–1972 PStS im Bundeskanzleramt, 1972–1976 Bundesministerin für Jugend, Familie und Gesundheit 224, 393

Franke, Egon (1913–1995), 1929 Eintritt in die SPD, 1947–1952 und 1958–1973 Mitglied des SPD-Parteivorstandes und 1964–1973 des Präsidiums, 1951–1987 MdB (SPD), 1966–1969 stellv. Vorsitzender der SPD-Bundestagsfraktion, 1967–1969 Vorsitzender des Bundestagsausschusses für gesamtdeutsche und Berliner Fragen, 1969–1982 Bundesminister für innerdeutsche Beziehungen 89, 315, 387–389, 393, 395, 585, 589

Frederik, Hans (geb. 1906), Verleger und Publizist, Verfasser zahlreicher Verleumdungsschriften gegen Brandt und → Wehner 188, 569

Frey, Gerhard (geb. 1933), rechtsradikaler Publizist und Politiker, 1958–1960 sukzessiver Erwerb der *Deutschen Soldaten-Zeitung*, 1963 Umbenennung in *Deutsche National-Zeitung*, 1971 Gründung der *Deutschen Volksunion e.V.* 565

Freyh, Brigitte (geb. 1924), 1961–1972 MdB (SPD), 1969–1972 PStS im Bundesministerium für wirtschaftliche Zusammenarbeit, 1973–1981 Präsidentin des Kuratoriums der Deutschen Stiftung für internationale Entwicklung 224

Friderichs, Hans (geb. 1931), seit 1956 Mitglied der FDP, 1964–1969 FDP-Bundesgeschäftsführer, 1965–1969 und 1976–1977 MdB (FDP), 1969–1972 StS im rheinland-pfälzischen Ministerium für Landwirtschaft, Weinbau und Forsten, 1972–1977 Bundesminister für Wirtschaft, 1974–1977 stellv. FDP-Bundesvorsitzender 413

Friedrich, Otto (1902–1975), Wirtschaftsmanager, 1949–1965 Vorstandsvorsitzender und Generaldirektor der Phoenix AG, 1966–1975 geschäftsführender Gesellschafter der Friedrich Flick KG, 1969–1973 Präsident der Bundesvereinigung der Arbeitgeberverbände 90, 375–377, 592

Funcke, Liselotte (geb. 1918), seit 1946 Mitglied der FDP, 1961–1979 MdB (FDP), 1964–1984 Mitglied des FDP-Bundesvorstandes, 1972–1979 Vorsitzende des Bundestagsausschusses für Finanzen, 1969–1979 Vizepräsidentin des Bundestages 370, 596

Gaulle, Charles de (1890–1970), französischer General und Politiker, 1944–1945 Chef der „Provisorischen Regierung der Republik Frankreich", 1945–1946 und 1958 französischer Ministerpräsident, 1958–1969 französischer Staatspräsident 421

Gaus, Günter (geb. 1929), Journalist, 1965–1969 Programmdirektor und stellv. Intendant des SWF, 1969–1973 Chefredakteur des Nachrichtenmagazins *Der Spiegel*, 1973–1981 StS und 1974–1981 Leiter der ständigen Vertretung der Bundesrepublik bei der DDR, seit 1976 Mitglied der SPD 47, 87, 250, 511f., 524, 550, 576f.

Geldner, Karl (geb. 1927), seit 1946 Mitglied der FDP, 1965–1969 und 1970–1976 MdB (FDP)   369, 373 f., 591

Genscher, Hans-Dietrich (geb. 1927), seit 1952 Mitglied der FDP, 1959–1965 Geschäftsführer und 1965–1969 parlament. Geschäftsführer der FDP-Bundestagsfraktion, 1965–1998 MdB (FDP), 1968 stellv. FDP-Bundesvorsitzender, 1969–1974 Bundesminister des Innern, 1974–1992 Bundesaußenminister und Vizekanzler, 1974–1985 FDP-Bundesvorsitzender   35, 52, 63 f., 67, 72–74, 92, 202, 214, 298, 327, 350–352, 386 f., 394, 479 f., 498, 508, 513–517, 519–523, 525 f., 531 f., 551, 553, 590, 593 f., 596 f., 606 f.

Gerstenmaier, Eugen (1906–1986), 1949–1969 MdB (CDU), 1954–1969 Bundestagspräsident, 1956–1969 stellv. CDU-Bundesvorsitzender   85, 175 f., 567 f.

Globke, Hans (1898–1973), 1932–1945 Ministerialrat und Referent für Staatsangehörigkeitsfragen im Reichsinnenministerium, Verfasser eines Kommentars zu den „Nürnberger Rassegesetzen" von 1935, 1950–1953 Ministerialdirektor und Leiter der Hauptabteilung für innere Angelegenheiten im Bundeskanzleramt, 1953–1963 StS im Bundeskanzleramt   72, 204, 572

Goebbels, Joseph (1897–1945), nationalsozialistischer Politiker, 1928–1945 MdR (NSDAP), 1933–1945 Reichsminister für Volksaufklärung und Propaganda, 1944–1945 „Generalbevollmächtigter für den totalen Kriegseinsatz"   124

Götz, Volker (geb. 1945), 1973 Assessor in Nordrhein-Westfalen, Ablehnung der Einstellung in den öffentlichen Dienst wegen Mitgliedschaft in der DKP   598

Goppel, Alfons (1905–1991), 1945 Mitbegründer der CSU, 1954–1978 MdL (CSU) in Bayern, 1962–1978 bayerischer Ministerpräsident, 1972–1973 Präsident des Bundesrates   351

Grabert, Horst (geb. 1927), seit 1946 Mitglied der SPD, 1967–1969 Leiter der Berliner Senatskanzlei, 1969–1972 Senator für Bundesangelegenheiten in Berlin, 1972–1974 StS und Chef des Bundeskanzleramtes, 1974–1987 deutscher Botschafter in Österreich, Jugoslawien und Irland   64, 72 f., 508 f., 512, 514, 517–519, 523, 527, 531, 534, 537, 598, 601, 609

Grass, Günter (geb. 1927), Schriftsteller, Bildhauer, Grafiker, Mitglied der „Gruppe 47", Begründer und Mitglied der SWI, 1965–1972 Beteiligung an SPD-Wahlkämpfen, 1982–1993 Mitglied der SPD, 1999 Literaturnobelpreis   15, 39 f., 46 f., 86, 187, 230, 245 f., 248 f., 530, 545 f., 549 f., 569, 575 f., 579, 609

Groteguth, Heinz (geb. 1918), Gewerkschafter, Mitglied der SPD, seit 1947 Mitglied der DAG, 1956–1971 Leiter der Berufsgruppe „Angestellte im öffentlichen Dienst" und 1971–1980 Ressortchef „Öffentlicher Dienst" der DAG   69, 530

Gründler, Gerhard E. (geb. 1930), Journalist, 1963–1971 Redakteur und innenpolitischer Ressortleiter bei der Illustrierten *Stern*, 1971–1976 Chefredakteur des *Vorwärts*   248

Grünewald, Armin (1930–1993), Journalist, 1961–1972 Bonner Wirtschaftskorrespondent der *Stuttgarter Zeitung*, 1973–1980 stellv. Sprecher der Bundesregierung   394

Günther, Eberhard (1911–1994), 1958–1976 Präsident des Bundeskartellamtes, 1968 Leiter der Pressekommission zur Überprüfung der Konzentration im Pressewesen 159, 564

Guillaume, Günter (1927–1995), Mitarbeiter des MfS der DDR, zuletzt im Rang eines Oberst, 1956 im Auftrag des MfS Übersiedlung in die Bundesrepublik, 1957–1974 Mitglied der SPD, 1969–1974 Mitarbeit im Bundeskanzleramt, dabei seit 1972 im persönlichen Stab des Bundeskanzlers Brandt, 1974 Verhaftung und 1975 Verurteilung wegen Spionage, 1981 Abschiebung in die DDR 71–74, 79, 92, 382, 505–538, 540, 554, 606–609

Guttenberg, Karl Theodor Freiherr von und zu (1921–1972), 1957–1972 MdB (CSU), 1961–1972 Mitglied des CSU-Landesvorstandes, 1967–1969 PStS im Bundeskanzleramt 546, 548

Haack, Dieter (geb. 1934), seit 1961 Mitglied der SPD, 1969–1990 MdB (SPD), 1972–1978 PStS im Bundesministerium für Raumordnung, Bauwesen und Städtebau, 1978–1982 Bundesbauminister 394

Haas, Walter (geb. 1941), Gewerkschaftsfunktionär, 1968–1971 Bundesjugendsekretär des DGB, 1969–1978 Vorstandsmitglied des Deutschen Bundesjugendrings, 1971–1974 dessen Vorsitzender, seit 1997 DGB-Landesvorsitzender in NRW 395

Habermas, Jürgen (geb. 1929), Soziologe und Philosoph, seit den 60er Jahren einer der wichtigsten Vertreter der Kritischen Theorie, 1964–1971 und 1983–1994 Professor für Philosophie an der Universität Frankfurt/Main, 1971–1980 Direktor am Max-Planck-Institut zur Erforschung der Lebensbedingungen der wissenschaftlich-technischen Welt in Starnberg 576

Haehser, Karl (geb. 1928), 1965–1987 MdB (SPD), 1972–1974 stellv. Vorsitzender des Haushaltsausschusses im Bundestag, 1974–1982 PStS im Bundesministerium der Finanzen 524

Haferkamp, Wilhelm (1923–1995), 1958–1966 und 1967 MdL (SPD) in Nordrhein-Westfalen, 1962–1967 DGB-Vorstandsmitglied, 1967–1984 Mitglied der EG-Kommission, ab 1973 deren Vizepräsident 113

Haller, Heinz (geb. 1914), 1954–1970 Professor für Volkswirtschaftslehre und Finanzwissenschaft in Kiel, Heidelberg und Zürich, 1970–1972 PStS im Bundesministerium der Finanzen (ab 1971 für Wirtschaft und Finanzen), danach bis 1981 wieder Professor in Zürich 551, 583

Hallstein, Walter (1901–1982), 1958–1967 Präsident der EG-Kommission, 1969–1972 MdB (CDU) 600

Hamm-Brücher, Hildegard (geb. 1921), seit 1948 Mitglied der FDP, 1950–1966 und 1970–1976 MdL (FDP) in Bayern, 1963–1976 Mitglied des FDP-Bundesvorstandes, 1967–1969 StS im Hessischen Kultusministerium, 1969–1972 StS im Bundesministerium für Bildung und Wissenschaft, 1972–1976 stellv. FDP-Bundesvorsitzende, 1977–1982 PStS (Staatsministerin) im Auswärtigen Amt, 1976–1990 MdB (FDP) 224, 480, 489, 573

Harpprecht, Klaus (geb. 1927), Journalist und Schriftsteller, 1962–1966 USA-Korrespondent des ZDF, 1966–1969 Leiter des S. Fischer Verlags in Frankfurt/Main, seit 1968 Mitglied der SPD, 1969–1971 geschäftsführender Redakteur der Zeitschrift *Der Monat*, 1972–1974 Berater von Bundeskanzler Brandt für Internationale Fragen (besonders für Amerika, Westeuropa und Israel) und Leiter der „Schreibstube" im Bundeskanzleramt, seit 1974 Publizist und Mitarbeiter verschiedener Zeitschriften 297, 511, 525, 534, 553, 583, 607 f.

Hase, Karl-Günter von (geb. 1917), 1962–1967 StS und Leiter des BPA, 1968–1969 StS im Bundesministerium der Verteidigung, 1970–1977 deutscher Botschafter in Großbritannien, 1977–1982 ZDF-Intendant 139

Hassel, Kai-Uwe von (1913–1997), 1946 Eintritt in die CDU, 1953–1954 und 1965–1980 MdB (CDU), 1954–1963 schleswig-holsteinischer Ministerpräsident, 1956–1969 stellv. CDU-Bundesvorsitzender, 1963–1966 Bundesminister der Verteidigung, 1966–1969 Bundesminister für Vertriebene, Flüchtlinge und Kriegsgeschädigte, 1969–1972 Bundestagspräsident, dann bis 1976 Vizepräsident 90, 110, 205 f., 368–375, 545, 556 f., 591 f.

Hauenschild, Karl (geb. 1920), Gewerkschafter, 1969–1982 Vorsitzender der IG Chemie-Papier-Keramik 525

Heck, Bruno (1917–1989), seit 1946 Mitglied der CDU, 1957–1976 MdB (CDU), 1962–1968 Bundesminister für Familien- und Jugendfragen (ab 1963 für Familie und Jugend), 1956–1971 CDU-Generalsekretär, 1968–1989 Vorsitzender der Konrad-Adenauer-Stiftung 44, 138, 169, 566, 604

Heinemann, Gustav W. (1899–1976), 1946–1952 Mitglied der CDU, 1949–1950 Bundesminister des Innern, 1952–1957 Gründer und Vorsitzender der GVP, seit 1957 Mitglied der SPD, 1957–1969 MdB (SPD), 1966–1969 Bundesminister der Justiz, 1969–1974 Bundespräsident 24, 33, 35, 74, 92, 113, 149, 163–165, 181, 207, 426 f., 472, 475, 537 f., 548 f., 562, 567, 583, 598 f., 610

Held, Gerhard (geb. 1927), 1968–1970 Generalbevollmächtigter des Vorstandsvorsitzenden der Pegulan-Werke, Frankenthal 591

Henkels, Walter (1906–1987), Journalist und Publizist, Verfasser politischer Porträts, seit 1949 ständiger Mitarbeiter der *Frankfurter Allgemeinen* 527

Helms, Wilhelm (geb. 1923), 1963–1972 Mitglied der FDP, dann der CDU, 1969–1972 MdB (FDP, ab 1972 erst fraktionslos, dann als Hospitant bei der CDU/CSU), 1979–1984 MdEP (CDU) 59, 368, 370 f., 553, 591 f.

Herold, Horst (geb. 1923), 1964–1971 Kriminaldirektor, ab 1967 Polizeipräsident in Nürnberg, in den 60er Jahren Entwicklung der Kriminalgeographie sowie der elektronischen Datenverarbeitung in der Verbrechensbekämpfung, 1971–1981 Präsident des Bundeskriminalamts, in den 70er Jahren Entwicklung der Rasterfahndung 394, 521, 526, 535

Hesselbach, Walter (1915–1993), Gewerkschaftsmanager, Mitglied der SPD, 1961–1977 Vorstandsvorsitzender der gewerkschaftseigenen Bank für Gemeinwirtschaft AG 525

Heuss, Theodor (1884–1963), 1924–1928 und 1930–1933 MdR (DDP), 1948 Gründungsmitglied und bis 1949 Vorsitzender der FDP, 1949 MdB (FDP), 1949–1959 Bundespräsident 193, 218, 480–490, 599, 603 f.

Hindenburg, Paul von (1847–1934), seit 1914 Generalfeldmarschall und bis 1918 Oberste Heeresleitung, 1925–1934 Reichspräsident, dabei 1933 Ernennung → Hitlers zum Reichskanzler 567

Hirsch, Martin (1913–1992), seit 1945 Mitglied der SPD, 1961–1971 MdB (SPD), 1966–1971 stellv. Vorsitzender der SPD-Bundestagsfraktion, 1967–1972 Vorsitzender deren Arbeitskreises für Rechtswesen, 1968–1970 Mitglied des SPD-Parteivorstandes, 1971–1981 Richter im Zweiten Senat des BVerfG 561

Hitler, Adolf (1889–1945), nationalsozialistischer Politiker, 1933–1945 Reichskanzler und „Führer" der NSDAP 432, 557, 568, 583

Honecker, Erich (1912–1994), 1930 Eintritt in die KPD, 1946–1989 Mitglied des PV bzw. ZK der SED, 1958–1989 Mitglied des SED-Politbüros, 1949–1989 Mitglied der Volkskammer, 1971–1989 Erster Sekretär bzw. Generalsekretär des ZK der SED, 1976–1989 DDR-Staatsratsvorsitzender 518, 526, 529, 533 f., 607 f.

Hopf, Volkmar (1906–1997), 1959–1964 StS im Bundesministerium der Verteidigung, 1964–1971 Präsident des Bundesrechnungshofs 480

Hoppe, Hans-Günther (1922–2000), 1952–1958 und 1963–1973 MdA (FDP) in Berlin, 1957–1970 und 1977–1987 Mitglied des FDP-Bundesvorstandes, 1961–1971 stellv. Landesvorsitzender der FDP Berlin, 1963–1967 Berliner Finanzsenator, dann bis 1971 Justizsenator, 1972–1990 MdB (FDP) 571

Hupka, Herbert (geb. 1915), 1954–1968 stellv., dann bis 2000 Bundesvorsitzender der schlesischen Landsmannschaft, 1955–1972 Mitglied der SPD, dann der CDU, 1969–1987 MdB (SPD, 1972 erst fraktionslos, danach CDU), 1969–1972 Vorsitzender der Arbeitsgruppe der SPD-Bundestagsfraktion für Heimatvertriebene und Flüchtlinge, 1973–1995 Mitglied des Rundfunkrats der Deutschen Welle 59, 370, 584, 591

Jahn, Gerhard (1927–1998), 1957–1990 MdB (SPD), 1961–1963, 1965–1967 sowie 1974–1990 Parlament. Geschäftsführer der SPD-Fraktion, 1967–1969 PStS im Auswärtigen Amt, 1969–1974 Bundesminister der Justiz 138, 298, 390, 520, 522, 526, 535, 561, 564 f., 568 f.

Jamani, Ahmed Saki el (geb. 1930), saudiarabischer Politiker, 1962–1986 saudiarabischer Ölminister, 1968–1969 Generalsekretär der OAPEC sowie 1974–1975 deren Vorsitzender 476

Jansen, Wolfgang (1924–1973), 1948 Eintritt in die SPD, 1958–1973 Pressesprecher der SPD-Bundestagsfraktion 394

Jochimsen, Reimut (1933–1999), 1965 Eintritt in die SPD, 1964 Professor für wirtschaftliche Staatswissenschaften an der Universität Kiel, 1970–1973 Leiter des Planungsstabes im Bundeskanzleramt, 1973–1978 StS im Bundesministerium für Bildung und Wissenschaft, 1978–1990 Landesminister in NRW, 1990–1999 Präsident der Landeszentralbank in NRW und Mitglied des Zentralbankrats der Deutschen Bundesbank 248, 469 f., 576, 602

Johnson, Eyvind (1900–1976), schwedischer Schriftsteller, 1974 Literaturnobelpreis 511

Johnson, Herschel Vespasian II. (1894–1966), amerikanischer Diplomat, 1941–1948 Sondergesandter in Schweden und Botschafter mit uneingeschränkter Vollmacht 534, 609

Johnson, Lyndon Baines (1908–1973), amerikanischer Politiker, 1949–1961 Senator von Texas, 1961–1963 Vizepräsident, 1963–1969 Präsident der USA 18

Junghans, Hans-Jürgen (geb. 1922), seit 1950 Mitglied der SPD, 1957–1987 MdB (SPD), 1964–1983 Mitglied des Vorstandes der SPD-Bundestagsfraktion, 1969–1972 stellv. Vorsitzender der SPD-Bundestagsfraktion, 1969–1983 Vorsitzender deren Arbeitskreises für Wirtschaftspolitik 398

Kant, Immanuel (1724–1804), Philosoph, seit 1770 Professor für Logik und Metaphysik in Königsberg 312

Kassebohm, Wolfgang (geb. 1932), 1971–1973 Gesamtpersonalratsvorsteher der Flugsicherung in Frankfurt/Main, 1973 Verhandlungsführer des Verbandes der Flugleiter in den Tarifgesprächen 480

Katzer, Hans (1919–1996), 1945 Eintritt in die CDU, 1957–1980 MdB (CDU), 1963–1977 Vorsitzender der CDU-Sozialausschüsse, 1965–1969 Bundesminister für Arbeit und Sozialordnung, 1969–1980 stellv. Vorsitzender der CDU/CSU-Bundestagsfraktion 139, 165

Kempski, Hans Ulrich (geb. 1922), Journalist, seit 1949 Tätigkeit für die *Süddeutsche Zeitung*, u. a. als Chefkorrespondent und Mitglied der Chefredaktion, seit 1987 als Sonderkorrespondent 518, 607

Kennedy, John Fitzgerald (1917–1963), amerikanischer Politiker, 1953–1961 Senator von Massachusetts, seit 1961 Präsident der USA, 1963 in Dallas ermordet 346, 553

Ketteler, Wilhelm Emmanuel Freiherr von (1811–1877), Bischof und katholischer Sozialpolitiker („Arbeiterbischof"), 1848–1849 Abgeordneter der Nationalversammlung in der Frankfurter Paulskirche, 1850–1877 Bischof in Mainz, 1871–1872 MdR (Zentrumspartei) 484

Keynes, John Maynard (1883–1946), britischer Volkswirtschaftler und Publizist, 1920–1946 Professor in Cambridge, Hauptwerk: *The general theory of employment, interest and money* – *Die allgemeine Theorie der Beschäftigung, des Zinses und des Geldes* (1936) 24

Kienbaum, Gerhard (1919–1998), Politiker und Unternehmensberater, 1948–1972 Mitglied der FDP, seit 1975 der CDU, 1954–1962 und 1966–1969 MdL (FDP) in NRW, 1962–1966 Minister für Wirtschaft, Mittelstand und Verkehr in NRW, 1969–1972 MdB (FDP), 1969–1972 Vorsitzender des Bundestagsausschusses für Wirtschaft 59, 553, 591

Kiesinger, Kurt Georg (1904–1988), 1933–1945 Mitglied der NSDAP, 1943–1945 stellv. Leiter der Rundfunkabteilung des Reichsaußenministeriums, 1948 Eintritt in die CDU, 1949–1958 und 1969–1980 MdB (CDU), 1954–1958 Vorsitzender des Bundestagsausschusses für auswärtige Angelegenheiten, 1958–1966 baden-württembergischer Ministerpräsident, 1962–1963 Präsident des Bundesrates, 1966–1969 Bundeskanzler, 1967–1971 CDU-Bundesvorsitzender, 1971–1988 CDU-Ehrenvorsitzender 16, 22 f., 34, 36, 72, 84–86, 112 f., 115, 121–123, 135–139, 141, 157–165, 168 f., 184 f., 188, 194, 196–198, 202 f., 217, 309–312, 546, 548, 557–559, 561, 565 f., 568–572, 574

Kiesl, Erich (geb. 1930), seit 1960 Mitglied der CSU, 1966–1978 und 1986–1994 MdL (CSU) in Bayern, 1970–1978 StS im bayerischen Staatsministerium des Innern, 1978–1984 Oberbürgermeister von München 350

Klasen, Karl (1909–1991), 1931 Eintritt in die SPD, 1957–1984 Mitglied des Vorstandes der Deutschen Bank, 1967–1969 Vorstandssprecher der Deutschen Bank, 1970–1977 Bundesbankpräsident 56 f., 329, 334, 336, 587

Kluncker, Heinz (geb. 1925), seit 1946 Mitglied der SPD, 1964–1982 Vorsitzender der Gewerkschaft ÖTV, 1973–1985 Präsident der Internationalen des Öffentlichen Dienstes 69, 235 f., 530, 609

Köppler, Heinrich (1925–1980), 1946 Eintritt in die CDU, 1965–1970 MdB (CDU), 1968–1980 Vizepräsident des Zentralkomitees der Deutschen Katholiken, 1968–1969 PStS im Bundesministerium des Innern, 1969–1970 parlament. Geschäftsführer und stellv. Vorsitzender der CDU/CSU-Bundestagsfraktion, 1969–1980 rheinischer CDU-Landesvorsitzender, 1970–1980 MdL (CDU) in NRW, 1971–1980 Mitglied des CDU-Bundesvorstandes 389

Kohl, Helmut (geb. 1930), seit 1947 Mitglied der CDU, 1959–1976 MdL (CDU) in Rheinland-Pfalz, 1966–1974 rheinland-pfälzischer CDU-Landesvorsitzender, 1969–1976 rheinland-pfälzischer Ministerpräsident, 1969–1973 stellv., 1973–1998 CDU-Bundesvorsitzender, 1982–1998 Bundeskanzler 380, 449 f., 600

Kohl, Michael (1929–1981), 1965–1973 StS beim Ministerrat der DDR und 1970–1973 Chefunterhändler der DDR in den Verhandlungen mit der Bundesregierung, 1974–1978 ständiger Vertreter der DDR in Bonn 533, 609

Krause, Alfred (geb. 1922), seit 1941 Beamter bei der Bahn, 1959–1987 Vorsitzender des DBB 423, 599

Kreisky, Bruno (1911–1990), österreichischer Politiker, 1938–1945 Exil in Schweden, 1956–1983 Abgeordneter im Nationalrat (SPÖ), 1967–1983 Vorsitzender der SPÖ, 1970–1983 österreichischer Bundeskanzler 357, 590

Kremp, Herbert (geb. 1928), Journalist, 1963–1969 Chefredakteur der *Rheinische Post*, 1969–1973 und 1974–1985 Chefredakteur von *Die Welt*, dazwischen kurzzeitig deren Redaktionsdirektor 534

Kühlmann-Stumm, Knut Freiherr von (1916–1977), 1960–1976 MdB (FDP, ab 1972 CDU), 1962–1971 Mitglied des FDP-Bundesvorstandes, 1963–1968 Vorsitzender der FDP-Bundestagsfraktion, 1968–1971 deren stellv. Vorsitzender, 1972 Wechsel zur CDU 59, 79, 552, 591 f.

Kühn, Heinz (1912–1992), 1930 Eintritt in die SPD, 1953–1963 MdB (SPD), 1954–1956 und 1962–1979 Mitglied des SPD-Parteivorstandes, 1962–1979 MdL (SPD) in NRW, 1962–1973 SPD-Landesvorsitzender NRW, 1966–1978 nordrhein-westfälischer Ministerpräsident, 1971–1972 Präsident des Bundesrates, 1973–1975 stellv. SPD-Parteivorsitzender, 1979–1984 MdEP, 1983–1987 Vorsitzender der Friedrich-Ebert-Stiftung   199, 202, 237, 337, 385, 421, 470, 528, 531 f., 536, 571, 596, 598, 602, 606, 608

Küpper, Fritz, Kriminalbeamter   535

Lahnstein, Manfred (geb. 1937), seit 1959 Mitglied der SPD, 1973–1974 Abteilungsleiter im Bundeskanzleramt, 1974–1977 Abteilungsleiter, 1977–1980 StS im Finanzministerium, 1980–1982 StS im Bundeskanzleramt, 1982 Bundesminister der Finanzen   524 f.

Lauritzen, Lauritz (1910–1980), 1929 Eintritt in die SPD, 1966–1972 Bundesminister für Wohnungswesen und Städtebau, 1969–1980 MdB (SPD), 1972–1974 Bundesminister für Verkehr, das Post- und Fernmeldewesen (ab Dez. 1972 nur für Verkehr)   24, 68, 79, 92, 216, 255, 389, 391, 414, 479 f., 500 f., 511, 597, 605

Leber, Georg (geb. 1920), seit 1947 Mitglied der SPD, 1957–1983 MdB (SPD), 1957–1966 Vorsitzender der IG Bau-Steine-Erden, 1962–1986 Mitglied des SPD-Parteivorstandes, 1966–1972 Bundesminister für Verkehr (seit 1969 auch für das Post- und Fernmeldewesen), 1972–1978 Bundesminister der Verteidigung   24, 56, 86, 211, 225, 284, 385, 387, 510, 512, 519, 554, 571, 581, 596, 607

Lembke, Robert (1913–1989), Journalist und Fernsehmoderator, 1949–1960 Chefredakteur und Fernsehdirektor des Bayerischen Rundfunks, 1955–1989 Moderator der Fernsehsendung *Was bin ich?*, 1969–1975 Geschäftsführer des „Deutschen Olympia-Zentrums"   351

Leussink, Hans (geb. 1912), seit 1954 Professor für Boden- und Felsenmechanik an der TU Karlsruhe, 1960–1962 Präsident der Westdeutschen Rektorenkonferenz, 1965–1969 Präsident des Wissenschaftsrates, 1969–1972 Bundesminister für Bildung und Wissenschaft   38, 58, 215, 573, 583

Libuda, Reinhard („Stan") (1943–1996), deutscher Fußballspieler beim FC Schalke 04 und bei Borussia Dortmund, 1963–1971 26 Einsätze in der deutschen Nationalmannschaft   216

Liedtke, Karl (geb. 1925), seit 1946 Mitglied der SPD, 1965–1987 MdB (SPD), 1972–1976 Vorsitzender des Arbeitskreises II (Inneres, Bildung, Forschung, Technologie, Post und Sport) der SPD-Bundestagsfraktion   479

Lincoln, Abraham (1809–1865), amerikanischer Politiker, 1861–1865 Präsident der USA, 1865 ermordet   296

Loderer, Eugen (1920–1995), Gewerkschafter, 1968–1972 stellv., 1972–1983 Vorsitzender der IG Metall   525

Löwenthal, Gerhard (geb. 1922), Journalist und Fernsehmoderator, 1963–1987 beim ZDF, 1969–1987 Leiter des *ZDF-Magazins*   530

Lübke, Heinrich (1894–1972), 1949–1950 und 1953–1959 MdB (CDU), 1953–1959 Bundesminister für Ernährung, Landwirtschaft und Forsten, 1959–1969 Bundespräsident   35, 560, 599

Lücke, Paul (1914–1976), 1945 Eintritt in die CDU, 1949–1972 MdB (CDU), 1957–1965 Bundesminister für Wohnungsbau (ab 1961 für Wohnungswesen, Städtebau und Raumordnung), 1965–1968 Bundesminister des Innern 32, 565

Luns, Joseph (geb. 1911), niederländischer Politiker, 1956–1971 Außenminister, 1971–1984 NATO-Generalsekretär 194

Luther, Martin (1483–1546), deutscher Reformator 272, 579

Maassen, Hermann (geb. 1915), 1969–1971 StS im Bundesministerium der Justiz 532

Machiavelli, Niccolò (1469–1527), italienischer politischer Schriftsteller, 1498–1512 Inhaber verschiedener politischer und militärischer Ämter in der Republik Florenz, mit *Il Principe* (dt. *Der Fürst*) Verfasser eines der Grundlagenwerke der politischen Theorie 74, 453

Mader, Hans, Kriminalbeamter 535

Maihofer, Werner (geb. 1918), 1955–1970 Professor für Rechts- und Sozialphilosophie, Strafrecht und Strafprozessrecht an der Universität Saarbrücken, seit 1970 an der Universität Bielefeld, 1968–1971 Vizepräsident der Westdeutschen Rektorenkonferenz, seit 1969 Mitglied der FDP, 1970–1978 Mitglied des FDP-Präsidiums, 1972–1980 MdB (FDP), 1972–1974 Bundesminister für besondere Aufgaben, 1974–1978 Bundesminister des Innern 486, 572, 604

Maizière, Ulrich de (geb. 1912), General, 1966–1972 Generalinspekteur der Bundeswehr 581

Mann, Golo (1909–1994), Historiker, Sohn von → Thomas Mann, 1960–1964 Professor für wissenschaftliche Politik an der Technischen Hochschule Stuttgart, seit 1964 freier Publizist und Fernsehmoderator 363, 431, 599

Mann, Thomas (1875–1955), Schriftsteller, 1929 Literaturnobelpreis, 1933–1952 Emigration und Exil in Frankreich, der Schweiz und den USA, 1952 Rückkehr in die Schweiz 484 f.

Marx, Karl (1818–1883), sozialistischer Theoretiker, Philosoph, Ökonom und Journalist 272, 437, 455, 579

Matthöfer, Hans (geb. 1925), seit 1950 Mitglied der SPD, 1961–1987 MdB (SPD), 1972–1974 PStS im Bundesministerium für wirtschaftliche Zusammenarbeit, 1973–1984 Mitglied des SPD-Parteivorstandes, 1974–1982 Bundesminister, 1985–1987 Schatzmeister der SPD 395

Mattick, Kurt (1908–1986), 1926 Eintritt in die SPD, 1946–1953 MdA (SPD) in Berlin, 1953–1980 MdB (SPD), 1963–1968 SPD-Landesvorsitzender Berlin 395

Max von Baden, Prinz (1867–1929), badischer Thronfolger, 1918 (Oktober-November) Reichskanzler 590

Meinhof, Ulrike (1934–1976), Journalistin, führendes Mitglied der Baader-Meinhof-Gruppe und Mitbegründerin der RAF, 1974 Verurteilung zu acht Jahren Haft, 1976 Selbstmord in der Haftanstalt Stuttgart-Stammheim 29, 54, 311, 551, 582

Meir, Golda (1898–1978), israelische Politikerin, 1921 Auswanderung aus den USA nach Palästina, 1949–1974 Mitglied der Knesset, 1966–1968 Generalsekretärin der Arbeiterpartei *Mapai*, 1969–1974 israelische Ministerpräsidentin 352

Meistermann, Georg (1911–1990), Bildender Künstler und Kunstpädagoge, Ausstellungsverbot in der NS-Zeit, seit 1946 Einzelausstellungen, 1955–1959 Professor an der Düsseldorfer Kunstakademie, 1960–1976 Professor an der Kunstakademie in Karlsruhe, 1965–1972 Vorsitzender des Deutschen Künstlerbundes 469

Mende, Erich (1916–1998), 1945–1970 Mitglied der FDP, danach der CDU, 1949–1980 MdB (FDP, ab 1970 CDU), 1957–1963 Vorsitzender der FDP-Bundestagsfraktion, 1960–1968 FDP-Bundesvorsitzender, 1963–1966 Bundesminister für gesamtdeutsche Fragen und Vizekanzler 34, 37, 41, 59, 83, 124–126, 133, 200, 546, 559 f., 562, 574

Mercker, Reinhold (1903–1996), 1966 StS im Bundesministerium für Angelegenheiten des Bundesverteidigungsrates, 1967–1968 StS im Bundesministerium für Ernährung, Landwirtschaft und Forsten 532

Mertes, Werner (1919–1985), 1949–1971 Leiter des Wirtschaftsfunks beim SDR, 1953 Eintritt in die FDP, 1961–1976 MdB (FDP), 1964–1976 parlament. Geschäftsführer der FDP-Bundestagsfraktion, 1969–1972 Vorsitzender deren Arbeitskreises Wirtschafts-, Finanzpolitik und Landwirtschaft 398, 596

Metzger, Günther (geb. 1933), seit 1956 Mitglied der SPD, seit 1961 Rechtsanwalt, 1969–1976 MdB (SPD), 1972–1976 stellv. Vorsitzender der SPD-Bundestagsfraktion, 1972–1973 stellv. Vorsitzender des Rechtsausschusses im Bundestag 370, 375

Mikat, Paul (geb. 1924), seit 1945 Mitglied der CDU, 1957–1965 Professor für Kirchengeschichte und Deutsche Rechtsgeschichte, für Bürgerliches Recht sowie Wirtschafts- und Handelsrecht an der Universität Würzburg, seit 1965 in Bochum, 1962–1966 nordrhein-westfälischer Kultusminister, 1966–1969 MdL (CDU) in NRW, 1969–1987 MdB (CDU) 380

Mischnick, Wolfgang (geb. 1921), 1954–1991 Mitglied des FDP-Bundesvorstandes, 1957–1994 MdB (FDP), 1961–1963 Bundesminister für Vertriebene, Flüchtlinge und Kriegsgeschädigte, 1963–1968 stellv., 1968–1990 Vorsitzender der FDP-Bundestagsfraktion, 1964–1988 stellv. FDP-Bundesvorsitzender 63, 211, 217, 354, 519, 532, 571, 594, 596, 608

Mitscherlich, Alexander (1908–1982), Psychoanalytiker und Sozialpsychologe, 1960–1976 Gründung und Leitung des Sigmund-Freud-Instituts in Frankfurt/Main, 1966–1973 Professor für Psychologie an der Universität Frankfurt 247, 576

Mitterrand, François (1916–1996), französischer Politiker, 1946–1981 Mitglied der französischen Nationalversammlung, 1965, 1974 und 1981 Kandidat für die französische Präsidentschaft, 1965–1968 Vorsitzender der linken Sammlungspartei „Fédération de la gauche démocrate et socialiste", 1971–1981 Erster Sekretär der neuen Sozialistischen Partei, 1981–1995 französischer Staatspräsident 599

Möller, Alex (1903–1985), 1945–1969 Vorstandsvorsitzender der Karlsruher Lebensversicherung, 1946 Eintritt in die SPD, 1961–1976 MdB (SPD), 1964–1969 und 1972–1976 stellv. Vorsitzender der SPD-Bundestagsfraktion,

1969–1971 Bundesminister der Finanzen, 1973–1979 Vorsitzender der SPD-Kontrollkommission 21, 38, 56–58, 83, 87, 126 f., 201, 239, 255–259, 261 f., 266–268, 284, 286, 289 f., 331, 385, 552, 557, 559, 571, 578 f., 596

Müller, Albrecht (geb. 1938), 1970–1973 Leiter der Abteilung „Öffentlichkeitsarbeit" beim SPD-Parteivorstand, 1973–1982 Leiter der Planungsabteilung des Bundeskanzleramts 525, 595

Müller, Gebhard (1900–1990), 1953–1958 baden-württembergischer Ministerpräsident (CDU), 1958–1971 Präsident des Bundesverfassungsgerichts 532

Müller, Günther (1934–1997), 1954–1972 Mitglied der SPD, seit 1972 Mitglied der CSU, 1963–1967 Vorsitzender der Jungsozialisten, 1965–1994 MdB (SPD, 1972 erst fraktionslos, dann CSU) 370 f., 592

Müller, Hermann (1876–1931), 1916–1918 und 1920–1931 MdR (SPD), März-Juni 1920 und 1928–1930 Reichskanzler 558

Müller-Emmert, Adolf (geb. 1922), 1961–1987 MdB (SPD), 1961–1969 stellv., 1969–1976 Vorsitzender des Bundestags-Sonderausschusses für die Strafrechtsreform 394

Müller-Hermann, Ernst (1915–1994), 1946 Eintritt in die CDU, 1952–1980 MdB (CDU), 1967–1969 stellv. Vorsitzender der CDU/CSU-Bundestagsfraktion, 1968–1974 Bremer CDU-Landesvorsitzender 310

Myrdal, Gunnar (1898–1987), schwedischer Wirtschafts- und Sozialwissenschaftler sowie führender Vertreter der „Stockholmer Schule", Berater der sozialdemokratischen Partei Schwedens, 1933–1950 Professor für Wirtschaftspolitik und Finanzwirtschaften an der Stockholmer Handelshochschule, 1960–1967 Professor für internationale Wirtschaftspolitik an der Universität Stockholm, 1974 Nobelpreis für Wirtschaftswissenschaften 25, 232

Nau, Alfred (1906–1983), 1946–1975 SPD-Schatzmeister und Mitglied des SPD-Parteivorstandes, 1958–1983 Mitglied des SPD-Parteipräsidiums, 1970–1983 Vorsitzender der Friedrich-Ebert-Stiftung 227, 236, 525, 531, 566, 574 f.

Naumann, Friedrich (1860–1919), Pfarrer und Sozialpolitiker, 1907–1918 MdR (bis 1910 Freisinnige Vereinigung, danach Fortschrittliche Volkspartei), 1918 Mitgründer und 1919 Vorsitzender der DDP, 1919 Mitglied der Weimarer Nationalversammlung 483 f., 554, 604

Nellen, Peter (1912–1969), 1946–1960 Mitglied der CDU, dann der SPD, 1949–1969 MdB (bis 1960 CDU, dann SPD) 308, 585

Neumaier, Eduard (geb. 1939), Journalist, 1968–1972 Bonner Korrespondent von *Publik*, 1972–1979 Politischer Redakteur bei der Wochenzeitung *Die Zeit* 590

Nixon, Richard Milhous (1913–1994), amerikanischer Politiker, 1952–1960 Vizepräsident, 1960 Niederlage in der Präsidentschaftsbewerbung gegen Kennedy, 1969–1974 Präsident der USA 519, 548

Nollau, Günther (1911–1991), 1967–1970 Vizepräsident des BfV, 1970–1972 Ministerialdirektor im Bundesinnenministerium (Leiter der Abteilung „Öffentliche Sicherheit"), 1972–1975 Präsident des BfV   72 f., 513 f., 517, 525–527, 532, 534, 606–608

Nouhuys, Heinz van (geb. 1929), Journalist, 1969–1970 freier Autor von Fernsehproduktionen, u. a. Werbespots für die SPD, 1971–1975 Redaktionsdirektor der Zeitschrift *Quick*, 1972 Lancierung der deutschen Ausgabe der Zeitschrift *Playboy*   340–343, 588 f.

Oertzen, Peter von (geb. 1924), seit 1946 Mitglied der SPD, 1963–1982 Professor für Politikwissenschaften an der Technischen Hochschule Hannover, 1970–1974 niedersächsischer Kultusminister, 1973–1993 Mitglied des SPD-Parteivorstandes   410, 596 f.

Ohnesorg, Benno (1941–1967), Student an der Freien Universität Berlin, bei einer Demonstration gegen den Besuch des → Schah von Persien in Berlin (West) am 2. Juni 1967 von einem Polizeibeamten erschossen   28, 563

Ollenhauer, Erich (1901–1963), 1933–1946 Exil und Mitglied des emigrierten SPD-Parteivorstandes, 1946–1952 stellv., 1952–1963 SPD-Parteivorsitzender, 1949–1963 MdB (SPD), 1949–1952 stellv., 1952–1963 Vorsitzender der SPD-Bundestagsfraktion   558

Osswald, Albert (1919–1996), 1945 Eintritt in die SPD, 1968–1975 Mitglied des SPD-Parteivorstandes, 1969–1976 hessischer Ministerpräsident, 1969–1972 Vorsitzender des Vermittlungsausschusses, 1969–1977 hessischer SPD-Landesvorsitzender   202, 421 f., 598

Ovid, eigentl. **Publius Ovidius Naso** (43 v. Chr. – ca. 17 n. Chr.), römischer Dichter   241

Pahlawi, Mohammad Reza (1919–1980), 1941–1979 Schah von Persien, 1979–1980 Exil in Ägypten, 1967 von Unruhen begleiteter Besuch in der Bundesrepublik   28, 143, 563

Palme, Olof (1927–1986), schwedischer Politiker, 1957–1986 Mitglied des schwedischen Reichstags, 1969–1976 und 1982–1986 schwedischer Ministerpräsident, 1969–1986 Vorsitzender der sozialdemokratischen Partei Schwedens, 1986 von einem unbekannten Attentäter ermordet   598

Pétain, Philippe (1856–1951), französischer Militär und Politiker, 1940–1944 Staatschef des mit dem nationalsozialistischen Deutschland kollaborierenden Vichy-Regimes   433

Picht, Georg (1913–1982), Professor für Religionsphilosophie, 1952–1962 Mitglied des Deutschen Ausschusses für das Erziehungs- und Bildungswesen, 1970 Mitglied des Kuratoriums der Deutschen Gesellschaft für Friedens- und Konfliktforschung   550

Porzner, Konrad (geb. 1935), seit 1956 Mitglied der SPD, 1962–1981 und 1983–1990 MdB (SPD), 1967–1972 Mitglied des Vorstands der SPD-Bundestagsfraktion, 1969–1972 stellv. Vorsitzender des Bundestagsausschusses für Finanzen, 1972–1974 PStS im Bundesministerium der Finanzen, 1990–1996 Präsident des Bundesnachrichtendienstes   394 f.

Posser, Diether (geb. 1922), 1952–1957 Mitglied der GVP, dann der SPD, 1966–1990 MdL (SPD) in NRW, 1968–1972 nordrhein-westfälischer Minister für Bundesangelegenheiten, 1972–1978 nordrhein-westfälischer Justizminister,

1970–1986 Mitglied des SPD-Parteivorstandes 297, 583, 598

Prittie, Terence (1913–1985), britischer Journalist und Publizist, 1946–1963 Deutschland-Korrespondent des *Manchester Guardian*, seit 1963 diplomatischer Korrespondent des *Guardian* 89, 344–348, 589

Raffert, Joachim (geb. 1925), seit 1949 Mitglied der SPD, 1965–1972 MdB (SPD), 1972 PStS im Bundesministerium für Bildung und Wissenschaft, 1972–1982 Kurator der Stiftung Volkswagenwerk 589, 595

Rasner, Will (1920–1971), 1953–1971 MdB (CDU), 1955–1971 parlament. Geschäftsführer der CDU/CSU-Bundestagsfraktion 113

Rathenau, Walther (1867–1922), Industrieller und Politiker (DDP), 1899–1922 Vorstandsmitglied, ab 1915 Präsident der Allgemeinen-Elektrizitäts-Gesellschaft, 1921 Wiederaufbauminister, 1922 Reichsaußenminister, von Rechtsradikalen ermordet 456

Rau, Johannes (geb. 1931), 1952–1957 Mitglied der GVP, seit 1957 der SPD, 1967–1970 Vorsitzender der SPD-Landtagsfraktion in NRW, 1968–1999 Mitglied des SPD-Parteivorstandes, 1970–1978 Minister für Wissenschaft und Forschung in Nordrhein-Westfalen, 1978–1998 Ministerpräsident von Nordrhein-Westfalen, seit 1999 Bundespräsident 601

Ravens, Karl (geb. 1927), 1961–1978 MdB (SPD), 1969–1972 PStS im Bundesministerium für Städtebau und Wohnungswesen, 1972–1974 PStS im Bundeskanzleramt, 1974–1978 Bundesminister für Raumordnung, Bauwesen und Städtebau 525, 527

Reich, Charles (geb. 1928), amerikanischer Jurist und Schriftsteller, 1964–1995 Professor für Recht u. a. an der Yale University 281, 580 f.

Reischl, Gerhard (1918–1998), 1953 Eintritt in die SPD, 1961–1972 MdB (SPD), 1965–1969 stellv. Vorsitzender des Rechtsausschusses des Bundestags, 1969–1971 PStS im Bundesministerium der Finanzen, 1971–1973 MdEP, 1973–1984 Generalanwalt am Europäischen Gerichtshof 259, 579

Renger, Annemarie (geb. 1919), 1953–1990 MdB (SPD), 1961–1973 Mitglied des SPD-Parteivorstandes, 1966–1973 Vorsitzende des Bundesfrauenausschusses der SPD, 1969–1972 parlament. Geschäftsführerin der SPD-Bundestagsfraktion, 1970–1973 Mitglied des SPD-Präsidiums, 1972–1976 Bundestagspräsidentin, danach Vizepräsidentin, 1972–1990 Vorstandsmitglied der SPD-Bundestagsfraktion 393

Reuschenbach, Peter W. (geb. 1935), seit 1957 Mitglied der SPD, 1960–1970 Geschäftsführer der SPD Essen, 1970–1972 persönlicher Referent Willy Brandts, 1972–1994 MdB (SPD) 513, 517, 519

Reuter, Waldemar (1920–1993), Gewerkschafter, 1956–1969 Mitglied des DGB-Bundesvorstandes, dort Leitung der Abteilung Beamte, 1972–1982 Geschäftsführer beim Beamten-Heimstätten-Werk (BHW) 236

Riemer, Horst-Ludwig (geb. 1933), seit 1952 Mitglied der FDP, 1966–1980 MdL (FDP) in Nordrhein-Westfalen, 1970–1979 nordrhein-westfälischer Minister für Wirtschaft, Mittelstand und Verkehr, 1972–1979 nordrhein-westfälischer FDP-Landesvorsitzender 503 f., 606

Röhrig, Peter (geb. 1938), Journalist, 1968–1970 persönlicher Referent Willy Brandts, 1970–1975 Pressesprecher im Bundesministerium für wirtschaftliche Zusammenarbeit 568

Rösing, Josef (1911–1983), 1945 Mitgründer der Deutschen Zentrumspartei, seit 1955 Mitglied der CDU, 1954–1961 und 1965–1972 MdB (bis 1955 fraktionslos, dann CDU), 1955–1961 und 1965–1972 parlament. Geschäftsführer der CDU/CSU-Bundestagsfraktion 309

Rohlinger, Rudolf (geb. 1926), Journalist, 1963–1972 Redakteur und Reporter beim WDR-Fernsehen, 1965–1976 Wahlberichterstatter und Wahlanalytiker bei der ARD, 1973–1974 Gründer und Leiter des *Tagesmagazin* beim WDR, 1974–1977 stellv. Chefredakteur beim WDR-Fernsehen, dabei Mitarbeit an dem Magazin *Monitor* 499–505, 605

Rosendahl, Heidemarie (geb. 1947), Leichtathletin, 1972 Doppelolympiasiegerin im Weitsprung und mit der 4 × 100 m-Staffel sowie Olympiazweite im Fünfkampf, 1970 und 1972 Sportlerin des Jahres, 1972 Wahlkampfwerbung für die SPD 364

Rosenthal, Philip (1916–2001), 1958–1981 Vorstandsvorsitzender der Rosenthal AG, dann bis 1989 Aufsichtsratsvorsitzender, 1968–2001 Mitglied der SPD, 1969–1983 MdB (SPD), 1970–1971 PStS im Bundesministerium für Wirtschaft (1971 Bereich Wirtschaft im Bundesministerium für Wirtschaft und Finanzen), 1974–1976 und 1980–1983 Vorstandsmitglied der SPD-Bundestagsfraktion 85, 170–175, 248, 395, 566 f., 576

Rovan, Joseph (geb. 1918), französischer Journalist und Historiker, 1963–1970 Mitglied des Verwaltungsrats des Deutsch-Französischen Jugendwerks, 1968–1981 Professor für deutsche Geschichte und Politik an der Universität Paris-Vincennes und 1981–1986 an der Universität Paris III (Nouvelle Sorbonne), Verfasser u. a. einer Geschichte der deutschen Sozialdemokratie 91, 428–443, 599

Rusk, Dean (1909–1994), 1961–1969 Außenminister der USA unter den Präsidenten → Kennedy und → Johnson 161

Sadat, Anwar el (1918–1981), 1970–1981 ägyptischer Staatspräsident, 1977 Reise nach Israel und Aufnahme von Friedensverhandlungen, 1978 Friedensnobelpreis, 1981 ermordet 71, 351, 590

Saragat, Giuseppe (1898–1988), italienischer sozialdemokratischer Politiker, 1965–1971 italienischer Staatspräsident 105

Schäfer, Friedrich (1915–1988), 1957–1967 und 1969–1980 MdB (SPD), 1961–1967 parlament. Geschäftsführer und 1969–1980 stellv. Vorsitzender der SPD-Bundestagsfraktion, 1967–1969 StS im Bundesministerium für Angelegenheiten des Bundesrates und der Länder, 1971–1976 Vorsitzender der Enquete-Kommission des Bundestags für Fragen der Verfassungsreform, 1973–1974 Vorsitzender des Untersuchungsausschusses des Bundestags zu den Abstimmungen über das konstruktive Misstrauensvotum und die

Ostverträge („Steiner/Wienand-Ausschuß") 561

Schäfer, Hans (1910–1980), 1962–1971 StS im Bundesministerium des Innern (1966–1969 im einstweiligen Ruhestand wegen Differenzen mit Bundesminister Lücke in der Wahlrechtsfrage), 1967 Eintritt in die FDP, 1971–1978 Präsident des Bundesrechnungshofs 524

Schah, s. Pahlawi, Mohammad Reza

Scheel, Walter (geb. 1919), seit 1946 Mitglied der FDP, 1953–1974 MdB (FDP), seit 1956 Mitglied des FDP-Bundesvorstandes, 1961–1966 Bundesminister für wirtschaftliche Zusammenarbeit, 1967–1969 Vizepräsident des Bundestags, 1968–1974 FDP-Bundesvorsitzender, 1969–1974 Bundesaußenminister und Vizekanzler, 1974–1979 Bundespräsident 23, 34, 36 f., 46 f., 63 f., 74, 86, 88, 90 f., 142, 198, 200–202, 213, 216 f., 227 f., 283–285, 306, 309 f., 312, 314, 367, 370, 373, 382, 384–387, 392 f., 395, 413, 426, 469 f., 472, 475, 519, 521, 531–533, 536–538, 543, 553, 562, 571, 573 f., 578, 581, 583, 585, 591, 593 f., 596, 602, 609 f.

Scheidemann, Philipp (1865–1939), 1903–1918 und 1920–1933 MdR (SPD), 1918 Ausrufung der Republik, 1919 Ministerpräsident 590

Schiller, Karl (1911–1994), 1946–1972 und 1980–1994 Mitglied der SPD, 1947–1961 Professor für Wirtschaftstheorie, Wirtschaftspolitik und Außenwirtschaft an der Universität Hamburg, 1961–1965 Wirtschaftssenator in Berlin, 1964–1972 Vorsitzender des wirtschaftspolitischen Ausschusses beim SPD-Parteivorstand, 1965–1972 MdB (SPD), 1965–1966 stellv. Vorsitzender der SPD-Bundestagsfraktion, 1966–1971 Bundesminister für Wirtschaft, 1971–1972 Bundesminister für Wirtschaft und Finanzen 21 f., 24 f., 33, 38 f., 52, 56–58, 64, 88 f., 113, 129, 159, 165 f., 196 f., 201, 213, 237, 239, 246, 259, 261, 264, 266–268, 284, 286 f., 289, 299, 314–316, 318, 328–337, 361, 551 f., 557, 568, 570–572, 579, 581, 583, 585–590, 594

Schilling, Wolf-Dietrich (geb. 1936), 1967–1974 persönlicher Referent von Willy Brandt, 1976–1983 deutscher Botschafter in Bangladesh und im Jemen 351, 514, 516, 518, 536

Schlesinger, Arthur Meier jr. (geb. 1917), 1954–1961 Professor für Geschichte an der Harvard University, 1965–1994 an der City University of New York, 1952 und 1956 Berater des demokratischen Kandidaten → Adlai E. Stevenson im Präsidentschaftswahlkampf, 1960 für → John F. Kennedy, 1961–1963 Mitarbeiter von Präsident Kennedy, 1963–1964 auch von Präsident → Johnson 346, 589

Schmid, Carlo (1896–1979), 1947–1973 Mitglied des SPD-Parteivorstandes, 1949–1972 MdB (SPD), 1953 Professor für politische Wissenschaften an der Universität Frankfurt/Main, 1949–1966 und 1969–1972 Vizepräsident des Bundestags, 1957–1965 stellv. Vorsitzender der SPD-Bundestagsfraktion, dann bis 1972 weiter Vorstandsmitglied der Fraktion, 1966–1969 Bundesminister für Angelegenheiten des Bundesrates und der Länder 396, 595

Schmidt, Adolf (geb. 1925), Gewerkschafter, 1969–1985 Vorsitzender der IG Bergbau und Energie, 1972–1987 MdB (SPD), 1975–1977 stellv. Vorsitzender der SPD-Bundestagsfraktion 525

Schmidt, Helmut (geb. 1918), seit 1946 Mitglied der SPD, 1953–1962 und 1965–1987 MdB (SPD), 1958–1984 Mitglied des SPD-Parteivorstandes, 1965–1967 stellv., 1967–1969 Vorsitzender der SPD-Bundestagsfraktion, 1968–1984 stellv. Vorsitzender der SPD, 1969–1972 Bundesminister der Verteidigung, 1972 Bundesminister für Wirtschaft und Finanzen, 1972–1974 Bundesminister der Finanzen, 1974–1982 Bundeskanzler, seit 1983 Mitherausgeber der Wochenzeitung Die Zeit 21, 23, 33, 38, 56, 63 f., 74, 79, 86 f., 90, 92, 108, 115, 126 f., 195, 200, 226 f., 235–237, 244, 288, 352, 384–387, 389–395, 413, 425, 479 f., 502 f., 510 f., 519, 524 f., 528, 530–537, 542, 547, 549 f., 553, 557, 559, 561, 564–566, 569–572, 574 f., 583, 585, 593–595, 605 f., 608 f.

Schmitt-Vockenhausen, Hermann (1923–1979), 1946 Eintritt in die SPD, 1953–1979 MdB (SPD), 1961–1972 Vorsitzender des Arbeitskreises Innenpolitik (ab 1969 Inneres, Bildung und Sport) der SPD-Bundestagsfraktion, 1963–1969 Mitglied des Vorstandes der SPD-Bundestagsfraktion, 1969–1979 Vizepräsident des Bundestags, 1971–1979 Mitglied des Zentralkomitees der deutschen Katholiken 561

Scholz, Peter (1923–1986), 1969–1972 Ministerialdirigent und Persönlicher Referent des Bundestagspräsidenten, 1973–1983 Leiter der Abteilung 2 der Wissenschaftlichen Fachdienste des Deutschen Bundestags 375, 591 f.

Schreiber, Hermann (geb. 1929), Journalist, 1964–1979 Reporter und Kolumnist beim Nachrichtenmagazin Der Spiegel 523, 608

Schröder, Gerhard (1910–1989), 1949–1980 MdB (CDU), 1953–1961 Bundesminister des Innern, 1961–1966 Bundesaußenminister, 1966–1969 Bundesminister der Verteidigung, 1967–1973 stellv. CDU-Bundesvorsitzender, 1969–1980 Vorsitzender des Auswärtigen Ausschusses des Bundestags 22, 35, 174, 310, 557, 569

Schulz, Klaus-Peter (1915–2000), 1962–1966 Leiter des Büros der Deutschen Welle Köln, 1965–1976 MdB (bis 1971 SPD, dann CDU), 1973–1977 MdEP (CDU) 552

Schumacher, Kurt (1895–1952), 1946–1952 SPD-Vorsitzender, 1949–1952 MdB (SPD) und Vorsitzender der SPD-Bundestagsfraktion 218, 441

Seeler, Uwe (geb. 1936), deutscher Fußballspieler beim Hamburger Sportverein, 1954–1970 72 Einsätze in der deutschen Nationalmannschaft, 1966 Vizeweltmeister 216

Seibert, Philipp (1915–1987), 1945 Eintritt in die SPD, 1959–1979 Vorsitzender der Gewerkschaft der Eisenbahner Deutschlands, 1961–1976 MdB (SPD) 423

Seume, Franz (1903–1982), 1926–1972 Mitglied der SPD, 1957–1972 MdB (bis 1972 SPD, fraktionslos, dann Hospitant der CDU/CSU-Fraktion) 59, 552, 584

Sievers, Susanne (geb. 1922), Journalistin, 1962–1973 Tätigkeit für den BND 534

Soares, Mário A. (geb. 1924), portugiesischer Politiker, 1973–1985 Generalsekretär der Sozialistischen Partei

Portugals, 1974–1975 Außenminister, 1976–1978 und 1983–1985 Premierminister, 1986–1996 Staatspräsident 524

Solschenizyn, Alexander Issajewitsch (geb. 1918), russischer Schriftsteller, 1945–1953 Inhaftierung in sowjetischen Arbeitslagern, danach bis 1956 in der Verbannung, 1957 rehabilitiert, seit den 60er Jahren Verfasser autobiographischer Texte, v. a. über den Stalinismus, 1970 Literaturnobelpreis, 1974 Verhaftung, Ausbürgerung aus der Sowjetunion und Exil (bis 1994) 489, 604

Sommer, Theo (geb. 1930), Journalist, 1958–1968 politischer Redakteur der Wochenzeitung *Die Zeit*, 1968–1969 und 1970–1973 stellv. Chefredakteur, 1973–1992 Chefredakteur sowie 1992–2000 Herausgeber von *Die Zeit*, 1965–1969 Lehrauftrag für Internationale Politik an der Universität Hamburg, 1969–1970 Leiter des Planungsstabes im Bundesministerium für Verteidigung 490, 496

Sperling, Dietrich (geb. 1933), seit 1953 Mitglied der SPD, 1969–1998 MdB (SPD), 1978–1982 PStS im Bundesministerium für Raumordnung, Bauwesen und Städtebau 370, 373, 592

Sperner, Rudolf (geb. 1919), Gewerkschafter, 1946 Eintritt in die SPD, 1966–1982 Vorsitzender der IG Bau-Steine-Erden 525

Springer, Axel Caesar (1912–1985), Verleger, u. a. der *Bild-Zeitung* (seit 1952) und der *Welt* (seit 1953), 1959 Übernahme der Ullstein GmbH 27, 530, 562, 564, 582 f., 590, 600

Stammberger, Wolfgang (1920–1982), 1945–1964 Mitglied der FDP, dann bis 1978 Mitglied der SPD, 1953–1969 MdB (bis 1964 FDP, dann SPD), 1961–1962 Bundesminister der Justiz, 1970–1978 Oberbürgermeister von Coburg 308, 585

Stammler, Eberhard (geb. 1915), Theologe und Journalist, 1952–1964 Chefredakteur der evangelischen Jugendzeitschrift *Junge Stimme*, 1958–1972 Mitglied der CDU, 1964–1965 stellv. Chefredakteur der Wochenzeitung *Christ und Welt*, seit 1965 freier Publizist, daneben 1970–1983 Chefredakteur der Monatszeitschrift *Evangelische Kommentare* 280, 580

Staratzke, Hans-Werner (geb. 1912), 1965–1969 MdB (FDP), 1965–1969 Vorsitzender des Arbeitskreises Wirtschaftspolitik der FDP-Bundestagsfraktion 558

Starke, Heinz (1911–2001), 1953–1980 MdB (bis 1970 FDP, dann CSU), 1961–1962 Bundesminister der Finanzen, 1965–1967 stellv. Vorsitzender der FDP-Bundestagsfraktion 37, 41, 59, 374, 592

Steigner, Walter (1912–1983), Journalist, 1946 Eintritt in die SPD, 1961–1967 Intendant des SFB, 1967–1980 Intendant der Deutschen Welle 561

Steinbuch, Karl (geb. 1917), Informationswissenschaftler und Wissenschaftspublizist, 1958–1980 Professor und Direktor des Instituts für Nachrichtenverarbeitung und Nachrichtenübertragung an der Technischen Hochschule Karlsruhe, 1969 Wahlkampfunterstützung für die SPD 88, 302–305, 584

Steiner, Julius (1924–1997), 1969–1972 MdB (CDU), 1973 Parteiaustritt 60, 552

Stenger, Carl (1905–1982), 1925 Eintritt in die SPD, 1949–1971 Vorsitzender der Deutschen Postgewerkschaft und Mitglied des DGB-Bundesvorstandes, 1957–1961 MdB (SPD) 235

Stevenson, Adlai Ewing (1900–1965), amerikanischer Politiker, 1949–1952 Gouverneur in Illinois, 1952 und 1956 demokratischer Präsidentschaftskandidat, 1960–1965 Chefdelegierter der USA bei der UNO 579 f.

Stingl, Josef (geb. 1919), 1953–1968 MdB (CDU), 1963–1968 Vorsitzender des Arbeitskreises Sozialfragen (ab 1965 Soziales und Gesellschaftspolitik) der CDU/CSU-Bundestagsfraktion, 1964–1973 Mitglied des CDU-Parteivorstandes, 1965–1968 stellv. Vorsitzender des Bundestagsausschusses für Sozialpolitik, 1968–1984 Präsident der Bundesanstalt für Arbeit, ab 1974 Mitglied der CSU 561

Stoltenberg, Gerhard (geb. 1928), Historiker und Politiker, seit 1947 Mitglied der CDU, 1957–1971 und 1983–1998 MdB (CDU), 1965–1969 Bundesminister für wissenschaftliche Forschung, 1969–1992 stellv. CDU-Bundesvorsitzender, 1971–1982 schleswig-holsteinischer Ministerpräsident, 1982–1989 Bundesminister der Finanzen, 1989–1992 Bundesminister der Verteidigung 389

Stoph, Willi (1914–1999), 1950–1989 Mitglied des ZK der SED, 1953–1989 Mitglied des SED-Politbüros, 1950–1989 Mitglied der Volkskammer, 1964–1973 sowie 1976–1989 Vorsitzender des Ministerrates und stellv. Vorsitzender des Staatsrats der DDR 575 f.

Strasser, Johano (geb. 1939), Politikwissenschaftler und Schriftsteller, 1971–1975 stellv. Bundesvorsitzender der Jungsozialisten, 1972–1973 Professor für systematische Pädagogik an der Pädagogischen Hochschule Berlin, seit 1996 (zunächst kommissarisch) Generalsekretär des PEN-Club 426

Strauß, Franz Josef (1915–1988), 1945 Mitbegründer der CSU, 1949–1978 und 1987 MdB (CSU), 1949–1953 und 1963–1966 stellv. Vorsitzender der CDU/CSU-Bundestagsfraktion, 1951–1961 stellv., 1961–1988 CSU-Vorsitzender, 1953–1955 Bundesminister für besondere Aufgaben, 1955–1956 Bundesminister für Atomfragen, 1956–1962 Bundesverteidigungsminister, 1966–1969 Bundesminister der Finanzen, 1978–1988 bayerischer Ministerpräsident 22, 33, 36, 110, 113, 122 f., 137, 187, 244, 246, 309, 367, 369, 520, 534, 557, 559 f., 566, 569, 591

Strobel, Käte (1907–1996), 1925 Eintritt in die SPD, 1949–1972 MdB (SPD), 1958–1973 Mitglied des SPD-Parteivorstandes, 1966–1970 Mitglied des SPD-Präsidiums, 1966–1969 Bundesministerin für Gesundheitswesen, 1969–1972 Bundesministerin für Jugend, Familie und Gesundheit 165, 224, 391 f.

Stücklen, Richard (geb. 1916), 1945 Mitbegründer der CSU, 1949–1990 MdB (CSU), 1953–1957 und 1967–1976 stellv. Vorsitzender der CDU/CSU-Bundestagsfraktion, 1957–1966 Bundesminister für das Post- und Fernmeldewesen, 1976–1979 und 1983–1990 Vizepräsident des Bundestags,

1979–1983 Bundestagspräsident 310, 369, 507, 533, 593

Thunborg, Anders (geb. 1934), schwedischer Diplomat, 1969–1974 StS im schwedischen Verteidigungsministerium und 1974–1976 im Außenministerium 511

Tintoretto (1518–1594), italienischer Maler 296

Trettner, Heinz (geb. 1907), General, 1964–1966 Generalinspekteur der Bundeswehr 545, 556

Troeger, Heinrich (1901–1975), 1922 Eintritt in die SPD, 1956–1969 Präsident der hessischen Landeszentralbank, 1958–1969 Vizepräsident der Deutschen Bundesbank 556

Vetter, Heinz Oskar (1917–1990), 1953 Eintritt in die SPD, 1964–1969 stellv. Vorsitzender der IG Bergbau und Energie, 1969–1982 Vorsitzender des DGB, 1974–1979 Präsident des Europäischen Gewerkschaftsbundes 87, 235 f., 251 f., 259, 370, 395, 424 f., 554, 577

Vietor, Albert (1922–1984), Gewerkschaftsmanager, 1945 Eintritt in die SPD, 1963–1982 Vorstandsvorsitzender der gewerkschaftseigenen „Neuen Heimat" 525

Vogel, Friedrich (geb. 1929), seit 1953 Mitglied der CDU, 1965–1966 und 1969–1994 MdB (CDU), 1971–1985 Mitglied des CDU-Parteivorstandes, 1973–1974 stellv. Vorsitzender des Untersuchungsausschusses des Bundestages zu den Abstimmungen über das konstruktive Misstrauensvotum und die Ostverträge („Steiner/Wienand-Ausschuß") 308

Vogel, Hans-Jochen (geb. 1926), seit 1950 Mitglied der SPD, 1960–1972 Oberbürgermeister von München, 1970–1991 Mitglied des SPD-Parteivorstandes, 1972–1977 bayrischer SPD-Landesvorsitzender, 1972–1981 und 1983–1994 MdB (SPD), 1972–1974 Bundesminister für Raumordnung, Bauwesen und Städtebau, 1974–1981 Bundesminister der Justiz, 1981 Regierender Bürgermeister von Berlin, 1983–1991 Vorsitzender der SPD-Bundestagsfraktion, 1987–1991 Vorsitzender der SPD 351, 387, 389, 391, 394, 535, 590, 595

Wagner, Leo (geb. 1919), 1961–1976 MdB (CSU), 1963–1971 Parlament. Geschäftsführer der CSU, 1971–1975 Parlament. Geschäftsführer der CDU/CSU-Bundestagsfraktion 60, 552

Waldheim, Kurt (geb. 1918), österreichischer Diplomat und Politiker, 1965–1968 und 1970–1971 österreichischer Botschafter bei der UNO, 1968–1970 österreichischer Außenminister, 1972–1982 UN-Generalsekretär, 1986–1991 österreichischer Bundespräsident 352

Wallace, George Corley (1919–1998), amerikanischer Politiker, lange Zeit entschiedener Verfechter der Rassentrennung, 1963–1967, 1971–1979 und 1983–1987 Gouverneur in Alabama, 1968 erfolgloser Präsidentschaftskandidat der „American Independent Party", 1972 bei Attentat schwer verletzt 173, 190, 567

Wechmar, Rüdiger Freiherr von (geb. 1923), 1963–1968 Korrespondent beim ZDF, 1968–1970 Generalkonsul in den USA, 1970–1972 Sprecher der Bundesregierung und stellv. Leiter des BPA,

1972–1974 StS und Leiter des BPA, seit 1971 Mitglied der FDP, 1974–1981 deutscher Botschafter und Ständiger Vertreter bei der UNO in New York, 1980–1981 Präsident der UN-Vollversammlung 64, 393, 512, 597 f., 605

Wehner, Herbert (1906–1990), 1927–1942 Mitglied der KPD, 1946 Eintritt in die SPD, 1949–1983 MdB (SPD), 1949–1967 Vorsitzender des Bundestagsausschusses für gesamtdeutsche Fragen, 1957–1958 und 1964–1966 stellv. Vorsitzender der SPD-Bundestagsfraktion, 1958–1973 stellv. Vorsitzender der SPD, 1966–1969 Bundesminister für gesamtdeutsche Fragen, 1969–1983 Vorsitzender der SPD-Bundestagsfraktion 19, 21–24, 60, 63 f., 69, 74, 87, 90, 126, 188, 211, 217, 219, 227, 235–237, 354, 369, 371 f., 378, 384 f., 394, 503, 507 f., 512, 518 f., 525–536, 546, 548, 552, 554 f., 557, 559–561, 564–566, 568 f., 571, 574 f., 591–596, 599, 606, 608

Weichmann, Herbert (1896–1983), 1920 Eintritt in die SPD, 1957–1965 Hamburger Finanzsenator, 1961–1974 Mitglied der Hamburger Bürgerschaft, 1965–1971 Erster Bürgermeister Hamburgs, 1968–1969 Bundesratspräsident 532, 551

Weizsäcker, Richard Freiherr von (geb. 1920), seit 1954 Mitglied der CDU, 1969–1981 MdB (CDU), 1972–1979 stellv. Vorsitzender der CDU/CSU-Bundestagsfraktion, 1979–1981 Vizepräsident des Bundestags, 1981–1984 Regierender Bürgermeister von Berlin, 1984–1994 Bundespräsident 610

Well, Günther van (1922–1993), Diplomat, 1967–1972 Referatsleiter im Auswärtigen Amt, dort bis 1977 Leiter politischer Abteilungen 519

Westphal, Heinz (1924–1998), 1945 Eintritt in die SPD, 1965–1990 MdB (SPD), 1969–1974 PStS im Bundesministerium für Jugend, Familie und Gesundheit 392, 394

Westrick, Ludger (1894–1990), 1951–1963 StS im Bundesministerium für Wirtschaft, 1963–1964 StS im Bundeskanzleramt, 1964–1966 Bundesminister für besondere Aufgaben und Chef des Bundeskanzleramtes 72, 204, 572

Weyer, Willi (1917–1987), 1945 Eintritt in die FDP, 1950–1956 stellv., 1956–1972 nordrhein-westfälischer FDP-Landesvorsitzender, 1950–1954 und von 1958–1975 MdL in NRW, 1952–1972 Mitglied des FDP-Bundesvorstandes, 1953–1954 MdB (FDP), 1962–1975 nordrhein-westfälischer Innenminister und stellv. Ministerpräsident, 1963–1968 stellv. Vorsitzender der FDP, 1974–1986 Präsident des Deutschen Sportbundes 21, 116, 202, 350, 504, 548, 558, 576, 598

Wienand, Karl (geb. 1926), seit 1947 Mitglied der SPD, 1953–1974 MdB (SPD), 1960–1970 Mitglied des SPD-Parteivorstandes, 1967–1974 parlament. Geschäftsführer der SPD-Bundestagsfraktion 60, 385, 552, 596

Wilhelm II. (1859–1941), 1888–1918 Deutscher Kaiser und König von Preußen 363

Wilke, Reinhard (geb. 1929), Jurist, 1966–1970 Referent im Bundesjustizministerium, 1970–1974 Leiter des persönlichen Büros, bis 1976 zugleich persönlicher Referent von Willy Brandt 63, 72, 375, 512, 514, 516 f., 520 f., 536, 591–593, 597 f.

Wilson, James Harold (1916–1995), britischer Politiker, 1963–1976 Vorsitzender der Labour Party, 1964–1970 und 1974–1976 Premierminister   556

Wischnewski, Hans-Jürgen (geb. 1922), seit 1946 Mitglied der SPD, 1957–1990 MdB (SPD), 1966–1968 Bundesminister für wirtschaftliche Zusammenarbeit, 1968–1972 SPD-Bundesgeschäftsführer, 1970–1985 Mitglied des SPD-Parteivorstandes und des Präsidiums, 1974–1976 PStS im Auswärtigen Amt, 1976–1979 und 1982 PStS im Bundeskanzleramt   236, 393, 549, 564–567, 569, 571, 574 f.

With, Hans de (geb. 1932), seit 1962 Mitglied der SPD, 1969–1994 MdB (SPD), 1974–1982 PStS im Bundesministerium der Justiz   394

Zinn, Georg August (1901–1976), 1920 Eintritt in die SPD, 1951–1969 hessischer Ministerpräsident, bis 1963 zugleich auch hessischer Justizminister, 1952–1970 Mitglied des SPD-Parteivorstandes, 1953–1954 und 1964–1965 Bundesratspräsident   122

Zoglmann, Siegfried (geb. 1913), im „Dritten Reich" Gebietsführer der Hitlerjugend, 1954–1958 MdL (FDP) in NRW, 1957–1976 MdB (bis 1970 FDP, dann Hospitant bei der CDU/CSU, ab 1972 CSU), 1963–1968 stellv. Vorsitzender der FDP-Bundestagsfraktion, 1964–1970 Mitglied des FDP-Bundesvorstandes, 1970 Gründungsmitglied der Nationalliberalen Aktion, 1971–1974 Vorsitzender des NLA-Nachfolgers Deutsche Union   37, 41, 59, 373, 571, 591

Zundel, Rolf (1928–1989), Journalist, 1959–1967 Politischer Redakteur bei der Wochenzeitung *Die Zeit*, 1967–1973 und 1975–1989 deren Korrespondent in Bonn und Leiter des dortigen Büros, 1973–1975 deren stellv. Chefredakteur   534, 555

Sachregister

A bkommen und Verträge
— Deutsch-sowjetischer Handelsvertrag (1972) 333
— Deutschlandvertrag, 26. Mai 1952 148 f., 547, 563
— Grundlagenvertrag, 21. Dezember 1972 61, 441, 552
— Moskauer Vertrag, 12. August 1970 47, 59, 61, 311 f., 575, 586
— Vertrag über die Nichtverbreitung von Atomwaffen, 1967 185, 492, 605
— Warschauer Vertrag, 7. Dezember 1970 47, 59, 61, 249, 311 f., 575, 586
Abtreibung (§ 218 StGB) 51, 276 f., 377–380, 403, 457–462, 509 f., 552, 580, 592 f., 601
Afrika 175, 421, 530
Ägypten 71, 350, 590, 603
Aktion Demokratischer Fortschritt 191 f., 570
Aktion „soziale Demokraten 72" 371, 592
Algerien 438, 603
Alliierte 29 f., 113, 148–151, 547, 558, 563
Allparteienregierung 19 f., 113, 546, 556, 558
American Independent Party 173, 190, 567
Arbeiterbewegung 240, 279, 357–359, 483
Arbeitslosigkeit, *siehe Wirtschaft*
Armut 99, 232
Asien 380
Atlantis Fluggesellschaft 424, 599
Aufwertung, *siehe Währungspolitik*
Augsburg 244
Ausländische Arbeitnehmer 278, 292, 380 f., 395, 400, 436, 439 f., 593, 600, 603
Außenwirtschaftspolitik, *siehe Währungspolitik*
Außerparlamentarische Opposition (APO), *siehe auch: Generationenkonflikt* 27–29, 40, 50, 54, 143–147, 176–183, 191 f., 297 f., 302–305, 428, 438 f., 548, 562 f.
Axel-Springer-Verlag 27, 29, 54, 448, 562, 564, 583, 590, 600

B aader-Meinhof-Gruppe, *siehe auch: Terrorismus* 29, 54, 297 f., 311, 551 f., 562 f., 582 f., 592
Bad Godesberg 170, 556, 559, 566, 569
Bad Münstereifel 74, 525, 530, 572, 608
Bad Segeberg 444
Baden-Württemberg 20, 142, 171, 306
Bayern 111, 245, 310, 349, 352, 595
Beirut 552
Berlin, *siehe auch: Abkommen und Verträge* 21, 158, 331, 337, 363 f., 393, 491, 521, 542, 550, 559, 574 f.
— Berlin-Krise 558, 605
— Regierender Bürgermeister 20, 94, 376, 566
— Reinickendorf 491
— Schah-Besuch, 1967 28, 143, 563
— Spandau 279, 580
Berlin (Ost) 518, 526, 533, 608
Besançon 599
Betriebsräte 236, 375–377, 422 f.
Bildungspolitik 41 f., 49 f., 58, 214 f., 221–223, 400 f., 442, 455, 550 f., 564, 575, 583
— Berufliche Bildung 26, 392, 400 f., 442, 596, 598
— Chancengleichheit 49 f., 455, 550 f.
— Hochschulen 49 f., 176–183, 249, 302–305, 400, 551
— Schule 215, 304
Birmingham 248
Bodenreform, *siehe auch: Sozialisierung* 216, 275, 442, 454, 473 f., 598
Bodensee 320
Bonn 30, 47, 77, 126, 184, 230, 326, 329, 341, 350, 352, 364, 373, 389, 440, 457,

459 f., 470, 491 f., 500, 512, 522, 550, 559, 571, 600
Brahmsee 575
Brandenburg 475, 602
Brüssel 496
Bühlerhöhe 567
Bundesamt für Verfassungsschutz 72 f., 292, 418, 512, 516, 535, 607
Bundesanstalt für Arbeit 139, 159, 561
Bundesbank, *siehe Deutsche Bundesbank*
Bundesgrenzschutz 54, 552
Bundeskanzler 135, 137 f., 157, 161, 163 f., 174, 184, 196, 202, 209, 216, 225–227, 283–285, 296, 298, 354–357, 359–361, 500–505, 538
— Richtlinienkompetenz 45 f., 48, 116, 194, 216 f., 267 f., 293–295, 558, 581 f.
— Bundeskanzleramt 37 f., 48, 64, 71–74, 203–205, 208, 384, 392, 512–514, 517, 519, 524, 530, 553 f., 566, 572, 595, 607
Bundeskartellamt 159, 549
Bundeskriminalamt 291, 521, 607, 610
Bundesminister für
— Angelegenheiten des Bundesrates und der Länder 394
— Arbeit und Sozialordnung 253 f., 413, 573
— Auswärtiges Amt 22, 31, 194 f., 227, 283–285, 293, 306, 376, 519, 546
— Besondere Aufgaben 395
— Bildung und Wissenschaft 38, 213–215, 391 f., 394, 583
— Ernährung, Landwirtschaft, Forsten 160
— Forschung und Technologie 23, 391–394, 573
— Gesamtdeutsche Fragen 24, 315
— Inneres 32, 52, 67 f., 72 f., 163 f., 214, 298, 327, 391, 479, 521, 565, 573
— Jugend, Familie, Gesundheit 391 f.
— Justiz 24, 68, 298, 391, 414, 520, 562
— Post und Fernmeldewesen 595
— Verkehr 24, 56, 68, 225, 391, 414 f., 479, 581

— Verteidigung 18, 38, 108, 226, 288 f., 329, 391 f., 556
— Vertriebene 573
— Wirtschaft, Finanzen 24, 38, 56, 63 f., 68, 196 f., 239, 254–259, 261 f., 265–268, 284, 286 f., 314, 328–337, 386, 390–392, 479, 552, 578 f., 581, 588, 594 f.
— Wirtschaftliche Zusammenarbeit 391 f.
— Wohnungswesen, Städtebau und Raumordnung 255, 391–394
Bundesnachrichtendienst 139, 165, 516, 534
Bundespräsident 33, 35, 61, 74, 111, 135, 188, 207, 209, 333, 372, 426 f., 472, 531, 537 f., 541–543, 548, 553, 560, 567, 583, 599, 602, 609 f.
Bundespresseamt 64, 188, 292, 393 f., 530, 582
Bundesrat 45, 58 f., 76, 389, 595
Bundesrechnungshof 480, 524
Bundestag, *siehe Deutscher Bundestag*
Bundesverband der deutschen Industrie 57, 339, 588
Bundesvereinigung der Deutschen Arbeitgeberverbände 68, 221, 375–377, 592
Bundesverfassungsgericht 31, 45, 51, 58, 76, 341, 411, 420, 589, 597 f.
Bundesversammlung 111, 475, 541, 548, 610
Bundeswehr 18, 56, 190, 244, 288–291, 330, 397, 545 f., 552, 556, 573 f., 576, 581 f.
Bürgergesellschaft 42, 65, 223 f., 406–409, 437–439, 480 f., 542

CDU/CSU, *siehe auch: Große Koalition* 20, 32, 35, 58 f., 61, 107, 115 f., 122 f., 193, 345, 420, 427, 441 f., 446–450, 458, 552, 555, 576, 586
— Bundestagsfraktion 209 f., 307–312, 316, 318 f., 533, 541, 557
China 106, 293, 530, 582
Christentum 272, 484, 579

Christlich-Demokratische Union Deutschlands (CDU), *siehe auch: CDU/CSU* 16, 44, 112, 135, 138 f., 172, 373 f., 379 f., 383, 417, 504, 600
Christlich-Soziale Union (CSU), *siehe auch: CDU/CSU* 16, 61, 122, 136, 186–188, 190, 244, 367, 369–371, 373, 546, 548, 566, 569, 591
Club of Rome 322, 326, 346 f., 587, 589
Condor Fluggesellschaft 424
Cuxhaven 522

Dachau 352
Damaskus 552
Danzig 230, 575
Demokratie 17, 32 f., 40, 44, 75, 102–105, 272 f., 436–438, 441–443, 451 f., 486 f., 549 f., 556, 604
— „Formierte Gesellschaft" 18, 43, 101, 549, 556
— Kanzlerdemokratie 16
— „Mehr Demokratie wagen" 15, 41–45, 65, 219–224, 345–348, 549 f.
— soziale 45, 231–234
Den Haag 46
Deutsche Bundesbahn 291, 399, 498
Deutsche Bundesbank 56 f., 139, 165, 196 f., 288, 328–330, 334–336, 443, 575 f., 587
Deutsche Bundespost 290 f., 391, 399, 498
Deutsche Demokratische Partei 558, 604
Deutsche Demokratische Republik (DDR), *siehe auch: Abkommen und Verträge, Berlin, Deutschlandpolitik, Ministerium für Staatssicherheit, Warschauer Pakt* 34, 60, 71, 74, 96, 185, 382, 393, 395, 506 f., 509–512, 540, 564, 568, 575, 600, 606, 608 f.
Deutsche Kommunistische Partei (DKP), *siehe auch: Kommunistische Partei Deutschlands* 31, 191 f., 417–421, 570, 598
Deutsche Rechtspartei/Reichspartei (DRP) 570

Deutsche Volkspartei (DVP) 558
Deutscher Beamtenbund (DBB) 236, 423, 599
Deutscher Bundestag, *siehe auch: Bundespräsident, Grundgesetz, Konstruktives Misstrauensvotum* 60 f., 148, 206, 218, 235, 307, 404, 414 f., 459, 505
— Auflösung und Neuwahlen 61 f., 109–111, 119, 318 f., 371 f., 553, 557, 586–588, 592
— Berliner Vertreter 60 f., 113, 552, 558
— Fraktionswechsel von Abgeordneten 59 f., 308 f., 319, 365–375, 584 f., 591
— Präsident 175 f., 368–375, 393, 567 f.
— Untersuchungsausschuss 60, 373, 554 f.,
— Vertrauensfrage 61, 119, 354, 364, 523, 532, 556 f., 582, 586, 588, 590, 604
— Vertrauensmännergremium 608
Deutscher Naturschutzring 326, 587
Deutsches Kaiserreich 77, 172, 358, 483 f., 542, 567
Deutschlandpolitik, *siehe auch: Abkommen und Verträge, Berlin, Sowjetunion, Wiedervereinigung* 34, 40, 78, 116 f., 185, 397, 441, 457 f., 570
Deutschnationale Volkspartei (DNVP) 569
Diffamierungskampagnen 61, 186–188, 297 f., 548, 555, 569, 583, 590
Dortmund 112, 141, 189, 491, 553, 588, 592
„Drittes Reich", *siehe Nationalsozialismus*
Dritte Welt 436
Drogen 280, 402, 584
Dscherba 574
Düsseldorf 469 f., 601 f.

Eigentum, *siehe Sozialisierung*
Emanzipation, *siehe Gleichberechtigung*
Emigration, *siehe Exil*
Energiepolitik, *siehe auch: Ölpreiskrise, Umweltpolitik* 399, 462–468, 471 f., 476–478, 554, 603
England, *siehe Großbritannien*

Entwicklungshilfe 400
Erfurt 575
Europa, *siehe auch: Abkommen und Verträge, Westintegration* 397, 477
— Europäische Gemeinschaft (EG) 66, 440, 593, 596
— Europäische Wirtschaftsgemeinschaft (EWG) 98, 160, 381
— Wirtschafts- und Währungsunion (WWU) 588
Evangelische Akademie 42, 272, 444, 579
Evangelische Kirche in Deutschland (EKD), *siehe Kirche*
Exil 22, 25, 547 f., 583, 587
Expertenkommission, *siehe Sachverständigenräte*
Extremistenbeschluss 27 f., 53 f., 305, 410–412, 416–422, 584, 596 f., 598

Faschismus, *siehe Nationalsozialismus*
Feldafing 350 f.
Fernsehen und Rundfunk 17, 47, 107, 136, 139, 197, 298, 309, 348, 367, 438 f., 443, 467, 545, 556 f., 561
— Deutsche Welle 139, 561
— Erstes Deutsches Fernsehen (ARD) 231, 499, 538, 571, 589, 609
— Internationale Funkausstellung 1967 136
— National Broadcasting Company (NBC) 187, 569
— Norddeutscher Rundfunk (NDR) 552
— Radio Bremen 320, 586
— Sender Freies Berlin (SFB) 605
— Süddeutscher Rundfunk (SDR) 582
— Südwestfunk (SWF) 550
— Westdeutscher Rundfunk (WDR) 371, 499, 605
— Zweites Deutsches Fernsehen (ZDF) 297, 386, 548, 571, 583, 585, 594
Finanzpolitik, *siehe auch: Steuerpolitik, Währungspolitik, Wirtschaftspolitik* 55–57, 120, 130, 165, 221 f., 263, 328–337, 556

— Bundeshaushalte 25, 60, 133, 253 f., 256–258, 265–267, 285–292, 306, 314, 316–319, 336, 352, 413, 524, 552, 560, 581, 585
— Mittelfristige Finanzplanung 25 f., 49, 130, 132–134, 239, 253 f., 258, 263, 285 f., 317 f., 330, 336, 560, 578, 581, 586
„Finnlandisierung" 445
Fluglotsen, *siehe auch: Streik* 67 f., 414, 422–424, 479 f., 597 f., 603
Föderalismus 76, 110 f., 404, 417–419, 422
Frankfurt am Main 29, 72, 424, 513, 552, 562, 607
Frankreich 72, 173, 248, 268, 333 f., 421, 433, 438, 518
— Parti Socialiste 599
Freiburg 40, 142
Freie Demokratische Partei (FDP) 16, 18, 21, 28, 32, 34, 38–41, 46, 48, 58 f., 63 f., 74, 113, 116 f., 124, 142, 168 f., 172, 237, 268 f., 354, 385 f., 389, 396–404, 420, 427, 472–475, 503 f., 531, 541–543, 546, 548, 556–559, 566, 571, 574, 576, 591, 594, 606
— Freiburger Thesen 549, 604
— Parteitage 40, 142, 459, 549, 562, 606
Freie internationale Hochschule für Kreativität und interdisziplinäre Forschung e.V. 469 f., 602
Fremdenfeindlichkeit, *siehe auch: ausländische Arbeitnehmer* 439 f.
Friedensnobelpreis 59, 320
Friedrich-Ebert-Stiftung 608
Fuerteventura 405
Fürstenfeldbruck 55, 351

Gastarbeiter, *siehe ausländische Arbeitnehmer*
Gelsenberg Konzern 478, 602
Gemeinschaftsaufgaben, *siehe auch: Grundgesetz, Sozialdemokratische Partei*
— des Bundes 21, 50, 157 f., 222, 555, 557, 564, 573
— als Forderung der SPD 19, 98–102, 555

Generationenkonflikt, *siehe auch: Außerparlamentarische Opposition* 16, 27, 40, 143–147, 152 f., 191 f., 279, 302–305, 338, 362, 428–436, 580, 599
Gesetze, *siehe auch: Grundgesetz, Notstandsgesetzgebung*
— Amnestiegesetz 50 f., 551
— Betriebsverfassungsgesetz 51, 237, 246, 345, 376 f., 401, 441, 573, 576 f.
— Bundesausbildungsförderungsgesetz 400, 551
— Energiesicherungsgesetz 71, 462 f., 467 f., 601
— Förderung der Stabilität und des Wachstums der Wirtschaft 25, 128 f., 211, 251 f., 264, 398, 547, 560, 600
— Kohleanpassungsgesetz 159
— Krankenhausfinanzierungsgesetz 345
— Kreditfinanzierungsgesetz 25
— Publizitätsgesetz 27, 159, 547
— Städtebauförderungsgesetz 52, 160, 216, 275, 339, 345, 402, 441
— Steuerumwandlungsgesetz 159
Gesundheitspolitik, *siehe auch: Sozialpolitik* 52, 165, 338, 403, 580
Gewerkschaften 16, 28, 30, 57, 66, 68 f., 74, 210–213, 221, 235–237, 256–260, 270 f., 338, 409, 415, 424–426, 443 f., 488, 504 f., 525, 530, 533, 548, 563, 572, 577, 598 f., 605, 609
— Deutsche Angestellten-Gewerkschaft (DAG) 69, 480, 530, 597
— Deutscher Gewerkschaftsbund (DGB) 155 f., 250 f., 259, 554, 563 f., 575, 577, 579
— Gewerkschaft der Eisenbahner 423, 498
— Gewerkschaft Erziehung und Wissenschaft (GEW) 215
— Gewerkschaft öffentliche Dienste, Transport und Verkehr (ÖTV) 68 f., 236, 480, 493–498, 546, 575
— Industriegewerkschaft Bergbau und Energie 211

— Industriegewerkschaft Bau-Steine-Erden 211, 443
— Industriegewerkschaft Metall 561, 575
— Postgewerkschaft 498, 575
Gleichberechtigung 49, 403, 600
Griechenland 241, 418, 576
Großbritannien, *siehe auch: Labour Party* 99, 173, 190, 236, 248, 268, 334, 339, 556, 576
Große Koalition, *siehe auch: „Kreßbronner Kreis"* 16, 22–34, 75, 77, 133, 164, 166–170, 184–188, 193–195, 198 f., 202 f., 360, 546, 548, 556, 559 f., 563, 565, 572
— Regierungsbildung 1966 16, 20 f., 112–127, 163, 165, 557, 559
— Regierungserklärung 1966 126, 130, 140, 166, 184, 559
Grundgesetz 16, 21, 29 f., 50 f., 109–111, 116, 149 f., 171, 174, 203, 206, 244–246, 404, 410–412, 427, 440, 481 f., 551 f., 556, 558, 561, 572, 576, 582, 596 f., 599
Grundwerte, *siehe auch: Wertewandel, Zivilisationskritik* 77, 245 f., 446–456, 482, 580

Hallstein-Doktrin 453, 600
Hamburg 499, 511, 520, 528, 536 f., 551, 605, 610
Hamar 73, 607
Hamm 523
Hannover 410, 424, 457, 479, 509, 535, 551, 596, 603
„Harzburger Front" 187 f., 569
Heinrich-Bauer-Verlag 589
Helgoland 511, 522 f., 535
Henschel Werke 592
Hessen 202, 418, 421 f., 525, 528, 571, 598
Hochschulen, *siehe Bildungspolitik*

Ideologie, Ideologisierung 24, 302–305, 362, 444–456, 600

Indochina, *siehe Vietnam*
Ingolstadt 187
Innere Sicherheit 53–55, 596
Intellektuelle 16, 21, 28, 39 f., 54, 230, 240–243, 297, 469 f., 484 f., 489, 549, 563, 576, 582 f., 601, 604
Internationale Gruppe demokratischer Sozialisten 25, 547
International Olympic Committee (IOC) 350, 352, 590
Iran 28, 477
Israel 55, 70 f., 348, 601 f.
Italien 105, 419, 576

Japan 184, 214, 573
Journalisten *siehe Medien*
Jugend *siehe Generationenkonflikt*
Jungsozialisten (Jusos), *siehe Sozialdemokratische Partei Deutschlands*

Kairo 351, 508
Kambodscha 34, 568, 600
Kanarische Inseln 596
Kapitalismus 345–348, 579
Kassel 238, 575 f.
Kiel 350, 589
Kirche, *siehe auch: Christentum* 30, 51, 131, 220, 280, 338, 404, 408, 460
— Evangelische 272, 276 f., 279, 580
— Katholische 377–381, 457, 484, 592, 601, 604
Klassenkampf 98
Köln 363, 588
Kommunalpolitik 338, 381, 439 f.
Kommunismus 346 f.
Kommunistische Partei Deutschlands (KPD), *siehe auch: Deutsche Kommunistische Partei* 31, 191, 236, 417 f., 548, 570, 598
Konferenzen, *siehe auch: Sozialdemokratische Partei Deutschlands, Währungspolitik* 320 f., 333 f., 401, 587, 605

Konstruktives Misstrauensvotum, *siehe auch: Deutscher Bundestag* 59 f., 78, 109, 113, 118 f., 268, 306–313, 584 f., 591
Konzertierte Aktion, *siehe auch: Wirtschaft* 26, 68, 75, 129, 212, 221, 236, 401, 560
Kopenhagen 521
Korruption 59 f., 342, 365–375, 552, 554, 591 f.
Kreßbronn 23
„Kreßbronner Kreis" 23, 33, 75, 187, 217, 546, 564, 566, 569
Krupp Werke 592
Kulturpolitik 297, 395, 455, 469 f.
Künstler 469 f., 601
Kuratorium „Notstand der Demokratie", *siehe auch: Notstandsgesetzgebung* 563

La Croix Valmer 516, 607
Labour Party, *siehe auch: Großbritannien* 556
Le Havre 248
Liberalismus 48, 480–490, 542 f., 604
Lindau 320
London 46, 425
Lübeck 300, 583
Lufthansa Fluggesellschaft AG 552, 597
Luxemburg 329

Mainz 484
Mannesmann AG 592
Marburg 522
Marktwirtschaft 16–19, 25, 270, 347 f., 442
Massachusetts Institut of Technology 326
Medien, *siehe auch: Fernsehen und Rundfunk, Zeitungen und Zeitschriften* 69 f., 73, 365, 377, 512
— infratest 471
— Journalisten und Redakteure 69, 250, 285, 299, 340–343, 416, 462, 472, 490, 590 f., 592, 598
— Pressepolitik 27, 159, 246–249, 292–295, 299 f., 340–343, 392, 403, 472, 492, 564 f., 588 f.

Messerschmidt-Bölkow-Blohm GmbH 244, 576
Ministerium für Staatssicherheit der DDR, *siehe auch: Korruption* 60, 71, 552
Mitbestimmung, *siehe auch: Gesetze, Gewerkschaften* 37, 50 f., 69, 129 f., 213, 220, 232, 246, 249, 345, 401, 438, 442, 454, 473 f., 486, 530, 573, 576 f., 598
Mittelfristige Finanzplanung, *siehe Finanzpolitik*
Moçambique
— Frente de Libertação de Moçambique (FRELIMO) 445, 600
München 29, 244, 348–352, 371, 480, 552, 562, 589
Münstereifel, *siehe Bad Münstereifel*
Moskau 47, 69, 503, 510, 518, 533 f., 548, 554, 569, 606, 608

Naher Osten 349, 477, 511
Nahost-Konflikt 70 f., 477, 601 f.
Nationaldemokratische Partei Deutschlands (NPD), *siehe auch: Rechtsradikalismus, Zeitungen* 31 f., 35, 161 f., 165–168, 171, 185, 188–190, 197, 306, 374, 548, 565 f., 569, 584
Nationale Volksarmee der DDR 71, 508
Nationalismus 106, 453
Nationalliberale Aktion, *siehe auch: Freie Demokratische Partei* 41, 237, 576
Nationalsozialismus 22, 171, 241, 352, 430–434, 542, 566, 582 f.
Nationalsozialistische Deutsche Arbeiterpartei (NSDAP) 22, 557, 569
„Neue Mitte" 35, 65, 77, 408, 480–490, 542 f., 553, 596, 608
Neuss 439, 600
New School for Social Research (New York) 556
New York 106, 424, 556
Niederlande 194, 248
Niedersachsen 504, 521
Nordhorn 523

Nordrhein-Westfalen 21, 37, 116, 129, 200, 202, 237, 337, 340, 418, 420–422, 470, 548, 558, 571, 576, 587, 598, 601
North Atlantic Treaty Organization (NATO), *siehe auch: Bundeswehr, Verteidigungspolitik* 19, 73, 98, 244, 289, 445, 558, 564 f.
Norwegen 72, 357, 381, 509, 514, 516, 518 f., 523, 540, 548, 590, 593, 603, 606 f.
Notstandsgesetzgebung 21, 29 f., 43, 148–156, 173 f., 547 f., 560 f., 563
Nürnberg 32, 113, 141, 561, 566

Oberhausen 369
Oberpfalz 595
Öffentlicher Dienst 53 f., 67–69, 290–292, 410–412, 414 f., 419–424, 493–498, 568, 582, 603–605, 609
Ölpreiskrise, *siehe auch: Energiepolitik, Nahost-Konflikt* 68, 70 f., 462–468, 471 f., 476–479, 490, 496 f., 554, 597
Olympische Spiele 55, 348–354, 589 f.
Österreich, *siehe auch: Sozialistische Partei Österreichs* 121, 357, 558, 590, 603
— Österreichische Volkspartei (ÖVP) 558
Ostfriesland 511
Ostpolitik 46, 54, 59, 61, 157 f., 311 f., 319, 363 f., 407, 441, 453 f., 584 f.

Palästina 348, 351
Paris 46, 126, 596
Persien, *siehe Iran*
Polen 249, 477
Polizei 28, 54 f., 298, 349–351, 563
Pornographie 277
Portugal 418
Presse- und Informationsamt der Bundesregierung, *siehe Bundespresseamt*
Pressepolitik, *siehe Medien*
Preußen 172, 566 f., 573, 603 f.

Primat der Innen- oder Außenpolitik 46 f.,
  59, 66 f., 78, 230, 271, 301, 344 f., 355 f.,
  550, 557

Qualität des Lebens, *siehe auch: Zivilisationskritik* 280–282, 320–328, 339,
  345–348, 406, 579 f.

Radikalen-Erlass, *siehe Extremistenbeschluss*
Raumfahrt 100
Ravensburg 142
Rechtsradikalismus, *siehe auch: NPD* 30,
  118, 190, 197, 560, 564 f., 569 f., 600
Regierung Erhard/Mende 1965 15 f., 43,
  545
Reichskanzler 37, 358, 590
Reichspräsident 35, 358, 567, 590
Revolution von 1848/49 483 f., 542, 545,
  603 f.
Reykjavik 564 f.
Rhein 320
Rheinland-Pfalz 499, 512, 528, 605
Rotterdam 248
Ruhr, Ruhrgebiet 113, 129, 159, 451, 564,
  586
Rundfunk, *siehe Fernsehen und Rundfunk*
Russland, *siehe auch: Sowjetunion* 603

Saarbrücken 520, 575
Saarland 159, 389, 394, 528, 564
Sachverständigenräte 26, 32, 42, 48 f., 75,
  102, 129 f., 289, 327, 422, 556, 577, 582,
  587
Sardinien 306
Schichten, soziale 17, 545
— Angestellte 39 f.
— Arbeiter 65, 185, 360, 454
— Bauern 190, 338, 399
— Beamte 288–290, 414 f.
— Mittelschichten/-stand 39 f., 65
— Unternehmer 57, 66, 68, 251, 269 f.,
  375–377

Schleswig-Holstein 389, 391, 499 f., 528,
  605
Schweden 25, 339, 423, 548, 598
Schweiz 439, 600
Selbstorganisation 381, 437–440, 599
Sexualethik, *siehe auch: Abtreibung, Pornographie* 275–277, 551, 580
Skandinavien 381
Sowjetunion, *siehe auch: Alliierte, Berlin,
  Moskau, Warschauer-Pakt* 31, 364, 477,
  489, 529, 564, 604
Sozialdemokratischer Hochschulbund
  (SHB) 27 f.
Sozialdemokratische Partei Deutschlands
  (SPD), *siehe auch: Arbeiterbewegung, Difamierungskampagnen, Große Koalition,
  Sozialdemokratischer Hochschulbund
  (SHB), Sozialdemokratische Wählerinitiative (SWI), sozialliberale Koalition, Sozialismus, Sozialistischer Deutscher
  Studentenbund (SDS), Wahlkämpfe,
  Wahlrechtsreform* 16, 19 f., 24, 31–33,
  35, 37, 39, 46 f., 51, 57, 61–66, 69 f., 72,
  74, 356–359, 377–381, 387–404, 410–
  412, 457–462, 499–505, 541–543, 550,
  557, 566 f., 587, 595, 604–606, 610
— Abgrenzungsbeschluss 27 f., 575
— Bundestagsfraktion 38, 112, 126 f.,
  131, 138, 200–202, 238, 299, 372, 541,
  554, 559, 573 f.
— Flügelbildung 58
— Gemeinsamkeitspolitik, Gemeinschaftsaufgaben 19 f., 98–102, 555
— Gewerkschaftsrat 235–237, 256–260,
  385, 575
— Jungsozialisten (Jusos) 67, 246, 385,
  426, 528, 552, 599
— Landesverbände
  Baden-Württemberg 389, 564
  Bayern 187, 389, 569
  Hessen 525
  Saarland 389, 394
  Schleswig-Holstein 389, 391

- Parteikontrollkommission 114, 128, 140, 189
- Parteirat 66, 114, 128, 131, 140, 189, 385, 528, 547, 553, 560
- Parteitage
  1959 (a. o.) 556
  1960 555
  1968 32, 141, 171, 561, 566
  1969 170–174, 187 f., 566, 569
  1970 575
  1971 (a. o.) 337 f., 459 f., 592 f.
  1972 (a. o.) 339 f., 459, 553, 588, 592
  1973 410, 420, 457, 528 f., 551, 596, 598
- Parteivorstand 108, 112, 114, 128, 140, 189, 200–202, 235–237, 256, 384 f., 471 f., 528, 558, 574
- Präsidium 137 f., 390, 564
- Programme und Aufrufe
  Acht-Punkte-Programm, 1966 112, 117, 128, 130 f., 134, 547, 557, 559
  April-Thesen, 1974 71, 608
  Aufruf, 1965 555
  Godesberger Programm, 1959 19, 131, 231 f., 556, 575
  Regierungsprogramm, 1961 546
  Wahlplattform, 1972 378, 588

Sozialdemokratische Wählerinitiative (SWI), *siehe auch: Wahlkontor deutscher Schriftsteller* 39 f., 187, 549

Sozialisierung 231–234, 244–249, 436–438, 575 f.

Sozialismus, *siehe auch: Demokratie* 45, 231–234, 345 f., 434–438, 447, 449, 483–486, 550

Sozialistische Partei Österreichs (SPÖ) 558, 590

Sozialistischer Deutscher Studentenbund (SDS) 562 f.

Sozialliberale Koalition 16, 21, 34, 36–38, 47 f., 62–65, 74–77, 197–200, 227 f., 283–285, 316–318, 389–409, 472–476, 503 f., 536 f., 541–543, 550, 554 f., 581, 584, 602

- Regierungsbildung 1969 35–37, 63, 198–202, 210–217, 359 f., 549, 571, 590
- Regierungsbildung 1972 62–64, 384–404, 553, 593, 595 f.
- Regierungserklärung 1969 41–43, 45, 65, 218–224, 248, 257, 270, 339, 354 f., 396, 404 f., 545, 577, 579, 588
- Regierungserklärung 1973 64 f., 397, 403–409, 480, 553, 596

Sozialpolitik, *siehe auch: Vermögensbildung* 19, 26, 49, 260, 278, 402 f., 460 f., 482–484, 603, 610

- Krankenversicherung 26, 51 f., 185, 278
- Kriegsopferversorgung 19, 51, 165, 239
- Lohnfortzahlung 26, 185
- Rentenversicherung 19, 51, 278, 402 f., 413

Spanien 418

Spiegel-Affäre 22, 557 f.

Spionage, *siehe auch: Korruption, Ministerium für Staatssicherheit der DDR* 60, 71–74, 382, 505–540, 548, 552, 606–610

Sport 19, 216, 348, 354, 364, 392, 403, 573

Starfighter, *siehe Bundeswehr*

Steiner-Wienand-Affäre, *siehe auch: Korruption, Spionage*

Steuerpolitik, *siehe auch: Finanzpolitik, Sozialpolitik, Wirtschaft* 52, 247, 264–267, 299–301, 332, 398, 575–577, 583 f., 598

Stockholm 321, 534, 547, 587

Stockholmer („schwedische") Schule 25, 232, 575

Strafrechtsreform 26, 50 f., 403, 551

Streik, *siehe auch: Gewerkschaften, Tarifautonomie* 66–69, 211, 414 f., 422–424, 426, 439, 479 f., 493, 498, 554, 572, 576, 599 f., 603, 605

Studentenbewegung, *siehe Außerparlamentarische Opposition*

Stuttgart 41, 497 f., 512, 574, 576, 581

Swing 158, 564

Tarifautonomie 26, 493–498
Terrorismus, *siehe auch: Baader-Meinhof-Gruppe* 29, 54, 147, 176–178, 279, 303–305, 552, 562 f., 583 f.
— Rote Armee Fraktion (RAF) 54, 297 f., 551 f.
— Schwarzer September 55, 348–353, 589 f.
Tessin 600
Tokio 320
Tornado (MRCA 70), *siehe Bundeswehr*
Tschechoslowakei 245
Türkei 184, 381, 438, 440
Tunesien 574
Tutzing 42, 272

Uganda 380, 593
Umweltpolitik 19, 52 f., 245 f., 320–328, 338–340, 345, 402, 436, 451, 551, 573, 586–588
Umweltschutz, *siehe Umweltpolitik*
Ungarn 245
Union der Sozialistischen Sowjetrepubliken (UdSSR), *siehe Sowjetunion*

Venusberg 512, 524 f., 531, 536 f.
Verband der Flugleiter, *siehe auch: Fluglotsen* 414 f., 603
Verband deutscher Schriftsteller 240
Verband Deutscher Studentenschaften, *siehe auch: Außerparlamentarische Opposition* 27
Vereinigte Staaten von Amerika (USA) 18, 28 f., 55 f., 65, 173, 230, 268, 281, 347, 534, 547, 558, 567, 580
Vereinte Nationen (UNO) 321, 350, 454, 587, 600
Verfassungspolitik, *siehe Grundgesetz*
Vergangenheitsbewältigung 22, 122, 153 f., 363, 569
Verjährung von NS-Verbrechen 26 f., 165, 185
Verkehrspolitik 56, 157 f., 395, 399 f., 605

Vermögensbildung, *siehe auch: Sozialpolitik, Steuerpolitik* 52, 159 f., 212, 233, 247, 395, 398 f., 442, 473 f., 486, 573
Verteidigungspolitik, *siehe auch: Bundeswehr, North Atlantic Treaty Organization (NATO)* 244, 288–290
Vertrauensfrage, *siehe Deutscher Bundestag*
Vertriebenenpolitik/Flüchtlingspolitik 190
Vietnam 28 f., 65, 547

Währungspolitik, *siehe auch: Finanzpolitik* 55 f., 65 f., 196 f., 264, 288, 328–336, 367, 570, 578 f., 581, 587, 597
— Aufwertung der D-Mark 33 f., 65 f., 196 f., 221, 264, 568 f., 570 f., 579
— International Monetary Fund (IMF) 599
— Währungskonferenz von Bretton Woods, 1944 56
Wahlalter 50, 220, 549
Wahlen in der Bundesrepublik Deutschland, *siehe auch: Wahlkämpfe*
— Bundestag
  1961 451
  1965 17
  1969 35–37, 197–199, 309, 571
  1972 61 f., 76, 354, 382 f., 491 f., 553, 590, 593
— Landtags- und Bürgerschaftswahlen 228
  Baden-Württemberg 31, 59, 171, 306, 360, 389, 562, 564, 570, 584, 594 f.
  Bayern 31, 389
  Hamburg 499, 528, 605
  Hessen 31, 528, 574
  Niedersachsen 504, 606
  Nordrhein-Westfalen 337, 574, 576
  Rheinland-Pfalz 389, 499, 528
  Saarland 389, 499 f., 528
  Schleswig-Holstein 389, 499 f., 528
Wahlkämpfe 36, 61 f., 76, 94, 112, 191 f., 360, 364, 375–378, 553, 568–570, 590, 592 f.

Wahlkontor deutscher Schriftsteller 39 f.
Wahlrecht, *siehe Wahlrechtsreform*
Wahlrechtsreform 31–33, 113, 120, 140 f.,
    163–165, 170–175, 199, 548, 561 f.,
    565 f., 567
Wandlitz 608
Warschau 47
Warschauer Pakt 540
Washington D.C. 496, 510, 519
Wehrdienst, *siehe Bundeswehr*
Weimar 77
Weimarer Republik 18, 35, 37, 77, 114,
    124, 174, 279, 358, 456, 484 f., 542, 548,
    558, 567, 574, 590, 604
Wertewandel, *siehe auch: Grundwerte* 70 f.,
    145, 273 f., 280–282, 345–348
Weser-Ems 395
Westintegration, *siehe auch: Abkommen und
    Verträge, Deutschlandpolitik, Europa,
    North Atlantic Treaty Organization
    (NATO)* 16, 19, 363 f., 545
Widerstand 16, 176, 430, 567 f., 583
Wiederaufbau 43, 77, 428–432, 545, 556,
    609
Wiedergutmachung 175 f., 567
Wiedervereinigung, *siehe auch: Berlin,
    Deutschlandpolitik*
Wilhelmshaven 523
Wirtschaft, *siehe auch: Finanzpolitik,
    Marktwirtschaft, Sozialpolitik, Steuer-
    politik, Umweltpolitik, Währungspolitik*
    17, 21, 24 f., 55 f., 76, 78, 96, 128–130,
    158 f., 167 f., 238 f., 256–260, 397–399,
    504, 557, 564
— Löhne und Preise 238, 269 f., 424–426,
    443 f., 496–498, 505, 579
— Wachstum 323 f., 326, 346
Wirtschaftsrat 558
Wohnungsbau 274 f., 402

Yale 281
Yom-Kippur-Krieg, *siehe auch: Nahost-Kon-
    flikt, Ölpreiskrise* 70

Zeitungen, Zeitschriften
— Bayernkurier 186 f., 451, 530, 569, 600
— Berliner Stimme 187
— Bild 247, 369, 458, 512, 522, 534
— bildung und politik 176
— Bulletin des Presse- und Informations-
    amts der Bundesregierung 240, 272,
    298, 348, 443, 467, 480
— Deutsches Allgemeines Sonntagsblatt
    457
— Christ und Welt 550
— Express 369, 534, 591
— Frankfurter Allgemeine 606
— Frankfurter Rundschau 473, 602
— International Herald Tribune 592
— Nationalzeitung 29, 165, 186 f., 565
— Die Neue Gesellschaft 94
— Quick 143, 340–343, 530, 534, 562,
    588 f., 609
— Der Spiegel 47, 109, 166, 193, 209, 250,
    261, 297, 365–368, 374, 421, 520, 523,
    530, 548, 551, 557 f., 570, 583, 591, 602,
    609 f.
— Stern 530, 533, 602
— Süddeutsche Zeitung 602, 607
— Vorwärts 410–412, 609
— Washington Post 492, 605
— Die Welt 534, 579
— Die Zeit 354, 490, 534, 555, 602, 605
Zentrumspartei 484, 585, 604
Zivilisationskritik, *siehe auch: Qualität des
    Lebens* 70 f., 280, 580 f., 589
Zweiter Weltkrieg 407, 428–431, 462, 534,
    556

Bildnachweis

Seite 6 und Foto auf dem Umschlag: Foto von Jupp H. Darchinger, Willy-Brandt-Archiv im Archiv der sozialen Demokratie der Friedrich-Ebert-Stiftung (Bonn).

Seite 115: Willy Brandt mit Helmut Schmidt (m.) und Kurt Georg Kiesinger (re.) am 30. November 1966 nach Abschluss der Verhandlungen zwischen SPD und CDU/CSU zur Bildung der Großen Koalition: Foto: Ullstein Bilderdienst.

Seite 123: Außenminister und Vizekanzler Willy Brandt mit Bundeskanzler Kurt Georg Kiesinger im Deutschen Bundestag am 1. Dezember 1966, dem Tag der Vereidigung der neuen Regierung aus SPD und CDU/CSU: Foto: Bundesbildstelle.

Seite 125: Von Willy Brandt bearbeiteter Entwurf des Schreibens an Erich Mende vom 9. Dezember 1966: Willy-Brandt-Archiv im Archiv der sozialen Demokratie der Friedrich-Ebert-Stiftung (Bonn).

Seite 136: Am 25. August 1967 um 10 Uhr 57 schaltet Willy Brandt auf der Internationalen Funkausstellung in Berlin durch Knopfdruck das Farbfernsehen in Deutschland frei: Foto von Herzog, Willy-Brandt-Archiv im Archiv der sozialen Demokratie der Friedrich-Ebert-Stiftung (Bonn).

Seite 201: Willy Brandt mit Karl Schiller (li.) und Walter Scheel (m.) bei den Koalitionsverhandlungen von SPD und FDP am 30. September 1969: Foto: Ullstein Bilderdienst.

Seite 205: Willy Brandt bei der Vereidigung als Bundeskanzler durch Bundestagspräsident Kai-Uwe von Hassel am 21. Oktober 1969: Foto: Ullstein Bilderdienst.

Seite 207: Bundeskanzler Willy Brandt und Bundespräsident Gustav Heinemann am 21. Oktober 1969 im Bundespräsidialamt: Foto: Willy-Brandt-Archiv im Archiv der sozialen Demokratie der Friedrich-Ebert-Stiftung (Bonn).

Seite 208: Auszug aus dem Terminkalender Willy Brandts (22. Oktober 1969): Willy-Brandt-Archiv im Archiv der sozialen Demokratie der Friedrich-Ebert-Stiftung (Bonn).

Seite 224: Bundeskanzler Willy Brandt mit den Politikerinnen des Kabinetts der neuen sozialliberalen Regierung: Foto: Bundesbildstelle.

Seite 229: Rut und Willy Brandt bei einem Empfang im Haus des Bundeskanzlers: Foto von Karl-Heinz Bast.

Seite 235: Willy Brandt und der SPD-Fraktionsvorsitzende Herbert Wehner während der Haushaltsberatungen des Deutschen Bundestages am 18. Juni 1970: Foto: dpa.

Seite 255: Rut und Willy Brandt mit Verkehrsminister Lauritz Lauritzen bei einem Treffen von Kabinettsmitgliedern im Hause des Bundeskanzlers Anfang der siebziger Jahre: Foto: Willy-Brandt-Archiv im Archiv der sozialen Demokratie der Friedrich-Ebert-Stiftung (Bonn).

Seite 283: Willy Brandt diskutiert im Bundeskanzleramt am 30. März 1971 mit sechs Preisträgern eines Schüler-Wettbewerbs „Wenn ich Kanzler wär...": Foto von Hanns Hubmann, Bildarchiv Preußischer Kulturbesitz.

Seite 296: Willy Brandt in seinem Arbeitszimmer im Bundeskanzleramt am 29. November 1971: Foto: dpa.

Seite 313: Willy Brandt umringt von Bundestagsabgeordneten, die ihm am 27. April 1972 gratulieren, nachdem der Versuch der CDU/CSU, den Kanzler durch ein konstruktives Misstrauensvotum zu stürzen, gescheitert ist: Foto von Karl-Heinz Mietz.

Seite 335: Auszug aus dem Terminkalender Willy Brandts (6. Juli 1972): Willy-Brandt-Archiv im Archiv der sozialen Demokratie der Friedrich-Ebert-Stiftung (Bonn).

Seite 353: Erste Seite der hs. Aufzeichnungen Willy Brandts vom 6. September 1972 für das „Tagebuch": Willy-Brandt-Archiv im Archiv der sozialen Demokratie der Friedrich-Ebert-Stiftung (Bonn).

Seite 382: Nach dem Wahlsieg am 19. November 1972 geben Willy Brandt und Walter Scheel (re.) eine Erklärung zur Fortsetzung der sozialliberalen Koalition ab: Foto: Ullstein Bilderdienst.

Seite 388: Erste Seite von Willy Brandts 14seitigem Entwurf für den Vermerk vom 28. November 1972 zur Regierungsbildung: Willy-Brandt-Archiv im Archiv der sozialen Demokratie der Friedrich-Ebert-Stiftung (Bonn).

Seite 405: Willy Brandt und Walter Scheel Ende Dezember 1972 auf Fuerteventura: Foto von Hannes Betzler.

Seite 429: Bundeskanzler Willy Brandt im Gespräch: Foto von Hannes Betzler.

Seite 466: Bundeskanzler Willy Brandt bei einem Pressegepräch im Jahr 1973: Foto: Bundesbildstelle.

Seite 506: Erste Seite der Redenotizen Willy Brandts für die Bundestagserklärung am 26. April 1974 nach der Verhaftung des DDR-Agenten Guillaume: Willy-Brandt-Archiv im Archiv der sozialen Demokratie der Friedrich-Ebert-Stiftung (Bonn).

Seite 515: Auszug aus den 43seitigen Notizen Willy Brandts zum „Fall Guillaume": Willy-Brandt-Archiv im Archiv der sozialen Demokratie der Friedrich-Ebert-Stiftung (Bonn).

Seite 539: Nach seinem Rücktritt vom Amt des Bundeskanzlers verabschiedet sich Willy Brandt am 7. Mai 1974 im Bundespräsidialamt vom Kabinett: Foto: Bundesbildstelle.

Angaben zum Bearbeiter und zu den Herausgebern

Bearbeiter:

Wolther von Kieseritzky, Dr. phil., geb. 1960, Studium der Geschichte, Literatur und Philosophie in Berlin, Freiburg und Ann Arbor, USA. Veröffentlichungen zur Geschichte der Demokratie, zur Industriegesellschaft des 19. und 20. Jhs. und der politischen Theorie; z. Zt. tätig an einem Forschungsprojekt zur Gesellschaftsgeschichte.

Herausgeber:

Prof. Dr. Helga Grebing, geb. 1930 in Berlin. Studium an der Humboldt- und der Freien Universität. 1952 Promotion im Fach Geschichte. Danach Tätigkeiten im Verlagswesen und in Institutionen der Politischen Bildung. Seit 1971 Professorin für Geschichte (Schwerpunkt Sozialgeschichte des 19. und 20. Jahrhunderts) an den Universitäten Frankfurt/Main, Göttingen und Bochum, hier 1988–1995 Leiterin des Zentral-Instituts zur Erforschung der europäischen Arbeiterbewegung. 1995 emeritiert und seither als Publizistin in Göttingen und München lebend. Viele Veröffentlichungen zur Geschichte der Arbeiterbewegung; Autorin u. a. der „Geschichte der deutschen Arbeiterbewegung".

Prof. Dr. Gregor Schöllgen, geb. 1952 in Düsseldorf. Studium der Geschichte, Philosophie und Sozialwissenschaften in Bochum, Berlin, Marburg und Frankfurt/Main. Dort 1977 Promotion im Fach Philosophie; 1982 Habilitation für Neuere Geschichte in Münster. Seit 1985 Professor für Neuere Geschichte an der Universität Erlangen. Gastprofessor in New York, Oxford und London. Mitglied des Vorstandes der Bundeskanzler-Willy-Brandt-Stiftung. Prof. Schöllgen ist Autor zahlreicher Bücher, darunter der „Geschichte der Weltpolitik von Hitler bis Gorbatschow 1941–1991", „Die Außenpolitik der Bundesrepublik Deutschland" und „Willy Brandt. Die Biographie".

Prof. Dr. Heinrich August Winkler, geb. 1938 in Königsberg. Studium in Münster, Heidelberg und Tübingen. Promotion zum Dr. phil. in Tübingen 1963. Professor an der Freien Universität Berlin und an der Universität Freiburg/Br., seit 1991 an der Humboldt-Universität zu Berlin. Wichtigste Veröffentlichungen: „Arbeiter und Arbeiterbewegung in der Weimarer Republik" (3 Bde.), „Weimar 1918–1933. Die Geschichte der ersten deutschen Demokratie", „Streitfragen der deutschen Geschichte" und „Der lange Weg nach Westen" (2 Bde.). Weitere Publikationen zur deutschen, europäischen und amerikanischen Geschichte.